μουσική

プラトン『国家』におけるムゥシケー

古典期アテナイにおける
ポリス社会とムゥシケーの
相互影響史を踏まえて

三上 章
AKIRA MIKAMI

LITHON

序　言

　プラトンが生きた古典期アテナイは、ムゥサ女神たちのポリスであった。アポロンの主宰のもとで彼女たちが営む技芸・学芸であるムゥシケーは、文芸、音楽、踊り、哲学など、あらゆる知的文化的活動に及び、市民生活を潤していた。特に、歌と踊りとしてのムゥシケーは重要であり、市民は子どものころからそれを必須科目として学習し体得した。

　ご多分にもれず、プラトンも子どものころから歌と踊りを学習しつつ成長していったのである。祭礼が巡り来る度に、人びとは日頃練習した歌と踊りを、神々に披露し捧げた。彼らは、アポロンの先導のもとに優雅に歌い踊るムゥサ女神たちのコロスと一緒になって、嬉々として歌い踊った。プラトンはそれを鑑賞しただけではなく、自らもそれに参加したのである。

　このことを念頭に置きつつ、あらためて彼の『国家』（ポリーテイアー）に足を踏み入れるとき、ごく自然のこととして、最初から祭礼としてのムゥシケーという序曲に遭遇する。その余韻にひたりつつ、そぞろ歩きを続けるとき、ほどなくパイデイアー（教養）としてのムゥシケーという大楽章に引き込まれる。その後もムゥシケーのモティーフが通奏低音のように継続し、やがて文芸・音楽としてのムゥシケーに対する批判としての哲学的ムゥシケーという最終楽章に導かれる。いわば『国家』全体が一つのムゥシケー作品であると言える。

　ただし、それをコレイア（コロスの歌舞）にたとえるならば、その指揮者は哲学者ソクラテスである。それゆえ、アポロンが先導するムゥサ女神たちのコロスも、哲学的様相を帯びている。『国家』は、伝統的なムゥシ

ケー作品とは趣を異にする哲学的なムゥシケー作品であり、その中にはプラトンのムゥシケー哲学が豊かに内蔵されていることが予感されるのである。本書が行うムゥシケー研究が、『国家』の宝物殿を開く一つの鍵となることができれば幸甚である。

　この研究の萌芽は、1992年、東京大学大学院（西洋古典学専攻）時代にさかのぼる。それまでプロテスタント教会牧師の仕事をするかたわら、キリスト教学の研究を続けてきた筆者は、研究の重点をプラトン研究に移しつつあった。今や、プラトン研究を行うかたわら、キリスト教学の研究をし牧師の仕事をするという形に逆転した。

　プロテスタント教会の礼拝においては、説教と呼ばれる講話が重要な要素であるが、それに劣らず讃美歌も重要な要素である。説教はそれを聞く会衆の心にときには届かないこともあるが、讃美歌はそれを歌う会衆の心のなかに概していつでも浸透していく。なぜ讃美歌は、ひいては音楽は、これほどまで人の心を魅了してやまないのであろうか。これが筆者の頭から離れない問題意識であった。この問題意識がプラトン『国家』の研究につながったのである。ムゥシケーが重要な位置をしめるこの著作において、音楽論が教育論と相まって、哲学的議論として展開されている。この哲学的ムゥシケー論を考察することが、音楽の神秘に少しでも触れることができるためのよすがとなることを筆者は願った。

　研究は博士課程在学中には完成に至らなかったが、その後、研究を継続するなかで、その成果を1995年から2008年にかけて、麗澤大学紀要及び論叢と北星学園大学文学部北星論集に発表してきた。2008年、東洋英和女学院大学のキリスト教学担当教員に着任するにあたり、これまでの研究成果を学位請求論文のためにまとめる作業にとりかかった。2010年にそれが一応完了した。研究への取り組みは、筆者のこれまでの研究歴に沿って、西洋古典学、哲学および神学のアプローチをとることになった。

　この論文については、山本建郎先生（秋田大学名誉教授）が、古代ギリ

シャ哲学・音楽の専門家としての立場から、快く精読を引き受けてくださった。先生から賜った貴重な評言に感謝を申し上げたい。この論文は、2016年3月、筑波大学において博士（文学）の学位を授与されるに至った。学位論文の準備と提出にあたり、筑波大学（人文社会系文芸言語専攻）教授の秋山学先生が、多大の労を引き受けてくださった。古典古代学を提唱する先生から賜った多くの学問的ご指導に心から感謝を申し上げたい。

　また大学院時代の指導教官として、その後も変わることなく筆者の研究を励まし続けてくださった山本巍先生（東京大学名誉教授）に感謝を申し上げたい。筆者をプラトン研究に導いてくださった加来彰俊先生（法政大学名誉教授）、並びに筆者をキリスト教とギリシャ哲学の相互影響に関する研究に導いてくださった野町啓先生（筑波大学名誉教授）にも心から感謝を申し上げたい。お二人は、大学時代から今にいたるまで筆者を温かく見守り続けてくださった、かけがえのない恩師である。

　末筆になったが、本書が2016年度東洋英和女学院大学出版助成の交付を受けて出版されることも感謝をもって報告しておく。

2016年9月1日

三　上　　　章

凡　例

　本書におけるギリシャ語の片仮名表記は、**ΦΧΘ** と **ΠΚΤ** とを同じように「プ」「ク」「ト」とし、母音の長短は普通名詞においてのみ区別し（例、ムゥシケー）、固有名詞においては区別しない（例、ソークラテースではなく、ソクラテス）。また、ギリシャ語文献から引用する場合、原則として、ギリシャ語テクストと筆者による邦訳とを併記するが、プラトンとアリストテレスの著作からの引用にかぎり、ギリシャ語テクストの提示は割愛し、筆者による邦訳のみを記載する。

プラトン『国家』におけるムゥシケー

目　次

序　言——1
凡　例——4

序　論 ——11

1. 既存研究——12
2. 問題設定と研究方法——15
3. 論述の順序——16

第1部
古典期アテナイにおけるポリス社会とムゥシケーの相互影響史 ——19

第1章　ポリス社会の進展とディーテュラムボス——21
1. ディーテュラムボスの起源——21
2. アルキロコスからピンダロスにかけて——23
3. ピンダロスとバッキュリデス——26
4. 民主制最盛期と古典文化の開花——37

第2章　ポリス社会の変動と「新音楽」運動——42
1. ポリス社会の変動——42
2. 人間と文化の変容——52
3. 「新音楽」運動——58
   a. メラニッピデス——62
   b. プリュニス——66
   c. キネシアス——68

         d．ピロクセノス──73
         e．ティモテオス──79
     4．アテナイの詩人音楽家たちの反応──89
         a．歓迎派──90
         b．拒絶派──100
おわりに──129

第2部
プラトンの哲学的ムゥシケー論 ──131

序 『国家』におけるムゥシケーの重要性──133
     1．ムゥシケーとその同族語の用法──134
     2．『国家』の主題とムゥシケー──141

第1章 ロゴスとレクシス（II巻 376E-398B）──145
     1．ムゥシケー登場の文脈──145
     2．ロゴス（II巻 376E- III巻 392C）──152
         a．ロゴスの吟味──152
         b．テオロギア批判の意図──157
     3．レクシス（III巻 392C-398B）──161
         a．レクシス論の概観──162
         b．レクシス論の意義──169
     4．まとめ──176

第2章 ハルモニア（III巻 398C-399E）──178
     1．ハルモニア論の概要──178

2．ハルモニア論の吟味——181
　a．ギリシャ人とハルモニア——182
　b．プラトンのハルモニア——191
　c．ハルモニアとエートス——204
　d．ロゴスとハルモニア——224
　e．ムゥシケーの浄化とポリスの浄化——225
　f．ハルモニア「検閲」の意図——228
3．リュトモス（III巻 399E-401D）——229
　a．リュトモス観の概要——229
　b．リュトモス論の吟味——231
4．プラトンとダモン——246
5．ロゴスの主導性——262
6．文化全領域への連動——266
7．まとめ——274

第3章　ムゥシケーの魂への働きかけ（III巻 401D-403C）——278
　1．音楽の魔力——278
　2．人間の音楽本能（『法律』653D-654A）——280
　3．音楽と魂の同族性——283
　　a．プラトンの見解（『ティマイオス』47C-E）——283
　　b．アリストテレスの見解（『政治学』1340a39-b19）——286
　4．ミーメーシスとホモイオーシス——290
　　a．ミーメーシス——291
　　b．ホモイオーシス——307
　5．ムゥシケーとパイデラスティアー——315
　　a．パイデラスティアーの文脈——317
　　b．パイデラスティアーとパイデイアー：歴史的概観——320

　　　　c．ムゥシケーとエロース——329

　　6．まとめ——342

第4章　ムゥシケーとギュムナスティケー
　　　　　　　　（Ⅲ巻 403C-412B）——345

　　1．保健としてのギュムナスティケー——346

　　　　a．古典期アテナイのギュムナスティケー教育——347

　　　　b．運動選手の実状——362

　　　　c．単純性の原則——379

　　2．医療論と裁判論——381

　　　　a．裁判所と医療所の賑わい——382

　　　　b．ヘロディコス流医療への批判——386

　　　　c．善き医者と善き裁判官——393

　　3．ムゥシケーとギュムナスティケーの
　　　　　　　　統合（410C-412B）——400

　　　　a．ムゥシケーとギュムナスティケーの姉妹関係——400

　　　　b．偏重の危険——403

　　　　c．真のムゥシケー人——408

　　4．まとめ——410

第5章　『国家』におけるムゥシケーの位置—413

　　1．国家における正義と不正の生成とムゥシケー教育論——414

　　　　a．ムゥシケー論の要約——415

　　　　b．文字のアナロジー——417

　　　　c．国家のアレテー——419

　　2．魂における正義の生成とムゥシケー——430

　　　　a．魂における正義——430

b．魂における正義とムゥシケー・ギュムナスティケー教育──441

　　　c．ムゥシケー生涯教育──445

　　3．まとめ──450

第6章　哲学的ムゥシケー論の仕上げと
　　　　　　　ミーメーシス詩拒絶論（X巻 595A-608B）──453

　　1．何をどの範囲まで拒絶するのか──454

　　　a．ミーメーシス拒絶論の概略──454

　　　b．ミーメーシス詩の内容と範囲──458

　　2．ミーメーシス拒絶の論証──473

　　　a．第一の議論：ミーメーシスの本質と
　　　　　　　　　　独特のエイドス論（595B-602B）──476

　　　b．第二の議論：ミーメーシス詩と
　　　　　　　　　　魂の非理知的要素（602C-605C）──511

　　　c．第三の議論：ミーメーシス詩の
　　　　　　　　　　恐ろしい破壊力（605C-607A）──524

　　3．ミーメーシス詩との決別（607B-608B）──548

　　　a．ミーメーシス詩への未練──549

　　　b．ピロソピアーとポイエーティケーの対立──550

　　　c．ミーメーシス詩の弁明責任──556

　　　d．ミーメーシス詩との決別──559

　　4．まとめ──564

結　　論──567

　　主要文献リスト──577

　　索引──593

序　論

　「ムゥシケー」（μουσική）は、音楽（music, musique, Musik など）の語源に相当するギリシャ語であるが、古代ギリシャのポリス社会においては、今日でいう音楽だけに限定されない包括的な概念であった。LSJ[1]によると、ムゥシケーは、ムゥシケー・テクネー（μουσικὴ τέχνη, ムゥシケー学芸）の略語であり、その意味は、①ムゥサ女神たち（Μοῦσαι）が司ったあらゆる学芸、特に音楽の伴奏によって歌われた詩、②広く芸術もしくは文学、である。ミカエリデス（S. Michaelides）によると、ムゥシケーは古代ギリシャ人にとって長期にわたり、「精神および知性がはたす諸機能の全体」を意味する用語であった。とりわけ、それはムゥサ女神たちが庇護するあらゆる種類の学芸を意味した。さらに限定すると、音楽が伴う詩としてのメロス・リュリコス（μέλος λυρικός, 抒情詩歌）を意味した。この用語が、詩とは別の独立した芸術として、今日でいう「音楽」の意味で広く使用されるようになるのは、前4世紀に入ってからのことである[2]。イェーガー（W. Jaeger）によると、古代ギリシャにおいてムゥシケーの営みを担ったのは、詩人音楽家、弁論家および哲学者たちであり、彼らこそは「パイデイアー（παιδεία）の真の代表者たち」であった[3]。ムゥシケーの営みにあふれるアテナイは、「ムゥサ女神たちのポリス」であった[4]。イェーガーは、プラトンの『国家』を総観した上

---

1) H. G. Liddell and R. Scott, *A Greek-English Lexicon*, revised and augmented by H. S. Jones, with a Supplement (Oxford University Press, 1968). [*LSJ*]
2) Cf. S. Michaelides, *The Music of Ancient Greece* (Faber, 1978) 214.
3) W. Jaeger, *Paideia: the Ideals of Greek Culture*, trans. Gilbert Highet, vol.1 (Oxford University Press, 1945) xxvii.
4) W. Jaeger, *Paideia,* vol.1, 230.

で、プラトンの思想においても、ムゥシケーは人間の魂にとっての「最も重要な滋養物」としての位置を占めていた、という見通しを示している[5]。

本書は、古典期アテナイにおけるポリス社会とムゥシケーの相互影響史に関する考察を踏まえて、プラトンが『国家』において展開する哲学的ムゥシケー論の重要性・特質を解明する研究である。それによってプラトンの教育学・音楽学研究に新境地を拓くことができれば幸いである。

1. 既存研究

ムゥシケーは、『国家』の構成と内容の両面において、重要な役割を有していることが予想される。特にII.376E-III.412Bにおいて展開されるムゥシケー教育に関する論述は、少し目を通すだけでも、哲人統治者候補になりうる子どもたちの育成をいかに行うべきかという課題に関連して、プラトンがムゥシケーに並々ならぬ関心を寄せていたことを示唆する。彼は、哲人統治者候補の育成におけるムゥシケー教育の重要性を認め、ムゥシケーとポリス社会の相互影響史を踏まえて、意義深い提言を行っているということが、本書の仮説である。

しかしながら、『国家』におけるムゥシケーの想定される重要性にもかかわらず、筆者が知るかぎりでは、これまでのところ『国家』におけるムゥシケーを直接に主題として取り上げ、ムゥシケーとポリス社会の相互影響史を踏まえて一貫した議論を展開する既存研究は、ほとんど見

---

[5] W. Jaeger, *Paideia: the Ideals of Greek Culture*, trans. Gilbert Highet, vol.2 (Oxford University Press, 1943) 229, 405 n.125. *Respublica*, 401D5:「ムゥシケーによる養育は最も重要である」。とはいえ、これまでのところムゥシケーが精確には何を意味し、どのような活動領域を含むのかについて、本格的研究に基づき立証した研究はない。関連する最近の研究については、P. Murray, "The Muses and their Arts," in *Music and the Muses The Culture of Mousike in the Classical Athens* (Oxford University Press, 2004) 365-389 を参照。

あたらないように思われる。ムゥシケーに関連する間接的な研究としては、イェーガー（W. Jaeger）の、古代ギリシャにおけるパイデイアーに関する大部の研究がある[6]。その第II巻では、プラトンにおけるパイデイアーの意義が広範に論じられており[7]、この部分は、『国家』においてムゥシケーが有するパイデイアーの局面を理解する上で有用である。しかしムゥシケーそれ自体の研究ではない。ムゥシケーそれ自体の研究としては、アンダーソン（W. D. Anderson）の、古代ギリシャ音楽における、いわゆる音楽的エートス（ἦθος）とパイデイアーとの関連についての研究がある[8]。この中でプラトンの音楽思想も取り扱われているが[9]、この研究は『国家』の構成全体を視野に入れたムゥシケー論ではない。広くプラトンの音楽観を論じたものとしては、ムーツォプーロス（E. Moutsopoulos）の『プラトンの著作における音楽』という研究があるが[10]、やはり『国家』の議論の枠組みの中でムゥシケーの意義を探求するものではない。プラトンとアリストテレスの音楽観を論じたものとしては、リヒター（L. Richter）の研究があるが、これは音楽理論の観点から見た両者の比較研究である[11]。『国家』の議論の枠組みの中でムゥシケーを扱ったものとしては、ブラン（E. Brann）の『『国家』の音楽』

---

6) W. Jaeger, *Paideia: the Ideals of Greek Culture*, trans. Gilbert Highet, vol.1 (Oxford University Press, 1945). W. Jaeger, *Paideia: the Ideals of Greek Culture*, trans. Gilbert Highet, vol.2 (Oxford University Press, 1943). W. Jaeger, *Paideia: the Ideals of Greek Culture*, trans. Gilbert Highet, vol.3 (Oxford University Press, 1944).

7) W. Jaeger, *Paideia,* vol.2, 198-370.

8) W. D. Anderson, *Ethos and Education in Greek Music* (Harvard University Press, 1966).

9) W. D. Anderson, *Ethos and Education*, 64-110.

10) E. Moutsopoulos, *La Musique dans l'Oeuvre de Platon* (Paris, 1959).

11) L. Richter, *Zur Wissenschaftslehre von der Musik bei Platon und Aristoteles* (Berlin: Akademie-Verlag, 1961).

という題の論集があり[12]、その中心部分を同題の論文が占めている[13]。これは、『国家』のムゥシケーそれ自体に関する詳しい研究ではないが、プラトンの音楽は哲学的音楽であるという観点から、音楽のモティーフが『国家』全体を通じて一貫して流れていることを明確に説明している。この説明は、『国家』の議論の枠組みの中でムゥシケーの意義を探求することを目指す本書にとって、一つの拠り所になる。

　最近の研究としては、マーレー（P. Murray）とウィルソン（P. Wilson）の編集による、文化史の観点から古典期アテナイにおけるムゥシケーの意義を探求した共同研究がある[14]。その内容は、13人の研究者たちが、ムゥシケーと宗教、ムゥシケーと演劇、ムゥシケーと政治、ムゥシケーとパイデイアーといった、広範にわたる諸問題に意欲的に取り組んだものであり、ムゥシケーがアテナイ社会に与えた影響の範囲と規模について、新たな光を投じる著作であると言える。もう一つ注目したいのは、ペロスィ（F. Pelosi）による、人間存在へのムゥシケーの働きかけに関するプラトンの思想を論じる研究である[15]。この研究は、人間を魂と体からなる存在としてとらえる観点に立ち、プラトンがムゥシケーをいかなるものと考えたか、そして認識、感情、知覚に対するムゥシケーの働きかけをいかに考えたか、という問題に取り組んでいる。その点では、主要問題の一つとして、ムゥシケーの魂への働きかけを論じる本書にとって参考となる。しかし、この研究においては、本書が重要であると考えるムゥシケーとポリス社会の相互影響の視点、および『国家』を貫く独自の問答法的議

---

12)　E. Brann, *The Music of the Republic* (Philadelphia: Paul Dry Books, Inc., 2004).

13)　E. Brann, *The Music of the Republic*, 108-245.

14)　P. Murray and P. Wilson, eds., *Music and the Muses: The Culture of Mousike in the Classical Athens* (Oxford University Press, 2004).

15)　Francesco Pelosi, *Plato on Music, Soul, and Body* (Cambridge University Press, 2010).

論に沿って、プラトンの哲学的ムゥシケー論の特質を考察する方法は、残念ながら取り入れられていない。

　邦語のものとしては、加藤信朗のプラトンの音楽教育論に関する論文がある[16]。この論文は、『国家』と『法律』で陳述されているプラトンのムゥシケー教育論に関する鳥瞰的な考察である。「こうして、プラトンに従うとき、音楽と音楽教育の問題は哲学にとって周辺的な問題ではなく、中心問題の一つである」という結びの言葉は、筆者にとって励ましとなる。

2. 問題設定と研究方法

　プラトンは、『国家』第Ⅱ巻と第Ⅲ巻において、哲人統治者候補になりうる子どもたちをいかに教育すべきか、というポリスにとって極めて重要な課題を提出し、それに答えるために、ムゥシケーとポリス社会の相互影響という観点から、そのムゥシケー論を展開する。本書が、解明を目指す問題は、①ポリス社会とムゥシケーの相互影響の歴史はどのようであったか、②プラトンのムゥシケー論の特質は何か、の二つである。両者は不可分離の関係にあるというのが、筆者の予測である。

　研究方法としては、①ポリス社会とムゥシケーの相互影響史については、ポリス社会と音楽との相互関係に焦点を合わせて、詩人音楽家たちの証言を含む関連テキストを検討し、②プラトンのムゥシケー論の特質については、『国家』において彼が展開する問答法的議論の流れに従って、関連テキストをできるかぎり綿密に検討する、という方法をとる。

---

16)　加藤信朗「プラトンの音楽教育論――それが教えるもの――」『哲学誌』49、東京都立大学哲学会（2007）1-21。

3. 論述の順序

　第1部「古典期アテナイにおけるポリス社会とムゥシケーの相互影響史」では、古典期アテナイにおける社会とムゥシケーの相互影響の歴史について論述する。第1章「ポリス社会の進展とディーテュラムボス」では、古典期アテナイの社会と密接な結びつきをもつディーテュラムボス (διθύραμβος) が、ポリス社会と軌を一にしてどのように進展していったかを論述する。第2章では、ペロポネソス戦争を境に始まったと見られるポリス社会の変動に伴い流行し始めた、多様性と娯楽性を特徴とする「新音楽運動」の内容と、それがアテナイ社会に及ぼした影響について論述する。

　第2部「プラトンの哲学的ムゥシケー論」では、『国家』においてプラトンが、ムゥシケーと社会の相互影響という考えに沿って展開する、ムゥシケー論に内在する特質は何かを論述する。第1章「ロゴスとレクシス」では、ムゥシケー教育における詩の「ロゴス」(λόγος) と「レクシス」(λέξις) について、プラトンが提示する見解の特質を論述する。第2章「ハルモニア」では、抒情詩の吟唱に伴う音楽的要素である「ハルモニア」(ἁρμονία) と、それに付随する「リュトモス」(ῥυθμός) について、プラトンが提示する見解の特質を論述する。第3章「ムゥシケーの魂への働きかけ」では、国家守護者候補になりうる子どもたちの魂へのムゥシケーの働きかけについて、プラトンが提示する見解の特質を、音楽の魔力、人間の音楽本能、音楽と魂の同族性、ミーメーシスとホモイオーシス、ムゥシケーとパイデラスティアー、の順序で論述する。第4章「ムゥシケーとギュムナスティケー」では、国家守護者候補である子どもたちの魂におけるエートス形成の完成という観点から、ムゥシケーとギュムナスティケーとの関係のあり方についてプラトンが提示する

見解の特質を、保健としてのギュムナスティケー、医療論と裁判論、ムゥシケーとギュムナスティケーの統合、の順序で論述する。第5章「『国家』におけるムゥシケーの位置」では、プラトンのムゥシケー論について以上において行ってきた考察を踏まえて、守護者候補の育成という観点から、『国家』全体の議論の中でプラトンがムゥシケーにどのような位置を与えているかという問題について、国家における正義と不正の生成とムゥシケー教育論、魂における正義の生成とムゥシケー、の順序で論述する。第6章「哲学的ムゥシケー論の仕上げとミーメーシス詩拒絶論」では、ムゥシケー生涯教育論に照らして、哲人統治者候補の育成の仕上げと、それに関連する「詩人追放論」についてプラトンが述べる議論の特質について、何をどの範囲まで拒絶するのか、ミーメーシス詩拒絶の論証、ミーメーシス詩との決別、の順序で論述する。

第1部

古典期アテナイにおける
ポリス社会とムゥシケーの相互影響史

　第1部では、古典期アテナイにおけるポリス社会とムゥシケーの相互影響の歴史について考察する。『国家』においてプラトンが展開する哲学的ムゥシケー論の背後には、古代ギリシャの歴史と彼が生きたポリス社会の現実が厳然と存在している。彼がいかに深く歴史と社会の現実を考え抜いたかは、『国家』および『法律』という大著を執筆した事実からも看取することができるであろう。さらに、古典期アテナイにおけるポリス社会とムゥシケーの相互影響を歴史的視点から考察するならば、それによってプラトンの歴史認識[1]の有意性はあらためて確認されうるであろう。

---

1) 　プラトンは哲学者であり歴史家ではないという通念にもかかわらず、彼の哲学は深い歴史認識に裏付けられていたというのが、筆者の見解である。W. Jaeger, *Paideia*, vol.2, 231, 342 n.121 は、プラトンについて、人類の歴史を熱意と知性をもって考え抜き、自分の時代と自分が置かれた歴史的状況を深く理解していた人物であった、という見解を示す。

第1章　ポリス社会の進展とディーテュラムボス

　この章では、古典期アテナイのポリス社会と密接な結びつきをもつ「ディーテュラムボス」（διθύραμβος）が、ポリス社会と軌を一に進展していった歴史過程について考察する。

　古代ギリシャ史において前5世紀初頭から前4世紀末葉にいたる約200年は、ポリスの制度的完成と古典文化の全面的開花とによって、古典期と呼ばれる。この時代に貴族制から民主制への移行が完了した。この時代の代表的なポリス、アテナイの民主制への道行きの出発点は、前594年、「調停者」ソロンの改革をもって始まると見ることができる。アテナイの国力が伸びるのは、前542年頃、ペイシストラトスが僭主制を確立したときからである。彼は市民の愛国心を鼓舞するために、文化保護政策を実施した。前508年、クレイステネスは有力貴族の地盤を分断することを目的として、旧来の4部族に代わる10部族制の創設を行った。彼はまたこの人為的に作った部族の帰属意識と部族間の結束とを強化するために、アテナイで毎年春に行われる大ディオニュシア祭の中に、各部族を代表するコロス（χορός, 歌舞団）によるディーテュラムボス競技を導入した。

1．ディーテュラムボスの起源[2]

　ディーテュラムボスは、本来、ギリシャの春祭において、酒神ディオ

---

2)　Cf. L. B. ローウラー・小倉重夫訳『古代ギリシャの舞踏文化』（未來社、1985年）93-102。J. E. ハリスン・星野徹訳『古代の芸術と祭祀』（法政大学出版局、1982年）61-96; A. Pickard-Cambridge, *Dithyramb Tragedy and Comedy*

ニュソスを讃えるために、男性たちによってなされた飛び跳ねるタイプの神聖舞踏であったと思われる。祭りの参加者は、諺に「水を呑むならディーテュラムボスのない時期に」(οὐκ ἔστι διθύραμβος, ὅκχ᾽ ὕδωρ πίῃς)[3] とあるように、ディーテュラムボスが始まったばかりの頃には、おそらくこの酒神への贈り物を試し飲みしたのであろう。前 7 世紀の初めに、イオニアのパロス島出身のアルキロコス (Ἀρχίλοχος, 前 8 世紀後半 - 7 世紀前半) は、どのようにディーテュラムボスの踊りの先導者 (ἔξαρχος) として振る舞えばよいかは、酒に魅せられた時にわかるとして、次のように言っている。

> ὡς Διωνύσου ἄνακτος καλὸν ἐξάρξαι μέλος οἶδα διθύραμβον οἴνωι συγκεραυνωθεὶς φρένας.
> というのは、わたしは心において深く酒に酔うと、主ディオニュソスの美しい歌、ディーテュラムボスを先導することを知っている[4]。

アリストテレスは、特にディーテュラムボスの先導者が行う即興の演技から「悲劇」(τραγῳδία) が始まったと言っている[5]。ディーテュラムボスは、初めは、まったくの即興の歌と踊りであったようである。酒に酔った一団が自然発生的に歌い踊ったのであろう。初期のディーテュラムボスが最も盛んであったと推定される南ギリシャでは、演技者はディオニュソスの従者であると信じられていた。踊り手たちはサテュロスの恰好をして踊ったという説や、サテュロスという名称は純粋に象徴にすぎず、踊り手たちはいつも男の恰好をしていたという説があるが、確かなことは

(Oxford University Press, 1970) 1-59.
3) Epicharmus ap. Athenaeus, *Deipnosophistae*, 14. 628b.
4) Archilochus, *Fragmenta*, 77.
5) *De Poetica*, 1449a9-15.

わからない。ギリシャ人たちは、ディーテュラムボスというこの個性的な歌舞を、テュルバシア（τυρβασία）と呼び習わしていた[6]。この語は、混乱とか騒動、反乱を意味するテュルベー（τύρβη）と関連がある。初期のディーテュラムボスの歌舞は、大きな歌声と激しい運動を特徴とし、熱狂的なものであったようである[7]。しかし、アルキロコスの時代になると、ディーテュラムボスはその自由奔放なあり方をとどめてはいたが、熱狂的ではなくなり、その参加者のある者は楽しげに盃をくみ交わしていたと言われる[8]。

2．アルキロコスからピンダロスにかけて

このような素朴な歌と踊りを洗練された詩と歌の形式に改めたのが、レスボス島出身のアリオン（Ἀρίων, 前625年頃の生まれ）である。彼は、コリントスの独裁者ペリアンドロス（前625-585年）の庇護の下にディーテュラムボスの合唱歌を完成したと伝えられている[9]。以後、ディーテュラムボスのために物語風の叙事詩が書かれ、即興が排され、一定の振付が案出され、教授されることになる。アリオンは、ディーテュラ

---

6) Hesychius, s.v. tyrbasia; Pollux, *Onomastikon*, 4. 105.
7) *Scholia on Plato, Respublica*, 394C:
 ὁ διθύραμβος γράφεται μὲν εἰς Διόνυσον, κεκινημένος καὶ πολὺ τὸ ἐνθουσιῶδες μετὰ χορείας ἔχων, κέκληται δὲ ἀπὸ τῶν συμβάντων περὶ αὐτόν. ὀνομάζεται γὰρ οὕτως ἢ ἀπὸ τοῦ κατὰ τὴν Νύσαν ὑπὸ ἄντρῳ διθύρῳ τραφῆναι, ἢ διὰ τὸ λυθέντων τῶν ῥαμμάτων ἐκ τοῦ Διὸς μηροῦ εὑρεθῆναι, ἢ διὰ τὸ δόξαι γενέσθαι δίς, ἔκ τε τῆς Σεμέλης καὶ τοῦ μηροῦ τοῦ Διός. εὑρεθῆναι δὲ τὸν διθύραμβον ἐν Κορίνθῳ ὑπὸ Ἀρίονός φασι, τῶν δὲ ποιητῶν τῷ μὲν α' βοῦς ἔπαθλον ἦν, τῷ δὲ β' ἀμφορεύς, τῷ δὲ γ' τράγος, ὃν τρυγὶ κεχρισμένος ἀπήγεν.
8) L. B. ローウラー・小倉重夫訳『古代ギリシャの舞踏文化』99-100。
9) Herodotus, *Historiae*, 1.23. Suda, s.v. Arion.

ムボス風の踊りをディオニュソスの祭壇を巡る円形の動きと定めた。この形式はやがてこの舞踊の際立った特徴となる。コロス・キュクリオス（χορὸς κύκλιος, 円形コロス）という語はこれに由来する[10]。

　アテナイにディーテュラムボス競演を導入したのは、ヘルミオネのラソス（Λᾶσος ὁ Ἑρμιονεύς, 前548-545年頃の生まれ）であるとされる[11]。彼は僭主ペイシストラトスの死後、長子ヒッピアスとともに父の後を継いだヒッパルコスの庇護の下で生活した。これらの僭主たちの時代（前542-510年頃）には、市民の愛国心を鼓舞するために、宗教と文化の両面におけるさまざまな活動が幅広く行われた。アクロポリスと下町は新しいいくつかの神殿によって飾られ、政治と商業の中心地、アゴラは組織が整えられた。エレウシス教のような地方の祭儀がポリスに導入された。前566年以来、5年毎に、パンアテナイア祭において壮麗な競技・競演が開催されてきたが、ヒッパルコスは、もう一つの種目として、ホメロス叙事詩の公開朗読を加えた。彼はシモニデスのライバルであった[12]。ラソスは、既存の音楽のリュトモスをディーテュラムボスの舞踊の動きに合うように変え、音域もアウロスに合うように広げた[13]。競演で勝つための工夫であったようである。これらの音楽大会は、ラソスの指導の下に僭主たちが開催したものである[14]。民主制のもとに組織化された音楽競技会は、ペイシストラトスの僭主時代以後を待たねばならない。

　ケオス島出身のシモニデス（Σιμωνίδης, 前556-468年頃）は、おそらく古代のディーテュラムボス作家の中で最も有名で成功した人物と言える。現存する碑文に、シモニデスはディーテュラムボスで56回優勝した

---

10) L. B. ローウラー・小倉重夫訳『古代ギリシャの舞踏文化』100。
11) Suda, s.v. Lasos.
12) Aristophanes, *Vespae*, 1409.
13) Pseudo-Plutarchus, *De Musica*, 29. 1141b.
14) Pseudo-Plutarchus, *De Musica*, 29. 1141c.

という記録が残っている[15]。彼は前6世紀の僭主と啓蒙の時代に育ったが、死んだ時には既にアテナイの民主制は確立していた。ムゥシケーの愛好家である僭主ヒッパルコスの時代（前527-514年）、シモニデスは、惜しみなく与えられる報酬と贈り物のゆえにアテナイにとどまった。彼がディーテュラムボスの競演でラソスに勝ったという話は、おそらくこの時期のことであろう[16]。しかし、ヒッパルコスが失墜したため、彼はアテナイを去りテッサリアへ行く。その地の指導者スコパダイの庇護の下に入った彼は、ペルシャ戦争という大事件に遭遇する。彼はテッサリアを去り、この戦争におけるギリシャ人の数々の武勲を称えるいわば国民的詩人となる。前490年、マラトンの戦い後、彼は再びアテナイへ戻り、ペルシャ戦争におけるアテナイの大勝利を導いたテミストクレスと親交を結んだ。シモニデスは詩人であると同時にギリシャの指導者となった。老いて盛んな彼は、80歳の高齢でギリシャの新世界たるシケリアのテロンとヒエロンの宮廷に客となり、シュラクサイでこの世を去った[17]。56回にも及ぶディーテュラムボスの勝利の全部がアテナイにおけるものなのかは疑わしい。残念ながら、彼のディーテュラムボスの断片は、一つも残っていない。ストラボンは、シモニデスの作になる『メムノン』というディーテュラムボスに言及している[18]。もしストラボンの言うことが信頼できるなら、シモニデスのディーテュラムボスは、アリオンのそれと同様に、神々かまたは英雄に関する明確な特定主題を取り上げたものであったと考えられる。シモニデスの貪欲にまつわる話が多いのは、彼が富裕な後援者から多額の謝礼を受け取った詩人の顕著な例だからであろう。

---

15) *Fragmenta*, 145 (Bergk4), 79 (Diehl)=*Anthologia Palatina* 4. 213. A. Pickard-Cambridge, *Dithyramb*, 15 n.5.
16) *Scholia in Aristophanem, Vespae*, 1411.
17) *Epigram*, 147 (77 Diels). A. Pickard-Cambridge, *Dithyramb*, 16.
18) Strabo, *Geographica*, 15.728. A. Pickard-Cambridge, *Dithyramb*, 16-17.

3．ピンダロスとバッキュリデス

ソロンの改革からペイシストラトスの僭主制へと展開したアテナイ民主制確立の道行きを継承し、さらに大きく進展させたのが、クレイステネスである。前508年、クレイステネスの改革は、アテナイ民主制の確立に大きな影響を及ぼしただけでなく、ディーテュラムボスの発展にも大きな力を与えた。しかし、ディーテュラムボスの発展には歴史的な伏線があった。それは、前542年頃、ペイシストラトスが、演劇をともなう「市のディオニュシア祭」を創始したという出来事である[19]。前4世紀の人パノデモスの記録によれば、アテナイの冬の3か月は、ディオニュソスのものであった[20]。ディオニュソスの祭礼は12月から3月に集中している。アテナイ人は農民であるか船乗りであったので、冬は休息の季節であり、豊富な食料を享受できる季節であった。したがって、娯楽、祝宴、祭りを行うのに最適であった。夏の祭りの儀式的性格に比べて、冬の祭りは大衆娯楽的性格を有していた。ディオニュソスの祭礼は4つあった。農業地帯のディオニュシア祭（12月）、レナイア祭（1-2月）、アンテステリア祭（2-3月）、そして市のディオニュシア祭（3-4月）である。家庭の亡霊の祭りであり農民の畑の祭りであるアンテステリア祭に、新しく壮麗な市のディオニュシア祭を付け加えたのは、ペイシストラトスである。これは、彼が中小農民に対してとった保護政策と関係がある。彼は怠惰な貴族政治に対抗し、市民の大部分を占める中小農民たちに奉仕し援助することに意を用いた。ディオニュソスは、民衆のものであり労働者階級のものである。一般市民は春の霊を崇拝したのに対して、貴族階級は彼ら自身の祖

---

[19]　J. E. ハリスン『古代の芸術と祭祀』118-124；C. G. Starr, *A History of the Ancient World* (New York: Oxford University Press, 1965) 253.

[20]　Athenaeus, *Deipnosophistae*, 11. 465a.

先を崇拝した。ペイシストラトスは、ディオニュソスを農業地帯から市街地へ移植しなければならないと考えた。農業地帯は有力貴族の牙城であり、確固とした伝統をもっていた。ところが、都市は交流が頻繁であり、したがって変化が急速であり、特に財産は世襲ではなく獲得されるものであるから、民主制を育みやすい。彼は農業地帯のディオニュシア祭を残しつつ、市のディオニュシア祭を付け加えたのである[21]。

こうして創設された市のディオニュシア祭にディーテュラムボス競技を導入したのは、名門アルクメオン家のクレイステネスである。彼はアテナイ民主制確立のために決定的な一歩をしるした。貴族たちに対抗してクレイステネスは、民衆の国制上の地位を強化するため一連の法案を民会に提出し、その圧倒的な支持を得てこれらを通過させた。彼は、ソロンのように調停者としての大権を委ねられていたわけでもなく、ペイシストラトスのように独裁的権力を掌握していたわけでもない。しかし、その背後には実力と市民意識において成長が著しい平民層がひかえていた。クレイステネスの改革の要をなすのは、旧来の4部族に代わる10部族の創設である。彼の狙いは、有力貴族の地盤を分断することにあった。有力貴族の勢力基盤は、きわめて地域性の強いものであった。この地盤を、同じ地縁的原理に基づいて組織された新しい部族制度によって無力化することが改革の目的であった。こうして、アッティカ全土が、市域・沿岸・内陸の3地域に分かれ、それぞれがさらに10の区域に細分される。これらトリテュス（τριττύς）と呼ばれる30の区域の中から、市部・沿岸部・内陸部に属するものが一つずつ選ばれ組み合わされて、これが1部族とされる。このように、部族は地理的に離れた3つの部分から成り、その中には必ず市域も農業地帯もともに含まれる。構成員の職業も階層も多様であり、部族ごとに平均化される。トリテュスは、ふつう数個のデーモス

---

21) J. E. ハリスン『古代の芸術と祭祀』123-124。

(δῆμος) から成る。デーモスも従来の村落を基に設定したもので、アッティカ全土に 170 余りあったと伝えられる[22]。デーモスは地方自治体の性格を有し、以後のアテナイにおいて市民編成の最も基礎的な単位となった。改革当時住みついていたデーモスが、以後それぞれの家にとって原籍地となり、アッティカ内での転換に伴い現住所が変わっても、所属デーモスは古典期を通じて移動の対象になることができなかった[23]。

しかし、このようにして新しく構成された過去の伝統を欠くそれぞれの部族に、いかにして部族への帰属意識と一体感を与えることができるのかが問題であった。問題解決のために取られたのが、部族毎の祭祀の創設という措置であった。各部族は特定の英雄を与えられ、その英雄の名に因んでエレクティス、アイゲイス、ヒュポトンティスなどの名称を得た。さらに、各部族および部族間の結びつきを強めるために決定的な役割を果たしたのが、市のディオニュシア祭へのディーテュラムボス競技の導入である[24]。スーダ辞典によると、ディーテュラムボス競技を導入したのはラソスとされるが、パロス島大理石碑文によると、市のディオニュシア祭で最初のディーテュラムボスが上演されたのは前 509/8 年であり、その時の優勝作家はカルキスのヒュポディコスなる人物とされている。僭主たちは市のディオニュシア祭を非常に重要視した。おそらく僭主たちの時代に、ラソスはこの祭りの中にディーテュラムボス競技を導入したのであろう。そして、パロス島大理石碑文の年代は、民主制の下で行われた最初のディーテュラムボス競技を示すものと考えられる[25]。前 5 世紀中葉には、市のディオニュシア祭の初日と 2 日目にディーテュラムボスが上演

---

22) Strabo, *Geographica*, 9.16.
23) 伊藤貞夫『古典期アテネの政治と社会』(東京大学出版会、1993 年) 73-76。
24) B. Zimmermann, *Dithyrambos, Geschichte einer Gattung, Hypomnemata* 98 (Vandenhoeck & Ruprecht in Gögttingen, 1992) 35-6.
25) A. Pickard-Cambridge, *Dithyramb*, 13-15; D. A. Campbell, ed., *Greek Lyric* III (Harvard University Press, 1991) 9-10.

されたようである[26]。悲劇や喜劇の上演と異なり、ディーテュラムボス競技は勝利をめぐる部族間の競争であった。ブルクハルトの言う「競技的 (Agonal) 人間」であるギリシャ人の特性をうまく利用したやり方である。10 部族はそれぞれ、50 人の成人男子から成るコロスと 50 人の少年から成るコロスを競技に参加させた。それぞれのコロスには、作家と数人のアウロス奏者がついていた。出演者の総数は、1200 人ほどにも及ぶと推定される。競技に勝つために各部族は、よい音楽作品と有能なコロスの指導者の獲得、およびコロスの徹底的な訓練、そしてそのための費用の調達に一致団結して取り組まなければならなかった。こうして市民の帰属意識と共同体的一体感とは強化されていった。競技会当日になると、ディオニュソスの野外劇場には大群衆が集まった。定刻になると高らかなラッパの音を合図に、最初の部族の出演者たちが、祭祀用衣装と花飾りをつけてオルケーストラ（ὀρχήστρα）へと行進してくる。彼らは一列になり、その長い列は詩人かコロスの先導者に導かれ、その後に特別に作曲された旋律を演奏しながらアウロス奏者が続く。彼らは、祭壇を巡りながら気品ある優雅な円形舞踊を演じるが、それは歌と身振りを交えて行われる。やがて、コロスは堂々とした足取りで退場してゆく。10 のコロスの上演が終わると、審査員たちが投票し、まもなく少年部門と成人部門の優勝者が発表される。優勝したコレーゴス（χορηγός）には、すばらしい青銅の三脚台が賞品として贈られる。祭りが終わると、優勝した一同は、詩人、コレーゴス、教師、アウロス奏者、および友人たちを交えて、一緒に祝宴を楽しんだ[27]。

ボイオティアの人ピンダロス（Πίνδαρος, 前 522 または 518 年 –442 または 438 年頃）が活動したのは、このようにアテナイ社会がディー

---

26) T. L. B. Webster, *Athenian Culture and Society* (London: Batsford, 1973) 163.

27) L. B. ローウラー・小倉重夫訳『古代ギリシャの舞踏文化』101-102。

テュラムボス競技によって象徴される民主制の確立へと力強く邁進していた時期であった。前479年、プラタイアイの戦いの勝利から、前431年、ペロポネソス戦争開始までのおよそ50年をアテナイ民主制の最盛期であるとするなら、ピンダロスは、まさに最盛期のアテナイ社会と同時代に生きた人であると言える。当時の詩人音楽家たちは、ギリシャ各地に旅をし、歌と音楽と踊りを提供し、コロスの訓練と教育を行った。ピンダロスも、若い頃アテナイに遊学し、音楽教育を受けたことがあるが、彼が深いつながりを持ったのは、アイギナ島の貴族や、シケリアのテロンとヒエロン、マケドニア王、キュレネ王であった。ペルシャ戦争において彼の祖国ボイオティアは、常に自己保全の道のみをとっていた。故国のこのような日和見的態度のため、彼の競争相手であるシモニデスが声高らかに愛国の歌を歌っていた時、ピンダロスは非常に肩身の狭い思いをしていたであろう。中立の立場をとっていた彼は、しかし、クセルクセスの退却の後は、ギリシャの勝利を祝い、アテナイを讃美する。前476年、彼はシケリアに渡り、翌年ボイオティアのテバイに帰った。ピンダロスは、2巻のディーテュラムボスを残したと言われ、その断片がいくつか残っている[28]。その一つは、ハリカルナッソスのディオニュシオス（Dionysius Halicarnassensis）によって、厳格な様式の一例として引用されている。以下のとおりである。

> Δεῦτ' ἐν χορὸν Ὀλύμπιοι
> ἐπί τε κλυτὰν πέμπετε χάριν θεοί,
> πολύβατον οἵ τ' ἄστεος ὀμφαλὸν θυόεντα
> ἐν ταῖς ἱεραῖς Ἀθάναις
> οἰχνεῖτε πανδαίδαλόν τ' εὐκλέ' ἀγοράν,

---

28) A. Pickard-Cambridge, *Dithyramb*, 20-25.

第 1 章　ポリス社会の進展とディーテュラムボス　31

ἰοδέτων λαχεῖν στεφάνων τᾶν τ᾽ ἐαριδρόπων ἀοιδᾶν·
Διόθεν τέ με σὺν ἀγλαΐᾳ
ἴδετε πορευθέντ᾽ ἀοιδᾶν δεύτερον
ἐπὶ τὸν κισσοδόταν θεόν,
τὸν Βρόμιον ἐριβόαν τε βροτοὶ καλέομεν,
γόνον ὑπάτων νίν τε πατέρων μέλπομεν
γυναικῶν τε Καδμεΐαν [ἔμολον].
Ἐναργέα τελέων σάματ᾽ οὐ λανθάνει,
φοινικοεάνων ὁπότ᾽ οἰχθέντος Ὡρᾶν θαλάμου
εὔοδμον ἐπάγησιν ἔαρ φυτὰ νεκτάρεα·
τότε βάλλεται, τότ᾽ ἐπ᾽ ἄμβροτον χέρσον ἐραταὶ
ἴων φόβαι ῥόδα τε κόμαισι μίγνυνται
ἀχεῖ τ᾽ ὀμφαὶ μελέων σὺν αὐλοῖς
ἀχεῖ τε Σεμέλαν ἑλικάμπυκα χοροί.

オリュムポスの神々よ、私のコロスに臨んでください。私たちに栄光ある祝福をお送りください。人々が混み合い、香をたく聖なるアテナイの都の中心と華麗な名高きアゴラに足しげく来られる神々よ。菫で編んだ花冠と春に摘んだ歌とをお受けください。私と私の歌の輝きをご覧ください。ゼウスが、私をもう一度、蔦を与える神、死すべき者たちがブロミオス、つまりエリボアス（「大声で叫ぶ方」）と呼ぶ神のもとにお遣わしになる時に。気高き祖先たちとカドモスの女たちの詩句を歌うために、私は来ています。明らかなしるしは、予言者の注目を免れることはありません。紫の衣をまとう季節姫たちが倉を開け、香わしい春が甘美な花を誘う時に。その時、麗しい髪のごとき菫が不死の大地の上に咲き誇り、バラは髪に結ばれ、歌声はアウロスに合わせて響きわたり、コロスの数々は花冠いただくセメレを訪れます[29]。

これは、アテナイでの上演のために作られた作品である。アゴラの神々への呼びかけから見て、上演の場所は、ディオニュソス劇場であるよりはむしろアゴラであると推定される。ピンダロスの運動競技捷利歌に比べて、ことばや思想は簡潔であるが、ほとんどの名詞に装飾的もしくは描写的な形容辞が付せられているのは注意を引く。この詩を厳格な様式の代表例とみなすディオニュシオスの見解は、一見、理解しがたい。しかし、彼が言っているのは、おそらく詩の調子のことではなく、現代の私たちには分かりにくいが、文字と音節の並びにおけるある種の荒さ、もしくは響きのよさの欠如のことであると考えられる。通説では、この断片はストロペー（στροφή）の構成をもたないとされる。しかし、この断片は、「ヘラクレス」もしくは「ケルベロス」の第1ストロペーとほとんど同じ長さであることから見て、ストロペーの構成を有する詩の第1ストロペーであると考えてよいと思われる。

　ピンダロスがアテナイのために作った、もう一つのディーテュラムボスの3つの断片が残存している[30]。

Fragmentum 76

Ὦ ταὶ λιπαραὶ καὶ ἰοστέφανοι καὶ ἀοίδιμοι, Ἑλλάδος ἔρεισμα, κ'λειναὶ Ἀθᾶναι, δαιμόνιον πτολίεθ'ρον.

Fragmentum 77

ὅθι παῖδες Ἀθαναίων ἐβάλοντο φαεννάν κρηπῖδ᾽ ἐλευθερίας.

Fragmentum 78

Κλῦθ᾽ Ἀλαλά, Πολέμου θύγατερ, ἐγχέων προοίμιον, ᾇ

---

29) *Fragmentum* 75. B. Snell, ed., *Lexicon des frühgriechischen Epos* (Göttingen: Vandenhoeck & Ruprecht, 1955-1989). *Fragmentum* 63. C. M. Bowra, *Greek Lyric Poetry*, 2nd ed. (Oxford: Clarendon Press, 1961).

30) *Fragmenta* 76-78, Snell. *Fragmenta* 64-66, Bowra.

θύεται ἄνδρες ὑπὲρ πόλιος τὸν ἱρόθυτον θάνατον.

76 輝かしい、菫の花冠をいただく、歌に歌われた、ギリシャのとりでで、有名なアテナイ、神々の都。
77 そこにアテナイ人の息子たちは、輝かしい自由の礎を置いた。
78 ときの声、戦いの娘、槍の前触れよ、聞け。男たちは、祖国のための死という聖なる犠牲として、汝のために捧げられる。

ポリスへの力強い讃美は（Fr. 76）は、デーモスの帰属意識を強化し、市民の誇りを高揚せしめたであろう。愛国的な内容（Fr. 78）は、ペルシャ戦争の時代を思い起こさせる。このディーテュラムボスにおけるアテナイ讃美のゆえに、ピンダロスはアテナイ人たちから多額の報酬を受け、後に彼の像が建てられたと伝えられている[31]。

ペルシャ戦争の時代（前490-479年）は、アテナイが内部においても外部に対しても急速に力をつけていった時代である。前490年、マラトンの勝利は、重装歩兵として国防の重責を担う中堅市民の勝利であった。重装歩兵たりえぬ下層市民も、軍船の漕ぎ手として戦功をあげた前480年、サラミスの海戦の後、次第にその政治的発言力を増していく。ギリシャ世界にとって、ペルシャ戦争はオリエント的専制支配に対するギリシャ世界の自由を守るための戦いであった。歴史に「もし」はないが、もしギリシャ世界がペルシャに負けていたら、はたして今日知られているようなギリシャ文化の隆盛はあったであろうか。アテナイはギリシャ世界をペルシャの攻撃から救い、エーゲ海世界の指導者としての地位を確立した。ペルシャ戦争を通してアテナイは、ギリシャ文化の中心、最初の偉大な民主制国家、そしてギリシャ史における最初の帝国たりうる勇気と力を身につけたと言える。アテナイを讃美するピンダロスのディーテュラムボ

---

31) Pausanias, *Periegeta*, 1.8.4.

スも、こうした地位にあるアテナイの政治的要請に応じて作られたものである。その特徴たる、ポリスの讃美、ディオニュシア祭という実際の機会における演奏、そしてディオニュソス宗教の強調は、いずれもアテナイ社会に強い一体感と帰属意識をもたらすように意図されている[32]。

ケオス島出身のバッキュリデス（Βακχυλίδης）の生年は、前518/517 年頃である。最盛期は前 468/7 年とも前 451/450 年とも言われるが、おそらく、前 486-466 年頃であろう。彼が、アテナイ民主制を讃美するディーテュラムボスを作ったのは、この時期ではないかと推定される[33]。それは、『イオ、アテナイ市民のために』（*ΙΩ ΑΘΗΝΑΙΟΙΣ*）と題されており、おそらく市のディオニュシア祭のおりに上演されたものであろう。以下のとおりである。

ΙΩ ΑΘΗΝΑΙΟΙΣ

Πάρεστι μυρία κέλευθος ἀμβροσίων μελέων, ὃς ἂν παρὰ
Πιερίδων λάχῃσι δῶρα Μουσᾶν, ἰοβλέφαροί τε κ«όρ»αι
φερεστέφανοι Χάριτες βάλωσιν ἀμφὶ τιμὰν ὕμνοισιν·
ὕφαινέ νυν ἐν ταῖς πολυηράτοις τι καινὸν ὀλβίαις Ἀθάναις,
εὐαίνετε Κηΐα μέριμνα. Πρέπει σε φερτάταν ἴμεν ὁδὸν
παρὰ Καλλιόπας λαχοῖσαν ἔξοχον γέρας. Την Ἄργος ὅθ᾽
ἵππιον λιποῦσα φεῦγε χρυσέα βοῦς, εὐρυσθενέος φραδαῖσι
φερτάτου Διός, Ἰνάχου ῥοδοδάκτυλος κόρα. Ὅτ᾽ Ἄργον
ὄμμασι βλέποντα πάντοθεν ἀκαμάτοις μεγιστοάνασσα
κέλευσε χρυσόπεπλος Ἥρα ἄκοιτον ἄϋπνον ἐόντα
καλλικέραν δάμαλιν φυλάσσεν, οὐδὲ Μαίας υἱὸς δύνατ᾽
οὔτε κατ᾽ εὐφεγγέας ἀμέρας λαθεῖν νιν οὔτε νύκτας

---

32) B. Zimmermann, *Dithyrambos*, 61-63.
33) D. A. Campbell, ed., *Greek Lyric* IV (Harvard University Press, 1992) 5-6.

ἀγν[άς.] Εἴτ' οὖν γένετ' ε[　　] ποδαρκέ' ἄγγελο[ν Διὸς]
κτανεῖν τότε [Γᾶς　　][ ] ὀβριμοσπόρου λ[ ] Ἄργον· ἦ ῥα
καὶ [　][ ] ἄσπετοι μέριμν[αι·] ἢ Πιερίδες φύτευ[σαν　　]
καδέων ἀνάπαυσ[ιν　　] Ἐμοὶ μὲν οὖν ἀσφαλέστατον ἁ
προ[ ] ἐπεὶ παρ' ἀνθεμώ[δεα] Νεῖλον ἀφίκετ' ο[ἶστρο...]
Ἰὼ φέρουσα παῖδ[α...] Ἔπαφον· ἔνθα νι[ν...] λινοστόλων
πρύτ[ανιν...] ὑπερόχῳ βρύοντ[α...] μεγίσταν τε θνα[τ...]
ὅθεν καὶ Ἀγανορί[δας] ἐν ἑπταπύλοισ[ι Θήβαις] Κάδμος
Σεμέλ[αν φύτευσεν,] ἃ τὸν ὀρσιβάκχα[ν] τίκτεν Διόνυσον
[....] καὶ χορῶν στεφαν[αφόρων ἄνακτα.]

イオ、アテナイ市民のために

　神的な詩歌の無数の道が、ピエリアのムゥサたちから贈り物を受け取り、その歌が菫色の目をした乙女たち、すなわち花冠を運ぶカリスたちによる栄誉を付与される者に、備えられています。美しく、祝福されたアテナイで、新しい織物、すなわち有名なケオス島の幻想を織りなしてください。あなたには、一番すばらしい道を行くのがふさわしいのです。カリオペから最高の褒美をいただいたのですから。
　力あふれるゼウスのご計画により、金の牛が、アルゴス、すなわち馬たちの地を去り、逃げた時がありました。あのバラ色の指をもつイナコスの娘のことです。その時、疲れを知らぬ目であらゆる方向から見るアルゴスは、偉大な女王、金の衣を纏うヘラによって、美しい角をもつ雌牛を休まず眠らず守ることを命じられ、そしてマイアの息子は、明るい昼間も聖なる夜も彼の目を免れることができなかった。さて、足の速い……ゼウスの使者が、その時アルゴス、すなわち強い子孫をもつ（恐ろしい大地の子）を（石で）殺すということが起こったのかどうか。それとも、彼の果てしなき心配が（その恐ろしい目を閉

じた）のか。それとも、ピエリア人たちが（甘美な歌によって）彼の心配に対する安らぎを生んだのか。とにかく私にとっては、一番安全な道は、（私を終わりにまで導いてくれる道）です。というのも、（アブの針に追い立てられた）イオは、その胎にエパポス、（ゼウスの）子どもを宿しながら、花におおわれたナイル河に到着したからです。その所で彼女は、まれにみる栄誉に富む、亜麻の衣を纏う（エジプト人たちの）支配者たる彼を生み、死すべき者たちの中で最も力ある（詩句）を（明らかにしたのです）。そこから、アゲノルの息子、カドモス、7つの門をもつテーベでセメレの父となった者が来ました。そして、彼女は、ディオニュソス、すなわち飲み騒ぐ者たちを鼓舞する、（花冠をいただく）コロスたちの（主）を生みました[34]。

この作品の最終部分は、アテナイにおけるディーテュラムボス競技への言及であると思われる。このディーテュラムボスが、長さにおいて、彼の運動競技捷利歌や他のディーテュラムボスよりも短いのは、1日だけで20ものディーテュラムボスが上演されなければならなかった事情を反映している。この作品に限らず、バッキュリデスのディーテュラムボスはすべて、伝説からとった一場面をやや超然とはしているが、絵画的な様式で取り扱うという共通点をもっている。ことばの面では、「大胆な」ものはまれであり、手の込んだ複合語もほとんどなく、忘我もしくは興奮は抑えられている[35]。韻律の面では、通常のアイオリコスの要素やダクテュリコスの要素が結合されている[36]。

この作品以外では、バッキュリデスのディーテュラムボスはあまりディオニュソスに言及することはない。こうした非ディオニュソス的傾向は、

---

34) No. 19 *Greek Lyric* Ⅳ, 232-235. B. Zimmermann, *Dithyrambos*, 101-103.
35) A. Pickard-Cambridge, *Dithyramb*, 29-30.
36) T. B. L. Webster, *The Greek Chorus* (Methuen & Co Ltd, 1970) 103.

ピンダロスによって批判された。この傾向はアテナイで始まった。前5世紀においてディーテュラムボスは、キュクロス・コロス（円形コロス）として、とりわけコロスによる抒情詩演奏として、ディオニュソスはもとよりその他さまざまな神々の祭礼の折りに、競技形式で上演された。結局、それらはポリス生活における国家が担う政治的な機能を果たした。そのため、ディーテュラムボスはディオニュソスの讃歌としての性格を失い、愛国的な詩となるに至った[37]。

　その後の時代には、それまでとは異なるディーテュラムボス観が現れる。前5世紀の中葉からは、ディーテュラムボス競技のために歌を作るのは、もはやピンダロスやバッキュリデスのような、コロスによる抒情詩のすべての分野に通じている伝統的な詩人ではなくなった。その仕事は、ディーテュラムボポイオス（διθυραμβοποιός）という明らかな専門家に委ねられるようになる。したがって、バッキュリデスは、さまざまな点で、ディーテュラムボスおよびコロスによる抒情詩の分野における、新しい区分への入口に立つ人物であると見ることができる。彼は、ピンダロスのようにコロスによる抒情詩演奏での全分野で活躍した。しかし、ピンダロスとは違い、演劇の同時代的影響に対しても自らを開いていた。この点では、次に続くディーテュラムボス専門家の世代、新しいディーテュラムボスの時代の先駆けであると言えるかもしれない。

4．民主制最盛期と古典文化の開花

　前479年、プラタイアイの戦いの勝利によりペルシャ軍をギリシャ本土から撤退させた後、ペロポネソス戦争が始まる前431年までのおよそ50年は、アテナイ民主制が最終的完成を遂げ、内においては市民団が他

---

37)　Cf. B. Zimmermann, *Dithyrambos*, 116.

の二身分、すなわち在留外国人と奴隷とを支配し、外に対してはデロス同盟加盟諸市を支配するという機構を明確に整えた時期であった。この時期であるからこそ、パルテノン神殿によって象徴される完成度の高い文化の諸領域が産まれた。そうした政治・文化の成熟の基盤にあったのは、前477年、デロス同盟の結成、そして前454年、デロス同盟金庫のアテナイへの移転という措置である。アテナイは、デロス同盟から多大の政治的、軍事的、そし経済的利益を汲み上げた。このギリシャ最盛期の象徴はペリクレスである。前464年、民主派の指導者エピアルテスは、同志ペリクレスと計り、貴族勢力の牙城アレオパゴス評議会の実権を奪うために、クーデターを起こし、これに成功した。ペリクレスらは、若干の権限を除いては、この会議に属する他のすべての権限を、500人評議会、民会そして民衆法廷に移すことに成功した。この改革はペリクレスの存在を際立たせ、アテナイ民主制成立史に終止符を打った[38]。エピアルテスの改革後も、貴族派の勢力は執拗な抵抗を企てた。親スパルタ派のキモンが追放された後、これを継いだトゥキディデス(同名の歴史家とは別人)による抵抗があった。ペリクレスは、民衆を自派に引きつけるために、法廷手当、観劇手当の創始、アルコン就任資格の農民級への引下げ、アテナイ人を両親にもつ男子にかぎりアテナイ市民資格を認める、いわゆる市民権法の立法といった古典期のアテナイ国家のあり方に重要な関係を持つ施策を次々に提示し、前443年、トゥキディデスの追放をもってペリクレス時代の到来に至る。

　古典文化の開花は、ペリクレスによる文化保護政策という政治的要因に負うところが大きい。これの基盤となったのが、既に述べたように、デロス同盟金庫のアテナイへの転換によって、金庫の財の流用が容易になったという経済的要因である。しかし、アテナイの地理的要因も見逃せな

---

38)　伊藤貞夫『古典期アテネの政治と社会』(東京大学出版会、1993年) 77-78。

い。理想的な貿易港ペイライエウス、そこへとエーゲ海各地は人材と思想とをもたらした。アテナイは、外からの文化に対しては常に受容的な姿勢を保持してきた。しかし、なんといってもアテナイ文化隆盛の決定的な要因は、非常に高水準の市民団という社会的要因である。アテナイ民主制の盛時の市民団の特徴は、平等性ということである。貴族と平民という身分差は、実質的意義を失い、市民団の一体化が達成された。政治的にはもちろんのこと、社会的・経済的にも成員相互の従属関係は認められない。富裕市民の致富の程度は、他の世界の例に比べて非常に低い。上層市民の生活は、ペリクレスの家の場合がそうであるように、つつましいものであった。他方、中・下層市民は、蓄財の程度においては劣るといえども、なお独立の農民であり、商人であり、また手工業者であった。彼らは、他人に使われることを極端に嫌った。それは、奴隷の役目であり、市民には相応しくないというのが、ポリス市民の通念であった。古典期のポリスは、成員の社会的・経済的地位が、かなりの程度、平均化している社会であったと言える。市民について言えば、各自が、ポリスの存在を重視し、その成員であることの強い自覚をもって、神事や政治を始めとするポリスの活動に積極的に参加する、いわば「政治人間」(homo politicus)であった。ポリスに対して献身的なこのような市民団があったからこそ、前5世紀、とりわけペリクレス時代におけるアテナイ文化の輝かしい達成がなされたのである。その象徴は、パルテノンを始めとする一連の神殿建築事業である。その完成度の高さに比べて、それは驚くほど短期間になされた。この事業の全体を統括したのが、ペリクレスの友人、彫刻家ピディアスである。ペリクレスの師は哲学者アナクサゴラスである。その他当代一流の人物との交遊が伝えられているが、なかでも悲劇作家ソポクレスとの終生にわたる交遊を忘れるわけにいかない。文化は社会なしに存在しない。文化は社会の所産である。その限りにおいて、文化は社会を映し出す鏡である。アテナイの社会は、民主制の揺籃期から完成期へと発展してきたので

あるが、この社会の発展は、はたしてどのような仕方で文化に投影されているだろうか。

　この問題に関連してウェブスター（T. B. L. Webster）は、ギリシャの芸術には、単純な形式──複雑化──新しい単純な形式、というパターンの繰り返しが認められるという興味深い指摘を行っている[39]。その例として、抒情詩の場合も取り上げられている。その指摘によると、最初期の抒情詩は、同数の詩句を有する単純な構造であり、歌の部分は通常よりも1音節短い詩句によって区分されている。しかし、前7世紀のアルクマンになると、詩の連は非常に鋭く繰り返され、明瞭にそれらは韻律において互いに異なる3つの部分に分かれるが、依然として非常に単純である。前6世紀初めのステシコロスになると、3連1組の形式はより複雑化し、それぞれの連は、同数の詩句を有するストロペー、アンティストロペー、および変形のエポーデーを構成する。そして、前5世紀のピンダロスとなると、3連1組の形式は踏襲されてはいるが、韻律が非常に複雑化してくる。こうして複雑化の過程は頂点に達する。ところが、その後、おそらく前5世紀後半から前4世前半にかけて、新しい音楽が起こり、これによって単純化現象が始まる。形式にとらわれない長い前奏が導入され、歌全体は、自由な詩句の長い合成体ともいうべき形をとるようになる。そして、この新しい運動以後の抒情詩は、さらに単純化の道を逆行し続け、ついには昔ながらの単純な形式に立ち返ることになる。同様な傾向は、ドラマや地図の分野にも認められることを、ウェブスターは指摘している[40]。

　抒情詩におけるこのような複雑化の過程、複雑化の極致、その後の単純化の過程というパターンは、ギリシャのポリス世界を代表するアテナイの民主制における社会の発展と完成、そしてその後のポリスの変質と凋落という社会の現実を反映していると見ることができるのではないかと思われ

---

39)　T. B. L. Webster, *Athenian Culture and Society*, 268-269.
40)　T. B. L. Webster, *Athenian Culture and Society*, 26-32.

る。ペリクレス時代において民主制の完成を見たのも束の間、前431年には、スパルタとのあいだにペロポネソス戦争が起こる。その後、アテナイ帝国の栄光は、少しずつかげり始める。この現象は、初めは目には見えないほどであるが、やがてその加速度を増し、ペロポネソス戦争における惨めな敗北を経て、やがてついには前322年、ラミア戦争の終結をもって、アテナイ民主制は終焉する。このようにアテナイ民主制社会が完成から衰退へと移行して行く過程と並行して認められるのが、ピンダロスやバッキュリデスの完成度の高いディーテュラムボス音楽の後に、新しい音楽運動が台頭してきたという現象である。この並行関係は、単なる偶然ではないであろう。社会の変化と文化の変化は密接なつながりがある。社会が変わるとき、必然的に文化も変わるのである。

第2章　ポリス社会の変動と「新音楽」運動

　この章では、ペロポネソス戦争を境に始まったと見られるポリス社会の変動に伴い流行し始めた、多様性と娯楽性を特徴とする「新音楽運動」の内容と、それがアテナイ社会に及ぼした影響について考察する。

1．ポリス社会の変動

　新しい音楽運動は、メロス島出身のメラニッピデス（前450-400年頃作曲活動）あたりから目立ちはじめ、その他プリュニス、キネシアス、テレステス、ティモテオス、そしてピロクセノスらによって展開されて行く。その中で、一番重要なのはティモテオスである。この新しい傾向が展開していった時期は、ペロポネソス戦争開始以後、次第にアテナイのポリス社会がくずれを見せて行く時期と重なる。

　前435年、エピダムノスにおける内乱に端を発し、前431年5月、スパルタ王アルキダモスの率いるペロポネソス同盟軍がアッティカに侵入した時から、以後27年にわたるペロポネソス戦争が開始した。この戦争がアテナイ社会に、ひいてはギリシャのポリス社会に及ぼした影響は甚大なものがある[41]。トゥキディデスは、戦争の原因として誘因と真因の2つを指摘する。すなわち戦争の誘因は、前435年、ギリシャ本土西北岸の植民市エピダムノスの党争をきっかけとして、ペロポネソス同盟の有力市

41）　以下の記述については、秀村欣二、伊藤貞夫『世界の歴史2　ギリシャとヘレニズム』（講談社、1976年）238-289；『村川堅太郎古代史論集I　古代ギリシャの国家』第6章「ギリシャの衰退について」（岩波書店、1986年）173-215を参照。

コリントスとアテナイとの関係が極度に悪化したことにある。しかし、真の原因は、前5世紀のギリシャを導いてきたアテナイとスパルタとの対立、それも成長著しいアテナイに対してスパルタが脅威を覚えたことにある。開戦を前にペリクレスが取った戦略は、一種の籠城作戦であった。それですべてがうまくいくかに見えた。しかし、早くも翌年6月、予期せぬ事態が生じた。おそらくペストと推測される疫病が、またたくまにアテナイ市内に広がり、このためにアテナイは翌429年にかけて人口の三分の一を失ったと言われる。伝統的な国家宗教は、疫病に対してはまったく無力であることを露呈した。外国の神であるアスクレピオス神の評判が高まり始めたのは、おそらくこの時期ではないかと思われる。人々は、病気に対して効果がある、新しい呪術的な宗教を期待するようになった。かくして、前420年、束の間の平和時に、神聖な蛇によって象徴されるアスクレピオスが荘重にアテナイに導入された[42]。ポリス宗教の絆のゆるみを暗示するかのような出来事である。

　さて、前429年秋、ペリクレス自身も戦いの前途を見届けないまま、疫病で死んだ。その死は、アテナイ政治史における転位点とも言うべき出来事であった。彼以前の政治指導者たちは、彼自身を含めて、民主制を志向した人たちであるとはいえ、社会階級の面では貴族に属し、比較的広い土地に生活の基盤を置く富裕者であった。それに対して、ペリクレス後のアテナイ政界の指導者たちは、クレオンにせよ、ヒュペルボロスにせよ、クレオポンにせよ、そのほとんどが手工業経営者であった。彼らはみなペリクレスのような卓越した政治家ではなく、むしろ凡庸な者たちであった。このことが、以後のアテナイの政局とポリスとしてのアテナイの存立に暗い影を落とすことになる。彼らは大局観に欠け、あくまでも好戦主義を貫き、主導権を握るために民衆に迎合した。民衆の側もそれを歓迎し

---

42)　E. R. Dodds, *The Greeks and the Irrational* (University of California Press, 1951) 193, 110-116.

た。戦争によってより多くの入植地を獲得できるのではないかという期待と奴隷や戦利品への欲求は、特に下層民のあいだで強かった。奴隷のするような勤労、特に手工業的労働を卑しいとし、もっぱら戦士であり政治人間であるところに自己同一性を見出すのが、ポリス市民に共通した意識であった。

　したがって、主戦論者たちが、和平派に対して優位を占めたのは当然である。なかでも、主戦論者アルキビアデスの登場は、アテナイにとって致命的な打撃を与える結果となった。彼は、自分の野心のためには国家の利益を犠牲にしてもかまわないという性格の人物であった。彼はシケリア遠征論を唱えそれを強行したのであるが、本国からの召還命令に背いて、こともあろうにスパルタに亡命した。そのため、前413年夏、アテナイ軍はシケリア・スパルタ連合軍に敗れ、みじめな投降を余儀なくされる。同じ年、追い打ちをかけるかのように、実にアルキビアデスの入れ知恵によって、スパルタは、アッティカ東北部一集落デケレイアを恒久的に占拠した。これによってアテナイはエウボイア島との交易を抑えられ、絶えずスパルタ軍による破壊にさらされ、国力の消耗は進む。さらに追い打ちをかけたのが、スパルタとペルシャの提携である。前411年、スパルタは、デロス同盟からの離脱を企てたイオニア諸都市を助けるとともに、ペルシャと盟約を結んで、これら諸市に対するペルシャの再支配を認める代わりに、軍資金の援助をペルシャに仰いだ。その後、アテナイは、前405年、アイゴスポタモイでの完敗、翌年の全面降伏へと至り、ついにその栄光を喪失してしまう。しかし、アテナイにとって幸いであったのは、アテナイに対する厳罰を要求したペロポネソス同盟諸市に対して、スパルタは寛大な条件でアテナイとの和議を成立させたことである。もしこの寛大な措置がなかったなら、戦後のアテナイは急速な経済復興を見ることはなかったであろう。それどころか、もしテバイとコリントスの主張が勝っていたなら、アテナイ人は奴隷にされ、アテナイは荒廃したであろう。偶然

の力は、はかり知れない。新しい音楽運動が保全されたのも、このような歴史の成り行きの中においてなのである。

　今や時代は変わった。マラトンの勇士、重装歩兵たりうる中堅市民は、いにしえの存在となった。名門貴族も過去の人となった。替わって、新しい階層が政治の指導権を握るようになる。無産市民と共通の利害と意識をもつ手工業経営者たちがそれである。新しい指導者の登場は、政治運営方式に大きな変化をもたらした。かつての指導者たちは、血縁や姻戚関係で結ばれた人々や、彼らを支持する一部の市民たちの助けによって政権を実現していた。しかし今や、クレオンら新しい指導者は、民会に集う一般市民に呼びかけ、彼らの支持を唯一の拠り所として政策の実現をはからなければならなくなった。下層市民の発言が著しく増大した前5世紀中葉以降のアテナイにあっては、この層からいかに支持を得るかが政治運営そのものに大きく響いた。デーマゴーゴス（δημαγωγός）たちは、民会の多数を占める下層市民の欲求と動向を敏感に察知し、それに政治的表現を与えることに腐心した。ここに、デーマゴーゴスが不見識へと陥りやすい素地がある。それは、官僚組織も政党組織ももたないポリス民主制の構造的欠陥と、それと相まって政治の担い手であるアテナイ下層市民の政治意識の低さによって生み出される。民主制の欠陥につけこみ、2度だけ寡頭派政権樹立が企てられた。前411年の「400人の支配」と404年の「30人僭主」である。しかし、これらはいずれも短命に終わる。なんといっても前5世紀中葉に完成された民主制は、すでに多数の市民の、ことに下層市民の利害に密着した国制になっていた。アテナイ民主制は、以後1世紀ほども不動の制度として存続する。しかし、それは、民主制が次第に衰えを見せてゆく時代でもある。東方にひかえるペルシャの隠然たる勢力、加えて前4世紀中葉、急速に台頭してきた北方のマケドニア王国からの強烈な圧力のため、もはやかつての帝国的威力をもたないアテナイは屈伏を余儀なくされる。前337年、マケドニア王ピリッポスはコリント同盟（ヘ

ラス連盟）を成立させた。同盟が掲げた原則は、加盟諸市の自由と独立を保証するものであった。しかし、実際には国制の基本的あり方の変更や、経済上の抜本的改革は、マケドニア王の意向によって禁止された。これによって、アテナイは、そしてギリシャのポリス世界全体は、長い間誇り高く維持してきたポリスの自由と政治的独立をついに喪失した。前322年、ラミア戦争の終結後、マケドニア軍駐留の下で、一種の寡頭制が成立した。これをもってアテナイ民主制は事実上崩壊した。国家としての独立も終わりを告げた。

　ペロポネソス戦争がギリシャ世界に与えた影響は甚大であった。ギリシャのポリス世界は、この戦争を転機に衰退の道を歩み始めた。新しい音楽運動が展開した時期は、おそらくポリス凋落の道行きの前半部分と重なると思われる。この時期に、いくつかの特徴が認められる。一つは、市民共同体意識のゆるみである。前4世紀になると、各デーモスで外国人不正入籍が行われるようになった。このような市民団の閉鎖性のゆるみは、すでにポリスのレベルでも徐々に進行していた。前5世紀末、ペロポネソス戦争のさなかにおいて、外国人に対する市民権の賦与、および外国人身分のままで不動産所有権が賦与される事例が見えはじめ、前4世紀には漸次増加の傾向を示すようになる。かつてあれほど市民団の枠組みを固く守った市民たちの意識が、ここに至って弱くなりつつあったことが推察される。このような事態が起こった大きな原因として考えられることは、相次ぐ戦闘のため死んだ多くのアテナイ人の欠けを補充する必要があったという事実である。イソクラテスの報告によると、前458年のエジプト遠征以来、アテナイは多くの市民の命を失った。毎年共同墓地が一つ建てられた。他方、部族組織や市民名簿のほうは、アテナイとは全然関係のない人々でいっぱいに満たされていた。「貴族はすっかり凋落してしまっている。あらゆる辺境の地から当てずっぽうに市民集めをしているようなポリスは不幸だ」とイソクラテスは語る[43]。発言権を増すに至った下層市民

にこのような粗製乱造の市民が加わると、民会がどのようなレベルに低下するかはおよそ察しがつく。民衆はわずか3オボロスが目当てで民会に出席する。それは、政治への参加ではなく、日雇い仕事である[44]。もはや一流の人物たちが出る幕はない。彼らは政治から離れるようになる。アリストパネスは、おそらく前392年に上演された「女の議会」のなかで、一流の人物は国家や世間の外に生きていた姿を描いている[45]。それだけではなく、アテナイを去っていく著名人は後を絶たなかった。古くにはシモニデスとアイスキュロスはシケリアへ、その後エウリピデスはマケドニア、ヘロドトスは南イタリアへと去って行った。アテナイに留まった最も著名な人たちでさえ、政治参加の情熱を失っていた。市民共同体意識の低下を嘆いたイソクラテスは、その向上のために身を挺する代わりに、国家から身を遠ざけ、民事問題にはけっして関与しなかった。彼は、私的職業活動としての雄弁と教育とにもっぱら熱意を注いだ[46]。哲学者たちも続々と国政から離反していく。アゴラやプニュクスへ行く道を知らない哲学者さえいた。アンティステネスとディオゲネスは、完全に世界市民としてふるまっている。アリスティッポスと快楽主義学派の人たちは、哲学者はどこにあっても異邦人であると表明している。デモクリトス、ヒッポクラテス、エウドクソスらは博捜による学識のなかに楽しみを見出した。この傾向は、エポロスやテオポムポスらの歴史家にも見られる。エピクロスは、「隠れて生きよ」（λάθε βίωσας）[47]という要請によって、国家だけでなく世に知られることも避けた。そこには国家と人間に対する諦めの気持ち

---

43) Isocrates, *De Pace*, 86ff; J. ブルクハルト『ギリシャ文化史』（筑摩書房、1993年）V巻、14を参照。
44) Aristophanes, *Ecclesiazusae*, 295ff; 388ff.
45) Aristophanes, *Ecclesiazusae*, 112ff.
46) J. ブルクハルト『ギリシャ文化史』（筑摩書房、1993年）V巻、85。
47) Plutarchus, *An recte dictum sit latenter esse vivendum* (*EI ΚΑΛΩΣ ΕΙΡΗΤΑΙ ΤΟ ΛΑΘΕ ΒΙΩΣΑΣ*), 1128c2.

が潜んでいる[48]。民主制アテナイにおける国政からの離反を示す特別の形態として認められるのが、古い時代に設立され、ずっと存続してきたものを賞賛する傾向である。たとえば、エジプト好み、およびエジプトを模倣するかぎりでのスパルタに対する熱狂がそれである[49]。国政からの離反は、盛時アテナイ国家の象徴ともいうべき運動競技からの離反を招く。過度の体育教育は疑問視され、戦車競争も軽蔑されるようになる[50]。このように前4世紀のアテナイには、完全な崩壊を告げるのはまだ先のことであるが、最盛期の民主制には見られない一種のくずれが認められる。総体的に見て、この時代は衰退への過渡期であった。「30人の支配」が失敗した後、前403年に復活した民主制は以後安定した歩みを続ける。ポリス民主制の理念と現実のあいだには隔たりが広がりはじめるが、前5世紀と比べて、制度の面ではむしろ精緻の度を高めている。一時停止されていたペリクレスの法の復活、および市民と外国人との通婚を規制する新たな法の制定によって、市民たちの共同体意識のゆるみに対してそれなりの対抗策も講じられた。

このアテナイ民主制崩壊への過渡期にみられるもう一つの特徴は、経済の繁栄である。ペロポネソス戦争の敗戦国アテナイが、なぜ戦後急速な経済復興を遂げたかといえば、それはペルシャに負うところが大きい。戦争終了後、ペルシャは、イオニア諸都市の支配をめぐってスパルタと争う。そのため、ペルシャは、アテナイ、コリントス、アルゴス、そしてテバイを唆して、スパルタとの戦端を開かせる。前395年、コリントス戦争の始まりである。この戦争は、前386年、「大王の和約」をもって終結す

---

48) J. ブルクハルト『ギリシャ文化史』V巻、85-86。
49) Isocrates, *Busiris*, 15ff, 20（階級制度の賞賛）; 24（エジプト人の信心深さへの賞賛）。
50) Aristoteles, *Magna Moralia*, 1185b1-30. Aelianus, *Varia Historia*, 2. J. ブルクハルト『ギリシャ文化史』V巻、89-90。

る。実は、この対スパルタ牽制策はアテナイに多大の経済的援助をもたらし、アテナイは著しく国力を回復した[51]。これによって、ペルシャ戦争以後、アテナイが経験してきた異例とも言えるほどの流通経済の発展は途絶えることなく、前4世紀に入ってからも、アテナイは東地中海における絶好の通商基地として栄える。アテナイは、穀物を輸入し、特産のオリーブや陶器を輸出した。ラウリコン銀山産出の銀による良質のアッティカ銀貨も、交易の有力な武器となった。手工業においても、数十人から数百人を越える奴隷を使役した大規模な工場が、前5世紀末から4世紀にかけて数例知られている。興味深いことに、リュシアス、イソクラテス、デモステネスらの弁論家が、そろってこの手工業経営者の家柄の出であった。しかし、国内の手工業を育成するための保護関税や輸出奨励策は、およそポリス市民の念頭にはなかったようである。国家が積極的に経済活動に参加するという考え方は、ギリシャ人には無縁である。手工業的労働は、市民がすることではなく奴隷の仕事であった。とはいえ、下層市民までもが労働をせず、国家からの給付金だけで遊び暮らしていたわけではない。

　ジョーンズ（A. H. M. Jones）によると、評議員になることができるのは、一生のうち2年だけであった。議会への出席も、一年に30日出席したとして1ドラクマの報酬である。祭礼に出席して得られる観劇手当ては2オボロスであり、運良く陪審員に選ばれても、報酬はわずか3オボロスである。これらの数字によると、一人が食べていくのにやっとというところである。大多数の市民は、生活のために労働をしなければならなかった。この場合の労働とは、主として、自分の所有地における農業労働である。国家からの給付金は、政治参加のために失われた労働時間の損失を償うだけのものであった[52]。前4世紀中葉もしくはそれ以後のアテナイの社会構造について見ると、20歳以上の成人男子は約21,000人で

---

51) 秀村欣二、伊藤貞夫『世界の歴史2　ギリシャとヘレニズム』264-269、275。
52) A. H. M. Jones, *Athenian Democracy* (Basil Blackwell: Oxford, 1966) 17-18.

あり、市民以外の自由人は約10,000人、そして奴隷は多く見積もっても約20,000人である。これは、小麦の消費量から割り出した数である。推定約62,000人の自由人の成人、もしくは子どもを含む推定約124,000人の自由人に比べて、奴隷の数が一般に考えられているよりも少ないことが知られる。21,000人の市民のうち、その60％に当たる約12,000人が、5エーカー以下の小土地所有農業従事者として、あるいは5人以下の奴隷を使役する職人または商人として、あるいはまた臨時労働者として生計を立てていた。残りの40％に当たる約9,000人が、20ムナ以上の財産保有者であり、重装歩兵として国家に奉仕することができ、そのうち約1,000人の最富裕者は、騎兵になることができた[53]。この9,000人のうち3,000人は、20-25ムナの財産保有者であり、5-6エーカーの家と家畜付きの農場を所有していた。残り6,000人の市民は、25ムナ以上の財産保有者であり、固定資産税支払者でもあるが、彼らの多くは比較的貧しい生活をしていた。アテナイの上層市民はおよそ1,200人、約300家族であった。この小グループに富が集中していた。このようにアテナイの社会は、一方において上層に非常に裕福な少数者、他方において下層に多数の臨時労働者という構造をもっていた[54]。

　このような社会構造は、前404年のアテナイ帝国の喪失とアテナイの陥落に起因するところが大きい。これによって土地を失った農業従事者や、失業した軍船水夫、造船所労働者ら多くの下層市民は、生活のために他国の傭兵になることを余儀なくされた。前401年、イオニア支配のために派遣されていたペルシャ王の弟、キュロスが王位を狙って反乱を起こした時、頼りにされたのはこれらのギリシャ人傭兵たちであった。その指揮官に選ばれたのが、クセノポンである。他方、貴族主義の立場から見れば、成り上がり者の天下にすぎないアテナイの民主制において、手工業経

---

53) A. H. M. Jones, *Athenian Democracy*, 76-81.
54) A. H. M. Jones, *Athenian Democracy*, 85-90.

営者たちは相変わらずの交易ブームに乗って、ますます繁栄の度を強めていった。こうして前4世紀のアテナイはブルジョワ的傾向を示すようになる[55]。国外に活路を見出そうとしたのは下層市民だけではない。クセノポンのように富裕な家に生まれ、貴族主義的な考えを持つ者たちも、デーマゴーゴスらによる徹底した民主制に居心地の悪さを感じた。アテナイのよき時代に生涯の大半を送り、アテナイ市民に徹した彼の師ソクラテスと比較して、半世紀近く外国生活をしたクセノポンの生き方は、伝統的なポリス市民のあり方とはかなり異なっている。そこには新しい時代の動きが反映していることが読み取れる。

　プラトンとアリストテレスが生きたのは、アテナイのポリス社会が徐々にくずれつつあった時代である。二人が共に、ポリス社会の考察に力を入れるのは理由なきことではない。ヘーゲルが言うように、「ミネルウァのフクロウは迫り来る夕暮れにやっと飛び始める」[56]。ギリシャの最高の哲学者たちによって、ポリスが理論と実証の両面で精密に考察されたその事自体が、ポリスの成熟と衰退、その歴史的使命の完了を暗示すると見ることができるかもしれない[57]。時代が下って、前4世紀後半に活動したデモステネスとイソクラテスの対照的な生き方は、この歴史の成り行きを傍証するかのようである。デモステネスはポリス世界の凋落に抵抗し、ポリスの存続のために徹底抗戦を主張した。前323-322年のラミア戦争で祖国がマケドニアに屈伏したとき、彼は命を絶つ。他方、イソクラテスはポリスの枠を将来の発展への妨げとみなし、マケドニアとの和平を強く主張する。ギリシャ世界の争乱[58]、諸ポリス内部における抗争と無産市民の増

---

55) A. H. M. Jones, *Athenian Democracy*, 9-10.
56) G. W. Hegel, *Grundlienien der Philosophie des Rechts*, 序文 : "Die Eule der Minerva beginnt erst mit der einbrechenden Dämmerung ihren Flug."
57) 秀村欣二、伊藤貞夫『世界の歴史2　ギリシャとヘレニズム』273-274 を参照。
58) 前380年代はアテナイ社会の転換点であった。この頃から前330年代にかけて、ギリシャ社会は急激な変化を体験する。この時期において、長年大切にされ

大という深刻な問題を解決する力は、もはやポリス内部にはない。イソクラテスはマケドニア王ピリッポスに、ギリシャの統一と、その上でのペルシャへの東征を期待する。その判断はある意味では正しかった。カイロネイアの戦い、コリントス同盟の成立、そしてアレクサンドロスの東征と、歴史は彼の主張に沿って進んでいった。しかし、ポリス世界にとってマケドニア王によるギリシャ世界の統一が何を意味するのかを考えるとき、アテナイを初めとするギリシャ諸ポリスの難局打開という当初の目的は、ついぞ達成されないまま終わったことを思い知らされる。

2．人間と文化の変容

　ポリス社会の変動は、その社会を構成する人間と人間が生み出す文化とに影響を及ぼさずにはいられない。すでに見たように、アテナイ民主制の変化が市民共同体意識にくずれをもたらした。そして、くずれかけた市民共同体意識が、反対に、ギリシャのポリス世界の凋落にさらなる拍車をかける。エーデルシュタイン（L. Edelstein）が言うように、政治の変化と市民の変化とは相互に作用し合う[59]。もはや共同体中心の生活をすることができなくなった市民は、個人中心の生活に移行してゆく。市民の活力は、国政への参加にではなく、経済活動と文化活動とに投与されることになる。「政治人間」(homo politicus) は、「経済人間」(homo economicus) もしくは「知識人間」(homo intellectualis) に変容する。たしかに旧体制の崩壊を嘆く人々はいた。アンティステネスとアリス

　　　てきたポリスの「自由」と「自律」とにくずれが生じる。各ポリスは、互いに相手を自分に隷属させ、相手のポリスの資源を用いて自分の戦争と野望を貫徹しようとした。Cf. J. K. Davies, *Democracy and Classical Greece* (Sussex: The Harvester Press, 1978) 168-9.

59)　L. Edelstein, *The Idea of Progress in Classical Antiquity* (The Johns Hopkins University Press, 1967) 57.

ティッポスは、文明を成り立たせている諸前提に疑問を投げかけた。キュニコス派は、文明そのものを完全に否定した。しかし、文明や進歩を頭ごなしに否定する人たちは、今や時代遅れであり、少数であった[60]。大多数の人たちは新体制の流れに沿って生きた。プラトンは文明の進歩を社会が発展するための機会と見なした[61]。イソクラテスはアテナイが人類にもたらした文明を賞賛した[62]。アリストテレスは原始的な考え方には我慢できなかった[63]。前4世紀の文化人を特徴づけるものは、過去に対する優越感、進歩感、自己主張、そして自分たちは新しいのだという意識である。プラトンとアリストテレスによって代表される知識人たちは、知的努力のあらゆる分野において大きな進歩が見られる時代に生きている、という確信をもっていた[64]。歴史家のテオポムポスは、かつての一流の歴史家も現代のそれに比べればたいしたことはない、と言う。偽ヒッポクラテス文書のある著者は、自分たちによる新しい発見は記録に値するが、かつての医者たちの医療は素人でもできるものだ、と言う[65]。彫刻家のリュシッポスは、人体を数的プロポーションによって表したかつての技法に反対して、人々を「そのように見える通りに」表した。イソクラテスは、かつて個人に対する賞賛は詩によってなされたのに対抗して、散文形式を使用し、その独創性を主張した[66]。アリストテレスは、ソクラテス以前の哲学者たちをおしなべて「昔の人々」呼ばわりしている。プラトンも、アナクサゴ

---

60) L. Edelstein, *The Idea of Progress in Classical Antiquity*, 58-62.
61) *Leges*, 678B. L. Edelstein, *The Idea of Progress in Classical Antiquity*, 63-64.
62) Isocrates, *Panegyricus*, 28-33.
63) *Politica*, 1269a4-8, 1268b39ff.
64) *Leges*, 967AB. Iamblichus, *De Communi Mathematica Scientia*, 26=Aristoteles, *Fragmentum* 53 (Rose); cf. *Fragmentum* 52 (Rose)=Euclides, p.28, 13 (Friedlein).
65) L. Edelstein, *The Idea of Progress in Classical Antiquity*, 70-71.
66) L. Edelstein, *The Idea of Progress in Classical Antiquity*, 71-73.

ラスを含むタレス以来の哲学者たちを「昔の人々」と呼んでいる。それほど遠い昔ではない世代の人々をこのように呼んだのは、この二人だけではない。弁論家イソクラテスも歴史家テオポムポスも偽ヒッポクラテス文書の著者も、それぞれの分野の先達を同じように凌駕されるべき古いものであると断言している[67]。過去に対する優越意識は当然音楽の分野にも表れる。音楽理論家のアリストクセノスは、彼以前には音楽について語るに足るほどのことを書いた人はだれもいない、と言うことができた[68]。

　旧い秩序からの解放と新しいものへの志向は、経済の繁栄に負うところが大きい。大工場と産業の数的増加、労働の分化、金融システムの発展、航海設備と航海技術の改良により一年中安全な航海が可能となり、その結果、輸出入が大幅に拡大したことなどの諸要因が相まって合理的な日常生活をもたらし、流通経済の洗練と近代化を促進した[69]。このような経済的基盤に支えられてこそ、前4世紀の文化人は旧い体制を克服し、自らの新しい活動に邁進することができた。政治の仕事は専門家の手に任されるようになり始めた。職業兵士たち、彼らを訓練する職業将軍、経済の専門家、そして外交官などが現れる[70]。そのため、市民はますますポリス生活から退却せざるをえなくなった。政治の面では、もはやかつてのようにポリスへの情熱と帰属意識とを持つことは難しくなり、生活の面では、贅沢はできないが食べるには事欠かない大多数の市民たちによって構成される社会は、安易で享楽的な生活に流されやすくなった。各個人は、パヌールギアー（πανουργία）をよしとし、脱税行為を行い、国家公共への奉仕を回避しようとした。たとえば、前357年以来、三段橈船艤装のために設立された納税団体において、300人もの最も富裕な者たちが納税を回

---

67)　L. Edelstein, *The Idea of Progress in Classical Antiquity*, 73-74.
68)　L. Edelstein, *The Idea of Progress in Classical Antiquity*, 69-71.
69)　L. Edelstein, *The Idea of Progress in Classical Antiquity*, 81.
70)　L. Edelstein, *The Idea of Progress in Classical Antiquity*, 81-83.

避し、資力の劣る人たちに責任を押しつける不正行為が行われた[71]。戦時に民衆の財産を横領して、金持ちに成り上がる者もいた。たとえば、ボイオティア・コリントス戦争のあいだに、民衆の財産を平気で盗み、それが気づかれそうになれば、盗んだお金を使って危難をうまく逃れ、裁判沙汰になれば、その財力を使って身を救った者たちがいたが、リュシアスは彼らに対する弾劾演説を行っている[72]。金銭への執着は、前4世紀中葉のアテナイ人に共通して見られる特徴である。人々は、義務を果たす代わりに権利を主張した。労働に勤しむ代わりに享楽に耽ることを求めた。したがって、社会は腐敗せざるをえない。ごろつき、犯罪者、偽誓、偽証、強盗、私欲にかられた日常的な殺人などが、巷にあふれた。このような腐敗した土壌はパラシートス（παράσιτος）をはびこらせた。パラシートスはすでに前5世紀に存在し、当時はコラクス（κόραξ）と呼ばれていたが、パラシートスが栄えるのは、前4世紀に入ってからである。労働と俗業を軽蔑する時代になったからである。パトロンたちは、社交や暇つぶしやお世辞を求めた。その求めに応じてパラシートスは、いわば社交の必要悪として登場した。力強い政治の時代であったなら、こういった寄生植物的存在がはびこる余地はなかったであろう。ポリスの民会において、民衆に取り入るデーマゴーゴスが人気を博した時代であるからこそ、宴会という「小さな民会」においても、主人に取り入るパラシートスが愛顧をこうむる。へつらいとおべっかという点で、デーマゴーゴスとパラシートスには対応関係が見られる[73]。

享楽を求める時代には享楽に理解を示す国家が要請される。こういう状況を背景に、前354年、財政家のエウブロス（前405頃-335年頃）[74]

---

71) Demosthenes, *De Corona*, 103. ブルクハルト『ギリシャ文化史』V巻、15。
72) Lysias, *Contra Epicratum*, 6.
73) ブルクハルト『ギリシャ文化史』V巻、107-111。
74) 伊藤貞夫『古典期アテナイの政治と社会』32、90。

がその財政的手腕をかわれて政治指導者となり、15年間アテナイを統治する。エウブロスの統治の前半は、ちょうどプラトンの晩年と重なる。この時期にプラトンは『法律』を書き続け、前347年、80歳で没する。エウブロスは、市民の求めに応じて、享楽に理解を示す政治を行った。彼は、一切は娯楽たるべしという考えのもとに、祝祭とこれに関連したテオーリコン（θεωρικόν, 観劇手当）の分配を、アテナイ人の生活における主要なことがらとして実施した。実に祝祭の予算案が国家の最重要事となった。平和時の支出に対する余剰金は、すべて祝祭のために使用されなければならなかった。これは余剰金が戦争のために使用されることを防ぐためである。それほど市民のあいだには平和への憧憬が強くなっていた。余剰金は、一人当たり2オボロスの割合で観劇手当として分配された。かつてペリクレスが貧しい市民のために制定した観劇手当は、今や暮らし向きの豊かな人にも与えられるようになった。21,000人の市民のうち約18,000人が、観劇手当を受け取ったと推定される[75]。観劇手当は、政治面ではある意味で民主制の接着剤としての役割を果たした。すべての階層の市民たちが、それを有益なものと考えたからである。貧しい者は、観劇手当のおかげで、良心の呵責なしに祝祭を楽しむことができた。富裕な政治指導者たちは、平和政策推進のための強力な武器として観劇手当を利用することができた[76]。このような状況は、伝統的なポリスの存続のために徹底抗戦を主張するデモステネスにとって、まことに憂慮すべき事態であった[77]。しかし、時代はすでに平和主義に傾いていた。イソクラテスは、侵略戦争を繰り返したことがアテナイをだめにしたという見解のもとに、今後はあらゆる戦争を断念するようにアテナイ人たちに説いた[78]。エ

---

75) A. H. M. Jones, *Athenian Democracy*, 33-35.
76) A. H. M. Jones, *Athenian Democracy*, 34.
77) Demosthenes, *Philippic* 1. 35.
78) *De Pace*, 94ff, 104ff. ブルクハルト『ギリシャ文化史』V巻、22-23。

ウブロスの政策を支持する発言である。この発言は市民たちから歓迎された。イソクラテスの予想では、平和政策が行われるなら、市民は重い税金や戦時奉仕から解放され、安全に農業や航海に従事でき、ポリスが2倍の収入を得、外国人や在留外人で満ち、貧しいアテナイ人たちをトラキアへ移住させることができるようになるはずであった。しかし、彼の理想はユートピアに終わった。なぜそうなったのか。この平和政策は、アテナイが自分自身の努力によって平和を作りだすという能動的なものではなく、強国マケドニアの力によってギリシャのポリス世界に平和が作りだされることを求める受け身のものであったからである。そこには、ポリスの自由も自律もない。反マケドニア運動の先頭に立ったデモステネスの意図は、戦争そのものにではなく、盛期ポリスの自主独立のあり方をいのちがけで守ることにあった。訓練と節制の伴わない平和の演説は、一般大衆の怠惰と放縦を増長させるだけである。皮肉なことに、イソクラテスは、ほとんど病気と思われるほどの祝祭の喧騒や俗物根性を目の当たりにしなければならなくなる[79]。社交生活においても、「陽気な気分を求める病的欲望、真面目を断固としてやめようという病的欲望」が人々を支配した。饗宴において、謎解きができなかった者に対する罰盃遊びが特別に盛んになった。また、格闘選手や拳闘選手の真似をする職業としてのパントマイムも流行した[80]。享楽への傾きは食事にも現れる。中期喜劇作家エピカルポスの断片のおそらく4分の3は美食家の話である。人々は私宅で催されるシュンポシオンにだけではなく、カペーレイオン（καπηλεῖον, 公衆飲食店）にも足しげく通うようになる。特に下層市民がそうであった。魚商人が重要人物に成り上がり、料理人がお決まりの人物として喜劇に登場する[81]。こうして前4世紀の社会は贅沢化していった[82]。新しい音楽が

---

79) *Areopagiticus*, 53-54.
80) ブルクハルト『ギリシャ文化史』V巻、97-98。
81) ブルクハルト『ギリシャ文化史』V巻、101-105。

誕生し、自らを展開していくのは、以上に見たような、ペロポネソス戦争の頃から前4世紀中葉に至るこのような社会状況の流れに沿ってのことなのである。

3.「新音楽」運動

チャポ（E. Csapo）が指摘するように、「新音楽」は便宜上使用される表現である[83]。「ネア　ムゥシケー」（Νέα Μουσική, 新音楽）またはそれに類したギリシャ語表現は、ジャンル概念または画期的様式としては現存の文献に登場しない。新しい様式を用いた詩人音楽家たちは、「古風な」、「古い様式の」、「伝統的な」音楽と対比して、自分たちの音楽を「斬新な」あるいは「現代の」音楽と述べることはした[84]。しかし、古代の批評家たちが新しい様式の音楽について語るときには、むしろこれを「劇場音楽」（τὴν θεατρικὴν μουσικήν）というような、劇場と結びついた表現で呼ぶ傾向がある[85]。新しい様式の音楽は、演劇やディーテュラムボスのように、劇場で上演される音楽ジャンルに大きな影響を及ぼしたからで

---

82) ブルクハルト『ギリシャ文化史』V巻、121-125。以上に述べられたアテナイ民主制社会の姿は、寡頭制を支持する立場からの偏見であるという批判もあるかもしれない。A. H. M. Jones, *Athenian Democrasy*, 72 は、民衆が主権を有し、手ずから働いた下層の人々が政治的権利を十分に享受したという政治形態が、はたしてアテナイの哲学者や歴史家たちが言うように、本当に有害なものであるのかという疑問を提出している。

83) E. Csapo, "The Politics of the New Music," in *Music and the Muses*, eds. P. Murray and P. Wilson (Oxford University Press, 2004), 208.

84) Cf. Timotheus in D. Page, ed., *Poetae Melici Graeci* (Oxford University Press, 1962) 791, 202-203, 211-213, 796; Euripides, *Troades*, 512-515.

85) Aristoteles, *Politica*, 1342a17; Plato, *Leges*, 700A-701D; Aristoxenus, *Fragmenta*, 16, 29; Pseudo-Plutarchus, *De Musica*, 29. 1140d-f, 30. 1142d (σκηνική).

ある。新しい音楽の傾向を示す最初の徴候と思われるものは、前467年以前に死んだプリウスのプラティナスとの関連で知られる。スーダ辞典によると、彼は32のサテュロス劇と18の悲劇を作ったが、おそらくサテュロス劇に属すると思われる、コロスによる舞踏歌であるヒュポルケーマ（ὑπόρχημα）の断片（Fr. 708）の中で、伝統から逸脱したありさまに対して憤りを示している。というのは、オルケーストラ（ὀρχήστρα）が、雇われたアウロス奏者たちや踊り手たちによって占められたとき、アウロス奏者たちは伝統に従ってコロスの伴奏をする役割に徹する代わりに、コロスのほうがアウロス奏者たちの伴奏として歌ったからである[86]。このことから、すでに前5世紀前半においてアウロスの音が目立ちすぎる弊害が指摘されていたことが知られる。音楽における楽器の優位という傾向は、前5世紀中葉以降、漸次強くなっていく。しかし、アテナイ音楽史の曲がり角ともいうべきものは、何といっても前404年、アテナイの主導権の失墜である。その結果、かつての知的エリートたちが有していたポリス中心の考え方に対する反動が起こった。その特徴は、エーデルシュタイン（L. Edelstein）が指摘するように、市民のポリス社会離れと個人の幸せの重視である[87]。ペロポネソス戦争後の教育は、音楽以外のほとんどの分野においては保守的な傾向を保っていた。しかし、これは音楽にはあてはまらない。かつてはポリス市民としての無教養のしるしであった音楽における不器用は、新式の「紳士気取り」の勲章となった。アリストテレスは、楽器演奏の教育をむげに却下してはいないが、それが競技目当ての専門的な教育になることを否定している。音楽は市民が自ら演奏するものではなく、たんに鑑賞するだけのものになっていく[88]。こうして、

---

86) Athenaeus, *Deipnosophistae*, 14. 617b-f. B. Gentili, *Poetry and its Public in Ancient Greece, From Homer to the Fifth Century*, trans. Cole, A. T (Baltimore and London: The Johns Hopkins University Press, 1988) 27.

87) L. Edelstein, *The Idea of Progress in Classical Antiquity*, 57-59.

市民と専門家との分離、理論と実践の分離が起こりはじめる。プラトンが最低3年は必要だと考えた音楽教育の期間は、やがて2年に減らされる。ヘレニズム期になると、学校が設立されても、音楽教師は一人だけか、もしくは一人もいない場合があった[89]。ポリスから離反した市民は、音楽からも離反していく。

　前5世紀後半に始まると見られる「音楽革命」に関する史料は、偽プルタルコス、アテナイオス、アリストパネス、プラトン、アリストテレス、そしてアリストクセノスらによって提供される[90]。史料が言及する音楽形式は、演劇、ディーテュラムボス、キタロードス（κιθαρῳδός, キタラ弾き語り歌手）のためのノモス（νόμος, キタラの弾き語り歌手による独唱作品）である。新しい音楽運動に該当する主な音楽家は、メラニッピデス、プリュニス、ピロクセノス、ティモテオスである。彼らは、ディーテュラムボスとキタロードス用ノモスの両方を作った。ディーテュラムボスだけを作った音楽家には、キネシアスやテレステスらがいる。彼らは専門の音楽家であり、通常外国人であった。アテナイでの成功は、音楽家にとって世界に羽ばたく登龍門であった。たとえば、アテナイの演劇祭で優勝した悲劇詩人は、その後、ギリシャ世界へのツアーによって多額の金をかせぐことができた[91]。前4世紀以降の音楽家たちは、創作家（あるい

---

88) Aristoteles, *Politica*, 1339a-1342b.
89) M. I. Henderson, "Ancient Greek Music," in *The New Oxford History of Music* (Oxford University Press, 1957) 339-340. ヘレニズム期の教養と教育における音楽の衰退に関しては、H. I. Marrou, *A History of Education in Antiquity*, trans. G. Lamb (Sheed and Ward, 1956) 133-141 を参照．
90) A. Barker, ed., *Greek Musical Writings* I, *The Musician and His Art*, 2 vols., vol.1 (Cambridge University Press, 1987) 93.
91) T. B. L. Webster, *Art and Literature in Fourth Century Athens* (University of London, Athlone Press, 1956) 30. 悲劇詩人テオドロスは、デルポイのアポロン神殿のために70ドラクマものお金を寄付したと伝えられる。この行為の背景として、デルポイはツアーでやってくる演劇家たちにある種類の保証を与えていた

は「発見者」)であるよりはむしろ演奏家であった。彼らの活動の背後にはプロスタテース (προστάτης) と呼ばれる後援者たちがいた。このパトロンたちの関心は、もはや自分たちや子どもたちのパイデイアーにはなかった。詩人音楽家が名人芸を披露し、称賛を勝ち取ることが、彼らの主な目的となっていた。その目的達成のために、富裕者たちは惜しみなく金を出した。売れっ子のキタロードスには、1回のコンサートで軍船の1年分の維持費に相当する報酬が、もしくは一流のディーテュラムボスのコロスへの報酬以上のものが与えられた[92]。しかし、名声と高収入にもかかわらず、音楽家の社会的地位は医者や文法・修辞の教師よりずっと下であった[93]。前4世紀のコロスについていえば、少年たちは教育上の目的からいぜんとしてコロスの訓練を受けたが、成人市民の場合、その音楽の素養は急激に衰退したので、専門家がコロスに登用されなければならなかった。専門家は音楽の技術に長けた人ではあったが、教養ある人であるとはかぎらなかった。かつて喜劇は社会風刺の強力な武器であった。しかし、ペロポネソス戦争以後に作られたアリストパネスの喜劇を見ると、縮小化されたコロスが風刺の最後のきらめきを示すのみである。彼の後継者たちはコロスを廃止し、その代わりに様々な芸人による幕間劇を用いた[94]。喜劇はそのコロスの伝統を維持することができなかった。アテナイにおけるこの最良の音楽教育機関は、敗戦と共に事実上閉鎖された。そもそも古典期アテナイの喜劇は、政治や戦争との関連において音楽を論じた社会のために作られたが、社会がそのようなことがらから遊離した今、その存在意義を失ったのである[95]。

ようであることが示唆される。

92) Athenaeus, *Deipnosophistae*, 14. 663d; Demosthenes, *Meidias*, 155; Lysias, *Fragmenta*, 21.1-2. M. I. Henderson, *Ancient Greek Music*, 444.
93) M. I. Henderson, *Ancient Greek Music*, 401.
94) M. I. Henderson, *Ancient Greek Music*, 340.
95) M. I. Henderson, *Ancient Greek Music*, 340.

しかし、ディーテュラムボスはペロポネソス戦争後も生き残った[96]。その理由は、ディーテュラムボスのほうが広く民衆の心を魅了したことと、政治的野心をもつ富裕なパトロンたち、ひいてはポリスが、高額な公演費用を引き受けたからである[97]。音楽の専門家はパトロンの援助なしには立ち行かない。しかも、両者とも民衆の支持なしには成り立たない。民衆が観客として占める重要性は非常に大きい。その観衆は、前４世紀に入ると、演劇を例にとるならば、道義性を意に介さず、話の刺激性、舞台効果、俳優の名せりふなど、今日の「劇場」に属することがらに興味を示すようになる[98]。一方において、このような観衆があり、他方において、観衆の好評を得ることにより、市のディオニュシア祭のディーテュラムボス競技で優勝することに懸命な音楽家、およびその優勝によって自らの名声を高めようという野心を持つパトロンがあった。このような人々の社会であればこそ、新しい音楽が登場し、流行することができた。以下において、新音楽への知見を深めるため、この運動に属する主な音楽家たちの探訪を行う。

a. メラニッピデス（Μελανιππίδης）[99]

探訪のために時代をさかのぼる必要があるが、新音楽運動の先駆けで

---

96) ペロポネソス戦争後も、セリュンブリアのポリュエイドス（Πολύειδος）やセリヌースのテレステス（Τελέστης）など多数の音楽家が、アテナイでディーテュラムボスを演奏した。A. Pickard-Cambridge, *Dithyramb*, 52-55. M. I. Henderson, *Ancient Greek Music*, 394.
97) M. I. Henderson, *Ancient Greek Music*, 394-395.
98) T. B. L. Webster, *Art and Literature*, 30-31.
99) 新しい音楽運動については、H. Schönewolf, *Der jungattische Dithyrambos, Wesen, Wirkung, Gegenwirtung* (Giessen, 1938); I. Düring, "Studies in Musical Terminology in 5th Century Literature," *Eranos*, vol.43, 1945, 176-197; L. Richter, "Die Neue Musik der griechischen Antike," *Archiv für Musikwis-*

あるメラニッピデスは、おそらく前520年から516年のあいだに生まれた[100]。出身はメロス島である。前494/3年、アテナイで最初のディーテュラムボス優勝者となり、その後、マケドニアのペルディッカス王（前450-413年在位）の宮廷で一時期を過ごした。その活動時期は、おそらく前440年頃から415年頃までであったと推定される。この時期は、アテナイが未曾有の繁栄を見た「50年時代」と凄惨なペロポネソス戦争の時代との両方と重なる[101]。残存する作品は、『ダナイデス』(*Daneides*)、『マルシュアス』(*Marsyas*)、『ペルセポネ』(*Persephone*) の3つだけであり、いずれも断片である。これらがディーテュラムボスであるかどうかは明らかではない。むしろディーテュラムボスではない可能性が高いとみなす慎重論もあるが[102]、『マルシュアス』はおそらくディーテュラムボスではないかと思われる[103]。アテナイオスは、次のように伝えている。

ὅτι Μελανιππίδης διασύρει τὴν αὐλητικὴν λέγων ὅτι Ἀθάνα ὄργανα ἔρριψεν ἱερᾶς ἀπὸ χειρὸς εἶπέ τε· ἔρρετε αἴσχεα, σώματι λύμα, ἐμὲ δ' ἐγὼ κακότατι δίδωμι.

    senschaft Jg.25, 1968, 1-18, 134-147; A. Pickard-Cambridge, *The Dramatic Festivals of Athens* (Oxford University Press, 1970) 38-59; B. Zimmermann, *Dithyrambos Geschichte einer Gattung* (Vandenhoeck & Ruprecht in Göttingen, 1992) 117-147; M. L. West, *Ancient Greek Music* (Oxford University Press, 1992) 356-372 を参照。

100) 異説があり、S. Michaelides, *The Music of Ancient Greece*, 199 は、生年を前480年頃、没年を前414年頃としている。
101) D. A. Campbell, ed., *Greek Lyric* V (Harvard University Press, 1992) 4; M. L. West, *Ancient Greek Music* (Oxford University Press, 1992) 357-358.
102) H. Schönewolf, *Der jungattische Dithyrambos*, 27 は、3つともディーテュラムボスであると見なす。これに対して、A. Pickard-Cambridge, *Dithyramb*, 41-42 は、3つともむしろディーテュラムボスではない可能性が高いと見なす。
103) T. B. L. Webster, *Athenian Culture and Society*, 170-171.

メラニッピデスはアウロス演奏を嘲笑し、こう述べたそうである。アテナはその聖なる手から楽器どもを投げ捨てて、言った。「失せろ。恥ずべきものども。身体に暴行を働くもの。私はお前たちを破滅へ引き渡す」[104]。

マルシュアスは、アテナがアウロスを投げ捨てたとき、それを拾い上げて、アポロンに音楽の試合を挑んだサテュロスである。アポロンが試合に勝った。そして、おそらくメラニッピデスが使用した物語の版では、マルシュアスはアウロスの代わりにリュラを取ったであろう。この主題は、アポロンの祭礼であるタルゲリア祭において演奏されるディーテュラムボスにふさわしいものであった。

メラニッピデスは、前5世紀後半に始まる「音楽革命」の先駆者であると言える。偽プルタルコス『音楽について』(De Musica) において、ペレクラテスの喜劇『ケイロン』(Χείρων) の断片が伝えられている。旧い音楽と新しい音楽との競争を主題とするものであると思われる。断片は、やつれ果てた女の姿をした「ムゥシケー」に「ディカイオシュネー」がそのわけを尋ね、「ムゥシケー」が次のように答えるところから始まる。

ἐμοὶ γὰρ ἦρξε τῶν κακῶν Μελανιππίδης,
ἐν τοῖσι πρῶτος ὃς λαβὼν ἀνῆκέ με
χαλαρωτέραν τ᾽ ἐποίησε χορδαῖς δώδεκα.
ἀλλ᾽ οὖν ὅμως οὗτος μὲν ἦν ἀποχρῶν ἀνὴρ
ἔμοιγε ＿＿ πρὸς τὰ νῦν κακά.
私の苦しみの数々は、メラニッピデスから始まりました。彼は私を捕まえ、貶め、12の音域によって[105]私を弱くしました。それでも、

---

104) *Deipnosophistae*, 14. 616ef.
105) χορδαῖς δώδεκα の解釈に関しては意見が分かれているが、12の弦という意

この男は、私が今受けている苦しみに比べたら我慢できるのです[106]。

スーダ辞典によると、メラニッピデスは、そのディーテュラムボス音楽に数多くの新しい工夫を凝らしたと伝えられる。その一つは、従来のアンティストロペー（ἀντιστροφή）の代わりにアナボレー（ἀναβολή）を使用したことである[107]。音楽用語としてのアナボレーは、通常、歌の演奏に先立って行われる楽器による前奏を意味する。それが、アンティストロペーに取って代わったということは、おそらく楽器による間奏曲が幅をきかせたということであろう。つまり、彼のディーテュラムボスは、ストロペー、アンティストロペー、エポーデーという対応様式を捨て、代わりにアウロスのソロ演奏を導入したことになる[108]。それによって情緒をより写実的に表現することが可能となった。これは、後に盛んになるミーメーシス（μίμησις）の予表でもある[109]。アウロス奏者が際立った役割を与えられるということは、主人であるべきロゴスが、みじめにも、従者であるアウロス音楽の従者になりさがる事態を招来した[110]。しかし、ペレクラテスによれば、メラニッピデスは、キネシアスやプリュニスやティ

味よりむしろ音域の点での「非常にたくさんの音」の意味に理解したい。Cf. I. Düring, "Studies in Musical Terminology," 180-182。

106) Pseudo-Plutarchus, *De Musica*, 30. 1141d-1142a.
107) Aristoteles, *Ars Rhetorica*, 1409b26ff.
108) M. L. West, *Ancient Greek Music*, 357-358.
109) 後代のディーテュラムボスになると、50人編成のコロスから独唱者と一人のアウロス奏者が出て、コロスの他の者たちと共に小さな劇を演じた。Pausanias, *Periegeta*, 9.12.5f. によると、アウロス奏者プロノモスは、曲芸的な物真似の身振りによって観衆を魅了したという。Aristoteles, *De Poetica*, 1461b30-32 によると、アウロス奏者は、円盤投げの競技を演奏しなければならない場合には、笛を吹きながら、体を回転させ、また笛の曲目が海洋の人食い魔女スキュラであるならば、オデュッセウスに擬せられたコロスの指揮者に手をかけて引き廻したりした。Cf. B. Zimmermann, *Dithyrambos*, 127.
110) Pseudo-Plutarchus, *De Musica*, 30. 1141d.

モテオスに比べればまだ穏健であった。クセノポンは、ディーテュラムボス音楽家としてのメラニッピデスに与えられた高い評価を伝えている。以下は、アリストデモスがソクラテスに語ったことばである。

> Ἐπὶ μὲν τοίνυν ἐπῶν ποιήσει Ὅμηρον ἔγωγε μάλιστα τεθαύμακα, ἐπὶ δὲ διθυράμβῳ Μελανιππίδην, ἐπὶ δὲ τραγῳδίᾳ Σοφοκλέα, ἐπὶ δὲ ἀνδριαντοποιίᾳ Πολύκλειτον, ἐπὶ δὲ ζωγραφίᾳ Ζεῦξιν.
>
> したがって、私としては、叙事詩ではホメロスを、ディーテュラムボスではメラニッピデスを、悲劇ではソポクレスを、彫刻ではポリュクレイトスを、そして絵画ではゼウクシスを最も高く賞賛している[111]。

b. プリュニス（Φρῦνις）

レスボス島出身のプリュニスは、前5世紀後半に活動したキタロードスであり、キネシアスより古い。メラニッピデスより古い可能性もある。彼の革新はディーテュラムボスの分野ではなく、キタラ音楽の分野において見られる。前446/5年、パンアテナイア祭のキタローディア（κιθαρῳδία, キタラ伴奏による歌謡）競演で最初の優勝に輝いた。ペレクラテス断片の中で、「ムゥシケー」はプリュニスから受けた手荒な性的扱いについて次のように述べている。

> Φρῦνις δ' ἴδιον στρόβιλον ἐμβαλών τινα
> κάμπτων με καὶ στρέφων ὅλην διέφθορεν,
> ἐν πέντε χορδαῖς δώδεχ' ἁρμονίας ἔχων.

---

111) *Memorabilia*, 1.4.3.

ἀλλ᾽ οὖν ἔμοιγε χοὖτος ἦν ἀποχρῶν ἀνήρ·
εἰ γάρ τι κἀξήμαρτεν, αὖθις ἀνέλαβεν.
ὁ δὲ Τιμόθεος ...
他方、プリュニスは、彼自身のこまを打ち込み、私をねじ曲げたり、ひっくり返したりして、私を完全にめちゃめちゃにしてしまいました。すなわち5本の絃で12の調べを出したのです。しかし、彼はまだよかったのです。間違いを犯したときには、それを矯正したからです。他方、ティモテオスは……[112]

στρόβιλον は「まつかさ」、「つむじ風」、「こま」などを意味することばである。おそらくここでは「こま」の意味であろう。1つのハルモニアから他のハルモニアへの転位をもたらすための工夫を指すものと思われる[113]。おそらく、絃をささえる「こま」のようなものであろう。これによって、5本の絃で従来のものより多くのハルモニアを出すことが可能となる[114]。プロクロスによると、プリュニスは、ダクテュリコス・ヘクサメトロスを自由な形式の歌詞と組み合わせる、新しい種類のノモスを作り出したと伝えられている。キタラの絃の数を従来の7本から9本に増やしたとも伝えられている[115]。しかし、プリュニスの場合、ハルモニアからの逸脱は短く一時的なものにとどまり、ティモテオスほど極端なところまでは行かなかった[116]。

---

112) Pherecrates, *Fragmenta*, 155=Pseudo-Plutarchus, *De Musica*, 30. 1141f.
113) D. A. Campbell, ed., *Greek Lyric* V, 5. 63.
114) B. Gentili, *Poetry and It's Public in Ancient Greece*, 29.
115) M. L. West, *Ancient Greek Music*, 360.
116) M. L. West, *Ancient Greek Music*, 360-361.

c. キネシアス（Κινησίας）

新音楽運動の音楽家たちがおしなべて外国出身である中で、キネシアスだけがアテナイ出身である。彼は、前450年頃から前390年頃にかけて生きた。音楽家としての活動時期は、前425年頃から前390年頃までである。少なくとも、前414年（アリストパネス『鳥』上演の年）から前392年（『女の議会』上演の年）まで、彼はアテナイで有名であった。彼はコレーギア（χορηγία）の制度を廃止し、「コロスの殺害者キネシアス」（τοῦ χοροκτόνου Κινησίου）となった、とアリストパネス『蛙』の注釈者は伝えている[117]。しかしながら、キネシアスがコレーギアを最終的に「廃止した」という説に対しては、アリストテレス『アテナイ人の国制』が反証となる[118]。もっとも、キネシアスが喜劇作家たちに対して何らかの敵対行為を行ったことは考えられる[119]。「コロスの殺害者」というあだ名は、コレーギアに関係する行為ではなく、彼の歌詞の稚拙さに言及するものであると思われる。キネシアスは神を冒涜する男としても伝えられている。たとえば、彼はディーテュラムボス音楽を歌いながらヘカテの神殿で排便する男として語られている[120]。彼はまた、カコダイモニスタイ（κακοδαιμονίσται, 悪霊会員）と称する食事クラブの創設に参与したとも伝えられている[121]。カコダイモニスタイは、ひとかどの社交クラブによって時折採用されていたアガトダイモニスタ

---

117) *Scholia In Aristophanem, Ranae*, 404-407. D. A. Campbell, ed., *Greek Lyric* V, 47-48, testimonia 3.
118) *Atheniensium Respublica*, 56.3. A. Pickard-Cambridge, *The Dramatic Festivals of Athens* (Oxford University Press, 1953) 87 n.2.
119) *Scholia in Aristophanem, Ranae*, 153.
120) *Ranae*, 366 の注釈を参照。
121) Lysias, *Fragmenta*, 73 ap. Athenaeus, *Deipnosophistae*, 12. 551e. E. R. Dodds, *The Greeks and the Irrational*, 188.

イ (ἀγαθοδαιμονισταί、善霊会員) をもじったもので、神々とアテナイの慣習を揶揄して名付けられたものである。彼らは、厄日にはきまって会食をした。その目的は、できるだけ多くの不吉なことを行って、迷信を嘲弄することにあった。彼らは啓蒙された理性主義者として、非理性的なものからの解放を目指した。しかし、リュシアスによると、神々はこれを面白く思わなかった。このクラブの会員の多くは若死にし、ただ一人、命長らえたキネシアスも慢性の病気で死よりも辛い苦しみにさいなまれたという。この話は、一部の人たちが信奉する理性主義に対して、一般市民がいかに強く反発したかという事実を示す。ペレクラテス断片の「ムゥシケー」は、キネシアスを以下のように非難する。

Κινησίας δέ «μ'» ὁ κατάρατος Ἀττικός,
ἐξαρμονίους καμπὰς ποιῶν ἐν ταῖς στροφαῖς
ἀπολώλεχ' οὕτως, ὥστε τῆς ποιήσεως
τῶν διθυράμβων, καθάπερ ἐν ταῖς ἀσπίσιν,
ἀριστέρ' αὐτοῦ φαίνεται τὰ δεξιά.
ἀλλ' οὖν ἀνεκτὸς οὗτος ἦν ὅμως ἐμοί.
Φρῦνις δ' …

しかし、あのアテナイ人、呪われたキネシアスは、ストロペーの中にハルモニアから外れた曲がりを作ることによって、私に非常に大きな損傷を与えたので、彼のディーテュラムボスは、磨かれた盾の中に映し出された事物のように左右の区別がつかないほどになりました。しかしそれでもまだ、私は彼には我慢することができたのです。その後、プリュニスが、……[122]

---

122) Pherecrates, *Fragmenta*, 155=Pseudo-Plutarchus, *De Musica*, 30. 1141ef.

キネシアスは古喜劇ではしばしば揶揄嘲笑の的とされている[123]。それゆえ、「呪われたアテナイ人」(ὁ κατάρατος Ἀττικός) と呼ばれている。「アテナイ人」(Ἀττικός) は、おそらく軽蔑の意味が込められているものと思われる。「ストロペーの中にハルモニアから外れた曲がりを作る」(ἐξαρμονίους καμπὰς ποιῶν ἐν ταῖς στροφαῖς) は、ハルモニアの転位に対する非難を含意している。保守的な立場からは、ハルモニア転位の技法はまことに忌まわしいものであった。新音楽は、一つの作品の中でストロペーとその構成要素であるコーロン (κῶλον) のあいだの転位を行うことを好んだ。その転位は、一つのゲノス (γένος) から他のゲノスへの変化のみならず、一つのハルモニアから他のハルモニアへの変化を含むものであった。このようなディーテュラムボスにおけるゆるい音楽的構成は、アナボレーと呼ばれた。たとえば、アリストパネスの『平和』と『鳥』では、キネシアスは「昼の軽快なそよ風の中をあちらこちらへ漂っているいくつかのアナボレーを拾い集める」(Ξυνελέγοντ' ἀναβολὰς ποτώμεναι τὰς ἐνδιαεριαυρονηχέτους τινάς) ことを[124]、また「雲から、空高く上げられ雪に覆われたアナボレーの数々を取る」(ἐκ τῶν νεφελῶν καινὰς λαβεῖν ἀεροδονήτους καὶ νιφοβόλους ἀναβολάς) ことを[125] 願うことが語られている。エウポリスは、アウロス奏者の女性が「ある円形のアナボレー (κύκλιον ἀναβολήν τινα) を奏でた」と伝える。すなわちディーテュラムボスを演奏したということである[126]。これとまったく同じ意味で、『鳥』の詩人は、多くの見事な「円形の歌曲」(μέλη...κύκλια) を作ったと語って

---

123) I. Düring, "Studies in Musical Terminology in 5th Century Literature," 182-186.
124) *Pax*, 830.
125) *Aves*, 1384.
126) Eupolis, *Fragmenta*, 5.

いる[127]。したがって、通常「序曲」と訳されるアナボレーの訳は十分ではない。アナボレーは、新しいディーテュラムボス全体をも意味するのである。新音楽のディーテュラムボスは、非常にゆるいつながりしかもたない部分から構成された。これらのコーロンもしくはストロペーのあいだで転位が行われたために、新しいハルモニア、すなわちアナボレーが生まれた[128]。したがって、シェーネヴォルフ（H. Schönewolf）がしたように、カンペー（καμπή）、カンプテイン（κάμπτειν）を「渦巻き、コロラテューラ唱法」（Schnörkel, Koloraturgesang）と訳す[129]のは、適切ではないと思われる。『雲』において、新しい音楽家の技法として κάμψειέν τινα καμπὴν ということが言われているが、これはリュラによって急激なハルモニア転位を行うことを意味するであろう。「プリュニス流のこういった手の込んだ転位」（τὰς κατὰ Φρῦνιν ταύτας τὰς δυσκολοκάμπτους）がそれである。それは、ムゥサたちを、すなわち昔ながらのドーリス・ハルモニアを亡き者にしてしまった[130]。『女だけの祭』においても、κάμπτειν は「ハルモニア転位を行う」という意味

---

127) *Aves*, 917.
128) アリストテレスは、*Ars Rhetorica*, 1409b20 において、ただ連結されているだけの文体表現と比較しつつ、「ディーテュラムボスにおけるアナボレーの数々」（αἱ ἐν τοῖς διθυράμβοις ἀναβολαί）について語っている。ハリカルナッソスのディオニュシオスは、*De Composione Verborum*, 19.131 において、明快な説明を与えている。それによると、初期の作家たちは、厳格なストロペー構成に固執し、突然の移調や転調を許さなかったが、それに対して新しいディーテュラムボス作家たちは、ハルモニアを転位することさえ行い、同じ曲の中の諸部分をドーリス、プリュギア、およびリュディアのすべてのハルモニアによって作曲した。彼らは、ハルモニアの性格をも変更し、ある時はエンハルモニックにし、ある時にはクロマティックにし、ある時にはディアトニックにした。リュトモスに関しても、彼らは常に非常に大胆かつ放縦であった。Cf. I. Düring, "Studies in Musical Terminology in 5th Century Literature," 184-185.
129) H. Schönewolf, *Der jungattische Dithyrambos*, 21.
130) *Nubes*, 969-972.

で用いられている[131]。この箇所でアガトンは、「新奇な、普通でないことばの組み合わせを作り」(κάμπτει δὲ νέας ἀψῖδας ἐπῶν)[132]、ある時は優美な詩句を仕上げ、ある時はでたらめな仕方でストロペーをつぎ合わせようとする、と非難されている。少し先では、「召使」によって、冬の寒さのゆえに「ストロペーの数々を転位すること」(κατακάμπτειν τὰς στροφὰς)は容易ではないことが語られている[133]。

「ハルモニアから外れた」(ἐξαρμονίους)は、現存文献中ここだけで使われている用語であるが、同族語は、ἔξορος (untimely)、ἔξυπνος (awakened, out of sleep)、ἔξηβος (past one's youth) のように形成されていることから見て、「クロマティック・ゲノス」(χρωματικὸν γένος)を形容するのにふさわしい造語であると言える。したがって、ἐξαρμονίους καμπὰς ποιῶν ἐν ταῖς στροφαῖς という表現によって、ペレクラテスは、一つのハルモニアから他のハルモニアへの転位や、ディアトニック・ゲノスからクロマティック・ゲノスへの変化を非難しているのである。彼の目には、それはディーテュラムボスの嘆かわしい堕落であった[134]。

ἐν ταῖς ἀσπίσιν という句は、盾の反射する表面に言及するものと思われる。光り輝く盾は、鏡の役割を果たした。クセノポンは、「キュロスの武具は鏡のようにきらめいた」(τὰ δὲ Κύρου ὅπλα ὥσπερ κάτοπτρον ἐξέλαμπεν)と語る[135]。盾に映る像のモティーフは文学作品にも見られる。アイスキュロス断片には、「青銅は姿を映す鏡、酒は理性の鏡」(κάτοπτρον εἴδους χαλκός ἐστ᾽, οἶνος δὲ νοῦ)とある[136]。

---

131) *Thesmophoriazusae*, 29-78.
132) *Thesmophoriazusae*, 53.
133) *Thesmophoriazusae*, 68.
134) I. Düring, "Studies in Musical Terminology in 5th Century Literature," 184-185.
135) *Cyropaedia*, 7.1.2.

δεξιός — ἀριστερός は、①「器用な」-「不器用な」 ②「右」-「左」の両方を意味しうる。つまり、①キネシアスの目には δεξιά、すなわち「器用な」あるいは「印象的な」ものに見えるものは、実は、何にもならず滑稽なだけである。②昔の詩人たちの文体は確固たる規則に律せられていたが、キネシアスの楽曲ではすべての規則はあべこべになっている[137]。プラトンは、キネシアスについて、聴衆の教育に意を用いる代わりに、聴衆の快楽に迎合し、彼らを喜ばせることに意を用いた男である、と語っている[138]。

d. ピロクセノス（Φιλόξενος）

キュテラ出身のピロクセノスは、前434年頃から前380年頃にかけて生きた。ディーテュラムボスを専門とし、ティモテオスと共に新音楽の代表者として並び称される。短い間メラニッピデスの奴隷であったと伝えられる。しばらくのあいだ、シケリアのディオニュシオスの宮廷に滞在した。スーダ辞典によると、彼はエペソスでその生涯を終えたとされる。ハリカルナッソスのディオニュシオスは、ピロクセノスを含む新しい音楽家に見られる音楽的特徴である、ハルモニアと旋律とリュトモスにおける転位技法について以下のように述べている。

οἱ δέ γε διθυραμβοποιοὶ καὶ τοὺς τρόπους μετέβαλλον

---

136) *Fragmenta*, 393.
137) I. Düring, "Studies in Musical Terminology in 5th Century Literature," 184-186.
138) *Gorgias*, 501E. キネシアスの作品については、いやになるほど彼が繰り返したと言われる Φθιῶτ' Ἀχιλλεῦ（プティアのアキレス）という二語以外に一つも残存していない。A. Campbell, ed., *Greek Lyric V*, *Fragmentum* 775 = Athenaeus, *Deipnosophistae*, 12. 551d.

Δωρίους τε καὶ Φρυγίους καὶ Λυδίους ἐν τῷ αὐτῷ
ᾄσματι ποιοῦντες, καὶ τὰς μελῳδίας ἐξήλλαττον τότε μὲν
ἐναρμονίους ποιοῦντες, τότε δὲ χρωματικάς, τότε δὲ διατό-
νους, καὶ τοῖς ῥυθμοῖς κατὰ πολλὴν ἄδειαν ἐνεξουσιάζοντες
διετέλουν, οἵ γε δὴ κατὰ Φιλόξενον καὶ Τιμόθεον καὶ
Τελεστήν, ἐπεὶ παρά γε τοῖς ἀρχαίοις τεταγμένος ἦν καὶ
ὁ διθύραμβος.

ディーテュラムボス作家たちもまた、ハルモニアの転位を行うことを常とした。すなわち同じ歌の中でドーリス、プリュギア、リュディアのハルモニアを使用した。そして、彼らは旋律を取り替えるのを常とした。すなわち旋律をあるときはエンハルモニックに、あるときはクロマティックに、またあるときにはディアトニックにした。そして、リュトモスにおいても、彼らは（ステシコロスとピンダロスに従い）きわめて大胆に放縦を行い続けた。——私が言うのは、ピロクセノス、ティモテオス、そしてテレステスの時代の音楽家たちのことである。なぜなら、昔の人々にとっては、ディーテュラムボスもまた規則正しいものであったからである[139]。

前1世紀の詩人・エピクロス派哲学者であるピロデモス（Φιλόδημος）は、ピロクセノスの様式をピンダロスのそれと比較した上で、両者が表現するエートスには大きな違いがあるが、基本的な様式は同じであると述べている[140]。ピロクセノスのディーテュラムボス作品『ミューソイ人たち』（ΟΙ ΜΥΣΟΙ）に関しては、より特定の情報が与えられている。すなわちアリストテレスによると、ピロクセノスは、『ミューソイ人たち』をドーリ

---

139) Dionysius Halicarnassensis, *De Compositione Verborum*, 131-132. M. L. West, *Ancient Greek Music*, 364.
140) Philodemus, *De Musica*, 1.23.

ス・ハルモニアで作曲しようとしたが、それがディーテュラムボスというジャンルに属するというまさにそのことのゆえに、伝統的なプリュギア・ハルモニアに戻ることを余儀なくされたと伝えられている[141]。これは、作品においてドーリスからプリュギアへの転位が行われたということが、ややかたよった仕方で述べられているものと思われる。幸いながら、この作品のより詳しい分析は、アリストクセノスから得ることができ、それによってハルモニア転位の構成についてのあらましを再構成することができる。この作品における最初の部分はヒュポドーリスであり、真ん中の部分はプリュギアであり、最後の部分はドーリスおよびミクソリュディアである[142]。これらの音楽用語は、アリストクセノスのハルモニア組織に言及している。ミクソリュディアは、後にヒュペルドーリスと呼ばれるようになった[143]。

　ピロクセノスの最も有名な作品は『キュクロプス』(*ΚΥΚΛΩΨ*)[144]である。彼は、ある期間、シケリアの僭主ディオニュシオスの宮廷に客として過ごした。ところが、ディオニュシオスの愛人ガラテアと密通したため、ディオニュシオスの怒りを買い、石切り場に監禁されるはめになっ

---

141) *Politica*, 1342b9-12.
142) Pseudo-Plutarchus, *De Musica*, 30. 1142f.
143) M. L. West, *Ancient Greek Music*, 365.
144) この作品は、アリストパネス『福の神』(*Plutus*, 290ff.) の中で風刺の対象とされているが、わずか数行の断片しか残っていない。
　　Fr. 8 (1D)　ὦ καλλιπρόσωπε χρυσεοβόστρυχε [Γαλάτεια] χαριτόφωνε θάλος Ἐρώτων (キュクロプスからガラテアへ):「美しい顔をした、金髪のガラテア、カリス女神たちの声、エロース神の愛し子よ。」
　　Fr. 9 (2D)　οἴωι μ᾿ ὁ δαίμων τέρατι συγκαθεῖρξεν·(オデュッセウスのことば):「何という怪物のところに、ダイモーン神は私を閉じ込めたことか。」
　　Fr. 10 (3D)　ἔθυσας, ἀντιθύσηι. (キュクロプスからオデュッセウスへ):「お前が犠牲を捧げたと。お前こそ犠牲として捧げられるだろう。」Cf. A. Pickard-Cambridge, *Dithyramb*, 47.

た。しかし、挫けることなく、愚鈍で片目の食人鬼ポリュペモス（＝視力が弱かったディオニュシオス）の洞窟に幽閉された、聡明なオデュッセウス（＝ピロクセノス自身）に関するおもしろい作品を作った。ポリュペモスは、野菜が一杯入った袋を身に着けて現れる。彼はキタラに合わせて（ディオニュシオスは三流の詩人であった）、自分の羊と山羊たちや、遠くにいる愛するガラテアのためにおおげさなことばで歌う。また、海のイルカたちを呼び寄せ、音楽によって自らを慰めていることを彼女に伝えてくれるように頼む。また、ポリュペモスとオデュッセウスとのあいだに抒情詩による対話も交わされる。対話の内容はおそらく、オデュッセウスが、ガラテアを連れ戻すために、ポリュペモスの船で出帆することを許してくれるよう、ポリュペモスを説得するものであろうと推定される[145]。この作品の上演に用いられた主な楽器伴奏はアウロスであり、作品はディーテュラムボスに分類されたものと思われる。だが、二人の独唱者（その一人はキタロードス）が用いられ、複数回の入場と退場が行われる点で[146]、この作品は伝統的なディーテュラムボスがもつ枠組みを打ち破っている。そのため、後代の資料はこれを演劇と呼んでいるほどである[147]。

---

145) D. Page, ed., *Poetae Melici Graeci* (Oxford University Press, 1962) 815-824. M. L. West, *Ancient Greek Music*, 365.
146) アリストパネス『福の神』29ff. の古注は、ピロクセノスに関して重要なことを二つ言及している。（1）彼は、キタラを奏でながらガラテアに挑むキュクロプスを導入する（εἰσήγαγη）。（2）キュクロプスは袋を持ち運ぶ（βαστάζειν）。Cf. D. A. Campbell, ed., *Greek Lyric* V, 160-163.
147) Aristoteles, *De Poetica*, 1448a14; Didymus in Demosthenes, *Philippic*, 12. 60. M. L. West, *Ancient Greek Music*, 366-367. この解釈に対して、A. Pickard-Cambridge, *Dithyramb*, 46 は、古注はアリストパネスのテクストを基に、ピロクセノスが行ったことに関する推定にすぎないかもしれない、もしくは「導入する」および「持ち運ぶ」という表現は、単に『キュクロプス』のテクストの中だけのことであって、実際の上演には関係がないかもしれないという指摘を行っている。

第2章　ポリス社会の変動と「新音楽」運動　｜　77

　ペレクラテス断片の「ムゥシケー」は、アリストパネスのことばとしてピロクセノスについて数行を述べている。この部分はテクストが不完全なので、正確な翻訳は不可能であるが、大体の意味は以下のようになるであろう。

> καὶ Ἀριστοφάνης ὁ κωμικὸς μνημονεύει Φιλοξένου καὶ
> φησιν ὅτι εἰς τοὺς κυκλίους χοροὺς **** μέλη εἰσηνέγκατο.
> ἡ δὲ Μουσικὴ λέγει ταῦτα·
> "ἐξαρμονίους ὑπερβολαίους τ᾽ ἀνοσίους
> καὶ νιγλάρους, ὥσπερ τε τὰς ῥαφάνους ὅλην
> καμπῶν με κατεμέστωσε."
> καὶ ἄλλοι δὲ κωμῳδοποιοὶ ἔδειξαν τὴν ἀτοπίαν τῶν μετὰ
> ταῦτα τὴν μουσικὴν κατακεκερματικότων.

喜劇作家アリストパネスは、ピロクセノスを追憶し、円形コロスに（……）歌の数々を導入した人物であると語る。「ムゥシケー」は次のように述べる。

「ハルモニアを外れた、かん高い、不敬虔な、
震え声を……、そして彼は、まるで青虫だらけのキャベツのように、私を曲がり[148]で満たしたのです。」
（すなわち作家は、ひんぱんな「急奏」、もしくはふるえ音を伴うかん高い意味不明の音に耽った）[149]。

「（……）歌の数々」（**** μέλη）は「独唱」を指す、とみなす見解[150]

---

148) καμπῶν は、音楽における「曲がり」（ハルモニア転位）をも「キャベツの青虫」をも意味しうる。青虫が這うときに作る曲がりからそう呼ばれた。
149) Pseudo-Plutarchus, *De Musica*, 30. 1142a.
150) D. A. Campbell, ed., *Greek Lyric* V, 145 n.2.

には無理があるとして、アリストパネス『福の神』にならい[151]、「羊と山羊の歌」と読む校訂者たちもいる[152]。しかし、本来テクストにあったかもしれない「独唱」を意味することばが、欠落している可能性もある。しかし、むしろこれらの数行は、本来ティモテオスに言及するものであったのが、誤った場所に挿入されたとみなすほうが妥当であるように思われる。したがって、はたしてペレクラテスが言及しているのは、ピロクセノスであるのか、あるいは、アリストパネスはピロクセノスがディーテュラムボスに独唱を導入したと述べているのかは、確かではない[153]。

　新しい音楽家たちがおしなべて厳しい批判を浴びている中で、ピロクセノスはかなりの好意をもって言及されている。彼の死後に上演されたものと推定されるアンティパネス『第 3 番目の俳優』（初演は前 385 年）の断片において、ピロクセノスについて次のような評価が語られている。

> πολύ γ' ἐστὶ πάντων τῶν ποιητῶν διάφορος ὁ Φιλόξενος. πρώτιστα μὲν γὰρ ὀνόμασιν ἰδίοισι καὶ καινοῖσι χρῆται πανταχοῦ· ἔπειτα τὰ μέλη μεταβολαῖς καὶ χρώμασιν ὡς εὖ κέκραται. θεὸς ἐν ἀνθρώποισιν ἦν ἐκεῖνος, εἰδὼς τὴν ἀληθῶς μουσικήν· οἱ νῦν δὲ κισσόπλεκτα καὶ κρηναῖα καὶ ἀνθεσιπότατα μέλεα μελέοις ὀνόμασιν ποιοῦσιν ἐμπλέκοντες ἀλλότρια μέλη.
>
> ピロクセノスは、他のすべての作家たちよりもはるかに優れている。第一に、彼はいつでも自分自身の新しいことばを使っている。第二に、彼の歌は何とすばらしいハルモニア転位と色彩論との融合であることか！　彼は人々のあいだで神であったし、本当のムゥシケーを

---

151) *Plutus*, 290ff.
152) Weil-Reinach.
153) A. Pickard-Cambridge, *Dithyramb*, 46.

知っていた。ところが、最近の作家たちは、蔦のように曲がりくねった、泉のようにつまらない、花のようにはかなく過ぎる、みじめな歌をみじめなことばをもって作曲する。みじめなことばの中に、彼らは他の人々の歌を織り込むのだ[154]。

終わりの数行は、新しい音楽が様々なハルモニアを混合する手法をその特徴としたのに対して、ピロクセノスはそれを常習的に用いたわけではなかったことを示唆する[155]。

e. ティモテオス（Τιμόθεος ὁ Μιλήσιος）

ミレトスのティモテオスは、おおよそ前450年頃–前360年頃にかけて生きた。パロス島大理石碑文によると、前365年と前360年とのあいだに90歳でこの世を去った。スーダ辞典によると、彼は97歳まで生きた。プリュニスと同様にキタロードスであり、ノモスを作曲したが、ディーテュラムボスも作曲した。ティモテオスは、新音楽の頂点に立つ音楽家である。彼がアテナイに来た時、その新しい音楽は、最初、大きな敵意をもって迎えられた。しかし、彼は挫けなかった。エウリピデスの励ましもあり、パンアテナイア祭（前420年と前415年のあいだ）のキタローディア競演において、先輩のプリュニスを負かした。後に、彼はこの勝利を次のように自慢している。

μακάριος ἦσθα, Τιμόθεος, εὖτε κᾶρυξ
εἶπε· "νικᾷ Τιμόθεος
Μιλήσιος τὸν Κάμωνος τὸν ἰωνοκάμπταν"

---

154) Athenaeus, *Deipnosophistae*, 14. 643de.
155) A. Pickard-Cambridge, *Dithyramb*, 47.

ティモテオスよ、お前は幸せであった。伝令が、「ミレトスのティモテオスは、カモンの息子、イオニア・ハルモニアを転位した者に勝った」と告げた時[156]。

ティモテオスは、プリュニスの音楽を時代遅れとみなし、これに対して自分の音楽の独創性を吹聴した。

οὐκ ἀείδω τὰ παλαιά· τὰ γὰρ ἀμὰ κρείσσω.
νέος ὁ Ζεὺς βασιλεύει· τὸ πάλαι δ᾽ ἦν
Κρόνος ἄρχων. ἀπίτω μοῦσα παλαιά.
私は、古い歌を歌わない。私の新しい歌のほうがすぐれているからだ。若いゼウスが王なのだ。クロノスが支配者であったのは、昔のことだ。古いムゥサよ、去っていけ[157]。

しかし、ティモテオスはむやみに古いものを否定したわけではない[158]。そのノモス作品『ペルシャ人』(ΠΕΡΣΑΙ) の終曲において、彼は、自分の若い讃歌をもって老年のムゥサの面目をつぶしたために、スパルタ人たちの不評を買ったことを述べた後、次のように続ける。

ἐγὼ δ᾽ οὔτε νέον τιν᾽ οὔτε γεραὸν οὔτ᾽ ἰσήβαν εἴργω
τῶνδ᾽ ἑκὰς ὕμνων· τοὺς δὲ μουσοπαλαιολύμας, τούτους δ᾽

---

156) D. Page, ed., *Poetae Melici Graeci*, 802 = Plutarchus, *De Laude Ipisius*, 539a2. ἰωνοκάμπταν は、プリュニスによるイオニア旋法の使用に言及するものと思われる。ティモテオスはイオニア人であるが、プリュニスはそうではなかった。

157) *Poetae Melici Graeci*, 796. Athenaeus, *Deipnosophistae*, 3. 122cd.

158) M. L. West, *Ancient Greek Music*, 361; A. Barker, ed., *Greek Musical Writings* I, *The Musician and His Art*, 2 vols., vol.1, 96.

ἀπερύκω, λωβητῆρας ἀοιδᾶν, κηρύκων λιγυμακροφώνων
τείνοντας ἰυγάς.
しかし、私は、若者であれ、老人であれ、同年代の者であれ、だれで
あれ、私のこれらの讃歌から除外しない。私が避けるのは、古いムゥ
サを腐敗させる者たちだ。すなわち、かん高く遠くに呼ばわる者たち
の大きな金切り声を発しつつ、歌を堕落させる者たちだ[159]。

　彼の歌い方は、伝統的なものに比べて気楽で楽しい感じであったようで
ある。さらに彼は、自分がオルペウスとテルパンドロスの唯一の後継者で
あることを控えめに語る。すなわちオルペウスがリュラを発明し、テルパ
ンドロスがこれに10本の絃を取り付けたが、

νῦν δὲ Τιμόθεος μέτροις ῥυθμοῖς τ᾽ ἐνδεκακρουμάτοις κίθα-
ριν ἐξανατέλλει, θησαυρὸν πολύυμνον οἴξας Μουσᾶν
θαλαμευτόν.
今や、ティモテオスが、11絃による韻律とリュトモスをもってキタ
ラに新たな命をもたらし、かくして多くの讃歌を蔵するムゥサたちの
宝庫を開く[160]。

　ペレクラテス断片の「ムゥシケー」は、ティモテオスから受けた暴行に
ついて次のように苦情を述べる。

ὁ δὲ Τιμόθεός μ᾽, ὦ φιλτάτη, κατορώρυχε
καὶ διακέκναικ᾽ αἴσχιστα. 〚«ΔΙΚ.»〛 Ποῖος οὑτοσὶ
«ὁ» Τιμόθεος; 〚«ΜΟΥΣ.»〛 Μιλήσιός τις πυρρίας.

---
159) *Persae*, 213-219.
160) *Persae*, 229-232. M. L. West, *Ancient Greek Music*, 362.

κακά μοι παρέσχεν οὗτος, ἅπαντας οὓς λέγω
παρελήλυθεν, ἄγων ἐκτραπέλους μυρμηκιάς.
κἂν ἐντύχῃ πού μοι βαδιζούσῃ μόνῃ,
ἀπέδυσε κἀνέδυσε χορδὰς δώδεκα".

ムゥシケー：他方、いいですか、あなた。ティモテオスは、私を深く掘り、恥ずかしい仕方で私を破滅させたのです。

ディカイオシュネー：それはどのティモテオスですか。

ムゥシケー：赤毛のミレトス人です。彼は、私が述べたすべての者たちよりもっと私を困らせました。私を曲がりくねったアリの路に引っ張っていくことによってです。そして、私がどこかを一人で歩いているのを見つけようものなら、私を裸にし、12の絃でゆるめてしまうのです[161]。

「曲がりくねったアリの路」（ἐκτραπέλους μυρμηκιάς）は、クロマティック的性格をもつハルモニアを表しているものと思われる[162]。アリストパネス『女だけの祭』で、エウリピデスが、「黙って。彼は今、歌う準備をしているところですから」と叫ぶ。そこでムネシコロスが、「アリの路（Μύρμηκος ἀτραπούς）だな。また何か口ずさもうというのかな」と語る[163]。ペレクラテス断片がアリストパネスに依存しているのか、それともアリストパネスがペレクラテス断片に依存しているのかは定かではないが、両者のあいだに依存関係が存在することは明らかである[164]。

ティモテオスはノモス作曲家として知られるが、そのノモス作品の中では『ペルシャ人』の実質的なテクストが残存している[165]。この作品は、

---

161) *Fragmenta*, 155=Pseudo-Plutarchus, *De Musica*, 30. 1141f-1142a.
162) I. Düring, "Studies in Musical Terminology in 5th Century Literature," 196.
163) *Thesmophoriazusae*, 99.
164) M. L. West, *Ancient Greek Music*, 362 n.24.

240行からなり、サラミスの海戦を生き生きと描写している。その構成は以下のようになっている。

    1-97 行：戦いの喧騒と敗北の混乱。
    98-161 行：征服されたペルシャ人たちの悲嘆。
    162-195 行：クセルクセスの絶望。
    196-201 行：勝利者たちの歓喜。
    202-240 行：終曲。

終曲は、アポロンへの祈りとティモテオスの音楽理念の宣言を含んでいる。『ペルシャ人』はノモスではあるが、ディーテュラムボスとの関係で重要である。なぜなら、ティモテオスは、ディーテュラムボスの様式でノモイを作曲したかどで、批判されているからである[166]。序曲はヘクサメトロスで始まるが、その後、自由な形式に変わり、いくつかの明らかに区分された節に分かれる。これらは、おそらくキタラ伴奏による楽節として区分されたものであろうと推定される。リュトモスは多様ではあるが、特別に複雑ではない。イアンボスとアイオリスが主流であり、終曲では一貫してアイオリスが続く[167]。歌詞は華麗かつ色彩豊かである。物語は、歴

---

165)　『ペルシャ人』を保存する『ベルリン・パピルス（*Berlin Papyri*）9875』（前4世紀）は、作品とほぼ同時代のものである。この写本に音符の跡が見られないのは、おそらくこの時代にはまだ音符が存在しなかったことを示唆する。Cf. G. Comotti, *Music in Greek and Roman Culture* (Baltimore and London: The Johns Hopkins University Press, 1989) 36.

166)　Pseudo-Plutarchus, *De Musica*, 4. 1132e.

167)　Cf. A. Pickard-Cambridge, *Dithyramb*, 49; M. L. West, *Ancient Greek Music*, 362-3; L. Richter, "Die Neue Musik der griechischen Antike," *Archiv für Musikwissenschaft* Jg.25 (1968) 15. 様々な情景を効果的に描写するために、リュトモスとハルモニアにおける大きな自由さが必要とされた。伝統的なノモスに典型的なダクテュロス（―∪∪）と並行して、コーリイアンボス風ディメトロ

史上重要な出来事にではなく、感情的な状況描写に重点があり、劇的な、いやむしろ残酷な写実的描写の連続である。海戦の騒音と混乱、大波と波しぶき、真紅の血に染まったエメラルド色の海、海に浮かび岸に打ち上げられる死体、海水を呑みながら忠告するペルシャ人たちのことば、海辺で寒さに震えながら、あるいはたどたどしいギリシャ語で敵に卑しく憐れみを乞い求めるペルシャ人たち。このように物語は、もっぱらおもしろさを前面に出しており、道徳や教訓には意を用いていない。これらを効果的に演出するために、ティモテオスは、おそらく様々な旋律、音域、音色などの音楽的技巧に加えて、顔の表情による表現や身体の動きを援用したものと思われる。このようにキタラ伴奏によるノモスが、ミーメーシスの要素を強調したために、ストロペーをもたない形式をとるようになる。いわゆる詩の大家たちは登場人物の様々な性格を模写し、かつ自分の役柄を精一杯に演ずる能力を持っているため、いきおい彼らのための歌は長くなり、かつ多様な形式をとることになる。旋律も、彼らが演ずる人物描写に合わせて、その都度違った形をとることになる[168]。かくして、ティモテオスの作品の一つ『キュクロプス』（ディーテュラムボスかノモスかは判別しがたい）の中に、こういうくだりがある。

ἔγχευε δ' ἐν μὲν δέπας κίσσινον μελαίνας σταγόνος ἀμβρότας ἀφρῶι βρυάζον, εἴκοσιν δὲ μέτρ' ἐνέχευ', ἀνέμισγε δ' αἷμα Βακχίου νεορρύτοισιν δακρύοισι Νυμφᾶν.
彼は、その中に、蔦製のさかずき一杯の泡で沸き立つ黒い不死のしずくを注ぎ、それから、20メトロンの（水）を注いだ。そのようにし

ス（—∪∪——∪∪—）、およびそのヴァリエイションが用いられている。G. Comotti, *Music in Greek and Roman Culture*, 36-7.
168) Pseudo-Aristoteles, *Problemata*, 918b10-20. M. L. West, *Ancient Greek Music*, 363.

て彼は、バッコスの血にニュンペたちの新しく流れる涙を混ぜ合わせた[169]。

『ペルシャ人』の中には、新音楽のディーテュラムボスの特徴ともいえる暗示的表現が目立つ。たとえば、「古い音楽の破壊者たち」(τοὺς μουσοπαλαιολύμας)、「バッコスと混じり合わない雨」(ἀβακχίωτος ὄμβρος)、すなわち海水、「口の白く輝く子どもたち」(στόματος μαρμαροφεγγεῖς παῖδες)、すなわち歯、などである。火の粉が海に落ちるさまは、「エメラルド色の髪の海は、その航跡を海軍の血のしたたりによって赤くされた」と表現されている[170]。このように手のこんだ、ほとんど意味のない用語は、ティモテオスのディーテュラムボスの文体がどのようなものであったかを例示する[171]。プラトンやアリストテレスも、合成語はディーテュラムボスの特徴であると述べている[172]。この点は他の著作家たちも指摘するところであるが、なかでもアリストパネスはそれを強調している。

〖OI.〗 Ἄλλον τιν᾽ εἶδες ἄνδρα κατὰ τὸν ἀέρα πλανώμενον πλὴν σαυτόν;
〖TP.〗 Οὔκ, εἰ μή γέ που ψυχὰς δύ᾽ ἢ τρεῖς διθυραμβο-διδασκάλων.
〖OI.〗 Τί δ᾽ ἔδρων;

---

169) Athenaeus, *Deipnosophistae*, 11. 465c. M. L. West, *Ancient Greek Music*, 363.
170) L. Richter, "Die Neue Musik der griechischen Antike," 15-16.
171) M. L. West, *Ancient Greek Music*, 49-50.
172) Plato, *Cratylus*, 409CD; Aristoteles, *De Poetica*, 1459a8; *Ars Rhetorica*, 1406b1.

〚TP.〛 Ξυνελέγοντ' ἀναβολὰς ποτώμεναι τὰς ἐνδιαεριαυ-
ρονηχέτους τινάς.

下男：あなたの他にだれか空をさまよっている男を見ましたか。

トリュガイオス：いや、見なかった。ディーテュラムボス作曲家の魂の一つか二つ以外はね。

下男：彼らは何をしていましたか。

トリュガイオス：「昼間の心地よいそよ風に漂い浮かぶ」式に飛びながら、アナボレーの数々（＝新しいディーテュラムボス）をひろい集めていたよ[173]。

『ペルシャ人』はパンアテナイア祭で優勝を獲得した。その理由として考えられるのは、この作品がアテナイの大勝利を歌ったものであること、主題が愛国心を高揚する類のものであること、ティモテオスがスパルタから拒絶された男であることなどが挙げられるであろう[174]。

ティモテオスのディーテュラムボス作品として知られているものは、5つある。

①『狂えるアイアス』（ΑΙΑΣ ΕΜΜΑΝΗΣ）：この作品は、ティモテオスの死後、アテナイで上演されたと伝えられる[175]。②『エルペノル』（ΕΛΠΗΝΩΡ）：この作品は、ティモテオスの死後久しく経って、前320/319年の大ディオニュシア祭で優勝を獲得した。このことがアテナイの碑文に記されている[176]。③『ナウプリオス』（ΝΑΥΠΛΙΟΣ）：この作

---

173) *Pax*, 827ff. ἀναβολή は、通常、「前奏」を意味するが、ここではあいまいな構造をしたディーテュラムボス、すなわち新しいディーテュラムボス全体を指す。Cf. I. Düring, "Studies in Musical Terminology in 5th Century Literature," 183.

174) T. B. L. Webster, *Athenian Culture and Society*, 173.

175) Lucianus, *Harmonides*, 1.

176) *Inscriptiones Graecae*, II2, 3055：「クシュペタイオス区のニコデモスの息子ニキアスは、ケクロピス部族の少年部コロスのコレーゴスとして、その勝利に際

品におけるアウロスによって嵐を表そうとする試みが、アウロス奏者ドリオンの嘲笑を買っている[177]。④『セメレの陣痛』(*ΣΕΜΕΛΗΣ ΩΔΑΙΣ*)：この作品の中で女神の陣痛の悲鳴が、臨場感豊かに模倣されており、滑稽でなくもない[178]。⑤『スキュラ』(*ΣΚΥΛΛΑ*)：この作品の中で、スキュラにむさぼり食われた仲間たちのゆえに、オデュッセウスが悲嘆にくれる場面があるが、アリストテレスは『詩学』の中でこれを英雄に相応しくないと批判する[179]。この場面は、物語の一部分としてコロスによって吟唱されるかわりに、独唱者によって演じられたものと思われる[180]。『詩学』の最後の章においても、「下劣なアウロス奏者たちは……『スキュラ』を演奏する場合にはコロスの指揮者をひきずり回す」という言及がある[181]。アウロス奏者たちは、オデュッセウスの船員たちにつかみかかる怪物の真似をして、コロスの指導者につかみかかるしぐさをしたのであろう。

プラトンは、ディーテュラムボスによく見られる特徴として、作者自身

してこれを奉献した。シキュオンのパンタレオンがアウロス奏者であり、歌はティモテオスの『エルペノル』であり、アルコーンはネアイクモス（前320/319年）であった。」ティモテオスの人気はその後も続いた。『ペルシャ人』は前207年にネメアで上演され、他のノモイは前2世紀にアルカディアやその他の所でも上演された。Cf. D. A. Campbell, ed., *Greek Lyric* V, 7.

177) Athenaeus, *Deipnosophistae*, 8. 338a:
ὁ αὐτὸς Δωρίων καταγελῶν τοῦ ἐν τῷ Τιμοθέου Ναυτίλῳ χειμῶνος ἔφασκεν ἐν κακκάβᾳ ζεούσᾳ μείζονα ἑωρακέναι χειμῶνα.
同じドリオンは、ティモテオスの『ナウプリオス』の中の嵐を嘲り、自分は沸騰する鍋の中にもっと大きな嵐を見たことがあると言った。

178) Athenaeus, *Deipnosophistae*, 8. 352b. メッセネのアルカイオスは、アウロス奏者ドロテオスが、雷鳴のように鳴り渡る「ティモテオスの陣痛」(τῆς Ὠδῖνος τῆς Τιμοθέου) を演奏したと伝えている。Cf. D. A. Campbell, ed., *Greek Lyric* V, 113.

179) *De Poetica*, 1454a30.

180) M. L. West, *Ancient Greek Music*, 363.

181) *De Poetica*, 1461b30.

の報告、すなわち、俳優による科白のない物語を挙げているが、すべてのディーテュラムボスがこのような形式を取ったとは言っていない[182]。前4世紀後代の史料によると、ディーテュラムボスはキタラ伴奏によるノモスのように、模倣的性格のものとなり、それゆえにストロペー形式を取らなくなった、と伝えられている。独唱者の使用や、あるいは悲劇俳優のアリアに類するものも示唆されている[183]。新音楽運動は、すでに不自然に感じられつつあった従来の決まりきった形式に対して、もっと自由かつ十分な表現を目指す運動であった。たとえば、しばしば出てくる、ハルモニア転位を意味するカンペー（καμπή）という用語がその一例である[184]。しかし、この運動の詩人音楽家たちは、音（しばしば非音楽的な音）の単なる再生という意味におけるミーメーシスに熱心なあまり邪道に陥った。対象を完全にかつ機械的に再生しようとすればするほど、教養人としての音楽家の性格を失い、空疎な名人芸主義に堕してしまった。ティモテオスに代表されるこの運動の詩人音楽家たちは、とどまるところを知らず、ついには音とことばの両面において滑稽なものとなった。音を優先する傾向がこれに拍車をかけた。音楽を過度に優先した結果、ロゴスが生気を欠くつまらないものになってしまった[185]。彼らディーテュラムボス音楽家たちは、キネシアスを除いて、ほとんど全員が外国人であった[186]。いきおい彼らは、アテナイというポリスの市民教育への情熱と関心をあまり持ち合わせていなかった。彼らの関心はアテナイの音楽祭で優勝することであった。優勝獲得のために、どういう音楽が観衆を一番喜ばせるか、ということに工夫をこらした。アテナイ民衆は娯楽を求めていた。そ

---

182) *Respublica*, 394C3.
183) Pseudo-Aristoteles, *Problemata*, 918b10-20.
184) M. L. West, *Ancient Greek Music*, 51.
185) M. L. West, *Ancient Greek Music*, 51.
186) M. L. West, *Ancient Greek Music*, 52.

れゆえ、音楽家たちは、民衆の求めに合わせて娯楽的なディーテュラムボスを提供した。すでに見たこれらの詩人音楽家たちに加えて、クレクソス（Κρέξος, 前5-4世紀）は、ディーテュラムボスにレチタチーボ、もしくは楽器伴奏を伴う語りのようなものを導入した。また、彼は従来のユニゾンによる伴奏の習慣に反して、歌の高さよりもさらに高いキーによる伴奏の使用も導入した[187]。カメイロスのアナクサンドリデスは、アテナイにおけるディーテュラムボス上演の際、馬に乗って登場し、歌の一部を吟じたと伝えられている[188]。

以上において、新音楽の音楽家たちを探訪しながら、古典期アテナイにおけるポリス社会の変動がディーテュラムボスにどのような影響を与えたかを見てきた。ディーテュラムボスが社会から受けた影響は、甚大である。ポリス社会はその歴史の中で、自らの姿の全体像をではないにせよ、その本質部分をディーテュラムボスに投射してきた。そのかぎりでは、ディーテュラムボスは、ポリス社会のあり方を映し出す鏡であったと言えよう。

4．アテナイの詩人音楽家たちの反応

新音楽は、ペロポネソス戦争後に展開していく新しい民主制社会のあり方を映し出す受動的な存在にとどまらない。それは次第に自己拡大を続け、やがてポリス社会に対して一定の影響をおよぼす存在にのしあがった。この新音楽に対して、ポリス社会を代表する詩人音楽家たちは賛否両方の反応を示した。一方において、好意に満ちた歓迎を示す人々がいた。エウリピデス、アガトン、ゴルギアス、そして一般大衆である。他方、新

---

187) Pseudo-Plutarchus, *De Musica*, 12. 1135c, 28. 1141a; Philodemus, *De Musica*, 74; A. Pickard-Cambridge, *Dithyramb*, 52.
188) Athenaeus, *Deipnosophistae*, 9. 374a.

音楽を拒絶する人々もいた。ペレクラテスとアリストパネスである。さらに、ソクラテスやプラトンのような人たちは、賛成反対のレベルにとどまらず、新音楽に対して哲学的な吟味を行った。

a. 歓迎派

(1) エウリピデス（Εὐριπίδης）

エウリピデスは新しい音楽を歓迎した。ティモテオスが最初アテナイで不評を買ったとき、エウリピデスは次のようにティモテオスを励ましたとサテュロスは伝えている。

τοῦ Τιμοθέου παρὰ τ[οῖ]ς Ἕλλη[σι]ν διὰ [τ]ὴν ἐ[ν] [τ]ῆι μου[σι]κῆ[ι] καινοτ[ο]μίαν καὶ κ[α]θ᾽ ὑπερβολὴν ἀθυμήσαντος ὥστε κα[ὶ] τὰς χεῖρας ἑαυτῶι διεγνωκέναι προσφέρειν, μόνος Εὐριπίδης ἀνάπαλιν τῶν μὲν θεατῶν καταγελάσαι, τὸν δὲ Τιμόθεον α[ἰ][ς]θόμενος ἡλίκος ἐστὶν ἐν τῶι γένει παραμυθήσασθαί τε λόγους διεξιὼν ὡς οἶόν τε παρακ[λ]ητικωτάτους, καὶ δὴ καὶ τὸ τῶν Περσῶν προοίμιον συγγράψαι, τοῦ τε νικῆ[σ]αι παύσασθ[αι] κατα•[..]ο[....] ενον•[]ντι[]

ティモテオスが、その音楽の新機軸のためにギリシャ人たちのあいだで（嘲笑され）、落胆のあまり自らの命を絶とうと決心していたとき、エウリピデスは、反対に観衆を笑い飛ばした唯一の男である。彼は、ティモテオスがその分野でいかに善き作曲家であるかを見て取り、あらんかぎりの慰めのことばをもって彼を励まし、『ペルシャ人』のために序曲を作ってやりさえした。その結果、ティモテオスは優勝を獲得し、（嘲笑されることは）なくなった[189]。

エウリピデスはティモテオスに、「元気をだしなさい。というのも、もうじき諸々の劇場は君に服従するようになるだろうからだ」（θαρρεῖν ... ὡς ὀλίγου χρόνου τῶν θεάτρων ὑπ᾽ αὐτῷ γενησομένων）とも語ったと伝えられる[190]。エウリピデス自身は、シケリアの僭主ディオニュシオスを始めとして他国人にことのほか愛されたため、並外れた外国人びいきであった[191]。彼は大衆に迎合することなく、自らの作風を貫いてきた。そのために優勝を逃すこともしばしばであった。その目に、ティモテオスは自分の分身のように見えたのかもしれない。ファルネーゼのエウリピデス像は、思索的で世俗に超然とした孤独な男を示しており、リエティのエウリピデス像は、厳しく凄味のある表情を見せている[192]。しかし、エウリピデスがティモテオスを支持したのは、たんに同情心のみによるものではなく、創作上の理由によるものでもあった。彼は過去のあらゆるものに満足せず、常に新しいものを追求していた。彼はアッティカ悲劇の最終地点に立っていた。古い英雄伝説や神々を題材とする悲劇は、もはや彼の心をも観衆の心をも満足させなかった。それゆえ、古伝説の改変、コロスの地位を落とすこと、新しい文体の創造などの努力を行ってきた。このような不断の努力は、ティモテオスのディーテュラムボスに遭遇したとき、その中にある新しいものを見逃さなかった。

　エウリピデスの悲劇作品には、新しいディーテュラムボスの特徴が散見

---

189) Satyrus, *Vita Euripidis, Oxyrhynchus Papiri*, 1176 fr. 39 col.xxii.
190) Plutarchus, *Moralia: An Sit Seni*, 795d.
　　 οὕτω δὲ καὶ Τιμόθεον Εὐριπίδης συριττόμενον ἐπὶ τῇ καινοτομίᾳ καὶ παρανομεῖν εἰς τὴν μουσικὴν δοκοῦντα θαρρεῖν ἐκέλευσεν, ὡς ὀλίγου χρόνου τῶν θεάτρων ὑπ᾽ αὐτῷ γενησομένων.
191) 松平千秋「エウリピデスについて」『ギリシャ悲劇全集　別巻』（岩波書店、1992 年）143 参照。
192) 松平千秋「エウリピデスについて」148-150 参照。

される[193]。『イオン』における、コロスのレスポンシオンを欠く感情の高ぶったストロペーは、ディーテュラムボスの響きを感じさせる[194]。μέν … δέ および糊で貼りつけられたような分詞による非常にせきたてるような構成、飾りたてすぎの文体[195]、また同じことばの繰り返し[196] などは、新音楽のディーテュラムボスに見られる特徴である[197]。コロスの合唱の中に直接的話法がはめ込まれている。たとえば、『エレクトラ』の伝令[198]、『トロイアの女』のトロイア人たち[199]、『ヘレネ』のゼウス[200]、『アウリスのイピゲネイア』のリュディアやプリュギア国の女たち[201] の場合がそうである。直接的話法は、すでにピンダロスやバッキュリデスに見られる特徴であったが、新しいディーテュラムボスにも受け継がれたことは疑いがない[202]。伴奏音楽を目立たせ、音楽的効果を利用しようという動機が随所に見られる。たとえば、『エレクトラ』における笛を吹いているパンと、叫んでいる伝令、アンティストロペーのそれに合致する箇所におけるアルゴスの祭礼音楽がそうである[203]。その合致は、ストロペーにおけるクリュセアン（χρυσέαν）[204] に対して、アンティストロペーにおけるまさに同じ箇所にクリュセアス（χρυσέας）[205] が続いて出てくるほど広汎

---

193) Cf. H. Schönewolf, *Der jungattische Dithyrambos*, 37-44.
194) *Ion*, 1229-1243.
195) *Ion*, 1233.
196) *Ion*, 1229, 1231, 1235.
197) H. Schönewolf, *Der jungattische Dithyrambos*, 39.
198) *Electra*, 708.
199) *Troades*, 524.
200) *Helena*, 1341.
201) *Iphigenia Aulidensis*, 790.
202) H. Schönewolf, *Der jungattische Dithyrambos*, 41.
203) *Electra*, 698ff.
204) *Electra*, 705.
205) *Electra*, 719.

である。ストロペーβの自然の奇跡は、構成上、実にすばらしいモティーフを提供している[206]。『ヘレネ』では、デメテルのさすらいが叙述されている[207]。ここでも色彩的な音響効果が目を引く。ストロペーにおける潮の高鳴る海（βαρύβρομόν τε κῦμ᾽ ἅλιον）[208]、するどい音（κρόταλα）[209]、円形コロス（κυκλίων χορῶν）[210]。アンティストロペーαにおける母親の絶望とその破壊的な影響。異国情緒の伴奏楽器によるカリスたちとムゥサたちのコロス。デメテルの感興（ストロペーβ）と再びバッコスの祭礼の長々とした描写。これらはすべてミーメーシス的な音楽に役立つモティーフである[211]。『アウリスのイピゲネイア』第３スタシモン[212]は、典型的なディーテュラムボス歌曲である。ペレウスの婚礼が、美しい光景で描かれているが、エポドスではイピゲネイアの供犠が、思いがけない気分の急変の中で音楽的効果をもって演じられる。他にも伴奏に役立つモティーフには事欠かない。楽器名をあげての楽器の使用。歌うムゥサたち。ストロペーの終わりにおけるネレウスの娘たちの輪舞。アンティストロペーにおける「ケンタウロスらの一団」（θίασος Κενταύρων）と彼らの直接的話法による歌。「アキレウス」のモティーフ。最後に、再び祝婚歌。またエポドスでは、-hai -a -o（αἱμάσσοντες λαιμόν）という暗い響きの音の遊び[213]とは対照的に、シュリンクスと「牧人たちの葦笛」（ῥοιβδήσεσι βουκόλων）のモティーフが続く[214]。

206）H. Schönewolf, *Der jungattische Dithyrambos*, 41.
207）*Helena*, 1301.
208）*Helena*, 1305.
209）*Helena*, 1308.
210）*Helena*, 1312.
211）H. Schönewolf, *Der jungattische Dithyrambos*, 42.
212）*Iphigenia Aulidensis*, 1036-1097.
213）*Iphigenia Aulidensis*, 1084.
214）H. Schönewolf, *Der jungattische Dithyrambos*, 42-43.

このようにエウリピデスは、新しいディーテュラムボスの要素をその悲劇作品のところどころに織り込んでいる。しかし、いたるところに、ではない。絶えず新しいものを模索していた彼は、創作上必要かつ適切と思うところにだけ、新しい要素を取り入れた。けして無批判に新しい流行に染まったのではない[215]。エウリピデスが観衆に迎合し、俗受けすることをねらったとする見解[216] は当たらない。彼は大衆に迎合するタイプの人間ではなかった。前408年、敗戦前夜のアテナイの頽廃した世相に絶望したエウリピデスは、マケドニア王アルケラオスに招かれて、アガトンやティモテオスと共にテッサリアの町ペラへ去って行く[217]。しかし、ともあれエウリピデスのような当代一流の悲劇作家が、新しいディーテュラムボスの特徴を取り入れたという事実は重要である。これにより新音楽がますます社会から受容され、その中に浸透するようになったことは間違いない。アテナイの観衆も、同じような題材や音楽の繰り返しに飽きていた。彼らは新しいものを欲していたのである。

(2) アガトン（Ἀγάθων）

　アガトンは前446–前401年にかけて活躍した[218]。彼はエウリピデスの後継者であるが、エウリピデスよりもっと大幅に新しいディーテュラムボスの特徴を悲劇作品の中に取り入れた。その顕著な例として、コロスを悲劇の筋から完全に分離し、それをエムボリマ（ἐμβόλιμα, 幕間音楽）に用いた[219]。その結果、悲劇は俳優だけのものとなった。他方、エムボ

---

215) M. L. West, *Ancient Greek Music*, 354 は、新しい音楽に対するエウリピデスへの影響を過大に考えるべきではない、という見解を示している。
216) G. Comotti, *Music in Greek and Roman Culture*, 34-35.
217) 松平千秋「エウリピデスについて」144 参照。
218) 以下については、H. Schönewolf, *Der jungattische Dithyrambos*, 45-48 を参照。
219) Aristoteles, *De Poetica*, 1456a29-30 が伝えるところでは、演劇の主題とは関係

リマは、単調さに飽きた観衆に気分転換と娯楽を提供したであろう。そのようなエムボリマに見られるディーテュラムボスの特徴は、少なくとも二つのものからうかがい知ることができる。一つは、プラトン『饗宴』におけるアガトンの演説である[220]。その演説には、構成・文体ともに弁論家ゴルギアスの影響が見られる。エロース賛美の内容は、飾りたてたことばの集積、ほとんど意味をなさないことば遊びの羅列など、一貫して新しいディーテュラムボスの特徴を示している[221]。もう一つは、アリストパネス『女だけの祭』における、アガトンの独唱歌に対する風刺[222]と、俳優もしくはコロス指導者と入替えに登場するストロペーなしのコロスの歌[223]である。アガトンの独唱歌は、召使の口を借りて以下のように風刺されている。

δρυόχους τιθέναι δράματος ἀρχάς.
Κάμπτει δὲ νέας ἀψῖδας ἐπῶν,
τὰ δὲ τορνεύει, τὰ δὲ κολλομελεῖ,
καὶ γνωμοτυπεῖ κἀντονομάζει
καὶ κηροχυτεῖ καὶ γογγύλλει
καὶ χοανεύει.
彼は演劇の竜骨となる基礎を築いているところだ。
詩句の新しい屋根を曲げている。
あるものはろくろにかけ、またあるものは曲の接着をし、

なくよそから取ってきて投げ入れたエムボリマ (ἐμβόλιμα, 間奏) が、コロスの歌として歌われるようになっているが、このような手法はアガトンが創始した、ということである。

220) *Symposium*, 194E-197E.
221) H. Schönewolf, *Der jungattische Dithyrambos*, 45.
222) *Thesmophoriazusae*, 39ff.
223) *Thesmophoriazusae*, 101-130.

また金言を鋳造し、新しい名で呼び、
また蝋のように型に入れてまるめ、
そして鋳造を仕上げる[224]。

ストロペーなしのコロスの歌は、アガトンの自作によるものであり、ムネシコロスによって「アリの通り路」（μύρμηκος ἀτραπούς）と揶揄されている[225]。この歌は、ティモテオスがしたように、自由なイオニア・ハルモニアによるものである。内容は、アポロンやアルテミスやレトの讃歌であり、ディーテュラムボスとは直接の関係はないが、おそらくすでに存在していたディーテュラムボスを基に編曲されたものと考えられる[226]。

悲劇のマンネリズムを打ち破るためにアガトンが取ったもう一つの工夫は、従来必ず用いられてきた神話の題材を完全に離れて、自己の構想になる筋書きの悲劇を作ったことである。アリストテレスは『詩学』において次のように伝えている。

> ……更にまた、アガトンの『アンテウス』のように、世に知られた名前は一つもないという演劇もいくつかある。この作品では、さまざまの事件も登場人物の名前もひとしく虚構されたものであるが、そのために楽しさが減じることは少しもない[227]。

アガトンの音楽上の改革は、軟弱になりつつあったアテナイ市民の好みに合致するものであった。彼はクロマティック・ゲノスを悲劇に使用した最初の作家である。また、ヒュペルドーリス・ハルモニアとヒュポプ

---

224) *Thesmophoriazusae*, 52-55.
225) *Thesmophoriazusae*, 100.
226) H. Schönewolf, *Der jungattische Dithyrambos*, 45.
227) *De Poetica*, 1451b21-23.

リュギア・ハルモニアを用いた。「アリの通り路」のように曲がりくねったハルモニアは、感傷的な効果を及ぼした。彼のアウロス音楽は甘く官能的な性格のものであった。おそらくコロスの間奏としてアウロス独奏（μεσαύλια）を用いたものと思われる[228]。

（3）ゴルギアス（Γοργίας、前 485-375 年頃）[229]

アガトンが、悲劇の中に新しいディーテュラムボスの技法を大胆に取り入れた背後には、その師ゴルギアスの影響があった。ゴルギアス自身が、すでに新しいディーテュラムボスの影響を受けていたことはまず間違いがない。ハリカルナッソスのディオニュシオスは、ゴルギアスについて次のような一文を伝えている。

> δηλοῖ δὲ τοῦτο Γοργίας τε ὁ Λεοντῖνος, ἐν πολλοῖς πάνυ φορτικήν τε καὶ ὑπέρογκον ποιῶν τὴν κατασκευὴν καὶ "οὐ πόρρω διθυράμβων τινῶν" ἔνια φθεγγόμενος.
>
> レオンティノイのゴルギアスは、多くの場合、俗受けのする大げさな技法を用い、「いくつかのディーテュラムボスからほど遠からぬもの」をいくつか大声で発しながら、このことを明らかにしている[230]。

「いくつかのディーテュラムボスからほど遠からぬもの」（οὐ πόρρω διθυράμβων τινῶν）という表現は、ゴルギアスの装飾の多い文体を示唆する。その文体は短い対句の連続であり、いわば散文のように書き流された詩ともいうべきものである。そこでは対句対語、同じ語末をもつ語の繰り返しが多用されている。このような普通とは違うことば使いが、当時の

---

228) M. L. West, *Ancient Greek Music*, 354-5.
229) H. Schönewolf, *Der jungattische Dithyrambos*, 46-48.
230) *Lysias, Fragmenta*, 3.10.22ff.

アテナイ市民の心を惹いたのである。このことは、ティモテオスのディーテュラムボスが、彼らの嗜好に合致したのと歩みを一にしている[231]。ゴルギアスが弁論の中に詩的表現を取り入れたのは、新しいディーテュラムボスから受けた刺激によるものであろう。このような思い切った試みは、ノモスの無視を信条としたゴルギアスに似つかわしいものである。弁論術と修辞学が新音楽の技法を採用したということは、ディーテュラムボスの様式変化の歴史と密接な繋がりをもつ。ピンダロスの時代にはストロペー形式を固く守っていたディーテュラムボスも、新音楽運動の中でストロペー形式をもたなくなり、時代が下り、キオスのリキュムニオスの頃になると、朗読用テキストとしてのディーテュラムボスが現れる[232]。ハリカルナッソスのディオニュシオスの報告は、新しいディーテュラムボスから朗読用のディーテュラムボスに移行していく過渡期を示すものと考えられ

---

231) 高津春繁『古代ギリシャ文学史』159-160 参照。
232) キオスのリキュムニオスは、前4世紀アッティカ散文の完成期のディーテュラムボス作家である。Plato, *Phaedrus*, 267B10-C3 において、ソクラテスはリキュムニオスの弟子ポロスとリキュムニオスについて次のように語っている。

> Τὰ δὲ Πώλου πῶς φράσωμεν αὖ μουσεῖα λόγων ὡς διπλασιο-
> λογίαν καὶ γνωμολογίαν καὶ εἰκονολογίαν ὀνομάτων τε Λικυμνίων
> ἃ ἐκείνῳ ἐδωρήσατο πρὸς ποίησιν εὐεπείας;
> それから、こんどはポロスのことだが、彼の言葉のムゥサ神殿について──たとえば『重複話法』とか『金言話法』とか『比喩的話法』とかについて──われわれはどのように言うべきだろうか。また、リキュムニオスが美文の創作のためにと、あのポロスに贈った単語のムゥサ神殿については。

ポロスは、ゴルギアスの弟子でもあり、ゴルギアスの文章技巧を受け継ぎ、美文調の文章を書いた。Aristoteles, *Ars Rhetorica*, 1413b14 は、「……朗読用作品を書く詩人たちも称揚されている。例えばカイレモンや(なぜなら、彼は弁論作者のように精確に書いているから)ディーテュラムボス詩人の一人リキュムニオスがそうである」と述べている。

る[233]。

　なお、弁論と修辞に対する新しいディーテュラムボスの影響は、トラシュマコスにも見られる。彼は一つの考えを一つの文によって表すために、複文に複文を重ね合わせた長い複雑な構成をもつ文、ペリオドス（περίοδος）を工夫した。また、弁論の中にリュトモスを尊ぶ文体を取り入れた。この技法はその後、アテナイ散文様式に大きな影響を及ぼすことになる[234]。

　新音楽が悲劇作家やソフィストたちに受容されたという事実は、まず第一に、新しい音楽が彼らにかなりの衝撃を与えたことを意味する。彼らは古い音楽にマンネリズムを覚えていた。それゆえ、斬新な表現技術を求めており、それを新しいディーテュラムボスの中に発見した。第二に、新音楽がアテナイの一般大衆に大きな影響を与えたことを意味する。悲劇作家や弁論家たちは、必ずしも一般大衆に迎合するために新音楽の特徴を採用したわけではない。しかし、彼らの努力も、一般大衆による受容がなければ空振りに終わらざるをえなかったであろう。社会の中に新音楽が広まっていたからこそ、彼らも自分のジャンルにそれを取り込むことができたのである。第三に、一般大衆の中に新音楽への愛好がさらに浸透し定着していったことを意味する。当代一流の芸術家や文化人が新音楽を採用したことによって、最初のうち嫌悪されていた新しいディーテュラムボスは、今や社会の中で確固とした地位を獲得するに至る。新奇と興奮を強調する新しいディーテュラムボスと、娯楽と享楽を求める社会、これら両者はいわば似た者同士である。しかし、両者に欠けているものがある。自分は何であるのか、本当に自分は相手にふさわしい相手であるのか、という自己吟味である。その吟味はプラトンによって担われることになる。

---

233) H. Schönewolf, *Der jungattische Dithyrambos*, 46.
234) 高津春繁『古代ギリシャ文学史』159-160、180 参照。

b. 拒絶派

　新音楽がアテナイの民衆に大いに歓迎されるに至ったという事実は、喜劇によっても証明されるが、それは至極当然のことである。市のディオニュシア祭で悲劇とディーテュラムボスの上演を楽しんだ同じ観衆は、喜劇をも楽しんだからである。しかも、その観衆の相当数が、ディーテュラムボス上演に実際に参加して歌い踊った人びとである。新音楽は、喜劇で取り上げられるほど一般に人気を博していた。しかし、喜劇作家たちは一般大衆とは一線を画す。彼らは流行に巻き込まれることはない。一流の喜劇作家たちは、一流の音楽家であり音楽評論家でもあった。彼らは、新音楽を鋭い批判力もって吟味する。新音楽に対する彼らの揶揄嘲笑は、たんに笑いを目的とするのではなく、その根底に真剣な音楽批判がある。

(1) ペレクラテス (Φερεκράτης)

　ペレクラテスは、アリストパネスと同時代の人であり、およそ前438-421年以降にかけて活動した喜劇作家である。本章の3において、彼に帰せられる喜劇『ケイロン』の断片を部分的に紹介した。ここでは、改めて断片全体を吟味することにしたい[235]。その中でペレクラテスは、新音楽運動の詩人音楽家たちをなで切りにしているが、「ムゥシケー」が身体の全部を乱暴に扱われた女性の姿で登場する。その彼女に、もう一人の女性「ディカイオシュネー」が、どうしてそのような暴行を受けるようになったのかを尋ねる。「ムゥシケー」の答えは以下のとおりである。

---

235) Pseudo-Plutarchus, *De Musica*, 30. 1141d-1142a. われわれは、I. Düring, "Studies in Musical Terminology in 5th Century Literature," 176-177 と共に、この断片を真正のものとみなす立場を取る。Cf. E. K. Borthwick, "Notes on the Plurarch *De Musica* and the *Cheiron* of Pherecrates," *Hermes* 96 (1968) 62-63.

Λέξω μὲν οὐκ ἄκουσα· σοί τε γὰρ κλύειν
ἐμοί τε λέξαι θυμὸς ἡδονὴν ἔχει.
ἐμοὶ γὰρ ἦρξε τῶν κακῶν Μελανιππίδης,
χαλαρωτέραν τ᾽ ἐποίησε χορδαῖς δώδεκα.
ἀλλ᾽ οὖν ὅμως οὗτος μὲν ἦν ἀποχρῶν ἀνὴρ
ἔμοιγε ___ πρὸς τὰ νῦν κακά.
Κινησίας δέ «μ᾽» ὁ κατάρατος Ἀττικός,
ἐξαρμονίους καμπὰς ποιῶν ἐν ταῖς στροφαῖς
ἀπολώλεχ᾽ οὕτως, ὥστε τῆς ποιήσεως
τῶν διθυράμβων, καθάπερ ἐν ταῖς ἀσπίσιν,
ἀριστέρ᾽ αὐτοῦ φαίνεται τὰ δεξιά.
ἀλλ᾽ οὖν ἀνεκτὸς οὗτος ἦν ὅμως ἐμοί.
Φρῦνις δ᾽ ἴδιον στρόβιλον ἐμβαλών τινα
κάμπτων με καὶ στρέφων ὅλην διέφθορεν,
ἐν πέντε χορδαῖς δώδεχ᾽ ἁρμονίας ἔχων.
ἀλλ᾽ οὖν ἔμοιγε χοὗτος ἦν ἀποχρῶν ἀνήρ·
εἰ γάρ τι κἀξήμαρτεν, αὖθις ἀνέλαβεν.
ὁ δὲ Τιμόθεός μ᾽, ὦ φιλτάτη, κατορώρυχε
«ὁ» Τιμόθεος; ⟦«ΜΟΥΣ.»⟧ Μιλήσιός τις πυρρίας.
κακά μοι παρέσχεν οὗτος, ἅπαντας οὓς λέγω
παρελήλυθεν, ἄγων ἐκτραπέλους μυρμηκιάς.
κἂν ἐντύχῃ πού μοι βαδιζούσῃ μόνῃ,
ἀπέδυσε κἀνέδυσε χορδὰς δώδεκα.

それでは喜んでお話しいたしましょう。あなたは聴くことに喜びを覚え、私は話すことに喜びを覚えましょう。私の災いはメラニッピデスから始まりました。彼は、彼らの中の最初の男でした。彼は私をつか

まえ、引き倒し、その12の絃で私を緩めました。しかし、私が今受けている苦しみに比べれば、結局、彼はまだよいほうの男でした。しかし、あのアテナイ人、呪われたキネシアスは、彼がストロペーの中に作る「ハルモニアを外れた転位」によって私に非常に大きな損傷を与えたので、彼のディーテュラムボスは、磨かれた盾の中に映し出された事物のように左右の区別がつかないほどになりました。しかしそれでもまだ、私は彼には我慢することができたのです。その後、プリュニスが、彼自身の奇妙な「こま」を突っ込み、私を曲げたりひねったりして私をめちゃめちゃにしてしまいました。彼がその5つの絃で演奏した12通りのハルモニアのことを言っているのです。結局、私は彼さえも受け入れることができました。というのも、彼は過ちを犯しましたが、後で償いをしたからです。しかし、ティモテオスは違います。いいですか、彼は私を穴のなかに埋め、私をまったく削り落としてしまいました。

〔ディカイオシュネーが質問する〕 このティモテオスとは、誰ですか。

〔ムゥシケーが答える〕 ミレトス出身の赤毛の男です。彼は他の男たちを全部合わせたよりもっと私を困らせました。曲がりくねった「アリの通り路」に引っ張っていくことによってです。私が一人で歩いているのを見つけると、彼はその12の絃で私（の着物）を緩め、脱がしました。

『ケイロン』の上演時期と推定される前410年頃は[236]、アテナイの社会と文化における新旧の交代が完了した時期にあたる。これまで漸次進展してきた変化は、前5世紀の最後の15年頃までには事実上完了してい

---

[236] Cf. I. Düring, "Studies in Musical Terminology in 5th Century Literature," 177; H. Schönewolf, *Der jungattische Dithyrambos*, 451.

た。ディーテュラムボスにおける新しさも、この全般的な変化に呼応する。教養ある人々は、依然としてステシコロスやピンダロスら伝統的な抒情作家を尊重していた。しかし、若い世代は伝統的なものに飽きたらなくなっており、そのため古いものは人気を失い廃れつつあった。作られたもので重要なものは、祭礼のために作られたディーテュラムボス、ノモイ、パイアンのみであり、しかも祭礼からは宗教的関心は急速に失われつつあった。代わりに、「新奇」と「自由」が頭角を表すようになる[237]。本章の3で述べたように、チャポ（E. Csapo）の指摘によると、「新音楽」は便宜上使用される表現である[238]。ネアムゥシケー（Νέα Μουσική）またはそれに類したギリシャ語表現は、ジャンル概念または画期的様式としては現存の文献に登場しない。新しい様式を用いた詩人音楽家たちは、「古風な」、「古い様式の」、「伝統的な」音楽と対比して、自分たちの音楽を「斬新な」あるいは「現代の」音楽と述べることはした[239]。しかし、古代の批評家たちが新しい様式の音楽について語るときには、むしろこれを「劇場音楽」（τὴν θεατρικὴν μουσικήν）というような、劇場と結びついた表現で呼ぶ傾向がある[240]。新しい様式の音楽は、演劇やディーテュラムボスのように、劇場で上演される音楽ジャンルに大きな影響を及ぼしたからである。これが『ケイロン』の時代が直面していた社会・文化状況であった。この断片においてディーテュラムボスについて明言されているのは、キネシアスの場合だけである。メラニッピデス、プリュニ

---

237) A. Pickard-Cambridge, *Dithyramb*, 38.
238) E. Csapo, "The Politics of the New Music," in *Music and the Muses*, eds. P. Murray and P. Wilson (Oxford University Press, 2004) 208.
239) Cf. Timotheus in D. Page, ed., *Poetae Melici Graeci* (Oxford University Press, 1962) 791, 202-203, 211-213, 796; Euripides, *Troades*, 512-515.
240) Aristoteles, *Politica*, 1342a17; Plato, *Leges*, 700A-701D; Aristoxenus, *Fragmenta*, 16, 29; Pseudo-Plutarchus, *De Musica*, 29. 1140d-f, 1142d (σκηνική).

ス、ティモテオスの場合は、キタラの役割が問題とされている[241]。しかし、キタローディアについて語られていても、それへのディーテュラムボスの影響が問題とされているのであるから、この断片の主眼はやはり新しいディーテュラムボスに対する批判であるとみて差し支えないであろう。

　この断片から明らかなことは、新音楽の拒絶である。新しいディーテュラムボス運動は、古来の伝統的なディーテュラムボスの美しさを著しく損なうものとして非難されている。「前衛芸術家」たちに対するペレクラテスの非難をまとめると、以下のようになるであろう。①彼らは、キタラの絃を増やすことによって音域を広げ、音階に半音の音程部分を多くした。②彼らは、一つのハルモニアから他のハルモニアへの転位、リュトモスの変更、複数のハルモニアの混合を行った。③彼らは、コロラテューラやトリルの技法によって歌を多彩なものにした。④彼らは、伝統的なストロペー形式が廃れていき、ストロペーなしの形式、すなわちレスポンシオンなしの歌が作曲される傾向に拍車をかけた。要するに、新音楽における表現の「自由」と「充実」と「色彩豊かさ」が非難されているわけである[242]。このペレクラテスの非難は、古代ギリシャ人特有ともいうべき音楽の「エートス」($\tilde{\eta}\theta o\varsigma$）観に照らして理解されるべきであると思われる。それは、人間のエートスやパイデイアーに対して音楽は影響を及ぼすという見方である[243]。ペレクラテスの批判は、音楽破壊と性暴力の両義を持つ用語で行われている。彼の認識では、新音楽は古来の音楽が大事にしてきた市民社会の道徳性を破壊している。ケイロンはケンタウロスでありながら、賢明で正しく、音楽、運動競技、医術に秀れ、アキレウス、アスクレピオス、イアソン等、多くの英雄たちを教育した。この喜劇

---

241) B. Zimmermann, *Dithyrambos*, 122 n.1.
242) B. Zimmermann, *Dithyrambos*, 122-123.
243) W. D. Anderson, *Ethos and Education in Greek Music* (Harvard University Press, 1966) 2.

第2章　ポリス社会の変動と「新音楽」運動　｜　105

の主題は、道徳の教育であったであろうことが推測される。ディーテュラムボスのコロスの半数は、18歳以下の少年たちから構成されていたという事実も忘れてはならないであろう。この断片の対話者は、「ディカイオシュネー」と「ムゥシケー」という二人の女性であることも、ムゥシケーの道徳性へのペレクラテスの関心を示唆する。教養としてのムゥシケーは、アレテーとしてのディカイオシュネーと不可分離に結ばれていなければならないのである。「ムゥシケー」は酷い暴行を受けた。「ディカイオシュネー」は彼女にそのわけを尋ねる。新機軸の音楽家たちが入れ替わり立ち替わり現れては、多彩な技巧やハルモニア転位によって彼女の貞節を奪ったと「ムゥシケー」は答える。新音楽がアテナイの若者たちに及ぼす悪影響に対する、ペレクラテスの危機感が看取できる。この断片の後続部分は欠損しているが、おそらく新機軸の音楽家たちが処罰されるべきことと、「ムゥシケー」のためにもっと秩序正しい音楽が与えられるべきこととが、「ディカイオシュネー」によって提案されるというような内容なのではないか、と推測できる[244]。

「私が一人で歩いているのを見つけると、彼はその12の絃で私（の着物）を緩め（ἀπέδυσε）、脱がしてしまいました（ἀνέδυσε）」という、ティモテオスに対する非難は、コロスの歌舞に関係するものであると考えられる[245]。アンダーソン（W. D. Anderson）の推測によると、ギリシャの男声の中心的オクターブは、真ん中のドより下のファあたりから上はファまでの範囲であったという[246]。したがって、通常の高度を超えた音程が求められた場合、美しいユニゾンの音を出すことができるコロスを見

---

244) T. B. L. Webster, *Athenian Culture*, 173-174.
245) ἀπέδυσε はリズム構成の崩壊に言及し、ἀνέδυσε は頻繁なハルモニア転位による各ハルモニア様式の破壊に言及するものと推測される。Cf. A. Barker, ed., *Greek Musical Writings* I, 237 n.203.
246) W. D. Anderson, *Ethos and Education in Greek Music*, 51.

つけることは、極めて難しかったに違いない。ティモテオスの作品では楽器が主でコロスは従とされているので、歌への思いやりはなかった。プロのコロスなどは考えられない時代である。ティモテオスの作品が求める要求は、単声の音楽文化の段階ではあまりにも大きすぎた。彼の作品は独唱者のためであり、プロの演奏を必要とした。このことは市民によるコロスを廃れさせる方向に作用した[247]。コロスの衰えはとりもなおさず市民教育の衰えにつながることを危惧したのは、ペレクラテスだけではないであろう。市民によるコロスは市民のパイデイアーを具現する最高の手段でもあったからである。従来、ディーテュラムボスは一つのハルモニアに徹していた。そして、各ハルモニアは独自の音楽的特徴とエートスをもつと考えられていた[248]。ティモテオスらの新音楽運動は、各ハルモニアに特有の個性をだいなしにした。頻繁なハルモニア転位はエートスの表現を妨げた。要するに、ティモテオスの音楽は、パイデイアーにもエートスにもまったく関心を払っていない、ということが、ペレクラテスの非難なのである[249]。

(2) アリストパネス（Ἀριστοφάνης, 前448年頃 – 前380年頃）

アリストパネスは、前5世紀最後の30年から前4世紀最初の10年にかけて創作活動を行った。これはソポクレス、エウリピデスの後期作品、および「新音楽」の多くの作品と同時代である。彼の詩人としての最盛期は、ペロポネソス戦争27年の期間と重なる。ペリクレス治下の最盛期アテナイに生まれた彼が、伝存していない初演の喜劇作品である『宴の人々』（*Daitaleis*）を上演したのは前425年であり、その時アテナイはす

---

[247] Pseudo-Aristoteles, *Problemata*, 918b20 は、「昔は自由人たちが自らコロスを演じていた」（τὸ παλαιὸν οἱ ἐλεύθεροι ἐχόρευον αὐτοί）と述べる。
[248] W. D. Anderson, *Ethos and Education in Greek Music*, 53.
[249] W. D. Anderson, *Ethos and Education in Greek Music*, 51-53.

でにペロポネソス戦争の最中にあった。彼が生きた時代は激動の時代であり、その特徴は、ソフィスト、新式教育、弁論術、固定観念の破壊、ソクラテス、戦争とデーマゴーゴスなどによって表すことができるかもしれない。アリストパネスは、喜劇風刺詩人として、いきおい時流に対する反対者とならざるをえなかった。彼はおそらくアテナイ最大の作曲家であり、ギリシャの中で確実に最大の音楽評論家であった[250]。その彼がしばしば新しい音楽を揶揄嘲罵の対象としている事実は、それほどまでに新しい音楽がアテナイ社会に受容され、流行していた状況を示唆する。

　アリストパネスの音楽批判は最初から教育批判として行われている。『宴の人々』[251]において、ソフィスト式教育が若者に及ぼしている悪影響に関する話の中で、ムゥシケーのことも言及される。この作品の主役は、あるアテナイの農夫がもつ二人の息子である。一人は古式に家庭で養育される。もう一人は進歩的教育の恩恵に与るため町へ送られる。町で育った若者は、完全に変わって戻ってくる。彼は道徳において堕落しており、農場での仕事には不向きになっている。息子がアルカイオスやアナクレオンら昔の詩人たちのスコリオン（σκόλιον）を歌うことができないのを見て、父親は愕然とする。息子が理解することができるのは、ホメロスの古風なことばではなく、ソロンの立法の教科書に関する解説のみである。弁論家トラシュマコスの名前が、ことばの意味に関する議論の中で出てくる。この種の議論は古式の教育を受けたアテナイ人にとって、とりわけ吐き気を催す衒学である。アリストパネスは、このようにして新式教育を皮肉る中で、そのムゥシケー教育の不十分さを指摘する。彼の目から見て、スコリオンを歌えないことはゆゆしいことであった。というのも、彼が理想とするアルカイック期の教養が見出される生活の場は、男の集まりで

---

250) Cf. M. I. Henderson, "Ancient Greek Music," 390.
251) Cf. C. Austin and R. Kassel, *Poetae Comici Graeci*, vol.3, 2: frs. 205, 233; *Scholia in Aristophanem, Nubes*, 529a-c. W. Jaeger, *Paideia*, vol.1, 370.

あり、それはクレタではアンドレイオン（ἀνδρεῖον）と呼ばれ、アテナイではヘタイレイア（ἑταιρεία）と呼ばれていた。ヘタイレイアはレスケー（λέσχη, 歓談）であり、シュムポシオン（συμπόσιον, 夕食後の酒宴）であった。その酒宴において立派にスコリオンを歌うことができないことは、教養がないことを意味した。スコリオンこそはムゥシケーの基本的様式であり、キタラ、アウロスなどの間奏や舞踊などもそれをめぐって行われた。したがって、将来、酒宴で教養人とみなされるためには、「古典」たるホメロスの叙事詩に通じるとともに、教訓詩や抒情詩の中からいくつかのレパートリーを自分のものにしておく必要があった[252]。しかるに現状はといえば、新式の教育によって伝統的なムゥシケー教育がなおざりにされている、とアリストパネスは語る。

　前423年初演の、後に大幅改訂された『雲』（Nubes）は、古い時代の質実剛健な生き方と当世風の軟弱な風潮との対比を主題としている。古式の教育がどのようなものであったかは、「ディカイオス・ロゴス」（δίκαιος λόγος）の次のことばからうかがわれる。

λέξω τοίνυν τὴν ἀρχαίαν παιδείαν ὡς διέκειτο,
ὅτ' ἐγὼ τὰ δίκαια λέγων ἤνθουν καὶ σωφροσύνη 'νενόμιστο.
πρῶτον μὲν ἔδει παιδὸς φωνὴν γρύξαντος μηδέν' ἀκοῦσαι·
εἶτα βαδίζειν ἐν ταῖσιν ὁδοῖς εὐτάκτως εἰς κιθαριστοῦ
τοὺς κωμήτας γυμνοὺς ἁθρόους, κεἰ κριμνώδη κατανείφοι.
εἶτ' αὖ προμαθεῖν ᾆσμ' ἐδίδασκεν τὼ μηρὼ μὴ ξυνέχοντας,
ἢ "Παλλάδα περσέπολιν δεινάν" ἢ "τηλέπορόν τι βόαμα",
ἐντειναμένους τὴν ἁρμονίαν ἣν οἱ πατέρες παρέδωκαν.
εἰ δέ τις αὐτῶν βωμολοχεύσαιτ' ἢ κάμψειέν τινα καμπὴν

---

252) H. I. Marrou, *A History of Education in Antiquity*, 41-42.

οἵας οἱ νῦν, τὰς κατὰ Φρῦνιν ταύτας τὰς δυσκολοκάμπτους
ἐπετρίβετο τυπτόμενος πολλὰς ὡς τὰς Μούσας ἀφανίζων.
それでは、古式の教育がどのようなものであったか、お話ししよう。それはこの私が正しいことどもを語り、栄え続け、節制が重んじられていた頃のことだ。まず第一に、もぐもぐ語る子どもの声をけして聞いてはならなかった。次には、子どもたちは整然と従来を行進してキタラの学習に行かねばならなかった。同地区の者たちが外套をまとわず集団でね。たとえ雪が粉のように厚く降り積もるときでもだ。さらにまた、抒情詩の暗唱を仕込まれたものだ——股を閉じるような格好などしないでね——。「恐るべきポリス破壊者パラス」とか「遠くから聞こえる何かの雄叫び！」という歌を、父祖伝来のハルモニアを最高に張り上げてだ。そして子どもたちのだれかが下品なことばに耽ったり、いわゆるハルモニア転位を行う場合には、——今はやりの音楽家たちがやっている、プリュニス風のこういった複雑難解なハルモニア転位のことだ——、ムゥサの女神たちを無視しているとして散々に打ちのめされたものだ[253]。

「古式の教育」（τὴν ἀρχαίαν παιδείαν）においては、「よい人間」の形成が学校教育の目的であった。その場合の「よい人間」とは「よい兵士」とほとんど同じ意味である。よい詩は道徳性とよい模範を若者たちに示す。よいムゥシケーは若者の魂を形成する機能を有する。ギュムナスティケーは魂の命令に従う身体を作る。これが、アテナイ人に広く受け入れられていた教育観であった。したがって、ギュムナスティケーと並んでムゥシケーは最重要科目であった[254]。子どもたちはキタラ教師のところへ出向いて行き、厳しい音楽教育を受けた。天候がどうであろうとも出席

---

253) *Nubes*, 961-972.
254) T. B. L. Webster, *Athenian Culture and Society*, 63.

厳守が求められ、もっぱらポリスへの愛を高揚する内容の歌を暗記させられた。父祖伝来のハルモニアから決して外れてはならず、それを固持しなければならなかった。しかし、実情はといえば、血気盛んな子どもたちを模範的な市民につくり上げることは、並の教師にとって至難の技であったであろう。若者たちの中には、古式の音楽教育に物足らなさを覚えはじめる者も出てきた。プリュニスやエウリピデスの新式音楽が流行する数10年前の話である。アリストパネスの時代になると、プリュニス流の軟弱なキタラ音楽が堂々と歌われるようになっていた。前4世紀中葉のパエストゥム出土の壺絵に、アテナイの将軍ミュロニデスが、恐怖におののくプリュニスを処罰するために引いていく喜劇の1シーンが描かれている。この喜劇は、壺絵からさかのぼること100年程前にアテナイで上演されたものであると推定されるが、前5世紀後半の時代の、規律を欠く新音楽に対する軍部の反対を明示している[255]。

　前414年、大ディオニュシア祭において『鳥』(Aves) が上演された。ソクラテスは55歳、プラトンは13歳のときである。このとき、アテナイはまだペロポネソス戦争の最中にあり、前年の415年、シュラクサイへ遠征を行うが、大敗を喫していた。知性に輝くペリクレス時代は既に過去のものとなり、大衆がポリスを統治し、ポリスは軽薄に飛びまわる愚かな鳥どもの市場と化した。安逸をのみ求め市民意識を喪失した、この「鳥ども」の国に嫌気がさした二人の老人は、空中界に「雲のカッコウ国」(Νεφελοκοκκυγία)[256] を創設する。さっそく、この新設の国で金儲けをしようと占い師、測地学者、植民地監察官、法令売りなどの連中がやって来る。しかし、最初に来たのは詩人である。その態度とことばは、『女だけの祭り』におけるアガトンよりさらに軽薄で中身がない。詩人の眼中にあるのは作品制作による金儲けのことだけである[257]。

---

255) T. B. L. Webster, *Athenian Culture and Society*, 174.
256) *Aves*, 819.

Μέλη πεπόηκ᾽ εἰς τὰς Νεφελοκοκκυγίας
ἃς ὑμετέρας κύκλιά τε πολλὰ καὶ καλὰ
καὶ παρθένεια καὶ κατὰ τὰ Σιμωνίδου.

歌の数々を作りました。「雲のカッコウ国」のあなたがたのものとして、円形コロス用のものをたくさん、そして綺麗なものをね。
また、少女歌舞団用のものやシモニデス風のものをね[258]。

「歌の数々」（μέλη κύκλιά）はディーテュラムボスを意味する。詩人は、行きしなに次のように歌う。

Κλῆσον, ὦ χρυσόθρονε, τὰν τρομερὰν, κρυερὰν·
νιφόβολα πεδία πολύπορά τ᾽ ἤλυθον. Ἀλαλαί.

賛美してください、黄金の座にある（ムゥサ）よ、この恐ろしい凍てつく（国）を。
雪で覆われた、豊かな収穫を提供する平原を私は行った。アラライ[259]。

「雪で覆われた」（νιφόβολα）は、この作品において後ほどディーテュラムボス詩人たちが用いる軽薄な ἀναβολαί の形容辞として用いられる。アリストパネスが行う音楽批判は、特にディーテュラムボス作曲家たちに向けられているものと思われる[260]。

---

257) *Aves*, 903-957.
258) *Aves*, 917-919.
259) *Aves*, 950-951. Ἀλαλαί は、喜びの叫びである。*Aves*, 1763;『女の平和』（*Lysistrata*）1291 では、Ἀλαλαί は ἰὴ παιών という叫びと組み合わされている。
260) A. Barker, ed., *Greek Musical Writings* I, 105.

『鳥』において、「雲のカッコウ国」への市民志願者の一人として、当時流行のディーテュラムボス詩人、キネシアスが登場する[261]。「私は歌の道をこれからあれへと飛んで行く」（πέτομαι δ' ὁδὸν ἄλλοτ' ἐπ' ἄλλαν μελέων, 1374）、「私は新しい歌を探している」（νέαν ἐφέπων, 1376-1378）ということばは、新音楽の悪名高い特徴を示している。キネシアスに対してピステタイロスは次のように言う。

> Ἀσπαζόμεσθα φιλύρινον Κινησίαν.
> Τί δεῦρο πόδα σὺ κυλλὸν ἀνὰ κύκλον κυκλεῖς;
> ようこそ、シナノキのようにひょろひょろしたキネシアスさん。
> どうしておまえはその曲がった足を回しながらここへめぐって来たのだ[262]。

「回しながら」（ἀνὰ κύκλον）は、ディーテュラムボスの円形舞踏を指している。おそらくこの行の文体は、キネシアス自身の詩の文体をもじったものであると思われる[263]。キネシアスは、ピステタイロスに自らの願いを告げる。

> Ὑπὸ σοῦ πτερωθεὶς βούλομαι μετάρσιος
> ἀναπτόμενος ἐκ τῶν νεφελῶν καινὰς λαβεῖν
> ἀεροδονήτους καὶ νιφοβόλους ἀναβολάς.
> Ἐκ τῶν νεφελῶν γὰρ ἄν τις ἀναβολὰς λάβοι;
> あなたから翼をつけてもらって空高く昇り、
> 雲の中から空中を激しく上下し、雪で覆われた新しいハルモニア転位

---

261) *Aves*, 1373-1409.
262) *Aves*, 1378-1379.
263) A. Barker, ed., *Greek Musical Writings* I, 107 n.32.

の数々を取りたいのです。というのも、雲の中からハルモニア転位の数々を取ることができるのであればですが[264]。

アリストパネスは、キネシアスの口からディーテュラムボスの特徴を語らせる。

> Τῶν διθυράμβων γὰρ τὰ λαμπρὰ γίγνεται
> ἀέρια καὶ σκοτεινὰ καὶ κυαναυγέα
> καὶ πτεροδόνητα·
> というのは、他でもなくディーテュラムボスの輝かしい特徴は、
> 厚い朝霧の中にいるかのようで、薄暗く、黒光りし、
> 羽ばたく翼で移動するようなものですから[265]。

このような新しいディーテュラムボスを歌うキネシアスを、ピステタイロスは聴くに耐えない。キネシアスに「ゼウスに誓って、私はお前の息を止めてやるぞ」(Νὴ τὸν Δί᾽ ἦ ᾽γώ σου καταπαύσω τὰς πνοάς, 1397) と言う。なおも歌い続けるキネシアスをついにピステタイロスはつかまえて、ぐるぐる引き回す。この行為から、新しい様式の円形コロスに対するアリストパネスの反発を看取できる。キネシアスは次のように抗議する。

> Ταυτὶ πεπόηκας τὸν κυκλιοδιδάσκαλον,
> ὃς ταῖσι φυλαῖς περιμάχητός εἰμ᾽ ἀεί;
> こんな仕打ちを円形コロスの先生におこなってしまうというのか。
> もろもろの部族からいつも争って招かれるほどの者に[266]。

---

264) *Aves*, 1383-1386.
265) *Aves*, 1388-1390.

アリストパネスが反発する理由は、アテナイを含む各地でキネシアス風ディーテュラムボスが広く歓迎されていたからである。反対があるにもかかわらず、新音楽は流行し続けた。それはキネシアスの最後のことばから示唆される。

> Καταγελᾷς μου, δῆλος εἶ.
> Ἀλλ' οὖν ἔγωγ' οὐ παύσομαι, τοῦτ' ἴσθ' ὅτι,
> πρὶν ἂν πτερωθεὶς διαδράμω τὸν ἀέρα.
> 私を嘲っているのです。それは明らかです。
> だがこの私はやめるつもりはありません。いいですか、
> 翼をもらって空中をくまなく飛び回るまではね[267]。

前410年の上演と推定される『女だけの祭り』(*Thesmophoriazusae*) において、当時売出し中の新劇詩人アガトンを呼んできてほしい、というエウリピデスの懇願に対して、アガトンの召使はこう答える。

> Μηδὲν ἱκέτευ᾽ αὐτὸς γὰρ ἔξεισιν τάχα·
> καὶ γὰρ μελοποεῖν ἄρχεται. Χειμῶνος οὖν
> ὄντος κατακάμπτειν τὰς στροφὰς οὐ ῥᾴδιον,
> ἢν μὴ προΐῃ θύραζε πρὸς τὸν ἥλιον.
> 懇願にはおよびません。というのも、もうじきご自分からお出でになりますから。
> というのも歌を作り始めておられますから。ほら、今は冬なので、ストロペーの数々を「下に曲げる」のは、容易ではないのです。

---

266) *Aves*, 1403-1404.
267) *Aves*, 1407-1409.

戸外に出て行き、陽光を浴びるでもしなければね[268]。

「ストロペーの数々を下に曲げる」（κατακάμπτειν τὰς στροφὰς）という表現はリュトモスの融通性への言及であると思われるが、κατακάμπτειν という動詞はハルモニアにおける、例の καμπαί を含意している可能性もある[269]。

『女だけの祭り』では、アガトンの歌は「アリの通り路」（μύρμηκος ἀτραπούς）[270] であると、エウリピデスの姻戚である老人ムネシコロスは呼んでいる。この表現は、アガトンの作曲における音の動きが、あちこちに複雑に変化するという特色を指している。ティモテオスによって代表される新音楽の色彩豊かで装飾的なハルモニアの影響が、ここに見られる。アガトンの歌を聴いたムネシコロスは、感きわまって次のようにうめく。

Ὡς ἡδὺ τὸ μέλος, ὦ πότνιαι Γενετυλλίδες,
καὶ θηλυδριῶδες καὶ κατεγλωττισμένον
καὶ μανδαλωτόν, ὥστ᾽ ἐμοῦ γ᾽ ἀκροωμένου
ὑπὸ τὴν ἕδραν αὐτὴν ὑπῆλθε γάργαλος.
なんと甘美な歌でしょう、誕生時間の女神さまがた、
また軟弱で、口と舌を合わせてみだらに口づけをし、
舌を突きだして口づけをするような歌、だからこの私がそれを聞いていても、
まさに椅子の下にくすぐったさが入ってきました[271]。

---

268) *Thesmophoriazusae*, 66-69.
269) A. Barker, ed., *Greek Musical Writings* I, 109 n.37.
270) *Thesmophoriazusae*, 100.
271) *Thesmophoriazusae*, 130-133.

ムネシコロスのような老人をさえ魅了した新音楽であるならば、若者たちにもてはやされたであろうことは想像に難くない。ムネシコロスは、古式の教育を代弁して一応アガトンに次のように食ってかかってみせる。

> Καί ς᾽, ὦ νεανίσκ᾽, εἴ τις εἶ, κατ᾽ Αἰσχύλον
> ἐκ τῆς Λυκουργείας ἐρέσθαι βούλομαι.
> Ποδαπὸς ὁ γύννις; Τίς πάτρα; Τίς ἡ στολή;
> Τίς ἡ τάραξις τοῦ βίου; Τί βάρβιτος
> λαλεῖ κροκωτῷ; Τί δὲ λύρα κεκρυφάλῳ;
> Τί λήκυθος καὶ στρόφιον; Ὡς οὐ ξύμφορα.
> Τίς δαὶ κατόπτρου καὶ ξίφους κοινωνία;
> Σύ τ᾽ αὐτός, ὦ παῖ, πότερον ὡς ἀνὴρ τρέφει;
> Καὶ ποῦ πέος; Ποῦ χλαῖνα; Ποῦ Λακωνικαί;
> Ἀλλ᾽ ὡς γυνὴ δῆτ᾽; Εἶτα ποῦ τὰ τιτθία;
> Τί φῄς; Τί σιγᾷς; Ἀλλὰ δῆτ᾽ ἐκ τοῦ μέλους
> ζητῶ ς᾽, ἐπειδή γ᾽ αὐτὸς οὐ βούλει φράσαι;

それでは、若者よ、もし君が何者かであるなら、アイスキュロス風にリュクルゴスについての三部作にならって君に質問したい。
「そのなよなよした男はどんなやつか。祖国はどこか。その衣は何か。その生活の乱れは何か。そのバルビトスはサフラン色の衣に何を奏でるのか。そのリュラは女の頭髪用網に何を奏でるのか。その香油壺と女の胸帯は何か。なんと似つかわしくないことか！いったい鏡と剣とにいかなる関係があるのか。」
子どもよ、君自身は男として授乳するのか、それとも……
（男なら）男らしい肢体はどこにあるのか。男性用の外套はどこにあるのか。ラコニア式サンダルはどこにあるのか。

そうでなく、むろん女として授乳するのなら、それでは女の乳はどこにあるのか。
さあ言ってくれ。なぜ黙っているのか。さもなければ、歌から推測することにしよう。
君自身からは言おうとしないのだから[272]。

しかし、アガトンは少しも動揺しない。これを老人のひがごととして次のように一蹴する。

Ὦ πρέσβυ πρέσβυ, τοῦ φθόνου μὲν τὸν ψόγον
ἤκουσα, τὴν δ' ἄλγησιν οὐ παρεσχόμην·
ἐγὼ δὲ τὴν ἐσθῆθ' ἅμα «τῇ» γνώμῃ φορῶ.
Χρὴ γὰρ ποιητὴν ἄνδρα πρὸς τὰ δράματα
ἃ δεῖ ποεῖν, πρὸς ταῦτα τοὺς τρόπους ἔχειν.
Αὐτίκα γυναικεῖ' ἢν ποῇ τις δράματα,
μετουσίαν δεῖ τῶν τρόπων τὸ σῶμ' ἔχειν.
ご老人、ご老人、妬みによる非難をお聞きしましたが、
痛みの感覚をおぼえませんでした。
私としてはこの着物をそれなりの考えをもって着ているのです。
なぜなら、詩人たる男性は、制作しなければならない演劇と合致していなければならないからです。
すなわちもろもろの所作に合致していなければならないのです。
たとえば、女役用に演劇を制作する場合には、身体は女性らしい所作を分有しなければなりません[273]。

---

272) *Thesmophoriazusae*, 134-145.
273) *Thesmophoriazusae*, 146-152.

アリストパネスにとって、アガトンやエウリピデスに見られる新傾向は、主義としては好ましくないものではあった。しかし、感性豊かな芸術家であった彼は、無意識のうちにやがて新しい美しさに惹かれるようになっていった。

前405年のレナイア祭に上演された『蛙』(Ranae)にも、新傾向への批判が見られる。キネシアスのピュルリケー（πυρρίχη）を習った者たちは、他人の家の客になっていながら、女性の寝床を探し、親をなぐり、偽証をするような者どもに等しいと非難されている[274]。キネシアスに対する批判は、以下のようなコロス指導者の宣言のなかにも見られる。これは、エレウシス大秘儀が始まる前に、アテナイのストア・ポイキレー（ἡ στοὰ ἡ ποικίλη）において行われた宣言をもじったものである。

> Εὐφημεῖν χρὴ κἀξίστασθαι τοῖς ἡμετέροισι χοροῖσιν,
> ὅστις ἄπειρος τοιῶνδε λόγων ἢ γνώμην μὴ καθαρεύει,
> ἢ γενναίων ὄργια Μουσῶν μήτ' εἶδεν μήτ' ἐχόρευσεν,
> μηδὲ Κρατίνου τοῦ ταυροφάγου γλώττης Βακχεῖ' ἐτελέσθη,
> ἢ βωμολόχοις ἔπεσιν χαίρει μὴ 'ν καιρῷ τοῦτο ποιοῦσιν,
> ἢ στάσιν ἐχθρὰν μὴ καταλύει μηδ' εὔκολός ἐστι πολίταις,
> ἀλλ' ἀνεγείρει καὶ ῥιπίζει κερδῶν ἰδίων ἐπιθυμῶν,
> ἢ τῆς πόλεως χειμαζομένης ἄρχων καταδωροδοκεῖται,
> ἢ προδίδωσιν φρούριον ἢ ναῦς, ἢ τἀπόρρητ' ἀποπέμπει
> ἐξ Αἰγίνης Θωρυκίων ὢν εἰκοστολόγος κακοδαίμων,
> ἀσκώματα καὶ λίνα καὶ πίτταν διαπέμπων εἰς Ἐπίδαυρον,
> ἢ χρήματα ταῖς τῶν ἀντιπάλων ναυσὶν παρέχειν τινὰ πείθει,
> ἢ κατατιλᾷ τῶν Ἑκαταίων κυκλίοισι χοροῖσιν ὑπᾴδων,

---

274) *Ranae*, 145-153.

ἢ τοὺς μισθοὺς τῶν ποιητῶν ῥήτωρ ὢν εἶτ' ἀποτρώγει,
κωμῳδηθεὶς ἐν ταῖς πατρίοις τελεταῖς ταῖς τοῦ Διονύσου.
Τούτοις αὐδῶ καὖθις ἐπαυδῶ καὖθις τὸ τρίτον μάλ' ἐπαυδῶ
ἐξίστασθαι μύσταισι χοροῖς· ὑμεῖς δ' ἀνεγείρετε μολπὴν
καὶ παννυχίδας τὰς ἡμετέρας αἳ τῇδε πρέπουσιν ἑορτῇ.
以下の者は、われわれのコロスに対しては沈黙を守り、参加を控えなければならない。
だれであれこういったことばに通じていない者、あるいは思いが清くない者、
あるいは高貴なムゥサの女神たちの秘儀を知らず、そのコロスに参加したことのない者、
牛食いのクラティノスのバッコス秘儀に入会したことのない者、
下劣な話を喜び、時宜に適わずこれを行う者、
敵意に満ちた騒乱を解散させず、市民たちと和合しない者、
それどころか、私利への欲望のためこれをかきたて煽る者、
ポリスが騒乱に見舞われているとき、統治者なのに賄賂を受け取る者、
要塞や軍船を売り渡し、禁制品を発送する者、
すなわち二十分の一税を徴収する悪党トリュキオンのように、革製の櫂用芯や帆や禁制品をアイギナからエピダウロスにまで送り込む者、
あるいは、敵たちの船に必要な物を供給するようだれかに説得する者、
あるいは、円形コロスの伴奏者なのにヘカテへの供え物に埃をかける者、
あるいは、それゆえ弁論家として詩人たちの報酬にかじりつく者、
父祖伝来のディオニュソスの秘儀において笑いの的になったというわけで。
こういう者たちに宣言する。再び宣言する。三度宣言する。
秘儀者のコロスへの参加を控えよ。お前たちはかきたてよ。神聖歌舞とこの祭りにふさわしいわれわれの夜通しのにぎわいを[275]。

「円形コロスの伴奏者なのにヘカテへの供え物に埃をかける者」（κατατιλᾷ τῶν Ἑκαταίων κυκλίοισι χοροῖσιν ὑπᾴδων）は、キネシアスへの言及である。音楽家としてのキネシアスに対する批判というよりは、むしろ政治家・人間としてのキネシアス批判である。しかし、音楽と人間は切り離すことができない。ディーテュラムボス詩人は、音楽と生活の両面において神々を敬う者でなければならない[276]。たしかにこれまでのアリストパネスの作品と同様に『蛙』においても、エウリピデスに見られる音楽の新傾向に対する批判が行われている。たとえば、吃音のような効果をもたらす音節の延長[277]、楽器による歌真似[278]が批判されている。しかし、アリストパネスの批判はたんに音楽の技術上のことではない。彼が容認できないのは、新音楽には、伝統的見地から見たムゥシケーのあるべき姿と役割が、欠落しているということである。古くからの立派な市民、すなわち貴族制的市民を用いず、素姓のよくない成り上がりのデーマゴーゴスばかりを信用しているポリスに対して、コロスは以下のような愛国的なことばを投げかける。

Πολλάκις γ' ἡμῖν ἔδοξεν ἡ πόλις πεπονθέναι ταὐτὸν εἴς τε τῶν πολιτῶν τοὺς καλούς τε κἀγαθοὺς εἴς τε τἀρχαῖον νόμισμα καὶ τὸ καινὸν χρυσίον. Οὔτε γὰρ τούτοισιν οὖσιν οὐ κεκιβδηλευμένοις, ἀλλὰ καλλίστοις ἁπάντων, ὡς δοκεῖ, νομισμάτων καὶ μόνοις ὀρθῶς κοπεῖσι καὶ κεκωδωνισμένοις

---

275) *Ranae*, 353-371.
276) キネシアスの人物に関する批判については、*Aves*, 1372-1490; *Lysistrata*, 838-979 参照。H. Schönewolf, *Der jungattische Dithyrambos*, 56.
277) *Ranae*, 314, 1348.
278) *Ranae*, 1285-1295. Cf. *Plutus*, 290-296.

ἔν τε τοῖς Ἕλλησι καὶ τοῖς βαρβάροισι πανταχοῦ χρώμεθ᾽ οὐδέν, ἀλλὰ τούτοις τοῖς πονηροῖς χαλκίοις χθές τε καὶ πρώην κοπεῖσι τῷ κακίστῳ κόμματι. Τῶν πολιτῶν θ᾽ οὓς μὲν ἴσμεν εὐγενεῖς καὶ σώφρονας ἄνδρας ὄντας καὶ δικαίους καὶ καλούς τε κἀγαθοὺς καὶ τραφέντας ἐν παλαίστραις καὶ χοροῖς καὶ μουσικῇ, προυσελοῦμεν, τοῖς δὲ χαλκοῖς καὶ ξένοις καὶ πυρρίαις καὶ πονηροῖς κἀκ πονηρῶν εἰς ἅπαντα χρώμεθα ὑστάτοις ἀφιγμένοισιν, οἷσιν ἡ πόλις πρὸ τοῦ οὐδὲ φαρμακοῖσιν εἰκῇ ῥᾳδίως ἐχρήσατ᾽ ἄν. Ἀλλὰ καὶ νῦν, ὦ ἀνόητοι, μεταβαλόντες τοὺς τρόπους χρῆσθε τοῖς χρηστοῖσιν αὖθις· καὶ κατορθώσασι γὰρ εὔλογον, κἄν τι σφαλῆτ᾽, ἐξ ἀξίου γοῦν τοῦ ξύλου, ἤν τι καὶ πάσχητε, πάσχειν τοῖς σοφοῖς δοκήσετε.

われわれはしばしば考えた。ポリスは市民たちの中の善美なる人たちに対して、古い貨幣と新しい金貨に対するのと同じ態度をとっていると。というのも、不純物が混合しておらず、思うに、あらゆる貨幣の中で最も美しく、正しく鋳造されチーンという音で試験されたこういったものだけを、ギリシャ人たちのあいだでも外国人たちのあいだでもいたるところで使うことをせず、こういった劣悪な銅の貨幣、すなわちきのうおととい鋳造されたばかりの最悪の貨幣をわれわれは用いているのだ。それと同様に、市民たちの中でも高貴で節度ある男性たちであり、正しく善美であり、パライストラやコロスやムゥシケーによる教育を受けたことが知られている人たちをわれわれは侮辱しており、銅のようであり見なれず赤毛であり悪い人たちを、しかも悪い人たちの何人かを、あらゆることのためにわれわれは使っている。彼らとはごく最近やって来た人たちのことだ。ポリスは以前ならそんな人たちをどうやら身代わりの山羊としてさえ容易には用いなかったで

あろう。愚かな諸君、さあ今こそふるまいを変えて（ハルモニアを転位して）再び優れた人たちを用いなさい。というのも、成功する人たちには賞賛がある。また、たとえ諸君が何かで失敗しようとも、それは立派な木から落ちるようなものである。たとえ何かで苦しい目に会おうとも、それは知恵ある人たちが苦しい目に会っているように見えるのだ[279]。

「パライストラやコロスやムゥシケーによる教育を受けた人たち」（τραφέντας ἐν παλαίστραις καὶ χοροῖς καὶ μουσικῇ）とは、古式のパイデイアーのなかで育った人々を意味する。新音楽に対するアリストパネスの批判は、他の学芸から切り離されたものとしての音楽だけに関するものではなく、古式の教養の重要な契機をなし、それを代表するものとしてのムゥシケーに関するものなのである。劇詩人やディーテュラムボス詩人のようにムゥシケーに携わる者は、ポリスの教育に貢献する者でなければならない。『蛙』が上演された前405年は、アテナイの敗戦の可能性が濃厚になりつつあった年である。そのとき、ソクラテスは64歳、プラトンは22歳であった。市民は、まさに倒れようとしている祖国の救済のために一丸とならねばならなかった。劇詩人たる者は、ポリスの救済のために善き忠告をすることが期待されていた[280]。つまり、アイスキュロスのごとき人物が求められていたのである。それゆえ、地獄の王プルトンはアイスキュロスに次のように言う。

Ἄγε δὴ χαίρων, Αἰσχύλε, χώρει,
καὶ σῷζε πόλιν τὴν ἡμετέραν
γνώμαις ἀγαθαῖς, καὶ παίδευσον

---

279) *Ranae*, 718-737.
280) *Ranae*, 1419-1421.

τοὺς ἀνοήτους· πολλοὶ δ' εἰσίν·
それではさようなら、アイスキュロス、戻っていきなさい。
そして、われわれのポリスをよい忠告で救いなさい。
愚かな人たちを教育しなさい。そういう人は多いのだから[281]。

　しかし、そのアイスキュロスはすでに前456年に死んでいる。前407年にアガトンはマケドニアに去っている。前406年、『蛙』上演の前年には、アテナイはソポクレスとエウリピデスの両方を失っている。今や、語るに足るほどの劇詩人は一人もいない。反対に、外国から来たディーテュラムボス詩人たちが幅をきかせている[282]。彼らの関心は娯楽の提供であり、それにより市民たちを軟弱にしている。彼らは市民教育に留意しなかった。
　以上から明らかなように、新音楽に対するアリストパネスの批判は、ポリス社会におけるパイデイアー観の変化に対する批判との関連のなかで行われている。彼が理想とする古式の教育とは、前5世紀前半のアテナイの教育を意味する。前490年に成人したマラトンの栄光ある世代の教育である。それは、身体のためのギュムナスティケーと魂のためのムゥシケーとの二つの面から成っていた。両面とも、その理念とするのは「美しく善い人間であること」（καλοκαγαθία）であった。アテナイの古式の教育は、文字の学習より今日でいうところの芸術を重視し、勉強より体育を強調した。古式の教育を描写する『雲』961-1023の60余行のうち、音楽教育に言及するのは8行だけ（964-971）であり、文字の教育に

---

281) *Ranae*, 1500-1503.
282) アリストパネスの作品において、ときどきピロクセノスへの言及と思われる箇所がある。*Scolia in Aristophanem, Nubes*, 335は、ピロクセノス出自のことばである στρεπταίγλαν（「くらくらするほどまぶしい」）を理由に、ピロクセノスに言及する。*Plutus*, 290-301は、ピロクセノスの『キュクロプス』に題材を得たパロディーである。H. Schönewolf, *Der jungattische Dithyrambos*, 52.

は一言も触れていない。残りの行はすべて体育に、とくにその道徳的意義にあてられている。カロカガティア（καλοκαγαθία）におけるアガトス（ἀγαθός）は魂の道徳性を意味し、カロス（καλός）は身体の美を意味した。カロカガティアは何よりも運動競技に関する理念であった[283]。この観点からアリストパネスは、ソフィストやソクラテスの教育は身体の美を損なうとして、これを退ける。『雲』において「ディカイオス・ロゴス」は、若者に古式の教育に従うよう説得し、新式の教育の危険性を次のように警告する。

> ἀλλ' οὖν λιπαρός γε καὶ εὐανθὴς ἐν γυμνασίοις διατρίψεις,
> οὐ στωμύλλων κατὰ τὴν ἀγορὰν τριβολεκτράπελ', οἷάπερ οἱ νῦν,
> οὐδ' ἑλκόμενος περὶ πραγματίου γλισχραντιλογεξεπιτρίπτου,
> ἀλλ' εἰς Ἀκαδήμειαν κατιὼν ὑπὸ ταῖς μορίαις ἀποθρέξει
> στεφανωσάμενος καλάμῳ λευκῷ μετὰ σώφρονος ἡλικιώτου,
> σμίλακος ὄζων καὶ ἀπραγμοσύνης καὶ λεύκης φυλλοβολούσης,
> ἦρος ἐν ὥρᾳ, χαίρων ὁπόταν πλάτανος πτελέᾳ ψιθυρίζῃ.
> ἢν ταῦτα ποῇς ἁγὼ φράζω καὶ πρὸς τούτοις προσέχῃς τὸν
> νοῦν ἕξεις αἰεὶ στῆθος λιπαρόν, χροιὰν λαμπράν,
> ὤμους μεγάλους, γλῶτταν βαιάν,
> πυγὴν μεγάλην, πόσθην μικράν·
> ἢν δ' ἅπερ οἱ νῦν ἐπιτηδεύῃς,
> πρῶτα μὲν ἕξεις
> χροιὰν ὠχράν, ὤμους μικρούς,
> στῆθος λεπτόν, γλῶτταν μεγάλην,
> κωλῆν μικράν, ψήφισμα μακρόν.

---

283) H. I. Marrou, *A History of Education in Antiquity*, 43-45.

そうではなく、君はオリーブ油で輝く花盛りの者として体育場で日々を過ごすであろう。

最近の人たちのように、アゴラのあたりで下劣で粗雑な冗談に耽ることもないであろう。

また、つまらぬ法廷沙汰に引き込まれることもないであろう。いやに細かい区別立てをする・ごまかしの・厚顔のやつのね。

そうではなく、アカデメイアに下っていき、聖なるオリーブの木の下で全力で走るであろう。輝かしい葦の冠をかぶって、節度ある同じ年頃の人と一緒にね。

君はイチイや静寂生活愛好花や輝かしい葉を出す（シナノキ）の香りを発するであろう。

時は（春）、プラタナスの樹がニレの樹にささやくとき、君は喜ぶであろう。

> 私が教示する以上のことを君が行うなら、
> そして、これらに留意するなら、
> 君はいつも持つことになるだろう。
> オリーブ油で輝く胸を、オリーブ油で輝く肌を、
> 広い肩幅を、小さな舌を。
> 大きな尻を、小さな男性器を、
> 他方、最近の人たちがやっていることを君が見ならうなら、
> 君は持つことになるだろう。
> 第一に青白い肌を、狭い肩幅を、
> 薄い胸を、大きな舌を、
> 細い腿を、長ったらしい法案を[284]。

---

284) *Nubes*, 1002-1019.

前5世紀前半のアテナイには、なおアルカイック期の教育が保持されていた。しかし、同時に戦士の教養から文人の教養への変貌の歩みはすでに始まっていた。前5世紀における最後の三分の一の時期になると、ソフィストやソクラテスの世代が「教育革命」をもたらすことになる。若者たちは伝統的な教育に飽きていた。彼らの創造性や感受性は、むしろ学校の外にある社会——パイダゴーゴス、親、アゴラ、靴直し職人、床屋、農村の生活などの影響を受けるようになった[285]。時代は変わった。それに伴い文化の規範も変わった。ソポクレスとペイディアスは人間を「あるべき姿」に描いた。それに対して、エウリピデスとプラクシテレスは人間を「ありのままの姿」に描いた。文化全般の変化と相まってムゥシケーも変わり、新しい様式の数々が台頭してきた。音楽は複雑化し、家庭的な主題を好み、物真似に傾いた[286]。アリストパネスが新音楽に反対した一番の理由は、おそらく新音楽におけるハルモニアの混合ということであったと思われる[287]。古代ギリシャには、ドーリス、イオニア、アイオリス、プリュギア、リュディアなどのハルモニアが存在し、各ハルモニアは特定のエートスとの関連で理解されていた。少なくとも前5世紀までは、各ハルモニアは、他のハルモニアと混合されることなく独自性を維持していた。やがてアテナイが敗北する可能性が濃厚になるにつれて、人々はスパルタのドーリス精神に目を向けるようになった。スパルタでは政治・芸術・倫理が長年の安定を保っており、貴族制を支持する保守主義者たちにとって、「アテナイ人魂」に似つかわしいハルモニアはドーリスであった。それは個を滅して全体に仕える精神、規律正しさ、質実剛健を表すと考えられた。それに対して、イオニアは個人主義、華麗、不断の新機軸、知性偏重を表すハルモニアであると考えられた。アリストパネスが見るところ

---

285) Aristophanes, *Nubes*, 878; Plutarchus, *Vitae Parallelae: Demosthenus*, 5.
286) K. J. Freeman, *Schools of Hellas* (Macmillan, 1912) 250.
287) K. J. Freeman, *Schools of Hellas*, 243.

では、今やアテナイ社会にはイオニア風のあり方がのさばっており、ドーリス風のあり方が放擲されている。それがアテナイの弱体化の原因であると見るのである[288]。

アリストパネスはエウリピデスの悲劇に見られる新傾向には反対したが、悲劇それ自体を排除してはいない。『蛙』において、ソクラテスと並んでエウリピデスが非難されているが、その非難は簡潔であり、あまり本気を感じさせない[289]。また、アイスキュロスは音楽家として高い評価を与えられている[290]。アリストパネスの考えでは、よき詩人音楽家たちの自由かつ創造的なとらえ方は、ポリス社会への奉仕という一大目的を見すえているかぎり、パイデイアーの具現に貢献できるのである[291]。その意味において彼は、必ずしも伝統に固執する保守主義者ではなかった。自分に期待された風刺者としての立場ゆえに、革新と進歩を標榜する時流に逆らうことも言わなければならなかったが、実際には柔軟で暖かい心をもっていた。エウリピデスの新傾向の悲劇を攻撃しながらも、反面、その甘美な歌を崇拝し模倣もした[292]。ティモテオスの新音楽を批判しておきながら、前392年の上演と推定される『女の議会』においてすでにコロスの役割を縮小している。また、現存する最終作品である、前388年上演の『福の神』ではコロスは重要性を失い、劇の本筋とは関係の薄い間奏に成り下がっている[293]。さらに、新音楽に見られる抒情詩の独唱という形式

---

288) Aristophanes, *Ranae*, 1301, 1340. K. J. Freeman, *Schools of Hellas*, 251-252, 238-239.
289) *Ranae*, 1491-1499. W. D. Anderson, *Ethos and Education in Greek Music*, 61.
290) *Ranae*, 1251-1260, 1500-1503.
291) W. D. Anderson, *Ethos and Education in Greek Music*, 61-62.
292) 高津春繁「ギリシャ喜劇の展望と構造」『ギリシャ喜劇全集第1巻』(人文書院、1961年) 37-88 参照。
293) 高津春繁「ギリシャ喜劇の展望と構造」38 参照。

を、アリストパネスは採用している[294]。

　ペレクラテスやアリストパネスの反対にもかかわらず、新しいディーテュラムボスの流行はしばらくのあいだその勢いを振るった。ティモテオスやピロクセノスらは、伝統的な音楽の光彩を失わせた。その意味で彼らは「偶像破壊者」であった。しかし、流行には終わりがある。彼らの時代が過ぎ、ヘレニズム期に入ると、版図の拡大に伴い、一昔前に流行した音楽を好む大勢の聴衆が生まれた。それに応じて、音楽家たちは自分自身の作品を上演する代わりに、ティモテオスらの作品を再演するだけとなった。そうすることにより賞金を獲得した。前4世紀後半、アリストクセノスの時代になると、新音楽は過去のもの、伝統的なもの、ノスタルジアを誘うものとなっていた。偶像破壊者はやがて偶像になる。これは音楽にも避けることができない宿命であろう[295]。

---

294) M. I. Henderson, "Ancient Greek Music," 393.
295) M. I. Henderson, "Ancient Greek Music," 397.

おわりに

　第1部では、古典期アテナイにおける社会とムゥシケーの相互影響の歴史について考察した。これによって明らかにされたことを列挙するなら、以下のようになるであろう。

　①ポリス社会の保塁としてのムゥシケー
　古典期アテナイにおいて、ムゥシケーは、基本的に、ポリス社会の保塁としての役割を果たし続けた。特に、ディーテュラムボスが果たした役割は大きい。市民教育の中枢である大ディオニュシア祭の中で、劇場において演劇公演競技会が開催され、大多数の市民がこれに参加した。そして、この競技会の中心をなすものが、アテナイの10部族が繰り出すコロスによって競演されるディーテュラムボス競技であった。約1200人がこれに参加したと推定されており、部族の帰属意識と部族間の結束を強化する上で重要な役割を果たした。

　②ポリス社会の変動
　アテナイのポリス社会は、ペリクレスの時代に政治・経済・文化の最盛期を迎えた。しかしペロポネソス戦争を分水嶺として、アテナイを始めとするギリシャのポリス社会はかげりを見せ始める。一つは、市民共同体意識のゆるみであり、市民は次第に「ポリス人間」ではなくなっていく。もう一つは、戦後経済の繁栄に伴う、富への飽くことなき欲望である。市民は今や「経済人間」になり下がり、さらには「知識人間」に変貌していく。それと並行して、アテナイ社会は新しいものを志向し始め、過去に対する優越感、進歩感、自己主張、革新意識を示した。

③新音楽運動の流行

　ポリス社会の変動は、ムゥシケーのあり方に自らを反映した。前5世紀後半から前4世紀前半にかけて流行した新音楽運動がそれである。この運動はディーテュラムボスの革新を特徴とし、もっぱら外国からアテナイに導入された。ティモテオスによって代表される詩人音楽家たちは、アテナイの伝統的な音楽を古く堅苦しいとして、自分たちの新しく自由な音楽を提供した。これが、ポリスから遊離し、娯楽を追求する一般大衆の趣向と合致した。音楽家たちも大衆を喜ばせることに腐心し、市民教育には関心がなかったため、ディーテュラムボスはパイデイアー（παιδεία, 教養）の役割を失い、単なるパイディア（παιδιά, 娯楽）になるに至った。新音楽運動に対して、アテナイの一流音楽評論家であるアリストパネスらは強い反対を示したが、新しいディーテュラムボスの流行はしばらくのあいだ勢いを振るい続けた。

第2部　プラトンのムゥシケー哲学

　第2部では、第1部で考察した、古典期アテナイにおける社会とムゥシケーの相互影響史を踏まえて、プラトンが『国家』の中で展開する哲学的ムゥシケー論の特質について考察する。

序　『国家』におけるムゥシケーの重要性

　プラトンは第Ⅱ巻と第Ⅲ巻において彼のムゥシケー論を展開するが、それは哲人統治者[1]候補となりうる子どもたちをいかに教育すべきかという、ポリスにとって極めて重要な課題に取り組むものである。そのムゥシケー論をひととおり述べた後、プラトンは第Ⅳ巻において、哲人統治者候補の育成のためにムゥシケー教育が非常に重要であることを再び強調する。この強調の理由として彼は、前5世紀の哲学者・楽理学者ダモン（Δάμων）を引き合いに出し、ムゥシケーのあり方の変更とポリス社会のあり方の変動とのあいだには強い関連性がある、という認識を述べる（424B-E）。この認識は、プラトンのムゥシケー論の基礎をなしているであろうという意味において、重要な意味をもつものと思われる。プラトンの思想におけるムゥシケーの重要性は、ムゥシケーの同族語[2]がその著作

---

1) Ⅴ巻においてプラトンのソクラテスは、「哲学者たちが国々の中で王として統治するのでないかぎり、あるいは、現在、王とも統治者とも呼ばれている人たちが、真実にそして十分に哲学をするのでなければ」（473C11-D2）、国々の、ひいては人類の不幸がやむときはないと語る。さらに、彼が提言する理想国家が実現するためには、そのような哲学者かつ王・統治者が必要不可欠であるという主張を行う。同様に、Ⅵ巻においても、真の哲学者たちが国家指導者になることを、彼ら自身と国家とが強制されるか、あるいは、現に国家指導者である当人かその息子が「神的な息吹のようなものによって真の哲学への真の恋におちいる」（499C1）のでなければ、国家も国制も各国民も完全なものにはならないであろう、とプラトンは語る。また、「哲学者の種族が国家の統治者になるまでは、国家にとっても国民にとっても、もろもろの悪の止むときはないだろう」（501E2-4）ということも語る。本書では、そのような国家指導者を、藤沢令夫氏にならい「哲人統治者」と呼ぶことにしたい。プラトン著　藤沢令夫訳『国家』上、下（岩波文庫）を参照。

2) μουσικός とその活用形、および Μοῦσα とその活用形。

において頻繁に用いられていることからも予測できるであろう[3]。

ブランウッド（L. Brandwood）のプラトン語彙索引によると、それらは特に『国家』と『法律』において多用されている[4]。それと呼応して、パイデイアーとその同族語[5]もこれらの作品に多用されている[6]。一瞥するところでは、『法律』では、ムゥシケーは主に市民教育との関連で言及される。これに対して、『国家』では、ムゥシケーは「国家守護者たち」(οἱ φύλακες) に限定され、彼らの教育に関連して言及されることが多い。

1．ムゥシケーとその同族語の用法

ムゥシケー（μουσική）とその同族語ムゥシコス（μουσικός, ムゥシケー人）、およびムゥサ（Μοῦσα, ムゥサ女神）は『国家』の全巻を通じて現れる。ムゥシケーはIX巻以外の全巻を通じて現れる[7]。そのIX巻にも同族語の ムゥシコスは現れる[8]。ムゥサはVIII巻に数多く現れる[9]。I巻では正義の有用性との関連で、「武術とムゥシケー」(τὴν ὁπλιτικὴν καὶ τὴν μουσικήν, 333D8) が言及される。これが『国家』におけるムゥシケーの初出であり、抒情詩に関する技術を意味する。さらに、すぐその後

---

3) 『プラトン全集』別巻　総索引（岩波書店、1978 年）64-67 を参照。
4) L. Brandwood, *A Word Index to Plato*, vol.3 (Leeds: 1976) 592.
5) παιδεία とその活用形、および παιδεύω とその活用形。
6) L. Brandwood, *A Word Index to Plato*, vol.4, 697-998.
7) I．333D, 335C; II．373B, 376E, 377A; III．398B, 401D, 402A, 403C, 404B, 404E, 410A, 410C, 410D, 411A, 411C, 411D, 411E, 412A, 413E; IV．424B, 424C, 424D, 425A, 430A, 441E; V．452A, 452C, 455E, 456B, 456E; VI．493D; VII．521D, 522A; VIII．546D, 548C, 549B; X．601B.
8) 591D.
9) II．364E, III．411C, VI．499D, VIII．545D, 546B, 547A, 548B, X．607A.

序 『国家』におけるムゥシケーの重要性 | 135

に、ムゥシケー人たちによって用いられるムゥシケー（τῇ μουσικῇ οἱ μουσικοί, 335C9）が言及される。ここでのムゥシケーは、楽器演奏家、詩の演奏家、および詩人といった専門家に属する技術を意味する[10]。II 巻では「贅沢三昧国家」（τρυφῶσαν πόλιν, 372E3）との関連で、「ムゥシケーに従事する人たち」（οἱ περὶ μουσικήν, 373B6）が言及される。ここでのムゥシケーは、詩人とそれに付随する人たちの有する専門家集団の技術を意味する[11]。

その後、ムゥシケーは、II巻からIII巻にかけて、国の守護者候補が受けるべき教育との関連で頻繁に言及される（II. 376E～III. 412B）。守護者を養成する教育として、「思うに、身体のためにギュムナスティケーがあり、魂のためにムゥシケーがある」（376E3-4）という通念が紹介される。ムゥシケーはギュムナスティケー（体育術）とともに、初等教育の主要教科である[12]。ここでのムゥシケーは、初等教育における叙事詩や抒情詩などの知識と演奏の技術を意味する。続いて、「それではわれわれは、ギュムナスティケーによる教育よりも、ムゥシケーによる教育を先に始めるべきではなかろうか」（376E6-7）と語られる。ロゴスとの関係で、「ムゥシケーにはもろもろのロゴス（話）が属する」（376E9）と語られる。ロゴスには真実のものと「作りごとのもの」（ミュートス）があり、初期教育の段階ではミュートスによる教育のほうが先に行われるべきであるとされる[13]。この場合、ムゥシケーは主にホメロスの叙事詩を指す。続いて、

---

10) I巻では他に、349D, 349E にムゥシコスへの言及がある。349E10 では「ムゥシコスの男性がリュラの調整をする」と語られる。
11) Cf. VI. 493D2-3：「絵画術においても、ムゥシケーにおいても、むろん政治術においても」。ここでのムゥシケーは、すぐ後に「詩」（493D4）への言及があることから見て、叙事詩、抒情詩、悲劇などの詩としてのムゥシケーを指すものと思われる。
12) Cf. 410C, 410D.
13) 377A; 398B6：「ムゥシケーに属する話と物語に関すること」。

「抒情詩」(τὸ μέλος, 398D1) としてのムゥシケーが取り上げられ、それにはロゴスとハルモニアとリュトモスが属することが語られる[14]。各種のハルモニアに通じている人は、「ムゥシケー人」(μουσικός, 398E1) と呼ばれる。この抒情詩としてのムゥシケーによる教育が、国家守護者養成のための初等教育において決定的に重要であるとされる[15]。なぜなら、リュトモスやハルモニアといった音楽要素は、子どもたちの柔らかい魂に深く浸透し、その「エートス」(ἤθη, 402D2) の形成に大きな影響を与えると考えられるからである[16]。ムゥシケーの目的は、実際の事物に即して、節制、勇気、自由闊達さ、高邁さといったアレテーを識別することができる守護者たちを形成することであり、そのような人たちが「ムゥシケー人たち」(μουσικοί, 402B9) である[17]。また、エラスティケー (ἐραστική, 恋愛術) との関連で、魂と容姿の両方に美しさを備えている人を恋する人物が、「ムゥシケー人」(ὁ μουσικός, 402D8) であると語られる。その人は、やがてディアレクティケー (διαλεκτική) に連結することができるような仕方で、ムゥシケーを十分に学習した人である[18]。

　ムゥシケーとは以上のようなものであるから、それは技巧を凝らしたものではなく、単純なものであるべきであるとされる[19]。「ある人がムゥシケーに心を委ね、アウロスの音に魅了される」(411A5) 場合、魂が損なわれる危険のあることが語られる。逆に、ある人がギュムナスティケーを偏重し、「ムゥシケーやピロソピアー (愛知) に触れようとしない」(411C5) 場合もあるが、ここではムゥシケーはピロソピアーとの密接な

---

14)　398CD.
15)　401D. Cf. 402A, 403C.
16)　401D-402A.
17)　402BC.
18)　402D.
19)　404B, 404E, 410A.

結びつきにおいて語られる。ギュムナスティケーを偏重し、「ムゥサ女神ともいっさい交際しないなら」(411C9-D1)、つまり「ロゴス（言論）にも他のムゥシケーにも関与しない」(411D2-3) なら、その人は無教養な人になる。ここでのムゥシケーはパイデイアー（$\pi\alpha\iota\delta\varepsilon\acute{\iota}\alpha$）の意味にかなり近い。この意味において、ギュムナスティケーはムゥシケーから独立して存在するものではなく、ムゥシケーに統合されるべきものである。それゆえ、「ある神が二つの技術を人間たちに与えた。すなわち気概の要素と知を愛する要素のためにムゥシケーとギュムナスティケーとを」(411E4-6) ということが語られる。また、「ムゥシケーとギュムナスティケーとを最もりっぱに混合して、最も適切に魂に提供する人、この人こそ完全な意味で最もムゥシケーに長けハルモニアを身に着けた人である」(412A3-5) とも語られる。

　IV巻では、国家のあり方は教育のあり方に依拠し、教育のあり方はムゥシケーのあり方に応ずるという観点から、守護者たちは、「ギュムナスティケーとムゥシケーについて、秩序に反して改変を行わないこと」(424B5-6) に留意すべきであることが強調される。ここでのムゥシケーは、先に見たように、守護者候補である子どもたちが学ぶべきギュムナスティケー[20]をも包摂する総合的教養である。その意味において、「ムゥシケーの様式を新しいものに変えることに警戒しなければならない」(424C2-3) と語られる。この警戒の背後に、「国家の最重要な法・習慣を離れて、ムゥシケーの諸様式が変えられることはけっしてない」(424C5-6) という認識がある。それゆえ「守護者たちは、ムゥシケーの中に砦を建てなければならない」(424D1-2) という警告が繰り返される。守護者候補である子どもたちの教育においては、彼らが「ムゥシケーを通してよ

---

[20] ここでギュムナスティケーが先に言及されるのは、戦士としての守護者が念頭にあるからだと思われる。「われわれは戦士たちを選び出し、ムゥシケーとギュムナスティケーによって教育をしていた」(429E8-430A1) を参照。

い秩序・法を受け入れる」(425A3-4) ことが重要である。

V巻〜Ⅶ巻では、理想国家のあり方とその条件、特に哲学者の役割が語られるが、理想国家においては男女両性が同一の職務と同一の教育に参画するという観点から、男子と同様に女子も「ムゥシケーとギュムナスティケー」(452A1) を学習すべきことが語られる[21]。「生まれつきムゥシケーに向いている女性もいれば、ムゥシケーに不向きの女性もいる」(455E6-7) とも語られるが、肝心なことは、ムゥシケー学習に向く素質をもっている人間かどうかであり、女性であるか男性であるかではない。「守護者階層に属する女性たちにムゥシケーとギュムナスティケーを課すことは、自然本来のあり方に反しない」(456B9-10)。素質のある人間にギュムナスティケーを含むムゥシケー初等教育を受けさせることは、一国にとってなによりも善いことである[22]。

V巻の471C-474Cにおいて哲人統治者の必要性が主張されるが、その主張はⅥ巻の497A-502Cにおいても、哲人統治者の実現は不可能ではないという観点から次のように繰り返される。「これまでに語られた国制は、このムゥサ女神が一国の支配者となるとき、実現したし、実現しているし、実現するであろう」(499D3-4)。「このムゥサ女神」(αὕτη ἡ Μοῦσα, 499D3) は、哲人統治者の必要性が語られている文脈から見て、哲学を指すと思われる。

Ⅵ巻502C-Ⅶ巻541Bにかけて、ムゥシケー初等教育に続くものとして、哲人統治者候補が受けるべき知的教育が語られる。ここでのムゥシケーは、知的教育のための基礎教育として位置づけられる (521D, 522A, 522B)。その知的教育とは、中等教育としての数学的諸学科の教育 (Ⅶ. 521C-531C)、および高等教育としてのディアレクティケーの教育 (Ⅶ. 531C-535A) である。中高等教育は、魂の「真実在への上昇」(521C7)

---

21) 452C.
22) 456E.

序　『国家』におけるムゥシケーの重要性　139

を目的とする。数学的諸学科はそのための「前奏曲」(τοῦ προοιμίου, 531D7) であり、ディアレクティケーは、本曲にあたる「讃歌そのもの」(αὐτοῦ τοῦ νόμου, 531D8) である。さらに、魂に真実在への上昇を達成させることができる究極のムゥシケーは、「ディアレクティケーが吟唱する讃歌」(532A1) であると解釈することができるかもしれない。

　Ⅷ巻において、不完全国家とそれに対応する人間の諸形態が語られる。完全国家である優秀者支配制が堕落すると、順次、名誉支配制、寡頭制、民主制、最後に僭主独裁制が生じる (Ⅷ. 544C)。優秀者支配制から名誉支配制への変化に関連して、「ムゥサ女神たち」(αἱ Μοῦσαι) への言及が数多くなされる (545DE, 546D, 574B)。このムゥサ女神たちが、優秀者支配制における守護者たるべき最も善き者たちによってなおざりにされるとき、国制の堕落が始まる。守護者たちが「ムゥシケーに属することども」(τὰ μουσικῆς, 546D6)、およびギュムナスティケーに属することどもを軽視するとき、守護者候補の若者たちはよいムゥシケー教育を受ける機会を奪われ、「より非ムゥサ女神的な者たち」(ἀμουσότεροι, 546D7) となる。彼らは、ムゥサ女神が司るムゥシケー、数学的諸学科、ディアレクティケーを含む、哲人統治者に不可欠とされる教養を欠く者たちである。国制の変化の原因として、守護者たちが「言論と哲学を伴うほんとうのムゥサをないがしろにし、ムゥシケーよりギュムナスティケーをもっと尊重してきたから」(548B9-C2) とも語られる。名誉支配制に対応する人間は、「ムゥサ女神たちを愛してはいるが、よりムゥサ女神たちとやや疎遠な者」(ὑποαμουσότερον, φιλόμουσον, 548E4-5)、すなわち守護者に必要な教養に欠けている者である。つまり「充分に教養を身に着けた者」(ὁ ἱκανῶς πεπαιδευμένος, 549A1) ではない。魂の内に「最も善き守護者」(549B3)、すなわち「ムゥシケーと融合されたロゴス」(Λόγου ... μουσικῇ κεκραμένου, 549B6) を欠いているからである。ほんとうに善き守護者においては、ムゥシケーとロゴスとが、相

まってその魂の内に定着し、一生、守護者に必要な「アレテーの保全者」（σωτὴρ ἀρετῆς, 549B7）となり続ける。

IX巻において、「真の意味のムゥシケー人」（τῇ ἀληθείᾳ μουσικὸς, 591D4-5）が言及される。この言及が行われるのは、幸福という観点から正しい生と不正な生との比較が行われる文脈においてである（576B-592B）。比較の結果、不正が利益になるという説は誤りであり、正義こそが人間にとって真に利益になるということが語られる（588B-592B）。その関連で、哲人統治者候補の目指すべき生き方は、その魂が「思慮の伴う節制と正義を獲得し」（591B5-6）、できるだけ善きものになることであると語られる。そのためには、彼は「自分の魂をできるだけそのようなものに仕上げてくれる諸学問を尊重する」（591C2-3）必要がある。ここで言及される「諸学問」（τὰ μαθήματα）とは、ムゥシケー、数学的諸学科、ディアレクティケーを含む、哲人統治者候補が受けるべき教育と訓練である。これらの学問を最後まで学び通した者が、理想国家の哲人統治者になることができる。そのような人物は、「思慮が健全であること」（σωφρονήσειν, 591D1）、すなわち「魂の内なる協和音」（τῆς ἐν τῇ ψυχῇ ἕνεκα συμφωνίας, 591D1-2）をもたらすことに何よりも留意する。

X巻では、ムゥシケーとその同族語が現れる回数こそは多くないが[23]、この巻の大部分は、ミーメーシス専従型詩に対する拒絶に関する議論に費やされている（595A-608B）。この巻の冒頭で、「ミーメーシスであるかぎりの詩をけして受け入れてはならないこと」（595A4）が語られるが、ここで言及される詩は、ホメロスの詩およびそれに由来すると考えられる悲劇を指している[24]。『国家』の最終巻において、ホメロスや悲劇作

---

23) 「ムゥシケーの諸要素」（601B2）。「抒情詩または叙事詩でもって楽しそうに装ったムゥサ」（607A4）。「音楽的な諸動物」（620A7）。
24) 595BC.

家の詩が取り上げられるということ自体が、『国家』においてムゥシケーが占める重要性を示していると考えられる。ミーメーシス専従型詩拒絶論の後に、正義の報酬に関する議論が続く（608C-621D）。死後における正義の報酬について述べる「エルの物語」（614A-621D）において、アナンケの女神の膝の中で回転している紡錘の輪の上に「一人のセイレン」（617B5）が乗っており、天体音楽を奏でていると語られる。また、ほかに三人の女神が、等間隔で輪になり、過去、現在、未来について、「セイレンたちのハルモニアに合わせて讚歌を歌っていた」（617C3-4）とも語られる。このようにムゥシケーの概念は、いわばプラトンが奏でる『国家』という音楽作品を初めから終わりまで通奏低音のように貫いている。以上において見たムゥシケー同族語の用法から、『国家』においてムゥシケーが占める比重の大きさを確認することができたと思う。

2．『国家』の主題とムゥシケー

次に、『国家』の主題との関係において、ムゥシケーはどのような重要性をもつかを調べることにしたい。本対話篇の表題、POLITEIA は、その主題がポリスのあり方に関するものであることを示唆している。事実、Ⅷ巻からⅨ巻にかけてポリス統治のあり方が論述されている（Ⅷ. 543A-Ⅸ. 592B）。他方、Ⅰ巻の初めの部分において正義とは何かという問題が設定され（331C）、以後そのままこの問題の探求が対話篇全体を通して行われていく。そういう意味では、「ポリーテイアー、または正義について」（Πολιτεία ἢ περὶ δικαίου）という後代の編集者が付加した副題[25]を、そのまま対話篇の主題として理解できなくはない。藤沢令夫氏は、プロクロスの見解にしたがって、「正義論は国家論がそれに従属するところ

---

25) Thrasyllus.

の、優先的な主題（προηγούμενον, οὗ ἕνεκα）である」という見解を示す[26]。リー（D. Lee）[27]は、プラトンにおいては個人倫理と国家倫理は一体であるという観点から、本対話篇はポリス市民のための教科書という性格を有していると見る。アナス（J. Annas）[28]は、ディカイオシュネー（δικαιοσύνη）が「正義」（justice）と「道徳」（morality）の両義を有していることから、正義論は必然的に道徳論へと発展していくとする「拡張的正義論」（an expansive theory of justice）であるという見解を示す[29]。ブルーム（A. Bloom）[30]は、哲学と政治共同体との連結という視点から、『国家』のソクラテスは、その正義がアテナイ的でもギリシャ的でもなくむしろ理性的なものであるがゆえに、人間的正義であることを提示したという意味において、『国家』こそは『真のソクラテスの弁明』であるという見解を示す。

　以上のようにさまざまな見解があるが、『国家』の主題を理解するためには、対話篇導入部におけるケパロスの登場が重要であると思われる。老人ケパロスは、これまで生きてきた人生を回顧して、死後の世界への不安を表明する。正義に関することばはこの場面で初めて出てくる。「正しく敬虔に生涯を送った者」（ὃς ἂν δικαίως καὶ ὁσίως τὸν βίον διαγάγῃ, 331A3-4）は、死後の世界に希望をもつことができると言う[31]。このケパロスの見解が、ソクラテスを正義に関する議論へと導く。

---

26)　『国家』下（岩波文庫）467-468 を参照。
27)　Cf. D. Lee, trans., *Plato The Republic* (Penguin Books, 1987) 31-32.
28)　Cf. J. Annas, *An Introduction to Plato's Republic* (Oxford, 1982) 11-13.
29)　Cf. N. Pappas, *Plato and the Republic* (Routledge, 1995) 14-15.
30)　A. Bloom, *The Republic of Plato* (Basic Books, 1991) 307-310. Cf. J. Annas, *An Introduction to Plato's Republic*, 100.
31)　加藤信朗『ギリシャ哲学史』（東京大学出版会、1996 年）134 は、「人生の幸・不幸と、その人自身のあり方との関係という『国家』篇の中心主題が、冒頭部分でケパロスにより語りだされているのは感銘深い」と述べている。

つまり、議論は初めから、一人の人間の全生涯に亘る生と死に関わることがらである。ところが、「正義とは強者の利益になることである」との主張を携えて登場したトラシュマコスは、正しい生き方を信じる者に「正義の人は本当に幸福なのか」という重大な問いを突きつける[32]。この問いに対してプラトンはソクラテスに、〈正しい生は不正な生よりも幸福である〉という倫理的命題を論証[33]する課題を担わせる。すなわち「『正しさ』とは何か」の問いが、「魂における正しさとは何か」という考察へと導き、さらにそれが「国家における正しさとは何か」という問題の考察に拡大され、教育、倫理、政治など国家社会におけるさまざまな問題が論じられていく。ここで重要な点は、これらの議論はすべて、守護者ひいては哲人統治者候補の育成はどのようであるべきか、という視点から行われているということである。議論は最後には、「魂の正しさ」についての話に戻る。「エルの物語」の中において、正しい生が幸福であることが、改めて、しかも全永劫の相において取り上げられることになる。この物語は、ソクラテスが語る「われわれは、あらゆる仕方で思慮によって正義を習い努めることになるだろう」(δικαιοσύνην μετὰ φρονήσεως παντὶ τρόπῳ ἐπιτηδεύσομεν, 621C5-6) ということばで締めくくられる。本対話篇の導入部で提出された問題は、「正義の人は本当に幸福なのか」ということであった。『国家』全体が、守護者・哲人統治者候補の育成という観点から、個人の魂のあり方と国家のあり方の両面を踏まえたところの、〈正しい生は不正な生よりも幸福である〉という倫理命題の論証である、と理

---

32) 岩田靖夫『西洋思想の源流』(放送大学教育振興会、1997 年) 155-163 は、『国家』篇の本来の主題は、「正義の人は本当に幸福なのか」という問いであると言う。松永雄二『西洋哲学史の基礎知識』(有斐閣ブックス、1991 年) 25 は、『国家』篇の主題は、「正義とは何であり、それは人間の生にとって如何なる意味をもっているのか」という問いに貫かれていると述べる。

33) Cf. P. Shorey, *Plato Republic* I, Loeb Classical Library (Harvard University Press, 1982) xxiv-vii.

解することができよう。そのように理解するならば、上記の結びのことばは、『国家』全体の結びにふさわしいと言える[34]。

　『国家』の主題は、哲人統治者候補の育成という視座から見た、個人の魂と国家の両面における正義の意味は何かという問題の探求であると考えられる。プラトンが構築する理想国家は正しい国制を有する国家である。そのような国家の実現は、魂の中に正義が確立されている哲人統治者（たち）にかかっている。そして、そのような哲人統治者の育成は、守護者・哲人統治者候補が受けるムゥシケー教育にかかっている。したがって、ムゥシケーは『国家』の主題との関係においても、枢軸的な重要性をもつ概念であると言えよう。

---

34)　プラトンは、『法律』Ⅰ巻5章においても、正義こそは法律の制定に際し、留意すべき「最大のアレテー」（630C4）であると述べ、アレテーの総体にわたるという意味で「全体にわたる正義」（630C6）という表現を用いている。

第1章　ロゴスとレクシス（II巻 376E-398B）

　この章では、哲人統治者候補になりうる子どものムゥシケー教育において、詩の「ロゴス」（λόγος, II巻376E- III巻392C）と「レクシス」（λέξις, III巻392C-398B）に関して、プラトンが提示する見解の特質について考察する。

1．ムゥシケー登場の文脈

　『国家』においてムゥシケーが登場するのは、II巻に始まるところの、やがて国家の守護者になることが期待される子どもたちの教育はいかにあるべきか、という議論[1]の文脈においてである。まず、プラトンのソクラテス[2]はアデイマントスに、「身体のためにはギュムナスティケー

---

1)　376E-412B.
2)　プラトンのソクラテスとは、基本的にプラトンがソクラテスという人物をどのように捉えたかという、プラトンが理解したソクラテス像という意味である。もちろんその理解の基層には、歴史の現実に生きたソクラテスが存在するわけであるが、藤沢令夫氏が言うように、この基層に立脚しつつ、「ソクラテスならばこの問題についてこの人を相手に、必ずやこのように反応し対話するであろうとプラトンが考えるところを書いていく」のが、プラトンの対話篇であると、筆者は考える。藤沢令夫『プラトンの哲学』（岩波新書、1998年）36、60-62を参照。初期対話篇から後期対話篇に至るまで、終始、ソクラテスから受けとめたものが基層として横たわっており、その基層の上にプラトンの思想が連続発展していく。その意味では、ソクラテスの思想とプラトンの思想は一体であり、対話篇に表現された思想について、これは「ソクラテスの」思想、これは「プラトンの」思想と明確に切り分けることはできない、というのが筆者の立場である。加藤信朗『ギリシャ哲学史』（東京大学出版会、1996年）56-57は、「初期の対話篇は歴史的ソクラテスの記憶を保存するために書かれ、中期以後の対話篇では、

が、魂のためにはムゥシケーがある」(376E3-4) という伝統的教育観に同意を求める。そして、「ムゥシケーとギュムナスティケーによる教育」(410C1) のうち、ムゥシケー教育がギュムナスティケー教育に先行しなければならないという観点から、ムゥシケー教育のあり方に関する議論に進む。したがって、以後の議論においては、ムゥシケーの話が多くの比重を占め、ギュムナスティケーの話は従属の位置に置かれる[3]。

ムゥシケー登場の文脈をもう少し詳しく見てみよう。ソクラテスは、正義に関する議論に踏み込む前に、その準備作業として、正義とは何かという問題に関する諸説を検討した（I巻）。その上で、個人の魂における正義とは何かといういわば難問を、ポリスにおける正義とは何かという問題に拡大して考察していく（II巻 – IV巻）。このようにプシュケーの正義論を核心にもつポリスの正義論という大きな文脈の中で、ムゥシケーは登場し、論じられる。プラトンはまず初めに、質素で平和かつ健康なポリスを構想し、これを「真の国家」(372E6-7) と呼ぶ。しかし、これに対してグラウコンから、そのような国家は「豚たちの国家」(ὑῶν πόλιν, 372D4) と同然ではないかという疑問が出される。その疑問に答えるためソクラテスは、「贅沢三昧国家」(τρυφῶσαν πόλιν, 372E3)、すなわち「炎症ただれ国家」(φλεγμαίνουσαν πόλιν, 372E8) も取り上げる。そして、正義と不正がどのようにして国々の中に生まれてくるかを観察する。その観察によれば、贅沢三昧への飽くなき欲望が国家の規模を必

プラトンの自説がソクラテスの口を通して語られていると見なされることが多いが、対話篇自体はこのことを単純には保障しない」という見解を述べている。「歴史的ソクラテス」の思想は初期対話篇とその直後の対話篇のみに見出されるという主張については、G. Vlastos, *Socrates: Ironist and Moral Philosopher* (Cambridge and Ithaca, Cambridge and Cornell University Presses, 1991) 45-106 を参照。対話篇の執筆に関する時代区分については、T. Brickhouse and N. Smith, *The Philosophy of Socrates* (Westview Press, 2000) 44-49 を参照。

3) II巻17章–III巻12章 (376E-412B)。

要以上に大きくし、しかも自国の領土だけでは満足せず、他国の領土をも奪おうとしてついには戦争に発展する。そこで、こういった不健全な国家をいかにして浄化し、健全な国家に回復するかが課題となる[4]。そのためには、この国家浄化の仕事をだれが担当すべきかが問題となる。そして、それは「守護者たちの仕事」(374D8) であるとされる。この段階では、「守護者たち」($τῶν$ $φυλάκων$) は戦士層と支配者層の両方を含んでいる。やがて哲人統治者のあり方に議論が向かうにつれて、両者は区別され、戦士層は「支配者層の補助者・援助者」($ἐπικούρους$ $τε$ $καὶ$ $βοηθοὺς$ $τοῖς$ $τῶν$ $ἀρχόντων$, 414B5) と呼ばれるようになる。しかし、目下の議論は、戦士・支配者候補としての子どもたちの教育についてであるから、両者は一括して守護者たちと呼ばれている。ソクラテスはまず、守護者候補である子どもたちにどのような素質が備わっているべきかについて簡略に考えを述べ、その上で、「それでは、われわれの守護者たちはどのような仕方で養育され、教育されるべきだろうか」(376C7-8) という問題を提起する。この問題は、子どもの魂のあり方は子どもが育つポリスのあり方と緊密に連結する、という観点から考察される。

　　われわれがこのことを考察していくなら、はたしてそれは、われわれが考察しているすべてのことがらの目的である、正義と不正がどのような仕方で国家の中に生じてくるのかという仕組みを理解するのに、何らかの点で役に立つだろうか[5]。

---

[4]　ソクラテスはやがてムゥシケーのあり方に関する吟味に進むことになるが、その吟味の営みを「浄化」($καθαίρωμεν$, 399E8) と呼んでいる。そのすぐ前でも、「犬に誓って、とぼくは言った。われわれは、さきほど贅沢三昧国家と呼んだところのものを、知らないうちに浄化してきたことになるわけだ」(399E5-6) と語っている。

[5]　376D8-E2.

「どのような仕方で」（τίνα τρόπον）という問いに対する答が、「ムゥシケーとギュムナスティケーによって」ということであり、特に「ムゥシケーによって」ということであった。このような文脈の中でムゥシケーは登場するのである。大きな文脈で見るならば、ムゥシケーは魂・ポリス論の中で登場する。先に述べたように、本対話篇のポリス論は独立した政治論ではなく、魂論と不可分に結合しており、いわば見えにくい小文字の魂論を見えやすい大文字に拡大する役割を果たしている[6]。この意味におけるポリス論の文脈においては、ムゥシケーは、やがて国家の守護者になるかもしれない素質をもつ子どもたちの教育という観点から考察されることになる。それゆえ、考察の対象は子どもの教育であるにせよ、それは教育学に限定される問題としてではなく、考察の根底にはあくまでも魂論が存在している。かくして、ムゥシケーは、守護者候補である子どもたちが受けるべき魂の教育のあり方、という観点から吟味されていく。

古典期アテナイの子どもの教育[7]については、プラトン自身から豊富な資料が得られる。彼は『プロタゴラス』において、当時のアテナイの家庭における幼児教育と学校における児童教育について語っている[8]。それによると、家庭では、子どもはものごころがついた頃から、乳母、母親、子守、そして父親自身から、行いとことばについて正・不正、立派・みっともないこと、敬虔・不敬虔について教育を受けた。子どもは大きくなると学校へ通いはじめ、「読み書きとキタラ演奏」（γραμμάτων τε καὶ κιθαρίσεως, 325E1）およびギュムナスティケーを習った。ただし、学校といっても、集団教育ではなく個人教授が主流だったようである。多くの子どもたちは、グランマティステース（γραμματιστής）と

---

6) 386D.
7) 古典期アテナイの子どもの教育については、F. A. G. Beck, *Greek Education* (London, Methuen & Co Ltd., 1964) 72-110 を参照。
8) *Protagoras*, 325C-326C.

いう読み書きの教師のところへ送られ、ホメロスやヘシオドスの詩を暗唱方式で学習した。さらに、富裕な家庭の子どもたちは、キタリステース（κιθαριστής）という音楽教師のところへ送られ、そこでリュラ（λύρα）を習い、抒情詩や叙事詩をリュラの伴奏で吟唱する訓練を受けた。無理をしてでも、子どもをキタリステースのところに通わせた親もいたようである。当時の社会では、リュラやキタラを弾けることは教養があることであり、リュラやキタラを弾けないことは教養がないことであると見なされたからである[9]。また、子どもたちは、パイドトリベース（παιδοτρίβης）と呼ばれる体育教師のところへ送られ、保健と体育を習った。就学年数は固定していなかったが、概して、富裕な家庭の子どもたちは、長期間の教育を受けたようである[10]。教育の目的は単なる知識や技術の習得ではなかった。重点は「子どもたちの礼儀作法を監督すること」（325D7-E1）に置かれた。「読み書き」において、子どもたちは叙事詩の朗読と暗記を課せられたが、その目的は訓戒を受け入れ模範に倣うことにあった。さらに、「キタラ演奏」では、抒情詩や叙事詩をリュラに合わせて歌う練習をしたが、その目的は「よいリュトモスとよいハルモニア」（εὐρυθμότεροι καὶ εὐαρμοστότεροι, 326B3）を身に着けることによって、言行ともに善き人間の形成を行うことにあった[11]。ムゥシケーとギュムナスティケーは貴族や富裕者の子どもを対象とし、読み書き

---

9) Cf. Aristophanes, *Vespae*, 959「彼はキタラの弾き方を知らない」（κιθαρίζειν γὰρ οὐκ ἐπίσταται）, 989「私はキタラの弾き方を知らない」（κιθαρίζειν γὰρ οὐκ ἐπίσταμαι）.
10) Cf. F. A. G. Beck, *Greek Education*, 111-141.
11) 『プロタゴラス』によると、読み書き、キタラ演奏、体育の主要3教科はこの順序で学ばれることになるが、F. A. G. Beck, *Greek Education*, 81-3 は、実際には同時に学ばれていたようであることを指摘する。ベックは証拠として Xenophon, *Respublica Lacedaemoniorum* 2.1; 壺絵：the Douris cup; the Splanchnopt cup を挙げる。

は貧困者の子どもを対象としていたようである。アテナイでは教育はかなり普及しており、重視されていた。親たちの中には教育の一部を家庭で行う者もいた[12]。義務教育制度はなかったが、なんらかの形の初等教育が普及していたことは明らかである[13]。入学の年齢は5～7歳であったようである[14]。卒業の年齢は子ども期（παῖς）の終わり、もしくは若者期（μειράκιον, 15～21歳頃）の始まりとされている[15]。

プラトンは、古典期アテナイにおける通常の教育法にしたがい、国家守護者候補である子どもたちにムゥシケーを差し向けるが、彼の着眼点はどこにあるのかを確認しておく必要がある。プラトンはそれを以下のように説明する[16]。すなわちどのような仕事でもその「始め」（377A11）が肝心である。その仕事が「何であれ若くて柔らかいもの」（377B1）を対象とする場合は特にそうである。とりわけ初期の段階においてこそ、それぞ

---

12) Xenophon, *Memorabilia* 2.2.6.
13) 学校教育の諸条件については、F. A. G. Beck, *Greek Education*, 91-94 を参照。ベックは資料として、*Crito*, 50B-51C; Aeschines, *Contra Timarchum*, 1.9-11（前345年）を挙げている。学校生活の日課はあまり厳密でなかったようである。*Protagoras*, 325A-326A によると、読み書き、キタラ演奏、体育の順序となっているが、これは日課ではなくむしろコースへの言及らしい。Plautus, *Bacchides*, 424-425, 431-434 によると、午前中の体育、家での昼食、午後に読み書きのレッスンがあった。個人教授も行われた。Aristoteles, *Ethica Nichomachea*, 1180b1-10 によると、体育、キタラ演奏、読み書きという順序に固定化する方向にあったが、順序には融通性があった。Cf. F. A. G. Beck, *Greek Education*, 96-100.
14) Cf. F. A. G. Beck, *Greek Education*, 95. 入学年齢については、Plato, *Leges*, 794C: 6歳。Aristoteles, *Politica*, 1336a: 7歳以降。Plato, *Axiochus*, 366D: 7歳。Xenophon, *Respublica Lacedaemoniorum*, 2.1:「理解できるようになり次第できるだけ早く」とされている。
15) F. A. G. Beck, *Greek Education*, 95-96. Plato, *Laches*, 179A. Xenophon, *Respublica Lacedaemoniorum*, 3.1. Plato, *Lysis*, 206D. παῖς と μειράκιον の境目は、初等教育と中等教育の境目でもあったようである。
16) 377AB.

れのものは「かたちがつくられる」(377B2) のであり、また「人はそれぞれのものに望むとおりの型を刻印することができる」(377B2-3) からである[17]。それゆえ、正しい人間を形成する仕事においても、魂が「若くて柔らかい」段階を大事に扱わなければならない。この段階においてこそ魂のかたちが顕著につくられるからである。そして、魂のかたちに大きな影響を及ぼすものがムゥシケーなのである。若いものほどかたちをつくりやすいと言うとき、着目されていることは子どもの魂におけるエートスの形成である。その意味においてプラトンのムゥシケー論はパイデイアー論でもあると言えよう[18]。

さてそれでは、ムゥシケーはどのような仕方で魂の形成に影響を及ぼすのであろうか。プラトンは即答を与えない。当座は、ムゥシケーが魂の形成に影響を及ぼすという仮説に基づき、ムゥシケーを構成する諸要素を順番に吟味していくのである。それらは、①ロゴス ($λόγος$) ②レクシス ($λέξις$) ③ハルモニア ($ἁρμονία$) およびリュトモス ($ῥυθμός$) である。

---

17) プラトンは『法律』においても、「あらゆる生物は、その初期において、とりわけ大きく、そしてたくさん成長する」(788D4-5) と述べている。J. Adam, *The Republic of Plato*, vol.1 (Cambridge University Press, 1969) 111 は、$τύπος$ に関連して『テアイテトス』に言及し、記憶が「われわれの魂の中にある蝋のかたまり」(191C8-9) に「指輪の印形を刻印する」(191D7) ことにたとえられている点を指摘している。

18) 『国家』においてプラトンは、もっぱらムゥシケーによる「教育」について語る。しかし、子どもの人間形成にとっては教育に劣らず、「遊び」($παιδιά$) や「競演・競技」($ἀγών$) が重要であることを彼は十分に認識していた（IV巻424E-425B）。人間形成における「遊び」の重要性については、プラトンはやがて『法律』II巻とVII巻において、独自の見解を提示することになる。『国家』における「始め」の肝要さに関する主張は、『法律』VII巻において、就学年齢以前の幼児期の教育に、ひいては胎児教育にまでさかのぼって展開されることになる。

2．ロゴス（II巻376E- III巻392C）

a．ロゴスの吟味

　まず最初にプラトンが取り上げるのは、詩のロゴスである[19]。アテナイの子どもたちは、ごく幼少の頃から熱心な家庭教育を受けて育った。それについては、『プロタゴラス』から以下のような情報が得られる。

> 彼ら（アテナイ人たち）は、子どもたちが幼少の頃から教育を開始し、子どもたちが生きているかぎり、教えたり訓戒したりしているのだ。言われていることどもを子どもがわかるようになるとすぐに、乳母も、母親も、養育掛りも、父親自身も、教育に関して、子どもができるだけ善き人になるように、大いに努力しているのだ。一つ一つの行いとことばに際して、これは正しいとかこれは正しくないとか、これは美しいとかこれは醜いとか、これは敬虔だとかこれは敬虔でないとか、これをしなさいとかこれをしてはいけないとかいうようなことを、教えたり示したりすることによってね。そして、子どもがすすんで従う場合はいいが、もしそうでない場合には、ちょうど、ねじれて曲がっている木にしてやるように、脅したり叩いたりしてまっすぐにしてやるのだ[20]。

「言われていることどもを子どもがわかるようになるとすぐに」とあるように、子どもがほんの幼少の頃から、「言われていることども」（τὰ λεγόμενα）、すなわちロゴスを正しく聞き分けることができるようにな

---

19) II.17-III.5 (376E-392C).
20) *Protagoras*, 325C5-D7.

る訓練が重視されていたことがわかる。

　子どもたちは7〜8歳になると、グランマティステースやキタリステースのところに送られ、読み書きやリュラを習った。これについては、『プロタゴラス』から以下のような情報が得られる。

> その後、彼らは子どもたちを教師たちのところへ送るのだが、読み書きやキタラを弾くことよりも、むしろずっと子どもたちの礼儀作法に留意してくれるように、教師たちに要請する。そして、教師たちはそういったことどもに留意するのである[21]。

　初等教育においては、知識や技術の習得よりも「規律正しさ」（εὐκοσμίας）の具備に重点が置かれていたことがわかる。子どもが品行方正な人間になるということが、教育に求められていた役割なのである。彼らはグランマティステースやキタリステースのもとで教育を受けたが、グランマティステースの下での教育は以下のようなものであった。

> そしてまた、子どもたちが読み書きを学び、書かれていることどもがわかるようになった場合、ちょうど先に、言われていることがわかるようになった場合と同様に、それに基づいて、善き詩人たちの作品を読むことをベンチに座っている子どもたちにあてがい、それらを暗記するように強制する。それらの作品の中には実に多くの教訓もあれば、実に多くの、昔の善き人たちの描写や彼らへの称賛や賛美も含まれている。かくして、子どもにそれらを賛嘆しつつ模倣し、そのような人になろうと憧れるようにさせるのだ[22]。

---

21)　*Protagoras*, 325D8-E1.
22)　*Protagoras*, 325E2-326A3.

読み書きができるようになった子どもたちが学習した教材は、「善き詩人たちの作品（の数々）（ποιητῶν ἀγαθῶν ποιήματα）であった。おそらくそれらは、詩人たちの作品の中で子どもたちの教育に適切であると思われる箇所を抜粋し、集成したものであろうと推察される。つまり、子どもたちにふさわしくないと思われる箇所は削除されたということになる。このような取捨選択は普通に行われていたようである[23]。教材の学習法は、暗記によるものである。プラトンも『法律』において暗唱方式を推奨している[24]。クセノポン『饗宴』によると、ホメロスの『イリアス』を全部暗唱していた市民もまれではなかったようである[25]。子どもの旺盛な記憶力は、詩人たちのことばを次々と魂の中に定着させていき、大人になってからもなかなかそれらを忘れることがない。それゆえ子どもたちにどのような詩句を暗唱させるかということは、アテナイ市民にとって重要なことがらであった。善いロゴスを保持し続けて善い人間になるのか、それとも悪いロゴスを保持し続けて悪い人間になるのかということであった。プラトンは、詩のロゴスには真実のものと作りごとのものとの二種類があることを指摘し、作りごとのもの、すなわちミュートス（μῦθος）による教育のほうを先に行うべきであると主張する。物心がつきはじめた時に、子どもが最初に母親や乳母から聞かせられるのはミュートスであるというのが、その理由である。ミュートスは、ホメロスやヘシオドスの叙事詩、さまざまの抒情詩、そしてアイスキュロスなどの悲劇を含む[26]。当時の子どもたちは学校へ通い始めると、読み書きの時間に詩人たちの作品を学習した[27]。悲劇は彼らにとって教養の源泉であり、最高の娯楽であっ

---

23)　F. A. G. Beck, *Greek Education*, 118-119.
24)　*Leges*, 811A.
25)　Xenophon, *Symposium*, 3.5.
26)　*Respublica*, 379A.
27)　男の子は読み書きできるようになるとすぐに、詩人の作品を読み始めた。Plato, *Protagoras*, 325E. 詩人の作品は道徳教育の基礎的教科書として学習された。学

た。プラトンはこれからミュートスの批判へと進むが、その前に、彼はミュートスという表現形式そのものを否定したわけではないことを確認しておきたい。プラトンの思想において、ミュートスに対するロゴスの優位といった単純な方程式は存在しない。プラトンのソクラテスは、人間のあり方に関する重要問題をできるかぎりロゴスによって探求していくが、理論的言語では表現することができない局面に到達したときには、しばしばミュートスという表現形式に頼ったことは、プラトンの対話篇の随所から明らかである[28]。

プラトンがここで吟味の対象としているのは、あくまでもミュートスの中で語られるロゴスの内容である。彼の見るところでは、子どもたちはミュートスを聞くとき、その内容をそのまま素直に「その魂の中に受け入れる」(377B7) 傾向がある。それゆえ、子どもたちの養育を担当する保

　　　習法としては機械的な暗唱方式が取られた。叙事詩吟唱者のみならず、一般市民の中にも、イリアスとオデュッセイアを全部暗唱できる人はまれではなかった。Cf. Nicerates in Xenophon, *Symposium*, 3.5, 4.6. イソクラテスも、詩の道徳的価値を強調した。Cf. Isocrates, *Ad Demon*, 51. *Ad Nicocles*, 3.13. 教育上ふさわしくない箇所・作品の削除はかなり広範に行われていたようである。しかし、プラトンを満足させることができるほど厳しくはなかった。詩の学習が行われたのは、道徳教育のためばかりではなく、詩の中に日常生活に有用な知識が含まれていたからである。Cf. Aristophanes, *Ranae*, 1030-5. ホメロスは学校教育における最高権威であった。Cf. Isocrates, *Panegyricus*, 159. ホメロスは実用的知識の宝庫とみなされていた。Cf. Xenophon, *Symposium*, 4.6. ホメロスの他にもヘシオドス、テオグニスといった詩人たち、および散文作家たちがよく学習された。Cf. F. A. G. Beck, *Greek Education*, 117-22.

28) 『パイドン』107C-114C；『ゴルギアス』523A-527C；『国家』における「エルの神話」613E-621D；『ポリティコス（政治家）』268E-274A；『プロタゴラス』320C-323A；『ティマイオス』29D-92C；『パイドロス』246A-257A；『饗宴』189D-193D, 202D-212A；『法律』903B-905D. Cf. J. A. Stewart, *The Myths of Plato*, ed. G. R. Levy (Centaur Press, 1970). 國方栄二『プラトンのミュートス』(京都大学学術出版会、2007 年) 301-315.

母や母親たちは、子どもたちの身体を作ることよりも先に、まず「数々のミュートスによって彼らの魂を形成すること」(377C3-4) に留意しなければならない。プラトンは、幼児の教育に適切であるかという観点から、ホメロスやヘシオドスのミュートスにおいて語られる擬人的神観を取り上げ、それは重大な誤りであると強く批判する。その理由は幼い魂への影響ということである。幼い魂にはいまだ識別力が備わっておらず、教えられるまま幼い頃に魂に取り入れられた考えは、後で変えるのが難しい。したがって、子どもたちが最初に聞くミュートスは、「アレテーを目指す最もりっぱに語られているもの」(378E2-3) でなければならない。

それでは、何を基準としてりっぱに語られているミュートスであると言えるのか、という「規範」(τοὺς τύπους, 379A2) の問題が生じる。プラトンは、「神々の物語についてのいくつかの規範」(379A5-6) として以下の二点をあげる。

①神はあらゆることどもの原因なのではなく、善いことどもの原因である[29]。
②神々は自分の姿を変身するような呪術師ではなく、ことばや行いにおける嘘の数々でわれわれを惑わすこともない[30]。

プラトンはこのような規範を設定した上で、「神々の物語」(θεολογία) におけるハデスの国のことども、英雄たち、ダイモーンたちの描写についても吟味を行い、これらについても規範を設定する[31]。こういった規範を抜きにしては、神々の物語について正しく語ることにはならないとプラトンは考える。神々の物語に対する吟味の次は、「残りは人間たちについ

---

29) 380C8-9.
30) 383A2-4.
31) 386A-392A.

ての話であろう」(392A7) ということになるが、プラトンのソクラテスは、現段階では人間たちの物語の規範を決めることはできないと言う。その規範として［正しい人間は幸福である］というような命題を措定するとしても、これを確言することができるためには、まず初めに「〈正義〉とはどのようなものか」(392B2-3) を厳密に定義しなければならない。さらにまた、「〈正義〉はそれを持っている人にとって、そのようなものであると思われようと思われまいと、本来得になるものだ」(392C2-4) ということを、論証しなければならないからである。

b. テオロギア批判の意図

以上において見たように、詩のロゴスの吟味に関しては、プラトンの批判は不適切なテオロギアである擬人的神観に集中した。このことはプラトンが考察を進めている魂・ポリス論とどのような関係をもつのだろうか。

ポリス論との関係についていえば、古代ギリシャにおいてポリスと宗教とは密接な関係をもっていたことを思い起こす必要がある。宗教はポリス宗教として市民生活の中に深く浸透していた。その最大の象徴は神殿であり、ギリシャ人たちを熱狂させた運動競技や演劇競演などもその本質は、神々に捧げられる祭礼であった。アテナイの社会生活では、祭礼は必要不可欠の行事であった。月例の祭礼があり、市のディオニュシア祭のような年毎の祭礼があった。計算では、月例の祭日と毎年恒例の祭日を合計すると、実に一年の半分弱は祭りだったことになる[32]。祭礼は、アテナイ市民の心を慰め励ます役割を果たした[33]。さらに、祭礼は共同体の成員間の連

---

32) Cf. J. D. Mikalson, *The Sacred and Civil Calendar of the Athenian Year* (Princeton, 1975) 199-201.

33) Cf. P. Cartledge, 'The Greek religious festivals,' in P. E. Easterling and J. V. Muir, eds., *Greek Religion and Society* (Cambridge University Press, 1985)

帯を強化する機能も有した[34]。善きポリス市民として生きることは、とりもなおさず善き「宗教人間」(homo religiosus) として生きることであった。要するに、ポリスは神であると言っても過言ではなかった[35]。そしてこのポリス・宗教共同体を根底で支えていたものがムゥシケーであった。本書の第1部で見たように、アルカイック期においては、ムゥシケーは神々の祭礼と礼拝のための祭礼音楽であり、いまだ芸術として独立していなかった。ムゥシケーが芸術としての音楽となるのは古典期に入ってからである。祭礼音楽としての音楽はやがて職人芸から芸術音楽へと変化していくが、その変化の直後にあたる前5世紀から前4世紀への境目には、空疎な名人芸主義に堕してしまった。ギリシャ音楽は最初から人間が歌うロゴスが中心であった。ロゴスはアウロスやキタラなどの伴奏で歌われたが、ロゴスが主で楽器伴奏は従というのがギリシャ人の考え方であった。楽器が主人の地位にのし上がる動きがしばしば起こり、民衆を魅了することもあったが、そのようなあり方は概してギリシャ人のムゥシケー観になじまなかった[36]。プラトンがムゥシケーにおけるロゴスを重要視するのも、ポリス・宗教共同体としてのアテナイの歴史と社会を踏まえてのことなのである。

次に魂論との関係で言えば、擬人的神観に対するプラトンの批判は、魂におけるエートスの形成と神観との結びつきに関する独自の見方を反映している。それは、神観は魂におけるエートスの形成に重大な影響を及ぼし、その影響は個人にとどまらず他者との関係にも波及し、ひいては国家社会全体に浸透していくという見方である。それゆえ「守護者候補（で

89-127.
34) P. Cartledge, "The Greek religious festivals," 116-117.
35) Cf. F. Solmsen, *Plato's Theology* (Ithaca: Cornell University Press, 1942) 3-12.
36) マックス・ヴェーグナー『人間と音楽の歴史・ギリシャ』(音楽の友社、1985年) 5-21 を参照。

ある子ども）たちは、人間にとって可能なかぎりにおいて神を畏敬する者かつ神的な者になること」(383C4-5) が求められる[37]。さらに彼らは「神々と両親を敬い、また互いへの友愛を少なからぬ価値をもつものとするであろう人間たち」(386A1-3) になることが求められる。これらのことばから、プラトンが「敬神」(θεοσέβεια) を個人と国家のあり方を左右する重要な契機であると考えていたことがわかる。それにしても敬神がなぜそれほどまでに重視されるのであろうか。それはクセノポンが「若者たちの頽廃の数々」(νέων διαφθοραί)[38] と呼んだ風潮、およびそれを生み出した当時の社会状況と関係があると考えられる。それはプラトンが『国家』Ⅷ巻10章-13章において描写する民主制国家の姿でもある。そこでは一切はある意味で「自由」であり、人は何をやろうと、何を話そうと、思い通りのことを行うことができる[39]。このようにわがまま放縦の国制のもとでは、若者たちはそれに順応する生き方をするであろう[40]。「無統制」(ἀναρχια) を「自由」(ἐλευθερία) と履きちがえる風潮は、家庭内にまで浸透している[41]。このような風潮をもたらした原因は何であろうか。原因分析につながる考えがⅡ巻8章の中で述べられる。それは、「素質上は頭のよい若者たち」(365A7) が、正しい生き方に対して行う反論の中に見られる考え方であり、不正な人間でありながら人の目をくらまし、正義の評判を確保してしまえば、至福が得られるという考え方である。このような思考の根底には、当時かなりの人々のあいだに広まってい

---

37) Cf. *Respublica*, 613B1:「人間に可能なかぎり神に似ようと心がける」。*Theaetetus*, 176B1-3 では、可能なかぎり神に似ること、すなわち「神まねび」(ὁμοίωσις θεῷ) とは、思慮のある人間となって、人に対しては正しい者、神に対しては敬虔な者となることであると語られる。
38) Xenophon, *Apologia Socratis*, 19.
39) *Respublica*, 557B.
40) *Respublica*, 561C6-D7.
41) *Respublica*, 562E.

たと推定される無神論のものの見方があると思われる[42]。プラトンはこのような考え方に大きな危惧を覚えていた。彼はやがて『法律』X巻において、①神々は存在しない、②神々は存在するが人間のことを配慮してくれない、③神々は不正な人間によって買収される、という神観を取り上げ、厳しく批判する。「アテナイからの客人」はこれらの誤った思想に言及しつつ[43]、次のように語る。

  じっさい、こういった諸言説が、言うなれば、すべての人たちのあいだに広まってしまっているのでなければ、神々が存在することを論証する弁証はまったく必要なかったでしょうからね[44]。

このことばは、魂の中に宿る誤った神観が、現実にポリス社会全体に重大な影響を及ぼすに至っているという、プラトンの認識を示すものであろう。このような認識に立てば、若く柔らかい子どもの魂に何よりも先に刻印されるべきものは、正しい神観だということになる。その場合、神観が影響を及ぼすのは魂のどの部分に対してであるのかということが問題となる。『国家』におけるソクラテスとその対話者たちとの問答が進んでいく中でやがて、魂を〈理知的部分〉、〈気概の部分〉、〈欲望的部分〉という三区分の観点から見る、いわゆる魂の三部分説が紹介されることになる[45]。ついぞまとまった形の答は明示されないが、どうやら神観が影響を及ぼすのは「神的部分」（τὸ θεῖον）[46]とも言うべき〈理知的部分〉に対してである、とプラトンは考えているように思われる。人間形成の目標を、可能

---

42) *Respublica*, 365D7-366A4.
43) Cf. E. B. England, *The Laws of Plato*, 2vols (Manchester, 1921) 460.
44) *Leges*, 891B2-3.
45) IV巻11章–15章（434C-441C）。
46) *Politicus*, 309C; *Timaeus*, 69C-70A, 72D.

なかぎり「神的な者たちとなる」（θεῖοι γένεσθαι）ことに設定するプラトンの観点に立てば、最も初期の段階から正しい神観の印形を刻印されるべきであるのは、この神的な理知的部分であると言えるかもしれない。

このようにプラトンは、魂におけるエートスの形成に神観が大きな影響を及ぼすと考えているが、このような見解に対しては、その根拠が求められてしかるべきであろう。しかし、それは『国家』の中では与えられないままであるように思われる。神観の影響力に関するプラトンの見解は、論証されるべき命題というよりは、むしろその哲学を根底で支える信念のようなものであると言えるかもしれない。『法律』IV巻8章で、「われわれにとっては、神こそがとりわけ万物の尺度なのである」（716C4-5）と語られるとき、それは『法律』全体を通して展開されていく議論の大前提である。そのように見なすほうが、人間を尺度とすることよりも「ずっとはるかに」（716C5）妥当である、とプラトンは言い切るのである。

3．レクシス（III巻 392C-398B）

プラトンは詩のロゴスに関する見解を述べた後、レクシス（λέξις）[47]に関する議論に進む。それはロゴスがどのように叙述されるべきかという問題であり、プラトンにとって重要なことがらであった。古代ギリシャのムゥシケーにおいては、叙事詩の朗誦にせよ演劇の上演にせよ、概して観客の視覚に訴える要素は少なかった。観客は、人間の声で語られることば

---

47) III巻6章-9章（392C-398B）。*LSJ* によると、λέξις は、1. 'speech', opp. ᾠδή 2. 'diction', 'style' 3. 'a single word or phrase' などの意味をもつ。S. Michaelides, *The Music of Ancient Greece*, 185 によると、レクシスは、音楽においてしばしば κροῦσις（弦楽器による音楽）や ᾠδή（曲、歌）と対比され、「歌詞」の意味で用いられる。しかし、『国家』におけるレクシスは、単に歌詞ではなく歌詞の叙述法であり、それは *LSJ* の 2. 'diction', 'style' に該当する。

を直接に耳で聞き、ことばの内容を豊かな感受性と想像力で摂取し理解した。このようにして培われた言語力は、法廷や民会のような公共の場における弁論にも影響を及ぼすことになる[48]。また、先に述べたように、子どもたちは、グランマティステースから詩の読み方を習ったが、それは暗唱方式によるものであった[49]。教師はホメロスやヘシオドスのロゴスを生徒に語り聞かせ、生徒はそれを口うつしで覚えた。教師はロゴスを棒読みにするのではなく、教育効果のために、何らかの節とリズムをつけてロゴスを吟じたであろう。吟じたと言っても、古代ギリシャ語の単語において音節の長短は固定していたから、大げさな吟じ方は無理であり、教師は既定の長短を損なわない程度にそれを吟じなければならなかった。少なくとも伝統的にはそうであった。しかしながら、プラトンの時代は新音楽の時代であり、新しい様式のディーテュラムボスがアテナイ市民を風靡していた。その特徴は、ロゴスの吟唱法について言えば、大げさな吟じ方、身ぶり手振りの援用、楽器による過度の引き立てなどであった。それは、古代ギリシャにおけるムゥシケーの伝統からの逸脱であり、ロゴスに対する反逆であった。そのような新音楽の影響がムゥシケー教育におけるレクシスにも及んでいたであろうことは想像に難くない。ここにプラトンがレクシスのあり方を吟味する理由があったと考えられる。

a. レクシス論の概観[50]

LSJによると、レクシス（λέξις）は、詩の言い回し、話し方、話法などを意味する[51]。プラトンの用法によると、レクシスとは叙事詩や演劇に

---

48) 山内登美雄『ギリシャ悲劇』（新曜社、1997年）59-63を参照。
49) F. A. G. Beck, *Greek Education*, 117.
50) 392C-398B.
51) *LSJ*, 1038.

おいてロゴスが語られる「話法」・「叙述法」(διήγησις, 392D3) であり、レクシスには以下の三種類のディエーゲーシスがある[52]。①「単純なディエーゲーシス」(ἁπλῇ διηγήσει)。②「ミーメーシスによるディエーゲーシス」(διὰ μιμήσεως)[53]。③「単純なディエーゲーシス」と「ミーメーシスによるディエーゲーシス」との混合 (δι' ἀμφοτέρων)。②の例として、『イリアス』の最初の部分が取り上げられる。そこでは語り手ホメロスは、祭司の「クリュセスになったかのように」(393D6)、すなわちミーメーシスによって語っているとされる[54]。他方、この部分はミーメーシスなしで、「ホメロスとして」(393D6) 語ることもできるとして、ソクラテスは「単純なディエーゲーシス」を実演してみせる[55]。つまり、「ミーメーシスによるディエーゲーシス」は、叙事詩朗誦者が作中の人物になりかわって述べる「せりふ」であり、「単純なディエーゲーシス」は、叙事詩朗誦者自身の「語り」である。悲劇・喜劇の場合は、作者自身の「語り」がなく、俳優同士の対話のやりとりだけであるから、それはもっぱら「ミーメーシスによるディエーゲーシス」である。

　レクシスには三種類のディエーゲーシスがあることを説明した後、プラトンはディエーゲーシスを改めて以下の三つに分類する[56]。①「全体がミーメーシスによるディエーゲーシス」(ἡ διὰ μιμήσεως ὅλη, 394C1)。悲劇・喜劇がこれに該当する。②「作者自身の報告」(ἡ δι' ἀπαγγελίας αὐτοῦ τοῦ ποιητοῦ, 394C2-3) によるディエーゲーシ

---

52) *LSJ*, 427 によると、διήγησις は 'narration' を意味する。392D5.
53) M. H. Partee, *Plato's Poetics* (University of Utah Press, 1981) 81 は、このスタイルを「演劇表現」(a dramatic representation) と呼ぶ。J. W. H. Atkins, *Literary Criticism in Antiquity,* vol.1: *Greek* (London: Methuen, 1952) 44 は、これを「演技」(impersonation) と呼ぶ。
54) *Ilias*, 1.15-16.
55) *Respublica*, 393E-394A.
56) 394BC.

ス。ディーテュラムボスがこれに該当する。③両者によるディエーゲーシス（ἡ δι' ἀμφοτέρων, 394C4）。叙事詩などがこれに該当する。この分類の目的は、作家とミーメーシスとの関係のあり方について、教育を担当する指導者たちがどのような見解を示すべきかを吟味することにある。考えられる選択肢として以下の三つがある。①作家にミーメーシスによるディエーゲーシスを許す。②作家に、あるものに関してはミーメーシスによるディエーゲーシスを許すが、あるものに関しては許さない。③作家にミーメーシスによるディエーゲーシスを許さない。プラトンがこれら三つの選択枝を提示するのは、悲劇・喜劇、および「それらよりもっとたくさんのこと」(394D7) を理想国家に受け入れるべきかどうか、という問題を念頭に置いてのことである。この問題意識は、やがてⅩ巻の詩人拒絶論に連動していくことになる。今ここでレクシスのあり方について語られていることは、「検閲」のように思われるかもしれないが、プラトンの関心はそこにはない。彼は。守護者候補の品性はいかにあるべきかという視点から見ているのである。「われわれの守護者たちはミーメーシスを行う者たちであるべきかどうか」(394E1-2) という問いも、守護者の品性のあり方に留意してのことである。この問いに対する答として、プラトンは、「各自は一人で一つの仕事をすれば立派にできるが、一人で多くの仕事をすれば立派にできない」(394E3-4) という、すでに提示した原則[57]をミーメーシスにも適用する。そうすると、「同一の人間がたくさんのものを真似すれば、一つのものを真似するようにはうまくできない」(394E8-9) ということになる。たとえば、複数の「真似事」(395A2) の例とし

---

57) この原則は、プラトンが「健康な国家」における各自の役割について論じたときに、すでに以下のように述べられた。

> それぞれの仕事がより多く、よりりっぱに、より容易に行われるのは、常に、各自が自然本来の素質に従って一つの仕事を、正しい時機に、他の諸々のことから自由になって行う場合なのだ（370C3-5）。

第1章　ロゴスとレクシス　　165

て、以下のものが列挙される[58]。①同一の作家が喜劇と悲劇の両方をうまく創作することはできない。②同一の人物が吟唱詩人であると同時に俳優であることもうまくできない。③同一の俳優が喜劇俳優でもあり悲劇俳優でもあるというわけにはいかない。さらに、この原則は国家守護者にも適用される。

　　われわれの国家守護者たちは、他のすべての職人仕事から解放されて、もっぱら、国家の自由を作る職人たちとして非常に厳格でなければならず、なんであれこの仕事に寄与しない他の営みをしてはならない[59]。

　この原則に従えば、彼らは国家守護者の仕事以外に何一つ仕事として行ってはならないだけではなく、「真似すること」も許されないことになる[60]。他方、それらと反対の悪いものは真似てはいけないことになる。なぜそうかといえば、「彼らがミーメーシスによって実際にそのあり方を享受することのないため」（395C7）である。それでは、真似をする人は、どのような仕方で真似をする相手の性格を自分の中に受け入れることになるのであろうか。プラトンの考えは以下のとおりである。

　　真似というものは、若いときからずっと続けていると、身体や声の面

---

58)　395AB.
59)　395B8-C2.
60)　395C3-5. もっとも、プラトンはミーメーシスという形式それ自体を否認しているわけではない。国家守護者候補である子どもたちが立派なものを真似ることに関しては、それを認めむしろ奨励さえしている。もし真似をするのであれば、この人たちにふさわしいものども、すなわち勇気ある人々、節制のある人々、敬虔な人々、自由な人々、そしてすべてこのような性格のものを、ただちに子どもの頃から真似すべきなのである。

でも、思考の面でも、その人の習慣と性格の中に定着してしまうものだ[61]。

　以上の議論からプラトンは、演劇の中で行われるミーメーシスが国家守護者候補である子どもたちの品性に及ぼす影響を考慮し、ミーメーシスに対して以下の規則を設ける。①少年が女性の真似をすることを許さない[62]。②少年が奴隷の仕事の真似をすることを許さない。③少年が劣悪な男たち、臆病な男たち、醜いことをしている男たち、気の狂った人々の真似をすることを許さない。④少年が三段橈船を漕いでいるところ、水夫長が掛け声をかけているところなどの真似をすることを許さない。⑤少年が馬のいななき、牛の吼えるところ、河の音、海の波の音、雷鳴などの真似をすることを許さない。アダム（J. Adam）が指摘するように、以上のようなミーメーシスは、演劇詩全般における舞台装置および音楽効果への言及であると同時に、プラトンの時代に流行した、もっぱら楽しさと観客のウケを追求する新音楽のディーテュラムボスへの言及であろうと思われる[63]。

　プラトンは、以上の議論にもとづいて、先に挙げた「レクシス・ディエーゲーシスの分類」（396B10-11）の改定作業にとりかかる[64]。彼はまず始めに、先に挙げた三つの分類を以下の三つの様式に換言する。

①「本当に善き人間」（καγαθός, 396C1）の様式
　このような人間は、善き人の振る舞い、特に「堅実に思慮深く行動して

---

61)　395D2-3.
62)　これは、たとえばエウリピデス劇における女性の真似への批判と考えられる。
63)　J. Adam, *The Republic of Plato*, vol.1, 151, 147. Cf. Pseudo-Aristoteles, *Problemata*, 918b19.
64)　396BC.

いる善き人」(396D1) を積極的に真似る。劣った人の真似はしない。しかるに、ホメロスの叙事詩の中には善き人を描写するロゴスは少ない。したがって、叙事詩のレクシスである以上、ミーメーシスによるレクシスと吟唱者による単純なレクシスの両方を含みはするが、叙事詩のロゴス全体の中でミーメーシスによるレクシスが占める部分は少ししかないことになる。ほんとうに善き人の様式は、単純性の原則に従うから、「ハルモニア転位の回数が最小限度である」(397B6)。それゆえ、このようなレクシスに伴う「ハルモニアは単一であり、——というのもハルモニア転位の数が最小限度であるから——さらにまたリュトモスも同様に何かハルモニアに適合したもの」(397B9-C1) となるはずである。

②「本当にはすぐれておらず、より劣悪な人間」(ὁ μὴ τοιοῦτος αὖ, ὅσῳ ἂν φαυλότερος, 397A1) の様式

このような人間は、「どんなことでも自分に適切ではないとはけっして思わない」(397A1-2)。それゆえ、「あらゆるものを本気で真似ようとする」(397A2)。また、この劣悪な人によるレクシスは、ほとんどすべてが声や身振りによるミーメーシスによってなされ、単純なレクシスの部分はごくわずかなものとなる。このような様式は、「ハルモニア転位に関するあらゆる種類の様式をもっているゆえ」(397C5-6)、あらゆる種類のハルモニアとリュトモスを必要とすることになる。

③両方を混合した様式 (ὁ κεκραμένος, 397D6)

プラトンのソクラテスは以上の三つの様式を挙げ、改めて、それらの中のどれを理想国家に受け入れるべきかとアデイマントスに質問する。アデイマントスは、第一の「善き人間の真似を行う、混合されない様式」(397D4-5) に賛成票を投じる。したがって、③の混合様式は拒絶される

ことになる。②の「本当にはすぐれておらず、より劣悪な人間」の様式は問題外である。もっとも、混合様式の拒絶に対しては異論があるだろうことは、プラトンも想定している。たしかに混合様式は、子どもにも、その養育掛かりの者にも、そして大多数の大衆にも「断然一番楽しい」(397D7) ものではある。しかし、たとえそうであっても、混合様式は、各人が一つのことだけをする、という理想国家の原則に適合しないものであるから、拒絶されなければならない。

　先に、悲劇と喜劇を理想国家の中に受け入れるべきかという問題が提出されたとき (394D5-6)、悲劇と喜劇だけではなく、「それらよりさらにもっと多くのもの」(394D7) も審査の対象になるであろうことが示唆されていた。今やその「さらにもっと多くのもの」が何であるかが明らかである。それは、本書の第1部第2章3において見たように、ミーメーシスを売り物とし、楽しさを提供する詩人や物語作家である。アテナイの音楽事情を考えるなら、新音楽をアテナイに持ち込む外国人音楽家たちである。その多くはディーテュラムボス作家であった。そのなかには、メラニッピデス、プリュニス、ピロクセノス、ティモテオスらが数えられる。しかし、彼らの全員が無条件で拒絶されるのでもなく、ディーテュラムボスそのものが否定されているのでもない。むしろ、ディーテュラムボスは基本的にミーメーシスによるレクシスを使用しない音楽ジャンルであるという理由で、プラトンはこれを子どもたちの教育のために残している。ただし、聴衆に面白さだけを提供し、ウケを狙う類のディーテュラムボスは問題外である。プラトンの考えでは、ディーテュラムボスは旧来のあり方に従い、国家守護者候補の子どもたちの魂におけるエートスの形成に貢献するものでなければならないのである。彼は無条件にミーメーシスを持ち上げているわけではないが、以上の考えに基づいて次のように語る。

　　他でもなくわれわれは、もっと厳格でもっと楽しくない作家や物語作

者を(子どもたちの教育の)役に立つようにという目的で採用するであろう。すなわちわれわれのために善き人物の語り方を真似し、われわれがはじめに戦士たちの教育にとりかかったときに制定した、あれらの諸規則の範囲の中で物語のことばを語るような作家たちをね[65]。

b. レクシス論の意義

ミーメーシスによるレクシスを最小限にとどめよというプラトンの提言は、観劇が市民の楽しみであり教養の源泉でもあった当時のアテナイにおいて、一般大衆からは、演劇の大規模な排除につながりかねない極論のように思われたことであろう。しかし、プラトンはそれを承知の上で、そのような提言をしている。なぜだろうか。

(1) 国家守護者候補の人間形成

プラトンがミーメーシスを問題として取り上げる理由は、それが国家守護者の人間形成と密接な関係があるからと考えるからである。はたして彼らは「ミーメーシスを行う人たち」(394E1)であるべきか、という問題提起が行われた。一個人一つの仕事、という原則の観点からは、国家守護者たるべき者は自分の仕事でないものを行ってはならないだけではなく、それの真似をすることも許されないことが論じられた[66]。禁止の理由は、①ミーメーシスは国家守護者たるべき者の単一性を損なう[67]。②ミーメーシスによって不適切な性格を魂の中に取り込むことになる、ということであった[68]。つまり、プラトンは、魂・ポリス論の枠組みの中でミーメーシ

---

65) 398A6-B4.
66) 394E-395C.
67) 394E, 395A.
68) 395CD.

スについて論じているのであり、ミーメーシスによるレクシスが子どもの魂に及ぼす影響を危惧しているのである。国家守護者候補である子どもたちが、ミーメーシスを「行う」ことによって、ミーメーシスの対象に属する「そのあり方」(τοῦ εἶναι, 395C7) が、彼ら自身の「習慣と本性の中に定着していく」(εἰς ἔθη τε καὶ φύσιν καθίστανται, 395D2) かもしれないからである。

　それではミーメーシスを「行う」のではなく、「見る」だけの者の場合はどうだろうか。同じ程度の影響を受けるのだろうか。それとも、「見る」場合に受ける影響は「行う」場合よりも少ないのだろうか。子どもの習性を観察するなら、子どもは大人よりも「見る」ものの影響を受けやすいことは明らかである。子どもには「見る」ことをすぐ「行う」ことに移す傾向がある。その意味でミーメーシスにおいては、「行う」ことと「見る」こととは子どもの魂に同程度の影響を及ぼす、とプラトンは考えていると見なしてよいであろう。彼は人間の魂に内在するミーメーシスへの抑えがたい衝動をよく知っており、ミーメーシスが子どもの魂に及ぼす影響を重大なことであると考えた。したがって、ミーメーシスは、劣悪なものどもに対してではなく、りっぱな魂の形成に寄与するようなものどもに対して向けられなければならない。しかも、ミーメーシスは子どもの時期に限られるものではなく、大人になってからも終生人間につきまとい続ける。『国家』の議論が進んでいく中で、哲学者もある意味ではミーメーシスを行うことが語られる。

　　彼（＝哲学者）は、秩序づけられており常に同じあり方を保つ存在の数々を見つめながら、そして、それらが互いに不正を行ったり不正を受けたりせず、あらゆる点で秩序と理に従っているのを観照しながら、それらの存在を真似し、できるだけ同化していくのだ。それとも、ある人が何かを崇めながらそれと交際するとき、そのものを真似

しない手だてがなにかあると思うかね[69]。

　「ある人が何かを崇めながらそれと交際するとき、そのものを真似しない手だてがなにかあると思うかね」という問いは、人間存在とミーメーシスとのあいだに深い結びつきを見るプラトンの洞察を反映している。彼はミーメーシスそのものを否定しているのではなく、ミーメーシスがいかなる対象に向けられるべきか、ということを問題にしているのである。彼はやがて『国家』Ⅵ巻において展開するであろう哲人統治者論を視野に入れながら、ミーメーシスについて論じているのである。彼が認定する本当にりっぱで善き人の様式は、ミーメーシスを全部拒絶するものではなく、ミーメーシスの要素を最小限にとどめる様式である。その限定されたミーメーシスとは、テート（J. Tate）が言うように[70]、哲学者が希求するイデアの世界を自らの魂の中に真似し取り込むミーメーシスであると考えられる。それとは正反対の、何もかもを真似する様式とは、およそ哲学とアレテーからほど遠い詩人の様式であり、プラトンはこれを認めるわけにはいかない。このように解釈するなら、Ⅲ巻におけるミーメーシスに関する議論は、来るべきⅩ巻における詩人拒絶論の伏線として機能している、と見ることができるかもしれない[71]。

---

[69] 500C2-7.
[70] Cf. J. Tate, "Imitation' in Plato's *Republic*," *Classical Quaterly* XXII (1928) 16-23.
[71] Ⅲ巻では悪いもののミーメーシスは拒絶され、よいもののミーメーシスは受容されるのに対し、Ⅹ巻ではすべてのミーメーシスが拒絶されるように見える。この一見した矛盾をどのように理解すればよいのだろうか。J. Tate, "Imitation," 21 は、Ⅲ巻では真理とミーメーシス詩との関係は示唆の程度にとどめられるのに対して、Ⅹ巻ではそれが具体的に検証されることになる、という見解を示す。Ⅲ巻におけるよい意味のミーメーシスと悪い意味のミーメーシスとの区別は、広く言えば、無知な詩人と無知を自覚した詩人との区別であるということになるかもしれない。

(2) 当時の音楽事情

　レクシスとミーメーシスに関するプラトンの厳しい見解は、現実から遊離した思考から生まれたものではない。背後には、そのような見解の提出を余儀なくさせたアテナイ社会の音楽事情があった、と見るべきであろう。それは、本書の第1部で見た新音楽の流行である。前5世紀後半に始まったと見られる「音楽革命」の波は、外国からアテナイにも押し寄せ、プラトンが『国家』を執筆した頃には、ムゥシケーの諸ジャンルに対して相当の影響を及ぼしていたであろうことが推察される。ヘンダーソン（M. I. Henderson）は、『国家』においてプラトンが批判するミーメーシスと、ティモテオスの音楽作品『ペルシャ人』とのあいだに、類似点が存在することを指摘する[72]。『ペルシャ人』は伝統と規範を重視してしかるべきノモス[73]作品ではあるが、ディーテュラムボスの様式で作曲されたと考えられる。物語は、もっぱらおもしろさを全面に出しており、道徳や教訓には意を用いていない。おそらくティモテオスは演出効果を高めるために、多種多様な音楽の技巧に加えて、顔の表情による表現や身体の動きなどのミーメーシスを援用したものと思われる[74]。プラトンのソクラテ

---

72) M. I. Henderson, "Ancient Greek Music," in *The New Oxford History of Music* (Oxford University Press, 1957) 336-403.
73) 音楽用語としてのノモスは、最も重要な音楽作品の形式を指す。その名称は、暗唱のために法律の文言が歌われた遠い昔の伝統に由来するものと思われる。時代が下り、神々への讃歌のあり方が法律で規定されるようになるにつれ、非常に規律があり厳粛で、なおかつ美しさや芸術性の面でも善き作品形式が確立された。それはノモイ（νόμοι）と呼ばれ、作品形式を支配する諸原則から逸脱することは厳重に禁止された。Cf. S. Michaelides, *The Music of Ancient Greece*, 222.
74) Cf. A. Pickard-Cambridge, *Dithyramb*, 49. M. L. West, *Ancient Greek Music*, 362-363. L. Richter, *Die Neue Musik der griechischen Antike*, Archiv für Musikwissenschaft Jg. 25 (1968) 15.

スは、下劣な人間であるほど何もかもを真似するとして、以下のように言う。

　そのような人間は、あらゆるものを本気で、しかも多くの人たちの前で真似ようと努めるであろう。今しがたわれわれが言っていた、雷鳴、風、雹、車軸や滑車の音、またサルピンクス、アウロス、シュリンクスやあらゆる楽器の音、さらに犬や羊や鳥の声といったものをね[75]。

「あらゆる楽器の音」（πάντων ὀργάνων φωνάς）とは、演劇の中でひんぱんに用いられる、意表をつくようなハルモニア転位に言及しているものと思われる。ヘンダーソンの推測では[76]、ティモテオスの『ペルシャ人』は、上記の様式をもつ標題音楽のために書かれた台本だったようである。ディーテュランボポイオスとキタロードスは職業音楽家であり、通常は外国人であった。この種の人たちの音楽は楽器演奏者の名人芸に負うところが大きく、ハルモニア転位を容易にするために楽器が改造された。プラトンも、「あらゆるハルモニアを用いる様式」（παναρμονίου, 399C7）

---

75)　397A4-7.
76)　M. I. Henderson, "Ancient Greek Music," 396-397 は、楽器改変の例として、ザキュントスのピュタゴラスなる男は、ドーリス、プリュギア、リュディアのハルモニアに合わせて調律した三つのキタラからなるピラミッド型のものを発明した。彼は、回転椅子に腰掛け、足でけって回りながら演奏した、という伝説を紹介している。Cf. Artemon *ap.* Athenaeus, *Deipnosophistae*, 14. 637ef. しかし、同時代の喜劇断片が示唆するところでは、ティモテオスとその楽派は、少数の絃によってハルモニア転位を行う技法をあみだしたようである。この考案は、'stopping' によって導入されたという。Cf. I. Düring, "Studies in Musical Terminology in Fifth-century Literature," *Eranos* 43 (1945) 176-197. プラトンは、真似の例として、「馬のいななき、牛の吼えるところ、河の音、海の波の音、雷鳴」を取り上げる（396B9）。

に言及している。外国から来た真似の名人は楽しい人であることは認めるが、理想国家には受け入れるわけにいかない、とプラトンが言うとき[77]、ディーテュラムボポイオスたちに言及しているものと思われる。レクシスに関する議論の中で、ディーテュラムボスはもっぱらミーメーシスに頼る悲劇や喜劇とは反対に、「作者自身による語り」（394C2-3）であり、ミーメーシスによらないものである、とさりげなく言及されている。この場合のディーテュラムボスは、新音楽のディーテュラムボスではなく、旧来のディーテュラムボスを指すものと思われる。やがてプラトンは『法律』II巻において、ディーテュラムボスによる市民教育を提言することになるが、ディーテュラムボスの役割はすでに『国家』において認識されていると言える。

　ミーメーシスに対するプラトンの厳しい見方に対しては、異論が提出されている。アナス（J. Annas）は、ミーメーシスが品性を低下させ[78]、品性を分裂させる[79]傾向をもつという点については、プラトンに同意するが、彼がミーメーシスそのものを悪と断定しているように見える点については、同意しない[80]。たとえば、ミーメーシスには役になりきることによって、自分の視野を広げることもできるという効用があるのではないか。理想国家においてはりっぱな詩が果たす役割があるはずなのに、この点に関してプラトンは驚くほど歯切れが悪いというのが、アナスが提示する異論である。しかしながら、プラトンのミーメーシス批判は、このような異論を予期した上で行われている。彼はやがてX巻において次のように語る。

---

77)　398A.
78)　395C-396B.
79)　394C-395B.
80)　J. Annas, *An Introduction to Plato's Republic* (Oxford University Press, 1982) 95-100.

われわれのある種の頑なさと不作法を非難されないためにも、哲学と詩作とのあいだには昔から対立があったということを、詩に向かって言い加えておくことにしよう[81]。

このことばから、プラトンは非難されることを承知の上で、ミーメーシス専従型の詩を拒絶したことが推察される。拒絶は哲学と詩とのあいだに存在する根深い対立を踏まえてのことである。拒絶は、魂の善き部分と劣った部分、理知的部分と情緒的部分に関わることがらであり、ひいては善き人になるか悪い人になるかという、人間形成上の大問題に関わることである。ミーメーシスに関する論議がⅢ巻だけでは終わらず、Ⅹ巻において再び取り上げられ、詳しく論じられることになるのは、そのためであると思われる[82]。

プラトンは、善き人の真似を行う、混合されない様式のレクシスだけを受容する。このような措置に対して、混合された様式のほうが子どもたちやその養育掛りたちにとって、そして大衆にとって一番楽しいものである[83]、という反論が出るであろうことを、また、そういった娯楽の要素が人々の望むところであることを、プラトンは知っていた。しかし、国家守護者候補である子どもたちのムゥシケー教育に関するかぎり、何がレクシス選択の原則であるべきかはすでに確定している。楽しさは原則になるこ

---

81) 607B4-6.
82) プラトンは398ABにおいて、混合された楽しいレクシス様式をあやつる詩人と物語作者に対しては、「楽しい人」(398A4)であるとして敬意を表するが、各人が一つのことだけを、の原則に従って、このような人たちを理想国家には受け入れないと明言する。この主張はⅩ巻の伏線として機能しているように思われる。プラトンの構想においては、この簡潔ではあるが重要な主張は、Ⅹ巻においてもっと詳しく展開されるであろう議論へと連結しているものと思われる。
83) 397D.

とはできない。もし楽しさを原則とするなら、楽しいけれども正しくないものをも容認せざるをえなくなる。理想国家では、各人が一つのことだけをする、という単純性の原則が、あらゆる機会に貫かれなければならない。したがって、レクシスは善き人の真似を行う、混合されない様式でなければならない。これがプラトンの堅持する立場なのである。

4．まとめ

この章では、ムゥシケー教育における詩の「ロゴス」（λόγος）と「レクシス」（λέξις）に関して、プラトンが提示する見解の特質について考察した。これによって明らかにされたことを列挙するなら、以下のようになるであろう。

①ムゥシケー登場の文脈
プラトンがムゥシケーを初登場させるのは、Ⅱ巻に始まる、国家守護者候補である子どもたちの教育はいかにあるべきか、という議論の文脈においてである。『国家』のムゥシケー論の方位は、最初からそのような子どもたちの教育という目的に定められている。

②プラトンの着眼点
プラトンは、古典期アテナイにおける慣例にしたがい、まず始めに、国家守護者候補である子どもたちのためにムゥシケーを差し向けるが、彼の着眼点は子どもの魂におけるエートスの初期形成に置かれている。その意味においてプラトンのムゥシケー論は、始めからパイデイアー論の性格を有している。

③詩のロゴスとテオロギア
プラトンはムゥシケー論を詩のロゴスの吟味から始める。そこにはロゴスが子どもの魂の初期形成に及ぼす影響力に関する深い洞察がある。プラ

トンの吟味は、テオロギアに集中する。正しいテオロギアの基準として、(1) 神は善いことのみの原因である　(2) 神の性格は単一であり、神には偽りがない、の二点を定める。そこには神々に関する善きロゴスが、善き守護者と善き国家の形成につながるという認識がある。

④単純なレクシス

プラトンはレクシスにも留意する。彼が受容するのは、善き人のミーメーシスだけを行う、単純な様式のレクシスのみである。この受容の根底に、理想国家においては一人が一つの仕事をしなければならない、という単純性の原則がある。プラトンは、レクシスにおけるミーメーシスを最小限に限定するが、この措置の背後には、当時アテナイ社会に流行していた、ミーメーシスを最大限に用い、多様性を追求する新音楽への警戒がある。国家守護者候補たちは、ミーメーシスで装飾されたレクシスの影響によって、正しい道から逸脱するようなことがあってはならないのである。

第2章　ハルモニア（Ⅲ巻 398C-399E）

　この章では、抒情詩の吟唱に伴う音楽的要素である「ハルモニア」（ἁρμονία）と、それに付随する「リュトモス」（ῥυθμός）のあり方に関して、プラトンが提示する見解の特質について考察する。

　プラトンのソクラテスは、ロゴス・レクシス論を述べた後、ロゴスに伴う音楽的要素であるハルモニアとリュトモスの吟味に進むが、それは次のことばで始まる。

　　それでは、この後には、とぼくは言った。歌、すなわち（καί）諸々
　　の抒情詩歌の様式（ᾠδῆς τρόπου καὶ μελῶν）に関する問題が残っ
　　ているのではないかね[1]。

　プラトンは、周知のこととして、「歌はロゴス、ハルモニア、リュトモスの三つから構成される」（398D1-2）と述べ、ハルモニアの吟味から始める。

1．ハルモニア論の概要[2]

　これからプラトンは、ムゥシケー教育の観点から、数あるハルモニア

---

1)　398C1-2. καί は「すなわち」と読むのがよいと思われる。プラトンは、悲劇と喜劇におけるロゴスとレクシスの吟味を終えた今、これから「歌、すなわち諸々の抒情詩歌の様式」の問題に関する吟味に進むのである。Cf. J. Adam, *The Republic of Plato*, vol.1, 155.

2)　398C-399E.

のうちのどれを拒絶し、どれを受容すべきかという議論を展開するにあたり、議論の前提として、ハルモニアとリュトモスはロゴスに従わなければならない、という原則を設定する。先のロゴス論において、ロゴスの内容の中には悲しみや嘆きはいっさい受容されてはならないことが決定された[3]。したがって、上記の原則に従うなら、「悲しみを帯びたハルモニアの数々」(398E1) も拒絶されなければならない。それらに含まれるのは、「ミクソリュディア・ハルモニア、シュントノリュディア・ハルモニア、およびそれに類するいくつかのハルモニア」(398E2) である。プラトンが拒絶の理由としてあげるのは、たとえ女性たちの場合でも善き人であるべきなら、そうしたハルモニアを必要としない。ましてや、男性たちの場合は言うまでもない、ということである[4]。しかるに、泥酔、柔弱、怠惰は国家守護者たちにとって最も似つかわしくない。したがって、「柔弱にして酒宴用のハルモニアの類」(398E9) も拒絶されなければならない。それらには、「イオニア・ハルモニアやリュディア・ハルモニアのある種類のもの」(398E10) が含まれ、「弛んだ低いもの」と呼ばれている。

次にプラトンは受容されるべきハルモニアについて吟味を行う。吟味の原則は、ハルモニアとリュトモスはロゴスに従わなければならない、ということであった。そして、ロゴスにおけるミーメーシスの対象は、善き人の振る舞いに限るということであった。しかるに、勇気と節制は善き人の品性である。したがって、それに対応するハルモニアが残されなければならない。そのハルモニアが何であるかについては、プラトンのソクラテスは、自分は専門家ではないとして発言を控える。かわりに、グラウコンの口から、それらはドーリスとプリュギアであると語らせる[5]。とはいえ、

---

3) 387D1-2:「そうすると、名声の高い人たちの悲しみや嘆きの数々も、われわれは削除すべきだろう。」
4) 398E3-4.
5) 399C5-6.

実質的にはソクラテスが語っているようなものである。

ハルモニアの「浄化」作業は、楽器職人と楽器演奏者にも及ぶ。プラトンの時代のアテナイに流行した新音楽は、ロゴスが主で楽器が従であるという旧来のあり方を倒錯し、楽器の優位性を際だたせていたからである。最初に、拒絶されるべき楽器について、「われわれには、抒情詩歌唱において、絃数が多いことも、すべてのハルモニアにわたることも不要になるだろう」(399C7-8) と語られる。それゆえ、絃楽器については、「トリゴーノン、ペークティス、および多絃用であり多ハルモニア用であるかぎりのあらゆる種類の楽器を作る職人を、われわれは育成しないであろう」(399C10-D1) とも語られる。したがって、管楽器についても、「君はアウロス作り職人やアウロス奏者を国家の中に受け入れないだろう」(399D3) と語られる。その理由は、「アウロスこそは一番多絃的な楽器であり、あらゆる様式のハルモニアをこなす諸々の楽器そのものがアウロスを真似たものである」(399D4-5) からである。次に、残すべき楽器について、「君にはリュラとキタラが残され、都市で用いられることになり、他方、田舎では牧人たちのために、シュリンクスの類が供されることになるだろう」(399D7-9) と語られる。

ソクラテスはこの措置に二つの評言を加える。一つは、このような措置は「新奇なもの」(καινὸν, 399E1)[6] ではないということである。その理由として彼は、ギリシャでは伝統的に、キタラはアウロスに勝るとみなす考えが保持されてきた事実をあげる。もう一つは、ハルモニアの浄化は、贅沢三昧国家の浄化に寄与するということである。その関連で、グラウコンが語る、「他でもなく私たちが節度を保ってきたということでしょう」(Σωφρονοῦντές γε ἡμεῖς, 399E7) というしめくくりのことばは、

---

6) καινὸν は、単に「新しい」ということだけではなく、新しい音楽の新奇をてらう手法に対する皮肉の可能性がある。

意味深長である。ソクラテスはグラウコンの口を借りて、国家守護者候補である子どもたちのムゥシケー教育に関しては、個人の魂とポリスの両面において、ソープロシュネーの保持が肝要であることを示唆していると考えられる[7]。

2．ハルモニア論の吟味

以上の概観は、検討を要すると思われる諸問題を提起する。
①プラトンと古典期のギリシャ人にとってハルモニアとは何であったのか。
②古典期における他のさまざまなハルモニア観と比較して、プラトンのハルモニア観はどのような特徴をもっているのか。
③プラトンは、それぞれのハルモニアに特定のエートスが結びついていることを認めているように見えるが、そのような認識は当時一般に受け入れられていたのか。
④プラトンが制定する、「ハルモニアとリュトモスはロゴスに従わなければならない」という原則は、古典期のギリシャ人のあいだで広く認められていた考え方であったのか。
⑤ハルモニアの浄化による「贅沢三昧国家の浄化」というプラトンの考えは、何を意味するのか。この考えの背後にどのような社会事情が存在したのか。
⑥ハルモニアに関するプラトンの「検閲」をどのように評価すべきか。また、彼の楽器職人・楽器奏者追放論をどのように評価すべきか。

---

[7] 国家におけるソープロシュネーの重要性は、やがてⅣ巻（430E, 432A）において「協和」（συμφωνία）や「調和」（ἁρμονία）の類比で語られることになる。

a. ギリシャ人とハルモニア

まず始めに、古典期のギリシャ人にとって「ハルモニア」とは何を意味したのであろうか。'Αρμονία は英語の harmony の語源であるが、プラトンが語るハルモニアは今日のハーモニー・和声とは大きくかけ離れている。彼のハルモニアを理解するためには、その背景として、古典期のギリシャ人にとってハルモニアとは何であったのかを理解しておく必要がある。*LSJ* によると[8]、ハルモニアは本来「接合する手段」、「固定すること」を意味した。そこから「契約」、「合意」、「安定した政権」などの意味が派生した。音楽との関連では、ハルモニアは「絃を調節すること」を意味し、そこから「調絃の方法」、「音階」、特に「オクターヴ」の意味で用いられるようになった。さらに、一般的に「音楽」、あるいは限定的に「特別の型の音階」、「旋法」、特にテトラコードの分割方式の一つである「エンハルモニック」（ἐναρμόνιον）の意味で用いられるようになった。比喩的には、「調和」の意味で用いられることもあった。音楽との関連ではハルモニアは、本来、「調律」の意味で用いられたようである[9]。おそらく、リュラやキタラの調律は、本来、特定の民族と関連していた特定のメロディーの様式に必要とされる音の配列方式を提供したところから、「音階」や「旋法」という意味が派生したのではないかと推測されている[10]。

ダールハウス（C. Dahlhaus）によると[11]、古代ギリシャ音楽において

---

8) *LSJ*, 244.
9) 音楽関係ではハルモニアは、おそらく楽器の音色の 'adjustment or tuning' が、第一義であると思われる。その調律の結果、音色の「調和」が生起するのである。Cf. A. Barker, ed., *Greek Musical Writings* II, *Harmonic and Acoustic Theory*, 2 vols., vol.2 (Cambridge University Press, 1989) 163-168.
10) Cf. S. Sadie, ed., *The New Grove Dictionary of Music and Musicians* (1980), vol.7, 666.
11) Cf. C. Dahlhaus, 'Harmony,' *The New Grove Dictionary of Music and Musi-*

第2章 ハルモニア

ハルモニアとは、離接した、あるいは対照された二つの要素——より高い音とより低い音——を並置することを表した。しかし、二つ以上の音を同時に重ねる手法は、古代ギリシャでは行われなかった。ハルモニアはあくまでも、音組織の骨格を構成する諸音間の関係を規定するための手段にすぎなかった。それは、1オクターヴの音階における音程の結合だった。その場合の音階とは単なる音列ではなく、一種の構造と考えられていた。協和音は単純な「調和的」数比——オクターヴ（2：1）、5度（3：2）、4度（4：3）——に基づいており、これが音階の骨格（e'-b-a-e）を構成する。そして、協和音の連結から生じるオクターヴ構造に加えて、協和音それ自体もハルモニアとして、すなわち音を結合する動因としての資格を得るに至るというのである。ミカエリデス（S. Michaelides）によると[12]、プラトン、アリストテレス、ヘラクレイデス・ポンティコス（Ἡρακλείδης ὁ Ποντικός）[13]を含む前5–4世紀の著作家たちにとって、音楽用語としてのハルモニアはオクターヴを意味し、またそれはオクターヴにおける、もしくは諸部分が完全な統一を形成するように調整された音組織における、音の異なった配置を意味した[14]。ハルモニアは、あくまでもオクターヴ内部における諸音程の異なった配列であり、何であれ明確な高度とは独立に存在した。この意味に限定するなら、ハルモニアは現

---

cians (1980), vol.3, 175.

12) S. Michaelides, *The Music of Ancient Greece*, 127-128.
13) スーダ辞典によると、前4世紀の著作家で、小アジアにあるポントゥスのヘラクレイア生まれ。プラトンの弟子。後にアリストテレスの弟子になったと伝えられる。Cf. S. Michaelides, *The Music of Ancient Greece*, 134-135. 彼が音楽について書いたものは、プルタルコスとアテナイオスによって引用されている。Pseudo-Plutarchus, *De Musica*, 3. 1131f; Athenaeus, *Deipnosophistae*, 14. 624c.
14) Cf. *Respublica*, 617B6-7:「8つの（絃、もしくは音）のすべてから一つのハルモニアが形成される」（ἐκ πασῶν δὲ ὀκτὼ οὐσῶν (χορδῶν, φωνῶν) μίαν ἁρμονίαν συμφωνεῖν）。

代の「旋法」に類似していると言えるであろう[15]。一般に受けられていたハルモニアは、以下の7つのオクターヴ種であった。

① ミクソリュディア（Μιξολυδιστὶ）　　　　　　b - b
② リュディア（Λυδιστὶ）　　　　　　　　　　　 c - c
③ プリュギア（Φρυγιστὶ）　　　　　　　　　　　d - d
④ ドーリス（Δωριστὶ）　　　　　　　　　　　　 e - e
⑤ ヒュポリュディア（Ὑπολυδιστὶ）　　　　　　　f - f
⑥ イオニア（Ἰαστὶ）、ヒュポプリュギア（Ὑποφρυγιστὶ）　g - g
⑦ アイオリス（Αἰολιστὶ）、ヒュポドーリス（Ὑποδωριστὶ）　a - a

しかし、これらの名称は一律不変ではなく、時代と著者によって異なることもあった[16]。ハルモニアに関係する用語として、「トノス」（τόνος）がある。トノスはしばしばハルモニアと混同されるが、両者は異なる。ミカエリデスによれば、「トノスは、それの上にハルモニアを置いたり再生したりすることができる、いわば「キー」である」。それは近代和声のg-major、d-major、e-minor 等の調性に対応する。したがって、トノス間の違いは、諸音程の異なった配列にではなく、高度にあった。実際には、各トノスは不変音階組織を移高したものであった。アリストクセノスは13のトノイ組織を確立した[17]。

ハルモニアという用語を初めて音楽に適用したのは、ピュタゴラス派であると考えられている[18]。ソクラテスと同時代に生きたピロラオス

---

15) S. Michaelides, *The Music of Ancient Greece*, 336.
16) これらの genera を前5世紀のハルモニアと同一視することに対しては、慎重でなければならないと思われる。Cf. S. Sadie, ed., *The New Grove Dictionary of Music and Musicians*, vol.7, 666.
17) S. Michaelides, *The Music of Ancient Greece*, 335-40.
18) Cf. W. J. Farnon, *Music and Moral Education: A Reappraisal of the Platonic*

(Φιλόλαος)[19] の著作に、ハルモニアに関する重要な用法が見られる。ピロラオスはまず始めに、世界とその中にあるものどもを一つに結びつける宇宙的力との関連で、ハルモニアに言及し、続いて音楽との関連においても、以下のようにハルモニアに言及している。

> ἁρμονίας δὲ μέγεθός ἐστι συλλαβὰ καὶ δι᾽ ὀξειᾶν· τὸ δὲ δι᾽ ὀξειᾶν μεῖζον τᾶς συλλαβᾶς ἐπογδόωι. ἔστι γὰρ ἀπὸ ὑπάτας ἐπὶ μέσσαν συλλαβά, ἀπὸ δὲ μέσσας ἐπὶ νεάταν δι᾽ ὀξειᾶν, ἀπὸ δὲ νεάτας ἐς τρίταν συλλαβά, ἀπὸ δὲ τρίτας ἐς ὑπάταν δι᾽ ὀξειᾶν· τὸ δ᾽ ἐν μέσωι μέσσας καὶ τρίτας ἐπόγδοον· ἁ δὲ συλλαβὰ ἐπίτριτον, τὸ δὲ δι᾽ ὀξειᾶν ἡμιόλιον, τὸ διὰ πασᾶν δὲ διπλόον. οὕτως ἁρμονία πέντε ἐπόγδοα καὶ δύο διέσιες, δι᾽ ὀξειᾶν δὲ τρία ἐπόγδοα καὶ δίεσις, συλλαβὰ δὲ δύ᾽ ἐπόγδοα καὶ δίεσις.

ハルモニアの大きさは、シュラバとディオクセイアンである[20]。ディオクセイアンは全音の割合でシュラバより大きい。ヒュパテーからメセーまではシュラバであり、メセーからネアテーまでがディオクセイアンであり、ネアテーからトゥリテーまでがシュラバであり、トゥリテーからヒュパテーまでがディオクセイアンである。トゥリテーからメセーまでのあいだの隔たりは全音であり、シュラバは完全４度であり、ディオクセイアンは完全５度であり、ディアパソーンはオクターヴである。このようにハルモニアは５つの全音と２つの半音からな

Theory of 'Mousike' and Paideutic Ethos (Temple University, 1985) 27-37. A. Barker, ed., *Greek Musical Writings* II, 36-38.

19) タレントゥム出身の前４世紀の哲学者であり、ピュタゴラスの学徒。彼は、残存する断片、*De Natura* (Φυσικά) の中で、ピュタゴラス学派の音楽に関する教説を分析し説明している。

20) ここからハルモニアは「オクターヴ（の調律）」という意味を持つようになる。

る。ディオクセイアンは3つの全音と1つの半音からなる。シュラバは2つの全音と1つの半音からなる[21]。

ここではハルモニアは、「オクターヴ（の調整）」という意味を獲得している。この箇所は、当時の調律の実際をつぶさに反映しているものと思われる[22]。ピロラオスの考えでは、音楽の場合、音（符）と音程はオクターヴという骨格の中に位置を占め、かくして諸部分が明確になるという仕方で調整されなければならない。それとある意味で同じことが、宇宙の構成要素と包括的なハルモニアに当てはまらなければならない。したがって、調和とメロディーに関する音楽的関係は、勝手気ままなものではなく、オクターヴの骨格の中で調整されなければならない、とピロラオスは考える[23]。

さて、ソクラテスやプラトンの時代には、ハルモニアに関する理論はどれくらいまで発達していたのであろうか。ヘンダーソン（M. I. Henderson）の見解によると、前4世紀初頭までには、ハルモニアは完全なオクターヴ種へと発達しており、テトラコルドによる分割も行われており、ハルモニア転位の試みも新たに行われはじめたという。彼女はその論拠として、ヘラクレイデス・ポンティコスを取り上げ、彼に帰せられるアテナイオスによる引用を抜粋する[24]。

(1) Athenaeus, 624C: Ἡρακλείδης δ' ὁ Ποντικὸς ἐν τρίτῳ περὶ Μουσικῆς οὐδ' ἁρμονίαν φησὶ δεῖν καλεῖσθαι τὴν

---

21) Philolaus, *Fragmenta*, 6 (Stobaeus, *Anthologion*, i.21, 7d); Nicomachus, *Enchiridion*, 252. 17ff. (DK44B6).
22) Cf. M. L. West, *Ancient Greek Music*, 167.
23) Cf. A. Barker, ed., *Greek Musical Writings* II, 37 n.32.
24) M. I. Henderson, "The Growth of the Greek ἉΡΜΟΝΙΑΙ," *Classical Quarterly* 36 (1942) 100-102.

Φρύγιον, καθάπερ οὐδὲ τὴν Λύδιον. ἁρμονίας γὰρ εἶναι τρεῖς· τρία γὰρ καὶ γενέσθαι Ἑλλήνων γένη, Δωριεῖς, Αἰολεῖς, Ἴωνας.

(2) 625A: πρότερον μὲν οὖν, ὡς ἔφην, Αἰολίδα αὐτὴν ἐκάλουν, ὕστερον δ᾽ ὑποδώριον, ὥσπερ ἔνιοί φασιν, ἐν τοῖς αὐλοῖς τετάχθαι νομίσαντες αὐτὴν ὑπὸ τὴν Δώριον ἁρμονίαν. ἐμοὶ δὲ δοκεῖ ὁρῶντας αὐτοὺς τὸν ὄγκον . . . ἐν τοῖς τῆς ἁρμονίας ἤθεσιν Δώριον μὲν αὐτὴν οὐ νομίζειν, προσεμφερῆ δέ πως ἐκείνῃ·

(3) 625D: καταφρονητέον οὖν τῶν τὰς μὲν κατ᾽ εἶδος διαφορὰς οὐ δυναμένων θεωρεῖν, ἐπακολουθούντων δὲ τῇ τῶν φθόγγων ὀξύτητι καὶ βαρύτητι,

(4) καὶ τιθεμένων ὑπερμιξολύδιον ἁρμονίαν καὶ πάλιν ὑπὲρ ταύτης ἄλλην.

(5) οὐχ ὁρῶ γὰρ οὐδὲ τὴν ὑπερφρύγιον ἴδιον ἔχουσαν ἦθος· καίτοι τινές φασιν ἄλλην ἐξευρηκέναι καινὴν ἁρμονίαν ὑποφρύγιον.

(6) δεῖ δὲ τὴν ἁρμονίαν εἶδος ἔχειν ἤθους ἢ πάθους,

(7) καθάπερ ἡ Λοκριστί· ταύτῃ γὰρ ἔνιοι τῶν γενομένων κατὰ Σιμωνίδην καὶ Πίνδαρον ἐχρήσαντό ποτε, καὶ πάλιν κατεφρονήθη.

(1) ヘラクレイデス・ポンティコスは、その著『音楽論』の第3部において、プリュギアはリュディアと同様に、単独のハルモニアと呼ばれるべきではないと主張する。なぜなら、ハルモニアは三つしかないからである。というのも、ギリシャ人たちのゲノス（音階種）はドーリス、アイオリス、イオニアの三つしかないからである。

(2) したがって、すでに述べたように、彼らは以前にはそれをアイオ

リスと呼んだが、ある人々の主張では、後にはヒュポドーリスと呼ぶようになった。なぜなら、それはアウロスにおいては、ドーリス・ハルモニアよりも低い音域をもつと考えたからである。しかし私の考えでは、アイオリスのエートスの中に虚飾を見た人々は、それをけっしてドーリスと見なさず、むしろ何らかの点でドーリスに似ているものと見なした。

(3) したがって、低く評価されるべきなのは、オクターヴ種における違いを見分けることができず、音の高さと低さに没頭する人々であり、

(4) また、ヒュペルミクソリュディア・ハルモニアやまたもう一つのハルモニアを、それよりも高いと考える人々である。

(5) 実際、私も、ヒュペルプリュギア・ハルモニアがそれ固有のエートスをもっているとは思わない。しかしある人々は、もう一つの新しいヒュポプリュギア・ハルモニアを発見したと主張している。

(6) とはいえ、ハルモニアは、エートスと情感のエイドス（形）をもっていなければならない。

(7) ロクリス・ハルモニアのようにである。これを、かつてシモニデスやピンダロスの時代に活動したある人々が用いたが、それは再び低く評価されるようになった。

以上の箇所についてその信憑性を疑う研究者もいるが[25]、ヘンダーソンは、これらの箇所はヘラクレイデスの真正のことばを伝えていると考える[26]。しかしながら、これだけの資料では確かなことは判定できないと言わなければならない。

---

25) R. P. Winnington-Ingram, *Mode in Ancient Greek Music*, 20 n.3 は、これらの箇所はアテナイオス自身が書いたものであると考える。
26) M. I. Henderson, "The Growth of the Greek 'APMONIAI," 100 n.3.

ハルモニアに関して現存するもので、信頼に値する最古の資料を提供してくれる専門家は、アリストクセノス（Ἀριστόξενος）[27]であろう。アリストテレスの弟子であり、哲学者かつ楽理家であった彼は、音楽について多くの論文を書いたが、われわれの目的のためには『ハルモニア原論』（Ἁρμονικὰ Στοιχεῖα）が重要である[28]。アリストクセノスの時代には、ハルモニアは一定の順序に配置されたオクターヴ（またはオクターヴ以上に拡大した音階）を意味するようになっていた[29]。彼は、従来のハルモニアを7つのオクターヴ種に分類し、先人から受け継いだと思われる大完全組織の観点から理論化を試みた。その大完全組織の土台をなすのは、ディアトニックの場合、以下の継起する4つのテトラコルドン（τετράχορδον）[30]である。

　①テトラコルドン・ヒュパトーン　　　　　b - e
　②テトラコルドン・メソーン　　　　　　　e - a
　③テトラコルドン・ディエゼウグメノーン　b - e'
　④テトラコルドン・ヒュペルボライオーン　e' - a'

　アリストクセノスは、このテトラコルド構成をもつ7つのオクターヴ種に古来のハルモニアの名前を当てはめた。しかしながら、これら7つが古来のハルモニアのすべてを尽くしていると考えるのは早計である。従

---

27) 前375年から前360年の間にタレントゥム（Τάρας）に生まれ、アテナイで死んだ。ギリシャ音楽理論に大きな影響を与え、古代ではὁ Μουσικόςと呼ばれた。Cf. S. Michaelides, *The Music of Ancient Greece*, 33.
28) アリストクセノス Ἁρμονικὰ Στοιχεῖα に関する邦語による翻訳と研究に関しては、山本建郎『アリストクセノス『ハルモニア原論』の研究』（東海大学出版会、2001年）を参照。
29) 以下の論述については、W. J. Farnon, *Music and Moral Education*, 27-37 を参照。
30) τετράχορδον とは、平行に張られた4本の絃で、リュラの基本形である。4本の絃の両端の2本は完全4度で調和するように調律されていた。山本建郎『アリストクセノス『ハルモニア原論』の研究』150を参照。

来、ハルモニアの数は7つ以上あったことはほぼ確実だからである[31]。と もあれ、このようにしてハルモニアはアリストクセノスによって体系化さ れるに至った。問題は、プラトンやアリストテレスの時代を含む、アリス トクセノス以前の古典期において、ハルモニアは何を意味したのかという ことである。ヘンダーソンは、ハルモニアは「一つの完全なメロディー様 式」であったとまでは言うことができるが、エンハルモニックにおける ドーリス・ハルモニア以外に、このような特色を支持する音階の再生を行 うことは不可能である、という見解を示す[32]。ウィニントン-イングラム (Winnington-Ingram) は、ハルモニアは「様式化された歌、すなわち特 定の地方、民族、職業において様式化された歌の縮図」であったという慎 重な見解を示す[33]。つまり、古典期におけるハルモニアについては確実な 資料の不足のため、確言を避け、暫定的な立場をとらざるをえないのであ る。古典期初期の音楽は、ある意味で旋法的であったらしいと推測するこ とはできる。しかし、いかなる時期であっても、その時に流行した旋法の 特色に関しては、証拠に基づいた体系的説明のようなことを行うことは不 可能である。したがって、初期の様式がどの程度までヘレニズム期および それ以後の音楽に伝えられたかという問題について明言することはできな い、というのがウィニントン-イングラムの見解であり、われわれもハル モニアの意味の特定化に関しては慎重でなければならない。

　ハルモニアに関する概観はこれくらいにしておきたい。われわれは、旋

---

31) Cf. R. P. Winnington-Ingram, *Mode in Ancient Greek Music*, 21. R. P. Winnington-Ingram, "Greek Music (ancient)," 666.

32) M. I. Henderson, "Ancient Greek Music," 385. また、M. I. Henderson, "The Growth of the Greek ἉΡΜΟΝΙΑΙ," 96 は、アリスティデス・コィンティリアヌスを取り上げて、ハルモニアは「音の特定の関係に基づいた様式」を意味し、メローディア（μελῳδία）に近似しているという見解を示す。

33) Winnington-Ingram, *Mode in Ancient Greek Music*, 3. Cf. W. J. Farnon, *Music and Moral Education*, 35.

第2章 ハルモニア | 191

法が定まる以前の時代と段階を問題にしているのであるから、ハルモニアを「旋法」という訳で固定するのはどうも収まりがわるい。それゆえ、以下の論述においても、そのままハルモニアと表記することにしたい[34]。

b. プラトンのハルモニア

それではプラトンが『国家』において言及するハルモニアは、楽理の観点から見てどのようなものであったのであろうか。ヘンダーソンは[35]、『国家』においてプラトンがハルモニアについて語る箇所（398D1-399A3）を、以下のようにわかりやすく要約している。

> ハルモニアとリュトモスは、まさにロゴス（の意味）に従わねばならない。
> しかしながら、われわれは、ロゴス（で語る物語）においては、悲しみや嘆きはまったく必要がないと主張した。
> ソクラテス：それでは、悲歌のハルモニアとしてはどのようなものがあるか。
> ミクソリュディア、高音リュディア、およびその種のハルモニアによるものがあります、と彼（グラウコン）は言った。
> したがって、とぼく（ソクラテス）は言った。これらのものは排除されなければならない。なぜなら、いやしくも慎みがあるべき女性たちにとってさえも、無用だからだ。それらが男性たちにとって無用なこ

---

[34] W. J. Farnon, *Music and Moral Education*, 37 は、ハルモニアは「音階」や「旋法」という訳語では収まりきらないという理由で、そのまま「ハルモニア」と音写すべきであるという見解を示す。山本建郎も『アリストクセノス『ハルモニア原論』の研究』において、近代の和声学との混同を避けるために、ハルモニアという原語に徹するという立場を表明している。

[35] Cf. M. I. Henderson, "Ancient Greek Music," 384.

とは言うまでもない。

さて、国家守護者たちにとって、酩酊、軟弱、そして贅沢は最も似つかわしくない。

柔弱にして酒宴用のハルモニアとしては、どのようなものがあるか。

イオニアによるもの、およびリュディアによるいくつかのものが、弛んだ低いものと呼ばれています、と彼（グラウコン）は言った。

では、君はそれらのハルモニアを戦士たちのために用いることがあるだろうか。

いいえ。どうやらあなたにはドーリスとプリュギアが残されているようです。

　この箇所では、ハルモニアは次の二つの意味で用いられているように思われる。①単一のメローディア（μελῳδία）という意味。プラトンは、低音のリュディア・ハルモニアには複数の種類があると語っている。②もっと一般的に「一つの完全なメロディー様式」（a whole melodic idiom）という意味。ハルモニアのいくつかは、高度の高低と関係があるが、より根本的には音楽の特別の形式もしくは機会に関連をもつと考えられる[36]。

　プラトンは当時のハルモニア理論にどれくらい通じていたのだろうか。プラトンがハルモニアについて使用している用語は、概して古い名称である。彼が依拠するのは先人のダモン（Δάμων, 前430年頃に活動）である。四分音はすでに前408年かそれ以前にエウリピデスによって使用されていたにもかかわらず、プラトンは四分音をあたかも新しい離れ業であるかのようにみなしている。これらのことから見て、ヘンダーソンは、プラトンは専門のハルモニア理論に関する最新の知識をもちあわせていな

---

36)　Cf. M. I. Henderson, "Ancient Greek Music," 384.

かったという判断を示す[37]。たしかに、「ぼくはそれらのハルモニアのことは知らない、とこのぼくは言った」(399A4) というプラトンのソクラテスのことばは、ハルモニアの細かい区別立てに関する知識の不足を示唆している、と解釈することもできるであろう。しかし、『国家』において設定されている時代は、生前のソクラテスに合わせてあることを勘考するならば、知識不足の示唆を文字通りに取ることには警戒を要すると思われる。

(1) 楽理家たちのハルモニア

バーカー (A. Barker) によると、前4世紀後半に活動したアリストクセノスが、旧来のハルモニアをおおよそ「調」(keys) に相当するトノイに置き換えたという[38]。各トノスは同一型の音程を有しており、トノス間の違いは、現代の 'keys' と同じく高度の違いだけであった。これに対して、前5世紀後期および前4世紀初期におけるハルモニアは、それぞれが異なる音程継起の構造をもつ点に最大の特徴があった。実際には、それぞれのハルモニアは特定の範囲の音高と結びついていた。しかし、ギリシャ音楽に関する最初期の学術的分析においては、この現象にはほとんど注意が払われておらず、ハルモニアはもっぱら異なる音程構造としてのみ特定されている[39]。おそらく、プラトンの『国家』からあまり隔たらない時期に、楽理家たちは、当時存在していたハルモニアの諸構造を、単一で調整された音階組織の骨格へと体系化する作業に着手したのではないかと推測される。その場合、この音階組織の体系化の前提として、それぞれのハルモニアの構造のあいだに類似点が存在していたであろうという仮説が要請

---

37) Cf. M. I. Henderson, "The Growth of the Greek ἁΡΜΟΝΙΑΙ," 100.
38) Cf. A. Barker, ed., *Greek Musical Writings* I, 163-168.
39) Cf. Aristides Quintilianus, *De Musica,* 15.10-20, 18.5-19.10; Aristoxenus, *Elementa Harmonica*, 2.22-25.

される。しかしながら、はたしてそういった類似点が実際に存在していたのであろうかという問題が生じる。

　この問題の解明に助けとなると思われるのが、おそらく紀元3世紀もしくは紀元4世紀初期に活動したと推測されている楽理家、アリスティデス・コィンティリアヌス (Ἀριστείδης Κου(or Κο)ϊντιλιανός, Aristides Quintilianus) である。彼はその著『音楽論』(Περὶ μουσικῆς, De Musica) 第I巻において、二つのグループのハルモニアを紹介している。一つは非体系的ハルモニアであり、もう一つは体系的ハルモニアである。

　　　　　　　　　i) 非体系的ハルモニア
　非体系的ハルモニアに関する当該のテクストは、以下のとおりである。

γίνονται δὲ καὶ ἄλλαι τετραχορδικαὶ διαιρέσεις, αἷς καὶ οἱ πάνυ παλαιότατοι πρὸς τὰς ἁρμονίας κέχρηνται. ἐνίοτε μὲν οὖν αὗται τέλειον ὀκτάχορδον ἐπλήρουν, ἔσθ᾽ ὅπῃ δὲ καὶ μεῖζον ἑξατόνου σύστημα, πολλάκις δὲ καὶ ἔλαττον· οὐδὲ γὰρ πάντας παρελάμβανον ἀεὶ τοὺς φθόγγους· τὴν δὲ αἰτίαν ὕστερον λέξομεν. τὸ μὲν οὖν λύδιον σύστημα συνετίθεσαν ἐκ διέσεως καὶ διτόνου καὶ τόνου καὶ διέσεως καὶ διέσεως καὶ διτόνου καὶ διέσεως (καὶ τοῦτο μὲν ἦν τέλειον σύστημα), τὸ δὲ δώριον ἐκ τόνου καὶ διέσεως καὶ διέσεως καὶ διτόνου καὶ τόνου καὶ διέσεως καὶ διέσεως καὶ διτόνου (ἦν δὲ τοῦτο τόνῳ τοῦ διὰ πασῶν ὑπερέχον), τὸ δὲ φρύγιον ἐκ τόνου καὶ διέσεως καὶ διέσεως καὶ διτόνου καὶ τόνου καὶ διέσεως καὶ διέσεως καὶ τόνου (ἦν δὲ καὶ τοῦτο τέλειον διὰ πασῶν)· τὸ δὲ ἰάστιον συνετίθεσαν ἐκ διέσεως καὶ διέσεως καὶ διτόνου καὶ τριημιτονίου καὶ τόνου (ἦν δὲ τοῦτο τοῦ διὰ πασῶν ἐλλεῖπον τόνῳ), τὸ δὲ μιξολύδιον ἐκ δύο διέσεων κατὰ τὸ ἑξῆς κειμένων καὶ τόνου καὶ τόνου καὶ διέσεως «καὶ διέσεως» καὶ τριῶν τόνων (ἦν δὲ καὶ τοῦτο τέλειον σύστημα)· τὸ δὲ λεγόμενον σύντονον λύδιον ἦν δίεσις καὶ δίεσις καὶ δίτονον καὶ τριημιτόνιον. δίεσιν δὲ νῦν ἐπὶ πάντων ἀκουστέον τὴν ἐναρμόνιον. σαφηνείας δὲ ἕνεκεν καὶ διάγραμμα τῶν συστημάτων ὑπογεγράφθω. τούτων δὴ καὶ ὁ θεῖος Πλάτων ἐν τῇ Πολιτείᾳ μνημονεύει λέγων θρηνώδεις μὲν εἶναι τήν τε μιξολυδιστὶ καὶ τὴν συντονολυδιστί, συμποτικὰς δὲ καὶ λίαν ἀνειμένας τήν τε ἰαστὶ καὶ λυδιστί. καὶ μετὰ ταῦτα ἐπιφέρει λέγων [Resp. 399a]· κινδυνεύει σοι δωριστὶ λελεῖφθαι καὶ φρυγιστί. τοιαύτας γὰρ ἐποιοῦντο τῶν ἁρμονιῶν τὰς ἐκθέσεις πρὸς τὰ προκείμενα τῶν ἠθῶν τὰς τῶν φθόγγων ποιότητας ἁρμοττόμενοι. περὶ μὲν οὖν τούτων ὕστερον ἀκριβῶς ἐροῦμεν.

その他のテトラコルドの分類もある。それらを非常に昔の人たちは、数々のハルモニアに対して用いた。かくして、ある時には、その分類は完全なオクタコードを満たしたが、ある時には、音組織は6トノスより大きいものでさえあった。しかし、それはしばしばそれより小さいものであった。というのは、彼らはいつでもあらゆる音を用いたとはかぎらないからである。その理由については後ほど語ることにしよう。かくして、彼らはリュディア音組織を q,d,t,q,q,d,q（完全音組織）によって構成した。ドーリス音組織を t,q,q,d,t,q,q,d によって（オクターヴに1全音プラス）、プリュギア音組織を t,q,q,d,t,q,q,t（完全オクターヴ）によって構成した。彼らはイオニア音組織を q,q,d,$\frac{3}{2}$,t（オクターヴから1全音マイナス）によって構成した。ミク

ソリュディア音組織を q,q,t,t,q,q,3t（完全音組織）によって構成した。いわゆるシュントノリュディアは、q,q,d,$\frac{3}{2}$（オクターヴから2全音マイナス）だった。今や、これらすべての場合において、ディエシスはエンハルモニック音階であると理解されるべきである。わかりやすくするために、音組織の表を以下に書き記しておこう。神のごときプラトンも『国家』の中で、これらを念頭に置いて、ミクソリュディア音組織とシュントノリュディア音組織は両方とも悲歌用であり、他方イオニア音組織とリュディア音組織は酒宴用かつ非常に弛んだものだと語っている。そしてその後、彼は結論して言う［『国家』399a］。「どうやら君には、ドーリス・ハルモニアとプリュギア・ハルモニアが残されているようだね。」彼らは、ハルモニアをこのような表で示し、先行するエートスにしたがって音の性質を配列した。むろん、これらのことについてはわれわれは後ほど詳しく述べることにしたい[40]。

この箇所でアリスティデスは、プラトンのものであると称するハルモニアに言及している。それは比較的体系化されていない形をしており、全音の観点による音程の継起という構成をとっている。まとめると以下のようになる。

　　　リュディア・ハルモニア：q,d,t,q,q,d,q（完全音組織）
　　　ドーリス・ハルモニア：t,q,q,d,t,q,q,d（オクターヴに1全音プラス）
　　　プリュギア・ハルモニア：t,q,q,d,t,q,q,t（完全オクターヴ）
　　　イオニア・ハルモニア：q,q,d,$\frac{3}{2}$,t（オクターヴから1全音マイナス）
　　　ミクソリュディア・ハルモニア：q,q,t,t,q,q,3t（完全オクターヴ）

---

40)　Aristides Quintilianus, *De Musica*, 1.9.

シュントノリュディア・ハルモニア：q,q,d,$\frac{3}{2}$（オクターヴから2全音マイナス）

ii) 体系的ハルモニア

体系的ハルモニアに関する当該のテクストは、以下のとおりである。

Τὰ νῦν δὲ περὶ τόνων λέγωμεν. τόνον δὴ κατὰ μουσικὴν καλοῦμεν τριχῶς· ἢ γὰρ ὅπερ τὴν τάσιν, ἢ μέγεθος ποιὸν φωνῆς, οἷον ᾧ τὸ διὰ ε τοῦ διὰ δ ὑπερέχει, ἢ τρόπον συστηματικόν, οἷον λύδιον ἢ φρύγιον· περὶ οὗ νῦν πρόκειται λέγειν. τόνοι δὲ εἰσὶ κατὰ μὲν Ἀριστόξενον τρεισκαίδεκα, ὧν οἱ προσλαμβανόμενοι περιέχονται τῷ διὰ πασῶν, κατὰ δὲ τοὺς νεωτέρους πεντεκαίδεκα, ὧν οἱ μὲν προσλαμβανόμενοι περιέχονται τῷ διὰ πασῶν καὶ τόνῳ τοῦ κατὰ διάζευξιν ἐφαπτόμενοι. ὀνομάζει δ' αὐτοὺς οὕτως Ἀριστόξενος· ὑποδώριος· ὑποφρύγιοι δύο, ὁ μὲν βαρύς, ὃς καὶ ὑποιάστιος καλεῖται, ὁ δὲ ὀξύς· ὑπολύδιοι δύο, ὁ μὲν βαρύς, ὃς καὶ ὑποαιόλιος, ὁ δὲ ὀξύς· δώριος εἷς· φρύγιοι δύο, ὁ μὲν βαρύς, ὃς καὶ ἰάστιος, ὁ δὲ ὀξύς· λύδιοι δύο, ὁ μὲν βαρύς, ὃς νῦν αἰόλιος, ὁ δὲ ὀξύς. μιξολύδιοι δύο, ὁ μὲν βαρύς, ὃς νῦν ὑπερδώριος, ὁ δὲ ὀξύς, ὃς νῦν ὑπεριάστιος· ὑπερμιξολύδιος εἷς, ὃς καὶ ὑπερφρύγιος. τούτοις ὑπὸ τῶν νεωτέρων προστέθεινται ὅ τε ὑπεραιόλιος καὶ ὁ ὑπερλύδιος, ὅπως γ' ἂν ἕκαστος βαρύτητά τε ἔχοι καὶ μεσότητα καὶ ὀξύτητα.

さて、トノスの数々についても述べることにしよう。われわれがムゥシケーにおいてトノスと呼ぶものは、三つある。すなわち第一に厳密

な意味での高度、第二に音の一定の大きさ、たとえば5度と4度の差など、第三に音組織の様式、たとえばリュディアまたはプリュギアなどである。今、この第三のものについて語ることにしたい。アリストクセノスによると、トノスは13あり、それらのプロスランバノメノイがオクターヴを構成する。より最近の楽理家たちによると、トノスの領域は15ある。それらのプロスランバノメノイがオクターヴと離接の全音に触れつつ拡がっているからである。アリストクセノスはそれらを以下のように名づける。すなわちヒュポドーリス、二つのヒュポプリュギオス——一方は低いものでヒュポイオニアとも呼ばれ、他方は高いものである——、二つのヒュポリュディオス——一方は低いものでヒュポアイオリスとも呼ばれ、他方は高いものである——、一つのドーリス、二つのプリュギオス——一方は低いものでイオニアとも呼ばれ、他方は高いものである——、二つのリュディア——一方は低いもので現在はアイオリスと呼ばれ、他方は高いものである——、二つのミクソリュディオス——一方は低いもので現在はヒュペルドーリスと呼ばれており、他方は高いもので現在はヒュペルイオニアと呼ばれている——、ヒュペルミクソリュディオス——それはヒュペルプリュギオスとも呼ばれている——。そしてこれらに加えて、最近の楽理家たちは、ヒュペルアイオリスとヒュペルリュディオスを挙げる。それは、それぞれのトノスが高、中、低の高度をもつためである[41]。

体系的ハルモニアのほうは、音程の継起ではなく、ハルモニアの出発点となる組織内の指定された音を示す。この「体系化された」記述は、明らかにディアトニック音階を前提している。しかし、バーカー（A. Barker）は、「体系化されていない」記述と比較しやすいように、これをエンハル

---

41) Aristides Quintilianus, *De Musica*, 1.10.

モニックに変えて表記している[42]。その理由として、①「体系化されていない」記述はエンハルモニックに近い、②アリストクセノスによると[43]、彼の先駆者たちはエンハルモニックを用いた、ということが挙げられる。それは以下のとおりである。

　　ミクソリュディア・ハルモニア：q,q,d,q,q,d,t.
　　リュディア・ハルモニア：q,d,q,q,d,t,q.
　　プリュギア・ハルモニア：d,q,q,d,t,q,q.
　　ドーリス・ハルモニア：q,q,d,t,q,q,d.
　　ヒュポリュディア・ハルモニア：q,d,t,q,q,d,q.
　　ヒュポプリュギア・ハルモニア：d,t,q,q,d,q,q.
　　ヒュポドーリス・ハルモニア：t,q,q,d,q,q,d.

　以上は、オクターヴにわたる、音程の単一かつ基本的な継起を周期的に再配列したものである。二つのテトラコルドから構成されており、q,q,dというテトラコルド形式が二つ離接する（とアリストクセノスが考えた）一つの全音と組合わさっている。それぞれの継起の末尾にある音を取って、それを先頭の部分に置けば、次の継起になる。たとえばプリュギア・ハルモニアの末尾にある２全音を取って、それを先頭に加えればドーリス・ハルモニアが得られる。このような組織化の方法は、実際の演奏の諸事実をできるだけ調整するために用いられたのではないかと推察できるが、しかしその場合、アリスティデスが言うところの「組織の混乱した」ハルモニアは、本当にプラトンの時代に実際に用いられていたものなのかという問題が生じる。この問題に答えるためには、アリスティデスの記述

---

42)　Cf. A. Barker, ed., *Greek Musical Writings* I, 165.
43)　*Elementa Harmonica*, 2.7ff.

とプラトンの記述とを比較検討する必要がある。以下においてバーカーに依拠しながら[44]、両者の比較検討を行うことにする。

（2）アリスティデスとプラトンの比較

ⅰ）ミクソリュディア・ハルモニアとシュントノリュディア・ハルモニア

『国家』においてプラトンが最初に言及するハルモニアは、「ミクソリュディアとシュントノリュディア（ハルモニア）」（Μειξολυδιστί καὶ συντονολυδιστὶ, 398E2）である。アリスティデスが提示するミクソリュディア・ハルモニアは、二種類あった。ⅱ) q,q,d,q,q,d,t. のほうは、ⅰ) q,q,t,t,q,q,3t. を規則化したものである。シュントノリュディアという名称は、ⅱ) のほうには出てこない。しかし、ⅱ) ヒュポリュディア q,d,t,q,q,d,q は、ⅰ) リュディア q,d,t,q,q,d,q に正確に対応しており、またリュディアはミクソリュディアの隣に置かれていることから見て、ⅱ) リュディアは、ⅰ) シュントノリュディアに対応すると推定することができる。

ミクソリュディアもシュントノリュディアも共に、高い音程と関連している[45]。このことは、実際に行われた演奏を反映している可能性もある。しかしそれは、ハルモニア理論の文脈では、音程の一定の周期においてそれが占める位置によって特定される、所与の指定された音（たとえば、メセーは離接した全音の下の全音として特定される）が、他のいかなるハルモニアにおけるよりも、ミクソリュディアを構成する音の継起におけるほうがもっと高い点に立つということを意味するだけである。たとえば、連続する様々なハルモニアに合わせて調律された楽器が、同一の範囲の高度で調律されるならば、ミクソリュディアにおけるメセー（あるいは他の指定された音）が、他のハルモニアにおけるそれよりも高い高度だというこ

---

44) A. Barker, ed., *Greek Musical Writings* I, 163-168.
45) Cf. Bacchius, *Eisagoge*, in C. von Jan, *Musici Scriptores Graeci* (Leipzig, 1895) 303.7.

とになる。それに相応して、ミクソリュディアで書かれ、一連の指定された音を用いている曲は、他のハルモニアで書かれた同一の指定された音を用いている曲よりも高い音程だということになる。しかし、シュントノリュディアは、以上の意味の他に、楽理家たちの公式化から考えられる予想を超えて、その最高度の音程がもう一つの四分音によって「伸ばされた」(stretched) という意味をもつ可能性もある[46]。

ⅱ) イオニア・ハルモニアとリュディア・ハルモニア

次にプラトンが言及するハルモニアは、「イオニアとリュディア」（ハルモニア）(Ἰαστί καὶ λυδιστὶ, 398E10) であり、それらは「弛められたもの」(χαλαραὶ) と呼ばれている。イオニアは、アリスティデスの ⅰ) には出てくるが (q,q,d,$\frac{3}{2}$,t,t)、ⅱ) には出てこない。プラトンの弟子であるヘラクレイデス・ポンティコスはイオニア風ハルモニアの数々について論じた、とアテナイオスは伝えている[47]。それによると、ヘラクレイデスは「現代のイオニア人たちのエートスの数々は前よりも軟弱であり、そのハルモニアのエートスは前よりずっと逸脱している」(τὰ δὲ τῶν νῦν Ἰώνων ἤθη τρυφερώτερα καὶ πολὺ παραλλάττον τὸ τῆς ἁρμονίας ἦθος, 625c) と語ったという。イオニアと言うときプラトンが念頭に置いているのは、ヘラクレイデスが言及しているようなハルモニアではないかと思われる。「弛められた」リュディアはもっと直截な感じがするもののようである。おそらくアリスティデスの ⅰ) リュディアと同一であると考えられる。「弛められた」ハルモニアというプラトンの用語は、互いにある程度類似したハルモニアのネットワーク[48]が存在したで

---

[46] Cf. the συντονώτερος σπονδειασμός of Pseudo-Plutarchus, *De Musica*, 11. 1135ab.

[47] Heraclides ap. Athenaeus, *Deipnosophistae*, 14. 625bc.

[48] プラトンの「リュディア・ハルモニアのいくつか」(λυδιστὶ τινες) という表

あろうことを示唆する。高いピッチの範疇と「弛められた」範疇との両方にリュディア・ハルモニアがあることから見て、リュディア間の類似は、高度よりむしろその構造にあったものと推定される。

　　　　iii）ドーリス・ハルモニアとプリュギア・ハルモニア

　最後にプラトンが言及するハルモニアは、「ドーリスとプリュギア」（ハルモニア）（δωριστὶ καὶ φρυγιστί, 399A2-3）である。アリスティデスのドーリスでは、i) t,q,q,d,t,q,q,d も ii) q,q,d,t,q,q,d も、i) の冒頭にもう一つの全音がある点を除けば、同一である。アリスティデスのプリュギアでは、規則的な構成をもつ i) t,q,q,d,t,q,q,t は ii) d,q,q,d,t,q,q に近い。i) の最高位の全音を1オクターヴ下げ、その結果生じる二つの隣接全音を合わせれば、ii) の周期的なものが得られる。ドーリスは、ギリシャの中心的なハルモニアであり、それゆえ、他のすべてのハルモニアは、エートス説においてのみならずハルモニア理論においても、それとの関係が重視されなければいけない、いわば規範として一般に認められていた。古典期の楽理家たちの分析は、ごく少数の場合を除いて、すべてドーリスの構造に該当している。ドーリスが有するこの中心性のゆえに、アリストクセノスは理論上の目的のために、諸ハルモニアの音階組織のそれぞれを、ドーリスの音程型式を示すトノイの音階組織に置き換えることができたのであろう[49]。

　以上においてわれわれはバーカーに依拠しながら、ハルモニアに関するアリスティデスとプラトンの見解の比較検討を行った。その結果、以下のように言うことができよう。すなわちアリスティデスが用いた資料は、プラトンからあまり遠くない時代のものに由来すると思われる。もしかしたらそれは、アリストクセノス『ハルモニア原論』の中で議論されている

　　　現を参照。A. Barker, ed., *Greek Musical Writings* I, 167.
49)　A. Barker, ed., *Greek Musical Writings* I, 167.

本の著者である、ハルモニア学者に由来する可能性もありうる[50]。その場合には、先にアリスティデスの非体系的ハルモニアにおいて見た、「非常に昔の人々が用いたハルモニアの数々」(οἱ πάνυ παλαιότατοι πρὸς τὰς ἁρμονίας κέχρηνται) は、プラトンが考えたものと適度に近似する構成をもっていた可能性が高いことが推測できる[51]。ただし、プラトンは意識的にこのような分析の観点からハルモニアを理解したと見るべきではない。というのも、プラトンは、「経験主義」学派のハルモニア学者たちをあまり高く評価していないからである[52]。しかし、プラトンが理論的観点からもハルモニアについて語っていることから見て、その念頭にあるのはピュタゴラス派の学説ですらなく、おそらくダモンの学説ではないかと思われる。ダモンの分析は、他者とはまったく異なる種類の原則に基づいていると考えられるからである[53]。

---

50) *Elementa Harmonica*, 2.26-30, 6.14-19.
51) J. F. Mountford, "The Musical Scales of Plato's *Republic*," *Classical Quarterly* 17 (1923) 124-136 も、Aristides Quintilianus, Περὶ μουσικῆς, 18-21 におけるテトラコルドの区別は、プラトン『国家』398D-399C におけるハルモニアを表していると考える。テクストの分析の結果、J. F. Mountford, 136 は次のように結論する。すなわちプラトンが言及するハルモニアは実際の音階であり、それを証明する信頼できる証拠がある。それらは半原初的性質のものであり、完全に発展した音組織に見られるような同質性を欠いていた。それらは、大小の音程のさまざまな連続の点で互いに異なっていたという。現存する音階のリストによると、それらは「エンハルモニック」であるが、それと並行して「クロマティック」や「ディアトニック」も用いられたと推測される。音階のイントネーションの詳細は、Archytas の音程比の助けによって再構成できる。

διάτονον, χρωματικόν, ἐναρμόνιον をどう訳すかという問題がある。山本建郎は上掲書において、διάτονον「全音階」に合わせて、χρωματικόν を「半音階」、ἐναρμόνιον を「四分音階」と訳したのでは、意味の食い違いが生じるので、それぞれを「全音階」「陰影音階」「ハルモニア音階」と訳している。
52) *Respublica*, 531AB.
53) A. Barker, ed., *Greek Musical Writings* I, 168-169.

アリスティデスが言及する「"非常に昔の人たち"のハルモニアの数々」と、プラトンが言及するハルモニアとのあいだには、かなりの近似性があることは認めなければならない。しかし、アリスティデスはそれらが同一のものであるとは明言していないので、注意を要する。彼はそれぞれのハルモニアに関連するエートスについて評言するにあたり、プラトンを引用し、「神のごときプラトンも『国家』の中で、これらのことを念頭においで語っている」と述べているだけである。マスィーセン（T. J. Mathiesen）が指摘するように、アリスティデスは、「非常に昔の人たち」がプラトンと同時代であるとは言っていない。また、彼が挙げる特定のハルモニアの数々がプラトンのものと同一であるとも言っていないので[54]、この点も慎重を要する。

c. ハルモニアとエートス

以上に見た『国家』におけるハルモニアに関するテクストの中では、エートスという用語は使われていないが、これに続くリュトモスに関する論議の結論部分に、以下のような次第でこの用語が登場する。

> レクシスの様式とロゴスは、魂のエートスに従う[55]。
> われわれがよい品性というのは、真の意味でそのエートスが善く美しくかたちづくられている心のことである[56]。
> そして、様子のみぐるしさとリュトモスの劣悪さとハルモニアの劣悪

---

54) Cf. Aristides Quintilianus, *On Music, in three books, translation with introduction, commentary, and annotations*, trans. T. J. Mathiesen (Yale University Press, 1983) 20.
55) 400D6.
56) 400E1-3.

さとは、悪い語り方と悪い品性の兄弟であり、それと反対のものども
は反対のもの——節制のある善きエートスの兄弟であり、模倣であ
る[57]。

以上の箇所から、プラトンが、①魂のエートス　②レクシス・ロゴス
③リュトモス・ハルモニアの三者間に密接な結びつきを認めていたことが
わかる。しかし、この認識は、古典期アテナイにおいてどれくらい広く一
般に受け入れられていたのであろうか。

　ミカエリデス（S. Michaelides）は、音楽的諸現象とエートスの結びつ
きに関する古代ギリシャの通説として、以下のような説明を与えている。

多くの古代ギリシャの著作家たちの見解では、音、ハルモニア、音
種、メロディー全般、そしてリュトモスは、倫理的な力と目的を有し
ていた……一般的に言って、多くの古代の著作家や楽理家たちによ
れば、エートスは音楽における一つの重要な力だった。人間の品行
は音楽のエートスに依存した。主にダモン、プラトン、アリストテレ
スらの哲学者たちは、彼らの著作においてそのことの重要性を強調し
た[58]。

古代ギリシャでは一般にそれぞれのハルモニアがどのようなエートス
を表すと考えられていたのかということは、解明することが非常に難しい問
題である。それを弁えつつも、ハルモニアのエートスに関するプラトンの
考えを知るための手がかりとして、古典期ギリシャにおけるエートス説を
概観しておきたい。

---

57)　401A5-7.
58)　S. Michaelides, *The Music of Ancient Greece*, 110-113.

(1)「エートス説」の歴史 [59]

　音楽が魂に倫理的影響を及ぼし、教育と治癒に対して価値をもつとみなす、いわゆるエートス説に関する文献上の証拠は、ダモン（Δάμων, 前5世紀の哲学者・楽理家）にまでさかのぼることができる。それ以前については、確かなことは知られていない。一方において、エートス説の起源を、古代中近東において広く受け入れられていた音楽の魔力を信じる信念の中に見いだそうとする見方がある。他方において、ギリシャ起源を唱える見方があり、ピュタゴラス派がその候補にあげられる。しかし、確かな証拠はなきに等しい [60]。音楽のエートスを信じる信念は、ダモンからプラトン、アリストテレスへと継承されていった。しかし、古典期も時代が下るにつれて、ヒベー・パピルス（*Hibeh Papyri*, 前390年頃）、ピロデモス（Φιλόδημος, 前1世紀の詩人・エピクロス派哲学者）、セクストゥス・エンピリクス（Sextus Empiricus, 紀元2世紀末（？）のピュロン的懐疑論者・医学者）などのように、音楽とエートスとの結びつきを否定する見方も現れてきた。その後、エートス説論争はヘレニズム諸学派のあいだで再燃することになる。

　「エートス」（ἦθος）の語義は、本来は「住み慣れた場所」[61]という意味であるが、ヘシオドスによって初めて「習慣」という意味で用いられ

---

59) Cf. R. P. Winnington-Ingram, "Ancient Greek Music 1932-1957," *Lustrum* 3-4 (1958-59) 5-57; W. D. Anderson, "Ethos," in *The New Grove Dictionary of Music & Musicians*, vol.6, 282-287; W. D. Anderson, *Ethos and Education in Greek Music*, 38-42; W. D. Anderson, *Music and Musicians in Ancient Greece* (Ithaca and London: Cornell University Press, 1994) 65-71; M. L. West, *Ancient Greek Music*, 177-184, 246-253; S. Michaelides, *The Music of Ancient Greece*, 111; 山本建郎『ハルモニア（音階）の有するエートスの問題』西洋古典学研究 LI（岩波書店、2003年）20-30.

60) W. D. Anderson, *Music and Musicians in Ancient Greece*, 136.

61) *LSJ*: "an accustomed place".

た[62]。その後、ヘラクレイトスによって「品性」という意味で用いられた[63]。音楽との関連では、エートスは「品性」という意味をもち、音楽が人間の魂の中に吹き込むと思われる道徳的性格を表した。しかし、ギリシャ人たちは、ハルモニア、音階種、メロディー全般、リュトモスといった音楽的諸現象それら自体の中に、何らかの種類の道徳的性格が内在すると考えたわけではない。彼らにとって音楽的諸現象は、あくまでもさまざまな倫理的姿勢を伝達するための手段であったと見るべきであろう。

　音楽が人間の魂に影響を及ぼすという考えは、古くからギリシャ人のあいだでよく知られていた。ホメロスは、「セイレンたちは草原に座って、すき通るような声で歌い、人の心を魅惑する」（Σειρῆνες λιγυρῇ θέλγουσιν ἀοιδῇ, ἥμεναι ἐν λειμῶνι）と語っている[64]。ヘラクレイデスらが伝えるところによると、前7世紀前半、スパルタの国情が不安だった時、「レスボス島の歌人」（τὸν Λέσβιον ᾠδὸν）を呼べという神託に従って、スパルタ人たちがテルパンドロスを招いたところ、彼の歌によって再びスパルタの国情が安定したという話がある[65]。キケロが伝えるところによると、嫉妬と酒とプリュギアのアウロス音楽のために錯乱した若者が、相手の女性の家に火をつけようとしたのをピュタゴラスが見たとき、アウロス奏者にもっと威厳のあるメロディーを演奏するように説得して、その若者を落ち着かせたという話もある[66]。これらが実話であるかど

---

62) Hesiodus, *Opera et Dies*, 137: κατὰ ἤθεα「諸習慣にしたがって」; *Theogonia*, 66: νόμους καὶ ἤθεα「法律と習慣の数々」。

63) Heraclitus, 119: ἦθος ἀνθρώπωι δαίμων「品性は人間にとってダイモーン神である」。

64) Homerus, *Odyssea*, 12.44-45. 松平千秋訳。

65) Heracleides, *De Rebus Publicis*, 2.6; Aristoteles, *Fragmenta*, 545; Pseudo-Plutarchus, *De Musica*, 41. 1146b. Cf. M. L. West, *Ancient Greek Music*, 31-32.

66) Cicero, *De Conciliis Suis*, fragmentum 3; Sextus Empiricus, *Adversus Mathematicos*, 6.8.

うかは定かではないが、古代ギリシャ人たちが一般に音楽の力を信じていたことを示す事例にはなるであろう。

　前7世紀〜6世紀の抒情詩においては、エートスはほとんどいつでも、道徳性としてではなく「気分」として理解された。たとえば、テルパンドロスが「澄んだ声のムゥサと広い道をもつ正義」（μοῦσα λίγεια καὶ δίκα εὐρυάγυια）と言うとき、文脈から見て、エートスと道徳性とのあいだに密接な関係は見られない[67]。ステシコロス（Στησίχορος，前6世紀初頭）は、「つばめたちが鳴く季節になると、美しい髪のカリス女神たちについてこういった公の讃歌を献げなければならない。プリュギアのメロスを優雅に作曲することによって。春がやって来る時に」（ὄκα ἦρος ὧραι κελαδῆι χελιδών τοιάδε χρὴ Χαρίτων δαμώματα καλλικόμων ὑμνεῖν Φρύγιον μέλος ἐξευρόντας ἁβρῶς ἦρος ἐπερχομένου）と述べている[68]。「プリュギアのメロス」（Φρύγιον μέλος）は、プリュギア・ハルモニアに言及するものと思われる。この箇所では、それは柔和や喜びの気分と結びついており、通常、このハルモニアの特徴とされる興奮・熱狂の感情とは異なっている[69]。あるハルモニア、もしくは楽器の物理的性質を構成するものは、音の高低、音の響き、音質である。音の高低についていえば、ギリシャ音楽は絶対的高低というものをもたなかった。高低と音域は相対的なものであり、それは「緊張した」（σύντονος）、「弛められた」（ἀνειμένος）、「弛んだ」（χαλαρός）という用語で表された。これらは、本来はキタラなどの絃楽器に関する調律用語であったが、時がたつにつれてハルモニアの違いを示すのに用いられるようになった。ときおり、これらはハルモニアの違いだけではなく、倫理的判断をも意味することがあった。この傾向は、特に喜劇作家に

---

67)　Plutarchus, *Vitae Parallelae: Lycurgus*, 21.3.
68)　Stesichorus, 34-35.
69)　W. D. Anderson, *Music and Musicians in Ancient Greece*, 75-76.

顕著だった。ラソス（Λᾶσος, 前6世紀後半）は、「アイオリスは大きな響きをもつハルモニアである」（Αἰολίδ᾽ ἂμ βαρύβρομον ἁρμονίαν）[70] と述べるが、これは相対的な高低、もしくはバルビトン（βάρβιτος, βάρβιτον）[71] の深い音色に言及するだけであって、いまだエートスの意味は付加されていない。ハルモニアにエートスが結合されるようになるのは、前5世紀を待たなければならない。プラティナス（Πρατίνας, 前6〜5世紀）は、アイオリス・ハルモニアを以下のようにシュントノス（σύντονος）およびアネイメノス（ἀνειμένος）の両極端ハルモニアの中間に位置づけている。

> μήτε σύντονον δίωκε μήτε τὰν ἀνειμέναν 〚Ἰαστὶ〛 μοῦσαν,
> ἀλλὰ τὰν μέσαν νεῶν ἄρουραν αἰόλιζε τῷ μέλει...
> πρέπει τοι πᾶσιν ἀοιδολαβράκταις Αἰολὶς ἁρμονία.
> 緊張したものであれ弛緩したものであれ、イオニアのムゥサを追い求めてはならない。そうではなく、中間の畑を耕し、あなたのメロスにおいてはアイオリスでありなさい……
> 歌自慢のすべての人たちに、アイオリス・ハルモニアが適している[72]。

「アイオリス・ハルモニア」（Αἰολὶς ἁρμονία）は、アイオリス人の快活・率直な振る舞いに言及するものと考えられる。民族気質への言及であり、道徳的性格としてのエートスへの言及ではない。ここではハルモ

---

70) Lasus, *Poetae Melici Graeci*, 702.
71) バルビトンはリュラの異種の一つであり、リュラより横幅が狭く丈が長い。したがって、その絃は長くその音域は低い。Cf. S. Michaelides, *The Music of Ancient Greece*, 48-49.
72) Pratinas, *Poetae Melici Graeci*, 712.

ニアと道徳性との因果関係については何も語られていない。語られているのは、音楽様式と社会的行動様式との結びつきだけである。ピンダロスの失われた讃歌（おそらく前5世紀前半）の中に、「ドーリス・メロスは最も威厳がある」（Δώριον μέλος σεμνότατόν ἐστιν）という句がある[73]。ここでは、メロスはハルモニアとほぼ同義で使用されている。前7〜6世紀においては、ハルモニアはいまだ音階形式に発展しておらず、メロディー様式のようなものであった。ピンダロスが語っているのは、堂々とした様子のことであって、魂のアレテーのことではない。音楽に関する明瞭な価値判断は、まだこの段階では見いだすことができない。エートス説の確かな証拠はピュタゴラス派には見いだされないが、音楽が魂を浄化する効果を有するという思想は、ピュタゴラス派の特徴というべきものである。「音楽療法」を日常生活に取り入れたおかげで、目覚めの時には気分爽快であり、就寝時には一日の心配を一掃して、心地よい夢に備えることができたという話が伝えられている[74]。ピュタゴラス派の人たちは異なった効果を及ぼす音楽を種類ごとに分類した、ということが伝えられている。この分類にあたり、ハルモニア的音程とリュトモスが考慮され、それぞれの場合に数比が決定的な要素と見なされていた可能性も考えられる[75]。しかし、彼らの浄化の思想は、抽象的な調和関係や宇宙的価値に関する思弁によって自らを袋小路に追い込んでしまった。

　プラティナスやピュタゴラス派の見解は、いまだエートス説の形式を整えてはおらず、むしろその原初的形態のようなものである。これを理論と

---

73)　Pindarus, *Fragmenta*, *Paian* 67.
74)　Aristoxenus, *Fragmenta*, 26, 121; Quintilianus, *Institutio Oratoria*, 9.4.12; Dio Chrysostomus, *Orationes*, 32.57 (i.283. 24 Arnim); Plutarchus, *De Iside et Osiride*, 384a. ある画家がキタローデスの歌によって肖像画を完成したという話も伝えられている。Diogenes of Seleucia, *Stoicorum Veterum Fragmenta*, iii 227. 19 (Philodemus, *De Musica*, 4).
75)　Cf. M. L. West, *Ancient Greek Music*, 31, 246.

して初めて確立したのはダモン（Δάμων, 前5世紀）である。彼は、前5世紀後半、社会の倫理全般を監視する責任を担うアレオパゴス会議に向けて書いた論文の中で、音楽のハルモニアとリュトモスは倫理的性質と密接な関係をもつという考えに基づき、ポリスは音楽と音楽教育に関して真剣な関心をもつことが重要であると説いた[76]。

> καὶ τὰς ᾠδὰς καὶ τὰς ὀρχήσεις ἀνάγκη γίνεσθαι κινου-
> μένης πως τῆς ψυχῆς· καὶ αἱ μὲν ἐλευθέριοι καὶ καλαὶ
> ποιοῦσι τοιαύτας, αἱ δ᾽ ἐναντίαι τὰς ἐναντίας.
> 何らかの仕方で魂が動かされるとき、歌と踊りが必ず生まれる。自由人の精神をもつ歌と踊りはその精神に似つかわしい魂を作り、それと反対の歌と踊りはそれと反対の魂を作る[77]。

これはアテナイオスが紹介する「ダモン派の人たち」（οἱ περὶ Δάμωνα）の教説であるが、音楽の性格と魂の性格とのあいだに緊密な結びつきを認める考え方が看取できる。

> δι᾽ ὁμοιότητος οἱ φθόγγοι καὶ συνεχοῦς μελῳδίας πλάττου-
> σίτε οὐκ ὂν ἦθος ἔν τε παισὶ καὶ τοῖς ἤδη προβεβηκόσι καὶ
> ἐνδομυχοῦν ἐξάγουσιν.
> 同化によって、継続する調べの諸音は、子どもたちの中にもすでに大人になった人たちの中にも、それまで存在していなかったエートスを形づくり、潜在しているエートスを外に引き出す[78]。

---

76) Cf. M. L. West, *Ancient Greek Music*, 246.
77) Athenaeus, *Deipnosophistae*, 14. 628c.
78) Athenaeus, *Deipnosophistae*, 14. 628c; Aristides Quintilianus, *De Musica*, 2.14.53-55. = Diels, *Vorsokratiker*, 37B6-7. Cf. M. L. West, *Ancient Greek*

これはアリスティデス・コィンティリアヌスが報告する「ダモン派の人たち」の教説であるが、もしこの報告が正しければ、音楽は子どもたちの魂の形成に、終始、影響を及ぼし続けるという考え方を読み取ることができる。したがって、ピロデモスの報告によると、少年たちは、男らしさ、節度、正義といった特徴をもつ調べを歌い、リュラで演奏するように教育されるべきであるということが、ダモンの信念であったとされる[79]。

　『国家』のソクラテスの報告によれば、リュトモスに関するダモンのエートス説においては数比が重要な役割を演じており、この点ではダモンはピュタゴラス学派の影響のもとにあるものと思われる[80]。ダモンは、音楽の改変は常に社会の改変につながるという認識に基づき、当時流行していた新しい音楽に反対したとされる[81]。新しい音楽の代表的音楽家であるティモテオス（前5世紀末）は、伝統的なディーテュラムボスに過激な改変を加えた。すなわちテクストを異様なせりふに改変し、伴奏用音楽を休みなく生起する数々のハルモニアで満たした。これにより、守旧的な人たちが長年にわたり尊重してきた単一で安定したエートスが破壊されるに至った。ダモンのエートス説は、プラトンからアリストテレスへ、そしてアリストテレスからその門下へと継承されていったが、音楽のエートスは異論なしに信奉されたわけではない。たとえば、先に見たように、ヒベー・パピルスはエートス説に対して激しい攻撃を加えた[82]。

　前4世紀初期、プラトンはティモテオスが行うようなハルモニア混合の手法に反対し、音楽に関わることがらは単一、単純、普遍的であるべ

　　　Music, 246.
79)　Philodemus, *De Musica*, 3.77.13-17.= Diels, *Vorsokratiker*, 37B4.
80)　*Respublica*, 400AB. Cf. M. L. West, *Ancient Greek Music*, 243-244.
81)　*Respublica*, 424C=Diels, *Vorsokratiker*, 37B10.
82)　*Hibeh Papyri*, 13. Cf. A. Barker, ed., *Greek Musical Writings* I, 183-185.

きことを主張した。彼はダモンに倣い、ハルモニアとリュトモスをエートスの動因としてとらえたが[83]、音楽それ自体の中にエートスが端的に内在するとは考えなかった。アリストテレスは『政治学』Ⅷ巻において、音楽のエートスに関しては基本的にプラトンの見解を踏襲し、「ムゥシケーは魂のエートスをある性質のものになしうる」と言い[84]、音楽のエートスは特にハルモニアの中に明瞭に現れると考えた[85]。しかし、詳細については、プラトンと異なる点も見られる。プラトンが実際の音楽的経験の中にエートスを認めることに対して、アリストテレスはそれを誤りであると批判する。たとえば、「恍惚」という音楽的経験は「魂に関するエートス（情緒）の感動」（τοῦ περὶ τὴν ψυχὴν ἤθους πάθος）に属し[86]、魂の倫理的性格とは直接の関わりがない、音楽は「楽しいものの一つ」であり人間のアレテーではない[87]、さらに、ハルモニアは音の「共同と合成」（κοινωνίαν καὶ σύνθεσιν）である[88]とアリストテレスは主張した。この考えを表すのに、今日の「音楽」に近い意味をもつタ・ムシカ（τὰ μούσικα, ムゥシケーに属することども）ということばがあてられた[89]。子どもの教育におけるハルモニアの使用に関しても、プラトンの影響が色濃く見られるが、音楽教育の目的はりっぱな生のためであるとするプラトンの見解にアリストテレスは賛成しない。むしろ、やがて少年が成人した

---

83) *Protagoras*, 326AB, *Respublica*, 401D, *Timaeus*, 47DE.
84) *Politica*, 1340b12.
85) *Politica*, 1340a39-1340b19.
86) *Politica*, 1340a10-11.
87) *Politica*, 1340a14-15.
88) *Politica*, 1276b8-9: ἁρμονίαν τῶν αὐτῶν φθόγγων ἑτέραν εἶναι λέγομεν, ἂν ὁτὲ μὲν ᾖ Δώριος ὁτὲ δὲ Φρύγιος「同一音の楽音は同じでもそのハルモニアは、ドーリス・ハルモニアの時とプリュギア・ハルモニアの時とでは別なものであると、われわれは言う。」
89) *Ethica Nichomachea*, 1105a20.

あかつきに、教養ある娯楽を楽しむことができるようになるための準備として音楽教育を位置づけた[90]。また、アリストテレスは、楽器の音楽はそれ自体でエートスを表すことができると考え[91]、エートスを基準とした従来のハルモニア分類法に固執せず、識別力ある使用のためならば、あらゆる種類のハルモニアを認めた[92]。音楽に属する「情緒の浄化」作用を重視したのも、プラトンと異なる点である[93]。アリストテレス門下のアリストクセノスやヘラクレイデスらも、プラトンやアリストテレスと同様のエートス説を展開した[94]。古典期末期および初期キリスト教期においては、ハルモニアのみならずゲノス、リュトモス、さらには個々の詩の脚韻にもエートスが適用されるようになった。たとえば、「ディアトニック・ゲノス」は男らしさ、強さ、厳格のエートスを表し、「クロマティック・ゲノス」は悲嘆、柔弱さのエートスを表すと考えられた。「エンハルモニッ

---

[90] *Politica*, 1339a30-31: ἡ τῶν παίδων σπουδὴ παιδιᾶς εἶναι χάριν ἀνδράσι γενομένοις καὶ τελειωθεῖσιν「少年たちの（音楽学習の）努力は、大人の男性になり完成した時のためにある。」

[91] *Politica*, 1341a21-22: ἔτι δὲ οὐκ ἔστιν ὁ αὐλὸς ἠθικὸν ἀλλὰ μᾶλλον ὀργιαστικόν「さらに、アウロスは倫理的性格ではなくむしろ秘儀宗教的性格を表すものである。」

[92] *Politica*, 1341b20-1342b34.

[93] *Politica*, 1341a23. アリストテレスのカタルシス（κάθαρσις）説が、その独創によるものなのか、ピュタゴラス学派やダモンの教説に依拠しているのかについては、見解が分かれている。R. P. Winnington-Ingram, "Ancient Greek Music 1932-1957," *Lustrum* 3-4, 5-57 は、アリストテレスのカタルシス説とピュタゴラス派の音楽エートス説とのあいだには直接の依存関係がないという見解を示す。ウィニントン‐イングラムは、音楽は「（高尚な）娯楽」（διαγωγή）として有用であると見なすアリストテレスの見解（*Politica*, 1338a22-23）に対しても、アリストテレスはエートス説を保持するにもかかわらず、娯楽のために倫理的基準に達しない類の音楽を認めており、これは矛盾であるという批判を行う。

[94] Cf. Heracleides, *Fragmenta*, 162-163. Aristoxenus, *Fragmenta*, 80-83, 122-123; Theophrastus, *Fragmenta*, 91 and ap. Philodemus, *De Musica*, 3; Pseudo-Aristoteles, *Problemata*, 919b20-30, 920a, 922b.

ク・ゲノス」はドーリスのエートスを表すと理解された[95]。

(2) プリュギア・ハルモニアの問題[96]

プラトンが理想国家に受け入れるハルモニアは、ドーリスとプリュギアだけである[97]。ドーリスが男らしさや勇気を表すものとして、古代ギリシャ人のあいだで広く受け入れられていたことは、音楽のエートスを主題とする著作群から明らかである[98]。ドーリスは、まさにギリシャを代表するハルモニアであった。したがって、プラトンがこれを理想国家の中に歓迎することは理解できる。しかし、プリュギアの性格に関する彼の説明は理解することが難しい。その説明によると、プリュギアは節度や自制に関連づけられている。これに対して、大多数の史料によると、それは熱狂や興奮、特にディオニュソスとキュベレ祭式およびアウロス音楽に関連づけられている。それゆえ、アリストテレスも、プラトンはプリュギアのエートスを誤解したと批判している[99]。この食い違いをどのように理解したらよいだろうか。

これまで二種類の推測が提言されてきた。一つは、プラトンはプリュギアに関する現行の諸事実を意図的に無視し、もっぱらプリュギアとドーリス両ハルモニアの構成上の類似に基づいてその見解を述べている、という推測である。しかし、この推測に対しては、プラトンのソクラテスが「それらのハルモニアのことは知らない、とぼくは言った」（399A4）と言

---

95) Cf. Philodemus, *De Musica*, 4.40, 49f. M. L. West, *Ancient Greek Music*, 250; W. D. Anderson, *Ethos and Education in Greek Music*, 153-176.
96) 以下の論述については、A. Barker, ed., *Greek Musical Writings* I, 163-168; W. D. Anderson, *Ethos and Education in Greek Music*, 107-109 を参照。
97) 399A-C.
98) Cf. Plato, *Laches*, 188D; *Epistolae*, 336C; Heraclides ap. Athenaeus, *Deipnosophistae*, 14. 624de; Pseudo-Plutarchus, *De Musica*, 16. 1136d-1137a.
99) *Politica*, 1342a32ff.

い、音楽上の詳細に触れることを控えている事実が反証となる。もう一つの推測は、ディオニュソス祭礼に関連づけるものである。すなわち熱狂興奮を特徴とするこの祭式の音楽は、伝統的にプリュギアをその特徴としてきたが、プラトンの時代になると、この祭式は少なくともアテナイではもはや熱狂興奮の儀式を含まなくなっていた。それに呼応してプリュギアはかつてのエートスを失い、かわりに威厳・荘厳の特質をもつようになっていた、という推測である[100]。この推測の歴史的裏付けを見いだすことはできるが、しかし、もしそういうことであるなら、アリストテレスやその他の古代の著作家たちが、なぜあのように端的にプラトンを批判したのかということが理解しがたくなる。

『法律』II巻によると、ディオニュソスの音楽は、プラトンの時代においても依然として熱狂・興奮の性格をもっていたことがわかる[101]。プラトンは、少なくともこの最晩年の著作においては、ディオニュソス祭礼の特徴をなす酒の酔い、音楽における激しさ、歓喜の要素を一概に排除していない。彼は、ディオニュソスの音楽を理性によって手なずけることができたあかつきには、それを教育のために有効に用いることができると考えた。この理念は、「ディオニュソスのコロス」（ὁ χορὸς τοῦ Διονύσου, 665B1）の提言として具体化されている。『国家』におけるプリュギアの

---

100) Cf. W. D. Anderson, *Ethos and Education in Greek Music*, 107-109. Anderson, 73 は、正しいレクシスはハルモニアとリュトモスにおけるわずかの変化しか必要としないというプラトンの見解（397B6-C1）に言及し、プラトンはハルモニアの最小限の変化は認めたという解釈を示す。プラトンは、この最小限の変化のために、他の意味連関を有するにもかかわらず構成上ドーリスに一番近いプリュギアを採用し、これに「落ち着き」の意味をもたせたと解釈する。また、Anderson, 108 は、プリュギア・ハルモニアの宗教的性格は広く認められていたという事実を指摘し、プラトンは、アウロスがもたらす平静を乱す非理性的な影響を除去することによって、プリュギア・ハルモニアの宗教的性格だけを理想国家に受け入れようとした可能性があるいう示唆を行う。

101) *Leges*, 665B.

採用は、『法律』におけるこのような考え方の光に照らすとき、よりよく理解できるのではないかと思われる[102]。

(3) ハルモニアとエートスの関係

　以上において見たように、プラトンはハルモニアをエートスに関連するものとして理解している。このような理解は、古典期ギリシャにおいては広く受け入れられていたにしても、やはり異論もあった。それゆえ、プラトンが音楽のエートスについてもつ理解はどのような根拠に基づいているのかを確認しておく必要がある。ヘンダーソン（M. I. Henderson）は、古典期ギリシャ音楽はミーメーシスの性格を色濃くもっていたという点を指摘する。その時期のギリシャ人にとって音楽は、いわば「第二の言語」であった。音楽はことばが言い表しうるほとんどすべてのものを表現し、ことばに潜在する気分や情緒を示すことができた。音楽は、他のギリシャ芸術と同様に、ミーメーシスと表現の手段であり、魂のエートスとパトスによって形成される精神的客体を写し出すいわば「写真」であった、とヘンダーソンは言う[103]。

　たしかに、古代ギリシャの音楽は歌による音声表現であるだけではなく、踊りによる身振り表現でもあったことを考慮に入れるなら、ハルモニアとエートスとの緊密な結びつきを認めるギリシャ人の音楽観もある程度は理解することができる。しかし、音楽が表現としてのミーメーシスを伝達する強力な媒体であったということはそのとおりであるにせよ、いったいそのようなミーメーシス理解はどこにその源泉をたどることができるであろうか。

　コラー（H. Koller）は、「表現」としてのミーメーシスの源泉はディオ

102）Cf. A. Barker, ed., *Greek Musical Writings* I, 168.
103）M. I. Henderson, "Ancient Greek Music," 385.

ニュソス祭礼の演劇にたどることができると推測する[104]。その推測によると、ミーメーシスは本来「模倣」ではなく「表現」を意味した。すなわちミーモス（μῖμος）はディオニュソス祭礼の演劇における演技者であった[105]。本来、ミーメーシスの意味範囲は音楽と舞踏とに限られており、ミーメーシスは音楽と舞踏が一体となって表すムゥシケーの表現力を示した。そして重点は舞踏にあった[106]。音楽と舞踏においては、ことばとメロディーとリュトモスの三つは別個のものではなく、互いに緊密に結びついていた[107]。このようなミーメーシス理解の流れに沿って、ピュタゴラス学派とそれに続くダモンは、表現としてのミーメーシスの教説を展開した。その教説によると、魂の中のさまざまの動きから生じるリュトモスとメロディーは、魂のさまざまの動きを表現する機能をもっていると理解される。リュトモス・メロディーと魂とのあいだにそのような類似性が存在するゆえに、音楽は魂に影響を及ぼす力をもち、教育と治癒のために用いることができると理解されるのである。ところが、この教説はプラトンとアリストテレスによって改作され歪曲されたというのが、コラーが唱える批判である[108]。すなわち、プラトンとアリストテレスはもっぱら音楽だけに特有な概念を、新たに詩にも適用し、ミーメーシスの中に新たに「模倣」、すなわち現実の模写という概念を導入したと批判するのである。このように本来のミーメーシスから模倣の概念を排除するコラーの見解に対しては、異論が提出されている[109]。しかし、表現としてのミーメーシス

---

104) H. Koller, *Die Mimesis in der Antike* (Bern 1954). コラーの見解では、ミーメーシスに関する初期の教説を忠実に伝える文献は、Aristides Quintilianus, Περὶ μουσικῆς 第1巻だけであり、この論文の多くの部分はダモンの資料、すなわちプラトン以前の資料に依拠しているとされる。
105) H. Koller, *Die Mimesis in der Antike*, 39, 45.
106) H. Koller, *Die Mimesis in der Antike*, 119.
107) H. Koller, *Die Mimesis in der Antike*, 25.
108) H. Koller, *Die Mimesis in der Antike*, 15-21.

第2章 ハルモニア 219

の起源をディオニュソス演劇にたどる点において、コラーの見解は注目に値する。

　すでに見たように、ギリシャ人たちは個々の音楽的要素の中に機械的に固有のエートスを認めるというような理解をしたのではない。それならば、どこにエートスを認めたのだろうか。アンダーソン（W. D. Anderson）は文学様式との関連に着目し[110]、音楽とエートスの関係について、①民族の性格という観点からの解釈　②宗教的考察　③アポロンとディオニュソス、すなわちギリシャ的要素とオリエント的要素の対照　④ハルモニアの技術的特質からハルモニアの倫理的特徴を判断する解釈、などの諸説を紹介し検討している。アンダーソンは上記のいずれの説にも完全には満足しないが、比較的満足できるとみなすのは、ハルモニアとリュトモスの倫理的性格を文学作品の様式との関連において見る解釈である。ウィニントン-イングラム（R. P. Winnington-Ingram）は、音楽のエートスをメロディーとの関係で理解することには同意するが[111]、「音階」（音または音程のリスト）そのものの中にエートスがあるとする見解は受け入れない。たしかに、諸ハルモニアは、高度の一般的音域における相違をもっていた。たとえば、ミクソリュディアとシュントノリュディアは高い高度であり、「弛められた」リュディア・ハルモニアは低い高度であった。しかし、これがハルモニア間の違いを示す主な理由であったとは

---

109) G. F. Else, "'Imitation' in the fifth century," *Classical Philology* 53 (1958) 73-90 は、コラーの見解に反対し、コラーが祭式演劇を強調するあまり、ミーメーシスがかなり初期から「物真似」という意味をその本質的要素としてもっていた事実を否定することに対して、それは誤りであることを説得的に論証している。Cf. R. P. Winnington-Ingram, "Ancient Greek Music 1932-1957," 5-57.
110) W. D. Anderson, "The Importance of Damonian Theory in Plato's Thought," *Transactions and Proceedings of the American Philological Association* 86 (1955) 88-102.
111) R. P. Winnington-Ingram, "Greek Music(ancient)," in *The New Grove Dictionary of Music and Musicians*, ed. S. Sadie (1980) 666-667.

思われない。むしろ、ハルモニアは、アラビアの旋法型「マカーマート」(maqāmāt)[112]のように、一連のメロディー形式を特徴としていたものと考えられる。このような形式は、あるグループの音（符）を用いたため、「音階」を意味した。時の経過とともに、あるハルモニアの音階は、他のハルモニアの音階と比較され、こうして音階理論が発展していった、とウィニントン‐イングラムは考える。彼の推測によると、この抽象化の過程は以下のように進んだ。①特定の機会に特定の歌い手によって歌われた具体的なメロディー。②歌の特定の様式を司る諸形式とその他の特色。③この様式のために要請された音（符）が、高度の順序に配列され、一つの音階（音組織）を形成する。④すべての「旋法的」音階が関係することができる基本的音階。現存するギリシャのハルモニア理論は、ほとんどもっぱら④のみを扱っている。音階としてのハルモニアは③の範疇に属するが、それらの性格を②に負っている、というのがウィニントン‐イングラムの見解である。以上において見たように、音楽のエートスは人と時代によって様々の異なった仕方で理解されてきたのであり、「エートス説」として画一にまとめあげることには無理がある。最大公約数として言えることは、古代ギリシャでは音楽は人々に道徳的な影響を及ぼす力をもつと考えられた、ということであろう。

　古典期ギリシャにおいて、音楽のエートスは一流の著作家たちによって重要なものとして受けとめられていたが、古典期も時代が下るにつれ音楽とエートスとの結びつきを否定する見解が現れてきた。特にヒベーパピルスは、音楽のエートスを信ずる人たちを激しく攻撃している点で注目に値

---

[112] maqāmは、旋律的音階の一つに基づいたメロディー形式であり、定型化したターン、ムード、高度などの特徴をもつ。インドの「ラーガ」(rāga) のようにメロディーの本質的な性質であり、特定のエートスと関連していた。Cf. C. Sachs, *The Rise of Music in the Ancient World* (New York: W. W. Norton & Company, 1943) 285-286.

する。このパピルスそのものは前3世紀のものではあるが、その内容は、本来、前390年をあまり下らない頃に書かれたものと推定され、プラトンの『国家』よりやや古い可能性もある。エートス説否定論を示す情報として、全文を見ておくことにしたい[113]。

Πολλάκις ἐπῆλθέ μοι θαυμάσαι, ὦ ἄνδρες [Ἀθηναῖοι, εἰ ἀλ]λοτρίας τιν[ὲς] τὰς ἐπιδείξεις τῶν ο[ἰκείων τεχν]ῶν ποιούμεν[οι] λανθάνουσιν ὑμᾶς. . λ[έγοντες γὰρ ὅ]τι ἁρμονικοί εἰσι καὶ προχειρισάμενοι ὠ[ιδάς τινας ταύτας συγκρίνουσιν, τῶν μὲν ὡς ἔτυχεν κατηγοροῦντες, τὰς δὲ εἰκῆι ἐγκω[μιάζ]οντες. καὶ λέγουσι μὲν ὡς οὐ δεῖ αὐτοὺς οὔ[τε ψ]άλτας οὔτε ᾠιδοὺς θεωρεῖν· περὶ μὲν γὰρ τ[αῦτ]α ἑτέροις φασὶν παραχωρ[ε]ῖν, αὐτῶν δὲ ἴδιον [εἶ]ναι τὸ θεωρητικὸν μέρος· φαίνονται δὲ περὶ μὲν ταῦτα ὧν ἑτέροις παραχωροῦσιν οὐ μετρίως ἐσπουδακότες, ἐν οἷς δέ φασιν ἰσχύειν, ἐν τούτοις σχ[εδιά]ζοντες.

λέγουσι δὲ ὡς τῶν μελῶν τ[ὰ] μὲν ἐγκρατεῖς, τὰ δὲ φρονίμους, τὰ δὲ δικαίους, τὰ δὲ ἀνδρείους, τὰ δὲ δειλοὺς ποιεῖ, κακῶς εἰδότες ὅτι οὔτε χρῶμα δειλοὺς οὔτε ἁρμονία ἂν ἀνδρείους ποιήσειεν τοὺς αὐτῆι χρωμέους. τίς γὰρ οὐκ οἶδεν [Αἰτ]ωλοὺς καὶ Δόλοπας καὶ πάντας τοὺς θύ[οντας Θερμοπύλ]ηισι διατόνωι μὲν τῆι μουσικῆι χρω[μένους, πολὺ] δὲ τῶν τραγωιδῶν ὄντας ἀνδρειο[τέρους τῶν διὰ πα]- ντὸς εἰωθότων ἐφ᾽ ἁρμονίας ᾄδειν; [ὥστε δῆλον ὅτι οὔτε] χρῶμα δειλοὺς οὔτε ἁρμονία ἂν [ἀνδρείους ποιήσειεν.

---

113) B. P. Grenfell and A. S. Hunt, *The Hibeh Papiri* (London, 1906) pt. 1, no. 13, 45-58.

εἰς τοσ]οῦτο δὲ ἔρχονται τόλμης χ[ρόνον πολὺ]ν κα[τα-
τρίβ]ειν ἐν ταῖς χορδαῖς, ψάλλοντες μὲν [πολὺ χ]εῖρον τῶ[ν
ψαλ]τῶν, ᾄδοντες δὲ τῶν ᾠδῶν, συγκρίνοντες δὲ καὶ [τοῦ
τ]υχόντος ῥήτορος, πάντα πάντω[ν χεῖ]ρον ποιοῦντες·

καὶ π]ερὶ μὲν τῶν ἁρμ[ο]νικῶν καλουμ[ένω]ν, ἐν οἷς δή
φ[ασι]ν διακεῖσθαί πως, οὔθ᾽ ἥντινα φωνὴ[ν] ἔχοντες λέγειν,
ἐν[θο]υσιῶντες δέ, καὶ παρὰ τὸν ῥυθμ[ὸν. . .] παίοντες τὸ
ὑποκείμενον σανίδιον αὐτοῖς [ἅμα τοῖς] ἀπ[ὸ] τοῦ ψ[αλ]-
τηρίου ψόφοις· καὶ οὐδὲ αἰσχύν[ονται ἀξιο]ύ[μ]ε[ν]οι π[ερὶ
τῶ[ν] μελῶν, τὰ μὲν δάφνης ἕξειν [ἴ]διον] τι, τὰ δὲ κιτ[τοῦ·
ἔτ[ι δὲ ἐπερω]τῶντες εἰ οὐ φαίνεται [ἡ μελ]ῳ(ι)δία ἐπὶ τῆς
ἕ[λικος κι]νεῖσθαι, καὶ οἱ σάτυροι πρὸς [τὸν ληνὸν χορεύ-
ον[τες.

アテナイ人諸君、私の頭にしばしば思い浮かんできたのは、ある人たちは自分の専門外の知識をもっているかのように思いなしているのに、君たちはそれに気がついていないのは何と驚くべきことか。彼らは、自分たちをハルモニア論者であると言う。彼らは様々の歌を選択し、それらを比較吟味する。まったくでたらめにあるものをけなし、同じようにでたらめに他のものをほめる。また、彼らは、楽器演奏家と歌い手について考えるのは自分たちの仕事ではないと言う。曰く。自分たちは、これらのことがらを他の人々に任せ、自分たちの専門領域は理論的な分野である、と。しかし、実際には彼らは、他の人々に任すと言ったことがらに過度の熱狂を示すのに対して、自分たちが得意だとする分野では、でたらめの間に合わせをやっている。

また、彼らは、メロディーのあるものは人々を自制のある者とし、あるものは人々を思慮深い者にし、あるものは人々を勇気ある者にし、またあるものは人々を臆病な者にすると言うが、クロマティック

音階の形式がそれを使う者を臆病な者にすることができるのでもなく、エンハルモニック音階の形式がそれを使う者を勇気ある者にすることができるわけでもない、ということがわかっていない。というのも、アイトリア人たちやドロペス人たちやテルモピュレーに集うすべての人々はディアトニック音階の音楽を用いるけれども、彼らがエンハルモニック音階を歌うことを習慣としてきた悲劇における歌い手たちよりも、勇気ある者たちであることを知らない者がいるだろうか。それゆえ、クロマティック音階の形式が人々を臆病な者にするのでもなく、エンハルモニック音階の形式が人々を勇気ある者にするのでもない。

　この人々は、これほどまでに厚かましく絃の分割方式に多くの時間を浪費している。彼らは本物の演奏家よりずっと下手に絃を奏で、本物の歌い手よりずっと下手に歌い、批評的な比較を行うときにも、彼らは人が出くわすかもしれないいかなる弁論家よりも下手にあらゆることを行う。

　彼らが特に精通しているという、いわゆるハルモニア理論に関しても、彼らは精確に語りうることを何一つもたず、熱狂に押し流されている。すなわち自分が座っている木のベンチの上で、プサルテーリオンの音に合わせて完全に間違ったリュトモスを打つ。彼らは、メロディーのあるものは月桂樹の特徴をもち、あるものは蔦の特徴をもつということを、あけっぴろげに主張してはばかることすらしない。さらに彼らは詮索する。メロディーはぶどうの巻きひげに向かって動くように見えはしまいか、サテュロスたちはぶどう桶に向かって歌舞しているのか、と。

　このパピルスの著者がもっぱら攻撃しているのは、類型化された極端なかたちのハルモニア理論に対してであり、プラトンやダモンに見られる精

緻なハルモニア理論に対してではない。著者に批判されたハルモニア論者たちは、メロディーの個々の性格には注意を払っておらず、オクターヴ種だけをエートスと関連させている。彼らの議論は、概して、経験に狭く偏りすぎており、実質に欠けている。このパピルスの価値は、プラトンの時代における音楽風景の一断面をかいま見させてくれるという意味で貴重である[114]。

d. ロゴスとハルモニア

ハルモニアとリュトモスはロゴスに従わなければならない、というプラトンの原則は、現代の人々にはやや偏狭なものに思われるかもしれない。しかし、民族音楽の見地からは、音楽はことばを歌うことから始まり、楽器はその後、歌に付随して発達してきたという仮説が支持されている[115]。古代ギリシャにおいては、少なくとも古典期に至るまで、歌が最も自然な音楽の営みと考えられ、楽器より優位を占めていた。音楽の代表的なジャンルの一つ、「抒情詩」($\mu\acute{\epsilon}\lambda o\varsigma$, メロス)においては、歌詞が主役であり、楽器伴奏を脇役として歌われた。歌詞は完全に分節化し、しばしば非常に洗練されており、ほとんどことばの繰り返しをもたなかった。したがって、ことばがはっきりと聞こえる必要があり、楽器音でかき消されてはならなかった。あくまでも人間の音域が主であって、それは楽器の音域を規定する原理であった。メロスを構成するロゴス、ハルモニア、リュトモスの三要素の中で、ハルモニアは詩のロゴスに密接に関係し、リュトモスは詩のロゴスの韻律に緊密に対応していた[116]。

---

114) Cf. W. D. Anderson, *Ethos and Education in Greek Music*, 152.
115) Cf. C. Sachs, *The Rise of Music in the Ancient World*, 21.
116) Cf. M. L. West, *Ancient Greek Music*, 39; マックス・ヴェーグナー『人間と音楽の歴史・ギリシャ』(音楽の友社、1985 年) 19。

しかし、プラトンがロゴス優位の原則を主張するとき、たんに音楽の技術のことだけではなく、哲学のことをも考えていたと思われる。『国家』IV巻6章-19章において、魂の三部分の調和に関する議論が展開されることになるが、この調和の達成のためにムゥシケーとギュムナスティケーが果たす役割が、次のように語られる。

> ムゥシケーとギュムナスティケーは、それらの部分を調和させる。一方において、理知的部分を美しいことばと学習とによって引き締め育み、他方において、気概の部分をハルモニアとリュトモスをもって穏和にし、宥めながら弛める[117]。

このようにして育まれた「理知的部分」と、それを補助する「気概の部分」とが相携えて、「欲望的部分」を監督指導する[118]。つまり、理知的部分の教育に主として貢献するのはロゴスであり、ハルモニアとリュトモスは気概の部分の育成に貢献するという考えがここに見られる。さらに、VII巻12章において、ディアレクティケーの前奏曲ともいうべき数学的諸学科の中に、ハルモニア理論が位置づけられることになる。プラトンは、哲学との関係においてムゥシケーがしめる位置に関する議論をやがて述べることになるが、それを見すえながら、すでにIII巻においてムゥシケー教育におけるロゴス優位性を主張しているものと考えられる。

e. ムゥシケーの浄化とポリスの浄化

プラトンのソクラテスは、ハルモニアとそれに付随する楽器や楽器職人の浄化を行った後、「そしてまた、犬に誓って、われわれは今しがた贅

---

117) *Respublica*, 441E8-442A1.
118) 442A.

沢三昧の国家と呼んだところの国家を、知らないうちに再び徹底的に浄化してきたことになるのだ」(399E5-6) と語る。ムゥシケーの浄化が贅沢三昧国家の浄化につながるという考えが、ここに表明されている。しかし、どうしてそういうことになるのであろうか。プラトンは、すでに『国家』II 巻 13 章以下において、贅沢三昧国家が生じてくる過程について述べた。それによると、人々が質素な生活に飽きたらず、贅沢な生活を求めるようになると、国家の中に最小限必要なもの以外のさまざまのものが詰めこまれる。彼はこれを「炎症ただれ国家」(372E8) と呼び、不健康な状態にあるものとみなす。

> そういうわけで、またもや、国家をもっと大きくしなければならない。というのは、あの健康な国家はもはや充分なものではなくなり、いまやこの国は、もはや必要のために国々の中に存在するのではないようなものどもを、数・量ともに満たさなければならないからだ。たとえば、あらゆる猟師たちや、真似事師たちがそれだ。後者としては、ものの形や色をうつす人も多いし、ムゥシケーにかかわる者も多い。それはすなわち詩人たちであり、また詩人に奉仕する叙事詩吟誦家、俳優たち、舞踏家たち、興行師などだ。そして、あらゆる種類の道具を作る職人たち、なかでも特に、婦人の装飾品を作る職人たちがいる[119]。

プラトンによれば、「真の国家」(372E6)・「健康な国家」(372E) においては、人々は植物性の食物で満足していた。しかし、やがて人々がそれだけでは満足せず、さまざまな動物性の食物を欲しがるようになると、食肉を調達する猟師たちが必要になる。贅沢志向は食欲だけでなく、衣服や

---

119) 373B2-C1.

住居を含む身の回りの生活全体に及んでいく。さらには、室内を飾る絵画やさまざまの娯楽が追求される。そこで、画家や「ムゥシケーに関わる者たち」(οἱ περὶ μουσικήν)、すなわち詩人、叙事詩吟誦家、俳優、舞踏家、興行師などが必要となる。彼らは「真似事師たち」(οἱ μιμηταί)である。このような社会における風俗や文化のあり方は、必然的にムゥシケーのあり方にも及ぶことになる。それゆえ、プラトンが、II巻17章においてムゥシケーについて語り始め、III巻10章においてムゥシケーの浄化にまで話を進めるとき、音楽のことだけを考えているのではないことがわかる。さらに絵画、機織り、刺繍、建築など、制作する仕事、およびそれらを制作する職人を含むあらゆる文化領域を、すなわち広義の"ムゥシケー"のことを考えているのである[120]。その意味におけるムゥシケーは社会から遊離して単独に存在するものではなく、社会との密接な相互関係の中に存在する。それゆえ、ムゥシケーの浄化は社会全体の浄化につながり、反対に、ムゥシケーの腐敗は社会全体の腐敗につながる。したがって、IV巻において、ムゥシケーにおける違法は個人をも社会全体をも破滅させるに至る、という認識が示されることになる[121]。また、『法律』III巻では、歴史の観点から、法の無視はムゥシケーの軽視に端を発し、社会全体に蔓延していくという認識が示されることになる[122]。音楽を含むムゥシケーに関わることどもは贅沢であるとみなすプラトンの見解は、偏狭なものに思われるかもしれない。しかし彼はムゥシケーそのものを批判しているのではない。批判されているものは、贅沢三昧のあり方に耽溺しているムゥシケーの状況である。節度を保つムゥシケーであるなら、むしろそれは子どもの教育に不可欠なものとして歓迎されているのである。ムゥシケー浄化の思想は机上のものではなく、アテナイ社会におけるムゥシケー

---

120) 401AB.
121) 424BE.
122) *Leges*, 700A-701B.

の実状を踏まえた具体的な提言であると見るべきであろう。

f. ハルモニア「検閲」の意図

ハルモニアおよびそれに関係する楽器職人や楽器演奏者に対してプラトンがとる厳しい措置は、当局による「検閲」を思わせるかもしれない。しかし、それは彼の意図ではない。理想国家の建設を構想するにあたり、一人が一つの仕事をするという原則が定められた。

> したがって、これらのことから判断すると、それぞれの仕事がより多く、より立派に、より容易に行われるのは、各自が一つの仕事を、素質に従って、正しい時期に、多くのさまざまな仕事から解放されて、行う場合なのだ[123]。国家守護者たちは、他のすべての職人仕事から解放されて、もっぱら国家の自由を作る職人としてきわめて厳格な者たちでなければならず、なんであれこの仕事に寄与することのない、他のいっさいの営みに従事してはならない[124]。

国家守護者候補である子どもたちの教育は、国家守護者の務めにわき目もふらず専念する人間の育成に寄与するものでなければならない。ムゥシケー教育においては、ちょうど詩のロゴスの朗唱に伴うレクシスは、単純な様式でなければならなかったのと同様に、メロス歌唱においても、ロゴスに随伴するハルモニアとリュトモスは、単純な様式でなければならない。プラトンのハルモニア論は、あくまでもその哲学的原則から導き出された帰結である。多種多様なハルモニア用の楽器職人や楽器演奏者は不要

---

123) 370C3-5.
124) 395B8-C2.

であるという主張も、彼のハルモニア論が行き着く必然的な帰結であり、ムゥシケーそのものの排除を意味するものではない。彼は細密なハルモニア理論に立ち入るつもりはないが、ハルモニアのエートスの問題は、目下考察中の重要課題である国家守護者候補の子どもたちの教育と密接な関わりをもつゆえに、避けて通ることができないのである。

3．リュトモス（III巻 399E-401D）

プラトンはハルモニアに続いて、抒情詩吟唱に伴うもう一つの音楽的要素である「リュトモス」（ῥυθμός）の吟味に進む。

a．リュトモス観の概要 [125]

プラトンはリュトモスに関する楽理上の詳細に深入りすることを避け、詳細については専門家のダモンにまかせる立場を取る。したがって、複雑なリュトモスや多種多様なバシス（βάσις）に深入りしない。バシスには三種類の型があり、これらの型がさまざまの脚韻を組成すると語るにとどめる[126]。躊躇しながら言及されるリュトモスは、「複合的なエノプリオス」（ἐνόπλιος σύνθετος）、「ダクテュロス」（δάκτυλος）、「ヘーローオス」（ἡρῷος）、「イアンボス」（ἴαμβος）、「トロカイオス」（τροχαῖος）の5つである[127]。さらに、ソクラテスの口を通して、ダモン理論に関するおぼろげな記憶として次のことが語られる。

ダモンは、これらのバシスを何らかの仕方で配列して、アルシスとテ

---

125) III巻 11 章（399E-401A）。
126) 400A3-4.
127) 400B4-8.

シスを等しいものにさせ、短音節と長音節で終わるようにする[128]。
思うに、ダモンはこれらの脚韻のいくつかのものに対して、さまざまなリュトモスそのものと同じくらい、詩脚のさまざまなテンポを、あるいはその両方であるものを非難したり賞賛したりしていた[129]。

　プラトンのソクラテスが問題として取り上げるのは、リュトモスとエートスとの関係である。彼は、ハルモニアとエートスとの関係について見たのと同様に、リュトモスとエートスの関係についても、「秩序ある生活や、勇気ある人の生活を表現するリュトモスはどのようなものであるかを見ること」(399E10-11) に関心を向ける。しかし、この問題に関する自らの不案内を表明し、グラウコンに説明を委ねる。グラウコンは、バシスの種類に関してある程度の知識をもっていることは認めるが、「どのようなバシスがどのような生活をミーメーシスするものであるか、私は言うことができません」(400A6) と答える。そこで、ソクラテスは、この点に関して「ダモンに相談すること」を提案する。

　　いやこのことなら、とぼくは言った、ダモンに相談することにしよう。無教養や、高ぶりや、狂気や、またその他の悪にふさわしい脚韻にはどのようなものがあるか、そして、どんなリュトモスをそれらと反対のものたちのために残すべきか、ということはね[130]。

　プラトンは、ハルモニアとリュトモスはロゴスに従うという原則をリュトモスとエートスとの関係にも適用し、「詩脚と曲をそのような生活を表現することばに従わせるべきであり、ことばを詩脚と曲に従わせるべきで

---

[128] 400B6-7.
[129] 400C1-3.
[130] 400B1-4.

はない」(399E11-400A1) というさらなる原則を定める。そして、この原則に基づき以下のように語る。

> 美しい様子と醜い様子はそれぞれ、美しいリュトモスと醜いリュトモスに伴う[131]。美しいリュトモスであることと醜いリュトモスであることについては、一方において、美しいリュトモスは美しいレクシスに従い、それに同化されていく。他方において、醜いリュトモスは醜いレクシスに従い、それに同化されていく。また、美しいハルモニアであることと醜いハルモニアであることについても、同じことが言える[132]。レクシスの様式とロゴスとは魂のエートスに従う[133]。したがって、美しい語り方であること、美しいハルモニアであること、美しい様子であること、美しいリュトモスであることとは、美しいエートスであることに伴う[134]。

ここで語られる「美しいエートス」($εὐήθεια$) とは、文字通りの意味で、その「品性」($τὸ\ ἦθος$) が「「美しく（良く）」($εὖ$) かたちづくられている魂の状態を意味しているものと思われる。

b. リュトモス論の吟味

(1) リュトモスの意味

プラトンのリュトモス論を吟味するにあたり、予備知識として、古代ギリシャ人にとって「リュトモス」($ῥυθμός$) は何を意味したのかにつ

---

131) 400C7-8.
132) 400D1-3.
133) 400D6-7.
134) 400D11-E1.

いてひとわたり見ておきたい。リュトモスの根本の意味は何であるのかについては、「動き」と考える説と、反対に「静止」と考える説がある[135]。*LSJ* は、ρυθμός の起源を ρέω（流れる）であると推測している[136]。アンダーソン（W. D. Anderson）も、リュトモスを動きの観点から理解し、古代ギリシャ人たちのあいだでは、人の身振りはその人の性格と意味深長な関係があると考えられたため、さまざまのリュトモスがエートスの観点から描写されたのではないだろうか、という仮説を立てる[137]。アリストテレスは、「そのリュトモスとは（動きの）形である」という説明を与えている[138]。これに対して、イェーガー（W. Jaeger）は、リュトモスを静止の観点から理解し、その本来の意味は「休み」、「動きの抑制」ではないだろうかという仮説を立てる[139]。しかし今日、イェーガー説はあまり支持されておらず、リュトモスを動きと考える説のほうが有力である[140]。ザックス（C. Sachs）も、動きという観点からリュトモスの本質を「流れ」と考え、「ある活動的で組織化していく原理に従う流れ、流れに生命と安らぎとを同時に与える秩序をもつ、常に新たな衝動に従う流れ」という説明を与えている[141]。さらにザックスは、この組織化した流れとしてのリュトモスは、運動、歩行、踊り、歌はもとより、彫刻のような視覚空間芸術にまで帰属させられた、という指摘を行っている。ザック

---

[135] Cf. クルト・ザックス『リズムとテンポ』（音楽之友社、1979 年）8-12。S. Michaelides, *The Music of Ancient Greece*, 291-3; W. Dürr and W. Gerstenberg, "Rhythm," in *The New Grove Dictionary of Music and Musicians* (1980) 805-824.

[136] *LSJ*, 1576.

[137] Cf. W. D. Anderson, *Ethos and Education in Greek Music*, 11.

[138] *Metaphysica*, 985b17.

[139] W. Jaeger, *Paideia* vol.1, 125. Aeschylus, *Prometheus Vinctus*, 241. Aeschylus, *Persae*, 746-747.

[140] Cf. W. J. Farnon, *Music and Moral Education*, 113-114.

[141] Cf. クルト・ザックス『リズムとテンポ』9。

スによると、リュトモスはプース（πούς）と密接な関係をもつ。プースは、二つまたそれ以上の音節、またはクロノイ（χρόνοι）から構成されるリュトモスの主要単位である[142]。バッキウスによると、クロノイには、①「短」（βραχύς, ∪）、②「長」（μακρός, ──）、③「変則」（ἄλογος,「短」より長く、「長」より短いため、クロノイが証明できないもの）の三つがある[143]。音節もしくはクロノイは、4とおりの組み合わせが可能である[144]。バッキウスとアリスティデスは、プースとリュトモスを同義に用いている[145]。リュトモスの分析に貢献したのはアリストクセノスである。彼は、「クロノス・プロートス」（χρόνος πρῶτος,「基本持続時間」）という名称のもとに、かなり整然としたプースの単位を確立した[146]。

　ギリシャ人たちがリュトモスを音楽の根本要素と考えたことは、以下の史料によって裏づけられる[147]。

---

142) Cf. クルト・ザックス『リズムとテンポ』115-116. S. Michaelides, *The Music of Ancient Greece*, 268.

143) Bacchius, *Isagoge*, 93. S. Michaelides, *The Music of Ancient Greece*, 67.

144) ①短・短（∪∪）②長・長（── ──）③長・短（──∪）④変則・長（∪｜──）。2音節のプースは、「イアンボス」（ἴαμβος, ∪──）、「ディブラキュス」（δίβραχυς, ∪∪）、「スポンデイオス」（σπονδεῖος, ── ──）、「トロカイオス」（τροχαῖος, ──∪）。3音節のプースは、「アナパイストス」（ἀνάπαιστος, ∪∪──）、「ダクテュロス」（δάκτυλος, ──∪∪）、「アムピブラキュス」（ἀμφίβραχυς, ∪──∪）。4音節のプースは、「パイオーン」（παίων, 1) παιωνικός, ──∪∪∪, 2) κουρητικὸς または σύμβλητος, ∪──∪∪, 3) διδυμαῖος or Δελφικός or Βρόμιος, ∪∪──∪, 4) κρητικός or ὑπερχηματικός, ∪∪∪──)、「バッケイオス」（βάκχειος, ──∪∪）、「イオニコス」（Ἰωνικός, ── ──∪∪）である。

145) Bacchius, *Isagoge*, 100. Aristides Quintilianus, *De Musica*, 4.19-20: ἔτι δὲ χρόνοι καὶ οἱ ἐκ τούτων ῥυθμοί「さらに諸クロノスとそれらの中の諸リュトモス」。S. Michaelides, *The Music of Ancient Greece*, 268-269.

146) Aristoxenus, *Elementa Rhythmica*, 2. 2. 1-30. クルト・ザックス『リズムとテンポ』118。

147) Cf. M. L. West, *Ancient Greek Music*, 129-130.

偽アリストテレス

Τὸ μέλος τῇ μὲν αὐτοῦ φύσει μαλακόν ἐστι καὶ ἠρεμαῖον, τῇ δὲ τοῦ ῥυθμοῦ μίξει τραχὺ καὶ κινητικόν.

旋律は、それ自身の本性においては軟弱で静かなものであるが、リュトモスとの混交によって、それは荒く運動的なものとなる[148]。

アリスティデス・コィンティリアヌス

καθόλου γὰρ τῶν φθόγγων διὰ τὴν ὁμοιότητα τῆς κινήσεως ἀνέμφατον τὴν μέλους ποιουμένων πλοκὴν καὶ ἐς πλάνην ἀγόντων τὴν διάνοιαν τὰ τοῦ ῥυθμοῦ μέρη τὴν δύναμιν τῆς μελῳδίας ἐναργῆ καθίστησι.

概して諸楽音は、運動への同化のゆえに楽曲を不明瞭な混在となし、心を惑わせるが、リュトモスの諸要素はメロディーの力を鮮明にする[149]。

τινὲς δὲ τῶν παλαιῶν τὸν μὲν ῥυθμὸν ἄρρεν ἀπεκάλουν, τὸ δὲ μέλος θῆλυ· τὸ μὲν γὰρ μέλος ἀνενέργητόν τ᾽ ἐστὶ καὶ ἀσχημάτιστον, ὕλης ἐπέχον λόγον διὰ τὴν πρὸς τοὐναντίον ἐπιτηδειότητα, ὁ δὲ ῥυθμὸς πλάττει τε αὐτὸ καὶ κινεῖ τεταγμένως, ποιοῦντος λόγον ἐπέχων πρὸς τὸ ποιούμενον.

昔のある人々は、リュトモスを男性呼ばわりし、旋律を女性呼ばわりしたものである。というのは、旋律は非活動的でまったく形をもたず、反対のものへの適合によって資料の役割を果たすのに対して、

---

148) Pseudo-Aristoteles, *Problemata*, 922b29-31.
149) Aristides Quintilianus, *De Musica*, 13.8-11.

リュトモスは旋律をかたち作り、それを明確な順序で動かし、作られるものに対して作る者の役割を果たすからである[150]。

ハリカルナッソスのディオニュシオス
φέρε γάρ, εἴ τις ᾠδαῖς ἢ κρούμασιν ὀργάνων τὸ κάλλιστον ἐντείνας μέλος ῥυθμοῦ μηδένα ποιοῖτο λόγον, ἔσθ᾽ ὅπως ἄν τις ἀνάσχοιτο τῆς τοιαύτης μουσικῆς;
さて、というのは、もしだれかが歌か楽器の音でいとも麗しい旋律を展開するけれども、リュトモスにまったく注意を払わないとしたら、人はそのような音楽作品にどうやって耐えることができるだろうか[151]。

リュトモスの重要性は音楽の分野だけに限定されず、さらに社会生活全般にも及んでいる。たとえば、アリストパネスの『雲』に登場するソクラテスは、ストレプシアデスに「諸々のリュトモスについて学ぶこと」(μανθάνειν περὶ ῥυθμῶν) を勧める。そうすることの利益は何かと問われたとき、ソクラテスは、エノプリオスの行とダクテュロスの行を区別できるならば、「第一に、社交生活において優雅に見える」(πρῶτον μὲν εἶναι κομψὸν ἐν συνουσίᾳ) と答えている[152]。リュトモスの重要性に関するこれらの情報の根底にあるものは、ギリシャ語の単語における音節と韻律の付加分離の結びつきである。プラトン『クラテュロス』の次のことばは、この事実をよく表していると思われる。

諸々のリュトモスのことを手がける人たちは、まず始めに文字要素の

---

150) Aristides Quintilianus, *De Musica*, 19.25-30.
151) Dionysius Halicarnassensis, *De Demosthene*, 48.
152) *Nubes*, 647-649.

諸機能を区別し、次に音節の諸機能を区別するものであり、その上でいよいよ諸々のリュトモスに取りかかり考察を行う。それ以前にはそうしないのではないだろうか[153]。

　リュトモスの営みに携わる人々は、まず始めに、言語、統語論、文字、そして音節について研究を行い、それらについて十分な理解をもつ必要がある。その理由は、リュトモスの原型は音節の中にあるからである。つまり、ギリシャ語においては始めに言語があるからこそ、リュトモスが存在することができる。音節それ自体が、いわば、リュトモスを含む素材であり、リュトモスが生成するのはこの素材からである。物体、あるいは石材にもたとえられる音節の長短は、抽象的なリュトモス区分の結果として生成するものではなく、始めから個々の音節に含まれている。単語自体に内在するこの性質こそは、ギリシャ語の最も基礎的な構造である。音節に備わるこの固定的性格は、韻文形式や、音楽的リュトモスや、個々の話し方によって変化することがない。それは、ギリシャ語の客体的な特徴だからである。それゆえ、単語は、いわば物体であり客体である。音節の長短は一貫して存在し続けるものである。それは、個々の人が何をどのように表現したいと思うかということに関わりがなく、また単語が何を意味するのかということによって左右されることがない。プラトンが『国家』において、リュトモス・ハルモニア・ロゴスに関して提示する、「リュトモスとハルモニアがロゴスに従うのであって、ロゴスがこれらに従うのではない」（400D3-4）という原則も、以上の観点から理解することができよう。

---

153) *Cratyrus*, 424C1-3. 以下の論述については、G. Thrasybulos, *Greek Music, Verse and Dance*, trans. Erwin Benedikt and Marie Louis Martinez (New York: Da Capo Press, 1973) 54-55 を参照。

(2) リュトモスとエートス

プラトンのソクラテスは、リュトモスのエートスの詳細に関して不案内を表明するが、リュトモスにはエートスが伴うとみなす見解については、それを当然のごとく受け入れているように思われる。このことから、そのような見解は古典期のギリシャ人たちの共通認識であったであろうことが推察される[154]。リュトモスとエートスとのあいだに密接な関係を認める見解については、アリスティデス・コィンティリアヌスの『音楽論』(De Musica) から以下の証言が得られる。

> Τῶν δὲ ῥυθμῶν ἡσυχαίτεροι μὲν οἱ ἀπὸ θέσεων προκαταστέλλοντες τὴν διάνοιαν, οἱ δ᾽ ἀπὸ ἄρσεων τῇ φωνῇ τὴν κροῦσιν ἐπιφέροντες τεταραγμένοι· καὶ οἱ μὲν ὁλοκλήρους τοὺς πόδας ἐν ταῖς περιόδοις ἔχοντες εὐφυέστεροι* * *· καὶ οἱ μὲν βραχεῖς τοὺς κενοὺς ἔχοντες ἀφελέστεροι καὶ μικροπρεπεῖς, οἱ δ᾽ ἐπιμήκεις μεγαλοπρεπέστεροι· καὶ οἱ μὲν ἐν ἴσῳ λόγῳ τεταγμένοι δι᾽ ὁμαλότητα χαριέστεροι, οἱ δ᾽ ἐν ἐπιμορίῳ διὰ τοὐναντίον κεκινημένοι, μέσοι δὲ οἱ ἐν τῷ διπλασίονι, ἀνωμαλίας μὲν διὰ τὴν ἀνισότητα μετειληφότες, ὁμαλότητος δὲ διὰ τὸ τῶν ἀριθμῶν ἀκέραιον καὶ τοῦ λόγου τὸ ἀπηρτισμένον.
>
> Τῶν δ᾽ ἐν ἴσῳ λόγῳ οἱ μὲν διὰ βραχειῶν γινόμενοι μόνων τάχιστοι καὶ θερμότεροι, «οἱ δὲ διὰ μακρῶν μόνων βραδύτεροι» καὶ κατεσταλμένοι, οἱ δ᾽ ἀναμὶξ ἐπίκοινοι. εἰ δὲ διὰ μηκίστων χρόνων συμβαίη γίνεσθαι τοὺς πόδας, πλείων ἡ κατάστασις ἐμφαίνοιτ᾽ ἂν τῆς διανοίας. διὰ τοῦτο τοὺς

---

154) Cf. W. D. Anderson, *Ethos and Education in Greek Music*, 11.

μὲν βραχεῖς ἐν ταῖς πυρρίχαις χρησίμους ὁρῶμεν, τοὺς δ' ἀναμὶξ «ἐν» ταῖς μέσαις ὀρχήσεσι, τοὺς δὲ μηκίστους ἐν τοῖς ἱεροῖς ὕμνοις, οἷς ἐχρῶντο παρεκτεταμένοις τήν τε περὶ ταῦτα διατριβὴν μίαν καὶ φιλοχωρίαν ἐνδεικνύμενοι τήν τε αὐτῶν διάνοιαν ἰσότητι καὶ μήκει τῶν χρόνων ἐς κοσμιότητα καθιστάντες ὡς ταύτην οὖσαν ὑγίειαν ψυχῆς. τοιγάρτοι κἂν ταῖς τῶν σφυγμῶν κινήσεσιν οἱ διὰ τοιούτων χρόνων τὰς συστολὰς ταῖς διαστολαῖς ἀνταποδιδόντες ὑγιεινότατοι. τοῖς δ' ἐν ἡμιολίῳ λόγῳ θεωρουμένοις ἐνθουσιαστικωτέροις εἶναι συμβέβηκεν, ὡς ἔφην. τούτων δὲ ὁ ἐπιβατὸς κεκίνηται μᾶλλον, συνταράττων μὲν τῇ διπλῇ θέσει τὴν ψυχήν, ἐς ὕψος δὲ τῷ μεγέθει τῆς ἄρσεως τὴν διάνοιαν ἐξεγείρων. τῶν δ' ἐν διπλασίονι γινομένων σχέσει οἱ μὲν ἁπλοῖ τροχαῖοι καὶ ἴαμβοι τάχος τε ἐπιφαίνουσι καί εἰσι θερμοὶ καὶ ὀρχηστικοί, οἱ δὲ ὄρθιοι καὶ σημαντοὶ διὰ τὸ πλεονάζειν τοῖς μακροτάτοις ἤχοις προάγουσιν ἐς ἀξίωμα. καὶ οἱ μὲν ἁπλοῖ τῶν ῥυθμῶν τοιοίδε.

Οἵ γε μὴν σύνθετοι παθητικώτεροί τέ εἰσι, τῷ κατὰ τὸ πλεῖστον τοὺς ἐξ ὧν σύγκεινται ῥυθμοὺς ἐν ἀνισότητι θεωρεῖσθαι, καὶ πολὺ τὸ ταραχῶδες ἐπιφαίνοντες, τῷ μηδὲ τὸν ἀριθμὸν ἐξ οὗ συνεστᾶσι τὰς αὐτὰς ἑκάστοτε διατηρεῖν τάξεις ἀλλ' ὁτὲ μὲν ἀπὸ μακρᾶς ἄρχεσθαι, λήγειν δ' εἰς βραχεῖαν, ἢ ἐναντίως, καὶ ὁτὲ μὲν ἀπὸ θέσεως, ὁτὲ δὲ ὡς ἑτέρως τὴν ἐπιβολὴν τῆς περιόδου ποιεῖσθαι. πεπόνθασι δὲ μᾶλλον οἱ διὰ πλειόνων ἢ δυεῖν συνεστῶτες ῥυθμῶν· πλείων γὰρ ἐν αὐτοῖς ἡ ἀνωμαλία· διὸ καὶ τὰς τοῦ σώματος κινήσεις ποικίλας ἐπιφέροντες οὐκ ἐς ὀλίγην ταραχὴν τὴν διάνοιαν ἐξάγουσιν. πάλιν οἱ μὲν ἐφ᾽ ἑνὸς γένους μένοντες ἧττον κινοῦσιν, οἱ δὲ μεταβάλλοντες εἰς ἕτερα βιαίως ἀνθέλκουσι τὴν ψυχήν, ἑκάστῃ διαφορᾷ παρέπεσθαί τε καὶ ὁμοιοῦσθαι τῇ ποικιλίᾳ καταναγκάζοντες. διὸ κἂν ταῖς κινήσεσι τῶν ἀρτηριῶν αἱ τὸ μὲν εἶδος ταὐτὸ τηροῦσαι, περὶ δὲ τοὺς χρόνους μικρὰν ποιούμεναι διαφορὰν ταραχώδεις μέν, οὐ μὴν κινδυνώδεις, αἱ δὲ ἤτοι λίαν παραλλάττουσαι τοῖς χρόνοις ἢ καὶ τὰ γένη μεταβάλλουσαι φοβεραί τέ εἰσι καὶ ὀλέθριοι. ἔν γε μὴν ταῖς πορείαις τοὺς μὲν εὐμήκη τε καὶ ἴσα κατὰ τὸν σπονδεῖον βαίνοντας κοσμίους τε τὸ ἦθος καὶ ἀνδρείους ἄν τις εὕροι, τοὺς δ᾽ εὐμήκη μέν, ἄνισα δὲ κατὰ τοὺς τροχαίους ἢ παίωνας θερμοτέρους τοῦ δέοντος, τοὺς δὲ ἴσα «μέν», μικρὰ δὲ λίαν κατὰ τὸν πυρρίχιον ταπεινοὺς καὶ ἀγεννεῖς, τοὺς δὲ βραχὺ καὶ ἄνισον καὶ ἐγγὺς ἀλογίας ῥυθμῶν παντάπασιν ἐκλελυμένους· τούς γε μὴν τούτοις ἅπασιν ἀτάκτως χρωμένους οὐδὲ τὴν διάνοιαν καθεστῶτας, παραφόρους δὲ κατανοήσεις.

Ἔτι τῶν ῥυθμῶν οἱ μὲν ταχυτέρας ποιούμενοι τὰς ἀγωγὰς θερμοί τέ εἰσι καὶ δραστήριοι, οἱ δὲ βραδείας καὶ ἀναβεβλημένας ἀνειμένοι τε καὶ ἡσυχαστικοί· ἔτι δὲ οἱ μὲν στρογγύλοι καὶ ἐπίτροχοι σφοδροί τε καὶ συνεστραμμένοι καὶ εἰς τὰς πράξεις παρακλητικοί, οἱ δὲ περίπλεῳ τῶν φθόγγων τὴν σύνθεσιν ἔχοντες ὕπτιοί τέ εἰσι καὶ πλαδαρώτεροι, οἱ δὲ μέσοι κεκραμένοι τε ἐξ ἀμφοῖν καὶ σύμμετροι τὴν κατάστασιν.

諸リュトモスの中でテシスをもって始まり、心を落ち着かせる諸

リュトモスは、より静穏である。アルシスで始まり、楽音に絃楽器音を加える諸リュトモスは、動揺がある。諸周期において完全な諸プースをもつ諸リュトモスは、より自然にかなっている。短い休止をもつ諸リュトモスは、あまり繊細ではなくやぼったいが、やや長い休止をもつ諸リュトモスはより壮大である。均等な比率で規定された諸リュトモスは、均等性のゆえにより優雅であるが、超特殊の比率で規定された諸リュトモスは、反対状態のゆえに動揺がある。二倍の比率で規定された諸リュトモスは、その中間であり、不均等のゆえに不規則性と、数の純粋性と比率の完全性のゆえに均等性を分有している。

　均等な比率の諸リュトモスの中で短音節だけから成り立っている諸リュトモスは、非常に速く、より熱いが、長音節だけから成り立っている諸リュトモスは、より遅く、整然としている。両方の混合から成り立っている諸リュトモスは、両方に共通の性質をもつ。諸プースが一番長い持続時間によって成り立っているような場合には、心のより整然とした状態が表されるであろう。このことのゆえに、われわれの見るところでは、短音節の諸リュトモスは戦踊りに役立ち、両方の混合による諸リュトモスは中間的な踊りに役立ち、一番長い持続時間によるリュトモスは聖なる讃歌に役立つ。讃歌は延長された諸リュトモスを用いたものであり、そういった諸リュトモスに関する（一つの）愛好と愛着を表しており、持続時間の等しさと長さとによって自分たちの心を秩序正しい状態に至らせるが、魂が健康であるとはそういうことである。したがって、脈拍運動においても、そのような持続時間による諸リュトモスは「切れ目」（ディアストレー）に対応して「収縮」（シュストレー）をもたらし、最も健康的である。３：２の比率で考えられている諸リュトモスは、より熱狂的なものになるということは、先に述べたとおりである。これらの中で「上昇傾向のリュトモス」（エピバトス）はより動揺があり、二倍のテシスによって魂を大

いに混乱させるが、アルシスの大きさによって心を覚醒し高揚する。二倍の関係において成り立っている諸リュトモスの中で、単純なトロカイオスとイアンボスは速さを示し、熱く、舞踊向きであるが、「四重イアンボス」（オルティオス）と印つきトロカイオスは、一番長い音に延長するゆえに、価値あるものへと前進していく。以上が諸リュトモスの中で単純な比率をもつ諸リュトモスである。

　たしかに複合的な比率をもつ諸リュトモスは、より情感的であり、ずっと混乱したものを表す。それらを合成する諸リュトモスはおおむね、不均等の関係において考えられているからである。なぜなら、それらを構成する数は、それぞれの場合に同一の順序を維持しておらず、むしろ、ある時には、それらは長音節で始まり単音節で終わるか、またはその反対だからであり、あるときには、それらはテシスから始まり、あるときには、異なる仕方で始まり、周期の構想をつくり出すからである。このことは、二つ以上のリュトモスから構成される比率をもつ諸リュトモスにもっとよくあてはまる。なぜなら、それらの中の不均等はより大きいからである。それゆえ、それらは身体の多様な動きを増加させることによって、心を少なからぬ混乱に至らせるからである。また、一つの種類にとどまる諸リュトモスは魂を動かすことがより少ないが、他の種類に転換する諸リュトモスは、力ずくで魂を逆方向に引っ張り、魂にそれぞれの違いを付随させ、自らを多様性に同化するように強制する。それゆえ、動脈運動においても、この同じ形態を保ち、持続時間において小さな違いを作る諸リュトモスは、混乱させるものではあるが、危険なものではない。だが、持続時間において過度に異なるか、あるいは類が転換することさえする諸リュトモスは、恐るべきものであり、破壊的なものである。しかし、歩き方において、以下のことが見いだされるであろう。スポンデイオスに従い程良い長さで均等に歩く者たちは、エートス（情感）におい

て秩序正しく男らしい。程良い長さではあるが、トロカイオスまたはパイオーンに従い不均等に歩く者たちは、必要以上に熱い。均等ではあるが、ピュリケーに従い非常に小幅に歩く者たちは、卑しく下品である。短く、不均等に、リュトモスの変則に近く歩く者たちは、完全に解き放たれてはいる。たしかに、これらすべての歩幅を無規律に使用する者たちは、心を確立した者たちではなく、倒錯した者たちであることはお分かりになるだろう。

　さらに、諸リュトモスの中でより速いテンポを作る諸リュトモスは、熱く活発であるが、遅く、前奏のある諸リュトモスは、のんびりしてなめらかである。さらに、きびきびとし、軽快な諸リュトモスは、激しく、きびきびしており、活動へと鼓舞する。楽音を詰め込まれた構成をもつ諸リュトモスは、怠惰で、よりじめじめしている。中間の諸リュトモスは、両者の混合したものになっており、その構成において均整がとれている[155]。

　以上のテクストから、アリスティデスはリュトモスとエートスとのあいだに密接な結びつきを認めていたことがわかる。もっとも、このような認識はローマ時代になって彼が初めて発見したものではなく、すでに古代ギリシャ時代から学者たちのあいだで一般に広く受け入れられていた見解を受け継ぐものである[156]。ソフィストの時代には、すでにリュトモスのエートスに関する諸学説が存在しており、音楽と散文の批判として、特に修辞の批判として用いられていた[157]。美的かつ道徳的な性格が様々の

---

155) Aristides Quintilianus, *De Musica*, 2.15.1-69. Cf. Aristides Quintilianus, *On music, in three books, translation with introduction, commentary, and annotations*, trans. T. J. Mathiesen. クルト・ザックス『リズムとテンポ』122-126。

156) Cf. M. L. West, *Ancient Greek Music*, 157-159.

リュトモスに帰せられ、ある場合には、リュトモスと特定の性格を有する踊り、または音楽との関連に基づき、ある場合には、主観的に、ある場合には、先にアリスティデスにおいて見たように、理論的考察に基づき、リュトモスとエートスの結びつきが語られた。ダクテュロスのリュトモスは、特に英雄叙事詩のヘクサメトロスにおいて顕著であるように、壮大で、高貴で、安定したものであると考えられた[158]。イアンボスとトロカイオスは、より流動的に考えられた。イアンボスは日常会話のリュトモスに近く、実際的であり、威厳を欠いていないが、トロカイオスは、やや威厳を欠き、より軽快で、より舞踊的であり、庶民の滑稽な踊りである「コルダクス」(κόρδαξ) の性格を持つと考えられた[159]。

　音節・音符の長短の比率が大きいほど、そのリュトモスはより荘厳で威厳があると感じられたということは、先にアリスティデスにおいて見たとおりである。短音節のみからなる韻律は、速く、熱烈で、威厳に欠けるが、ピュリケー (πυρρίχη) のように武具着用による動きの速い踊りには適していると感じられた[160]。他方、長音節のみからなる韻律は荘厳で、堂々としていると感じられ[161]、穏やかでまじめな心境に導くと考えられた[162]。

---

157) 音楽に関しては、Aristides Quintilianus, *De Musica*, 2.15 を参照。修辞に関しては、Aristoteles, *Ars Rhetorica*, 1408b32ff.; Dionysius Halicarnassensis, *De Compositione Verborum*, 104ff. を参照。

158) Aristoteles, *De Poetica*, 1459b32, cf. *Politica*, 1340b8, *Ars Rhetorica*, 1408b32; Dionysius Halicarnassensis, *De Demosthene*, 108.

159) Aritoteles, *Ars Rhetorica*, 1408b33-7, cf. *De Poetica*, 1449a24, 1459a12, 1460a1, *Politica*, 1340b9; Dionysius Halicarnassensis, *De Compositione Verborum*, 106.

160) Dionysius Halicarnassensis, *De Compositione Verborum*, 105, 107. ピュリケーの韻律は、∪∪または∪∪∪∪である。

161) Dionysius Halicarnassensis, *De Compositione Verborum*, 105, 107.

162) Dionysius Halicarnassensis, *De Demosthene*, 22.

以上において見た理論家たちの学説から見て、古典期においてリュトモスのエートスがどれほど理論家たちによって広く受け入れられていたかがわかる。学者たちのあいだにどの程度の合意があったかについて詳細を語ることは難しい。しかし、たとえば、トロカイオスの流れるような性格や、長くゆっくりした音符の荘厳さや、短く速い音符における荘厳さの欠如や、均整の取れていないリュトモスにおける不安定な性格などは、現代のわれわれにも理解できそうであると言えよう[163]。

(3) プラトンのリュトモス観

リュトモスに関してプラトンのソクラテスが保つ基本姿勢は、以下の二点に要約できるであろう。

① リュトモスに関する楽理上の詳細に立ち入らず、むしろ、秩序ある生活や、勇気ある人の生活を表すリュトモスは何かを観察する。つまり、エートスの観点からリュトモスを観察する。
② その観察に基づき、プースとメロスとをそのような生活を表すロゴスに従わせるべきである。

そこで問題となるのは、リュトモスにはどのような種類のものがあるのかということと、どのリュトモスがどのようなエートスを表すのかということである。リュトモスの種類については、ソクラテスは自ら語ることを控え、代わりにグラウコンに語らせる。グラウコンは、バシス（ἡ βάσις、「足運び」）におけるアルシス（ἄρσις、「上昇」）とテシス

---

[163] Cf. M. L. West, *Ancient Greek Music*, 159. エートス説への反論について言えば、ピロデモスのように、メロスとリュトモスは歌詞を欠くならば倫理的機能をもつことができないと主張する理論家もいた。Philodemus, *De Musica*, 4. しかし、エートス説を否定する理論家は少数に限られる。Cf. G. Comotti, *Music in Greek and Roman Culture*, 44. M. L. West, *Ancient Greek Music*, 251 も、古典期およびヘレニズム期を通じて音楽の倫理的力への信念は広く普及していたという見解を示す。

(θέσις,「下降」) の比には、三つの基本形があることを語る。すなわち、①ダクテュロス（——∪∪）、スポンデイオス（—— ——）、アナパイストス（∪∪——）のような2：2の比の脚、②パイアン（——∪∪∪）、クレーティコス（——∪——）のような3：2の比の脚、③トロカイオス（——∪）、イアンボス（∪——）のような2：1の比の脚、の三種類である。しかし、どのリュトモスがどのエートスを表現するのかという問題については、グラウコンは不案内を告白する。そこで、ソクラテスはリュトモスのエートスに関する問題については、すなわち「下品、高慢、狂気、その他の悪に合致するバシスの数々は何か」(400B)、また、その反対を表現するリュトモスは何かという問題については、その道の専門家であるダモンに相談することを提案する。とはいえソクラテスは、この問題について全く知識がないわけではない。彼は、正確な知識ではないがとことわりつつも、かつてダモンから学んだこととして以下の諸点を述べる[164]。

① ダモンは「複合的エノプリオス」(ἐνόπλιος σύνθετος)[165]、「ダクテュロス」(δάκτυλος)、「ヘーローオス」(ἡρῷος) といった名前をあげた。

② ダモンはソクラテスにはわからない仕方でリュトモスを構成し、リュトモスが単音節や長音節へ移行するときに、「上昇」(ἄνω, 後に ἄρσις) と「下降」(κάτω, 後に θέσις) とを同等にした。

③ ダモンはある韻律を「イアンボス」(ἴαμβος) と名づけ、もう一つの韻律を「トロカイオス」(τροχαῖος) と名づけ、それぞれに長音節と単音節をはめ込んだ。

---

[164] 400BC.

[165] 「複合的」(σύνθετος) は、Aristoxenus, *Elementa Rhythmica*, 2.26; Aristides Quintilianus, *De Musica*, 1.14-15 から知られるように、「より小さな構成要素に分解できる持続時間」(Σύνθετος δέ ἐστι χρόνος ὁ διαιρεῖσθαι δυνάμενος) を意味する。Cf. M. L. West, *Ancient Greek Music*, 244 n.63.

④ダモンはリュトモスそのものと同じくらいに、「韻脚のテンポ」(τὰς ἀγωγὰς τοῦ ποδὸς) についても、あるいはリュトモスとテンポを一緒にしたものについても、非難したり賞賛したりした。

バーカー（A. Barker）の説明に従えば、「複合的なエノプリオス」は、おそらく、〔∪——∪∪——∪∪——〕であり、行進のリュトモスとしてよく知られている[166]。「ヘーローオス」は韻脚（ダクテュロス）の名称でもありうるが、ここではおそらくホメロスに代表される叙事詩における、ヘクサメトロスのリュトモスを表すものと考えられる。このリュトモスにおいては、「アルシスとテシス」とは等しく、長音節は単音節の2倍に相当する。「リュトモスが単音節や長音節へと移行する」とは、おそらく個々の韻脚が単音節に終わるもの（ダクテュロスのように ——∪∪）か、または、長音節に終わるもの（スポンデイオスのように —— ——）を意味するものと考えられる。ソクラテスがリュトモスについて語るのは、ここまでである。これ以上のリュトモスのエートスに関する詳細については、ダモンに任せるべきことが再び提案される。

4. プラトンとダモン

ではダモンの理論とはどのような内容のものであったのだろうか。また、ソクラテスの発言は全面的にダモンに依拠しているように聞こえるが、これをどのように理解すべきだろうか。ダモンの理論[167]について

---

166) Cf. A. Barker, ed., *Greek Musical Writings* I, 134.
167) 以下の記述については、W. D. Anderson, "The Importance of Damonian Theory in Plato's Thought," *Transactions and Proceedings of the American Philological Association* 86 (1955) 88-102; *Ethos and Education in Greek Music*, 74-81; C. Lord, "On Damon and music education," *Hermes* 106 (1978) 32-43 を参照。ダモン理論に関する史料については、Athenaeus, *Deipnosophistae*, 14. 628e; Aristides Quintilianus, *De Musica*, 2.14; Philodemus,

は、プラトンが提供する情報以外にはわずかの断片が残されているだけである。ディールス（H. Diels）によると、以下のとおりである[168]。

①アテナイオスが伝えるところによると、ダモン学派の人々は魂の動きと歌舞との相互関係について次のように語った[169]。

> οὐ κακῶς δ' ἔλεγον οἱ περὶ Δάμωνα τὸν Ἀθηναῖον ὅτι καὶ τὰς ᾠδὰς καὶ τὰς ὀρχήσεις ἀνάγκη γίνεσθαι κινουμένης πως τῆς ψυχῆς· καὶ αἱ μὲν ἐλευθέριοι καὶ καλαὶ ποιοῦσι τοιαύτας, αἱ δ' ἐναντίαι τὰς ἐναντίας.
>
> アテナイ人ダモンの弟子たちが次のように語ったのは、まったくその通りである。「魂が何らかの仕方で動かされるとき、必然的に歌と踊りが生起する。自由で美しい歌舞は同じ種類の魂をつくり、反対の種類の魂は反対の種類の歌と踊りをつくる」[170]。

②ダモンのハルモニア観に関する一番重要な情報は、アリスティデス・

De Musica, 3.77.13-17; Diels, Die Fragmente der Vorsokratiker, translated from the fifth edition by Kathleen Freeman, Ancilla to the Pre-Socratic Philosophers (Oxford, 1948) 207-208 を参照。

168) Diels, Die Fragmente der Vorsokratiker, 207-208.
169) Athenaeus, Deipnosophistae, 14. 628c.
170) καὶ αἱ μὲν ἐλευθέριοι καὶ καλαὶ ποιοῦσι τοιαύτας, αἱ δ' ἐναντίαι τὰς ἐναντίας は、主語と述語を逆にして、「美しく、自由人の特徴をなす歌と踊りは同じ種類の魂を造り、反対の種類の歌と踊りは反対の種類の魂を造る」と訳すこともできる。このような理解もダモン的伝承に属することは、以下に紹介される Aristides Quintilianus, De Musica, 2.14 から明かである。歌舞と魂は相互に影響を与え合うということであろう。一方、歌舞は魂の品性に影響を与え、他方、魂の品性はどのような歌舞を造り、楽しむかということに影響を与えるのである。Cf. A. Barker, ed., Greek Musical Writings I, 287 n.135.

コィンティリアヌス『音楽論』(*De Musica*) II巻から得られる。アリスティデスの証言が真正のダモン理論を伝えているのかどうかは慎重な取り扱いを要する問題であるが、アリスティデスによるとダモン学派の楽理は次のようなものであった[171]。

Ἐοίκασι γάρ, ὡς ἔφην, αἱ μὲν ἁρμονίαι τοῖς πλεονάζουσι διαστήμασιν ἢ τοῖς περιέχουσι φθόγγοις, οὗτοι δὲ τοῖς τῆς ψυχῆς κινήμασί τε καὶ παθήμασιν. ὅτι γὰρ δι' ὁμοιότητος οἱ φθόγγοι καὶ συνεχοῦς μελῳδίας πλάττουσί τε οὐκ ὂν ἦθος ἔν τε παισὶ καὶ τοῖς ἤδη προβεβηκόσι καὶ ἐνδομυχοῦν ἐξάγουσιν, ἐδήλουν καὶ οἱ περὶ Δάμωνα· ἐν γοῦν ταῖς ὑπ' αὐτοῦ παραδεδομέναις ἁρμονίαις τῶν φερομένων φθόγγων ὁτὲ μὲν τοὺς θήλεις, ὁτὲ δὲ τοὺς ἄρρενας ἔστιν εὑρεῖν ἤτοι πλεονάζοντας ἢ ἐπ' ἔλαττον ἢ οὐδ' ὅλως παρειλημμένους, δῆλον ὡς κατὰ τὸ ἦθος ψυχῆς ἑκάστης καὶ ἁρμονίας χρησιμευούσης. διὸ καὶ τῶν μερῶν τῆς μελοποιίας ἡ καλουμένη πεττεία τὸ χρησιμώτατον ἐν ἐκλογῇ τῶν ἀναγκαιοτάτων φθόγγων ἑκάστοτε θεωρουμένη.

というのは、すでに述べたように、諸ハルモニアは、それらの優勢な音程と限定する楽音に類似し、また魂の運動とパトスに類似する。というのも、連続する旋律の楽音が、子どもたちとすでに年齢の進んだ人たち[172]のうちに、それまで存在していなかったエートスをつくり

---

171) Aristides Quintilianus, *De Musica*, 2.14.50-63.
172) ἤδη は「もっと」(W. D. Anderson) ではなく、「すでに」という意味にとるのが正しいと思われる。ἔν τε παισὶ καὶ τοῖς ἤδη προβεβηκόσι は、子どもたちと老人たちという二つの限られた年代層への言及である。Cf. C. Lord, "On Damon and music education," *Hermes* 106 (1978) 34.

出し、また潜在していたエートスを導き出すのは、類似によってだからである。このことは、ダモンとその学派の人々も明らかにしていた。ダモンによって伝えられたハルモニアにおいては、継起する楽音のうち、ある時には女性的な楽音が、ある時には男性的な楽音が増加し、あるいは減少し、あるいは完全に欠如しているのを見いだすことができる。というのは明らかに、ハルモニアも、それぞれの魂のエートスにしたがって有益なものとなるからである[173]。音楽作品の諸要素の中で、いわゆるペッテイアが、最も必要な楽音の選択において、それぞれの場合に最も有益であると見なされるのは、以上の理由による。

アンダーソン（W. D. Anderson）は、個々の楽音が独自のエートスを有するという思想をダモンのものであるとみなしている[174]。しかし、アリスティデスの議論は、逆のことを示しているように思われる。アリスティデスは、非常に古い時代には「人々はいつもすべての楽音を用いるとはかぎらなかった」と語っている。個々の楽音は、本来、特定のハルモニアに所属するものであったのではないかと推察できるのである[175]。したがって、「楽音選択」（πεττεία）も、ダモンの思想ではないと考えられる[176]。男性的もしくは女性的楽音の区別も、ダモンの真正の学説ではなく、むしろダモンのハルモニア理解に関するアリスティデスの解釈を示すものであると思われる[177]。ダモンとその学派の人たちは、ハルモニアの

---

173) 「女性的」とは「より高い」を意味し、「男性的」とは「より低い」を意味する。Cf. Aristides Quintilianus, *De Musica*, 77.19. M. L. West, *Ancient Greek Music*, 247 n.81.
174) "The Importance of Damonian Theory in Plato's Thought," 98-101.
175) Aristides Quintilianus, *De Musica*, 1.9.
176) Cf. C. Lord, "On Damon and music education," 36.
177) γοῦν、および ἔστιν εὑρεῖν は、アリスティデスの解釈を示唆する。Cf. C.

エートスを決定するものは個々の楽音ではなく、むしろ音程の組み合わせ方とそれから発展した音楽的特色もしくは様式であると考えたであろうと推察できる。個々の魂の益となるようにそれぞれの旋律を作曲するという思想も、ダモンとその学派の人々のものではないと思われる。ダモンが行ったことは、それぞれのハルモニアに特有のエートスを具現する作品をつくることであった。彼が念頭においたハルモニアは、一方は男性的楽音が優勢を占め、他方は女性的楽音が優勢を占めるという、対照的な二つの様式であったようである[178]。

③ピロデモスが伝えるところでは、ダモンはムゥシケーとアレテーとの関係について次のように語ったという。

> ἐπιζητήσαντος > δέ τινος, πότερον εἰς πάσας τ > ὰς ἀρετὰς ἢ τινὰς ἡ μουσικ > ὴ προάγει, Δάμωνα πάλιν φη > σὶν τὸν μουσικὸν εἰς πάσα > ς σχεδὸν οἴεσθαι· λέγειν γά > ρ αὐτόν, προσήκειν αἴδοντ > α καὶ κιθαρίζοντα τὸν πα > ῖδα μὴ μόνον ἀνδρε < ίαν ἐμφαί > νεσθαι καὶ σω < φροσύνη > ν, ἀλλὰ καὶ δι < καιοσύνην.

もしだれかが、ムゥシケーは人をすべてのアレテーに進ませるのか、それともいくつかのアレテーに進ませるのかということを探求するならば、ムゥシケー人のダモンはまた、「『すべてのアレテーに（進ませる）』」と思う」と言う。というのも、彼は、「少年が歌を歌いキタラを奏でるとき、本来、勇気と節制だけではなく正義をも顕わすべきである」と語っているからである[179]。

Lord, "On Damon and music education," 36.

178) Cf. C. Lord, "On Damon and music education," 36-37.

179) Philodemus, *De Musica*, 3.77.13-17.

ダモンは、ギリシャにおいて音楽のエートスについて考察した最初の人物ではない。彼以前にもピュタゴラスは、エートス説に合致する線に沿って音楽のあり方を考えていた。ピンダロスは、「ドーリスのメロスが最も厳粛である」(Δώριον μέλος σεμνότατόν ἐστιν) と述べている[180]。ピロラオスは、数とハルモニアは「偽りとねたみ」(τὸ ψεῦδος καὶ ὁ φθόνος) を本来的に受け入れないものと見なした[181]。デモクリトスは、子どもたちは音楽の学習によって「尊敬」(τὸ αἰδεῖσθαι) ということを学ぶと考えた[182]。しかし、エートスに関する考えをかつてないほど発展させ、学説として理論化したのはダモンの功績であると言えるであろう[183]。

　『国家』におけるソクラテスが、ムゥシケー理論の詳細については、ダモンの指示を仰ぐ必要があることをどれほど強調しているかは、すでに見たとおりである[184]。ソクラテスは、次のようにダモン説に賛同を表明している。

　　ムゥシケーの新形式への改変は、全体にわたる変化をもたらす危険をおかすことなので、警戒しなければならない。なぜなら、ポリス社会の最も重要な法律（ノモス）の数々を離れて、ムゥシケーの諸旋法が変化させられることはけしてないのだから。これはダモンの主張であり、私もそう確信している[185]。

---

180) Diels, *Die Fragmente der Vorsokratiker*, 67.
181) Diels, *Die Fragmente der Vorsokratiker*, 44B11. Philolaus, 11.1.25-27.
182) Diels, *Die Fragmente der Vorsokratiker*, 68B179. Democritus, 179.1.
183) ダモンの学説に関する評価については、W. D. Anderson, "The Importance of Damonian Theory in Plato's Thought," 88-102; W. D. Anderson, *Ethos and Education in Greek Music*, 36, 38-42, 177 を参照。
184) *Respublica*, 400B2-C5.

プラトンは、「ハルモニア転位」(μεταβολή)[186]を示唆する「転移させる」(μεταβάλλειν)、「音の動き」(κίνησις)[187]を示唆する「動かされる」(κινοῦνται)、「旋法」(τρόποι)[188]、「法律（讃歌）」(νόμοι)[189]といった音楽用語を連ねて、ムゥシケーのあり方の変更が教育のあり方に、ひいては、ポリス社会全体のあり方に重大な関わりをもつことを強調している[190]。

以上の箇所から見たところでは、プラトンはダモンを無条件で受け入れているようにも思われるが、よく読むと必ずしもそうではない。ダモンは

---

185) *Respublica*, 424C3-6.
186) S. Michaelides, *The Music of Ancient Greece*, 205-206 の説明によると、μεταβολή は、"the change made during the course of a melody as to the genus, the system, the tonos, the ethos etc." を意味する。
187) S. Michaelides, *The Music of Ancient Greece*, 167 の説明によると、κίνησις は人の声または楽器の音の動きを意味する。
188) S. Michaelides, *The Music of Ancient Greece*, 344 の説明によると、τρόπος の辞書的意味は、"mode, way, style" であり、τόνος や ἁρμονία と同義で用いられることもあった。
189) S. Michaelides, *The Music of Ancient Greece*, 222 は、「ノモス」(νόμος) について次のように説明する。すなわち言い伝えによると、その昔、人々は暗記しやすくするため法律を歌で覚えた (cf. Pseudo-Aristoteles, *Problemata*, 920a)。その後、神への讃歌のあり方は法律によって統制されることになり、その結果、善き品格と高い音楽性を有する作品が制定されるに至った。この種の作品は、統制原則からの逸脱を固く禁じられ、それゆえ「ノモイ」(νόμοι) と呼ばれたということである。Cf. M. L. West, *Ancient Greek Music*, 215-217.
190) ἐν ὅλῳ κινδυνεύοντα をどのように読むかが問題である。筆者は、教育のあり方と国家のあり方とは互いに連動するということが語られる文脈から見て、ἐν ὅλῳ は教育と国家のあり方全体を指すものと解釈する。また、κινδυνεύοντα については、その後に μεταβάλλειν を補って理解したい。Cf. G. R. F. Ferrari, ed., *Plato The Republic, Cambridge Texts in the History of Political Thought*, 117: "They should beware of new forms of music, which are likely affect the whole system of education."

多才な人物であるとされているが、プラトンは多才をよいものとは考えない。一人の市民が一つの仕事を行うべきであるというのが、プラトンの理想国家の原則であった[191]。ダモンはムゥシケーの専門家であるとされているが、プラトンは概して専門的熟達を第一に重要なことであるとは考えない。リュトモスのエートスの詳細に触れることに対するプラトンの保留も、この観点からよりよく理解できると思われる。その保留は、たんに専門知識の不足に由来する躊躇であるというよりはむしろ、専門的詳細に耽溺することに対するアイロニーであるとも解釈することができる。プラトンのポリス構想においては、市民はムゥシケーの専門家であることを要せず、ムゥシケーのたしなみがある程度で十分である。ただし、そのムゥシケーは現行の多種多彩なムゥシケーではなく、単純性の原則にしたがって浄化された、善き人の形成に寄与するムゥシケーでなければならなかった。プラトンにとってムゥシケーは自己目的ではなく、人間形成のための手段であった。その観点から彼は、ムゥシケーにおける行き過ぎた多様化と専門化を理想国家から排除した。彼にとって、ダモンは同盟者ではあったにしても、「危険な同盟者」であったと言えよう[192]。ダモンは、社会活動の面では、主としてペリクレス時代のアテナイにおいて政治的陰謀に関わった学者であり、学者としては専門的事項と細かい分類を好んだ[193]。これに対して、プラトンは、自分の理想国家に関するかぎり、ムゥシケーのパイデイアーを意図的に単純なレベルに押さえている。

　ダモンとプラトンの違いは、特に正義のエートスの可能性に関する見解を比較するとき明らかとなる。前1世紀のエピクロス派の哲学者・批評家、ガダラのピロデモス（Φιλόδημος）が伝えるところでは、ダモンは、

---

191) *Respublica*, 397E2.
192) Cf. W. D. Anderson, "The Importance of Damonian Theory in Plato's Thought," 95.
193) S. Michaelides, *The Music of Ancient Greece*, 72.

先に見たように、ムゥシケーと正義とのあいだに直接の結びつきがあることを主張したという。ピロデモスは、後ほど、この主張を不条理であるとして退ける[194]。もしプラトンがそのような主張をしたのなら、証拠が求められるところであるが、実際にはプラトンは音楽とエートスとのあいだに短絡的な結びつきは認めなかった。彼が認めたのは、両者のあいだに「類比」（ἀνάλογον）があるということまでであり、音楽的な人が正しい人であるとも、正しい人が音楽的な人であるとも主張していない。また音楽と正義という特定の二つの知識領域が、相互補完の関係を有するとも主張していない、とピロデモスは伝える。プラトンは『法律』において、詩人たちは「ムゥサの正しさ」（τὸ δίκαιον τῆς Μούσης）、すなわちムゥシケーにおいて何が正しいことであるかについて無知であると述べている[195]。プラトンにおいてムゥシケーと正義が明瞭に結びつけられているのは、この「ムゥサの正しさ」という表現くらいである。『国家』においてもムゥシケーにおけるハルモニアは正義と関連づけられてはいるが、その関係は類比のそれであり、内的結びつきではない[196]。プラトンは『国家』と『法律』の両方において、勇気と節制をそれぞれドーリス・ハルモニアとプリュギア・ハルモニアとに関係づけているが、正義についてはそれをしていない。ドーリスとプリュギアのエートスについて語る『国家』399A5-C4においても、プラトンはδίκαιοςにもδικαιοσύνηにも言及していない。つまり、ムゥシケーと正義の内的結びつきという点に関しては、プラトンはダモンにまったく依存していない[197]。

プラトンは単純にダモンのエートス説に依拠しているのではないこと

---

194) Philodemus, *De Musica*, 4.24.9-36.
195) *Leges*, 700D4.
196) *Respublica*, 443C9-E2.
197) Cf. W. D. Anderson, "The Importance of Damonian Theory in Plato's Thought," 97-98.

は、アリスティデス・コィンティリアヌスの『音楽論』からも確認することができる。この論文は三巻からなっており、I巻は学説、リュトモス、および韻律の定義を詳しく取り扱っている。アリスティデスは、アリストクセノス説において提示された諸原理に従っている。II巻はアリスティデスの主たる関心事であり、ムゥシケーの教育上の価値を取り扱っている。III巻は数によって表される、音楽と自然現象との関係を取り扱っている。アリスティデスはピュタゴラス説に従っている。この論文において提示されているダモンのエートス説は、宇宙論的色彩が濃厚である。アンダーソンに即して、アリスティデスが提供する情報から引き出すことができるダモンのエートス説の要点を列挙するなら、以下のようになるであろう[198]。

④個々の楽音は独自の精神上および倫理上の内容を具有し、それゆえ別個のエートスを具有する。そのため、「楽音選択」が重要となる。この点は、②で引用したアリスティデスの文章から明らかである

⑤絃楽器は管楽器にまさる。

> Τῶν ὀργάνων τοίνυν τὰ μὲν διὰ νευρῶν ἡρμοσμένα τῷ τε αἰθερίῳ καὶ ξηρῷ καὶ ἁπλῷ παρόμοια κόσμου τε τόπῳ καὶ φύσεως ψυχικῆς μέρει, ἀπαθέστερά τε ὄντα καὶ ἀμετάβολα καὶ ὑγρότητι πολέμια, ἀέρι νοτίῳ τῆς εὐπρεποῦς στάσεως μεθιστάμενα, τὰ δ᾽ ἐμπνευστὰ τῷ πνευματικῷ καὶ ὑγροτέρῳ καὶ εὐμεταβόλῳ, λίαν τε θηλύνοντα τὴν ἀκοὴν καὶ ἐς τὸ μεταβάλλειν ἐξ εὐθέος ἐπιτήδεια τυγχάνοντα καὶ ὑγρότητι

---

[198] Cf. W. D. Anderson, "The Importance of Damonian Theory in Plato's Thought," 98-102. ダモンのエートス説の内容については、すでに①②③の三点を述べたので、以下においては通し番号で、④⑤・・・と述べることにしたい。

τήν τε σύστασιν καὶ τὴν δύναμιν λαμβάνοντα.
したがって、楽器の中で、糸をより合わせたものは、宇宙の中のアイテール的で乾燥した単純な領域に、それゆえ、魂の中のそのような部分に非常に類似している。それらは、よりパトスがなく、変わることがなく、湿り気に敵対するが、湿った空気によって適切な状態から変化する。管楽器は、風のようなより湿った変わりやすい領域に非常に類似し、聞こえを過度に女性的にし、抑制のないハルモニア転位に傾きがちであり、湿り気によってそれらの体質と力を得ている[199]。

⑥１から12までの数は、形而上的意味を有し、ハルモニアによって全宇宙は一つに結束される[200]。ムゥシケーにおいては物質的なものが、数の原理に由来する「正確さおよび卓越性」（ἀκριβείας τε καὶ ἀκρότητος）と混じり合っている[201]。

⑦音階種（τόνοι, エンハルモニック、クロマティック、ディアトニック）は、魂もしくは身体の性質の種類と一致する。天体の音楽はエンハルモニック音階を有する[202]。

ダモンのエートス説について、少なくとも以上の７つの特徴が情報として与えられる。プラトンの考えはダモンのそれと類似点をもつが、ここではプラトンの独自性を明らかにする必要から、主として相違点に注目することにしたい。
①ダモンの見解は、二つの仮説を含む。第二の仮説、すなわち歌舞が自

---

199) Aristides Quintilianus, *De Musica*, 2.18.19-26.
200) *De Musica*, 3.3.15-27.
201) *De Musica*, 3.7.54.
202) *De Musica*, 3.11.1-46.

らに相応する魂を生むという考えは、ダモンのみならず、エートス説の支持者に共通する。第一の仮説、すなわち魂の中に生じた運動が自らに相応する歌舞を生むという考えは、ダモンの卓越した認識であると言える。歌舞と魂とのあいだにこのように双方向の因果関係を認めるダモンの考えは、プラトンのムゥシケー理解にとって大きな助けとなっている。

②個々の楽音、ハルモニア、音階種に男性的もしくは女性的な性格を認めるダモンの「類似性」(ὁμοιότης)理論は、難解で抽象的である。これに対して、プラトンの理論は単純でわかりやすい。彼は、ドーリス・ハルモニアとプリュギア・ハルモニアについて、それらは「勇敢な人（または節制のある人）の声の調子と高低を真似ている」と語る[203]。ダモンは、ムゥシケー教育は子どもたちと老人たちという二つの限られた年代層に有効であると考えるが、それに対してプラトンは、ムゥシケー教育は成人を含むすべての年代層に有効であると考える[204]。

③正義のエートスをめぐるダモンとプラトンの違いについては、すでに述べたとおりである。

④プラトンはダモンのように、個々の楽音にエートスを認めることをしない。プラトンがエートスを認める最小単位は、ハルモニアである。また、彼はダモンのように、個々の楽音、ハルモニア、音階種、および楽器に男性的もしくは女性的性格を認めることをしない。彼がこれらの性質を認めるのは、ハルモニアに対してだけである。さらに、プラトンはダモンのように、リュトモスは男性的であり旋律は女性的であるというようなはっきりした区別を行わない。むしろ、両方の性質はそれに対応するリュトモスの中に、さらにはハルモニアの中に反映されるという見方をする。

---

203) *Respublica*, 399A3-C4.
204) プラトンは、『法律』Ⅱ巻において、少年、30歳未満の者、30歳以上60歳未満の者の3種類からなる歌舞団を提案している。60歳以上の者も、自分にふさわしい仕方でムゥシケーの営みに参加する余地がある。*Leges*, 664B-674C.

⑤プラトンはダモンのように、楽器そのものに宇宙との類比を認めることをしない。楽器を評価する基準は、もっぱら単一か多様かということである[205]。彼は、単一性を理想とするので、リュラの楽音における「相違と多様性」（ἑτεροφωνίαν καὶ ποικιλίαν）を排除する[206]。

⑥プラトンも数に象徴的意味を認めるが、アリスティデスの情報から判断するかぎりでは、プラトンの手法はダモンの単なる複製であるとは思われない。

⑦プラトンは、「調性」（τόνοι）の可能性を認めない。彼は『国家』X巻のエルの物語においても、アナンケの紡錘の輪に乗って歌うセイレンの歌にいかなる調性も与えていない[207]。

以上の項目に加えて、ダモンとプラトンの違いをもう一つ挙げることができるかもしれない。ロード（C. Lord）は、アリストテレス『政治学』Ⅷ巻の中にダモン理論の反映を見いだすことができると主張する[208]。それを示すテクストは以下のとおりである。

> しかし、ねらいをつけるべきものが二つある。可能なものと適切なものとである。なぜなら、個々人はむしろ、可能なものどもと適切なものどもを企てなければならないからである。しかし、それらのものも、人生の時期に従って定義される。たとえば、年齢のゆえに衰弱している人々は、絃の張ったハルモニアを歌うことは容易ではない。むしろ、自然は、このような年齢の人々には、絃のゆるいハルモニアを用いることを指示している。それゆえ、ムゥシケー関係者の中のある人たちが、この点に関してもソクラテスを非難したのは正しい。なぜ

---

[205] *Respublica*, 399C-E.
[206] *Leges*, 812D-E6.
[207] *Respublica*, 617B.
[208] C. Lord, "On Damon and music education," 32.

なら、彼は、絃のゆるいハルモニアは、飲酒がもたらす効果——実際の酩酊の効果ではなく（なぜなら酩酊は本来興奮した狂乱の状態である）、むしろ人事不省の効果に類似した効果をもつという根拠にもとづいて、教育におけるそれらの使用を拒否したからである。したがって、来るべき人生の時期、すなわち老齢のためにも、このような種類のハルモニアとこのような種類のメロディーの両方に慣れておかなければならない。またこれらのハルモニアのあるものが、楽しさを与えながら秩序正しさを促進するゆえに、子どもたちの年齢に適切であるような場合には、とくにリュディア・ハルモニアがそれであると思われるわけだが、……。教育において守られるべき基準が三つあることは明らかである。中間、可能なもの、そして適切なものである[209]。

ロードは、この箇所をアリストテレスの真正の文章ではなく、後代のペリパトス学派のだれかによる挿入であると考える。この挿入者は、アリストテレスを補足したつもりかもしれないが、アリストテレスの見解を誤解している。しかし、はからずもダモン理論を反映している。特に、「絃のゆるいリュディア・ハルモニア」を積極的に評価する点にそれが現れているというのである。ロードは、その主張の根拠として以下の諸点をあげる[210]。

⑧この箇所では、歌は老人にとっても適切な活動であると想定されている。しかし、アリストテレスは、歌舞は若者だけに適切であり、老人には若者の歌舞を鑑賞することが適切であると明言している[211]。この見解は、基本的には、プラトンのそれに従うものである。挿入者は、「適切なもの」（τὸ πρέπον）をその分析の原理としているが、これはダモン理論の根本

---

209) *Politica*, 1342b17-34.
210) これまでの7項目に続けて、⑧ ⑨・・・とする。
211) *Politica*, 1342b17-23, 1340b20-21, 31-39, 1342a1-4.

的な要素であったと考えられる[212]。老人が実際に歌うべきであることを強調する考えも、ダモンの教説と合致する。『法律』における、老人たちによる「ディオニュソスのコロス」に関する規定の中に、ダモンの教説の反映を見ることも可能である[213]。

⑨このテクストにおいては、「リュディア・ハルモニア」、すなわち「絃のゆるい」ハルモニアは、楽しみと一緒に秩序正しさを促進するものとして、したがって若者の道徳教育に貢献するものとしてプラスの評価を受けている。しかし、アリストテレスはこのような見解に与しない。「絃のゆるい」ハルモニアは、それを聴く者の「心をより柔弱に」($μαλακωτέρως$ $τὴν$ $διάνοιαν$)[214] するからである。彼はプラトンとともに、ドーリス・ハルモニアを若者の教育に最適なものと考える。このテクストの挿入者は、ソクラテスが、絃のゆるいハルモニアは「酩酊」と関係があるという理由で、それらを教育において使用することを拒否したことに対して批判を示している。この批判は、結局、アリストテレス自身への批判ともなる。「楽しみと一緒に秩序正しさを促進する」という表現は、絃のゆるいリュディアの「秩序正しい」($κόσμιον$)エートスとドーリスの「男らしい」($ἀνδρεῖον$)エートスとの区別を示唆する[215]。しかるに、この区別はダモンに見られるものである。すでに見たように、彼は「男性的」楽音と「女性的」楽音の観点からハルモニアを作曲した。また、この区別は、『国家』においてダモンの名の言及に非常に近い箇所($βίου$・・・

---

212) アリスティデスは、ムゥシケーはある人たちによって「楽音と運動における適切なものの技術」($τέχνη$ $πρέποντος$ $ἐν$ $φωναῖς$ $καὶ$ $κινήσεσιν$)であると定義されたと語る。Aristides Quintilianus *De Musica*, 1.4[4.21].「運動」、すなわち踊りを含める考えは、ダモンを示唆する。Athenaeus, *Deipnosophistae*, 13. 628c.

213) *Leges*, 665A.

214) *Politica*, 1340b2-3.

215) *Politica*, 1342b12-14.

κοσμίου τε καὶ ἀνδρείου）で言及されている[216]。さらに、『国家』において、諸バシスのエートスに関するダモンの見解が、短く不透明な形で紹介されている[217]。プロクロスはこれについて、ダモンは、エノプリオスを「男らしい品性」（ἀνδρικὸν ἦθος）をもつとし、ダクテュロスを「秩序正しさと落ち着きを生む」（κοσμιότητος εἶναι ποιητικὸν καὶ ὁμαλότητος）とし、他方、両者が正しい仕方で混合するとき、真の意味の教育を提供するとみなしたという解釈を与えている[218]。ダモンにとって、ムゥシケー教育とは本来相反する性格を魂に注入し、調和させる営みであったと思われる。プラトンも、勇気を促進するハルモニアと節度を促進するハルモニアの両方が必要であると考える。この点ではダモンと同じである。しかし、相違するバシスの混合という点については、ダモンとは異なる。プラトンは、各人が一つのことだけをする、という原則にしたがって、「混合された様式」（397D6）を排除すべきであることをすでに言明している。

　以上の比較から見て、プラトンはダモン理論を使用したが、それを批判的かつ慎重に使用したとみなすアンダーソンの結論は、大筋において正しいと思われる[219]。ダモン理論の大部分はプラトンの対話篇に出てこないということは、注意すべき事実である。他方、プラトンはダモンに見られない独自の思索を数多く展開している。『国家』における守護者候補の子どもたちが受けるべき教育の観点から見たムゥシケーの意義、ムゥシケー

---

216) *Respublica*, 399E10-11. Cf. *Leges*, 802E8-11. ここでは、「壮大であることと男らしさへの傾向は男性的というべきであり、他方、秩序正しく、節度あることへの傾向は、……より女性的であると主張すべきである」と語られている。
217) *Respublica*, 400BC.
218) Proclus, *In Rempublicam*, 1.61.5-14.
219) Cf. W. D. Anderson, "The Importance of Damonian Theory in Plato's Thought," 102: "It is time we discarded the old idea of Plato as an unoriginal theorist, a mere Damonian echo."

とギュムナスティケーとの関係、「本曲」である哲学のための準備教育としてのムゥシケー、および『法律』におけるハルモニアとリュトモスの起源に関する思索[220]などは、いずれもダモンに依拠しないプラトン独自のものであると言えるであろう。

5．ロゴスの主導性

　プラトンは、「メロス」（μέλος, 抒情詩歌）のあり方に関する議論の冒頭において、歌におけるロゴスの優位およびハルモニアとリュトモスの従属、という原則を設定した[221]。この原則に基づき、彼はハルモニア・リュトモス論を展開してきた。メロスにおいてロゴスが主導者であり、ロゴスがエートスを含意するという考え方は、古代ギリシャ語の特質を反映していると思われる。その特質について、トラシュブーロス（G. Thrasybulos）は示唆に富む学説を提示している[222]。それによると、古代ギリシャにおいて詩のロゴスは、通常、朗読されるのではなく、歌詞として歌われた。しかも歌詞は、しばしば歌と踊りが一体をなす「歌舞」（χορεία）において使用された。つまり、歌詞は身体を通して体験されるものであった。しかるに、歌詞のロゴスを構成する基本要素はリュトモスであった。したがって、リュトモスは何らかの特性をもつ可視的物体に対する感覚と分かちがたく結合していた。リュトモスが有する身体的性格は、プース、テシス、アルシスといった用語から明らかである。プースは足の運びであり、また韻律の単位である。プースはリュトモス用語としては、長音節と単音節の明確な結合を意味する。テシスは地に足を降ろすこ

---

220) *Leges* 653D-654A.
221) 398D.
222) G. Thrasybulos, *Greek Music, Verse and Dance*, trans. E. Benedikt and M. L. Martinez (New York: Da Capo Press, 1973).

とであり、アルシスは地から足を上げることである[223]。

　トラシュブーロスによると、古代ギリシャ語という言語は単なる音声現象ではなく、いわば音楽的な「音声-体」(sound-body) であった。ギリシャ人にとって、音楽的音声体と言語は一体であった。この一体性はリュトモスという形で具象化される。リュトモスの源泉は「踊り」(ὄρχησις) にさかのぼる。すなわち物体的なものへの感覚、知性以前の純粋に本能的なものの領域にまでさかのぼると推測される。リュトモスは、純粋に物質的-運動的なものという最初歩のレベルから、論理、すなわち言語という最高のレベルにわたり人間存在に語りかける。古代ギリシャ語においては、ロゴスそのものがリュトモス・音楽の性質を有していた。かりに音楽と踊りの助けがなくてもである。ギリシャ語は独立したリュトモス・音楽力であると同時に、言語、すなわち音声上の構成、知覚そして感情の伝達手段であった。それは音であり、歌であった。古代ギリシャ語は、いわば「可塑性の実在」であった。個体として存在し、いわば石のように触知できるものであった[224]。

　以上のようなわけで、古代ギリシャ人に関するかぎり、詩を作る営みはポイエーティケー (ποιητική, 作詩) と呼ばれるだけでは不十分であり、むしろムゥシケーと呼ばれた。ムゥシケーは元来形容詞であり、「ムゥサたちの技術に属する」を意味した。これがそのまま名詞として使用され、「ムゥサたちの技術に属する活動」または「ムゥサたちの技術に属する教育」を意味するようになった。ムゥシケーとは、「ムゥサたちの技術に属する活動を通じて行われる、ムゥサたちの技術に属する教育」であった[225]。

　プラトンが、詩歌におけるロゴスの主導性とハルモニアとリュトモスの

---

223) クルト・ザックス『リズムとテンポ』126-131。
224) G. Thrasybulos, *Greek Music, Verse and Dance*, 106.
225) G. Thrasybulos, *Greek Music, Verse and Dance*, 107-8.

従属性をことさらに強調する歴史背景として、当時のアテナイに従来の主従関係を逆転させるような音楽事情が存在したであろうことが示唆される。それが具体的には何であるかといえば、新しい様式のディーテュラムボスの流行ということであろう[226]。紀元前5世紀末頃、プリュニスやティモテオスらの「新しいディーテュラムボス」がアテナイに流行した。これによって、詩を「書くこと」と音楽を「作曲すること」の区別がもたらされた。この現象はリュトモスにおいて顕著に現れた。これまでリュトモスはロゴスだけによって規定されていた。音節の長短関係は、そのモデルであるロゴスに従属していた。しかし今や音節はもっと自由に取り扱われるようになり、「前衛音楽家」たちによって、従来の長音節（――）の他に、「過度の長音節」（∪の3倍または4倍）が使用されるようになった。エウリピデスも、晩年に彼らの技法を取り入れたことはよく知られている。アリストパネスは『蛙』において、アイスキュロスの口を借りて、エウリピデスの吃音じみた εἰειειλίσσουσα χεροῖν（「手でまあああ あきつつ」）[227] という一句を取りあげて、彼をからかっている。この εἰ という音節は、エウリピデスの作品において明らかに「過度の長音節」であり、それゆえアリストパネスのからかいを引き出した。古代ギリシャ人である彼とその聴衆にとって、今日、当たり前のように行われる音節の長い持続は、理解しがたいことであった。エウリピデスは、吃音効果をもつ音節の繰り返しによってのみ、音節の長い持続を埋めることができた。ソポクレスの後期作品にも新音楽の影響が見られる。『ピロクテテス』[228] における、船乗り役のコロスとピロクテテスとの対話の部分が、その一例である。この箇所においてソポクレスは、次々と異種のリュトモスを混交する手法をとっている。これは新音楽の特徴である。ウェスト（M. L. West）

---

226) Cf. G. Thrasybulos, *Greek Music, Verse and Dance*, 117-9.
227) *Ranae*, 1348.
228) *Philoctetes*, 1169-1217.

に即して示すと、以下のようになる[229]。1169-74 イアンボス。1175-85 イオニア。1186-87 アナパイストス。1188-95 アイオリス（ダクテュロス行により二度変化する）。1196-208 ダクテュロス。1209 アイオリス。1210-12 イアンボス。1213 アイオリス。1214-15（——∪——）型ダクテュロス。1216-17 アイオリス。非常に手の込んだ芸当である。

　上に見たのはソポクレスの例であるが、この類の手法はエウリピデスにおいてはるかに顕著である[230]。このような「名人芸」が、前5世紀末から前4世紀初めにかけて流行し、大衆から拍手喝采された[231]。リュトモスの異種混交やハルモニアの異種混交から看取される従来の音楽の変化は、ひとり音楽のみのことではない。古代ギリシャにおけることばと音楽の緊密な関係から見て、音楽の変化はことばそのものの変化と同時に進行したものと思われる。音楽の変化によって示唆されることばの変化は、重大な出来事であった。ことばの変化はたんにそれ自身の変化にとどまらず、ことばの担い手である知性の変化を巻き込まざるを得ないからである。ムゥシケーとロゴスの変化は、ギリシャ人のパイデイアーの変容と、そのパイデイアーの発現の場であるポリスの変容を示す確かな現れである。今やロゴスは、自らにはめ込まれていたリュトモスを失った。それは、固体としての性格の喪失を意味する。ロゴスは外からの作用に対する強い抵抗力を失った。固体性を失ったロゴスは自己の従者であるべき

---

229) Cf. M. L. West, *Greek Metre* (Oxford: Oxford University Press, 1982) 135-137; *Ancient Greek Music* (Clarendon Press, 1992) 152-153.

230) その他、*Phoenissae*, 1485-1581, *Orestes*, 1369-1502, *Bacchae*, 576-603, *Iphigenia Aulidensis*, 1283-1335; *Philoctetes*, 1169-1217, *Oedipus Coloneus*, 207-53. *Hecuba*, 1056-1106. M. L. West, *Greek Metre*, 136 n.148 を参照。

231) このリュトモスの異種混交は、特にこの時期に流行したものであり、ギリシャ音楽史全般にわたる傾向ではない。アリストクセノスの時代にはこの流行は廃れていた。Cf. Aristoxenus ap. Pseudo-Plutarchus, *De Musica*, 21. 1138bc. M. L. West, *Ancient Greek Music*, 153.

リュトモスに、いわば影のように随伴する従者になりさがった。そしてついには、ロゴスは話者の意のままになる単なる道具になりさがったのである[232]。

6．文化全領域への連動

プラトンのムゥシケー論は、初等教育におけるムゥシケーのあり方を検討することが目的であった。しかも彼の関心は、ムゥシケーだけに限られていない。国家守護者候補である子どもたちの人間形成という観点から、ムゥシケーに連結すると考えられるその他のあらゆる文化領域がその視野の中に入っている。ムゥシケーについて適用された原理は、他のすべての文化領域にも適用されなければならない。子どもたちは、あらゆる文化領域において、善きエートスを追求するように導かれる必要があるからである。

> したがって、それらのものは、あらゆるところにおいて若者たちによって追求されるべきではないだろうか。彼らは将来自分の任務を果たすようになるべきなのだから。
> 　はい、もちろん追求されるべきです。
> しかるに、おそらく絵画はそれらの性質に満ちているし、また、そのような種類のあらゆる制作にも同じことが言える。機織りや刺繍や建築や、またその他のものの制作にも同じことが言える。さらに、身体の本性やその他生育する数々のものの本性にも同じことが言える。というのも、これらすべてのものの中に、品のよさ、もしくは品のなさがあるからだ。そして、品のなさとリュトモスのなさとハルモニアの

---

232) Cf. G. Thrasybulos, *Greek Music, Verse and Dance*, 119-120.

なさとは、悪いことばと悪いエートスの兄弟である。他方、それらと反対のものは、反対のもの、すなわち節度あるよきエートスの兄弟でありかつ模写なのだ[233]。

ムゥシケーのエートス論は文化全領域へと拡張していかねばならない。しかし、そのようなことはいかにして可能なのかということについて、説明が求められるであろう[234]。音楽のエートスに当てはまることが、どのようにしてそのまま文化全領域に適用できるのであろうか。この問題に対してプラトンは明確な説明を与えていない。しかしながら、おそらくその念頭には、後にアリスティデス・コィンティリアヌスによって語られた以下のような音楽観があったのではないかと思われる。

Φανερὰ δὲ καὶ τὰ αἴτια τῆς ἐνεργείας· τῆς γὰρ δὴ πρώτης ἡμῖν μαθήσεως δι' ὁμοιοτήτων γινομένης, ἃς ταῖς αἰσθήσεσιν ἐπιβάλλοντες τεκμαιρόμεθα, γραφικὴ μὲν καὶ πλαστικὴ δι' ὄψεως παιδεύει μόνον καὶ ὁμοίως διεγείρει τε τὴν ψυχὴν καὶ ἐκπλήττει, μουσικὴ δὲ πῶς οὐκ ἂν εἷλεν, οὐ διὰ μιᾶς αἰσθήσεως, διὰ πλειόνων δὲ ποιουμένη τὴν μίμησιν; καὶ ποίησις μὲν ἀκοῇ μόνῃ διὰ ψιλῶν χρῆται λέξεων ἀλλ' οὔτε πάθος ἀεὶ κινεῖ δίχα μελῳδίας οὔτε

---

[233] 400E5-401A8.
[234] J. Annas, *An Introduction to Plato's Republic*, 95 は、「私たちは、語りと役割演技との間の区別を、プラトンが言及する他の諸芸術——絵画、機織り、刺繍、建築にどのようにして拡張することができるか」という疑問を提示している。アナスは、子どもの魂に影響を及ぼすものとして、詩における役割演技を主に考えている。これに対して、プラトンは、役割演技が及ぼす影響だけではなく、詩の吟唱に伴う音楽そのものが及ぼす影響をも問題として考えている。その視点から、音楽のエートス論は音楽以外の制作活動全体にも拡張されている。

δίχα ῥυθμῶν οἰκειοῖ τοῖς ὑποκειμένοις. σημεῖον δέ· καὶ γὰρ εἴ ποτε δέοι κινεῖν κατὰ τὴν ἑρμηνείαν πάθος, οὐκ ἄνευ τοῦ παρεγκλῖναί πως τὴν φωνὴν ἐπὶ τὴν μελῳδίαν τὸ τοιοῦτο περιγίνεται. μόνη δὲ μουσικὴ καὶ λόγῳ καὶ πράξεων εἰκόσι παιδεύει, οὐ δι᾽ ἀκινήτων οὐδὲ ἐφ᾽ ἑνὸς σχήματος πεπηγότων ἀλλὰ δι᾽ ἐμψύχων, ἃ καθ᾽ ἕκαστον «τῶν» ἀπαγγελλομένων ἐς τὸ οἰκεῖον τήν τε μορφὴν καὶ τὴν κίνησιν μεθίστησιν. δῆλα δὲ ταῦτα κἀκ τῆς τῶν παλαιῶν χορῶν ὀρχήσεως, ἧς διδάσκαλος ἡ ῥυθμική, κἀκ τῶν περὶ ὑποκρίσεως τοῖς πολλοῖς συγγεγραμμένων. κἀκεῖναι μὲν ἰδιαζούσας ἔχουσαι τὰς ὕλας οὐκ ἂν ταχέως εἰς ἔννοιαν ἀγάγοιεν τῆς πράξεως. τοῖς μὲν γὰρ χρώματα, τοῖς δὲ ὄγκοι, τοῖς δὲ λόγος ἀλλότρια τῆς ἀληθείας ὑποβέβληται, μουσικὴ δὲ ἐνεργέστατα πείθει· τοιούτοις γὰρ ποιεῖται τὴν μίμησιν οἷς καὶ τὰς πράξεις αὐτὰς ἐπ᾽ ἀληθείας τελεῖσθαι συμβαίνει. ἐν γοῦν τοῖς γινομένοις βουλῆς μὲν καθηγουμένης, ἑπομένου δὲ λόγου, μετὰ δὲ ταῦτα τῆς πράξεως ἀποτελουμένης, ψυχῆς μὲν ἐννοίαις ἤθη μιμεῖται καὶ πάθη, λόγους δὲ ἁρμονίαις καὶ φωνῆς πλάσει, πρᾶξιν δὲ ῥυθμοῖς καὶ κινήσει σώματος. διὸ καὶ μάλιστα τοῖς παισὶν ἡ τοιαύτη παιδεία μετελευστέα, ὅπως διὰ τῶν ἐν νεότητι μιμήσεών τε καὶ ὁμοιώσεων εἰδέναι τε καὶ ἐπιθυμεῖν σφίσι διὰ συνήθειαν καὶ μελέτην συμβαίνοι τῶν ἐν ἡλικίᾳ μετὰ σπουδῆς ἐπιτελουμένων.

音楽の実効のための理由は明らかである。というのは、私たちの最初の学習は、諸々の類似を通して来るのであり、私たちは自分たちの諸感覚に注意を払うことによってそれらを推測するから、絵画と彫刻は

視覚を通してのみ教育し、その類似性において魂を刺激しかつ驚嘆させる。したがって、どうして音楽は魂をとらえ損ねることがあるだろうか。というのも、音楽がミーメーシスを行うのは、一つの感覚を通してのみではなく多くの感覚的知覚を通してだからである。詩作でさえ、単純なレクシスによる聴力のみを用いるが、メロディーなしにはいつも感情を動かせるとはかぎらないし、リュトモスなしには感情を基底にあるものどもに適応させることができるとはかぎらない。たとえば、もしいやしくも感情をその解釈に即して動かす必要があるなら、そのようなことは、声をメロディーの方向にいくぶん傾けてやることなしには起こらない。音楽だけが、ことばと行動の似像との両方によって教育する。その教育は、動かないものどもや一つの形に固定したものどもを通してではなく、生きたものどもを通してである。音楽は、身体の形と動きの両方を、朗唱されることどものそれぞれに即して適した形へと変える。これらのことは、リュトモス学をその教師としてもつ古代のコロスにおける踊りからも、また多くの人たちが演説について書いたものどもからも明白である。特別な材料をもつあれらの制作術は、すぐに行動の観念には至らないかもしれない。というのは、ある人たちにとっては色が、ある人たちにとっては塑材が、ある人たちにとってはことばが、真理とは無縁のものどもを示唆しているからである。しかし、音楽は極めて明白に説得する。というのは、それは、たまたま真に行動そのものを遂行するようなものどもによって、ミーメーシスを行うからである。したがって、生成するものどもにおいては、意思が先導し、ことばがそれに付き従い、その後に行動が遂行されるから、音楽がエートスと感情のミーメーシスを行うのは、魂の諸概念によって、またハルモニアと声の型どりをもつことばによって、さらにリュトモスと身体の動きをもつ行動によってなのである。それゆえ、そのようなパイデイアーは、とりわけ子どもたちのあいだ

に行き渡らなければならない。若い時におけるミーメーシスと類似を通して、彼らが大人になったときに熱心さをもって完成されることどもを、習慣づけと練習によって知り、欲するようになるためである[235]。

アリスティデスは、音楽が人間に対して及ぼす総合的影響力を正しく指摘していると思われる。絵画や彫刻は人に対してもっぱら視覚を通して影響を及ぼす。同じように音楽も視覚を通して人に影響を及ぼす。詩を読む者はたんに詩を朗読するのではなく、作中の人物を演じるからである。たとえば、悲劇のコロスは静止姿勢で合唱するのではなく、輪舞しながら歌い、劇中人物の役割を演じもした。これに加えて、仮面・装束に扮装した役者が登場し、さまざまな役割を演じた。詩はそれを見る者にとっていわば立体的な絵画であり、動く彫刻であった。しかし、音楽は、絵画や彫刻と大きく異なる点をもつ。それは、音楽は視覚を通してだけではなく、聴覚を通しても人に影響を及ぼすということである。音楽は立体的な絵画、動く彫刻であるにとどまらず、実にことばを語り、歌を歌い、踊りを踊り、身振りを行う生身の人間を模写する生きて活動する絵画であり、生きて活動する彫刻であった。音楽は、そのような「仮想現実」の特徴において、絵画や彫刻に対してだけではなく、その他の制作全体に対して抜きんでていると言えよう。さらに、音楽はロゴスにおいて、その他の制作に対して抜きんでている。絵画や彫刻も、ある意味ではことばを語ることができる。しかしそれは、絵画や彫刻それ自身が客観的にことばを語るという意味ではなく、それらを見る者が主観的にことばを受け取るという意味においてである。これに対して、音楽は音声をもって客観的にことばを語る。しかも、そのことばがハルモニアやリュトモスなどの音楽要素と相まって、楽器伴奏によって歌われるときには、それを聞く者にもそれを歌

---

235) Aristides Quintilianus, *De Musica*, 2.4.13-44.

う者にも大きな影響を及ぼすことになる。ムゥシケーはことば・歌・踊りを総動員する制作活動であるから、それはアリスティデスが言うように、制作活動全体の中で最も総合的なミーメーシスであり、したがって最も力強く人間の魂をとらえることができる文化部門であると言えよう。

プラトンは、文化全領域へのムゥシケーの拡張という観点から、子どもに悪影響を及ぼすであろう文化環境を規制し、子どもによい影響を及ぼすであろう文化環境を促進すべきことを提言する。

> それでは、善きエートスの似姿を作品の中に表現し、さもなければ、われわれのところで制作しないようにわれわれが監督し強制しなければならないのは、詩人たちだけだろうか。それともむしろ、他の制作者たちをも同じように監督して、この悪しきエートスや放埓さや下賤さや品のなさを、生きものの似像のうちにも、建築物のうちにも、そのほかどのような制作物のうちにも作りこまないように禁止し、それを守ることのできない者は、われわれのところでそうした制作の仕事をすることをゆるさないようにすべきだろうか、——ほかでもない、われわれの国の守護者たちが、ちょうど毒草の中で育てられるように、悪しきものの似像の中で育てられて、そうした多くのものから日々少しずつ多くのものを摘み取り食べているうちに、まったく気づかずに大きな悪を、自分自身の魂の中に集積することのないようにだ。むしろ、われわれの探し求めるべき職人は、善い素質によって美と品のよさの本性を追跡することのできるような制作者でなければならないのではないか、——ほかでもない、若者たちがいわば健康な土地に住むように、あらゆるものから益を受け取り、いたるところからあたかもそよ風が健全な土地から健康を運んでくるように、美しい作品からの何かが彼らの視覚や聴覚に影響を与え、こうして彼らをいち早く子どものころから、知らず知らずのうちに美しいことばへの類似

とそれへの愛とそれとの調和へと導いていくためである[236]。

　プラトンは、学校教育を含むポリス社会の文化全般が子どもたちに及ぼすであろう影響について並々ならぬ関心をもっていた。かつてカロカガティア（καλοκἀγαθία）を教育理念に掲げていたアルカイック期の教育は、その後、ソフィストとソクラテスの時代に入ると、大きく変貌することを強いられた。ペロポネソス戦争を境界線に時代は変わった。時代の変遷に伴い文化の規範も変化した。フリーマン（K. J. Freeman）は、この変化について、以下のような評言を与えている。

　　芸術の規範において非常に大きな変化が起こった。ソポクレスをエウリピデスが継ぎ、ペイディアスをプラクシテレスが継ぐ。音楽も同様の変容を受ける。理想主義は現実主義に道をゆずる。ソポクレスとペイディアスは、あるべき人間を表現した。それに対して、エウリピデスとプラクシテレスは、あるがままの人間を表現する。詩人たちと彫刻家たちは、いまなお神々を描写しているふりをするが、実際には当時の生活を描写している。彼らの作品は、理想化をやめるだけではなく、唯一の特色をもつこともやめる。プラクシテレスの「ヘルメス」は、アカデメイアかリュケイオンで見かけることができそうな空想的だが元気な若者である。エウリピデスの「ヘラクレス」は、いまや殺人鬼であり、無謀な傭兵である。人物たちは、神らしさを失うことによって人間のようになる。次の世代になると、神のさまざまな名前は抜け落ち、メナンドロスは伝説上の名前を使わずに当時の生活を描写することができる[237]。

---

236) *Respublica*, 401B1-D3.
237) K. J. Freeman, *Schools of Hellas, An Essay on the Practice and Theory of Ancient Greek Education from 600 to 300 B.C.* (London: 1932) 250.

ムゥシケーの変化は他から独立した現象ではなく、文化全般と連結し連動する現象であるが、若い魂にとりわけ大きな影響を及ぼすものはムゥシケーであるというのが、プラトンの社会認識である。プラトンのソクラテスは次のように語る。

> だから、グラウコン、とぼくは言った。これらのことのゆえにこそ、ムゥシケーによる養育は、決定的に重要なのではないか。というのは、リュトモスとハルモニアの二つは、とりわけ魂の内奥へと浸透していき、非常に力強く魂をとらえるのだ。人が正しく養育される場合には、品のよさを生んで、その人を品のよいものとし、そうでない場合には、反対のものにするのだから。そしてまた、そこにおいてしかるべき養育を受けた人は、欠陥のあるものども、美しく制作されていないものども、美しく生じていない自然のものどもを非常に鋭く感受して、それを正当に嫌悪する一方、美しいものどもを賞賛し、喜びながら、それらを魂の中に迎え入れつつ、それらによって養育され、善美なる人となるだろう。他方、醜いものどもはこれを正当に非難し、憎むだろうから。まだ若くて、ロゴスを把握できないうちにね。しかし、ロゴスがやってくるときには、このように養育された人は、ロゴスとの親近さのゆえにそれとすぐに識別し、それをとりわけ歓迎するだろう[238]。

プラトンは「ムゥシケーによる養育」（ἐν μουσικῇ τροφή）という表現を用いる。子どもの段階ではいまだ十分にロゴスが発達していないのであるから、そのムゥシケー教育は「養育」なのである。身体の養いのため

---

238) *Respublica*, 401D5-402A4.

に栄養が必要であるのと同様に、魂の養いのためにも適切な栄養が必要である。その栄養とはプラトンが提示する浄化されたムゥシケーであり、それは若く柔らかい魂の培いのために必要不可欠なのである。彼は、音楽の三要素の中でも、とりわけリュトモスとハルモニアが魂に及ぼす強い影響力に着目し、「リュトモスとハルモニアの二つは、とりわけ魂の内奥へと浸透していき、非常に力強く魂をとらえる」と言う。善きムゥシケー教育を受けるならば、やがて国家守護者候補である子どもたちは、よい品性、美醜の識別、ロゴスの歓迎を具有することになるであろう。

7．まとめ

この章では、抒情詩の吟唱に伴う音楽的要素である「ハルモニア」（ἁρμονία）と、それに付随する「リュトモス」（ῥυθμός）に関して、プラトンが提示する見解の特質について考察した。これによって明らかにされたことを列挙するなら、以下のようになるであろう。

①ハルモニアとメロス吟唱

プラトンのハルモニア論は、メロス吟唱教育との関連で取り上げられる。ムゥシケー初等教育において守護者候補である子どもたちが学習するメロス吟唱は、リュラやキタラの伴奏で行われる。それゆえ、ロゴスにハルモニアやリュトモスといった音楽的要素が伴う。プラトンはそれらの音楽的要素が有する「魔力」を深く認識していた。そこで、ロゴスの優位性という立場から、ロゴスに対する音楽的諸要素の正しいあり方について吟味を行う。

②ハルモニアの意味

ハルモニア（ἁρμονία）という用語は、音楽との関連では「音階」や「旋法」が主な意味であると思われる。リュラやキタラの調律は、本来、

特定民族と関連していたと思われる、特定メロディー様式に必要とされる音色を提供したところから、それらの意味が派生したと考えられる。

③ハルモニアの選別

『国家』においてプラトンは、ドーリス、プリュギア、リュディア、ミクソリュディア、シュントノリュディア、イオニアの6つのハルモニアを挙げ、ドーリスとプリュギアをメロス吟唱用に選別する。選別されたハルモニアは二つだけであるが、それはロゴスとレクシスに適用された単純性の原則がハルモニアにも適用された結果である。歴史的背景について言えば、「新音楽」におけるハルモニア転位を始めとする、多種多様な技法に対する批判が根底にあるものと思われる。

④プリュギア・ハルモニアの問題

古典期アテナイにおいてプリュギア・ハルモニアは、一般に、ディオニュソス祭礼などと関連して、熱狂や興奮を表すと考えられていた。それにもかかわらず、プラトンは、プリュギアは節度や自制を表すという理解を示している。この食い違いは、おそらく、プラトンが教育上の目的のためにとった「逆手」として説明できるのではないかと思われる。すなわちたとえこのハルモニアが熱狂や興奮を表すものと一般に考えられていたとしても、それの使い方によっては子どもたちや若者たちに節度や自制を教えるのに有用である、とプラトンは考えたのではないかと思われる

⑤ハルモニアとエートス

エートス（ἦθος）は、音楽との関連では「品性」という意味をもち、音楽が人間の魂の中に吹き込むと思われる道徳的性格を表した。しかし、ギリシャ人たちは、ハルモニアやリュトモスといった音楽的諸要素の中に、何らかの道徳的性格が内在すると考えたわけではない。音楽的諸要素は、あくまでもさまざまな倫理的姿勢を表現し伝達するための手段であったと見るべきであろう。プラトンはハルモニアとエートスの結びつきを確信していたが、その結びつきの仕方については、基本的に先人たちの考え

方を踏襲しているように思われる。

⑥ムゥシケーの浄化とポリスの浄化

プラトンが行ったムゥシケー浄化の目的は、贅沢三昧国家を浄化し、健全な国家を再構築することにある。国家守護者候補である子どもたちが、正しいムゥシケー教育を受け、やがてりっぱな統治者へと育成されるならば、そのような理想を実現することができるとプラトンは考える。この考えの根底には、ムゥシケーのあり方と国家のあり方とは密接な相関関係をもつという認識がある。

⑦ギリシャ人とリュトモス

古代ギリシャ人たちは、リュトモスを秩序と組織を有する「流れ」あるいは「動き」と考えた。リュトモスを運動、歩行、踊り、歌、ひいては彫刻のような視覚空間芸術にまで帰属させ、リュトモスをそれらにおける根本要素と考えた。

⑧ロゴスとリュトモス

ギリシャ語において単語はいわば固体であった。それを構成する音節の長短は固定しており、不変であった。つまり、音節それ自体がリュトモスを含む素材であり、リュトモスが生起するのはこの素材からであった。この古代ギリシャ人に特有な言語観が、リュトモスとハルモニアがロゴスに従うのであって、ロゴスがこれらに従うのではない、というプラトンの認識の根底にある。

⑨リュトモスとエートス

古典期アテナイにおいて、リュトモスはエートスと密接な結びつきをもつという見解が、楽理家たちのあいだで共有されていた。それを裏づける史料は、ダモンにまでさかのぼる。ムゥシケーにエートスを認めるとらえ方は、ダモンより古い時代からあったが、それをさらに発展させ、学説として理論化したのはダモンである。プラトンは、リュトモスのエートスに関してダモンの理論を使用した。しかし、それは批判的かつ慎重な使用で

あり、単なる依拠ではなかった。プラトンは、ロゴス、レクシス、ハルモニアに適用した単純性の原則をリュトモスにも適用し、その上で、守護者候補である子どもたちの魂におけるエートスの形成という観点からリュトモスを考察するに至った。これはプラトンに独自な点である。

⑩ムゥシケーと文化全領域

　プラトンが行うムゥシケー浄化の目的は、ムゥシケーに関する衒学的研究にではなく、守護者候補である子どもたちの魂におけるエートスの形成にあった。しかるに、エートスの形成に関わるのは、音楽だけではない。絵画、彫刻、建築など子どもたちを取り巻くあらゆる文化作品がエートスの形成に関わる。したがって、プラトンは浄化の作業を文化の全領域に拡張する。その中には美しい自然環境も含まれる。正しい文化環境が整えられてこそ、その中で教育を受ける守護者候補たちのエートス形成が十全に行われる、とプラトンは考えたのである。

第3章　ムゥシケーの魂への働きかけ（Ⅲ巻 401D-403C）

　この章では、国家守護者候補になりうる子どもたちの魂へのムゥシケーの働きかけの問題について、プラトンが提示する見解の特質を、音楽の魔力、人間の音楽本能、音楽と魂の同族性、ミーメーシスとホモイオーシス、ムゥシケーとパイデラスティアーの順序で考察する。

1．音楽の魔力

　ギリシャ人にとって、ハルモニアとリュトモスはロゴスから離れて独立して存在するものというよりは、むしろロゴスと密接に結びつき、それに大きな魅力を添える性格のものであった。プラトンも、『国家』Ⅹ巻においてそのような理解に沿って、ハルモニアとリュトモスとがロゴスに伴って発揮する影響力について、以下のように語っている。

　　同じように、私が思うには、作家もまた、ミーメーシスの仕方以外のことは知らずに、それぞれの技術がもっている何か色彩といったものどもを、語句を使って塗るのだと、われわれは言うべきだろう。その結果、ことばだけから見て判断するこういった他の人たちには、靴作りの技術についてであれ、軍の統帥についてであれ、さらに他のどんなことについてであれ、だれかがメトロンとリュトモスとハルモニアをつけて語るならば、まったく見事に語られているように見えるのだ、と。このように何か大きな魔力を、こういったものどもは、それ自体で本来もっているのだ。げんに、詩人たちが語るものどもから音楽の諸色彩がはぎとられて、ただそれらだけで語られるなら、それら

がどのようなものとして現れるかを、君は知っていると思う。きっと見たことがあるだろうからね[1]。

　この箇所に続いてプラトンは、メトロンとリュトモスとハルモニアとがはぎとられた詩のロゴスは、「花盛りにはあるけれども、美しくない人たちの顔に似ている」（601B6-7）と語る。美辞麗句で飾られてはいるが、そもそも美しくない内容をもつ語句のことであろうと思われる。たとえ美しくない内容の詩であっても、それにメトロンとリュトモスとハルモニアとが結びつくならば、たいそう美しく見えるというところに、プラトンは、音楽的要素に固有の「何か大きな魔力」（μεγάλην τινὰ κήλησιν, 601B1）[2]ともいうべきものをはっきりと認識していた。彼はⅢ巻において、ハルモニアとリュトモスはロゴスに従わなければならない、という原則を提示したが[3]、それは、これらの音楽的要素がもつ魔力を知り抜いていたからであろうと思われる。そういうわけで、ハルモニアとリュトモスが悪いことばに伴うとき、子どもの魂の中に悪いことばを力強く植え付け、他方、良いことばに伴うとき、良いことばを力強く植え付けるという観点から、音楽は子どもの教育にとってきわめて重大なことがらだということになる。プラトンが『法律』において、「いわゆる私たちが歌と呼んでいるものは、実にいまや魂への呪文を意味するものとなっている」（ἃς ᾠδὰς καλοῦμεν, ὄντως μὲν ἐπῳδαὶ ταῖς ψυχαῖς αὗται νῦν γεγονέναι, 659E1-2）と語るのも、音楽が有する魔力を踏まえての発言

---

1)　601A4-601B4.
2)　κήλησις は、「魅惑力」というような程度ではなく、呪術がもつ大きな力を示唆する。*LSJ* はこれに 'bewitching, charming' といった意味を与えている。Cf. *Euthydemus*, 290A. ここでは κήλησις は、呪術師の術が毒蛇やくもやさそりに対して、さらには病気に対して大きな影響力をもつことについて用いられている。
3)　398D.

であると考えられる[4]。

　以上を確認した上でこれからわれわれが考察するのは、ハルモニアとリュトモスはどのような仕方で人間の魂に働きかけるのであろうか、という問題である。

2．人間の音楽本能（『法律』653D-654A）

　『法律』II 巻 653A-D においてプラトンは、「快苦の感覚の正しい養成」（653C7）という観点からパイデイアーの問題を取り上げている。そして、その意味における教育の実践を子どもの時期だけではなく、人生の始めから終わりまでの全期間に拡張している（653C1）。その場合、長い生涯教育をどのようにして持続させるかという問題が起こるが、プラトンは問題解決の糸口として市のディオニュシア祭におけるコレイア（χορεία, コロス歌舞）に着目する[5]。プラトンはコレイアがもつ教育力を説明する

---

[4] J. Combarieu, *La Musique et la Magic* (Paris, 1909) 121 の次の言葉は、一般のギリシャ人たちが呪術力に対していだいていた迷信にも近い心情を的確に示している。「呪術において、あらゆることは必然的に起こる。それは呪術行為者の心から独立しており、反対呪文を実行しないかぎり解除することができない諸法則の力によるものである。」プラトンが個人として呪術力をそれほどまでに信じていたかどうかはわからないが、音楽の呪術力に関する彼の見解は、一般の人々が呪術力にいだいていた恐れを踏まえていると考えられる。Cf. W. D. Anderson, *Ethos and Education in Greek Music*, 309-311 は、「呪文」（ἐπῳδή）に関する論述の中で、呪術力をもつのは音楽そのものではなく、音楽に伴われる「意味深長な言葉」であるという見解を示す。

[5] ここでプラトンが語るコレイアとは、ディーテュラムボス競演という音楽ジャンルに属し、市のディオニュシア祭の中でアテナイの 10 部族間で競われたものである。「（神々は）ムゥサたちとその指揮者アポロン、およびディオニュソスを祭礼の同伴者として与えてくれました」（Μούσας Ἀπόλλωνά τε μουσηγέτην καὶ Διόνυσον συνεορταστὰς ἔδοσαν）、および「人間が、神々と一緒に祭礼に参加する」（γενομένας ἐν ταῖς ἑορταῖς μετὰ θεῶν）は、ディーテュラ

ために、以下のような学説を紹介している。

> さて、このことに関し、最近われわれが繰り返し述べている説が、自然の理にかなって真実かどうかを、見ておかなければならない。その学説の主張はこうである。生き物のうち幼いもののいわばすべてが、身体をも声をも静かにしておくことができず、たえず動き、声を出すことを求めている。あるものは、飛んだり跳ねたりする。すなわち快さそうに踊ったり遊戯したりする。またあるものは、あらゆる種類の声を発する。ところで、人間以外の動物は、これらの運動の中に秩序と無秩序の感覚、すなわちリュトモスとハルモニアの感覚をもっていない。しかし、われわれ人間の場合は、踊りの同伴者として与えられたとわれわれが語ったあの神々が、リュトモスとハルモニアを快さをもって感じる感覚を授けてくれた。この感覚によって、神々はわれわれを運動へ駆りたて、コロス長としてわれわれを導く。すなわち歌と踊りとによってわれわれをつなぎ合わせ、それをコロスと名付けた。そこに本来備わっている「喜び」（カラ）という名前にちなんだわけだ。さあまず始めに、われわれはこの学説を受け入れるべきだろうか。教育の起源は、ムゥサたちとアポロンとによるものだと措定すべきだろうか。それともどうすべきだろうか[6]。

教育の起源はムゥシケーにあるとするこの「学説」（ὁ λόγος）が、プラトン自身のものなのか、それとも当時の有力な音楽理論家のものなのかについては、判定することがむずかしい。いずれにせよ、「アテナイから

ムボスに言及する。ディーテュラムボスについては、A. Pickard-Cambridge, *The Dramatic Festival of Athens* (Oxford University Press, 1953) 66, 75; M. L. West, *Ancient Greek Music*, 16-17 を参照。

6) *Leges*, 653D5-654A6.

の客人」は、冒頭においてこの学説を吟味する必要があると述べたにもかかわらず、続く箇所においては吟味を行うかわりに、この学説を根拠として歌と踊りが教育に対してもつ重要性を論じていく[7]。プラトンがこの学説を支持していることは確かであると言えよう。この学説の核心は、「神々が、リュトモスとハルモニアを快さをもって感じる感覚を授けてくれた」ということである。なるほど、この学説は経験と観察に裏打ちされたものとは言えるであろうが、しかしながら、リュトモスとハルモニアが人間の魂に影響を及ぼす仕方については、しかるべき説明になっていない。この学説が示すことはせいぜい、これらの音楽要素とそれらを快く感じる感覚は、いわば本能のように人間の本性に深く根ざしている、というところまでである[8]。

---

[7] Cf. G. R. Morrow, *Plato's Cretan City: A Historical Interpretation of the Laws* (Princeton, 1960) 304 n.27.

[8] 『法律』673C9-D5 では、人間にはリュトモスの感覚が自然本来に備わっており、そのリュトモスはメロスによって呼び起こされ、両者が相俟ってコレイアを生むということが語られている。

> したがって、この遊び（＝体育）の起源もまた、すべての動物が自然本来において跳びはねる習性をもっていることにあります。そして、人間という動物は、われわれがすでに主張したように、リュトモスの感覚を授かったので、（父母が子どもを生むように）踊りを生みました。そして、メロスはリュトモスを想起させ目覚めさせるものですから、その二つがお互いに関係をもって、コレイアと遊びを生みました。

『ピレボス』17D4-6 は、リュトモスについて、それは肉体運動において現れる内在的な衝動を洗練したものであると述べている。Cf. 園部三郎『幼児と音楽』（中公新書：中央公論社、1970 年）12-13。園部氏は、3、4歳から7、8歳の子どもの場合、音楽との結びつきは「高度な精神作用」と関連したものではなく、むしろ「素朴」「原始的」「本能的」なものであるという認識に基づき、音楽教育を直線的に倫理的情操に結びつけるのは、少なくとも幼児の音楽活動には当てはまらないと注意を促している。

3. 音楽と魂の同族性

a. プラトンの見解（『ティマイオス』47C-E）

『ティマイオス』47C-E においてプラトンは、音楽の諸要素と人間の魂との密接な関係について次のように語っている。

> ムゥシケーの音の場合も、それは聴覚に役立つものとして、ハルモニアのためにわれわれに与えられている。ハルモニアは、われわれの内にある魂の循環運動と同族の運動をもつ。それは、理性をもってムゥサたちを用いる人にムゥサたちが与えたものであり、いま一般に考えられているように、理性のない快楽のために有用なものではなく、われわれの内におけるハルモニアを欠く魂の循環運動を秩序と自らとの調和とに導き入れる友軍である。リュトモスも、同じ目的のためにムゥサたちによって友軍として与えられた。それは、大多数の人たちの場合、われわれの内なる状態が尺度を欠き、諸々の優美さを欠如するようになりがちだからである[9]。

ここではハルモニアとリュトモスの魂への働きかけは、それらの音楽的要素が「魂の循環運動と同族の運動をもつ」（συγγενεῖς ἔχουσα φορὰς ταῖς ἐν ἡμῖν τῆς ψυχῆς περιόδοις）という観点から説明されている。ハルモニアは、魂に臨むとき、それを欠く魂の循環運動を秩序と自己との調和に導き入れる友軍であるとも語られている。リュトモスも同じ目的をもつ援軍であると語られている。しかし残念ながら、これら音楽

---

9) *Timaeus*, 47C7-E2.

諸要素の運動がどのような仕方で魂の運動に働くかについて、プラトンは説明を与えていない。われわれは、何かピュタゴラス派の音楽理論に沿った説明を期待するかもしれないが、プラトンはそのような観点から詳細な説明を与えることを好まない[10]。彼は『国家』VII巻において、ディアレクティケーの「前奏曲」（προοίμια, 531D8）としての数学的諸学科について語る箇所で、天文学と対をなす楽理としてのハルモニア論に言及する。それによると、目が天文学との密接な関係において形づくられているのと同様に、耳もハルモニア状態の運動との密接な関係において形づくられているという。この点については、プラトンはピュタゴラス派の教説に一目置くが、しかしながら、それに無批判に追随するのではなく、自分自身の立場を守るつもりであることを表明する。

> それなら、とぼくは言った、この仕事はたいへんなものだから、それらのことどもについてピュタゴラス派の人々がどのように語っているかを、またこれらに加えて何か他のことがあるならば、それもわれわれは探求することにしよう。しかし、われわれとしては、こういったすべてのことどもにわたって、われわれ自身の立場を守ることにしよう[11]。

プラトン自身の立場とは以下のとおりである。

> われわれが育成するであろう者たちが、そうした学問のうち何か不完全なものを、すなわち、すべてのことどもが到達すべきあの目標に到達しないようなものを学ぼうと試みないよう、気をつけなければなら

---

10) 以下の論述については、W. D. Anderson, *Ethos and Education in Greek Music*, 68-70 を参照。

11) *Respublica*, 530E1-3.

ない[12]。

　プラトンの目標は、将来の国家守護者たるべき子どもたちの人間形成であり、彼がムゥシケーによる教育を論じるのは、その目標に貢献するかぎりにおいてである。本番演奏のための準備としてのムゥシケー教育が適切に行われるならば、やがてそれは「本曲そのもの」（αὐτοῦ τοῦ νόμου, 531D8）としてのディアレクティケーに連結し、発展していくであろう、ということが彼の教育構想である。したがって、この目的から逸脱するようなハルモニアに関する過度に専門的な詮索は「無駄な骨折り」（531A2）ということになる。プラトンが念頭におくパイデイアーの目標は、あくまでも「善美なるものの探求」（πρὸς τὴν τοῦ καλοῦ τε καὶ ἀγαθοῦ ζήτησιν, 531C6-7）なのである。

　ハルモニアとリュトモスとが、どのような仕方で人間の魂に働きかけるのかということについてプラトンは沈黙を守るが、ムゥシケーによる教育と哲学全般とが魂に「諸運動」（κινήσεις）を与え、それが善美なる人間の形成に貢献するということは、『ティマイオス』において明言している[13]。そして、われわれの内に生み出されたそれらの運動がもつ均等性が、協和音の基準であるとも語る。つまり、不協和音は不均等な運動によって生じる。万事が規則正しく整えられたとき、高音と低音は混合して単一の感覚経験を生み出す。この経験は愚者にさえ「快楽」（ἡδονήν）をもたらすが、知者には「知的な喜び」（εὐφροσύνην）をもたらす。その喜びは、「死すべき諸運動の中に生じた神的なハルモニアの模倣によって」（διὰ τὴν τῆς θείας ἁρμονίας μίμησιν ἐν θνηταῖς γενομένην φοραῖς, 80B7）与えられる[14]。「神的なハルモニア」とは、協和音に対

---

12) 530E5-6.
13) *Timaeus*, 88C.
14) *Timaeus*, 80AB.

応する単一の数学的比を意味する。それは永遠のものであるから「神的」である。絃の振動は生成消滅する「死すべき諸運動」ではあるが、それらは神的で数的な比を模写しているかぎりにおいて、知者の魂に知的な喜びを与える。この箇所における「愚者」と「知者」の対比は、『国家』Ⅶ巻において、プラトンによって非難されるピュタゴラス派の人たちを思い起こさせる。彼らは、聴覚で感覚される協和音そのものの中に数を探し求めるいわば物理的探求に拘泥するかぎりにおいて、愚者である。知者はディアレクティケーの水準にまで上って問題設定を行い、どの数とどの数とが本来それ自体として協和的であり、どの数とどの数とがそうでないかを、またそれぞれはなぜそうでありそうでないのかを考察しなければならない[15]。

b. アリストテレスの見解（『政治学』1340a39-1340b19）

アリストテレスは、『政治学』Ⅷ巻5章末尾において、ムゥシケーのエートスに関する見解を以下のように述べている。

> そして、諸々のメロスそれ自体の中に諸々のエートスの模倣再現がある（そして、このことは明らかである。というのは、たとえば諸々のハルモニアの本性は違っており、その結果、聞く者たちは違った気持になり、それらのそれぞれに対して同じ気持にならず、あるハルモニアに対しては心が悲しく比較的重々しくなる。たとえば、混合リュディアと呼ばれるハルモニアがそうである。しかるに、他のハルモニアに対しては心がより柔らかくなる。たとえば、弛緩したハルモニアがそうである。また、別のハルモニアに対しては、心がその中間の非

---

15) Cf. A. E. Taylor, *A Commentary on Plato's Timaeus* (Oxford University Press, 1928) 577-578.

常に落ち着いた気持になる。たとえば、そのような気持にするのは、諸々のハルモニアの中でドーリス・ハルモニアだけのように思われる。しかるに、プリュギア・ハルモニアは人々を熱狂的にする。この教育について研究を重ねた人たちは、以上のことをりっぱに語っている。というのは、彼らはその言論の証拠を事実そのものから受け取っているからである）。

同じことは、諸々のリュトモスに関することどもについても当てはまる。（というのは、あるリュトモスはより安定したエートスをもち、他のリュトモスは情緒を動かすエートスをもつ。後者の中のあるものはより下品な動きをもつが、他のものはより自由人にふさわしい動きをもつ）。したがって、以上のことから、ムゥシケーが魂のエートスをある状態にすることができるということは明らかである。しかるに、このことをすることができるなら、若者たちがムゥシケーに導かれ、その教育を受けなければならないということは明らかである。そして、ムゥシケー教育は、このように若い状態に対して適している。というのは、若者たちはその若さのゆえに、不快なものは何一つ進んでがまんすることをしないわけだが、ムゥシケーはその本性上快いものどもに属するからである。そして、われわれ（の魂）は、諸ハルモニアと諸リュトモスとに対してある種の同族性をもっているように思われる。それゆえ、知者たちの多くは、魂はハルモニアであると言い、彼らのある人たちは、魂はハルモニアをもつと言っている[16]。

ここでアリストテレスは、メロスとリュトモスを「諸々のエートスの模倣再現」（μιμήματα τῶν ἠθῶν）であると語っているが、これは詩歌の起源はミーメーシスであるという見解を反映する考えである[17]。それに

---

16) *Politica*, 1340a39-1340b19.
17) *De Poetica*, 1448b4-9.

よると、メロスの中にあるエートスの模倣再現によって、気持の変化が起こることになる。すなわち「諸々のハルモニアの本性は違っており、その結果聞く者たちは違った気持になり、それらのそれぞれに対して同じ気持にならず、あるハルモニアに対しては心が悲しく比較的重々しくなる」。同じことはリュトモスに関しても言える。ここに、音楽がある種の神経反応か筋肉反応を引き起こし、生活経験を再生するという考えを見て取ることができるかもしれない。もしそうであるなら、この考えは、音と音楽に関する現代科学の研究成果とも共鳴する部分があると言えるかもしれない[18]。それによると、1/f ゆらぎ、すなわち波形としては低周波と高周波のバランスが「適度」であるゆらぎと、生体とのあいだに密接な関係があることが指摘されている。心拍のゆらぎは 1/f ゆらぎであり、人間が立っているときの重心のゆれ、眼球の動きのゆらぎ、脳波のゆらぎも 1/f ゆらぎである。また、落ち着いて感じられる木目模様の家具、小川のせせらぎ、古典音楽も 1/f ゆらぎである。音と曲の波形解析による分析の結果、概して音楽のゆらぎの値は 1/f に非常に近く、心地よさを与える音楽ほど、そのゆらぎの値が 1/f にきわめて近くなることが明らかになっている[19]。音楽の音は適度なバランスをもつ。つまり、ほどほどの変化をもつ

---

[18] 木下栄蔵・亀井栄治『癒しの音楽』(Kumi, 2000 年) を参照。

[19] 木下栄蔵・亀井栄治、37-41 は、「歌謡曲」、「演歌」、「フォークソング」、「ロック」、「ジャズ」、「クラシック」、「器楽」、「雅楽」など広いジャンルの曲を対象に波形解析を行い、その結果、それらは−1.5 〜−1.0 の範囲に分布することを明らかにした。これは、通常 0 〜−2 の範囲に及ぶゆらぎの値からすれば、音楽の波形は、ある一定の比較的狭い範囲に集中していることを示す。「海辺の音」のゆらぎの値は、−1.381 で、音曲のいくつかと同程度のゆらぎであり、自然が造り出す「音楽」である。美空ひばりの「川の流れのように」のゆらぎの値は、−1.183 であり、かなり−1 に近い。スペクトル分布も、非常に「きれい」に直線的に分布しており、突出したパワーを持つ周波数域も見あたらない。きわめて 1/f に近い。すなわち高音と低音のバランスがとれている。

さらに、木下栄蔵・亀井栄治、58-64 は、33 のサンプルを類似性の観点から

クラスター分析を行い、その結果を次のように報告している。

クラスター1:「都心の交差点の音」 ゆらぎの値は-1.501。「音楽」の範囲の外であり、「雑音」に聞こえる。

クラスター2:ゆらぎの値-1.39～-1.33程度。比較的、展開がはっきりした曲が多い。比較的単調に変化する音である。

クラスター3:ゆらぎの値-1.30～-1.22程度。曲の展開ははっきりしているものの、少し変化のある音である。

クラスター4:ゆらぎの値-1.30～-1.22程度。曲の展開は、クラスター3ほどはっきりせず、曲の次の成り行きで、われわれが心に抱く予測とのずれは起こりうる。1/fゆらぎの特性に近づいてくる。

クラスター5:ゆらぎの値-1.09～-1.03程度。このクラスターに属する3曲すべてがピアノ曲(energy flow/坂本龍一、Walz for Debby/ビル・エヴァンス、三つのジムノペティ/エリック・サティ)である。変化に、意外性と予測性をあわせもつ。

1/fゆらぎの特性は、変化の様子がある程度予測できるものの、詳細なところまでは正確にはつかめないという特性をもつゆらぎ、ということにある。

木下栄蔵・亀井栄治、64-67は、各クラスターが癒しという観点からどのような効果をもつのかについても、以下のように報告している。

クラスター2:「元気のために」群。ゆらぎの値が小さい曲。つまり、同じメロディーの繰り返し、同じようなフレーズの連続。曲の次の成り行きが予想しやすく、曲の展開がつかみやすい。生活のリズムや心を乱しているとき、自分のリズムとテンポを取り戻すのに効果的である。

クラスター3:「くつろぎのために」群。ゆらぎの値が比較的小さい曲。つまり、曲の次の成り行きが比較的予想しやすく、曲の展開が比較的つかみやすい。自分の予想を裏切ることが少ない展開。聴いても精神的ストレスが起こらない。仕事中に「聴き流し」て、仕事がはかどったりする効果が期待できる。

クラスター4:「ほっとするために」群。ゆらぎの値が-1にかなり近い曲。規則性からやや外れる音も存在するため、曲の成り行きが比較的予想しにくく、曲の展開が比較的つかみにくい。「思いもよらぬ」メロディーの変化を含んだ曲である。時間の余裕、ひいては心の余裕のある中で、ゆとりをもって聴くのにぴったりした曲である。

クラスター5:「やすらぎのために」群。1/fゆらぎをもつ曲。音の変化に、予測性と意外性をもつので、聴く側が自然と「聴き入って」しまう。つまり、曲と「向かいあう」。その結果生み出されるある種の緊張感は、疲れた心をいやす効果

空気振動として耳に達し、耳の鼓膜振動をもたらす。それが神経パルス、すなわち微弱な電流のほどほどの変化として脳に伝わり、われわれの心に心地よさをもたらすというのである。音の「性格」と心の「性格」とがぴったり和合するとき、「ほどほど」の心地よさが生じ、そのような曲が「お気に入りの曲」ということになる。

しかしながら、アリストテレスが、ハルモニアとリュトモスとが魂に働きかける作用方式について明言するのは、「われわれ（の魂）は、諸ハルモニアと諸リュトモスとに対してある種の同族性（συγγένεια）をもっているように思われる」ということだけである。彼は魂とハルモニア・リュトモスとの同族性についてこれ以上のことを語らない。『詩学』は、リュトモスとハルモニアの感覚は自然本来人間に備わっているということは語るが[20]、それ以上は深入りしない。アリストテレスはムゥシケーのエートス論に関するかぎり、概してプラトンの見解を踏襲しているように思われる[21]。

4．ミーメーシス[22]とホモイオーシス

人間の魂の中には「同化」（ὁμοίωσις）の感覚としか言いようがない

が期待できる。

なぜ、それらの情報が、ある時は感動を巻き起こし、ある時は心に平安を与えるのであろうか。木下栄蔵・亀井栄治、68-70の説明によると、1/fゆらぎは、整雑な変化である。われわれの感覚は、その変化に対して、ある程度慣れ、安心感を抱くことになるものの、予測できない「雑」な変化も含まれるため、完全に慣れてしまって、退屈することはない。つまり、適度な緊張感が持続し、「ほどほど」の心地よさが生じるというのである。Cf. R. McClellan, *The Healing Forces of Music* (toExel, 2000).

20) *De Poetica*, 1448b20-21.
21) Cf. W. D. Anderson, *Ethos and Education in Greek Music*, 126-130.
22) 『国家』における μίμησις の概念の重要性については、A. Havelock, *Preface to*

自然本来の性質がある。しかるに詩歌の演奏は、特に、ミーメーシス専従型詩の演奏は、魂の中に存在する同化の感覚を呼び覚まし、聞く者の魂をとらえて、聞かれた詩歌の内容に同化するように強く働きかける。その結果、人間の魂も、その詩歌が快いものであれば、進んでそれに同化しようとする。このホモイオーシスに関して考察を深める必要がある。そのためにまずミーメーシス（μίμησις）から始めることにしよう。

a. ミーメーシス

（1）エートス論とミーメーシス

プラトンは音楽のエートスを論じる箇所において、ハルモニアとリュトモスをミーメーシスと密接に関連するものとして語っている[23]。戦争において勇敢にふるまう人の「声や抑揚を真似るハルモニア」（399B5-7）が、また節度ある人や勇気ある人の「声を真似るハルモニア」（399C3）が、さらに「秩序があり勇気がある人の生活を真似るリュトモス」（399E10-11）が言及される。「生活」（βίου）は、すぐ後に出てくる「どのような生活の模写体」（ὁποίου βίου μιμήματα, 400A6）という表現から見て、目的語的属格として理解し、「生活を真似る」と敷衍することができると思われる。プラトンは、身振りやリュトモスの美醜はそれぞれ良きエート

Plato (The Belknap Press of Harvard University Press, 1963) 20-35 を参照。プラトンがミーメーシスの媒体としての「詩」について語るとき、今日、私たちが考えるような「芸術」としての詩という考えはなかった。そのような詩のとらえ方は、アリストテレス以降のことである。プラトンの時代において詩は、「一種の社会百科事典」（a kind of social encyclopedia）であり、倫理、政治、歴史、科学技術など善き市民の形成に必要なあらゆる知識を含むものであった。したがって、そのようなものとしての詩によるミーメーシスは、それに相応する広範な社会的重要性をもつことになる。

23) *Respublica*, 399A-401A.

スと悪しきエートスの「兄弟かつ模写体」(ἀδελφά τε καὶ μιμήματα, 401A7)であると語る。さらに、ミーメーシスを音楽作品のみならず絵画、彫刻、建築物などすべての制作品に適用し、それらが「善きエートスの似像」(τὴν τοῦ ἀγαθοῦ εἰκόνα ἤθους, 401B2)であるべきことを主張する[24]。ここに至りプラトンのねらいが明らかになる。そのねらいは、端的にハルモニアとリュトモスが守護者候補である若者の魂に及ぼす影響に対してではなく、模写体としてのそれらが、彼らの魂に及ぼす影響に対して向けられている。ハルモニアやリュトモスのように聴覚に訴える音楽的要素であれ、絵画、彫刻、建築物などのように視覚に訴える美術的要素であれ、それらは、何らかのエートスの模写体であるかぎりにおいて若者の魂に倫理的影響を及ぼす。これが彼にとって重要な点である。ミーメーシスが若者の魂に対していかに大きな影響を及ぼすかという点への着目である。悪しきエートスの模写体は、視覚や聴覚を通して彼らの魂に入り込み、堆積し、悪しきエートスとして魂に定着する。他方、美しいエートスの模写体は、美しいエートスとして魂の中に定着する、とプラトンは見る[25]。

　したがって、音楽のエートス論の根底にあるものはミーメーシスである。プラトンは先にⅢ巻6章〜9章において、叙事詩、悲劇、喜劇、ディーテュラムボスにおけるレクシス論[26]を述べたとき、ミーメーシスのあり方に注意を喚起していた。詩のロゴスのレクシスには、ミーメーシスによらないもの、ミーメーシスによるもの、両方によるものの三種類

---

[24]　ミーメーシスとしての音楽については、*Cratylus*, 423D1：「われわれはムゥシケーによって諸々の事物を模倣する」(μουσικῇ μιμούμεθα τὰ πράγματα)；*Politicus*, 306D2-3：「ムゥシケーが、そしてさらに絵画が、模倣によって模写体をつくり出す」(μουσικὴ μιμουμένη καὶ ἔτι γραφικὴ μιμήματα παρέχεται) を参照。

[25]　401B-D.

[26]　392C-398B.

があった。叙事詩は、ミーメーシスによる話法とミーメーシスによらない話法との混合であった。ミーメーシスによるレクシスとは、叙事詩の場合、作者が作中人物の話し方を真似る語り方、つまり直接話法的に再現する語り方であった。悲劇や喜劇は、全体がミーメーシスによる話法であった。この場合のミーメーシスによるレクシスは、俳優がある人物を真似る話法、つまり、ある人物を演ずる話法であった。ディーテュラムボスは、全体が作者による報告であるゆえ、ミーメーシスによらない話法であった[27]。プラトンは、再現にせよ演技にせよ、ミーメーシスが人間の魂に及ぼす影響力を鋭く洞察していた。それゆえ、国家守護者候補者たちは、早い時期からりっぱな人間の形成にふさわしいものだけを真似るように配慮される必要がある。

> そしてもし（国家守護者候補者たち）が真似るのであれば、いち早く子どもの頃から彼らにふさわしいものどもを、すなわち勇気ある男たち、節度ある男たち、敬虔な男たち、自由精神をもつ男たち、およびそのような性格をもつすべてのものどもを真似るべきであって、反対に、自由精神が欠如するものどもは、行ってもならないし、それらを真似ることに長けた人間であってもならない。その他、何であれ醜いことどもについても同様である[28]。

ここで言及されるミーメーシスは、観客・聴衆としての子どもが登場人物の役柄を真似ること、つまり自己をその人物に同化することを意味する。子どもの柔らかい魂は、ことさらにこの同化作用を受けやすい。「彼らがミーメーシスによって、その対象からその性格を自らの中に取り込む」（ἐκ τῆς μιμήσεως τοῦ εἶναι ἀπολαύσωσιν, 395C7）ことが、

---

27) 392D-394C.
28) 395C4-7.

容易に起こりうる。ミーメーシスは、子どもの頃から続けていくとやがて第二の本性になることがありうる。

> ミーメーシスの数々は、若い頃からずっと続けていると、習慣と性質となって定着していくのだ。身体の面でも声の面でも考えの面でもね[29]。

プラトンはそのレクシス論において、ミーメーシスによる直接的話法の使用を最小限にとどめるべきであることを主張したが、それはミーメーシスがもつ同化作用の強さを考えてのことなのである[30]。もちろん彼は、ミーメーシスによる話法が子どもたちにとっても大衆にとっても「一番楽しい」（ἥδιστος）ものであることを知っていた[31]。しかし、この楽しさが問題なのである。子どもの魂は、楽しさのオブラートに包まれたミーメーシスの対象がもつ性格を「知らず知らずのうちに」[32]受け取ってしまいやすい。これがミーメーシスの楽しさがもつ魔力である。かくして、プラトンの理想国家は、もっぱらミーメーシスによるレクシスを用いる悲劇や喜劇の作家を受け入れないのである。むしろ、楽しさにおいては劣るけれども、ミーメーシスによるレクシスを最小限に押さえる音楽ジャンルの作家を歓迎する[33]。ミーメーシスによるレクシスを何が何でも排除するということではない。善き人物の語り方を真似するかぎりにおいては、ミーメーシスを認めるのである。しかし、ミーメーシスによるレクシスに関しては、基本的に禁欲の態度を保つということである。プラトンは、悲劇と

---

29) 395D1-3.
30) 396E.
31) 397D7.
32) 401C3; 401D1. λανθάνειν が用いられている。
33) 398AB.

喜劇の作家拒絶に関連する問題をⅩ巻において再び取り上げることになる。また『法律』Ⅱ巻において、市民たるべき若者の教育、ひいてはその生涯教育の方法の観点から、ディーテュラムボスのあり方についてその見解を展開することになる。ディーテュラムボスへの着目の理由は、それがもっぱらミーメーシスによらないレクシスを使用する音楽ジャンルであるからだと考えられる。それは、すでに『国家』の段階においてプラトンがもっていた着眼点であった。

(2) ミーメーシスの起源

　魂にそれほど強い影響を及ぼすミーメーシスとはそもそも何なのであろうか。ミーメーシスという概念は、プラトンが初めて用いたものではない。ミーメーシスの同族語が最初に確認されるのは、『ホメロス讃歌』(Hymni Homerici) においてである。その中の『アポロンへの讃歌』では、デロスの乙女たちが有する模倣力についてミーメーシスの同族語ミーメイス（タイ）(μιμεῖσθ'(αι)) が用いられている。

> πάντων δ' ἀνθρώπων φωνὰς καὶ κρεμβαλιαστὺν
> μιμεῖσθ' ἴσασιν· φαίη δέ κεν αὐτὸς ἕκαστος
> φθέγγεσθ'· οὕτω σφιν καλὴ συνάρηρεν ἀοιδή.
> 乙女たちはさまざまな人間の声を、カスタネットの音にあわせ、描きだす[34] ことに長けていて、まるでそれらの一人ひとりが口をきいているようだ。
> それほどまでに美しい歌が綴られる[35]。

---

34) ここでは μιμεῖσθ' は、「描写する」という意味で用いられているものと思われる。Cf. *LSJ*, 1134: 'represent, portray'.
35) *Hymnus ad Apollinem*, 162-164. 翻訳は『四つのギリシャ神話――『ホメーロス讃歌』より――』逸身喜一郎・片山英男 訳（岩波文庫）による。

コラー（H. Koller）は、ミーメーシスが本来祭儀における演技と密接な結びつきをもつ概念であったという説を提示する[36]。これについては、本書の第2部第2章2c (3) において紹介したが、ここではもっと詳しい検討を行う。コラーによると、ミーメーシス同族語の初出が、デロスの祭儀との関連において見いだされるのは偶然ではない。この箇所におけるμιμεῖσθ’は祭儀の中で行われる演技に言及している。アポロンはデロスを心から愛している。その愛への応答として、その地に住む美しいイオニア人たちは祭りに集い、拳闘、舞踊（ὀρχηθμός）、歌をもって、アポロンを喜ばせる。とりわけ美しいのは乙女たちである。彼女たちは、アポロンを初めとしてレトやアルテミスを讃えるため、また、いにしえの人々を記念するため讃歌を歌う[37]。讃歌は歌と踊りとによって捧げられる。歌と踊りは別々のものではなく不可分離の一体をなしている。乙女たちが演技するとき、そこにムゥサたちも加わり、踊りの輪をつくり、一緒に歌い踊る（ὀρχεῦντ’）[38]。したがって、ミーメイス（タイ）（μιμεῖσθ’(αι)）は歌舞による描写・表現を意味しており、絵画による模写という意味はもたない、とコラーは解釈する[39]。このような解釈に基づき彼は、ミーメーシ

---

36) H. Koller, *Die Mimesis in der Antike* (Bernae Aedibus A. Francke, 1954) 37-40. Cf. R. P. Winnington-Ingram, "Ancient Greek Music 1932-1957," *Lustrum* 3-4 (1958-59) 50-51.
37) *Hymnus ad Apollinem*, 147. ἔνθα τοι ἑλκεχίτωνες Ἰάονες ἠγερέθονται.
38) *Hymnus ad Apollinem*, 196. H. Koller, *Die Mimesis in der Antike*, 38 は、同じ関連で、Callimachus, *Hymnus in Delum*, 304ff. も引用している。
39) H. Koller, *Die Mimesis in der Antike*, 38 は、Plutarchus, *Moralia: Quaestiones Convivales*, 748ab を引用し、ミーメーシスは、本来、詩作に関わる用語であり、絵画とは関係がないことを示そうと試みる。

ὅθεν εἶπεν οὔτε γραφικὴν εἶναι ποιητικῆς οὔτε ποιητικὴν γραφ«ικ»ῆς, οὐδὲ χρῶνται τὸ παράπαν ἀλλήλαις· ὀρχηστικὴ

第3章　ムゥシケーの魂への働きかけ　297

スの起源について、本来、ミーメーシスは祭儀歌舞から始まったものであり、演技あるいは表現を意味したという仮説を立てる。その傍証として挙げるのは、前5世紀のものと考えられる、地理学者ストラボンが伝えるアイスキュロス『エドノイ』(*Edoni*) の断片である。その内容は以下のとおりである。

> τούτοις (Φρυγιακα) δ' ἔοικε καὶ τὰ παρὰ τοῖς Θραιξὶ τά τε Κοτύτ«ε»ια καὶ τὰ Βενδίδεια, παρ' οἷς καὶ τὰ Ὀρφικα τὴν καταρχὴν ἔσχε. τῆς μὲν οὖν Κοτυ«τ»ο«ῦ»ς 〚τῆς〛 ἐν τοῖς Ἠδωνοῖς Αἰσχύλος μέμνηται καὶ τῶν περὶ αὐτὴν ὀργάνων. εἰπὼν γὰρ "σεμνὰ Κοτ«υ»τοῦς «δ'» ' ὄρ«γ»ια 〚δ' ὄργαν'〛 ἔχοντες '", τοὺς περὶ τὸν Διόνυσον εὐθέως ἐπιφέρει· "... ὁ μὲν ἐν χερσὶν ' βόμβυκας ἔχων, ' τόρνου κάματον, ' δακτυλόδεικτον ' πίμπλησι μέλος, ' μανίας ἐπαγωγὸν ὁμοκλάν, ὁ δὲ χαλκοδέτοις ' κοτύλαις ὀτοβεῖ '...", καὶ πάλιν· "..ψαλμὸς δ' ἀλαλάζει·ταυρόφθογγοι δ' ' ὑπομυκῶνται ' ποθὲν ἐξ ἀφανοῦς ' φοβεροὶ μῖμοι· ' τυ〚μ〛πάνου δ' εἰκὼν ' ὥσθ' ὑπογαίου ' βροντῆς φέρεται ' βαρυταρβής".

δὲ καὶ ποιητικὴ κοινωνία πᾶσα καὶ μέθεξις ἀλλήλων ἐστί, καὶ μάλιστα [μιμούμεναι] περὶ «τὸ» τῶν ὑπορχημάτων γένος ἓν ἔργον ἀμφότεραι τὴν διὰ τῶν σχημάτων καὶ τῶν ὀνομάτων μίμησιν ἀποτελοῦσι.

絵画は詩と共有するところがなく、詩は絵画と共有するところがない。またそれぞれが互いを用いることがまったくない。だが、踊りと詩にはあらゆる共有がある。相互の間に共有があり、このことは特に、ヒュポルケーマという種類について当てはまる。そこでは、両者が混合され、一つの作品を、身振りと言葉とによる表現・演技をもたらす。

ここでは、ミーメーシスは歌と音楽が伴う舞踊表現を意味している。

トラキア人が行っている祭りは、コテュテイア祭であれベンディデイア祭であれ、プリュギア人がやるものに似ている。コテュテイア祭は女神コテュトを祭ったオルギア（祭儀）で、アイスキュロスが『エドノイ』の中で言及しているものである。現に彼は、「厳かなるコテュトのオルギアを行いながら、――」と言って、その実、ディオニュソスを祭ったオルギアを直接に指している。「ある者は手に、旋盤で丸く削られたボンビュクス（音の低い笛）を持ち、指の奏でるメロディーを吹き込めば、狂気に導く叱咤となる。またある者は青銅のシンバルで、大きな音を打ち鳴らして、――絃を弾く音が高らかに鳴り響く。牡牛の鳴き声を真似た恐ろしい声が、どこからか姿の見えない場所から鳴いて答を返して来る。深い恐れをかきたてる太鼓に似た音が地下で鳴る雷のように、近づいて来る」[40]。

「牡牛を真似た」恐れをかきたてる「ミーモイ」（μῖμοι）が、地獄のような歌舞に合わせて吼えるとある。コラーは、ミーモイはオルギアを演ずる俳優たちを指すと推測する。そこから、ディオニュソス祭儀の俳優たちは、本来、ミーモイと呼ばれていたという仮説を立てる。すなわち、ミーメイスタイ（μιμεῖσθαι）はミーモイによる集団舞踊を意味し、ミーメーシスは祭儀の営み、すなわちミーモイによる簡単な舞踏劇の演技行為を意味し、ミーメーマ（μίμημα）はその結果としての演技作品を意味していた[41]。そして、このような意味がピュタゴラス派やダモンに継承され、やがて表現・表出としてのミーメーシスという理解へと発展していった、と推測するのである。そこにある考え方は、リュトモスとメロディーは魂の諸運動から生起して、それら諸運動を表出する機能をもっているというこ

---

40) Strabo, *Chrestomathiae*, 10.3.16. 翻訳は『ギリシャ悲劇全集10』（岩波書店、1991年）90-91による。

41) H. Koller, *Die Mimesis in der Antike*, 39, 120.

とであり、ムゥシケーはそれら音楽的諸要素と魂の諸運動との類似性のゆえに魂に影響を及ぼし、人間の教育や治療の手段として役立つというものである。コラーは、このような表現・表出としてのミーメーシスという見方が、プラトンやアリストテレスの議論の背後に存在していたはずであると推測する。そして、この推測に基づき、このミーメーシス観はプラトンやアリストテレスによって思うままに改変され、歪曲されてしまったのであると批判する[42]。

　コラーの仮説は興味深くはあるが、その議論には裏付けとなる文献上の証拠が十分にあるとは言えない。コラーに対してエルス（G. F. Else）は、前5世紀におけるミーメーシスとその同族語の用法を綿密に吟味し、その結果、コラーの仮説は誤りであると判定した[43]。エルスの研究によれば、ミーメイスタイは、本来、人あるいは動物の声や身振りによる物真似を意味した。人間の場合、物真似の手段は、しばしば音楽と踊りであったが、常にそうであったというわけではない。いずれにせよ、根本の意味は、人間的な手段によって特徴ある表情、行動、声を表すことにあった。「物真似をする」という意味は、やがて「模倣する」という一般的な意味で用いられるようになり、それにつれて物真似の概念は、物質的な「模写体」（μίμημα）にも応用されるようになった。これら三つの意味はすでにプラトン以前に流通していた、とエルスは主張する。これに対して、コラーは、ミーメーシスの起源をあくまでもディオニュソス祭儀の歌舞に限定し、この限定に基づき、プラトンがこの祭儀歌舞としてのミーメーシスを詩と演劇にも適用したのは、本来の意味を歪曲するものであると批判する。これに対して、エルスは、『エドノイ』断片を精査し、それに基づいて、ミーモイはディオニュソス祭儀の俳優たちを指すのではなく、牡牛

---

42)　H. Koller, *Die Mimesis in der Antike*, 134.
43)　G. F. Else, '"Imitation" in the fifth century,' *Classical Philology* 53 (1958) 73-90.

の鳴き声に似た恐ろしい音を発するロムボス（ῥόμβος）という楽器に言及するとみなす。なぜなら、この箇所には俳優への言及がない。次の節の「太鼓に似た音」（τυπάνου δ᾽ εἰκών）という表現から見て、ミーモイは厳密にはロムボスそのものでさえなく、それらがもたらす「意図的な音効果」である。すなわち ταυρόφθογγοι μῖμοι とは、ταύρων φθεγγομένων μιμήσεις である、とエルスは主張する[44]。コラーは、ミーメーシスに「故意の欺き」という意味を与えたのはプラトンであると主張するが、これに対してエルスの主張では、すでに前5世紀の段階においてミーモス（μῖμος）は故意の欺きという意味を含む概念であったし、それは文献上の証拠によっても確認できるという[45]。

　以上のように、コラーは、『アポロンへの讃歌』におけるミーメイス（タイ）（μιμεῖσθ᾽(αι)）が集団舞踏への言及であることを強調し、「真似る」という意味を含まないと主張する。この主張にエルスは反対する。なぜなら、詩人は、「まるでそれらの<u>一人ひとりが口をきいているようだ</u>。それほどまでに美しい歌が綴られる」と語っている。たしかに歌と踊りという手段によって真似が行われているが、やはり真似は真似である。デロスの乙女たちは、男性たちの特徴ある声と身振りを真似ている。「さまざ

---

[44]　前5世紀のものと確定できる μῖμος の用例は、アイスキュロスの「エドノイ」断片だけである。他にアリストテレス以前のものと考えられる用例が二つだけある。一つは、エウリピデスのものの可能性がある *Rhesus*, 256 である。コロスは、ドーローンを τετράπουν μῖμον ἔχων ἐπὶ γαίας θηρός として描写する。μῖμος は、ここでは俳優を指すのではなく、狼の毛皮を着てその歩き方を真似る動作を示すことは、文脈から明かである（207ff.）。したがって、μίμησις と同義である。もう一つは、アリストテレス『詩学』1447b10：τοὺς Σώφρονος καὶ Ξενάρχου μίμους, および *Fragmenta*, 72 (Athenaeus, *Deipnosophistae*, 11. 505c) である。μῖμοι はここでは、擬曲狂言に言及する。ここでも、俳優ではなく演技を指すことが確認できる。Cf. G. F. Else, '"Imitation" in the fifth century,' 76.

[45]　Cf. G. F. Else, '"Imitation" in the fifth century,' 74-75.

まな人間の声を」(πάντων δ' ἀνθρώπων φωνὰς) は、「方言」に言及しているものと考えられる。その場合、乙女たちは地元の人々の方言と踊りを真似ることによって客をもてなしていることになる。いずれにせよ、これは祭儀演劇ではない。この箇所における歌と踊りは聖伝とは関係がない[46]。

　以上のことから、ミーメーシスが、すでにプラトン以前に歌舞を包摂する音楽概念として流通していたことは明らかである。その流れの中にあるからこそ、ミーメーシスは演劇にも文学にも適用されるに至ったのである。プラトンは、ミーメーシスの本来の意味を歪曲したのではなく、それがすでにもっていた豊かな意味を踏まえて、独自のミーメーシス論を展開したと見るべきであるというのが、コラー説に対するエルスの批判と修正である。エルスの議論は説得的であると思われる[47]。したがって、ミーメーシス同族語は早い時期から「真似」という意味で用いられていたとみるべきであろう。それらの起源をディオニュソス祭儀歌舞に限定する、コラー仮説には無理があるように思われる。

(3) ミーメーシスの宗教性

　しかし、歌舞が早い時期から「表現」としてのミーメーシスと結びついていた事実を指摘した点では、コラーは正しい。上記の『アポロンへの讃歌』は、場面設定としては祭儀にではなく世俗に属するが、それは宗教性を排除するものではない。乙女たちは、もてなしの歌舞を演じていたとき、アポロンをはじめとする神々と一緒にそれを演じていたはずである。古代ギリシャにおいて、歌舞によって代表されるムゥシケーは、社会生活の営みに密着した「機会音楽」ともいうべきものであった。社会生活は神々を祀る祭儀に満ちていた。国家は宗教から離れて存在せず、宗教も国

---

46)　G. F. Else, '"Imitation" in the fifth century,' 77.
47)　G. F. Else, '"Imitation" in the fifth century,' 87.

家から離れて存在しなかった。国家と宗教、社会と祭儀は密接不可分離に結びついていた。たんなる歓待に見える乙女たちの歌舞であっても、それは祭礼音楽としての性格をもっていたはずである[48]。最盛期のアテナイでは、一年の半分弱は祭りであったと推定されている[49]。なかでも冬の三ヶ月は「ディオニュソス」（Διόνυσος）のものであった。ディオニュソスの祭礼は12月から1月に集中していた。農耕民かつ船乗りであるアテナイ人にとって、冬は「労苦からの休息」（ἀναπαύλας τῶν πόνων）[50]の季節であった。収穫後の時期なので食料は豊富にあり、娯楽・祝宴・祭礼に好都合であった。祭礼を表す最も一般的な用語、ヘオルテー（ἑορτή）は、宗教的祭礼のみならず単なる娯楽をも意味することができた[51]。例年、四つのディオニュソス祭礼が開催され、そのなかで最大のものは市のディオニュシア祭であった[52]。ディオニュソスの祭礼は元来田舎の村祭りであったが、前542年頃、ペイシストラトスによって演劇を伴う市のディオニュシア祭[53]として創始された。以後、市のディオニュシア祭は、

---

[48] 古代ギリシャにおける音楽と祭祀の密接な関連については、『ギリシャ　人間と音楽の歴史　第2シリーズ：古代音楽　第4巻』（音楽の友社、1985年）5-21 を参照。

[49] Cf. J. D. Mikalson, *The Sacred and Civil Calendar of the Athenian Year* (Princeton, 1975) 199-201.

[50] *Leges*, 653D2.

[51] アリストテレスは、ポリスの祭礼活動について、「それは犠牲を捧げ、これを囲んで寄り合いの席を設ける、そして神々には尊敬を分かち与え、自分たちのためには快さをともなう休息を与える」（*Ethica Nicomachea*, 1160a22-24）と語っている。

[52] Διονύσια τὰ ἀστικά, Thucydides, *Historiae*, 5.20; Διονύσια τὰ ἄστει, Law of Euegoros (Demosthenes, *Meidias*, 10). 市のディオニュシア祭は大ディオニュシア祭とも呼ばれた。Διονύσια τὰ μεγά, Αριστοτελεσ, Aristoteles, Atheniensium Respublica, 56. Cf. A. Pickard-Cambridge, *The Dramatic Festival of Athens*, 57.

[53] Cf. J. E. ハリスン・星野徹訳『古代の芸術と祭祀』（法政大学出版局、1982年）

第3章　ムゥシケーの魂への働きかけ　　303

アテナイ民主制確立への道行きと歩を一にして発展してゆき、ペリクレス時代にはすでに民主制アテナイを象徴する国家行事となっていた[54]。プラトンは『法律』II 巻の初めの部分において、「祭礼」（おそらく市のディオニュシア祭）について以下のように語る。

> じっさいこのように、快楽と苦痛が正しくしつけられることこそ教育なのですが、教育というものは、人間の一生のあいだにはたるみが生じ、一般になくなってしまいます。しかし、神々は、労苦をになって生まれついた人間という種族を憐れみ、労苦からの休息として順に巡ってくる[55]神々のための祭礼を制定してくれました。さらに、ムゥサたちとその指揮者アポロン、およびディオニュソスを、祭礼の同伴者として与えてくれました。それは、人間が、神々と一緒に祭礼に参加することによって、もろもろのしつけの面で矯正されるためなのです[56]。

この祭礼は、「ムゥサたち」への言及が示唆するように、広義の音楽祭であった。しかし、それは単なる娯楽ではなく、共同体成員のあいだの連帯性を保持する機能をもっていた。市のディオニュシア祭において悲劇と喜劇が上演されたことは、よく知られている。成人男子の人口が数万と推

118-124; C. G. Starr, *A History of the Ancient World* (New York: Oxford University Press, 1965) 253.
54) アテナイ市民にとって祭礼がいかに重要であったかは、前 404 年頃、エレウシス秘儀に入会した信者たちから派遣されてきた使者が、アテナイ市民に対して語った、30 人政府のために戦った人たちとの和解を懇願する演説からも知られる。Cf. Xenophon, *Hellenica*, 2. 4.20-21.
55) ἀμοιβή は、*LSJ* に従い 'change, alteration' の意味に理解する。Cf. A. E. Taylor: 'the cycle of their festivals'.
56) *Leges*, 653C7-D5. Bury の読みに従う：ἵν' ἐπανορθῶνται, τάς τε τροφὰς γενομένας ἐν ταῖς ἑορταῖς μετὰ θεῶν.

定されるアテナイでは、かなりの割合の市民が演劇に直接参加をする経験をした。このいわば音楽祭は、市民全体が集まる機会としては民会以上の規模のものであった。アテナイ市民にとって音楽祭に行くことは、「もろもろのしつけの面で矯正されるため」であり、広い意味での教育を受けることであった。音楽祭は、「アテナイ民主制における市民教育のための学校」[57]の役割を果たしていたのである。この音楽祭では、演劇の他にもう一つの呼び物があり、それがディーテュラムボスであった。コレイアは演劇においても重要な位置をしめたが、それが自らをいかんなく発揮したのはディーテュラムボス演奏の場においてであった。ディーテュラムボスは、コロスによって演じられる歌舞そのものであった。したがって、プラトンが『法律』II巻において、若者のための市民教育論の観点からディーテュラムボスにおけるコレイアを取り上げ、これをパイデイアーとほぼ置換可能な概念と見なしているのも、当時の社会背景に照らすときよく理解できる。プラトンは、ディーテュラムボスにおけるコレイアをミーメーシスの観点から考察し、「アテナイからの客人」に次のように語らせている。

> 歌舞に関することどもは、もろもろの性格の模倣・表現体であり、それもあらゆる種類の行為や状況において行われる模倣・表現体であり、歌舞を行うそれぞれの人は、もろもろのエートスとミーメーシスとの両方によってこれらを表現します。それゆえ、吟じられることば、歌われるメロディー、あるいは、その他の歌舞表現が、歌舞を行う人たちにとって、彼らの生来の気質あるいはエートスあるいはその両方の面から、彼らの性格に叶う場合には、彼らはそれらを喜び賞賛し、さらに美しいと口にせざるをえません。しかし、それらが、彼

---

57) Cf. P. Cartledge, 'The Greek religious festivals,' in P. E. Easterling and J. V. Muir, eds., *Greek Religion and Society* (Cambridge University Press, 1985) 126-127.

らの生来の気質あるいは性格あるいは習慣づけに反する場合には、彼らは喜ぶことも、賞賛することもできず、さらには醜いと口にせざるをえません。ところが、彼らが生来の気質に属することどもは正しいが、習慣づけに属することどもは反対である場合、あるいは習慣づけに属することどもは正しいが、生来の気質に属することどもはその反対である場合、そういう人たちは、もろもろの快に対してそれらとは反対の賞賛を口にします。すなわち彼らは、「これらの中のそれぞれは、快くはあるが悪い」と言い、思慮があると彼らが認めている人の前では、身体でそういった動きをするのを恥じ、本気でそれらを美しいと認めているかのようにそういった歌をうたうのを恥じます。しかし彼らは、心の中では、そういう表現を喜んでいるのです[58]。

ディーテュラムボスの歌舞（χορεία）は、それに参加する者の心に大きな快感もしくは大きな不快感をもたらした。なぜ歌舞がそれほどまでに大きな影響力をもつのであろうか。プラトンによると、歌舞の本質はミーメーシスだからである。ミーメーシスはたんに機械的な模写ではない。それは人間の中に自然本来に内在する能力であり、歌舞という媒体によって人間のもろもろの性格を模倣・表現することができるものなのである[59]。

---

58) *Leges*, 655D5-656A4.
59) Cf. S. H. Lonsdale, *Dance and Ritual Play in Greek Religion* (Baltimore and London: The Johns Hopkins University Press, 1993) 29-37 は、「歌舞」の特徴として、言語的要素と非言語的要素の結合、および歌舞によって演じられる祭儀劇における遊びの性格と並んでミーメーシス的性格をあげる。この歌舞のミーメーシスは、プラトンにおいては、事物の外面を再現する試みであるよりはむしろ、人間の中にある諸性格を表現する試みであると考えられている。したがって、歌舞に内在するミーメーシス能力は、人間形成を補強することも堕落させることもできるということになる。S. H. Lonsdale, 32 は、この性格表現としてのミーメーシスが、ディーテュラムボスに代表される祭儀劇において重要な役割をもつことに着目し、以下のように述べる。

それは各自の生来のピュシスや後天的なエートスと密接な結びつきをもっている。それゆえ、歌舞の内容が各自の性格に適合する場合、ミーメーシスは大きな快をもたらし、その反対の場合、大きな不快をもたらす。そして、快苦こそは、子どもにロゴスが備わる以前の段階において、子どものエートス形成に決定的な影響力をもつ要素であり、その後も生涯を通じて人間形成に影響を与え続ける教育上重大な要素である。それゆえ、プラトンは「正しい教育」(653A1)について考えを述べるにあたり、しかるべきものには快を感じそれを愛し、そうでないものには苦を感じそれを憎むことができるように魂を習慣づけることが、しかもそれを生涯にわたって行うことが教育の根本であることを指摘したのである[60]。プラトンは『法律』において、ポリス市民の生涯教育の方法として、少年、成人および老人の三種類のコロスを提言するに至るが、それは教育における快苦の重要性に留意してのことであり、そもそも快苦の生起を可能とするところのミーメーシスという、人間に自然本来備わっている不思議な能力への洞察

表現という限定された意味におけるミーメーシスは、「かのように」(as if)活動としての祭儀劇にとって不可欠である。祭儀は、表現される対象とその幻想の調達者たちとのあいだに現実の区別がないかのように進行する。古代の祭儀の参加者たちは、仮面と衣装の助けを借りて、あるいは借りずに、自分たちが「他者」であるかのように、つまり神々や動物たちであるかのようにふるまう。彼らの活動を包み込む遊戯的欺きは、観衆によって、つまり想像上の（神的）観衆と人間の観衆とによって、現実として真剣に知覚されなければならない。さもなければ、演技を包み込んでいる望ましい創作的性格が、何らかの形で不完全である。プラトンが構想する国家では、ミーメーシスは三種類のコロスによって演じ尽くされる。ムゥサたちのコロスは、その原型としてアポロンのコロスをもち、アポロンのコロスはその原型としてディオニュソスのコロスをもつ。しかし、プラトンがコロスに与える名前が意味するように、それぞれのコロスは、本質的には、その神的原型であるアポロン、ムゥサたち、およびディオニュソスのミーメーシスである。

60) *Leges*, 653A-C.

を踏まえてのことなのである[61]。『国家』の段階ではいまだディーテュラムボスとミーメーシスとの結びつきについては詳しく語ってはいないが、ムゥシケー全般におけるミーメーシスの重要性については、プラトンはそれを十分に認識しているのである。

b. ホモイオーシス

(1) ホモイオーシスとしてのミーメーシス

以上においてムゥシケーが魂に作用する仕方について考察したが、ひるがえって魂がムゥシケーの働きかけを受ける仕方について考察する必要がある。プラトンはこれを『法律』において、「同化されること」(ὁμοιοῦσθαι, 656B4) という観点から説明する。それによると、人は悪い人間たちの悪い諸性格に触れていながら、それを憎むどころか、それらに快を感じ受け入れているうちに、いつしか悪いものに同化されてしまう。反対に、よい性格に触れ続け、それに快を感じ受け入れているうちに、いつしか善いものに同化されていくという。ロッジ (R. G. Lodge) は、「真似」(imitation) には、たんに事物の外面を真似るものだけではなく、たとえば生徒が教師の態度に自らを投影しようとする努力を表すような形式もあることを指摘する。

> 生徒はたんに、彼の教師が行う外面的時空的なもろもろの動きを再現しようとするのではなく、同じ心の態度に自己を投影しようとする。彼の教師が感じるように感じ、彼の教師が考えるように考えようとする。すなわち生徒は、自己意識をもつ一人の人間である彼の教師に自己を同化しようとする。教師の人格に彼の人格を合体させ、ことばと

---

61) *Leges*, 664B-D.

行いにおいてと同様に、考えにおいても彼のようになろうとする。このような仕方で、生徒は音楽家、踊り手、詩人、あるいはその他の創作的分野における達人となる。たんに外面的なもろもろの技術を再現する者ではなく、いのちをもち、自己抑制ができる独自の芸術家となる[62]。

ロッジによれば、これがプラトンの意味するミーメーシスであり、その意味は「真似」(imitation) というよりは「同化」(assimilation) に近い[63]。たとえば、演劇において役者がその役になりきる場合に生じる、役を演じる者の人格と役を演じられる者の人格との融合あるいは合体は、単なる真似ではなく同化と呼ぶのがふさわしいという。プラトンは、『国家』VI巻において哲人統治者について語る箇所で、哲学者が真実在に対してどのような態度を取るかについて、ソクラテスに次のように語らせている。

実際、アデイマントス、いやしくもほんとうにその精神をもろもろの真実在に向ける人にとっては、下に目を向け人間たちのことどもを見やり、彼らと争って嫉妬と憎しみで満たされるような暇は、けっしてないだろう。むしろ、彼は、整然として常に同じあり方を保つものどもに目を向け、それらが互いによって不正をおかしおかされることなく、すべてのものどもが秩序と理法に従っているのを観照しつつ、それらのものにみずからを似せよう、できるだけ同化しようとつとめるだろう。それとも、何であれ人が賞嘆の気持をもってそれと交流をもっていくとき、それを真似しないでいられると思うかね[64]。

---

[62] R. E. Lodge, *Plato's Theory of Education* (Routledge, 1947) 122.
[63] 以下の記述については、R. E. Lodge, *Plato's Theory of Education*, 119-132 を参照。
[64] 500B8-C7.

子どもであれ大人であれ、人間は、何か賞嘆に価するもの、あるいはだれか賞賛に価する人に出会うとき、そのものとあるいはその人と一つになりたいという強い願いが心の中に起こり、その結果、そのものにあるいはその人にできるだけ自己を同化しようとすることができる。すべての人間がそのような同化願望をもつとはかぎらないが、幼い頃から快苦に関する正しい習慣づけによって、つまり美を快とし醜を苦とする習慣づけによって育てられた人間は、善美なる対象に対面するとき、それを愛し、できるだけそれに似た者になろうとするというのが、プラトンの理論である。彼によると、人間に内在する同化原理は諸刃の剣である。快苦に関する誤った習慣づけによって、つまり醜を快とし美を苦とする習慣づけによって育てられた人間は、醜悪なる対象に対面するとき、それを愛しできるだけそれに似た者になろうとする。プラトンは、国家の守護者候補である子どもたちに対して、その内なる同化の性質を正しい方向に導いてやることに大きな関心を払う。その理由は、上に引用した箇所から明らかなように、哲人統治者にはその資質として、真実在を観照しつつ、できるだけそれに自己を同化させようとする熱烈な意欲をもつことが求められるからである。彼は「神的にして秩序あるものと共に生きる」[65]ことによって、自らも神的で秩序ある人に変えられていく。彼はこのような人間形成を自らの中に行うだけではなく、哲人統治者として国家のすべての人たちの中に展開していくことが期待されている。哲人統治者によるこの国家教育のわざを、プラトンは画家のわざにたとえる。画家がモデルを見ながら画を描くよう

---

65) 500D1.
Θείῳ δὴ καὶ κοσμίῳ ὅ γε φιλόσοφος ὁμιλῶν κόσμιός καὶ θεῖος εἰς τὸ δυνατὸν ἀνθρώπῳ γίγνεται·
したがって、哲学者は、神的で秩序あるものと交流していくので、その結果、人間に可能な限り神的で秩序ある人となる。

に、哲人統治者は「神的な範型」（τῷ θείῳ παραδείγματι, 500E3）、すなわち真実在を観照しながら、神に似た国家と市民とを形成していく。このようにプラトンの考えでは、同化原理は、哲人統治者による国つくりにおいて決定的な力をもつのであるが、正しい同化意欲は即席に作られるものではない。同化意欲を担うところのミーメーシスの性質は、子どもの魂がまだ柔らかい時期から大切に培われ、長い時間をかけて入念に育まれ、形成されていかなければならない。

　それゆえ子どもの段階ではもう遅いということもありうる。そこでプラトンは、『法律』Ⅶ巻において、子どもの養育を胎児の段階にまでさかのぼり、胎児のために妊婦の散歩を奨励している[66]。適度の運動が胎児の栄養摂取を促進すると考えるからである[67]。彼は、新生児の生育のためにも、船に乗っている状態のようなゆさぶり運動を与えることを奨励する[68]。身体だけではなく魂のことも考えてのことである。外からのゆさぶり運動は、幼い魂のなかに生起する恐怖という内なる運動に打ち勝ち、魂の中に平安を生起させる[69]。こうして外からの運動は、ごく早い時期から魂の内に恐怖の習慣が付着することを防止し、反対に勇気の育成に役立つというのである[70]。胎児や新生児の心身が初期の段階からこのように育まれることによって、子どもの魂は健全に成長し、ミーメーシス本能も正しい方向づけを与えられる。その結果、子どもたちは大きくなるにつれて、善美なるものに正しく自己を同化させていくことができるようになるであろうというのである。

　プラトンは、『テアイテトス』において、「神に似ること」（ὁμοίωσις

---

66)　*Leges*, 789E.
67)　*Leges*, 789CD.
68)　*Leges*, 790CD.
69)　*Leges*, 791A.
70)　*Leges*, 791C.

θεῷ, 176B1）について語っている[71]。それによると、人間にとって真に幸福な生とは、劣悪なものに満たされたこの世から神々が住むかの世へ逃れていく不断の営みであるが、この世を逃れるということは、できるだけ神に似ることにほかならない。そして、神に似るとは、正しい人、神を敬う人になることであり、しかもその人には思慮分別が伴う。神に似ることを求める人は、真実在の世界にある「神的で最大に浄福なるもの」（τοῦ μὲν θείου εὐδαιμονεστάτου, 176E4）を模範としながら、神を敬う正しい生を送るうちに、その神的な範型に似た者に変えられていく。反対に、神に似ることに留意しない者は、それとは気づかずに「無神的で最大に悲惨なるもの」（τοῦ δὲ ἀθέου ἀθλιωτάτου, 177E4）を模範としながら、神を敬わない不正な生を送るうちに、その無神的な模範に似た者に変えられていく。プラトンは、ミーメーシスが内蔵する同化力を鋭く洞察していた。人は他者を真似るうちに、その人の人格を自らのうちに取り込み、その結果、人格の融合が起こる。模範を真似ることは、模範に自己を同化させることであり、模範の実体に参与することである。また、模範に自己を同化させることは、その模範に自己を投影することでもある。その模範が自己に似つかわしい場合には、自己はなおさらその模範に自らを投影し、それと一つになろうとする。その模範が神的なものである場合にはなおさらであり、神を敬う人はそれを愛慕し、熱心にそれに似た者になろうとするであろう。

（2）エロースとしてのミーメーシス

　以上に述べた自己投影の希求は、プラトンの意味におけるエロースになぞらえることができるであろうと思われる。彼は『パイドロス』において、エロースにとらえられた者が、恋する対象に自己を投影していく様子

---

[71] *Theaetetus*, 176A-177A.

を次のように述べている[72]。すなわち各人は、自分の性格にしたがって自分の恋の対象を選択する。彼はこの対象を神と見なして、彫像に仕立て上げ、飾りつけ、これを拝む。ゼウスの信者たち、つまり知恵を愛し求める者たちは、彼らの恋の対象がゼウスのような魂をもつことを切に願う。それゆえ、彼らは、知恵を愛する、守護者たるにふさわしい天性をもつ人を探し求め、その人がそのような性格の人間になるようにあらゆる努力をするとともに、自分自身もそのような性格の人間になるように努める。彼らが、自分たちの神である恋の対象に熱烈なまなざしを向けるとき、霊感に満たされて、ゼウスの性格にあずかり、人間に可能な限りにおいて、神の性格と習性を受け取る。彼らは、自分たちの神の諸性質を恋する対象の魂に注ぎ、その対象をよりいっそう愛し、できるだけ神に似た者にしようとする。かくして、エロースにとらえられた者たちは、恋する対象とともに神の道を歩んでいく。彼らの究極の目的は、恋する対象が「彼ら自身に、ひいては彼らが敬う神に似た姿になるように」($εἰς\ ὁμοιότητα\ αὐτοῖς\ καὶ\ τῷ\ θεῷ\ ὃν\ ἂν\ τιμῶσι$, 253B7-C1) 導くことであり、その目的の達成のためにあらゆる努力を惜しまない。これがプラトンの意味するミーメーシスである。それは、単なる真似ではなく同化である。このようなミーメーシスにおいては、真似る人は自己の人格を相手の中に投影するとともに、真似る対象の性格を自らに取り込む。その結果、二つの人格の統合が起こる。

　このようにエロースにとらえられた者と恋する対象とに働くミーメーシスの同化力は、さらに音楽家とその観衆とに対しても働くのを見ることができる。プラトンは『イオン』において、音楽家に臨み、その心をとらえるとともに、音楽家を通して観客にも臨み、その心をとらえてやまない「神的な力」($θεία\ δὲ\ δύναμις$, 533D3)[73] について語る[74]。彼はこれを

---

72)　*Phaedrus*, 252D ff.
73)　以下の議論については、*Io*, 533C-536D を参照。

磁石になぞらえる。牽引力を内蔵する磁石は、近くにある鉄の指輪を引きつけるだけではなく、その中に自らの力を注ぎ込み、その指輪がさらにその近くにある他の指輪を引きつけることができるようにする。かくして磁石の牽引力は、次から次へと連鎖作用を及ぼしていく。磁石とはムゥサの女神のことである。ムゥサは、詩人たちに働きかけ、「神霊に満たされた人びと」（ἐνθέους, 533E4）にする。すると、ムゥサの力はこれらの詩人たちを通して、詩を演奏する人たちにも働きかけ、彼らをも神霊に満たされた人びとにする。さらに同じ力は演奏者たちを通して、観衆にも働きかけ、彼らをも神霊に満たされた人びとにする。ホメロスやヘシオドスのような叙事詩作家であれ、アルカイオスやサッポーのような抒情詩人であれ、あるいは彼らの作品を演奏する人びとであれ、彼らはハルモニアとリュトモスの世界に一歩足を踏み入れるとき、「神霊に満たされ我を忘れた人になる」（ἔνθεός τε γένηται καὶ ἔκφρων, 534A5）。吟誦詩人イオンが、上手に叙事詩を物語り、観客を魅了しているとき、彼は、「我の外へ出ていく」（ἔξω σαυτοῦ γίγνῃ, 535C1）のであり、その魂は自分が物語っている出来事へと、それがイタケにおいてであれトロイアにおいてであれ、その出来事のもとへ出かけているのである。これがムゥサの霊を注がれた音楽演奏者の状態である。だからこそ彼らは何万人もの観客に大きな影響を及ぼすことができる。それには、ハルモニアとリュトモスとに関する操作技術もある程度役立つかもしれない。しかし、音楽の技術だけでは、演奏者も観客も音楽の世界に没入することはできない。彼らがムゥサの霊にとらえられ、その霊に満たされてこそ、演奏者と観客の心は一つとなる。吟誦詩人をして真に吟誦詩人たらしめるものは、「神にとらえられていることであり、技術に長けていることではない」（θεῖον εἶναι καὶ μὴ τεχνικὸν, 542B4）。ミーメーシスにおいて起こる同化は、その

---

74) *Io*, 533C 以下。

深層においては何か神霊による作用のような現象なのかもしれない。プラトンが『国家』III巻において、叙事詩のレクシスについて、それがミーメーシスによるものかどうかという問題を取り上げたとき[75]、彼はミーメーシスがもつ大きな同化力を、そしてそこに強く働く霊の働きのようなものを意識していたのではないかと思われる。ムゥシケー学習において生徒が教師を真似るという場合、生徒が真似るのは、深いレベルにおいては、教師の外面的な技術ではなくその霊であろう。生徒はある種の霊感によって教師に牽かれ、自己を教師に没入する。その時、生徒の霊と教師の霊とが一つに融合し、次にその融合された霊が生徒の中に取り込まれる。この同化が起こるとき、生徒は教師によって感化されたということになる。したがって、ホメロスを真似ることは、ホメロスのことばを繰り返すことではなく、その霊に感化され、新たにホメロスばりの詩を創作することである。ソクラテスを真似ることは、その複製になることではなく、ソクラテスの精神を吸入しつつも、独自の自分になることである。人を真似るということは、アリスティッポスのような人になることであり、エウクレイデスのような人になることであり、プラトンのような人になることである[76]。プラトンの考えでは、真似・同化・演技と霊感とは密接な関連をもち、共に働いて、自発運動を原理とする一体化された人格に集束するのである[77]。

---

75) *Respublica*, 392C-398B.
76) Cf. R. E. Lodge, *Plato's Theory of Education*, 123: "The enthusiastic reader of Homer acquires something of the Homeric spirit; and presently we find him, not repeating the words of his master, but inspired from within to write new quasi-Homeric poetry. So too Socrates inspires his followers to be, not little replica of Socrates, but themselves: an Aristippus, a Euclid, a Plato: creating new schools of thought arising out of their spiritual merger with the great teacher."
77) Cf. R. E. Lodge, *Plato's Theory of Education*, 124: "That is to say, for Plato such terms as imitation, assimilation, impersonation, and inspiration con-

5．ムゥシケーとパイデラスティアー（παιδεραστία, 少年愛）

　プラトンが『国家』II巻からIII巻にかけて展開してきたムゥシケー初等教育論[78]は、やがてムゥシケーによるエートス形成論を通過し、いまや終点に近づきつつある。プラトンのソクラテスは、国家守護者である子どもたちの魂におけるエートスの形成にとって、ムゥシケー教育、特にリュトモスとハルモニアに関する正しい教育が決定的に重要であることを強調し、対話者グラウコンもそれに同意する[79]。そのような教育は、子どもの魂のなかに「優美さをもたらし、優美な人間を形成する」（φέροντα τὴν εὐσχημοσύνην, καὶ ποιεῖ εὐσχήμονα, 401D8）からである。子どもの魂がいったん優美さを備え始めたならば、まわりにある制作物や自然事物が美しいか美しくないかを峻別できるようになる。美しくないものは、彼の魂に異質であるからこれを嫌い、美しいものは彼の魂と同類であるからこれを賞め、喜び、彼の魂の中に歓迎することができる。かくして、彼の魂は美しいものによって育まれ、「美しく善き人に成長していく」（γίγνοιτο καλός τε κἀγαθός, 402A1）。このように子どものころから美醜に関する感覚的識別能力が培われるならば、やがて理性によってものごとを把握できる年齢になったときには、美しいものに関する「理論」（λόγος）を喜び迎える人間になることができるであろう。プラトンはこのロゴスに言及するとき、やがてVII巻において展開しようとしているディ

---

　　　verge in their wider fringe of meaning, and tend to coincide. The focal point from which they all emerge like radii of the same circle is the central unity of the person, with its principle of selfmotion controlling both body and mind."

78)　*Respublica*, 376E-403C.
79)　401D-402A.

アレクティケー（διαλεκτική）の前奏曲としての数学的諸学科[80]、および本曲としてのディアレクティケー[81]を念頭においていると思われる。そして、ムゥシケー教育に始まりディアレクティケーに至る、生涯にわたる一連の教育プログラムの目指す目的は、他でもなく哲人統治者の育成にあることが、V巻において明示されることになる[82]。したがって、ムゥシケー教育は、哲人統治者育成にとって必要不可欠な基礎および重要な出発点であるとして位置づけられ、「ムゥシケーによる養育は、きわめて根本的に重要である」（κυριωτάτη ἐν μουσικῇ τροφή, 401D5）という判断が下される。

　ところが、ムゥシケー教育によるエートス形成については、いまだ議論はつきない。ソクラテスは、「少年愛」（παιδεραστία）の話題にグラウコンの注意を喚起し、これについてしばらく問答を交わしたのち、「ムゥシケーに関することどもは、最後に、美しいものへの恋に関することどもへ至らなければならない」（δεῖ δέ που τελευτᾶν τὰ μουσικὰ εἰς τὰ τοῦ καλοῦ ἐρωτικά, 403C6-7）ということばをもって、ようやくムゥシケー教育論の結びとする（402D-403C）。古代ギリシャの少年愛といえば、今日では一般に「男色」や「稚児愛」が連想されがちである。それゆえ子どもの教育との関連における少年愛の言及は、現代の人々には不可解なことに思われるかもしれない。しかし、プラトンとってパイデラスティアーはそういうことがらではなかった。それはムゥシケー教育を十分に実行するために不可欠な項目であった。それではプラトンのムゥシケー教育においてパイデラスティアーはどのような意義をもつのであろうか。

---

80)　521C-531C.
81)　531C-535A.
82)　471C-474C.

a. パイデラスティアーの文脈

まず始めに、パイデラスティアーがどのような文脈の中で語られるのかを吟味することにしたい。プラトンのソクラテスは、音楽としてのムゥシケー教育が正しく行われるならば、それが子どもの魂のなかに美しいものと美しくないものとを「きわめて鋭敏に感知する能力」(ὀξύτατ' ἂν αἰσθάνοιτο, 401E3) を培うことに有用であることを指摘する。そして、その培いは、文字の読み書きの場合のように、培う側にも培われる側にも等しく並々ならぬ訓練を要する。人は、字母をたゆまず習い続け、やがて一つ一つの単語の中に字母を正確に識別することができるようになった時、はじめて文字に習熟したと言える。そして、文字に習熟してこそ、水や鏡に映った文字の「写し」(εἰκόνας, 402B5) を認識することができる。同様に、国家守護者候補である子どもたちに授けられるムゥシケー教育の場合も、あらゆる事象に内在する節制、勇気、自由、高潔といったアレテーおよびその反対物の「さまざまの種類」(εἴδη, 402C2)[83] をたゆ

---

[83] εἴδη はイデアへの言及ではなく、「もろもろの種類」を意味し、εἰκόνας はそれらの模写としての「もろもろの作品」を意味すると解釈するのがよいと思われる。εἴδη については、G. M. A Grube, *Plato's Republic* (Indianapolis: Hackett Publishing Company, 1974) 72 n.29: "forms" or "kinds." を参照。εἰκόνας については、J. Adam, *The Republic of Plato*, vol.1, 103: "the likenesses of these human qualities as they occur in dramatic characters, styles of speech, musical modes, and an oratory manner of production in all the arts." を参照。εἴδη をイデアへの言及と見る解釈については、F. M. Cornford, *The Republic of Plato* (Oxford University Press, 1971) 91: "the essential Forms." M. H. Partee, Plato's Poetics (University of Utah Press, 1981) 100 を参照。『国家』I–IV巻において、イデアへの言及は一つもない。初等教育段階の子どもたちにとって、イデアの教えはまだ早すぎるからであろう。ここではアレテーの反対物についても εἴδη があるとされているが、プラトンは他の箇所では反対物のイデアについては語っていない。もし εἴδη をイデアであると仮

まず学び続け、やがて一つ一つの事象の中にアレテーとその反対のものとを正確に見分けることができるようになった時、はじめてムゥシケーに習熟するに至ったと言える。そして、ムゥシケーに習熟してこそ、それらの事象の「写し」（εἰκόνας, 402C6）であるところのものを、すなわち詩、音楽、絵画、その他のあらゆる制作物を的確に鑑賞することができるようになる。その水準に到達するまでは、たゆみない訓練が求められる。美しいものを鋭く感知するための訓練は、単にそれだけにとどまらず、やがて人間のアレテーを感知する能力の具有へと連結していく。人の魂は、「美しい事物」（τὰ μὲν καλὰ, 401E 4）を歓び迎えることによって育まれ、やがて「善美なる人」（καλός τε κἀγαθός, 402A1）へと形成されていく。このような訓練は、それを受ける少年に求められることはもちろんだが、訓練に携わる大人にも、いやむしろ大人にこそ求められると言わなければならない[84]。したがって、ムゥシケー教育においては、教育する成人男子と学習する少年とは、互いに不可欠なパートナーなのである。二人は「ムゥシケー人」（μουσικοὶ, 402B9）[85]になることを目指して共に歩んでいく。

　パイデラスティアーが登場するのは、議論のまさにこの時点においてである。ソクラテスはグラウコンに次のように語る。

　　　定するなら、εἰκόνας αὐτῶν はイデアの模写ということになる。しかし、後に『国家』X巻で見ることになるように、プラトンは詩や音楽などの作品をイデアの直接模写とは考えない（600E）。またここでは εἴδη は個々の事物に内在するものとして語られているが、プラトンのイデアは事物の外に独立して存在する永遠不変の存在である。

84) Cf. 402C1 の αὐτοὶ.
85) Cf. F. M. Cornford, *The Republic of Plato*, 91: "the man who has been educated in poetry and music"; G. M. A Grube, *Plato's Republic*, 72: "a cultured man."

それでは、とぼくは言った。魂の内にあるもろもろの美しいエートスと、容姿においてそれらと一致し、調和し、同一の似姿にあずかるもろもろのものとが合致するようなことがある場合、これは、観る能力をもった人にとってきわめて美しい光景ではないだろうか[86]。

しかるに、「最も美しいものは、むろん最もかわいらしいものである」(Καὶ μὴν τό γε κάλλιστον ἐρασμιώτατον, 402C6)ことが、両者によって確認される。「最もかわいらしいもの」(ἐρασμιώτατον)は、恋する人(ἐραστής)によって恋される少年(παιδικά)を示唆する。つまり、ムゥシケー教育にあずかる子どもは、教えを受ける生徒であるよりはむしろ恋される少年である。したがって、ムゥシケー教育に携わる大人も、教えを授ける教師であるよりは少年を恋する大人である。そして、この恋する大人こそ、ムゥシケー教育に携わるのにふさわしい人である。その人は、「ムゥシケー人」(ὅ γε μουσικὸς, 402D8)である。ムゥシケー教育の次元においては、ムゥシケー人とはエラステースであり、エラステースとはムゥシケー人である。魂においても容姿においても美しい少年を見るとき、ムゥシケー人は、彼にたいしてエロースの情をかきたてられる(ἐρῴη ἂν, 402D9)。このエロースはムゥシケー教育のエロースである。ムゥシケー教育は知識の単なる授受ではなく、エロースという原動力が駆り出す成人男性と少年とのあいだにかわされる魅力的な交わりである。プラトンにとって少年愛(παιδεραστία)は、ムゥシケー教育の末端に付着するようなものではなく、その中枢をなすものであろうことが予想される[87]。

---

86) 402D1-4.
87) A. Bloom, *The Republic of Plato* (BasicBooks, 1991) 361 は、例として、シェイクスピア『あらし』(*The Tempest*)におけるフェルディナンドとミランダの恋をあげる。二人は互いに相手の中にある美しさにうたれる。それぞれが、相手

b. パイデラスティアーとパイデイアー：歴史的概観

このようにプラトンは、パイデイアーとパイデラスティアーとを密接な結びつきをもつものと考えて語る。しかし、古代ギリシャではこのような考え方はプラトンに始まったものではなく、それ以前の長い歴史をもつ。プラトンの考えをよりよく理解することができるためには、古代ギリシャにおけるパイデラスティアーとパイデイアーとの関係を概観しておくことが必要であると思われる[88]。

少年愛の歓迎と受容は、プラトン個人に限定される好みではない。古典期（前490–前338年）において少年愛は広く社会に受容されていた[89]。クセノポンは、『スパルタ人の国制』(*Respublica Lacedaemoniorum*)においてスパルタの国制を分析するにあたり、少年愛（τῶν παιδικῶν ἐρώτων, 2.12.1）が教育にとって適切であるという見解を述べている。ギリシャ世界には少年愛に耽溺する国もあれば、反対に少年愛を厳禁する国もあったが、クセノポンは両極端を排し、パイデイアーという観点から

に相応しい者になろうと切望し、相手に認めてもらえる行いをしようと努める。こうして彼らは、卓越性への道をゆっくりと、しかし確実に登りつめていく。

[88] Cf. W. Jaeger, *Paideia,* vol.1, trans. Gilbert Highet (New York: 1943) 194-204; G. M. A. Grube, *Plato's Thought* (Beacon Press, 1958) 87-119; S. Rosen, "The role of eros in Plato's Republic," *The Review of Metaphysics* 18 (1965) 452-475; H. I. Marrou, *A History of Education in Antiquity* (The University of Wisconsin Press: 1982) 26-35; Robert Flacelière, *Love in Ancient Greece* (New York: Crown Publishers, 1960) 162-186; K. J. Dover, *Greek Homosexuality* (MJF BOOKs, 1989) 153-170; W. A. Percy III, *Pederasty and Pedagogy in Archaic Greece* (University of Illinois Press, 1996) 185-188; B. S. Thornton, *Eros: The Myth of Ancient Greek Sexuality* (Westview Press, 1997) 193-212.

[89] Cf. W. A. Percy III, *Pederasty and Pedagogy in Archaic Greece*, 185.

第3章　ムゥシケーの魂への働きかけ

スパルタの少年愛を推奨する。

> ὁ δὲ Λυκοῦργος ἐναντία καὶ τούτοις πᾶσι γνούς, εἰ μέν τις αὐτὸς ὢν οἷον δεῖ ἀγασθεὶς ψυχὴν παιδὸς πειρῷο τὸ ἄμεμπτον φίλον ἀποτελέσασθαι καὶ συνεῖναι, ἐπῄνει καὶ καλλίστην παιδείαν ταύτην ἐνόμιζεν· εἰ δέ τις παιδὸς σώματος ὀρεγόμενος φανείη, αἴσχιστον τοῦτο θεὶς ἐποίησεν ἐν Λακεδαίμονι μηδὲν ἧττον ἐραστὰς παιδικῶν ἀπέχεσθαι ἢ γονεῖς παίδων ἢ καὶ ἀδελφοὶ ἀδελφῶν εἰς ἀφροδίσια ἀπέχονται.
> しかし、リュクルゴスは、これらすべてとはまったく違う方針をとった。もしある人が、自身かくあるべきように賞賛に価する男として、ある少年の魂を賞賛し、彼の非の打ち所のない友人になることを願い、彼とともに時を過ごすならば、リュクルゴスはそれを認め、それを最も善き教育であると考えた。しかし、ある人が、ある少年の肉体を欲求していることが明らかならば、リュクルゴスは、これを恥ずべきことと考え、次のように定めた。すなわちスパルタにおいては、恋する男たちは恋される少年たちと肉体的な交わりをもってはならない。親たちが子どもたちと、あるいは兄弟たちが兄弟たちとそのようなことをしてはならないのと同じである[90]。

パイデイアーとしての少年愛は、どのようにして起こり、どのような経過をたどってきたのであろうか。この問題については、マルー（H. I. Marrou）とドーヴァー（K. J. Dover）らのすぐれた研究があるので、それらを参考にしながら以下に歴史的概観を行いたい[91]。すなわち、少年を

---

90) Xenophon, *Respublica Lacedaemoniorum*, 2.12-14.
91) H. I. Marrou, *A History of Education in Antiquity*; K. J. Dover, *Greek Homo-*

恋する成人はエラステース（ἐραστής）と呼ばれ、恋される少年はエロメノス（ἐρόμενος）あるいはパイディカ（παιδικά）と呼ばれた。エロメノスの年齢は、元来、15歳から19歳のあいだであった[92]。少年愛への明白な言及はホメロスには見いだされないが、少年愛は当然のこととして前提されていたと見ることができる。ピンダロス[93]、クセノポン[94]、プラトン[95]、アイスキュロス[96]らはともに、アキレウスとパトロクロスとのあいだに少年愛の関係があったと考えている。二人の絆の強さは、パトロクロスの死に対するアキレウスのかぎりない嘆き、および友人を殺したトロイエ軍への激しい報復心のなかにうかがわれる。

> μνησάμενος δ' ἀδινῶς ἀνενείκατο φώνησέν τε· ἦ ῥά νύ μοί
> ποτε καὶ σὺ δυσάμμορε φίλταθ' ἑταίρων αὐτὸς ἐνὶ κλισίῃ
> λαρὸν παρὰ δεῖπνον ἔθηκας αἶψα καὶ ὀτραλέως, ὁπότε
> σπερχοίατ' Ἀχαιοὶ Τρωσὶν ἐφ' ἱπποδάμοισι φέρειν πολύ-
> δακρυν Ἄρηα. νῦν δὲ σὺ μὲν κεῖσαι δεδαϊγμένος, αὐτὰρ
> ἐμὸν κῆρ ἄκμηνον πόσιος καὶ ἐδητύος ἔνδον ἐόντων σῇ
> ποθῇ· οὐ μὲν γάρ τι κακώτερον ἄλλο πάθοιμι, οὐδ' εἴ κεν
> τοῦ πατρὸς ἀποφθιμένοιο πυθοίμην.

ああ不運な男よ、最愛の戦友よ、アカイア勢が馬を馴らすトロイエ勢に、悲涙を呼ぶ戦いを仕掛けんと気が急いている時には、そなたまで自ら立ってさっさと手際よくわたしに旨い飯を食わせてくれたものであった。それが今、そなたは切り裂かれた身を横たえており、わたし

---

  sexuality.
92) Cf. H. I. Marrou, *A History of Education in Antiquity*, 27.
93) *Tenth Olympian*, 19.
94) Xenophon, *Symposium*, 8.31.
95) Plato, *Symposium*, 180B.
96) *Fragmenta*, 228.

は今は亡きそなたを慕わしく思う心で、目の前の飯にも酒にも手をつける気にならぬ。これより辛い思いをすることは他にあるまい。例えば父上が亡くなられたと聞いたとしても――[97]。

後にパトロクロスの亡霊がアキレウスの枕許に立ち、二人の骨を同じ壺に入れるように懇願する。

ὣς δὲ καὶ ὀστέα νῶϊν ὁμὴ σορὸς ἀμφικαλύπτοι
χρύσεος ἀμφιφορεύς, τόν τοι πόρε πότνια μήτηρ.
さればわれら二人の骨も、同じ容器に納めて欲しい
お母上があなたに与えられた両の把手の黄金の壺に[98]。

前7世紀末以後、少年愛は、アルカイオスからピンダロスに至る抒情詩人たちによってきわめて正常のこととして祝福されている[99]。ときには肉欲を抑えきれず、肉体の交わりに陥る場合もあったが、そういった面だけに好奇の目を向けているかぎり、少年愛がギリシャ文明全体に及ぼした重要な影響を見逃すことになるであろう。少年愛の起源は、戦友の友情にたどることができると考えられる。軍隊は男性だけの社会であった。そこでは力や武勇や忠誠などの男性的アレテーが賞賛された。そのため、女性への正常の愛が軽視される結果となった。少年愛が戦友の友情と密接な関係をもつことは、文献によって確認することができる。ストラボンによると、クレタでは少年は周囲の黙認の下で恋人によって誘拐され、「男性クラブ」（ἀνδρεῖον）に入れられた。少年は恋人とその友人たちとともに旅

---

97) *Ilias*, 19.314-322. 松平千秋訳。Cf. W. A. Percy III, *Pederasty and Pedagogy in Archaic Greece*, 39-40.
98) *Ilias*, 23.91-92. 松平千秋訳。
99) Cf. H. I. Marrou, *A History of Education in Antiquity*, 366.

立ち、2ヶ月間宴会と狩に時を過ごした。「ハネムーン」から戻ると、少年のために盛大な祝会が行われた。少年は恋人から武具一式を贈られ、その「楯持ち」（παρασταθείς）となった。こうして少年は「著名人たち」（Κλεινοί）の仲間入りを果たし、コロスとギュムナシオンにおける名誉ある地位を獲得した。これが少年を貴族的な戦士社会に加入させる方法であった。このような恋人と少年の関係において、重点は美にではなく武勇と善き教育とにあった[100]。これに呼応して、ソクラテスとその仲間うちには、恋人のカップルからなる軍隊は互いに武勇を心がけ犠牲を惜しまないゆえに、きわめて手強いものであるという認識があったことが、確認できる[101]。

　戦友の愛は戦場に限定されない。それは日常生活全般におよび、教育の次元にも移入されていった。恋する年長者は恋される少年の前でりっぱな人間に見えることを願い、少年は恋人にふさわしい人間になることを願った。この少年愛的志気こそ、ギリシャの教育制度の根底をなすものであった。クセノポンによる以下のことばは、それを如実に物語っている。

> καὶ μὴν καὶ τῶν παιδικῶν ὃς μὲν ἂν εἰδῇ ὅτι ὁ τοῦ εἴδους ἐπαρκῶν ἄρξει τοῦ ἐραστοῦ, εἰκὸς αὐτὸν τἆλλα ῥᾳδιουργεῖν· ὃς δ' ἂν γιγνώσκῃ ὅτι ἂν μὴ καλὸς κἀγαθὸς ᾖ, οὐ καθέξει τὴν φιλίαν, τοῦτον προσήκει μᾶλλον ἀρετῆς ἐπιμελεῖσθαι. μέγιστον δ' ἀγαθὸν τῷ ὀρεγομένῳ ἐκ παιδικῶν φίλον ἀγαθὸν ποιήσασθαι ὅτι ἀνάγκη καὶ αὐτὸν ἀσκεῖν ἀρετήν. οὐ γὰρ οἷόν τε πονηρὰ αὐτὸν ποιοῦντα ἀγαθὸν τὸν συνόντα ἀποδεῖξαι, οὐδέ γε ἀναισχυντίαν καὶ ἀκρασίαν

---

100) Strabo, *Geographica*, 10.483.
101) Plato, *Symposium*, 178E-179B; Xenophon, *Symposium*, 8.32.

παρεχόμενον ἐγκρατῆ καὶ αἰδούμενον τὸν ἐρώμενον ποιῆσαι.

さらにまた、恋される少年たちのある者は、容姿をほしいままにする者が恋する年長者をほしいままにできることを知っているので、他のことどもについても放埓にふるまう可能性がある。しかし、他の者は、自分が善美なる者でなければ恋をしっかり捉えることができないことを知っているので、おそらくもっとアレテーに留意することになるだろう。しかし、恋される少年たちをして善き友たらしめようと切望する者にとって、最大の善は、必然的にアレテーを実践するようになるということである。なぜなら、自分が悪い者でありながら、交際する相手を善い者にすることはできないし、また自分が恥知らずで無節操な者でありながら、恋される者を節操があり恥を知るものにすることはできないからである[102]。

恋する者と恋される者とのあいだで交わされるこのような切磋琢磨は、競争好きの性格をもつギリシャ人に似つかわしいものであった。また、それは恋の絆で固く結ばれた戦友の友情を讃えるギリシャの理想を反映している。

戦友の友情は政治の領域にも受け継がれた。僭主に対するクーデターの原因は、しばしば少年をめぐる争いだった。美しく気高い少年をめぐって多くの恋人たちが僭主に反抗したことを、プルタルコスは伝えている[103]。たとえば、前514年にアリストゲイトンとその恋人ハルモディオスは、ペイシストラトス一族に対して陰謀を企てた[104]。紅顔の美少年ハルモディオスは、ペイシストラトスの長子ヒッパルコスに言い寄られたが、こ

---

102) Xenophon, *Symposium*, 8.26-27. Cf. Plato, *Phaedrus*, 239AB.
103) Plutarchus, *Moralia: Amatorius*, 760e-761d.
104) Thucydides, *Historiae*, 6.54-59.

れを拒絶し、事の次第をアリストゲイトンに告げた。そこで、恋情を傷つけられたアリストゲイトンはハルモディオスと力を合わせて、独裁制打倒の陰謀を企てた。このような出来事は、世の賛美するところとなった。カリトンとその恋する少年メラニッポスも、シケリアのアグリゲントゥムの僭主パラリスに対して陰謀を企てた。それが発覚し、二人は拷問にかけられたが、けっして共謀者の名前を白状しなかった。パラリスはその態度に感動し、心からの讃辞をもって二人を釈放したという[105]。このようにギリシャ人の思考において、少年愛は国民的栄誉と、また自由と独立への愛との密接な結びつきをもっていた。

　アイスキネスは、政治の場で発言を許されない者として、第一に、親を敬わない者、第二に、国家のために戦わない者をあげた後、第三に、少年愛に関連して体を売る者に言及している。

> Τρίτον τίσι διαλέγεται; "ἢ πεπορνευμένος", φησίν, "ἢ ἡταιρηκώς"· τὸν γὰρ τὸ σῶμα τὸ ἑαυτοῦ ἐφ' ὕβρει πεπρακότα, καὶ τὰ κοινὰ τῆς πόλεως ῥᾳδίως ἡγήσατο ἀποδώσεσθαι.
> 第三に、だれを特定すべきか。いわく。「自分を堕落させた者」、あるいは「自分を売った者」である。なぜなら自分自身の体を暴行のために売った者は、国家の公共の利益をも、たやすく売ろうと考えたからである[106]。

　少年愛における性欲の放縦が政治的腐敗を生むというアイスキネスの主張は、先の事例において見たように、少年愛が政治の領域と密接に関わっていたというギリシャ社会の状況を考えるなら、よく理解できるであろう。

---

105) Athenaeus, *Deipnosophistae*, 13. 602ab
106) Aeschines, *Contra Timarchum*, 1.28-29.

少年愛におけるパイデイアーの精神は、前6世紀に入ると、貴族階層における師弟教育という形で継承されていった。この点については、メガラのエレゲイア詩人テオグニス（Θέογνις, fl. 544-541B.C）に帰せられる1400行に及ぶ詩が、格好の資料を提供してくれる。これらは「教訓」（ὑποθῆκαι）の集成であるが、少年愛の情熱に満ちている。なかでも、自ら貴族であるテオグニスが若き友人キュルノス（Κύρνος）に語りかける『キュルノスへの格言』は、注目に価する[107]。テオグニスは、エロースの絆で結ばれているキュルノスに次のように語りかける。

> Σοὶ δ' ἐγὼ οἷά τε παιδὶ πατὴρ ὑποθήσομαι αὐτὸς ἐσθλά· σὺ δ' ἐν θυμῶι καὶ φρεσὶ ταῦτα βάλευ·
> （キュルノスよ、）私がまだ子どもだった頃、善き人たちから私自身が学んだことどもを、おまえに愛情をもって教えよう[108]。

他方、少年愛の暗い面、たとえば恋人の嫉妬もうかがわれる。

> αὐτὰρ ἐγὼν ὀλίγης παρὰ σεῦ οὐ τυγχάνω αἰδοῦς, ἀλλ' ὥσπερ μικρὸν παῖδα λόγοις μ' ἀπατᾶις.
> それなのに私はおまえから尊敬されない。なぜならおまえは、おまえの話で幼子のように私を欺くからだ[109]。

しかしながら、テオグニスの教えは、全体にわたり個人および国家における道徳に関するものである。自分自身が若いときに受けた「善き人たち」（Ἀγαθοί）の知恵を、恋する少年にも伝えるのである。

---

107) Cf. W. Jaeger, *Paideia*, vol.1, 194-196.
108) Theognis, 1.1049-1050.
109) Theognis, 1.253-254.

このようなドーリス風の少年愛は、その後、アテナイの貴族層にも受け継がれていった。前5世紀から前4世紀にかけて専門的有用性を目指す教育が台頭したが、それでも教育は少年愛の伝統をしっかりと受け継いでいた。学習の分野がなんであろうとも、それは教師と生徒のあいだの精神的な交流という雰囲気のなかで営まれた。生徒は師事する教師を熱愛し従った。教師はその生徒をいつくしみつつ、徐々にその学問なり芸術の奥義へと導いていった。ソクラテスはエロースの専門家を自称し、アテナイの若者たちを教えた。プラトンはアレクシスやディオンを愛した。アカデメイアの学頭は三世代にわたりエラステースとエロメノスの関係だった。クセノクラテスはポレモンを愛し、ポレモンはクラテスを愛し、クラントルはアルケシラオスを愛した。アリストテレスはヘルミアスを愛し、讃歌を作った。パイデラスティアーの関係は哲学者にかぎらず、詩人、芸術家、学者全般に及んでいた。エウリピデスはアガトンを愛し、ピディアスはアゴラクリトスを愛した。医者テオメドンは天文学者エウドクソスを愛した[110]。

　以上のように、古代ギリシャにおいて、パイデラスティアーこそがパイデイアーの磁場であった。なぜなら、家庭は教育の場であることができなかったである。妻はまったく脇役であり、子どもが7歳になると彼女の手から取り上げられた。父親は、父親であるより先に市民であり政治の人であったから、公務に没頭し、子どもの教育に時間を費やす余裕がなかった。学校もパイデイアーの場であることができなかった。そもそも古い時代には学校は存在しなかった。学校が存在するようになってからも、それは軽蔑の目で見られた。なぜなら、教師は給料をもらって教え、その教育ももっぱら技術に関わるものだったからである。単なる技術の習得はパイデイアーではなかった。マルー（H. I. Marrou）が正しく指摘するよう

---

110) H. I. Marrou, *A History of Education in Antiquity*, 33.

に、「ギリシャ人にとって教育（パイデイアー）は、若者と年長者のあいだの本質的に深く親密な関係、個人的な結びつきを意味した。年長者は、少年の模範であり指導者であり伝授者であった。それは、情熱の火が暖かくもうもうとした照りかえしをもたらすような関係だった」[111]。スパルタでは、恋する年長者は、恋される少年の成長に対して道義上の責任を負わなければならないことを規定する法律があった。少年愛こそは「最も美しい教育」（τὴν καλλίστην παιδείαν）[112]であると見なされたからである。古代ギリシャ時代を通じて、教育とは単に知識や技術を教えることではなく、少年の成長を助けようと願う年長者と、年長者の愛に応えようと努める少年とのあいだのエロースの交流であった。年長者は、父親が息子を慈しむかのように少年を教えた。少年は、息子が父親を敬うかのように年長者に学んだ。パイデイアーに根ざしたこのような関係は、日々の交際、個人的な接触と模範、会話、共同生活への参加、少年が年長者の社会活動（クラブ、ギュムナシオン、シュムポシオン）に徐々に加入することを通して促進された。このような仕方で、パイデイアーはパイデラスティアにおいて自己実現を見たのである。要するに、古代ギリシャにおける少年愛の本質は、倒錯した性的関係にではなく、ことばの完全な意味における「男らしさ」（ἀνδρεία）の実現への希求にあった、と言えよう。

c. ムゥシケーとエロース

(1) エラステースとしてのソクラテス

パイデイアーとしてのパイデラスティアーの典型は、ソクラテスに見いだすことができる。ソクラテスは生涯にわたり若者への教育に情熱を

---

[111] H. I. Marrou, *A History of Education in Antiquity*, 31.
[112] Xenophon, *Respublica Lacedaemoniorum*, 2.13.

傾けたが、その情熱の原動力となったのは少年愛だった。『アルキビアデスⅠ』は、エラステースとしての哲学者ソクラテスの姿を生き生きと紹介している。エロメノスとしてのアルキビアデスは、この時、少年の美しさの盛りを過ぎ大人になりつつあった。それまで彼を追いかけていた求愛者たちも、彼を離れつつあった。その時、これまでアルキビアデスへの接近を控えていたソクラテスが突如、積極的な接近を始める。なぜなら、他の求愛者たちはアルキビアデスの身体を愛したのに対して、ソクラテスは彼の魂を愛したからである。議論は以下のように展開していく。ソクラテスが、「きみに属するものどもは最盛期を過ぎつつあるけれども、きみ自身は開花し始めている」(τὰ δὲ σὰ λήγει ὥρας, σὺ δ᾽ ἄρχῃ ἀνθεῖν, 131E11)というとき、「きみ自身」(σὺ)とは、他でもなくアルキビアデスの魂を指すであろう[113]。ほんとうにアルキビアデスを愛する者とは、彼の魂を愛する者である[114]。その意味では、デルポイの箴言「なんじ自身を知れ」とは、魂としての自分自身を知れということである[115]。しかるに、魂としての自分自身を知るとは、「節制」(σωφροσύνη)を知ることに他ならない[116]。魂が節制を知るようになるためにはソクラテスの助けがいることに、アルキビアデスは同意する。かくして、アルキビアデスを愛するソクラテスの愛が、今度は、ソクラテスを愛するアルキビアデスの愛に逆転する[117]。このエロスの逆転のモティーフは、『饗宴』においても見られる[118]。以上のことから、『アルキビアデスⅠ』はプロトレプティコス・ロゴス（哲学とアレテーを勧める言論）の機能を果たしていることがわかる[119]。

---

113) *Alcibiades* I, 130C-E.
114) 131C.
115) 133B-E.
116) 131B, 134C, 135B.
117) 135D.
118) *Symposium*, 222B.

『カルミデス』では、「節制」とは何かという主題をめぐって、ソクラテスと美少年カルミデスとのあいだで問答が交わされる。年頃の若者はほとんどすべて美しく見えるソクラテスであるが、彼はカルミデスの容姿の美しさには圧倒されてしまったと告白する[120]。知恵と若者を愛せずにはいられないソクラテスは、美しい容姿をもつ美少年カルミデスに、魂についても節制を得るようにと哲学的問答の道にいざなう。カルミデスも、ソクラテスとの対話の結果、教師ソクラテスについていく決心をする。対話のきっかけは、カルミデスの頭痛である。ソクラテスは治療法として、「呪文」($\epsilon\pi\omega\delta\acute{\eta}$) と組み合わせになった薬草を提案する。この薬草は呪文なしには効能がない。この場合、呪文とは、「美しい言論」($\tau o\acute{u}\varsigma\ \lambda\acute{o}\gamma o \upsilon\varsigma\ \tau o\grave{u}\varsigma\ \kappa\alpha\lambda o\acute{u}\varsigma$) のことである。つまり、身体の治療の前に魂の健康が求められなければならない[121]。カルミデスは、ソクラテスと対話をした結果、美しい言論に魅せられ、ソクラテスを教育者と仰ぎ、彼についていくことを熱望する。

『リュシス』では、ソクラテスはすでに老人である（$\gamma\acute{\varepsilon}\rho\omega\nu\ \grave{\alpha}\nu\acute{\eta}\rho$, 223B5）にもかかわらず、あいかわらず少年たちを愛するエラステースとして登場する。彼の前には美少年リュシスがいる。リュシスは、エラステースのヒュポタレスが熱を上げているパイディカである。しかし、ソクラテスの関心は肉体にではなく魂にある。ソクラテスは、リュシスともう一人の少年メネクセノスを、「友とは何か」を主題とする対話に誘う。この度も対話者たちはアポリアーに行き着き、友とは何かということについて自分たちは無知であることを思い知らされる。かくしてこの作品も、若者たちを愛知とよき生にいざなうプロトレプティコス・ロゴスとして機能している。

---

119) *Alcibiades* I, 134C.
120) *Charmides*, 154BC.
121) 155E-157C.

エロースに関することがらについて専門家であることを自称するソクラテスは、少年愛におけるエロースを昇華し、魂をできるだけ善きものにする愛知の営みへと方向づけた人物である。エラステースとエロメノスとの関係は、相互的なものではあるが対等のものではなかった。年長者は少年の愛を獲得し、その前で輝くことを願い、少年は年長者をその英雄として崇拝し、年長者の水準に達することを目指した。年長者が少年の伴侶であるのは、少年の魂の伴侶としてなのである。エラステースとしてのソクラテスについては、ドーヴァー（K. J. Dover）が的確な説明を与えている[122]。それによると、ソクラテスにとっては、肉体へのエロースよりも知恵へのエロースのほうが大事であった。『饗宴』は、ソクラテスが、美青年アルキビアデスの激しい誘惑をまったく受けつけない様子を生き生きと描写している[123]。『プロタゴラス』においてソクラテスは、アルキビアデスの肉体美に気をとられなかった理由として、他にもっと美しい人に出会ったということをあげている。その美しい人とは、「最高に知恵をそなえたもの」（τὸ σοφώτατον, 309C11）であると期待される人である[124]。ソクラテスはむしろプロタゴラスの知恵にエロースを感じたわけである。ただし、肉体へのエロースを完全に拒絶したのではなかった。そこが肉体の交わりを完全に排除したクセノポンと違う点である[125]。ソクラテスにとって、肉体へのエロースは知恵へのエロースを開発するためになくてはならない契機だった。ドーヴァーが言うように、「理性と愛とは一点に集合し、そこにおいて両者は終局的に融合しなければならない」のである[126]。

---

122) Cf. K. J. Dover, *Greek Homosexuality*, 153-170.
123) *Symposium*, 216C-219E.
124) *Protagoras*, 309B-D.
125) Xenophon, *Memorabilia*, 1.2.29-30; *Symposium*, 3.8-14.
126) K. J. Dover, *Greek Homosexuality*, 12.『饗宴』においてディオティマが語るところによると、少年の美に触発されて恋人も恋される少年も「美の階段」を

(2) エロースの共同性

　エロースがもつ教育力は、プラトンによって最大限に開発された[127]。それは主として『饗宴』と『パイドロス』とにおいて見ることができる。プラトンによると、パイデイアーとは孤独な瞑想ではない。覚者が初心者に教えを垂れるというようなものでもない。それは、問答によって相互に吟味し合う共同作業である[128]。したがって、そこでは教師と生徒の関係は後退し、エラステースとエロメノス（またはパイディカ）の関係が前面に現れる。そして両者による共同作業を起動し、導くのはエロースである。『パイドロス』によると、エラステースが美しい少年に近づくとき、「エロース」が彼に流れ来て、充満する。その情念は彼からあふれ流れ、美しいエロメノスのもとへ帰り、その目を通って、彼の魂に入り、恋で満たす。かくしてエロメノスはエロースで満たされることになる。両者のあいだに同化が始まったわけである。エロメノスは、気がつかないうちに、「鏡の中に自分自身を見るように、自分を恋している人の中に自分自身を見ている」（ὥσπερ δὲ ἐν κατόπτρῳ ἐν τῷ ἐρῶντι ἑαυτὸν ὁρῶν λέληθεν, 255D5-6）。彼は何に対してエロースをもつのかといえば、知に対してである。そのことは、魂における馭者が善き馬の協力を得て、悪い馬を制御することにより、すなわち「精神のより善き部分」が欲望に勝利することにより可能となる[129]。知へのエロース、すなわち「知を愛し求める生活」（φιλοσοφίαν, 256A6）は、エラステースだけの営みでも

　　　共に昇り始める。やがて美の「海原」を経て、目指すところは純粋な美のイデアの観照である。ディオティマは性を無性化したといえる。Cf. B. S. Thornton, *Eros: The Myth of Ancient Greek Sexuality*, 193-212.
127)　Cf. W. Jaeger, *Paideia*, vol.1, 195. W. A. Percy III, *Pederasty and Pedagogy in Archaic Greece*, 89.
128)　K. J. Dover, *Greek Homosexuality*, 164.
129)　*Phaedrus*, 255B-D, 256AB.

なく、エロメノスだけの営みでもない。それは「二人」の共同作業であることを、プラトンは繰り返し強調している[130]。

『饗宴』においてディオティマはソクラテスの代弁者として、エロースが美しいものを目指すことを認めた上で、しかしながらそれで終わるのではないことを指摘する。エロースはさらに、「美しいものの中での出産と分娩」(Τῆς γεννήσεως καὶ τοῦ τόκου ἐν τῷ καλῷ, 206E5)を目指す。出産を目指すということは、不死を目指すということである。かくして、エロースの最終目的は、「善きものを永遠に自分のものとしてもつこと」(τοῦ ἀγαθοῦ ἑαυτῷ εἶναι ἀεί)である[131]。出産・分娩のモチーフは、ソクラテスの「助産術」(μαιευτική)に連結する。『テアイテトス』によると、ソクラテスは若者たちの魂の出産を看取って、その分娩物の検査をすることを大事な仕事と考えていた。その理由は、自分は知恵を産めない者だからである。その代わり、神は彼に助産の務めを定めた。ソクラテスは知恵ある者ではないが、「彼と一緒になり、彼と交わりを結ぶ人たち」(οἱ δ' ἐμοὶ συγγιγνόμενοι, 150C2)の中には、はじめは無知であっても、「この交わり」(τῆς συνουσίας, 150C4)が進むにつれてめざましい進歩をとげる人もいる。ソクラテスから何かを学んだのではなく、彼との問答をとおして自分自身が多くの美しいものを発見し、出産したのである[132]。このようにソクラテスの助産術は、エロースと密接な結びつきをもっている。『饗宴』のディオティマによれば、魂においてアレテーをみごもっている若者たちは、それらを出産すべき場として美しいものを探し求める。その美しいものとは、魂の美しさを追求してやまないエラステースである。エロメノスとしての若者は、そのようなエラステース

---

130) 256A-E. この箇所において、双数形 αὐτοῖν, τούτω, ἀλλήλοιν が繰り返されていることに注目すべきであろう。
131) *Symposium*, 207A.
132) *Theaetetus*, 149CD, 150BC.

との交わりによって、自分の魂の中にアレテーを出産する。二人の共同作業として出産されたアレテーは、二人の協力によって養育されていくことになる。

> というのは思うに、そういう若者は、美しい人に触れ、その人と交わるとき、以前から妊娠していたものどもを出産し、生じさせます。彼は、そばにいても離れていても、その人のことを覚えています。彼は、その人と共に二人で生まれたものを共同で育てます。ですから、こういう人々は互いに対して、子どもたちの共有よりもっとすばらしい共有を、そしてもっと確かな愛情をもつのです。なぜなら彼らは、より美しくより不死なる子どもたちを共有しているからです[133]。

若者が魂のうちにみごもるアレテーとは、この箇所では特に国家と家庭を治めることに関する知恵である節制と正義である。彼はエラステースと交わりをもち、その教育を受けることによって、みごもっていたものを出産し、エラステースとともに生まれたものを育て上げる。こういう二人は、うつしみの子どもを共有する親たちよりもはるかに固い絆と愛情を相手に対してもつ。なぜなら、より美しく不死なる子どもたちを共有しているからである。プラトンはそのような精神的な子どもを産んだ人の例として、ホメロスやヘシオドスなどの詩人、リュクルゴスやソロンのような立法家をあげている[134]。しかしながら、若者と一緒にアレテーを育て上げていくエラステースとは、他でもなく哲学者を指す。エラステースとしての哲学者は、エロメノスとしての生徒を教えるのではなく、生徒の美に触れることをとおして、地上の美から上昇していき、ついには天上の美、美そのものを観照し始める。生徒も、哲学者と共に天上の美への道を上昇し

---

133) *Symposium*, 209C2-7.
134) *Symposium*, 209A-E.

ていく。ディオティマは、いよいよエロースの道行きにおける「最終究極の奥義」（τὰ δὲ τέλεα καὶ ἐποπτικά, 210A1）を開示する。その道行きは、一つの美しい肉体からすべての美しい肉体へ、美しい肉体からかずかずの人間の営みへ、人間の営みからもろもろの美しい学問へ、美しい学問から美そのものを対象とする学問へ、そしてこの学問に行き着いて、まさに美そのものを知るに至るというものである。このようにして人はエロースにおける真の哲学者となる[135]。

（3）エロースの方向づけ

　少年愛に関する『国家』の当該箇所[136]に戻ることにしたい。ムゥシケー教育の本質は「美しい事物」（τὰ καλὰ, 401E4）を鋭く感知し、歓び迎える訓練を受けることにあった。美しい事物を歓び迎えるとは、美しいものへのエロースをもつことである。したがって、ムゥシケー教育によるエートスの形成は、実は、エロースの形成なのである[137]。エロースを正しく方向づけること、これこそが子どもたちの柔らかい魂に対するムゥシケー教育の重要な役割である。したがって、パイディカとしての生徒の採用は、慎重でなければならない[138]。「いやしくもムゥシケー人」（ὅ γε μουσικὸς, 402C8）であるならば、魂の美しさに応じて容姿も美しい少年を恋するであろう。しかし、そういう少年に出会うことができるといいのであるが、それはなかなか実現しがたいことである。したがって、ムゥシケー教育は、第一義的には魂に関わる教育であるから、魂において美しい少年に目をとめることが重要となる[139]。ここでエロースに関してソク

---

135) *Symposium*, 210E-211C.
136) *Respublica*, 401B-403C, 特に402D-403C.
137) Cf. J. Howland, *The Republic: The Odyssey of Philosophy* (New York: Twayne Publishers, 1993) 101.
138) *Respublica*, 402D.
139) Cf. *Symposium*, 210B7-C3.

ラテスと対話をしている相手がグラウコンであることは、注目に値すると思われる。ソクラテスは彼に、「君にはそのようなパイディカが今いるか、あるいは以前にいたのだね」(ἔστιν σοι ἢ γέγονεν παιδικὰ τοιαῦτα, 402E2) と語りかける。『国家』におけるグラウコンは、「エロース的人間」(ἀνὴρ ἐρωτικός) としての顔をもっている[140]。彼は恋に敏感な者であり、美少年たちに心を惹かれやすい。抜群の武功によって名をはせた者は、少年たちに口づけしたり口づけされたりするということに、グラウコンは賛成する。男性であれ女性であれだれかを恋している人は、この武功の褒美をかちとることに熱心に励む、とはその弁である[141]。しかし、彼の最大の関心は肉体にではなく精神にある。彼は自分がエロース的人間であることに同意するが、それは「議論 (λόγος) の進行のため」である[142]。ここでいう議論とは、「第三の大浪」、すなわち哲学者が国家を統治すべきであるという議論である。グラウコンのエロースは哲学と密接な関わりをもつ。彼はロゴスを恋する者である。そのエロースは、美少年たちから転じて、ポリスと正義に向けられなければならない。したがって、エラステースとしてのグラウコンは、そのパイディカと共に正しいエロー

> μετὰ δὲ ταῦτα τὸ ἐν ταῖς ψυχαῖς κάλλος τιμιώτερον ἡγήσασθαι τοῦ ἐν τῷ σώματι, ὥστε καὶ ἐὰν ἐπιεικὴς ὢν τὴν ψυχήν τις κἂν σμικρὸν ἄνθος ἔχῃ, ἐξαρκεῖν αὐτῷ καὶ ἐρᾶν καὶ κήδεσθαι καὶ τίκτειν λόγους τοιούτους καὶ ζητεῖν, οἵτινες ποιήσουσι βελτίους τοὺς νέους,
> しかしその次に、魂のうちにある美を肉体のうちにある美よりももっと価値あるものと考え、その結果、だれかがたとえ肉体の花はわずかしかもっていなくても、魂においてりっぱであるならば、その者に満足して、彼を恋し世話をし、そして若者たちをよりよくするであろうそのような言論を生み出し、探し求めるようにならなければなりません。

140) Cf. S. Rosen, "The Role of Eros in Plato's Republic," *The Review of Metaphysics* 18 (1965) 452-475. 特に、464-466。
141) 474D, 468B, 468C。
142) 475A。

スのあり方を追求することが期待される。グラウコンがソクラテスと共有するエロース観は、ソクラテスによって語られる以下のことばから知られる。

> 正しい恋とは、本来、秩序正しく美しいものを、節制を保ち、かつムゥシケーに適った仕方で恋することである[143]。

> それゆえどうやら、君はいま建設されつつある国家において、以上のことをふまえて法を定めることになるだろう。すなわち君が恋人を説得した場合、まさに愛する息子にするように、恋人に口づけし、ともに過ごし、触れなければいけない。ひとえに美しいことどものためである。他のことどもについても、だれかが熱中する者と交際するにあたっては、以上のことどもを越えた仕方で関係をもっていると思われてはいけない。さもなければ、ムゥシケーを知らぬ者、美しいものを解さぬ者であるという批判を免れないであろう[144]。

> ムゥシケーに関することどもは、最後に、美しいものへの恋に関することがらへ至らなければならない[145]。

「正しい恋」（Ὁ δὲ ὀρθὸς ἔρως）とは節制のある恋であるという考えは、ソクラテスのサークルでは周知していた考えであった[146]。クセノポンは『ソクラテスの思い出』において[147]、体を金銭で売るパイディカ

---

143) 403A6-7.
144) 403B4-C2.
145) 403C6.
146) Cf. B. S. Thornton, *Eros: The Myth of Ancient Greek Sexuality*, 193-212; K. J. Dover, *Greek Homosexuality*, 153-170.
147) Xenophon, *Memorabilia*, 1.6.13.

は「売春者」(πόρνον, 1.6.13.4) であり、他方「善美なるエラステース」(καλόν τε κἀγαθὸν ἐραστὴν ὄντα, 1.6.13.5) の恋人になろうとするパイディカは「節制のある者」(σώφρονα, 1.6.13.6) である、という趣旨のソクラテスのことばを伝えている。クセノポンは、このようなソクラテスを至福の人であり、人々を「善美なること」(καλοκἀγαθίαν, 1.6.14.11) に導くまことの教師であるとして賞賛している。クセノポンは『饗宴』においても[148]、美少年アウトリュコスの食卓における優雅な作法について感銘を受けるであろう人のことばとして、「美とは本来、何か王らしいものであり、とりわけ慎みと節制をもつものである」(φύσει βασιλικόν τι κάλλος εἶναι, ἄλλως τε καὶ ἂν μετ' αἰδοῦς καὶ σωφροσύνης, 1.9.4) ということを伝えている。続く箇所において、「節制のある恋の息吹を受けた人たち」(οἱ δ' ὑπὸ τοῦ σώφρονος ἔρωτος ἔνθεοι, 1.11.4) は、表情が優しく、声の調子も穏やかで、態度もきわめて気高いということばも伝えている。アイスキネスも、節制のある恋を強調するある立法家のことばを伝えている[149]。それによると、自由人にとって少年を恋し交際することは許されるばかりではなく、むしろ「節制の証」(μαρτυρίαν σωφροσύνης, 1.139.5) である。しかし、少年がまだエラステースの人となりを識別できない段階にあるなら、それができるようになるまでエラステースは、法律に従い節制を働かせなければならない (τὸν ἐρῶντα σωφρονίζει, 1.139.7)。しかし、少年について行き、見守ることは、「節制のための最大の保護」である。少年を金銭で買うことは卑しむべきことであるが、「美しく節制のある少年たちを恋することは、心優しく高雅な魂の経験である」(τὸ μὲν ἐρᾶν τῶν καλῶν καὶ σωφρόνων φιλανθρώπου πάθος καὶ εὐγνώμονος ψυχῆς, 1.137.1)。少年にとっても「純粋に恋されることは、りっぱなことであ

---

148) *Symposium*, 1.8-10.
149) Aeschines, *Contra Timarchum*, 1.139.

る」(τὸ μὲν ἀδιαφθόρως ἐρᾶσθαί φημι καλὸν εἶνα, 1.137.4) と、アイスキネスは語る。

　少年愛における節制を重視する点ではプラトンも同様であるが[150]、クセノポンやアイスキネスと異なる点は、「ムゥシケーに適った仕方で恋をすること」(μουσικῶς ἐρᾶν, 403A7) という点である。ムゥシケーに適った恋とは、「秩序正しく美しいもの」(κοσμίου τε καὶ καλοῦ)、「美しいものども」(τῶν καλῶν, 403B6) を目的とする恋であり、一言でいうと「美しいものへの恋に関することがら」(τὰ τοῦ καλοῦ ἐρωτικά, 403C7) ということになる。「美しいもの（ども）」は、イデアへの言及ではなく、エロースに関する問答が行われている文脈から見て、美しい詩や音楽作品および美しい自然事物を指すものと考えられる[151]。『国家』におけるイデア論の登場は、V巻以降を待たなければならないが[152]、プラトンがムゥシケー初等教育論を終了しようとしている今、やがて取り上げようとしている「美のイデア」[153]を意識していることはまちがいないであろう。なぜなら、『パイドン』で語られているように、プラトンにとって、究極的には、「哲学は最大のムゥシケーである」

---

150) Cf. *Leges*, 837A-D, および 835D-837A, 838A-842A.
　　ὁ δὲ πάρεργον μὲν τὴν τοῦ σώματος ἐπιθυμίαν ἔχων, ὁρῶν δὲ μᾶλλον ἢ ἐρῶν, τῇ ψυχῇ δὲ ὄντως τῆς ψυχῆς ἐπιτεθυμηκώς, ὕβριν ἥγηται τὴν περὶ τὸ σῶμα τοῦ σώματος πλησμονήν, τὸ σῶφρον δὲ καὶ ἀνδρεῖον καὶ μεγαλοπρεπὲς καὶ τὸ φρόνιμον αἰδούμενος ἅμα καὶ σεβόμενος, ἁγνεύειν ἀεὶ μεθ' ἁγνεύοντος τοῦ ἐρωμένου βούλοιτ' ἄν·
　　しかし、肉体の欲望を付属物とみなし、恋愛に耽るよりもむしろ観る者、魂をもって真に魂を欲するにいたった者は、肉体に関する肉体の満足を暴虐であると考え、節制、勇気、壮大さ、思慮を畏れ敬いつつ、純潔である恋人とともに、つねに純潔であることを欲するであろう（837C3-D1）。

151) *Respublica*, 401A.
152) 476A, 479A.
153) V. 476BC, 479A, 479E-480A, VI. 507B.

(φιλοσοφίας μὲν οὔσης μεγίστης μουσικῆς)[154] からであり、また、『饗宴』で語られているように、哲学は「美のイデアへの恋」(ἔρως περὶ τὸ καλόν)[155] だからである。

　プラトンは、『国家』III巻のムゥシケー初等教育論を結ぶにあたり、守護者候補である子どもたちの教育を担当する教師のあり方に、われわれの注意を喚起した。それによると、教師は単なる知識注入者であってはならない。彼はエラステースとしての教師でなければならない。なぜなら、ムゥシケー教育はエロースによって動機づけられ、導かれていく性格のものだからである。そのエロースとは、『パイドロス』や『饗宴』において語られている魂への恋である。『国家』のこの段階においては、恋の対象とされている「美しいもの」は、まだ美のイデアではなく、美しい製作物や自然事物を指すと考えられる[156]。それは、『饗宴』における「美しいものの大海原」(τὸ πολὺ πέλαγος . . . τοῦ καλοῦ, 210D4) に相当するであろう。そこではイデアの観照には、さらなる飛翔が必要とされることが語られている[157]。『国家』においてプラトンがイデアに言及するのは、ようやくV巻に入ってからである。なぜなら、守護者候補の子どもたちにとって、初等教育の段階ではイデア論はまだ早すぎるからである。しかし、子どもたちが受ける、事物における美の認識の訓練は、やがてイデアの観照へと導いていくことが期待される。そのかぎりにおいて、「美しいものへの恋」と言うとき、語るソクラテスも、聞くグラウコンも共に、美のイデアに関することどもを念頭に置いていると考えられる。今ここでプ

---

154) *Phaedo*, 61A2.
155) *Symposium*, 204B3.
156) Cf. J. Adam, *The Republic of Plato*, vol.1, 170; G. M. A Grube, *Plato's Republic*, 72n.29; C. Janaway, *Images of Excellence* (Oxford: Clarendon Press, 1995) 103 n.62.
157) *Symposium*, 210D-212A. Cf. J. Adam, *The Republic of Plato*, vol.1, 170.

ラトンは、「ムゥシケー人」（μουσικός）をして「幸いなる約束の地」への戸をたたくように励ましている[158]。

　たしかにムゥシケー初等教育にはイデアを観照させる力はない。イデアを観照することができるようにするためには、ディアレクティケー教育を待たなければならない。そのかぎりにおいて、ムゥシケー初等教育には限界がある。しかしながら、それは、ディアレクティケー教育のための準備・訓練として、欠かすことができない極めて重要な一段階であることも事実である。子どもや若者の魂はいきなりイデアを観照することはできない。プラトンが『第七書簡』において語っているように、魂は徐々に一生を通して美しいものに慣れ親しみ、それに同化して行かねばならない。善は、形式的、論理的、外面的な観念として把握されるものではない。その内的性格にあずかる訓練が重要なのである。善の知が私たちの内に成長していくのは、善そのものが私たちの魂の中に形をとり、実在となっていくにつれて、なのである[159]。したがって、プラトンの考えでは、初等教育段階において子どもたちの知性の目を鋭敏にするためには、ムゥシケー教育を通して、彼らの魂におけるエートスとエロースを培う訓練を行うことが、最善の方法であるということになる[160]。

6．まとめ

　この章では、国家守護者候補になりうる子どもたちの魂へのムゥシケーの働きかけの問題について、プラトンが提示する見解の特質を、音楽の魔

---

158) Cf. J. Adam, *The Republic of Plato,* vol.1, 170.
159) *Respublica,* 343E-344B. Cf. W. Jaeger, *Paideia,* vol.2, 230.
160) したがって、J. Annas, *An Introduction to Plato's Republic,* 100 の、ムゥシケー教育は二義的なものであり、若く未熟な者の教育のためにのみ有用なものである、という解釈はやや的外れであると言わなければならない。

力、人間の音楽本能、音楽と魂の同族性、ミーメーシスとホモイオーシス、ムゥシケーとパイデラスティアーの順序で考察した。これによって明らかにされたことを列挙するなら、以下のようになるであろう。

①音楽の魔力（κήλησις）
　プラトンは、ハルモニアとリュトモスが魂に影響を及ぼす仕方について、取り立てて説明を与えていないが、それに関連する二つの重要なことがらを鋭く洞察していた。一つは、それら音楽的諸要素が有する、人の魂をとらえてやまない魔力である。そもそも詩のロゴスそれ自体がそのような魔力を有しているわけであるが、それにハルモニアとリュトモスが伴い、それらが相まってミーメーシス専従型詩として演奏されるとき、さらにいっそう力を増し加え、人の魂をとらえる。

②ミーメーシスと「同化」（ὁμοίωσις）
　もう一つは、ミーメーシスと魂のあいだに生起する「同化」である。プラトンの認識によると、人間の魂の中には同化の感覚としか言いようがない自然本来の性質がある。しかるに、詩歌の演奏、特にミーメーシス専従型詩の演奏は、魂の中に存在する同化の感覚を呼び覚まし、聞く者の魂をとらえて、聞かれた詩歌の内容に同化するように強く働きかける。その結果、人間の魂も、その詩歌が快いものであれば、進んでそれに同化しようとする。したがって、この同化の感覚を正しく培い、りっぱなものを快く感じ、それに同化するように習慣づけることによって、魂の中にりっぱなエートスが形成されるようにすることが、ムゥシケー初等教育が担う重要な役割である。

③ムゥシケーとパイデラスティアー（παιδεραστία, 少年愛）
　そのムゥシケー初等教育が行われる場が、プラトンの考えでは、パイ

デラスティアーである。古代ギリシャにおける少年愛の本質は、倒錯した性的関係にではなく、精神的なエロースを共有する成人男子（エラステース）と少年（エロメノスまたはパイディカ）との切磋琢磨であり、ことばの完全な意味における「男らしさ」（ἀνδρεία）の実現への希求にあった。つまり、パイデラスティアーこそはパイデイアーが自己実現をみる場であった。プラトンは、このパイデラスティアーの伝統に基づき、ムゥシケー初等教育をエロースの観点から仕上げた。すなわちムゥシケー初等教育の最終段階として、パイディカとしての少年の魂におけるエロースを美しいことがらに方向づけ、将来、美のイデアを観照することができるようにするための堅固な土台を構築したのである。

第4章　ムゥシケーとギュムナスティケー　(Ⅲ巻 403C-412B)

　この章では、国家守護者候補である子どもたちの魂におけるエートス形成の完成という観点から、ムゥシケーとギュムナスティケーとの関係のあり方について、プラトンが提示する見解の特質について考察する。

　プラトンは、国家守護者候補である子どもたちのためのムゥシケー初等教育のあり方を論じ終えた今、次に、それと密接に結びついていることがらとして、ギュムナスティケー（γυμναστική, 体育）のあり方について論を進める[1]。しかし、詳しい論述は省き、「もろもろの規範」（τοὺς τύπους, 403E1）を示すだけにとどめようとする。その理由は、ギュムナスティケーのあり方は、先述の守護者候補の子どもたちの魂におけるエートス形成を目的とするムゥシケー論から必然的に帰結すると考えるからである。ギュムナスティケーが先でムゥシケーが後、というのが伝統的な教育観であったが、プラトンはそれを逆転し、ギュムナスティケーはムゥシケーに従うべきであるとした。プラトンは、善き身体が善き魂を作るのではなく、むしろ善き魂が善き身体を作るという考えにそって、考察する問題を、ギュムナスティケーにおける保健のあり方、ギュムナスティケーとの関連における医療論と裁判論、およびギュムナスティケーとムゥシケーとの相互関係のあり方にしぼり、独自のギュムナスティケー論を展開する。その結果プラトンが導き出すであろう結論を先取りするなら、以下のようになるであろう。

　　したがって、ムゥシケーとギュムナスティケーとを最もうまく混ぜ合

---

1)　*Respublica*, 403C-412B.

わせて、最も適度な仕方でこれを魂に提供する者、そのような者をわれわれは、絃を互いに調和させる者よりもはるかに最終的に最高のムゥシケー人、最もよくハルモニアを達成した者であると主張すれば、最も正しいことになるだろう[2]。

　以上のような意味におけるムゥシケー人こそが、善きポリスの維持と運営のために常に必要とされるということが、プラトンの考えである[3]。そこで問題となるのは、どのようにして、ムゥシケーとギュムナスティケーとの調和が、守護者候補である若者の魂において達成されるとプラトンは考えているのか、ということである。この問題の解明のためまず始めに、ギュムナスティケーにおける保健のあり方についてプラトンが述べる見解を吟味することにしたい。

1．保健としてのギュムナスティケー

　プラトンは、ギュムナスティケーについて議論を進めるにあたり、体育の面よりはむしろ保健の面に、特に食生活のあり方に注意を向ける。それによれば、飲酒であれ、食事であれ、他のどのような欲望であれ、過度であってはならない。ギュムナスティケーはムゥシケーと同様に「単純」でなければならない。ギュムナスティケーにおける複雑さは病気を生み、ムゥシケーにおける複雑さは悪徳を生む。かくして裁判官や医者がもてはやされ、詭弁や医術がさばることになる。このプラトンの見解を正しく吟味することができるために、あらかじめ二つのことがらを調べておく必要があると思われる。一つは、古代ギリシャの若者教育においてギュムナスティケーの実状はどのようであったかということである。もう一つは、

---

2)　412A3-6.
3)　412A.

ギュムナスティケーに秀でた運動選手の実状はどのようであったかということである。

a. 古典期アテナイのギュムナスティケー教育[4]

まず始めに、プラトンのギュムナスティケー観をよりよく理解することができるために、その背景をなす、古典期アテナイにおける若者のギュムナスティケー教育の歴史と実状を概観しておきたい。

(1) ギュムナスティケーの歴史的概観

前7世紀のギリシャ世界においては、スパルタがギュムナスティケーの代表であったといえよう。スパルタではギュムナスティケーは軍事訓練を目的として行われていた。しかし、前6世紀中頃になると、少なくともアテナイにおいてはギュムナスティケーは軍事的本質を失うに至り、純粋に「体育」として歓迎され始めた。ペルシャ戦争を通してギリシャ人たちは、いかに健康で強い体が重要であるかを実体験した。それが体育への情熱に油を注いだのではないかと考えられる。この時代には、ギリシャの生活と文化と教育は、すでに民間人主体のものに変わり始めていた。もちろん軍事的要素が完全になくなったわけではないが、アリストパネスが『雲』の中で「いにしえの教育」($\mathrm{\dot{\eta}}$ ἀρχαία παιδεία)[5]と呼ぶ前5世紀前半の若者教育においては、軍事訓練はもはや重要な役割をもたなくなった。前5世紀後半に入ると、体育そのものへの関心が減り始めるきざしが見られ

---

4) Cf. C. A. Forbes, *Greek Physical Education* (New York and London: The Century CO., 1971) 54-92; H. I. Marrou, *A History of Education in Antiquity*, 36-45; F. A .G. Beck, *Greek Education* (London: Methuen, 1964) 129-141.
5) *Nubes*, 961.

る。若者たちは、ソフィストたちの影響によって新しい方向に心を向けるようになったからである。アリストパネスは『蛙』において、アテナイ人たちはソフィスト術に没頭するあまり、パライストラ（παλαίστρα, レスリング学校）を空にしてしまったと言い[6]、今や若者たちは「体育を行わないこと」（ἀγυμνασία）のゆえに松明競争の松明を運ぶことすらできないと言い[7]、彼らは青白く肥満で最悪の健康状態であるという嘆きを表明している[8]。「古き寡頭制主義者」は、この変化の責任を「民衆」に帰し、次のように語る。

> Τοὺς δὲ γυμναζομένους αὐτόθι καὶ τὴν μουσικὴν ἐπιτηδεύοντας καταλέλυκεν ὁ δῆμος, νομίζων τοῦτο οὐ καλὸν εἶναι, γνοὺς ὅτι οὐ δυνατὸς ταῦτά ἐστιν ἐπιτηδεύειν.
> アテナイにおいては、ギュムナスティケーに没頭しムゥシケーにいそしむ者たちを、民衆が破壊してしまった。それがりっぱなことだと信じるからではなく、自分たちにこれらの教養にいそしむ力がないことを知っているからである[9]。

「古き寡頭制主義者」によると、アテナイの民衆がギュムナスティケーを「破壊してしまった」（καταλέλυκεν）のは、富裕な者たちへの嫉みのゆえであった。富裕な者たちはギュムナスティケーを行うのに十分な財力と暇をもっていたが、貧しい者たち、体育教育を受けるための財力と暇をもちあわせていなかった。彼らは自分たちの生活と国家への務めで精一杯であった[10]。一方では富裕な者たちは、馬術、ギュムナスティケー、狩

---

6)　*Ranae*, 1069-1071.
7)　*Ranae*, 1087-1088.
8)　*Ranae*, 1092.
9)　Pseudo-Xenophon, *Respublica Atheniensium*, 1.13.1-3.

猟、哲学を楽しみ、他方では貧しい者たちは、農業と商いによって忙殺されるというふうに、両者の格差がいやましに広がっていく傾向にあった[11]。しかし、時代が下り、やがてエペーベイア（ἐφηβεία, 見習兵制度）が制定されるに至り、体育への関心が復活した。これによって若者たちは、18歳から20歳までの2年間、エペーボス（ἔφηβος, 見習兵）として軍事訓練を受けることが義務化された。しかし、その詳細は不明であり、それが完全な発展を見たのは前4世紀末になってからであろうと推定される。その最初の出現は、ペロポネソス戦争（前432-前404年）以前にはさかのぼらない。すでに前5世紀前半には、軍事訓練は衰退していたが、その背景として、重装歩兵戦法の発達が考えられる。この戦法は兵士に手の込んだ技術的訓練を要求しなかった。ホメロスの時代に行われた模擬戦から、のちにホプロマキア（ὁπλομαχία）と呼ばれる重装格闘試合が発展したが、これは純粋なスポーツであり、軍事教育とは関係がなかった。兵士にとって重要なのは強靱で敏捷な身体であった。このような身体を作るためには、軍事訓練よりも運動競技と体育のほうが役に立った。このようにして体育が一般市民のあいだに広まっていったのである。

　本来、スポーツは貴族階級の専有物であり、彼らは競馬や狩猟を楽しんでいた。前5世紀初頭までは、運動競技の勝者の多くは貴族階級出身であった。しかし、スポーツ愛好が民衆に広まるにつれ、前5世紀末にはアテナイのだれもがギュムナシオン（γυμνάσιον, 体育場）に通うようになった。スポーツ競技の勝者は英雄のごとく讃えられた。この栄誉を目指して、若者たちは体育に励むようになった。このような背景から、新しい教育が生まれた。この教育は貴族だけではなくすべての自由人を対象とす

---

10)　Pseudo-Xenophon, *Respublica Atheniensium*, 1.13.5-10.
11)　Cf. Isocrates, *Areopagiticus*, 45. ソフィストの時代における体育教育軽視については、Xenophon, *Vectigalia* 4.52; *Memorabilia*, 3.5.15, 3.12.1 からも証言が得られる。Cf. C. A. Forbes, *Greek Physical Education*, 88.

るものであり、必然的に集団教育機関としての学校を生み出す結果となった。新興富裕階級の者たちは、かつては貴族階級に限られたアレテー教育を受けさせるために子弟を学校に送るようになった。かつて行われた教師と生徒の一対一の教育は衰退し、学校教育がますます盛んになっていった。このような状況をまのあたりにして、アリストパネスは、マラトンの輝かしい英雄たちを育てた「いにしえの教育」に言及し、子どもたちが早朝から一日中パイドトリベース（παιδοτρίβης, 体育教師）のもとに通った古きよき時代を述懐している[12]。いにしえの教育制度においては、身体の鍛錬が重視された。それは競技会に備えるためであった。競技種目は、徒競走、円盤投げ、やり投げ、走り幅跳び、レスリング、ボクシング、パンクラティオン（παγκράτιον, レスリングとボクシングを合わせたもの）などであった。なかでも最も重要な種目は、パレー（πάλη, レスリング）であったと考えられる。レスリング訓練所を意味するパライストラ（παλαίστρα）という名称は、パレーに由来する。強い選手になるためには、パイドトリベースの訓練を受ける必要があった。指導はギュムナシオンかパライストラで行われた。少年たちの年齢については、17歳に達した者たちか、12歳から15歳までのジュニアなのかを確定することは難しい[13]。少年たちが何歳くらいからオリュムピア競技会に参加したかは不明であるが、初等教育における体育はかなり低年齢から行われたようである[14]。クセノポンは、スパルタ以外のポリスにおける初等教育について次のように語っている。

τῶν μὲν τοίνυν ἄλλων Ἑλλήνων οἱ φάσκοντες κάλλιστα τοὺς υἱεῖς παιδεύειν, ἐπειδὰν τάχιστα αὐτοῖς οἱ παῖδες

---

12) *Nubes*, 964-965.
13) Cf. H. I. Marrou, *A History of Education in Antiquity*, 40, 368 n.3.
14) Aristoteles, *Politica*, 1337b25.

τὰ λεγόμενα ξυνιῶσιν, εὐθὺς μὲν ἐπ' αὐτοῖς παιδαγωγοὺς θεράποντας ἐφιστᾶσιν, εὐθὺς δὲ πέμπουσιν εἰς διδασκάλων μαθησομένους καὶ γράμματα καὶ μουσικὴν καὶ τὰ ἐν παλαίστρᾳ.

ギリシャの他のポリスでは、息子たちに最高の教育を与えていると称する父親たちは、息子たちがものごとが理解できる年齢に達するやいなや、ただちに彼らの世話のためにパイダゴーゴスをつけ、ただちに教師たちのもとへ送り、文法、ムゥシケー、およびパライストラのことどもを学ばせた[15]。

このことばから、少年たちがムゥシケーとギュムナスティケーを学び始めたのは6歳くらいからであることが知られる。アテナイ人たちは、運動を「軽いもの」（κουφότερα）と「重いもの」（βαρύτερα）の二つに分類し、少年たちに年齢と力を超えた運動を行うことを求めなかった[16]。プラトンは『法律』において、パライストラで行われる最初の教育は、子ども時代の遊びの延長であるのがよいという見解を述べているが[17]、この見解は、当時実際に行われていた体育教育を反映していると見ることができる。たとえば、ボール遊びから始め、次に、ランニング、跳躍、レスリング、やり投げ、円盤投げという順を追う仕方で、年齢に合った運動をあてがったのではないかと考えられる。年齢が上がり、体が強くなり、青年に近づいたなら、ボクシングあるいはパンクラティオンも行ったであろう。水泳教育はことさらには行われなかったが、水泳自体はあまねく知られていた。踊りも広く行われていたが、体育教育の正式科目には組み込ま

---

15) *Respublica Lacedaemoniorum*, 2.1.2-7.
16) Cf. Aristoteles, *Politica*, 1338b. アリストテレスは思春期の少年には軽い運動を勧めている。
17) *Leges*, 643D, 790A-D, 798C, 808D, 820D.

れていなかった。乗馬も教えられたが、それは古い時代からのことではなく、高い授業料を払える富裕層に限られていた。ホプロマキアも運動科目の一つに数えられていた[18]。時代が下るにつれて、ギュムナスティケー教育が始まる年齢が遅くなる傾向があるが、それはギュムナスティケーの重要性が次第に弱まっていった社会事情を反映していると思われる。逆に言えば、初期の時代には、かなり小さい頃からギュムナスティケー教育を受けたであろうことが推測される。ヘレニズム時代の初期になってさえも、7、8歳の少年が運動競技会に参加したことが確認される[19]。小さい子どもたちが受けた体育教育は、激しい種類のものではなく、むしろ立ち居ふるまい、手足の動かし方、軽い運動などが中心であったようである[20]。このような年齢相応の体育教育は、オリュムピア競技会におけるアテナイの好成績に少なからず貢献したであろうと考えられる。

(2) ギュムナスティケー教育の実状

さて、古典期アテナイにおけるギュムナスティケー教育の実状をもう少し詳しく見ておきたい。いにしえの教育においては、ムゥシケーよりもギュムナスティケーが優先されていた[21]。時代が下るにつれて、ムゥシケー教育の時間が食い込んでくるようになり、前350年頃になるとギュムナスティケーは「教育改革」のために、その地位をムゥシケーにゆずることになった。しかし、少なくとも前450年頃までは教育の中心は、ギュムナスティケーであった。ギュムナスティケー教育に携わるさまざまな教師が存在したが、なかでも最も重要な役割を果たしたのが、パイド

---

18) Cf. C. A. Forbes, *Greek Physical Education*, 60-63.
19) Cf. H. I. Marrou, *A History of Education in Antiquity*, 117.
20) Cf. Aristophanes, *Nubes*, 973-976; K. J. Freeman, *Schools of Hellas: An Essay on the Practice and Theory of Ancient Greek Education from 600 to 300 B.C.* (London, 1932) 129.
21) Cf. Aristophanes, *Nubes*, 961-1023.

トリベース（παιδοτρίβης）である。「少年を擦る者」という意味であるが、これは少年をオリーブ油でマッサージしたことに由来する。しかし、パイドトリベースの主な役割は、日常のさまざまの身体運動において少年たちを教育し、彼らの体を美しく強いものに育て上げることにあった。パイドトリベースは、口で教えるだけではなく、自ら模範演技をもって実演した。その教育方法がどのようなものであったかは、アレクサンドリアのクレメンスが伝える以下のことばからうかがい知ることができる。

τρεῖς τρόποι πάσης ὠφελείας τε καὶ μεταδόσεως ἄλλῳ παρ' ἄλλου, ὃ μὲν κατὰ παρακολούθησιν ὡς ὁ παιδοτρίβης σχηματίζων τὸν παῖδα, ὃ δὲ καθ' ὁμοίωσιν ὡς ὁ προτρεπόμενος ἕτερον εἰς ἐπίδοσιν τῷ προεπιδοῦναι, καὶ ὃ μὲν συνεργεῖ τῷ μανθάνοντι, ὃ δὲ συνωφελεῖ τὸν λαμβάνοντα. τρίτος δέ ἐστιν [ὁ] τρόπος ὁ κατὰ πρόσταξιν, ὁπόταν ὁ παιδοτρίβης μηκέτι διαπλάσσων τὸν μανθάνοντα μηδὲ ἐπιδεικνὺς δι' ἑαυτοῦ τὸ πάλαισμα εἰς μίμησιν τῷ παιδί, ὡς [δὲ] ἤδη ἐντριβεστέρῳ, προστάττοι ἐξ ὀνόματος τὸ πάλαισμα. ὁ γνωστικὸς τοίνυν θεόθεν λαβὼν τὸ δύνασθαι ὠφελεῖν ὀνίνησι τοὺς μὲν τῇ παρακολουθήσει σχηματίζων, τοὺς δὲ τῇ ἐξομοιώσει προτρεπόμενος, τοὺς δὲ καὶ τῇ προστάξει παιδεύων καὶ διδάσκων. ἀμέλει καὶ αὐτὸς τοῖς ἴσοις παρὰ τοῦ κυρίου ὠφέληται.

他の人を益する三つの方法がある。第一に、つきっきりによる方法。パイドトリベースが少年を形づくる場合がそれである。第二に、同化による方法。生徒が自力で上達するという仕方で上達するように励ます教師の場合がそれである。彼は生徒と共に働き、生徒は世話をしてくれる者を益する。第三に、指示による方法。パイドトリベースがも

はや生徒を形づくることがなく、少年の模範のために自分からレスリングの組み方を示すことがない場合がそうである、少年は今やかなり上達しているので、組み方の名前を言うだけで足りる。かくして、知識をもつ者は、神から他者を益する能力を授かり、ある者たちをつきっきりで形づくり、またある者たちを同化によって励まし、さらにある者たちを指示によって育て教える。もちろん彼自身も、同等の者たちによって主から益を受ける[22]。

少年を「形づくる」（σχηματίζων）とあるが、これこそパイドトリベースの主な仕事だった。あるパイドトリベースは、自分が形づくった少年たちを非常に誇りとし、たとえ少年たちが市場から肉を家に運ぶのを遠くから見ただけでも、自分の生徒を見分けることができたと言われる[23]。パイドトリベースは、ときには、少年たちを善き競技選手に育てようとする誘惑に駆られたが、総じて、健康と活力を備えた均整の取れた体の発育を増進するという自らの本来の務めに徹した[24]。パイドトリベースは、しばしば医者と組んでその仕事を行った[25]。それゆえ、パイドトリベースの選任は、慎重な考慮のうえ行われた[26]。パイドトリベースの謝礼に関して、はっきりしたことはわからないが、ソフィストほどではないにせよ、普通の教師よりはかなり多くの収入を得ていたのではないかと推測される[27]。

---

22) Clemens Alexandrinus, *Stromateis*, 6.17.160.1. 秋山 学『アレクサンドリアのクレメンス『ストロマテイス』（『綴織』）第6巻：全訳』筑波大学大学院人文社会科学研究科『文藝言語研究. 言語篇』(65)、41-136（2014年度）収録を参照。
23) Plutarchus, *Vitae Parallelae: Dio* 1.4.1.
24) *Diogenes Laertius*, 6.30.「健康」（εὐεξία）は、体育の目的としてしばしば言及される。Cf. C. A. Forbes, *Greek Physical Education*, 66.
25) Cf. Plato, *Gorgias*, 452B; *Protagoras*, 313D; Aristoteles, *Politica*, 1287b.
26) Cf. Plato, *Protagoras*, 313A.

パイドトリベースがギュムナスティケー教育を行う場所が、パライストラ（παλαίστρα）であった。パライスタイ（παλαισταί, レスリング選手たち）を訓練する「レスリング学校」という意味である。多くの場合、個人の所有か、その管理の下に置かれていた。それに対して、ギュムナシオン（γυμνάσιον）は公営であり、もっと手の込んだ運動施設であった。プラトンの『リュシス』によると、パライストラでの運動訓練は、少年のクラスと青年のクラスとが別個に行われていたことがわかる[28]。初期の時代にはパライストラは、10代半ばから10代後半の少年たちにとって、唯一の教育の場であったようである。時間の長さは特に決まっておらず、生徒の事情によりかなり融通がきいたようである。

前5世紀後半になると、運動競技会の発展につれて、勝つこと自体が重視されるようになり、その結果台頭したのがギュムナステース（γυμναστής）であった。競技会の激しい競争に勝ち抜く選手を育てるためには、体育に関する専門の知識と技術に加え、今日で言うところの生理学、解剖学、栄養学の知識も必要とされた。この必要に応じたのがギュムナステースであった。パイドトリベースと違いギュムナステースは、運動競技会での勝利を目指す若者たちに専門的な訓練をほどこす、いわばプロのコーチであった。パイドトリベースもコーチの役割を果たすこともあったが、ギュムナステースよりも長い歴史をもち、本来両者の役割は異なっていた。

プラトンの著作においてギュムナステースは合計8回言及されているが、いずれの場合も医者および治療術との密接な関係で語られている[29]。プラトンは、専門の体育教師を指す用語として、ギュムナステースよりもパイドトリベースを多く用いている[30]。このことは、ギュムナステースの

---

27) F. A .G. Beck, *Greek Education*, 130.
28) Cf. Plato, *Lysis*, 206D.
29) *Leges*, 684C, 720E, 916B, etc.

技術がプロの運動競技システムの興隆とあいまって出現したのが、プラトンが生きた時代のほんの少し前であったという社会状況を反映していると思われる[31]。やがてプロの運動競技が隆盛するにつれて、ギュムナステースという用語は定着していく。アリストテレスは、ギュムナステースを善き知識をもつ者として語っている。約500年後ガレノスは、ギュムナステースの技術に比べてパイドトリベースの技術は従属的なものにすぎないと見なした。ピロストラトスも、ギュムナステースは理論と実践に通じた者であるのに対して、パイドトリベースは実践のみに通じた者と見なしている[32]。ピロストラトスは両者の違いについて以下のように述べている。

> κατὰ μὲν τοῦτο δὴ ἴσαι αἱ τέχναι, χυμοὺς δὲ ἀποκαθῆραι καὶ τὰ περιττὰ ἀφελεῖν καὶ λεᾶναι τὰ κατεσκληκότα καὶ πιᾶναί τι ἢ μεταβαλεῖν ἢ θάλψαι αὐτῶν γυμναστικῆς ἐν σοφίᾳ. ἐκεῖνα (γὰρ) ἢ οὐκ ἐπιστήσεται ὁ παιδοτρίβης ἤ, εἰ γιγνώσκοι τι, πονηρῶς ἐπὶ τοὺς παῖδας χρήσεται βασανίζων ἐλευθερίαν ἀκραιφνοῦς αἵματος. τῆς μὲν δὴ προειρημένης ἐπιστήμης ἡ γυμναστικὴ τοσούτῳ τελεωτέρα, πρὸς δέ γε ἰατρικὴν ὧδε ἔχει· νοσήματα, ὁπόσα κατάρρους καὶ ὑδέρους καὶ φθόας ὀνομάζομεν, καὶ ὁπόσαι ἱεραὶ νόσοι, ἰατροὶ μὲν παύουσιν ἐπαντλοῦντές τι ἢ ἀποκλύζοντες ἢ ἐπιπλάττοντες, γυμναστικὴ δὲ τὰ τοιαῦτα διαίταις ἴσχει καὶ τρίψει. ῥήξαντα δέ τι ἢ τρωθέντα ἢ θολωθέντα τὸ ἐν ὀφθαλμοῖς φῶς ἢ ὀλισθήσαντά τινα τῶν ἄρθρων ἐς ἰατροῦ χρὴ φέρειν, ὡς οὐδὲν ἡ γυμναστικὴ πρὸς τὰ τοιαῦτα.

---

30) *Crito*, 47B; *Theaetetus*, 178D; *Laches*, 184E, etc.
31) Cf. C. A. Forbes, *Greek Physical Education*, 69.
32) Cf. C. A. Forbes, *Greek Physical Education*, 68-69.

ここまでは二つの技術は同じである。しかし、体液を浄化し、それらの過度の流れを抑制する方法、固くなった体のいかなる部分をも柔らかくする方法、熱を加えることによっていくつかの部分を太らせたり、柔らかくする方法を知ることとなると、これらすべてはギュムナステースの知識の領域に属する。パイドトリベースはこの知識をもたない。あるいは、彼がそれをもつなら、それを有害な仕方で生徒たちに用い、混じりけのない血液の自由闊達な流れを妨げることになるだろう。私が述べたように、ギュムナステースの知識は、パイドトリベースのそれよりもはるかに優れている。ギュムナステースは、以下のような種類の医学知識をもっている。すなわちわれわれが鼻炎、水腫、肺病とよぶところの病気、また医者たちが水を浴びせること、水で浄めること、こうやくを貼ることによって治癒するさまざまな種類のてんかん。それらをギュムナステースは、食事療法とマッサージによって抑制する。しかし、だれかが骨折、傷、視力喪失、脱臼を患う場合には、イアートロス（医者）の所へ行くべきである。ギュムナステースは、これらの領域においては資格をもたないからである[33]。

ギュムナステースは専門の医者ではないが、相当の医学知識をもっており、内科的病気に関しては食事療法やマッサージなどの補助的な処置を行うことができた。これらはパイドトリベースにはできなかった[34]。

パイドトリベースの次に重要なのは、ホプロマコス（ὁπλομάχος, 重装格闘教師）[35]であった。ホプロマコスもパライストラで教えたが、そ

---

[33] Philostratus, *De Gymnastica*, 1.14.
[34] Cf. W. E. Sweet, *Sport and Recreation in Ancient Greece* (Oxford University Press, 1987) 219.
[35] まれに ὁπλομάχης または ὁπλοδιδάκτης という表現が用いられた。Cf. C. A. Forbes, *Greek Physical Education*, 70 n.1.

の教育分野は軍事訓練に限られた。ホプロマキア（ὁπλομαχία）、すなわち重装格闘試合はホメロスの時代と共に古いが[36]、それを体育の領域に適用したのは、マンティネイアのデメアス[37]であるとされている。それがアテナイに導入されたとき、大いに歓迎された。プラトンも、ホプロマキアを教育の一環として取り入れることに熱意を示した。『ラケス』では、それはいかなる運動種目にもひけをとらず、自由人にふさわしいものであると語られている[38]。『法律』では、それは理想国ではレスリングに取って代わるものであり、男女両方によって行われるべきであると勧められている[39]。プラトンは、ホプロマコスということばを一度しか使っていないが、その代わりにしばしば「ホプロマキアの教師たち」（τοὺς ἐν τοῖς ὅπλοις διδάσκοντας μάχεσθαι）[40]という表現を使っている。やがてエペーベイアが定着するにいたり、ホプロマコスは非常に大きな役割を担うことになる。しかし、エペーベイア制定以前の時代においては、パイドトリベースとホプロマコス以外には教師なる存在はまれであった。前5、4世紀に、馬術教師であるポーロダムネース（πωλοδάμνης）の存在が知られている[41]。やり投げの教師、アコンティスティコス（ἀκοντιστικός）も存在したことが推測される[42]。大規模で有名なパライストラには、パイドトリベースの助手たちがいた可能性もある。少なくともエペーベイアの時代には、ヒュポパイドトリバイ（ὑποπαιδοτριβαί）と呼ばれる助手たちが存在した。進歩の早い生徒たちは、ときには進歩の遅い生徒たちにコーチさながら手を貸すようなこと

---

36) *Ilias*, 23.811.
37) Cf. C. A. Forbes, *Greek Physical Education*, 70.
38) *Laches*, 182A.
39) *Leges*, 833E-834A.
40) *Gorgias*, 456E1, 456DE.
41) Plato, *Meno*, 93D. Cf. C. A. Forbes, *Greek Physical Education*, 71-72.
42) Plato, *Theages*, 126B.

もあった[43]。

　エペーベイアが定着するのは前4世紀後半であるが、それ以前のアテナイには教育に携わる「公務員」は存在しなかった。子どもの教育は概して、私設教師たちに任されており、国家は彼らに干渉しないことをよしとしていた。かつてソクラテスはアルキビアデスに次のように語った。

　　しかし、アルキビアデスよ、きみの出生についても、また養育や教育についても、あるいはアテナイ人の他のだれのそれらについても、いわばだれも気にしてくれる者はないのだ。もしあれば、だれかきみを恋する者（エラステース）だけなのだ[44]。

　このことばから、アテナイがどれほど徹底して教育への干渉を避けていたかをうかがい知ることができる[45]。万一法的措置が必要な場合には、アレオパゴスに問題処理の権限が委ねられていたが、アレオパゴスの干渉はまれであったと考えられる[46]。ソロンによって作られた教育に関する法律があるにはあった[47]。しかし、それらは何を教えるべきか教えるべきではないかという法令ではなく、主に学校の権威を保全し、生徒たちの健康と道徳性を守ることを目的としたものであった。その内容は以下のとおりである。

　①就学時間は日中に限るものとし、日の出前日没後は不可とする[48]。これは少年愛の濫用防止と、過度の就学時間防止のためであった。

---

43)　Cf. C. A. Forbes, *Greek Physical Education*, 72.
44)　Plato, *Alcibiades* I, 122B5-8.
45)　Cf. C. A. Forbes, *Greek Physical Education*, 81-82.
46)　Cf. C. A. Forbes, *Greek Physical Education*, 72-73.
47)　主な資料としてはティマルコスに対するアイスキネスの演説がある。Aeschines, *Contra Timarchum*, 1.9-12.
48)　Aeschines, *Contra Timarchum*, 1.10, 12.

②入学資格は明記されていないが、満6歳、すなわち男子が6回目の誕生日を迎えたときであると考えられる。奴隷と女子は入学することができなかった[49]。

③少年たち、パイダゴーゴスたち、および学校の諸祭日[50]に対する国家の監督に関する法律があるが、これはエペーベイア制定以後の時期に属し、アレオパゴスの権限への言及であると考えられる。

④ムゥセイオン（μουσεῖον, ムゥシケー学校）、あるいはパライストラへの立ち入りは教師と近親者（兄弟、息子、義理の息子）以外の者は許されなかった。違反者は死刑という厳しいものであったが、この法律の目的も不道徳の防止にあったと考えられる。もっともこの法律は、後には厳密には適用されなくなったか、無視されるようになった。このことは、ソクラテスがパライストラにいる少年たちを堂々と訪問している事例からも知られる[51]。

⑤青年男子が少年に同伴してヘルマイア（Ἕρμαια, ヘルメス祭）に参加することは禁止されたが、これも後に厳密には適用されなくなった[52]。

⑥学校の規模に関する法律もあるが、これは学校が大きくなりすぎて、パイドトリベースやムゥシケー教師が行う教育の妨げとなることを防ぐためであった。

⑦親たちには、息子たちにムゥシケーとギュムナスティケーの教育を受けさせる義務が課せられていたが[53]、おそらくこれが教育に関して確立されていた、ただ一つの慣習法であったと考えられる[54]。

---

49) Aeschines, *Contra Timarchum*, 1.10.
50) これらの祭りは、ムゥセイオン（μουσεῖον, ムゥシケーの学校）ではムゥセイア（Μουσεῖα, ムゥサたちの祭）、パライストラではヘルマイア（Ἕρμαια, ヘルメス祭）と呼ばれた。Cf. C. A. Forbes, *Greek Physical Education*, 74.
51) Plato, *Charmides*, 153A; *Lysis*, 206E.
52) Plato, *Lysis*, 206DE.
53) Plato, *Crito*, 50D.

少年がパライストラで受ける教育は、何歳までであったかは定かではない。アテナイの教育は公教育ではなく、私的な教育であったからである。ふつうは14歳から16歳くらいまで、パライストラ教育を受けたのではないかと考えられるが、プラトンによると一律ではなかったことが知られる[55]。富裕な家庭の子どもは遅くまで学校にとどまり、そうではない家庭の子どもたちはより早く学校を出たであろうと推測される。いずれにせよ、彼らは望むときに学校を去ることができた。経済に余裕のない少年たちは、働くことをよぎなくされたが、経済に恵まれた少年たちはギュムナシオンに足繁く通い、好きな種類の運動を行い、体を鍛えることができた。ギュムナシオン通いは若者に限られなかった。かなり高齢の者たちも運動にいそしんだことが知られている[56]。ギュムナシオンは体育施設であるとともに、社交場としての機能も有していた[57]。これら公立体育場に関連してギュムナシアルケース（γυμνασιάρχης）の存在が知られている。これは富裕な市民が、自己負担によるレイトゥールギア（λειτουργία, 社会奉仕）として引き受けたもので、その役割はラムパデードロミア（λαμπαδηδρομία、松明競争）の準備をすることにあった。それゆえ、ギュムナシアルケースはしばしばラムパダルケース（λαμπαδάρχης）とも呼ばれた[58]。他にギュムナシオンに関わる役人として、エピスタテー

---

54) Plato, *Alcibiades* I, 122B; *Leges*, 804D; *Theages*, 122E.
55) *Protagoras*, 326C.
56) Plato, *Respublica*, 452B.
57) 前335年以前のアテナイには、リュケイオン（Λύκειον）、アカデメイア（Ἀκαδήμεια）、キュノサルゲス（Κυνόσαργες）の三つのギュムナシオンがあった。いずれもソロンの時代からあったものである。キュノサルゲスは、初めは、純粋のアテナイ人ではない人たちに使用させるためのものであったが、前5世紀初頭にはこの差別は撤廃された。Cf. C. A. Forbes, *Greek Physical Education*, 82-83.
58) または λαμπαδάρχος と呼ばれた。Cf. C. A. Forbes, *Greek Physical Education*, 84-85.

ス（ἐπιστάτης）またはエピメレーテース（ἐπιμελητής）がいたが、彼らの役目は建物とグラウンドの管理であり、若者の教育には関与しなかった。

b. 運動選手の実状

　プラトンのギュムナスティケー観をよりよく理解するために知る必要があるもう一つのことは、ギュムナスティケーに秀でた運動選手の実状はどのようであったかということである。プラトンが『国家』を執筆した頃の時代になると、オリュムピアを始めとする汎ギリシャ的運動競技会はややかげりを見せ始めていたが[59]、それでも競技会の勝者はあいかわらず花形スターであり、少年たちの憧れの的であった。彼らの多くは運動選手に選ばれることを目指した。体育教師たちの中にも、オリュムピア、デルポイ、ネメア、イストゥミアなどの大きな運動競技会の栄冠を第一のことと考え、強い選手の発掘と訓練に力を注ぎ、過度にスポーツ熱を煽る傾向があった。その結果生じたことは、プラトンの見るところでは、ムゥシケー教育の軽視であった。守護者候補である少年たちも、そのようなスポーツ至上主義に取り込まれることは大いにありえた。もしそうなると、プラトンが提示したムゥシケー初等教育を受けてきた少年たちはどうなるのか、という問題が起こる。

(1) スポーツ至上主義と運動選手のプロ化

　元来、運動選手はアマチュアであったが、栄誉と褒美のために始めから運動選手がプロ化するきざしがあった。特に、ペロポネソス戦争後、プロ化の傾向が顕著になる。プラトンもそれを目の当たりにしていたはずであ

---

59)　J. ブルクハルト『ギリシャ文化史』（筑摩書房、1993 年）IV 巻 296-303 を参照。

る。スウィート（W. E. Sweet）は、「カエロニデス、君は前線の戦士たちの中のそこに立ち、祈った。『ゼウスよ、戦闘において私に死か勝利を与えてください』」というエリスで発見された前3世紀の碑文を紹介する。この碑文から、戦闘に参加し、かつ勝利することが古代ギリシャ人の目標であったことが知られる。この戦闘精神が運動競技にも反映した。敗北は、いや二等でさえも、ほとんどの競技においては恥であった[60]。ギリシャ人の運動競技への情熱について、もう一つ忘れてはならない面がある。それは勝者への褒美である。『イリアス』IX巻においてアガメムノンは、彼の競走馬が一大財産を稼いでくれたことについて次のように語っている。

δώδεκα δ' ἵππους πηγοὺς ἀθλοφόρους, οἳ ἀέθλια ποσσὶν ἄροντο. οὔ κεν ἀλήϊος εἴη ἀνὴρ ᾧ τόσσα γένοιτο, οὐδέ κεν ἀκτήμων ἐριτίμοιο χρυσοῖο, ὅσσά μοι ἠνείκαντο ἀέθλια μώνυχες ἵπποι.
それにまた頑健な馬12頭、健脚で競技に勝ち、賞金を得たことのある逸物だ。この一つ蹄の馬どもが、わしのために稼いでくれたほどの財物があれば、どんな男でも戦利品を貰い損ねたとか、貴重な黄金に縁がないとかいわれずに済むであろう[61]。

競馬は依然として諸侯や富裕者たちのスポーツであるが、徒競走はそうではない。『イリアス』XXII巻において、アキレウスがヘクトルを追跡する以下の場面がある。

πρόσθε μὲν ἐσθλὸς ἔφευγε, δίωκε δέ μιν μέγ' ἀμείνων καρπαλίμως, ἐπεὶ οὐχ ἱερήϊον οὐδὲ βοείην ἀρνύσθην, ἅ τε

---

60) Cf. W. E. Sweet, *Sport and Recreation in Ancient Greece*, 118.
61) *Ilias*, 9.123-127. 松平千秋訳。

ποσσὶν ἀέθλια γίγνεται ἀνδρῶν, ἀλλὰ περὶ ψυχῆς θέον
Ἕκτορος ἱπποδάμοιο. ὡς δ' ὅτ' ἀεθλοφόροι περὶ τέρματα
μώνυχες ἵπποι ῥίμφα μάλα τρωχῶσι· τὸ δὲ μέγα κεῖται
ἄεθλον ἢ τρίπος ἠὲ γυνὴ ἀνδρὸς κατατεθνηῶτος· ὣς τὼ τρὶς
Πριάμοιο πόλιν πέρι δινηθήτην καρπαλίμοισι πόδεσσι·

前を走って逃げるのが勇士ならば、その後を快足を飛ばして追うのは
その強腕彼を遙かに凌ぐ豪勇の士、素より二人がめざすのは、足の速
さを競う折に賭けられる、生贄の獣でも牛革の楯でもなく、二人は馬
を馴らすヘクトルの命を賭けて走るのであった。それはあたかも幾た
びも勝利に輝く駿馬たちが、折返しを示す標柱を鮮やかに素早く廻る
時のよう——みまかった人を弔う催しに、三脚釜か女か、豪華な賞が
賭けられる折のこと——、そのように二人は快足を飛ばしてプリアモ
スの町のまわりを三たび廻った[62]。

走者たちへの褒美は明らかにより小さな物であったが、ホメロスの時代
において褒美は一般的慣行であったことは明らかである。アルカイック期
のギリシャ人にとって、生贄の獣や牛革の楯は、実質的な価値をもつ褒美
であった[63]。

スポーツに熱を入れすぎることに対する批判は、すでにスパルタにおい
て聞かれる。前7世紀のエレゲイア詩人テュルタイオスは、強い兵士の養
成に役立たないという理由で、スポーツの訓練を批判した。

οὔτ' ἂν μνησαίμην οὔτ' ἐν λόγωι ἄνδρα τιθείην οὔτε ποδῶν
ἀρετῆς οὔτε παλαιμοσύνης, οὐδ' εἰ Κυκλώπων μὲν ἔχοι

---

[62] *Ilias*, 22.158-166. 松平千秋訳。
[63] D. C. Young, "Professionalism in Archaic and Classical Greek Athletics," *Ancient World* 7 (1983) 46.

μέγεθός τε βίην τε, νικώιη δὲ θέων Θρηΐκιον Βορέην, οὐδ᾽ εἰ Τιθωνοῖο φυὴν χαριέστερος εἴη, πλουτοίη δὲ Μίδεω καὶ Κινύρεω μάλιον, οὐδ᾽ εἰ Τανταλίδεω Πέλοπος βασιλεύτερος εἴη, γλῶσσαν δ᾽ Ἀδρήστου μειλιχόγηρυν ἔχοι, οὐδ᾽ εἰ πᾶσαν ἔχοι δόξαν πλὴν θούριδος ἀλκῆς·

走ることに優れているという理由で、あるいはレスリングに優れているという理由で、私はある男を記憶にとどめることも、尊敬することもしない。たとえ彼がキュクロプスたちの大きさと力をもち、走っているトラキアのボレアスに勝とうとも、たとえ体格においてティトノスより美しく、髪の毛においてミダスやキニュラスより豊かであっても、たとえタンタロスの息子ペロポスを統治し、声においてアドレストスより心地よい声であっても、たとえあらゆる栄誉をもっているとしても、剛き兵士魂がないなら（だめである）[64]。

前6世紀の思索家クセノパネスも、あるエレゲイア詩の中で、いくらオリュムピア祭の徒競走、五種競技、レスリング、ボクシング、パンクラティオンなどの競技においてよい成績をおさめたとしても、「これらのことは国家の暗い片隅に住む人々を太らせない」（οὐ γὰρ πιαίνει ταῦτα μυχοὺς πόλεως）と、スポーツへの過熱を批判している[65]。

運動選手のプロ化のきざしは、ピンダロスの『捷利歌』に見いだされる。ピンダロスにとっては、オリュムピア祭の運動競技における勝利こそ世界のすべてであった。ある人が運動選手の子孫であるか、その人自身が運動選手であるなら、それこそが最高の幸せであった。ピンダロスの運動競技賛美は、その来世観に反映されている。

---

64) *Tyrtaeus*, 1.1.12.
65) Xenophanes, *Fragmenta*, 2.

τοῖσι λάμπει μὲν μένος ἀελίου τὰν ἐνθάδε νύκτα κάτω, φοινικορόδοις «δ'» ἐνὶ λειμώνεσσι προάστιον αὐτῶν καὶ λιβάνων σκιαρᾶν «   » καὶ χρυσοκάρποισιν βέβριθε «δενδρέοις» καὶ τοὶ μὲν ἵπποις γυμνασίοισι «τε_» τοὶ δὲ πεσσοῖς τοὶ δὲ φορμίγγεσσι] τέρποντα[ι, παρὰ δέ σφισιν εὐανθὴς ἅπας τέθ]αλεν ὄλβος·

かの地下の世界では、われわれの世界が夜のあいだも、太陽が彼の力の中で輝いている。かの都の回りには、露を帯びた牧場の道が通り、バラが赤く燃え立つ。都の前面は香り高い木が日陰をつくり、黄金色に輝く果実が実を結ぶ。ある人たちは乗馬やレスリングを楽しみ、他の人たちはチェッカーを楽しみ、また他の人たちはポルミンクスを奏でる。彼らのそばには、完全な至福の花が美しく咲き誇る[66]。

これより後の時代になると、プロ化の傾向はいやましに強まっていく。オリュムピア、デルポイ、ネメア、イストゥミアの四大競技会においては、優勝者に与えられた褒美は木の葉の冠にすぎなかったが、故郷に凱旋したときには、実質的な報酬として壺入りのオリーブ油が大量に与えられた。前5世紀後期のアテナイの碑文によると[67]、ある陸上競技の勝者は、100壺ものオリーブ油を受け取ったという。オリーブ油一壺は少なく見積もっても12ドラクマであったから、1,200ドラクマ相当の賞金を受け取ったことになる。当時の一日当たりの最高労働賃金を1.417ドラクマとすると、賞金額は当時の職人の少なくとも847日分の賃金に相当したことになる[68]。褒美に現金が与えられることもあった。プルタルコスが伝

---

66) Pindarus, *Threnoi*, 129-130.
67) *Inscriptiones Graecae*, II² 2311.
68) Cf. W. E. Sweet, *Sport and Recreation in Ancient Greece*, 119-120.

えるところでは、前7世紀のアテナイでは、オリュムピア競技会もしくはイストゥミア競技会の優勝者への賞金は、500ドラクマと定められていた。当時羊一匹は1ドラクマであったという[69]。小アジアのアブロディシアスで紀元2世紀に発見された碑文によると、比較的小さな町においてさえも、運動競技者の賞金がいかに高額であったかがわかる。当時、1デナリオンは肉体労働者の一日分の賃金だった。賞金額は以下のとおりである。

長距離走	750デナリオン
短距離走	1,250デナリオン
一周競争	1,000デナリオン
武具着用走	500デナリオン
五種競技	500デナリオン
レスリング	2,000デナリオン
ボクシング	2,000デナリオン
パンクラティオン	3,000デナリオン

パンクラティオンの賞金は、五種競技や武具着用走のそれの6倍であったことは注目に値する[70]。四大競技会の勝者には、市のプリュタネイオン（πρυτανεῖον, 貴賓舘）において無料で食事をする特権に加えて、さまざまの栄誉が与えられた[71]。

筋肉増強という目的のために、運動選手には大量の肉があてがわれるようになり、彼らは過食、睡眠のとりすぎ、獣的な愚鈍さで悪名をはせるよ

---

[69] Plutarchus, *Vitae Parallelae: Solon*, 23.2. Cf. W. E. Sweet, *Sport and Recreation in Ancient Greece*, 120.
[70] Cf. W. E. Sweet, *Sport and Recreation in Ancient Greece*, 120.
[71] *Inscriptiones Graecae*, I² 77.

うになった。彼らはオリュムピア祭の競技のために 10 カ月トレーニングを受けさせられ、最後の月はオリュムピアで過ごした。こうしてスポーツが職業化され、生活の資をかせぐ手段とされていった。運動選手は、いわば甘やかされた子どものようになった。彼らは公費で食事をあてがわれ、ファンにちやほやされ、専門の運動以外には何の役にもたたない者になった。プルタルコスはこれを、一般大衆がよき兵士よりもよき運動選手を望んだ結果であると見ている。

τὸ γὰρ ξηραλοιφεῖν ὑφεωρῶντο Ῥωμαῖοι σφόδρα, καὶ τοῖς Ἕλλησιν οἴονται μηδὲν οὕτως αἴτιον δουλείας γεγονέναι καὶ μαλακίας, ὡς τὰ γυμνάσια καὶ τὰς παλαίστρας, πολὺν ἄλυν καὶ σχολὴν ἐντεκούσας ταῖς πόλεσι καὶ κακοσχολίαν καὶ τὸ παιδεραστεῖν καὶ τὸ διαφθείρειν τὰ σώματα τῶν νέων ὕπνοις καὶ περιπάτοις καὶ κινήσεσιν εὐρύθμοις καὶ διαίταις ἀκριβέσιν, ὑφ᾽ ὧν ἔλαθον ἐκρυέντες τῶν ὅπλων καὶ ἀγαπήσαντες ἀνθ᾽ ὁπλιτῶν καὶ ἱππέων ἀγαθῶν εὐτράπελοι καὶ παλαιστρῖται καὶ καλοὶ λέγεσθαι.

なぜなら、ローマ人たちはオリーブ油を塗ることを非常に怪しいことと考えていたし、ギリシャ人たちが奴隷化し軟弱化した原因は、彼らのギュムナシオンとパライストラに他ならなかった、と今でも信じている。それらは彼らのポリスの中に実に数え切れないほどの怠惰と時間の浪費に加えて、少年愛をもたらした。さらに、統制された睡眠、歩行、リュトモスに従ったしぐさ、および厳密な食餌法によって若者たちの体をだめにした。それらのことどもによって、彼らは知らないうちに武器の練習を離れ、よい重装歩兵や騎兵になる代わりに、機敏な選手だとか美しいレスリング選手だとか呼ばれることのほうを愛するようになった[72]。

有名選手が年をとり、もはや競技を行えなくなったとき、彼らは若者たちの訓練を行うコーチになった。これらのコーチは初めはパイドトリベースと呼ばれたが、プラトンの時代の少し前にはギュムナステースと呼ばれるようになった。パイドトリベースは少年たちの体をオリーブ油でマッサージしたので、アレイプテース（ἀλείπτης, 塗油師）とも呼ばれ、前4世紀以後はこの用語がひんぱんに使われるようになった。かくしてプロ化が最高潮に達するに至り、一般大衆は自ら運動競技を行う側から運動競技を観戦する側に転じてしまった。このような行き過ぎたスポーツ熱に対して、以下のようにエウリピデスは激しい批判を浴びせている。

> κακῶν γὰρ ὄντων μυρίων καθ᾽ Ἑλλάδα οὐδὲν κάκιόν ἐστιν ἀθλητῶν γένους. . . . ὅστις ἔστ᾽ ἀνὴρ γνάθου τε δοῦλος νηδύος θ᾽ ἡσσημένος. . . . τίς γὰρ παλαίσας εὖ, τίς ὠκύπους ἀνὴρ ἢ δίσκον ἄρας ἢ γνάθον παίσας καλῶς πόλει πατρῴᾳ στέφανον ἤρκεσεν λαβών; πότερα μαχοῦνται πολεμίοισιν ἐν χεροῖν δίσκους ἔχοντες ἢ δι᾽ ἀσπίδων χερὶ θείνοντες ἐκβαλοῦσι πολεμίους πάτρας;
> ギリシャには数え切れないほどの悪があるが、運動選手の輩のそれより悪いものはない。……彼らはその下あごの奴隷であり、その腹の追従者だ。……いったいだれがよくレスリングをすることで、足が速いことで、円盤を投げることで、あごにみごとな一撃を与えることで、栄冠を得ることによって祖国を喜ばせたか。彼らは円盤を手にして敵と戦い、楯越しに拳で打つことによって敵を追い出すのだろうか[73]。

---

72)　Plutarchus, *Moralia: Quaestiones Romanae*, 274d.
73)　Euripides, *Fragmenta*, 282.

ソクラテス[74]やプラトン[75]が過度のスポーツ熱に対してその弊害を批判したことは、われわれが、目下、見ているところであるが、アリストテレスも運動選手のプロ化に反対し[76]、運動種目の専門化は若者の体の健全な発育を妨げる危険があるとして、以下のような指摘をしている。

> μέχρι μὲν γὰρ ἥβης κουφότερα γυμνάσια προσοιστέον, τὴν βίαιον τροφὴν καὶ τοὺς πρὸς ἀνάγκην πόνους ἀπείργοντας, ἵνα μηθὲν ἐμπόδιον ᾖ πρὸς τὴν αὔξησιν· σημεῖον γὰρ οὐ μικρὸν ὅτι δύνανται τοῦτο παρασκευάζειν, ἐν γὰρ τοῖς ὀλυμπιονίκαις δύο τις ἂν ἢ τρεῖς εὕροι τοὺς αὐτοὺς νενικηκότας ἄνδρας τε καὶ παῖδας, διὰ τὸ νέους ἀσκοῦντας ἀφαιρεῖσθαι τὴν δύναμιν ὑπὸ τῶν ἀναγκαίων γυμνασίων·

> すなわち思春期までは何も成長を妨げることのないように、無理な節食やひどい消耗を禁じ、軽度の体育を適用すべきである。なぜなら、そのようなことが成長を妨げることについては、大きな証拠があるからである。すなわちオリュムピア競技優勝者リストのうちに、子どもの時にも大人の時にも勝利を得た者は二、三を見いだすにすぎないだろう。それは若いときに運動訓練を受ける者たちは、無理な体育のために成長の力を奪われるからである[77]。

以上の証拠から見て、思索する人たちのあいだでは、あまねくプロの運動競技は不評を買っていたと言えよう[78]。もちろん、彼らはスポーツそれ

---

74) Xenophon, *Symposium*, 2.17; *Momorabilia*, 1.2.4.
75) *Respublica*, 404A, 410B-D.
76) *Politica*, 1335b5-11, 1338b10-11.
77) *Politica*, 1338b40-1339a4.

自体を否定したのではない。たとえば、プラトンは戦争準備に役立つ種類のレスリングを推奨した[79]。アリストテレスもギュムナスティケーにある程度の価値を認めた[80]。彼らが反対したのは、スポーツの自己目的化に対してなのである。

　ここで一つ付け加えておくことがある。運動選手に対する非難は、アテナイよりもむしろ他のポリスに当てはまるということである。アテナイのアゴラには、当時の習慣に従って運動選手の像が建てられる代わりに、将軍や愛国者の像が満ちていた。民主制がギュムナスティケーを廃れさせたというのが、ペロポネソス戦争の初期に書かれた偽クセノポン『アテナイ人の国制』の著者が示す見解である[81]。この時期に、ソフィストの影響によって知的営みへの関心が高まるにつれ、人々は先の時代を支配していたギュムナスティケー至上主義に対していやましに背を向けるようになった。また一般市民は、民会や評議会などの会議および出征義務に多くの時間を取られたので、ギュムナスティケーに割く時間がなかった。しかし、アテナイにおいても優秀な運動選手は大きな人気を博したことは言うまでもない[82]。

(2) 運動選手の暴飲暴食と怠惰

　プラトンが国家守護者候補である若者たちの身体状態について論じるのは、以上において概観した、スポーツ至上主義と運動選手のプロ化を憂慮してのことである。プラトンが見るところでは、そのような実状の中で若者たちの健康は損なわれていた。それは軍事訓練に対する障害となる。軍

---

78) Cf. C. A. Forbes, *Greek Physical Education*, 91.
79) *Leges* 795D-796D, 814CD. Cf. F. A .G. Beck, *Greek Education*, 1391.
80) *Politica*, 1331a30-39.
81) Pseudo-Xenophon, *Respublica Atheniensium*, 1.13.
82) Cf. K. J. Freeman, *Schools of Hellas: An Essay on the Practice and Theory of Ancient Greek Education from 600 to 300 B.C.* (London, 1932) 123-124.

事訓練における健康管理には、節度ある食生活が求められるからである。一部に、アテナイの人々の食事は質素であったと見る向きがある。アテナイオスは『食卓の賢人たち』の中で、アテナイ人がディオスクロイ（τοῖς Διοσκούροις,「ゼウスの息子たち」）をプリュタネイオンでもてなした時、食事の内容は大麦をこねて焼いた軽い菓子と、完熟オリーヴと韮であった、という前5世紀頃のものと推察される話や、ソロンもプリュタネイオンで食事をする者には、ホメロスに倣って質素な大麦パンを提供し、上等な小麦のパンは祝祭の日にかぎるべきであると命じた、という話を紹介している[83]。ところが、実状はそうではなかった。古代ギリシャ人たちはしばしば節度を失い、衝動に流された。特にこれは、運動選手たちに顕著に見られた傾向である。プラトンは『国家』において、守護者たるべき者の泥酔に言及し、守護者が守護者を必要とするようでは困ると批判しているが[84]、実際に、泥酔のため前後不覚に陥るような者たちがいたのであろう。プルタルコスが伝えるところでは、アレクサンドロス大王の提唱によって酒飲み競争が行われたとき、大王のマケドニア兵士たちは、酒豪ぞろいだった。その結果、プロマコスなる男は12リットルもの水で割らないワインを飲み、1タラントン相当の冠を褒美にもらったが、二日後に死に、他にも41人が酒による悪寒のゆえに死んだという[85]。酒酔いを慎むべきことに関しては、プラトンは『法律』I・II巻において、その主張を展開することになる。

　プラトンは食事に関しても、「この男たちは、最も重大な闘争の競争者である」（ἀθληταὶ μὲν γὰρ οἱ ἄνδρες τοῦ μεγίστου ἀγῶνος, 403E8）という観点から、守護者候補である若者たちが節度をもたない

---

83) Athenaeus, *Deipnosophistae*, 4. 137e-138b.
84) *Respublica*, 403E. 既に398Eで語られたように、泥酔は柔弱や怠惰と並んで、国の守護者たるべき者に最もふさわしくないふるまいであった。
85) Plutarchus, *Vitae Parallelae: Alexander*, 70.1.

ことに懸念を示す。「最も重大な闘争の競技者」とは、「戦争の競技者」（πολεμικοῖς ἀθληταῖς, 404A9）である。プラトンは『法律』Ⅷ巻において、ボクシングであれ、パンクラティオンであれ、踊りであれ、あらゆる種類の体育訓練は、軍事訓練を目的とするものでなければならない、と主張することになるが[86]、この考えはすでに『国家』執筆の段階で固まっていたと言えよう。

さて、健康管理のためには節度ある生活が大事であるが、現実には運動選手たちの生活は節度を欠いていた。プラトンは、運動をしていないときの彼らの生活ぶりは「半眠りの状態」（ὑπνώδης αὕτη γέ τις, 404A3）であると批判し、次のように言う。

> それらの競技者たちは生涯を眠りつづけ、また、定められた生活形態を少しでも踏み外すと、それはもうひどい病気にかかる[87]。

プラトンのソクラテスは、そのような生活ぶりは恥ずべきことであると批判する。

> 他方、医術の治療を必要とすることは（とぼくは言った）、すなわち何かの傷を受けたとか、季節的病気を患ったゆえではなく、怠惰およびわれわれが述べた生活法のゆえに、ちょうど沼のように水の流れと風がからだじゅうに充満し、かの発明の才のあるアスクレピオス派の医者たちをして、「風膨れ」や「たれ流し」という名前をそれらの病気につけさせるようにするということは、恥ずべきことだと思わないか[88]。

---

86) *Leges*, 829E-831B.
87) *Respublica*, 404A4-6.
88) 401C8-D4.

ディオゲネス・ラエルティオスは、運動選手に肉を多く食べさせる食餌法は、ピュタゴラスという人物によって導入されたとして、以下のように述べている。

> Λέγεται δὲ καὶ πρῶτος κρέασιν ἀσκῆσαι ἀθλητάς, καὶ πρῶτόν γ᾽ Εὐρυμένην, καθά φησι Φαβωρῖνος ἐν τρίτῳ τῶν Ἀπομνημονευμάτων (FHG iii. 579 sq.), τῶν πρότερον ἰσχάσι ξηραῖς καὶ τυροῖς ὑγροῖς, ἀλλὰ καὶ πυροῖς σωμασκούντων αὐτούς, καθάπερ ὁ αὐτὸς Φαβωρῖνος ἐν ὀγδόῃ Παντοδαπῆς ἱστορίας φησίν. οἱ δὲ Πυθαγόραν ἀλείπτην τινὰ τοῦτον σιτίσαι τὸν τρόπον, μὴ τοῦτον. τοῦτον γὰρ καὶ τὸ φονεύειν ἀπαγορεύειν, μὴ ὅτι γε ἅπτεσθαι τῶν ζῴων κοινὸν δίκαιον ἡμῖν ἐχόντων ψυχῆς.
>
> パボリノスが『覚え書き』III巻において語るところによれば、彼（ピュタゴラス）はまた、運動選手たちを肉食によって鍛えた最初の人であり、彼がこれを最初に適用した運動選手はエウリュメネスだったと言われている。それ以前は、干しいちじく、湿り気のあるチーズ、さらにはまた小麦によって彼らの体を鍛えていた。これは同じパボリノスが、『歴史研究雑録集』VIII巻において述べているとおりである。しかし、ある人たちが言うには、このような食餌法をあみだしたのは、ピュタゴラスという名の体育教師であり、ここで扱っているピュタゴラスではなかった。なぜなら、われわれのピュタゴラスは、魂に関してわれわれと共通の権利をもっている動物たちを殺すことさえ禁じていたからである[89]。

---

89) *Diogenes Laertius*, 8.12-13.

第4章　ムゥシケーとギュムナスティケー　｜　375

　アテナイオスは『食卓の賢人たち』において、タルソス出身のテアゲネスという運動選手が一日のうちに牛一頭を平らげ、クロトン出身のミロンという運動選手は肉とパンとワインをそれぞれ9キロずつ食し、ミレトス出身のパンクラティオン選手アステュアナクスは客9人分の食事を平らげたなどの事例を挙げている[90]。これらは極端な例であるが、食べたいだけ食べるような生活をしていると、病気にかかりやすいことを明示している。いざ出陣となった場合は、戦場の粗食に耐えることができなかったであろうことは容易に察しがつく。

　この点に関しては医者にも責任があった。医者はギュムナステースと組み、運動選手の健康管理を引き受けていた。そのかぎりではよいことのように見えるが、医者は選手たちに、食後は静かに座っているようにとのアドバイスを与え、手の込んだ料理法になじませた[91]。プラトンは『国家』において、鍋で肉を煮る料理法、香辛料の使用、「美味で評判のアッティカのお菓子」(Ἀττικῶν πεμμάτων τὰς δοκούσας εἶναι εὐπαθείας, 404D8) を非難しているが[92]、こういったものに運動選手たちはなじんでいたのである。

　プラトンは高級遊女との交際についても指針を与える。すなわち運動選手は身体の状態をよく整えようとするなら、「コリントスの娘」(Κορινθίαν κόρην, 404D5) を愛人としてもってはならないと言う。「コリントスの娘」は、ヘタイラ（高級遊女）に言及するものと思われる[93]。ヘタイラは、たんに性的欲望を満足させるための娼婦（πόρνη）や妾（παλλακίς）と区別され、「典雅な機知によって感嘆の念を起こさ

---

90)　Athenaeus, *Deipnosophistae*, 10. 412f, 413b.
91)　Cf. K. J. Freeman, *Schools of Hellas*, 120.
92)　*Republica*, 404BC.
93)　Cf. Aristophanes, *Plutus*, 149.「コリントのヘタイラたち」(τάς γ᾽ ἑταίρας τὰς Κορινθίας) は、遊女を指す。Cf. *Republica*, 373A.

せる女性」[94]だった。プラトンの考えでは、ヘタイラとの交際は凝った嗜好品と同じように身体の健康を損なうものであった。運動選手の性的禁欲に関して、『法律』Ⅷ巻は、アテナイより教育水準が低いポリスにおいてさえも、オリュンピア競技に備える選手たちは、鍛錬の最中は女性にも少年にもけっして触れなかったという話を伝えている[95]。ピロストラトスは、運動選手の夜の性交について次のような見解を述べている。

> οἱ δὲ ὀνειρώττοντες ἀποκάθαρσις μὲν τῆς ἐπιπολαζούσης εὐεξίας, ὁρῶνται δὲ ὅμως ὕπωχροι καὶ δροσίζοντες καὶ ὑποδεέστεροι μὲν τὴν ἰσχύν, εὐτραφεῖς δὲ ὑπὸ τοῦ καθεύδειν καὶ ἀνεύθυνοι τὸ ἰσχίον καὶ διαρκεῖς τὸ πνεῦμα, ἐν χώρᾳ τε τῶν ἀφροδισιαζόντων ὄντες (οὐ) ταὐτόν εἰσιν, (ἀλλ') οἱ μὲν καθαίροντες τὴν ἕξιν, οἱ δὲ τήκοντες. κόπων δὲ ἀγαθὴ μάρτυς ἥ τε ἔξωθεν περιβολὴ τοῦ σώματος λεπτοτέρα ἑαυτῆς δοκοῦσα καὶ ἀνοιδοῦσα φλὲψ καὶ κατηφὴς βραχίων καὶ τὰ μυώδη κατεσκληκότα.

夜に射精をする者たちは、過度の精力を浄めるわけだが、その青ざめた顔色、しめっぽい皮膚、力の欠如によってそれとわかる。他方、十分な睡眠をとるゆえによい消化をもつ者たちは、その臀部に起こることに対して責められることがなく、容易に息切れがしない。彼らは性交に耽る運動選手たちとは比較にならない。彼らは身体が浄められるが、彼の者たちは身体が弱くなる。身体の表面が通常よりも柔らかくなり、血管が膨れ、腕がものうげになり、筋肉が縮むなら、それは弱さの明らかなしるしである[96]。

---

94) ブルクハルト『ギリシャ文化史』(筑摩書房、1993年) Ⅳ巻342を参照。
95) *Leges*, 839E-840A.
96) Philostratus, *De Gymnastica*, 1.49.

第4章　ムゥシケーとギュムナスティケー　　377

　ピロストラトスは、質実剛健を旨としたいにしえの時代と比べて、昨今の運動選手たちの軟弱なあり様と医者との結びつきに関して、次のように批判を述べている。

Ἐπεὶ δὲ μετέβαλε ταῦτα καὶ ἀστράτευτοι μὲν ἐκ μαχομένων, ἀργοὶ δὲ ἐξ ἐνεργῶν, ἀνειμένοι δὲ ἐκ κατεσκληκότων ἐγένοντο, Σικελική τε ὀψοφαγία ἴσχυσεν, ἐξενευρίσθη τὰ στάδια, καὶ πολλῷ μᾶλλον, ἐπειδὴ κολακευτικὴ [γε] ἐγκατελέχθη τῇ γυμναστικῇ. ἐκολάκευσε δὲ πρῶτον μὲν ἰατρικὴ παρισταμένη ξύμβουλος, ἀγαθὴ μὲν τέχνη, μαλακωτέρα δὲ ἢ ἀθλητῶν ἅπτεσθαι ἔτι τε ἀργίαν ἐκδιδάσκουσα καὶ τὸν πρὸ τοῦ γυμνάζεσθαι χρόνον καθῆσθαι σεσαγμένους, οἷον ἄχθη Λιβυκὰ ἢ Αἰγύπτια, ὀψοποιούς τε καὶ μαγείρους ἥδοντας παραφέρουσα, ὑφ᾽ ὧν λίχνοι τε ἀποτελοῦνται καὶ κοῖλοι τὴν γαστέρα, ἄρτοις τε μηκωνείοις καὶ ἀπεπτουμένοις ἑστιῶσα, ἰχθύων παρανομωτάτης βρώσεως ἐμφοροῦσα, καὶ φυσιολογοῦσα τοὺς ἰχθῦς ἀπὸ τῶν τῆς θαλάττης δήμων, ὡς παχεῖς μὲν οἱ ἐξ ἰλύων, ἁπαλοὶ δὲ οἱ ἐκ πετρῶν, κρεώδεις δὲ οἱ πελάγιοι, λεπτούς τε βόσκουσι θαλάμαι, τὰ φυκία δὲ ἐξιτήλους, ἔτι τε τὰ χοίρεια τῶν κρεῶν σὺν τερατολογίᾳ ἄγουσα· μοχθηρὰ μὲν γὰρ ἡγεῖσθαι κελεύει τὰ ἐπὶ θαλάττῃ συβόσια διὰ τὸ σκόροδον τὸ θαλάττιον, οὗ μεστοὶ μὲν αἰγιαλοί, μεσταὶ δὲ θῖνες, φυλάττεσθαι δὲ καὶ τὰ ἀγχοῦ ποταμῶν διὰ τὴν καρκίνων βρῶσιν, μόνων δὲ ἀναγκοφαγεῖν τῶν ἐκ κρανείας τε καὶ βαλάνου.

それからものごとは変わり、男たちは戦士であるかわりに民間人になり、精力的であるかわりに怠惰になり、剛健のかわりに軟弱になった。シケリア風食生活が人気を得た。運動選手たちから根性が消え失せ、もっと重大なことは、体育教師たちは生徒たちに甘くなりすぎた。医者たちが、甘やかしを広めることを先導し、それを彼らの治療の付属として供給した。概して十分によい技術だが、運動選手たちに用いるには柔弱すぎる方法である。こういった医者たちから、運動選手たちは怠惰であることを、そして袋一杯のエジプト食やアフリカ食のような食事をたらふく食べた後、ずっと座り続けたうえで運動をすることを学んだ。彼らはわれわれの口を喜ばせる料理長や料理人をわれわれに与えた。彼らは、運動選手たちを底なしの胃袋をもつ大食漢に変えた。医者たちは、ひいた小麦で作った、けしの種をふりかけた白いパンをわれわれに食べさせ、以前の医療行為に反して魚を食べることを広めた。彼らは、海の中の位置にしたがって魚を分類した。彼らの弁によると、大きい魚はどろ深い海底に属し、柔らかい魚は岩の多い領域に属し、多くの魚肉をもつ魚は深い水域に属し、細身の魚は海藻に満ちた領域に属し、栄養のない魚は藻に満ちた水域に属するということである。また彼らは、すばらしい学説の収集をもって豚肉の使用を広めた。いわく。海に落とされた豚たちの肉は、海岸や浜辺に満ちている海のにんにくのゆえに使用に耐えないと見なされるべきである。同じように、われわれは川の近くで育てられた豚たちに注意すべきである。かにを食べたかもしれないからである。運動選手の食事に適当な唯一の豚肉は、コルヌスの実やどんぐりを食べた豚のものだけである、というのである[97]。

---

97) Philostratus, *De Gymnastica*, 1.44.

医者たちが勧める食餌法は、かえって運動選手たちをだめにしてしまったという見解をここに見ることができる。「シケリア風美食生活」（Σικελικὴ ὀψοφαγία）に対する批判は、『国家』における「シケリアの多彩な美食食品」（Σικελικὴν ποικιλίαν ὄψου, 404D1）に対するプラトンの批判と共鳴しており、おそらく手の込んだ魚料理を指すものと思われる。

　以上のように古典期ギリシャとアテナイには、スポーツ至上主義が運動選手のプロ化を招き、運動選手のプロ化が暴飲暴食の生活につながるという実状があった。したがって、運動選手を目指す少年たちの前にはそのような危険が立ちはだかっているということが、プラトンの認識であった。守護者候補の少年たちは、たとえその中のごく少数しか哲人統治者になることができないとしても、その中の多くは善き戦士になることはできるであろう。将来の戦士たるべき者たちは、スポーツの美名に惹かれて不摂生な生活に陥り、その結果、戦士に不適格な者になりさがってはならないのである。

c. 単純性の原則

　以上において、若者の保健に関してプラトンが定める「もろもろの規範」（τοὺς τύπους, 403E1）について、当時の社会の現実に照らしながら観察を試みた。それによると、ギュムナスティケー、特にその保健面に関するプラトンの原則は、すでに見たムゥシケーの原則と同じである。それは、「単純性」（ἁπλότης）である。「最上の体育は、われわれが少し前に述べていた単純なムゥシケー（ἁπλῆς μουσικῆς, 404B5）の姉妹のようなものだろう」、「適切なギュムナスティケーもまた単純なものだろう（Ἁπλῆ που καὶ ἐπιεικὴς γυμναστική, 404B7）。とくに戦士たちのためのそれはね」と、プラトンのソクラテスは語る。先に、彼は初等教育

におけるムゥシケーのあり方について論じたおりに、ホメロスのロゴスとレクシスに対して厳しい批判を行った。しかし、興味深いことに、ギュムナスティケーのあり方について論じている今ここでは、単純性に関するかぎり、ホメロスから学ぶことができる点もあるとして、単純な食事法の例をあげる。

> 少なくともこういったことどもは、ホメロスからさえも学ぶことができるかもしれない、とぼくは言った。というのは、君も知っているように、彼は出征時の英雄たちの宴会において、彼らに魚をふるまっていない。しかも、場所はヘレスポントスの海岸においてであるのに。また煮た肉ではなく、焼いたものだけをふるまっている。それらは実際、兵士たちにはいちばん簡単なものかもしれない。どんなところでも、いわば火そのものを使うほうが、調理器を持ち運ぶよりも簡単だからだ[98]。

プラトンが、魚は食事に供されなかったことに言及するとき、ピロストラトスが伝えるたぐいの手の込んだ魚料理を念頭においていたのではないかと思われる。アテナイオスは、いちじくの葉にのせた海老、チーズと蜜とにんにくであえた鮪などが、美食家によって食されたことを伝えている[99]。アリストパネス『アカルナイの人々』の中に、コパイス湖の鰻を手に入れたディカイオポリスの感激が、詳しく描かれている。鰻は高級魚であり珍味とされており、蒲焼きにして大根おろしを添えて食された[100]。

要するに、プラトンが批判する多種多様な食べ物や食生活は、先に批判

---

98) *Respublica*, 404BC.
99) Athenaeus, *Deipnosophistae*, 7. 282a-e.
100) *Acharnenses*, 885ff. ギリシャ人の美食の話については、ブルクハルト『ギリシャ文化史』（筑摩書房、1993 年）V 巻 101-104 を参照。

した多種多様なムゥシケーに呼応している。

> というのは、思うに、全般にこういった食べ物や食生活は、あらゆる種類のハルモニアとあらゆる種類のリュトモスによって作られた作曲と歌とにたとえるなら、正しくたとえたことになるかもしれない[101]。

> したがって、あちらでは多様さは放埓を生んでいたわけだが、ここでは病気を生んでいる。他方、単純性は、ムゥシケーの場合は、もろもろの魂の中に節制を生んでいたわけだが、ギュムナスティケーの場合は、もろもろの体の中に健康を生んでいるのではないかね[102]。

以上において見たところから、若者たちのためのギュムナスティケー教育に関しては、プラトンは体育よりも保健のあり方に大きな関心を払っていることがわかる。戦士候補でもあり守護者候補でもある若者たちには、魂の健康と同時に体の健康も重要であることが主張されているわけである。その体の健康をもたらすものは、すでにムゥシケー初等教育論において確立された「単純性」の原則に従うギュムナスティケーのあり方であるということが、プラトンの見解である。また、ここにはギュムナスティケーとムゥシケーとの離れがたい結びつきが示唆されていると見ることができよう。

2．医療論と裁判論

以上においてギュムナスティケーにおける保健のあり方に関して、プラ

---

101) *Respublica*, 404D11-E1.
102) *Respublica*, 404E3-5.

トンの見解を吟味した。次に、ギュムナスティケーとの関係において展開される医療論と裁判論について吟味を進めたい。プラトンは、守護者候補である若者たちの保健面に焦点を当てながら、ギュムナスティケー論を展開してきた。その主旨は、すでにムゥシケー論において提唱した「単純性」（ἁπλότης）と「多様性」（ποικιλία）の原則は、そのままギュムナスティケーにも適用することができるということである。すなわち単純なムゥシケーが魂の中に節制を生むのと同様に、単純なギュムナスティケーは身体の中に健康を生む。反対に、多様なムゥシケーが魂の中に放埓を生むのと同様に、多様なギュムナスティケーは身体の中に病気を生む、というのである。

さて、魂における放埓と身体における病気は、プラトンが見るところでは、個人の中の問題にとどまらず、やがて社会現象として表出することになる。すなわち裁判所と医療所の賑わいがそれである。

a. 裁判所と医療所の賑わい

プラトンは、昨今の裁判所と医療所との賑わいは、ムゥシケーとギュムナスティケーにおける悪い教育がもたらした結果であると見る。

> 下層の人たちや手職人たちだけではなく、自由な形式で養育されたと称している人たちさえもが、腕利きの医者や裁判官を必要としているわけだが、はたして、国家における悪しき恥ずべき教育の証拠として、これよりももっと大きなものを何か君は受け取ることができるかね。それとも君には、まるで主人・判定者であるかのような他の人たちから持ち込まれた正義を用いざるをえず、自分自身の主人・判定者を欠いているということは、恥ずべきことであり、無教育の大きな証拠だとは思えないかね[103]。

第4章　ムゥシケーとギュムナスティケー　│　383

　プラトンの考えでは、医者や裁判官の世話になること自体がすでに恥ずべきことであり、「無教養」（ἀπαιδευσίας）の証拠であるが、さらにもっと悪いことがある。それは、不正をおかしていながら、罰を受けないですむ技術をもっていることを得意がる人間たちが、社会の中で幅を利かしていることである。「居眠りしているような裁判官」（νυστάζοντος δικαστοῦ, 405C5）などを必要としない人生と社会の構築に力を注ぐことのほうがどれだけ善美であるかを、そのような人間たちは弁えていない[104]。

　先にプラトンは、保健としてのギュムナスティケーのあり方について論じたが、保健のあり方は医療のあり方と密接な関係をもっている。それゆえ、プラトンがギュムナスティケー論の文脈において、医者について論を進めるのはもっともである。しかし、彼は医者と並べて裁判官についても論じようとしている。なぜであろうか。

　偽アンドキデス（Pseudo-Andocides）は、ギュムナスティケーと裁判所との関係について、興味深い事例を伝えている。それによると、アテナイの若者たちはギュムナシオンにおいてよりもむしろディカステーリオン（δικαστήριον, 裁判所）において一日を過ごし、年長者たちが出征していたときにも、彼らはアゴラにたむろしていたという。

> Τοιγάρτοι τῶν νέων αἱ διατριβαὶ οὐκ ἐν τοῖς γυμνασίοις, ἀλλ' ἐν τοῖς δικαστηρίοις εἰσί, καὶ στρατεύονται μὲν οἱ πρεσβύτεροι, δημηγοροῦσι δὲ οἱ νεώτεροι, παραδείγματι τούτῳ χρώμενοι, ὃς τηλικαύτας ποιεῖται τῶν ἁμαρτημάτων

---

103)　*Respublica*, 405A5-B4.
104)　405BC.

ὑπερβολάς, ὥστε περὶ τῶν Μηλίων γνώμην ἀποφηνάμενος ἐξανδραποδίζεσθαι, πριάμενος γυναῖκα τῶν αἰχμαλώτων υἱὸν ἐξ αὐτῆς πεποίηται, ὃς τοσούτῳ παρανομωτέρως Αἰγίσθου γέγονεν, ὥστ' ἐκ τῶν ἐχθίστων ἀλλήλοις πέφυκε, καὶ τῶν οἰκειοτάτων ὑπάρχει αὐτῷ τὰ ἔσχατα τοὺς μὲν πεποιηκέναι τοὺς δὲ πεπονθέναι.

そういうわけで、若者たちは、ギュムナシオンにおいてよりも裁判所において日々を過ごしており、年長者たちが出征しているときでも、年下の者たちは弁論に耽っている。彼らはアルキビアデスを模範としている。アルキビアデスは、悪行をかつてないほどまで押し進め、メロスの人々を奴隷に売ることを勧めた後、囚人たちの中から一人の女を買い、彼女によって息子を、すなわちアイギストスの出生よりももっと不自然な子どもを生んだ。かくして、その息子は、互いに不倶戴天の敵である者たちから生まれ出たことになる。彼の最も近しい親族のうちの一方は最も恐ろしい悪行をおかし、他方は悪行を被った[105]。

偽アンドキデスは、若者たちのギュムナスティケー離れと裁判への熱中を、アルキビアデスの責任に帰してはいるが、ギュムナスティケー軽視の本当の責任は、新しい教育の提唱者であるソフィストたちに帰すべきであると考えていた。それは以下のことばから明らかである。

ἔστι μὲν οὖν Ἀλκιβιάδου μήτε αὐτὸν τῶν νόμων καὶ τῶν ὅρκων φροντίζειν, ὑμᾶς τε παραβαίνειν ἐπιχειρεῖν διδάσκειν, καὶ τοὺς μὲν ἄλλους ἐκβάλλειν καὶ ἀποκτείνειν

---

105) Pseudo-Andocides, *Contra Alcibiadem*, 22.1-10.

ἀνηλεῶς, αὐτὸν δὲ ἱκετεύειν καὶ δακρύειν οἰκτρῶς. Καὶ ταῦτα μὲν οὐ θαυμάζω· πολλῶν γὰρ αὐτῷ κλαυμάτων ἄξια εἴργασται· ἐνθυμοῦμαι δὲ τίνας ποτὲ καὶ πείσει δεόμενος, πότερα τοὺς νεωτέρους, οὓς πρὸς τὸ πλῆθος διαβέβληκεν ἀσελγαίνων καὶ τὰ γυμνάσια καταλύων καὶ παρὰ τὴν ἡλικίαν πράττων, ἢ τοὺς πρεσβυτέρους, οἷς οὐδὲν ὁμοίως βεβίωκεν, ἀλλὰ τῶν ἐπιτηδευμάτων αὐτῶν καταπεφρόνηκεν;

アルキビアデスは、自分自身が法律や誓約を意に介さないばかりか、諸君にもそれらを無視するように教えようとしている。しかも、他の者たちを追放することや死刑に処することには容赦がないくせに、自分自身のためには憐れみを誘う懇願や涙に訴える。しかし私は、そういったふるまいに驚かない。彼は涙を誘うようなことを数多く行ってきた。しかし、彼はその懇願によってだれの好意を得るのだろうか。若者たちの好意をだろうか。彼らに対して彼は、その放埒をもってギュムナシオンを空にすることによって、また、その年甲斐もないふるまいによって人々の不評を買った。それとも、年長者たちの好意をだろうか。彼らの生き方は彼自身のそれとは正反対であり、彼らの生活様式を彼（アルキビアデス）は軽蔑している[106]。

ここで偽アンドキデスが、年長者たちの生き方と正反対であると批判しているアルキビアデスの生き方とは、ソフィストたちによる教育がもたらす生き方のことである[107]。アリストパネスは、マラトンの勇士を育成した「いにしえの教育」、すなわちギュムナスティケー中心の教育が衰退した責任は、ソフィストたちが広めたいまどきの教育にあるという見解を紹

---

106) *Contra Alcibiadem*, 39.1-11.
107) Cf. C. A. Forbes, *Greek Physical Education*, 87.

介している。それによると、ソフィスト教育を受けた若者たちは、ギュムナシオンから遠ざかり、かわりにアゴラをうろつき、劣悪な冗談をしゃべりまくり、またつまらない事件に引き込まれては、日々、裁判所における弁論に明けくれているという[108]。ソフィストの教育が、ギュムナスティケー衰退のすべての原因であるとはいえないにせよ、それに拍車をかけた一因であったことは否めないと思われる。

　プラトンが裁判所の賑わいを批判するとき、若者たちの魂を善美なるものから遠ざけ、反対に魂の中に放埒を誘導するソフィスト教育を念頭に置いているものと思われる。したがって、魂の健康に関係する裁判所の賑わいに対する批判から、身体の健康に関係する医療所の賑わいに対する批判に進むにあたり、プラトンの念頭にある医療論は、たんに身体のみに関わる議論ではなく、魂と密接に結びついているものとしての身体に関する議論なのである。医療は主に身体を対象とし、裁判は主に魂を対象とするが、それらは究極には別個のものを対象とするのではなく、魂と身体とから成る一人の人間を対象とするのである。医療も裁判も共に、善き人の形成を目的とする[109]。その意味において、プラトンにとって医療論の根底にあるものは、裁判論の根底にあるものと一つである。彼が、これまで論じてきたムゥシケー論の必然的帰結として、ギュムナスティケーについて論じているのはその理由によるものであると思われる。

---

108) *Nubes*, 1001-1004.
109) 裁判と医療とを対応させる見方については、Plato, *Gorgias*, 464BC を参照。そこでは、魂の世話のためには立法術と司法術とがあるのと同様に、身体の世話のためには体育術と医術がある。また、それぞれの技術に迎合するものとして、立法術にはソフィストの術が、司法術には弁論術が、体育術には化粧法が、医術には料理法がある、という考えが語られている。

b. ヘロディコス流医術への批判[110]

　プラトンが医療論を展開する発端は、先に運動選手たちの場合において見たように、怠惰や不養生な生活様式が原因で生じる病気の問題である。昨今、アスクレピオス派の医者たちをして「風膨れ」や「たれ流し」（φύσας τε καὶ κατάρρους, 405D2）と命名せしめた病気がそれである。当時の社会の中にそのような病気を患う人たちが相当いたことがわかる。プラトンの見るところでは、守護者候補である若者たちも病気の危険にさらされている。昔のアスクレピオスの時代にはそのような贅沢病は存在しなかったと述べ、プラトンが批判の矛先を向けるのは、そのような「病気に付き添ってお守りをする流儀の当節の医術」（τῇ παιδαγωγικῇ τῶν νοσημάτων ταύτῃ τῇ νῦν ἰατρικῇ, 406A4）に対してである。彼が見るところ、贅沢病を助長するような当節の医療は、ヘロディコスに由来するものである。ヘロディコスはパイドトリベースであったが、自分が病弱になったため[111]、「ギュムナスティケーとイアートリケーを混ぜ合わせたやり方」（μείξας γυμναστικὴν ἰατρικῇ, 406A7）を考案して、それをまず自分の治療に適用し、次いで多くの人の治療に適用した。しかし、それがよくなかったとプラトンは批判する。それでは、彼が批判するヘロディコスの医術とは実際にはどのようなものであったのであろうか。また、なぜプラトンはことさらにヘロディコスを批判するのであろうか。

　すでに古代においてさえ、ヘロディコスの名をもつ二人の医者、すなわちセリュムブリア市民のヘロディコスと、ゴルギアスの兄弟でありレオンティノイ市民のヘロディコスとが混同されることがあったが、プラトンがここで言及しているのは前者である。このセリュムブリアのヘロディコス

---

110) *Respublica*, 405C-408C.
111) Plutarchus, *Moralia: De Sera Niminis et Vindicta*, 554cd は、ヘロディコスが患った病名を「腐敗、不治の病」（φθίσις ἀνήκεστον πάθος）と伝えている。

(Ἡρόδικος)[112] はメガラに生まれ、後にトラキア地方のセリュムブリアの市民となり、パイドトリベースとして活動した。古典注解者は、彼が医者であったと伝えている[113]。ヒッポクラテスは、ヘロディコスは熱病を患う患者たちに激しい運動と蒸しぶろとにより発汗させる拷問のような摂生法を適用し、死に至らせるのを常としたと厳しい非難を浴びせている[114]。この非難は、競争する同業者のそれであることを斟酌しなければならないとしても、ヘロディコスがギュムナスティケーとイアートリケーを混合した方法を発明し広めたという、プラトンの主張を裏打ちする。

　プラトンは、『プロタゴラス』[115]と『パイドロス』[116]において、ヘロディコスに言及している。『プロタゴラス』の文脈では、ヘロディコスはプロタゴラスその人によってソフィストと呼ばれているが、それはソフィストの技術に携わった者という程度の一般的な意味においてである。ヘロディコスは、自分がソフィストであることを公言しなかったので、そのかぎりではいわば隠れたソフィストであったとされる。プロタゴラスによると、ソフィストの技術は昔からあったが、それに従事する人たちは人々の憎しみを招くことを恐れて、それをさまざまな営みによってカモフラージュした。ある者たち（ホメロス、ヘシオドス、シモニデス）は「詩作」によって、ある者たち（オルペウス、ムゥサイオス）は「秘儀や神託」によって、ある者たち（音楽理論家ダモンの師アガトクレス）はギュムナスティケーあるいはムゥシケーによって、ソフィストの技術をカモフラー

---

112) Cf. T. H. Warren, *Republic of Plato Books 1-5* (London, 1932) 253. J. Adam, *The Republic of Plato*, vol.1, 176; C. A. Forbes, *Greek Physical Education*, 91-92.
113) *Scholia in Platonem*, 406A: τὸν Σιλυμβριανόν (l. Σηλυμβριανόν) φησιν ἰατρόν.
114) Hippocrates, *Epidemiai*, 6.3.18.
115) *Protagoras*, 316E.
116) *Phaedrus*, 227D.

ジュした。ヘロディコスは、ギュムナスティケーをソフィストの技術の偽装として用いた者であるとして、オリュンピア祭で五種競技に優勝した運動選手、タラスの人イッコスと並んで言及されている。

『パイドロス』の文脈では、ヘロディコスは長距離歩行による健康法を広めた人物として言及されている。その方法は「ヘロディコスの流儀」（κατὰ Ἡρόδικον, 227D3）と言われており、アテナイからメガラまで約40キロメートルの道のりを徒歩で往復することによって（τὸν περίπατον Μέγαράδε, 227D3）身体を鍛練する方法である。これについては、アリストテレス『弁論術』によっても確認できる。この作品において、幸福の部分としての身体のアレテー、すなわち健康について語る箇所で[117]アリストテレスは、身体のアレテーとしての健康とは「ヘロディコスが（健康であった）と言われるような」（ὥσπερ Ἡρόδικος λέγεται）意味でのそれではないとして、ヘロディコス流の健康法を批判している。アリストテレスの考えでは、それは人間の楽しみのすべてを、もしくはその大部分を控えているのであるから、とても幸福とは言えない。

ヘロディコスは、身体の運動と食事療法を科学的に研究した最初の一人であると言える。彼は自分が発明した技術に関する本を書き、その技術を端的に「ギュムナスティケー」と呼んだと伝えられる。それは後に、「食餌法」（δίαιτα）という名で、さらには「健康術」（ὑγιεινή）という名で呼ばれるに至った。そのいわば保健体育学における主要部分の一つは、入浴法であった。入浴は、それを行う人に特別な努力を要しないので、社会の中に広く普及した。アテナイの富裕層は、入浴場を備えた私設の小規模ギュムナシオンを所有した。その余裕がない一般市民は、公営のギュムナシオンに大挙押し寄せた[118]。この傾向は時代と共にさらに進

---

117) *Ars Rhetorica*, 1361b4-6.
118) Pseudo-Xenophon, *Respublica Atheniensium*, 2.10.

み、ローマ時代になると、ギュムナシオンは大規模な共同浴場、テルマエ (thermae) へと変貌を遂げることになる[119]。

　以上が、ヘロディコスについて『国家』以外の史料から得られる情報である。これを踏まえて、『国家』におけるプラトンのヘロディコス批判を吟味することにしたい。プラトンの批判は、ヘロディコスは「ギュムナスティケーとイアートリケーを混合した」(μείξας γυμναστικὴν ἰατρικῇ, 406A7) という非難をもって始まる。混合によるその養生法の責められるべき点は、本人を含む多くの人たちを健康について「死ぬほど心配させた」(ἀπέκναισε, 406B1)[120] ことにある。身体の健康への留意が大事であることはいうまでもないが、健康について過度に心配し、健康のために時間を費やしすぎるのは正しくないというのが、プラトンの考えである。なぜなら、そのために、人間が何よりも第一に留意しなければならない魂の世話がなおざりにされるからである。プラトンは、医神アスクレピオスを引き合いに出し、アスクレピオスはもちろんヘロディコス流の医術を知っていたが、あえてそれを人々に教えなかったのは、次のような理由があると指摘する。

> 善い法律をもつすべての人々にとって、その国においてかならず行わなければならない何か一つの仕事が、それぞれの人に割り当てられており、一生病気のまま治療を受け続ける暇はだれにもない[121]。

　プラトンは、大工の例を取り上げる。大工であれば、長期の療養を求められたならそれを拒み、すみやかに仕事に戻るであろうし、もし健康が仕事に耐えないのであれば、いさぎよく死を受け入れるであろう。市民一人

---

119) Cf. C. A. Forbes, *Greek Physical Education*, 92.
120) ここでの ἀποκναίω の意味は、'to worry to death' (*LSJ*) であると思われる。
121) *Respublica*, 406C3-5.

一人にとって、自分に割り当てられた特定の仕事を行うことが長期の療養よりも優先する。これを語るとき特にプラトンが念頭に置いているのは、市民の中の富裕層であると思われる。彼らは大工の仕事のような特定の仕事を課せられていない。しかし、実は彼らには留意しなければならない重要な仕事がある。プラトンはミレトスの詩人ポキュリデス（前6世紀）のことばを引用し、「生活の糧がすでに備わったときには、アレテーを訓練しなければならない」（δεῖν, ὅταν τῳ ἤδη βίος ᾖ, ἀρετὴν ἀσκεῖν, 407A6）と語る。ポキュリデスの原文は、「生活の糧をまず求めなければならないが、すでに生活の糧が備わったときには、アレテーを求めなければならない」（Δίζησθαι βιοτήν, ἀρετὴν δ᾽, ὅταν ἦι βίος ἤδη）[122]である。ポキュリデスが「生活の糧を求めること」（δίζησθαι βιοτήν）を強調しているのに対して、プラトンは強調点を意図的に「アレテーを求めること」（ἀρετὴν ἀσκεῖν）に移している[123]。このアレテーの訓練こそが、生活の心配がない富裕層が心がけなければならない第一の仕事であり、それを怠るならば彼らは生きるに価しない。しかるに、このアレテーの訓練にとって最大の妨げとなるものが、ヘロディコスが広めた「病気のお守り」（νοσοτροφία, 407B1）、すなわち「ギュムナスティケーの範囲を超えた、身体に対するこの過度の心配」（ἥ γε περαιτέρω γυμναστικῆς ἡ περιττὴ αὕτη ἐπιμέλεια τοῦ σώματος, 407B5）なのである。プラトンのソクラテスは次のように語る。

> しかし、一番重大なことは次のことである。すなわちそれはどのような学習、知性の活動、自分自身への世話に対しても危険だということである。いつも何か頭が緊張するだとか、頭がくらくらするのではないかとか、それを哲学が原因で起こるとすることによってである。そ

---

122) Phocylides, *Fragmenta*, 9.
123) Cf. J. Adam, *The Republic of Plato*, vol.1, 178.

の結果、アレテーがどのような仕方で鍛錬され試されるにせよ、あらゆる場合にこの病気のお守りということが妨げとなる。というのは、それは、いつも自分が病気であるように思い込ませ、身体について悩むことをけっしてやめさせないからである[124]。

　このことばから、富裕層の中には頭の気分がすぐれないことを哲学のせいにする者がいたことがうかがい知られる。これはプラトンにとってゆゆしい問題であった。なぜなら、彼にとって哲学の営みは魂に関するアレテーの訓練であり、哲学に対するそしりはアレテーの訓練に対するそしりとなるからである。この点こそ、プラトンがヘロディコスを批判する最大の理由であると思われる。市民が他の何よりも第一に留意しなければならないのは魂の世話であるが、ヘロディコス式の養生法は市民を肝心の魂の世話から遠ざけ、反対に身体の心配へと押し流していたのである。
　プラトンは、ヘロディコスへの批判として、以下のようにホメロスが描くアスクレピオスを引き合いに出す。

　　標準の人生行路を生きることができないような者は、自分自身にとってもポリスにとっても役に立たないとみなして、治療する必要はないと（アスクレピオス）は考えた[125]。

　プラトンは、このように考えたアスクレピオスに「ポリス的な人物」(Πολιτικόν, 407E3) という評価を与える。さらに、以下のように、アスクレピオスの息子たちをも引き合いに出す。

　　生まれつき病弱でかつ不摂生な者は、自分自身にとっても他の人々に

---

124) *Respublica*, 407B8-C5.
125) 407D8-E2.

とっても生きないほうがよく、そのような者たちのために医療の技術はあるべきではないし、またそのような者たちは、たとえミダスよりも金持ちであったとしても、治療を施されるべきではない、と彼ら（アスクレピオスの息子たち）は考えた[126]。

　この発言は乱暴に聞こえるかもしれないが、プラトンは病気をもつ人間を一括りに否定しているわけではない。彼が批判しているのは、病気持ちで、かつ「不摂生な者」である。不摂生な者は自分で自分の健康を損なっており、その不摂生を助長したのはヘロディコスの方法であるというのが、プラトンがヘロディコスに対して行う批判の要点である。「生きないほうがよい」という発言は、魂の世話こそは市民一人一人に割り当てられた仕事であるというプラトンの原則の観点から、理解されるべきものであろう。プラトンにとって、魂の世話に専心した生涯の模範はソクラテスであった。ソクラテスは、上に見たアスクレピオスが勧めるような生き方を貫き、最後に、アスクレピオスに鶏をそなえてくれということばを残して息を引き取った[127]。

　以上のようにプラトンは、ホメロスが描くアスクレピオス像に概して同意している。他方、悲劇作家とピンダロスが描く、金の誘惑に負け、死が間近に迫った金持ちを治療したために雷に打たれたアスクレピオス像には同意しない。アスクレピオスがほんとうに神の子であるなら、金に目がくらむはずはないからである[128]。

---

126)　408B2-5. Cf. *Ilias*, 4.218.
127)　*Phaedo*, 118A.
128)　*Respublica*, 408BC. Cf. Aeschylus, *Agamemnon*, 1022ff.; Euripides, *Alcestis*, 3; Pindarus, *Pythian*, 3.55-58.

c. 善き医者と善き裁判官

以上において見たように、プラトンのソクラテスは、裁判所と医療所の賑わいは無教育の証拠であるとみなし、それに関連するヘロディコス流の医術を厳しく批判した。この批判は必ずしもわかりやすいとは言えないであろう。医者や裁判官が無用であるという極論に取られかねない。そこで、グラウコンは常識の立場を代弁して、やはりポリスには善き医者や裁判官は必要ではないだろうかという質問を提出する[129]。ソクラテスは、その必要性については同意を示す。ただし、「善き」($\dot{\alpha}\gamma\alpha\theta\acute{o}\varsigma$)の意味に関する彼の理解は、一般大衆のそれとは異なっている。一般大衆には、できるだけ多くの事例を扱ったことがある熟練者が善き医者であり、善き裁判官であると思われている。他方、プラトンのソクラテスの考えでは、「善き」とはたんに熟練や技術のことではない。それは、先に見た医療論が示唆するように、相手の魂の世話に関わることである。しかし、医者の技術面に関するかぎりは、子どもの頃から医療技術について学び、数多くの事例に触れ、本人も病気の経験をもつことが、「きわめて腕が立つ」($\delta\varepsilon\iota\nu\acute{o}\tau\alpha\tau\text{o}\iota$, 408D10) 医者になるためには有益であることは、プラトンも認める。医者は「プシュケー（魂）によって身体を」($\psi\upsilon\chi\hat{\eta}\ \sigma\acute{\omega}\mu\alpha$, 408E3) 治療するとプラトンが言う場合、そのプシュケーとは技術知と経験知の観点から見た魂である。他方、プラトンは、裁判官の仕事は「プシュケーによってプシュケーを治める」($\psi\upsilon\chi\hat{\eta}\ \psi\upsilon\chi\hat{\eta}\varsigma\ \ddot{\alpha}\rho\chi\varepsilon\iota$, 409A1) ことであるとも言う。その場合のプシュケーとは、善き人間を特徴づけるアレテーの観点から見た魂である。裁判官が、相手の魂を治めることができるためには、本人の魂が「美しく善き」($\kappa\alpha\lambda\dot{\eta}\ \kappa\dot{\alpha}\gamma\alpha\theta\dot{\eta}$, 409A6) ものでなければならない。その場合、「善き」とは「正しいことどもを健全

---

[129] 408C.

に判定すること」（κρινεῖν ὑγιῶς τὰ δίκαια, 409A6）という意味である。そのためには裁判官になる者たちの魂は、他者から受ける教育についても、自分が行う学習についても、幼い頃からできるだけ不正なことどもに染まらないように育てられることが重要である、とプラトンは考える。善き裁判官は一朝一夕にして生まれないからである。

> 善き裁判官というものは、若い者ではなく年を経た者でなければならず、不正については晩学である次のような者でなければならない。すなわち自分自身の魂の中に自分自身のものとして不正を知った者ではなく、他の人たちの魂の中に他の人のものとして学んだ者でなければならない。それが本来どのように悪いものかを、自分自身の経験によってではなく、知識によって見抜くことができるようになるには、長い年月がかかるのである[130]。

このように「きわめて気高い品性をもつ人」（γενναιότατος, 409C2）にして、はじめて「善き」（ἀγαθός, 409C3）裁判官と呼ばれるにふさわしい人なのである。以上のことから「善き」の意味が明らかになった。「善き魂をもつ人」（ὁ γὰρ ἔχων ψυχὴν ἀγαθήν, 409C3）、それが「善き」の意味である。それでは、一般にりっぱだとみなされている裁判官はどのような人なのであろうか。

> 他方、腕が立ち疑い深い人、自分自身が多くの不正を行ってきており、抜け目がなく賢いと思っている人は、自分と似たような人たちと交流する場合には、自分自身の中にある範型をじっと見つめつつ注意深く警戒するので、腕が立つように見える。しかし、いったん、善き

---

[130] 409B4-C1.

年長の人たちに接近する場合には、正しくないときに疑いをかけ、健全な品性を知らないので、愚かな者に見えることになる。というのも、そのような品性の範型をもっていないのだから。しかしながら、善い人たちよりも悪い人たちに出会うことが多いゆえに、自分自身にも他の人たちにも、より無知な者であるよりもより賢い者であると思われているのだ[131]。

一般大衆にりっぱだと思われている裁判官とは、プラトンの考えでは、裁判の技術に関して「腕が立つ者」（δεινὸς）という意味において「賢い者」（σοφὸς）であるにすぎない。正義の人ソクラテスに有罪宣告を下した陪審員たちが、まさにそれである[132]。プラトンが考えるほんとうに善き裁判官とは、魂のアレテーに関して善き人物なであり、そのような人のみが「すぐれていて知恵のある裁判官」（τὸν δικαστὴν . . . τὸν ἀγαθόν τε καὶ σοφόν, 409D6）と呼ばれるのにふさわしいのである。その裁判官の魂の中に備わるべきアレテーは、ソフィストたちが与えるような技術的知識を暗記することによって即席に取得されるようなものではない。魂のアレテーは、子どもの素質が正しいムゥシケー教育によって育まれ、そのようにして育まれた魂がさらにその後も青年期および成人期を通じて、発達段階に応じた正しい教育を受け続けることによって、やがて老年になってからであろうとも備われば幸いとしなければならない性質のものである[133]。以上の議論からプラトンは、医療と裁判のあり方に関する法の制定を提案する。

---

131) 409C4-D4.
132) アダム（J. Adam）が言うように、これを語るプラトンの心の中にはソクラテス裁判のことも意識されていたのではないかと思われる。Cf. J. Adam, *The Republic of Plato*, vol.1, 183.
133) 409DE. アレテーの体得には生涯を通じての適切な教育が必要であるという考えについては、*Leges*, 653A を参照。

それゆえ君は、われわれが述べた類の医術とそのような裁判術を国の中に法として定めるだろう。それらはともに、市民たちの中で身体と魂において善い素質を授かった者たちの世話をするだろう。しかし、そうではない者たちの場合は、身体において善い素質を授かっていない者たちは、死んでいくにまかせるだろうし、他方、魂において悪い素質をもち、しかもいやしようがない者たちは、君たち自身がこれを死刑に処するであろう[134]。

この文章を文脈から切り離してそれだけで読むならば、優等者を保存し劣等者を抹殺する極端な政策を連想させるかもしれない。しかしながら、われわれが見てきたプラトンのムゥシケー論、およびその論理的展開であるギュムナスティケー論、および裁判術論に照らして見るならば、このような結論はかならずしも理解しがたいことではないであろう。不摂生な生活による病気は治療に値しないというプラトンの考えを、すでに見た。その考えを魂に適用するならば、アレテーに留意しない生活がもたらした魂の劣悪さは、もはやいやしがたく、死刑をもって処するしかないことになる。しかしながら、医療と刑罰とに関するプラトンのこのような思想が、はたして妥当であるのかどうかについては、問題は残る。いずれにせよ、プラトンの論点は、社会は身体と精神の両面において健全であることが重要であり、そのためには医術と裁判術の協同が必要であるということである。善き医術と裁判術は、善き教育がもたらす結果である。しかし、それらが堕落している現実を前にして、見て見ぬふりをすることはできない。現状を是正するために何らかの対策を講じなければならない。プラトンが提言するような厳しい処置が適切かどうかは問題であるが、教育の面と同

---

[134] 409E4-401A3. G. M. A. Grube は、ἀπαιδευσία を 'vulgarity' と訳している。

時に法の面からも社会の改善を目指す点において、彼が向かう方向は基本的に正しいと言えよう[135]。

　医療所の賑わいは病気によってもたらされ、裁判所の賑わいは放埓によってもたらされる。そして、病気はギュムナスティケー教育における多様さによってもたらされ、放埓はムゥシケー教育における多様さによってもたらされる。このムゥシケー・ギュムナスティケー教育における「多様さ」（ἡ ποικιλία）こそは、プラトンの考えでは社会の諸悪の根源であり、彼はこれを「無教養」（ἀπαιδευσία, 405B1）と呼ぶ[136]。『国家』II・III巻の主題は、守護者候補である少年たちのためのムゥシケー初等教育のあり方であり、その論理的結論としてのギュムナスティケー教育のあり方であった。議論の流れとしては、上に見たところの医療・裁判論は脇道への逸脱に見えないこともない。しかし、それはプラトンにとっては、無教養が、守護者候補である若者たちを、ひいてはポリス社会をいかに劣悪な状態に堕落させてしまうかということを示すために、どうしても通過する必要があった議論であると見るべきであろう。無教養とはムゥシケー・ギュムナスティケー教育における多様さであるならば、教養とは単純性であり、それこそはムゥシケー・ギュムナスティケー教育が求むべきあり方であるということになる。プラトンは、初等教育におけるムゥシケーのあり方を論じ終えた後、ギュムナスティケー論に進むにあたり、身体論としてのギュムナスティケー論は、魂論としてのムゥシケー論の光に照らして見られる必要があることを語った。そこでは、善き身体が善き魂をつくるのではなく、善き魂が善き身体をつくるのであり、「最善のギュムナスティケーとは単純なムゥシケーの姉妹のようなものである」（ἡ βελτίστη γυμναστικὴ ἀδελφή τις ἂν εἴη τῆς ἁπλῆς μουσικῆς,

---

135) Cf. B. Bosanquet, *The Education of the Young in the Republic of Plato* (Cambridge University Press, 1904) 119 n.4.
136) 405E-406A.

404B4)ということも語られた。今や医療・裁判のあり方に関する法を制定したプラトンのソクラテスは、グラウコンに次のように語る。

> 君の若者たちは、とぼくは言った、明らかに裁判術を必要とすることにならないように警戒をすることになるだろう。彼らは、われわれが彼らの中に節度を生みつけると語ったあの単純なムゥシケーを用いているのだからね[137]。

　守護者候補の子どもたちが、単純なムゥシケーの学習によって自分の魂の中に節度を具有するなら、裁判などを必要としなくなるであろう、とプラトンは考える。裁判官に頼らずとも、自分で自分の魂を正しく管理することができるからである。このような「ムゥシケー人」($ὁ\ μουσικὸς$, 410B1)は、ギュムナスティケーにおいても同じように単純性を追求するので、医術などを必要としなくなるであろう。医者に頼らずとも、自分で自分の体を正しく管理することができるからである。かくして、一般に考えられている、ムゥシケー教育は魂のためにありギュムナスティケー教育は身体のためにある、という通念は改正されなければならない。ムゥシケー教育はもとよりギュムナスティケー教育も、根本においては、魂のためにある。すなわち身体運動や食餌法も、身体を強くするためというよりはむしろ若者の魂の中にある「素質における気概の部分」($τὸ\ θυμοειδὲς\ τῆς\ φύσεως$, 410B6)を目覚めさせる、という目的に奉仕するものである。ムゥシケーに協力し、守護者候補である子どもたちの魂におけるエートスの形成という大目的に向かって共に邁進すること、これがプラトンがギュムナスティケーに認める役割なのである。
　これまでのところプラトンの議論のねらいは、守護者候補である子ども

---

[137] 410A6-8.

における魂の形成のために、ムゥシケー初等教育の正しいあり方を明らかにすることであった。そのムゥシケー教育とは、音楽としての狭義のムゥシケーに限るものではなく、広くムゥサの学芸全般を含むものであった。議論が進むにつれて、ギュムナスティケー教育も、このような広義のムゥシケー教育の中に包摂されるべきものであることが明らかにされてきた。ギュムナスティケーをも包摂する「教養」(パイデイアー)としてのムゥシケーの教育は、プラトンにとっては国家の存亡に関わる重大なことがらであった。それは、国家の善き守護者を育成するためになくてはならないものだからである。ムゥシケー教育が正しく行われるとき、善き守護者が生まれ、国家は善きものとなる。他方、ムゥシケー教育が正しく行われず、なおざりにされるとき、国家は自己抑制のできない無教養な守護者と市民とで満たされる。その顕著な現れが医療所と裁判所の賑わいである。ムゥシケー教育の軽視は、けして小さなことではなく、国家と社会に大きな害悪を及ぼすということが、プラトンの基本的認識なのである。

3．ムゥシケーとギュムナスティケーの統合 (410C-412B)

a．ムゥシケーとギュムナスティケーの姉妹関係

本章の1において、保健としてのギュムナスティケーに関するプラトンの見解を吟味した。続いて本章の2において、ギュムナスティケーとの関連でプラトンが展開する医療論と裁判論について吟味を行った。それらの吟味に基づき、さらにムゥシケーとギュムナスティケーとの相互関係に関するプラトンの見解について吟味を進めたい。

これまでプラトンはムゥシケー論を述べてきたわけだが、議論の発端は、国家の守護者候補である子どもたちの教育をどのような仕方で行うべきか、という問題提起であった[138]。そのような子どもたちには、まず善

き素質が求められる。特に重要なのが、彼らの魂における気概の素質と知を愛する素質である。これら両方の素質が正しく育まれるならば、「身内の者や知っている者に対して温和な人間になるだろう」（πρὸς τοὺς οἰκείους καὶ γνωρίμους πρᾷός τις ἔσεσθαι, 376C1）からである。つまり、敵に対しては気概をもって勇敢に戦うとともに、味方の市民に対しては優しく保護する善き守護者となるであろう。それゆえ、国家の守護者候補たちには、自然本来において気概の要素と知を愛する要素の両方が十分に備わっていることが必要となる。したがって、ある子どもたちに両方の素質が備わっていると仮定して、次の問題は、両方の素質をどうしたら正しく育むことができるかということであった。プラトンがこの問題を考察する目的は、すでに見てきたように、たんに個人の魂の形成のためだけではなく、国家そのものの形成のためでもあった。魂の形成に関する考察は、「正義と不正とがどのような仕方で国家の中に生じてくるか」（δικαιοσύνην τε καὶ ἀδικίαν τίνα τρόπον ἐν πόλει γίγνεται, 376D1）を見きわめることにもつながる。

　守護者候補の素質をどのように育成するかという問題に関して、プラトンは、ギリシャ人のだれもが同意するであろう伝統的な教育法である、ムゥシケーとギュムナスティケーとによる教育を取りあげた[139]。彼は、身体のためにギュムナスティケー教育があり、魂のためにムゥシケーがあるという考えを紹介するが、それは一般にはそう考えられているという話である。それはかならずしもプラトンの考えではないことが、議論の進行につれて明らかになる。ここで教育の対象として考えられている年齢層は、6歳頃から10代後半の子どもたちである。ギュムナスティケーとムゥシケーの初等教育に取りかかる前に、まず幼児教育の段階から始める必要があるとプラトンは考える。ムゥシケー論から始めるのは、そのため

---

138) 374D-376D.
139) 376E.

であろう。ギュムナスティケーはもっと年長の子どもたちにふさわしい。すでに見たように、プラトンのムゥシケー論は、具体的な教科論であるよりはむしろムゥシケーの原則を提示する原理論であった。その議論の手法は、当時のムゥシケー教育において行われていた理論と実践に関して、適当ではないと思われる部分を「浄化する」（διακαθαίροντες）というものであった。

> われわれは、先に、贅沢三昧国家と呼んだものを、気づかぬうちにもう一度徹底的に浄化してきたのだ[140]。

このことばからも、プラトンのムゥシケー論は魂の浄化を目指すものであると同時に、国家の浄化を目指すものでもあることがわかる。ムゥシケーの浄化作業は、詩のロゴスの浄化、すなわち神話に描かれている神観の浄化に始まり、詩の朗唱におけるレクシスの浄化に続き、さらに詩歌吟唱におけるハルモニアの浄化を経て、最後にリュトモスの浄化をもっていちおう完了した。しかし、プラトンのねらいは、たんに音楽としてのムゥシケーを浄化するだけではなく、ムゥサの名前の下で行われているあらゆる種類の文化的営みを浄化することであった。特に文芸・音楽を取りあげたのは、それがムゥシケー全般を、言いかえると、広義のムゥシケーを代表する存在だからである。彼にとっては、文芸・音楽を扱う狭義のムゥシケーの浄化は、必然的に、文化全領域を扱う広義のムゥシケーの浄化へと連動していくものであった。

いまやプラトンは、ムゥシケー・ギュムナスティケー統合論へと進んでいく。そのギュムナスティケー論は、一般通念とは異なり、以下のようにムゥシケーとの親密な関係を重視するものである。

---

[140] 399D5-6.

最善のギュムナスティケーは、われわれが先に語っていた単純なムゥシケーの姉妹のようなものかもしれない[141]。

このように語るときプラトンは、ギュムナスティケー教育を第一義的には身体の鍛錬としてではなく、魂の教育として考えており、その意味ではギュムナスティケーを広義のムゥシケーの中に包摂する観点から考えていると言えよう。彼は、すでにムゥシケーの浄化に適用した単純性の原則に従って、現行のギュムナスティケーの浄化を行った。その浄化は国家と社会の現実にも波及し、さらに医療とその対をなす裁判の浄化にも到達した。それゆえプラトンは次のように語ることができる。

ムゥシケー人は、もし望むなら、こういった同じ道に沿ってギュムナスティケーを追求して、捉えるであろう[142]。

プラトンの考えでは、単純なムゥシケーを身につけた者こそがムゥシケー人の名にふさわしい者であり、そのようなムゥシケー人は、ムゥシケーにおいて培った単純性の原理をギュムナスティケーの追求においても適用することができる。

b. 偏重の危険

ここに至り、『国家』II巻において提出された、「それではこれらの人たち（守護者たち）は、われわれのところでどのような仕方で養育され、教育されるべきだろうか」（θρέψονται δὲ δὴ ἡμῖν οὗτοι καὶ παιδευθήσονται τίνα τρόπον; 376C7-8）という素質の教育に関する問題に戻

---

141) 404B4-5.
142) 410B1-2.

ることになる。魂の中の気概の要素についても、知を愛する要素についても、国家の守護者候補に必要な素質をもった子どもたちがいると仮定しよう。彼らの素質を育む方法は、ギュムナスティケーをその姉妹とするムゥシケーによるものである。ムゥシケーとギュムナスティケーとは一つとなって、若者たちを教育する役割を果たさなければならない。その際、警戒しなければならないことは、どちらかに偏る危険である。一方において、ムゥシケーに偏る危険がある。

> したがって、ある者がムゥシケーに機会を与え、その魂をアウロスで魅了させ、われわれが今しがた語っていたところの甘く、柔らかく、悲しげな諸ハルモニアを、じょうろで注ぐようにその耳に注がせ、またそれらを低く柔らかい声で口ずさみそれらを楽しみつつ、全生涯を送るときにはいつでも、その者は、初めのうちは、もし何か気概の要素をもっているならば、鉄を柔らかにするようにそれを柔らかにし、役に立たない固いものを役に立つものにする。しかし、彼がそれを続け、止めずに気概の要素を魅惑し続けるなら、そのうちついにそれを溶解するに至り、その結果、気概を消失してしまい、いわば、腱を切断するかのように、気概を魂から切断し、魂を「ひ弱な戦士」にしてしまうであろう[143]。

ここでプラトンはムゥシケーに偏る危険を指摘しているが、ムゥシケーそのものを、あるいはムゥシケー全般を危険視しているのではない。危険であるとされるのは「アウロス」による音楽であり、先に批判された「甘く、柔らかく、悲しげな諸ハルモニア」である。そこにおいて見たように、プラトンは混合リュディア・ハルモニアや高音リュディア・ハルモニ

---

[143] 411A4-B4.

アを悲しみをおびたものとして排除し、イオニア・ハルモニアやリュディア・ハルモニアを柔弱なもの、酒宴用のものとして排除した[144]。それらのハルモニアの伴奏としてよく用いられた楽器は、アウロス等の管楽器であった。多様なハルモニアに合わせた、多くの絃をもつ絃楽器も発明されていた。プラトンは、概してアウロス等の管楽器を排斥し、リュラやキタラ等の絃楽器を歓迎する。その理由は、それらの絃楽器はたんにギリシャの伝統を踏襲しているからというだけではなく、『国家』Ⅲ巻のハルモニア論において模範国家にふさわしいと決定された、ドーリス・ハルモニアやプリュギア・ハルモニアに適合するからということである。プラトンは、すべての管楽器を排除するのではない。牧人たちのために、一種の牧笛であるシュリンクス（σύριγξ）を認めている。また、すべての絃楽器を無条件に受け入れるのではない。模範国家にはふさわしくない、多様なハルモニアに対応するような多絃楽器は拒絶したのである[145]。

　気概の素質をもって生まれた子どもであっても、その人間形成の過程において適当ではない音楽をその魂に注がれ続けるならば、いつしか魂から気概の性質が奪われ、いざ戦士として立つべき時に、ホメロスが言うところの「ひ弱な戦士」（μαλθακὸς αἰχμητής）[146]となる、とプラトンは考える。『国家』Ⅱ・Ⅲ巻においてムゥシケーによる教育を論じるとき、プラトンがまず第一に考えているのは、いかにして少年たちを善き戦士につくり上げるかというである。その次の段階として考えるべきことは、いかにして国家の指導者をつくるかという問題であるが、もちろんだれもが国家の指導者になる資格があるわけではない。善き戦士になるための教育と試験に合格した少年の中でも、特に善き者たちだけが国家の指導者候補として選抜され、しかるべき上級の教育に進むことがゆるされるのである。

---

144)　398E.
145)　399C-E.
146)　*Ilias*, 17.588.

プラトンの考えるところでは、音楽としてのムゥシケーが魂のエートスに与える強い影響はどんなに強調してもしすぎることはない。気概の素質をもった者でさえ、適当でない音楽によってひ弱な者になってしまうというのであれば、ましてや「はじめから生まれつき気概のない性格」（ἐξ ἀρχῆς φύσει ἄθυμον, 411B6）をもつ魂は、音楽によってたちまち柔弱なものになってしまうであろう。他方、気概の素質をもって生まれた者の場合に戻り、適当でない音楽がその魂にどのような影響を及ぼすかを観察してみよう。そのような音楽によって気概の性質は弱まり不安定となり、ささいなことで熱しやすく冷めやすくなる。気概のある人間にはならず、怒りっぽく気むずかしい人間になるであろう[147]。

反対に、ギュムナスティケーに偏る危険もある[148]。この場合のギュムナスティケーも、ギュムナスティケーそのものやギュムナスティケー全般ではなく、先に批判されたスポーツ至上主義のギュムナスティケーである。このようなギュムナスティケーは、ムゥシケーによる魂の形成という観点から見るなら、魂における知を愛する素質に大きな害を与える。ギュムナスティケーに励む者は、はじめのうちは、体調のよさのゆえに気概と勇気を保持するが、その後もギュムナスティケーのみに没頭し、音楽としてのムゥシケーの学習を怠るなら、生まれつき学びを好む性格がいくばくかあったとしても、目覚めさせられることもなく、育まれることもなく、やがてせっかくのその性格は消失してしまうであろう。その結果、そのような者は「言論を嫌う者、ムゥシケーの教養を欠く者」（μισόλογος ... καὶ ἄμουσος, 411D7）となり、「無知と不器用のうちに、リュトモスを欠き優美さを欠いた状態で生きていく」（ἐν ἀμαθίᾳ καὶ σκαιότητι μετὰ ἀρρυθμίας τε καὶ ἀχαριστίας ζῇ, 411E2）であろう。そのような人物の魂における気概の素質はしだいに消失していき、ギュムナス

---

[147] 411C.
[148] 411C-E.

ティケー三昧のゆえに、暴力によってことをなし遂げる人間ができあがるであろう[149]。

　プラトンの考えるところでは、ムゥシケーとギュムナスティケーとは互いに関係をもたない別個のものではなく、不可分離で調和のとれた一体をなし、それ自体が広い意味で"ムゥシケー"と呼ばれうるものである。したがって、どちらかに偏ることがあってはならない。ムゥシケーに偏るとは、適格ではないムゥシケーに偏ることであり、本来あるべきムゥシケーからの逸脱である。その結果、気概の部分が失われ、短気できむずかしい人間ができあがる。ギュムナスティケーに偏るとは、適格でないギュムナスティケーに偏ることであり、それも本来あるべきムゥシケーからの逸脱である。その結果、ムゥシケーの教養を欠き、暴力でことを成し遂げるような人間ができあがる。いずれの極端に偏るにせよ、プラトンが議論のこの段階で特に関心を寄せているのは、気概の部分である。国を守る戦士の育成が当面の課題である以上、それは当然のことであると言えるが、プラトンの理由はそれだけではないように思われる。プラトンはやがてⅧ巻において、国家指導者としての哲人統治者の役割を論じようとしている[150]。社会の現実を鑑みるとき、だれかがディアレクティケーによって上昇の道を登り、「善」を観照することができたとしても、その人はそのまま上方に留まり、囚人仲間のところへ降りてこようとせず、彼らと共に苦労と名誉を分かち合おうとしないであろう。しかし、哲人統治者たる者はそうであってはならない。彼が統治する国家においては、一部の哲学者だけが幸福であってはならず、幸福は国全体のうちにあまねく行きわたらなければならない。もしだれかが、哲学と政治の両方に参与することができる人間になることができたとするならば、それは国家から受けた教育のおかげである。それゆえ、国家への恩返しのために、自分がもつ善いものを公共

---

149) 411D.
150) 519D-521B.

の福祉のために分かち合うのは、当然のことである。もたざる者を思いやり、自分がもっているものを分かち合うことができるためには、自分のやりたいことを抑制することができる力が必要とされる。この力は、知恵を愛する性質に気概の性質が適正に調合されることによって具有されるであろう。これがプラトンのムゥシケー教育論が行き着く結論であると言えよう。

c. 真のムゥシケー人

プラトンのソクラテスは、ムゥシケー・ギュムナスティケー教育論の結論としてグラウコンに次のように語る。

> したがって、ムゥシケーとギュムナスティケーとを最もうまく混ぜ合わせて、最も適度な仕方でこれを魂に提供する者、そのような者をわれわれは、絃を互いに調和させる者よりもはるかに最終的に最高のムゥシケー人、最もよくハルモニアを達成した者であると主張すれば、最も正しいことになるだろう[151]。

プラトンの考えでは、善き国家守護者をつくるためには、気概の素質と知を愛する素質を調和ある状態に育むことが必須である。そのための教育がムゥシケー・ギュムナスティケー教育、すなわち広義のムゥシケー教育である。それはムゥシケーとギュムナスティケーとを適正に調合し、魂に提供する教育である。しかし、これを実践することはなかなか容易ではない。だれがこのような難業に耐えることができるであろうか。従来の音楽教師であるキタリステース（κιθαριστής）には、無理であろう。音

---

[151] 412A3-6.

楽教師としてのキタリステースは、キタラにちなんだ名称ではあるが、実際には生徒にリュラの演奏を教えた。キタリステースにできることは、せいぜい生徒がリュラをつまびきながら歌を歌うことができる技術を教えることまでであろう[152]。それ以上の、いかにして生徒の魂の中にエートスを形成するかという問題になると、それは普通の教師の能力をはるかに超える。しかし、プラトンが守護者候補である若者たちの教育のために求めるのは、それができる者である。すなわち「絃を互いに調和させる者よりもはるかに最終的に最高のムゥシケー人、最もよくハルモニアを達成した人」(τελέως μουσικώτατον καὶ εὐαρμοστότατον, πολὺ μᾶλλον ἢ τὸν τὰς χορδὰς ἀλλήλαις συνιστάντα) である。音楽の技術を教える者ではなく、自らがプラトンの意味におけるムゥシケーの教養を身につけており、それを生徒に分かち合うことができる者である。要するに、国家守護者候補である子どもたちの魂の中に備わっている気概の素質と知を愛する素質を、調和ある状態に育むことができる者である。それこそが「最終的に最高のムゥシケー人」(τελέως μουσικώτατον) である。そのようなムゥシケー人が、善き国家には必要不可欠である。それゆえ、ソクラテスはグラウコンに次のように語る。

> したがって、グラウコン、われわれの国家においても、その国制が安全に保たれるべきならば、こういった監督者のような人をつねに必要とするのではないかね[153]。

「こういった監督者のような人」(τοῦ τοιούτου τινὸς ἀεὶ ἐπιστάτου) と言うとき、プラトンは国家による厳しい監督や指導を考えているのではない。そのようなあり方はアテナイの歴史と習慣になじまない。

---

152) Cf. W. D. Anderson, *Music and Musicians in Ancient Greece*, 161-163.
153) 412A8-9.

アテナイにおいては、国家はできるだけ教育への干渉を避け、基本的には民間が自由に教育を行うことを認めていた。彼が考えているのは、国家において理想とされるムゥシケー教育が適切に行われるように、献身的に働くことができる人のことである。そのような人こそ、真の意味でエピスタテース（ἐπιστάτης）、すなわち真の意味で「評議会およびエクレシアの議長」である[154]。『国家』Ⅱ・Ⅲ巻の目的は、ムゥシケーに関する専門知識を詳しく論述することではなく、ムゥサの名の下に行われるあらゆる種類の学芸、すなわちムゥシケー全般に共通する「教育と養育の一般的な諸規範」（Οἱ μὲν δὴ τύποι τῆς παιδείας τε καὶ τροφῆς, 412B2) を明らかにすることであった。こういった教育の諸規範を守護者教育および市民教育の全領域に適用することができる人は、『国家』Ⅴ巻において提唱されることになる哲人統治者のみであろう。守護者候補である子どもたちのムゥシケー教育はいかにあるべきかという議論の展開は、このような教育を実現することができる人物の要請をもっていちおう閉じる。

4．まとめ

この章では、守護者候補である子どもたちの魂におけるエートス形成の完成という観点から、ムゥシケーとギュムナスティケーの関係のあり方に関して、プラトンが提示する見解の特質について考察した。これによって明らかにされたことを列挙するなら、以下のようになるであろう。

①ムゥシケーとギュムナスティケーの協働
プラトンは、ギュムナスティケーは身体のためであり、ムゥシケーは魂のためであるとする古典的な教育観に対して、ギュムナスティケーもムゥ

---

154) LSJ: 'ὁ ἐπιστάτης, at Athens the President of the βουλή and ἐκκλησία.'

シケーも共に魂のためであると主張した。ムゥシケー初等教育の目的は、守護者候補の子どもたちの魂におけるエートスの形成のためにあるという主張に沿って、プラトンは、ギュムナスティケー教育をその目的に貢献すべきものとして方向づけた。プラトンは、ギュムナスティケーに新たな意味を与え、彼のムゥシケー初等教育論の中に協働者として取り入れたと言える。

②スポーツ至上主義と運動選手のプロ化

プラトンは運動競技に熱を入れすぎることに反対する。なぜなら、当時において、スポーツ偏重は、大きな運動競技会における栄冠と褒美の獲得を目的とする、スポーツ至上主義に巻き込まれることを意味したからである。スポーツ至上主義は運動選手のプロ化を促進していた。オリュムピア競技会の勝者は、少年たちの憧れの花形スターであった。守護者候補である少年たちが、そちらの方向に引き込まれ、本来あるべき歩みから逸脱することは十分にありえた。

③運動選手の暴飲暴食と怠惰

健康管理の面に重点を置くプラトンのギュムナスティケー論の背景には、運動選手のプロ化に伴う暴飲暴食と怠惰という実状があった。それは不摂生で無教養な生活に他ならない。その結果、病気になる者たちが続出していた。守護者候補である子どもたちも、そのような危険にさらされていた。そのような生活は、プラトンのムゥシケー論の根底にある「単純性」（ἁπλότης）の原則に反する。その原則に従うなら、たとえば、食事は単純で質素なものでなければならない。ゆゆしいことに、そのような不摂生を助長していたのが、パイドトリベースと協働した医者であった。

④ギュムナスティケーにおける多様さ

そのような医者のあり方は、医療論と裁判論へと導く。プラトンは、裁判所と医療所の賑わいの原因をギュムナスティケーの「多様さ」(ποικιλία) に見た。多様さは無教養と同義である。医療所と裁判所が並置されるのは、ギュムナスティケーとムゥシケーを姉妹関係において見る観点からである。プラトンの医療批判はヘロディコス流の医術に集中する。その理由は、当時、多様さを特色とするヘロディコス流医術が大きな影響を及ぼしていたからである。多様さ・無教養は、守護者候補である若者たちを、ひいてはポリス社会を堕落させるあなどりがたい問題であった。

⑤ムゥシケーとギュムナスティケーの統合

プラトンの考えでは、善き国家守護者をつくるためには、「気概の素質」と「知を愛する素質」を調和ある状態に育むことが必須である。そのための教育がムゥシケー・ギュムナスティケー教育である。それは広義のムゥシケー教育に連なる教育である。ムゥシケーとギュムナスティケーとを適正に調合し、魂に提供する教育である。それができる人こそは、「最終的に最高のムゥシケー人」(τελέως μουσικώτατον) なのである。

第5章 『国家』におけるムゥシケーの位置

　この章では、プラトンのムゥシケー論についてこれまで行ってきた吟味を踏まえて、守護者候補の育成という観点から、『国家』全体の議論の中でプラトンがムゥシケーにどのような位置を与えているのかという問題について考察する。

　プラトンが『国家』において提起した主要問題は、①一個人の魂における正義と不正とがそれぞれ何であるのか、②両者が魂にもたらす利益は何か、という問題であった。彼は①の問題の探求から始めた。その際、探求を容易にするため、一個人の魂における正義と不正とは何であるのかという問題を、国家における正義と不正とは何であるのかという問題に拡大・置換して考察する方法をとった。国家が生まれてくる次第を言論のうえで観察することによって、国家において正義と不正とが生じてくる様を見きわめようという考えである[1]。彼はまず始めに、「真の国家」・「健全な国家」が生まれてくる次第を言論の上で観察し、その正義は質素と節制とから生じてくることを明らかにした。次に、「炎症ただれ国家」・「贅沢三昧国家」が生まれてくる次第を言論の上で観察し、その不正は贅沢と欲望とから生じてくることを明らかにした。プラトンは、現実に存在する国家を「贅沢三昧国家」であると認識し、それを「健全な国家」に復帰させることが国家にとっての正義であると考える。復帰のためには贅沢国家を浄化する必要がある。浄化のためには、それを実行することができる国の守護者が必要である。国の守護者の育成のためには、守護者候補にしかるべき自然的素質が必要である。その素質を育てるためには、初等教育段階

---

1)　*Respublica*, 368C-369A.

におけるしかるべき教育が必要である。しかるべき教育とは、ムゥシケーとギュムナスティケーとによる教育である。そこで、ムゥシケーとギュムナスティケーとによる教育はいかにあるべきか、ということが問題となった。このようにして、国家における正義と不正の問題は、ムゥシケーとギュムナスティケーとによる教育の問題に行き着いた。

プラトンは、初めに守護者候補教育のためのムゥシケー教育について考察し、次に、ギュムナスティケー教育の考察に進んだ。議論の展開の中で、両者は別のものではなく、広義のムゥシケーに包摂されうる親密な「姉妹のようなもの」（ἀδελφή τις, 404B4-5）であることが明らかにされた。プラトンのムゥシケー論はムゥシケー浄化論である。浄化されたムゥシケーは正しい国家守護者をつくり、正しい国家守護者は正しい国家をつくる。それゆえ、正しい国家を形成するためには、ムゥシケーの浄化が不可欠の作業となった[2]。Ⅲ巻までの議論からここまでは明らかになった。

しかし、ムゥシケー教育論の根底に流れている正義と不正とに関する探求は、以上にとどまらず、さらにⅣ巻に及び、やがて最終巻にまで展開していく。そこで、これから考えなければならない問題は、Ⅱ・Ⅲ巻において論じられたムゥシケー論は、『国家』全体の正義論の中でどのような位置をしめるのであろうかということになる。その場合、正義論は魂と国家の両面を含むのであるから、ムゥシケーの位置づけの問題は、魂の正義論と国家の正義論の両面との関係において考察されなければならない。

1．国家における正義・不正生成論とムゥシケー教育論

まず始めに、国家の正義論との関係におけるムゥシケーの位置づけの問

---

[2]　399E．

題を考察することにしたい。プラトンは守護者候補のためのムゥシケー教育論を始めるにあたり、その議論はたんにムゥシケー教育論のためだけに行われるのではなく、『国家』全体にわたる探求の目的であるところの、正義と不正とがどのような仕方で国家のなかに生じてくるのかという問題を見きわめるために有用である、という見通しを述べていた[3]。これまでプラトンのムゥシケー教育論に関する吟味を行ってきたが、その作業は、国家における正義と不正の生成の仕方について何を明らかにしてくれるであろうか。

a. ムゥシケー論の要約

プラトンのムゥシケー初等教育論を振り返ると、以下のように要約できるであろう。

① ムゥシケーにおけるロゴスの不正な使用、言いかえると、市民の百科全書ともいうべき叙事詩における神と人間の不正な描写は、幼児、子ども、若者の魂に不正をつくり出す[4]。

② ミーメーシスによる不適切なレクシス（叙述法）、すなわち直接話法のレクシスは、ミーメーシスを行う人にもそれを受け取る人にも、魂のエートスに悪影響を及ぼす[5]。

③ 抒情詩に伴う音楽的要素、すなわちハルモニアとリュトモスは、魂のエートスに大きな影響を及ぼす[6]。

一方において、悲しみを帯びたハルモニア（混合リュディア・ハルモニア、高音リュディア・ハルモニア）は魂の中に悲しみを抑制できないエー

---

3) 376D.
4) 376E-392C.
5) 395C.
6) 398A-399E.

トスをつくり出し、柔弱さや怠惰を帯びたハルモニア（イオニア・ハルモニア、リュディア・ハルモニアのある種のもの）は魂の中に柔弱で、怠惰なエートスをつくり出す。以上のような諸ハルモニアは、それらと相まって開発された多絃の絃楽器によって助長されている。しかし、なによりもそのようなハルモニアを助長しているのは、最も「多絃的」な楽器である管楽器（アウロス）である。それはハルモニア間の転換を容易にこなせる楽器だからである。

　他方において、勇気ある人を真似るハルモニアや節度ある人を真似るハルモニア[7]は、魂の中に勇気と節度のエートスをつくり出す。リュトモスに対しても、プラトンは同じ論法を適用する[8]。まとめると、善いレクシス、ハルモニア、リュトモスは善きロゴスに随伴して、魂の中に善きエートスをつくり出し、悪いレクシス、ハルモニア、リュトモスは悪いロゴスに随伴して、魂の中に悪いエートスをつくり出す[9]。

　以上は音楽としてのムゥシケー、すなわち詩のあり方に関する見解であるが、プラトンが視野に入れているのは詩だけではなく、詩によって代表される文化全領域であった。ムゥシケーのあり方は、必然的に文化全般のあり方に連動しているからである。詩が文化全般の代表として取り上げられたのには、理由があった。それは、詩に伴うハルモニアとリュトモスという二つの音楽的要素は、魂の奥深くに浸透していき、他の何にもまして魂に強い影響を与える力をもっているからである。かくして正しいムゥシケー教育を受けた子どもは、たんに文芸・音楽という狭義のムゥシケーにおいてだけではなく、社会や自然の全体において醜いものを嫌い、美しい

---

[7]　グラウコンは、そのようなハルモニアとしてドーリス・ハルモニアとプリュギア・ハルモニアに言及するが、ソクラテスはハルモニアを特定することを避け、原則を述べるにとどまる。399AB。

[8]　366E-401A。

[9]　400D-401A。

ものを歓迎するようになる、とプラトンは考える。このような初等教育段階における魂のエートスの形成は、それに続く中等教育段階における理論的な学習のために必要不可欠な土台をなすものであった。この土台ができあがっていれば、やがて正しい理論と正しくない理論を識別することができるようになり、正しくない理論を退け、正しい理論を受け入れることが円滑に行われるであろう[10]。

　悪いものを真似た文化は魂の中に悪いエートスをつくり出し、美しいものを真似た文化は魂の中に美しいエートスをつくり出す。文化のあり方が人間と社会のあり方に影響を及ぼす。その意味においてプラトンのムゥシケー論は、文化とポリス社会とのあいだの相互関係論でもある。

b．文字のアナロジー

　『国家』が探求する中心問題は、個人の魂における正義とは何かということであった。それは小さい文字を遠くから識別しようとする場合のように、解明することが難しい微妙な問題である。それゆえ、問題解明を容易にするために、問題を国家における正義とは何かという形で大きな文字に拡大して考察する方法を、プラトンはとった。最初に大きな文字を読むことによって文字に慣れ、やがて小さな文字が識別できるようになるであろう[11]。このようにプラトンは、国家の中に正義と不正とがどのようにして生じてくるかを観察し（贅沢三昧国家・炎症ただれ国家の生成と浄化）、その観察に基づいて、個人の魂の中に正義と不正とがどのように生じてくるかを吟味してきた（ムゥシケー教育におけるエートス論）。ムゥシケー論の展開は、この観察と吟味との密接な関連において行われたのであった。

10）　401D-402A.
11）　368C-369A.

そういうわけでプラトンは、ムゥシケー教育論をひととおり終えた時点で、再び文字のアナロジーに戻る[12]。彼がⅡ・Ⅲ巻において展開してきた議論は、国家における正義とは何かという問題に関するものであった。それゆえ、小さな文字ではなく大きな文字の識別に関わる話であった。大きな文字を十分に読めるようになったということは、字母を正確に見分けることができるようになったことを意味する。水や鏡に文字の似姿がうつし出されている場合、もとの文字を知ってこそ、その似姿をも知ったと言える。どちらを知るのにも同じ学習を必要とする。音楽作品をはじめとするあらゆる文化作品において、節制、勇気、自由闊達、高邁さや、すべてそれと類縁のものを、他方、それと反対のものを正確に見分けることができるようになったとき、はじめて大文字を十分に読めるようになったと言える。プラトンが、「ムゥシケー人」(ὅ γε μουσικὸς, 402C8) と呼ぶのはそのような人であり、その人こそが国家における正義と不正の本質を見きわめることができる。文化作品の中に諸アレテーの似姿がうつし出されている場合、まず初めに文化作品の中心をなす音楽作品における諸アレテーを見分けることに習熟してこそ、その似姿を知ったと言える[13]。この見方の背後に、音楽における諸アレテーはその他すべての文化作品に連鎖しているという認識がある。

プラトンは、ムゥシケー論の論理的展開としてのギュムナスティケー論を語り終えた後、再びムゥシケー人のモティーフに戻る。この度は、「最終的に最高のムゥシケー人」(τελέως μουσικώτατον, 412A5) という表現が使われる。国家の中にどのようにして正義と不正が生じてくるかという問題について、プラトンは、不正が生じる原因はとめどのない欲望と贅沢であり、それゆえ、それらを浄化することが、国家の中に正義を生じさせる道であることを明らかにした。それでは、浄化をどのようにして達

---

12)　402B-403C.
13)　402BC.

成することができるかということが問題となる。プラトンが提示した答えは、ムゥシケーとギュムナスティケー教育とによる方法であった。

プラトンは、ムゥシケー論を展開していく中で、ムゥシケーとギュムナスティケーとは相携えて、守護者候補である子どもたちにおける魂の形成に貢献すべきであることを明らかにした。そもそも、国家における正義と不正の生成に関する問題は、個人の魂における正義と不正の生成に関する問題を解明するための手段であった。プラトンはムゥシケー論を展開する中で、国家の次元における考察を、いつしか個人の魂の次元における考察に移してきた。悪い教育を内包する悪い文化環境によって個人の魂の中に不正が生じ、善い教育を内包する美しい文化環境によって個人の魂の中に正義が生じてくるというのが、プラトンの見解である。正義と不正が生成する仕方については、彼はまとまった説明を与えていないが、彼のムゥシケーとエートスとの関係についての議論は、ある程度の示唆を与えてくれる。

c. 国家のアレテー

それでは、プラトンは、国家における正義の生成に関して、ムゥシケー初等教育はどのような寄与をすることができると考えたのであろうか。いまや理論の上で国家を構築したプラトンは、国家の中を調べることにとりかかる。すなわちどこに正義があり、どこに不正があるのか。両者はどのように違っているのか。幸福になろうとしている人が、所有していなければならないのは、どちらのほうなのかについて探求を進める。正義を発見するために取られる論法は、以下のとおりである。すなわち、プラトンが理論上構築してきた国家は、「最終的に善き国家」（τὴν πόλιν . . . τελέως ἀγαθήν, 427E7）である。このような国家は、知恵、勇気、節制、正義を備えているはずである。それゆえ、これらの一つ一つがどこに

あるかを順番に見つけていけば、最後に残ったものが正義であるということになる、とプラトンは言う。しかしながら、はたしてこのような論法は正しいのかどうかについて疑問が残る。まず、最善の国家が備えるアレテーは、はたして知恵、勇気、節制、正義に尽きるのであろうか。また、これら4つ以外にアレテーは存在しないのであろうか。事実、プラトンは他の箇所で、敬虔をアレテーの中に数えている。そもそも、アレテーは、数学の数字のように消去法を適用することができるような性格のものなのであろうか[14]。もちろんそうではないことを、プラトン自身がよく知っていたはずである。

(1) 知恵

しかし、彼はあえて充分に説明することを差し控え、まず第一に、国家においてどこに知恵があるかを見つけることに取りかかる。彼が知恵を見つけるのは、国家を守護する人たちにおいてである。彼らは国家において最も少数の階層ではあるが、国家の思慮深い運営はもっぱら彼らにかかっている。

(2) 勇気

第二に、プラトンは国家においてどこに勇気があるかを見つけることへと進む。彼が勇気を見つけるのは、戦士の階層においてである。彼らは、恐ろしいものとは何であり、どのようなものであるかについて、法律により教育を通じて形成された考えをあらゆる場合に保持しつづける人たちである。教育によらずに生じたもの、つまり獣や奴隷がもっているようなも

---

[14] *Laches*, 199D; *Meno*, 78D; *Protagoras*, 329C; *Gorgias*, 507B. Cf. J. Annas, *An Introduction to Plato's Republic*, 110-111. N. Pappas, *Plato and the Republic* (Routledge, 1995) 74-75; S. Sayers, *Plato's Republic: An Introduction* (Edinburgh University Press, 1999) 56-57.

のは、勇気に似ているかもしれない。しかし、たまたま勇気に見えるようなふるまいであるというだけでは、勇気という名で呼ばれるにはふさわしくない。教育によって培われた習慣的な態度や考え方・感じ方から生じるものであってこそ、勇気の名にふさわしいと言える[15]。ここでプラトンが教育というのは、ムゥシケー初等教育である。彼は、戦士階層の魂に勇気が定着することができるために、ムゥシケー初等教育が果たす役割について、染め物の比喩を語る。

> 君も知っていることだが、とぼくは言った。染物師たちが羊毛を紫色になるように染めようと望むとき、まず始めに、数多くの色の中から白色の羊毛に属する一つの素質を選び出す。次に、それにあらかじめ準備をほどこすのだが、できるだけ色の鮮やかさを受け取るように少なからぬ準備をもってそれを取り扱い、その上でやっと染めにかかる。このような仕方で染められるなら、その染め物は深く染められる。洗剤を使わない洗いであれ洗剤を使う洗いであれ、羊毛の色の鮮やかさを取り去ることができない。他方、そのような仕方で染めないなら、他の色を染めるにせよ、下準備をしないで白い色を染めるにせよ、どのようになるかは、君が知っているとおりだ[16]。

プラトンは「白色の羊毛に属する一つの素質（μίαν φύσιν)[17]」と言う。ピュシス（「素質」）という用語を使うのは、守護者候補である若者の素質を考えているからであり、「一つの」というのは、戦士階層のための

---

15) 430B.
16) 429D4-E5.
17) これを多くの訳者は、「白い羊毛」とだけ訳しているが、μίαν φύσιν τὴν τῶν λευκῶν は、文字通りに訳すのがよいと思われる。Cf. A. Bloom, *The Republic of Plato*, 107, 'the single nature belonging to white things.'

素質を考えているからではないかと思われる。プラトンは、さらに比喩の意味を次のように説明する。

> それでは、とぼくは言った。戦士たちを選び出し、ムゥシケーとギュムナスティケーとによって教育していたとき、われわれもまた同じようなことをできるかぎりしていたのだと想定してくれたまえ。われわれがもくろんでいたことは他でもなく、彼らが、われわれの法律をあたかも染料のようにできるだけ美しく確信し受け入れるようにということなのだ、と考えてくれたまえ。そうすれば、恐ろしいことどもについても他のことどもについても、彼らの考えは、適切な素質と養育を受けているゆえに、深く染まったものになる。そして、次のような強い洗い落としの力をもつ洗剤も、彼らから染料を洗い落とすことができない。すなわち、あらゆる石けんや灰汁よりも強力な働きをもつ快楽、他のあらゆる洗剤より強力な苦痛や恐怖や欲望が、それである。かくして、このような力を、すなわち恐ろしいことどもとそうでないことどもについて、あらゆる場合に正しい考えを保持する力を、ぼくとしては勇気と呼び、そう規定したい。君に異論がなければね[18]。

　プラトンはⅡ巻において、国家の守護者となるべき者に望まれる自然的素質について論じたが、その結論は、知を愛し、気概があり、敏速で、強い人間であるべきである、ということであった[19]。そこでは、国家指導者階層と戦士階層との区別を設けず、「国家守護者」として一括りに語った。子どもの段階では、将来、どちらの階層になるかを見きわめることは難しいからである。しかし、やがては戦士階層になる者たちであっても、その

---

18)　429E7-430B5.
19)　374E-376C.

ような素質は必要である。やがては国家指導者階層になる者たちであっても、戦士としての訓練も必要である。戦士の訓練を受けた者たちの中で、知を愛することにおいて秀でた者が、やがて国家指導者として選抜されていく。プラトンは、国家守護者の人間形成に関する議論を進めていく中で、やがては国家指導者となる者たちを「最終的な守護者」（φύλακας παντελεῖς, 424B2）と、彼らに協力する「補助者かつ援助者」（ἐπικούρους τε καὶ βοηθοὺς, 424B5）とに区別する。前者が国の支配者階層であり、後者が戦士階層である。この区別に従い、「最終的に善き国家」を理論上構築し終えた今、プラトンは、国家を構成する人々を、支配者階層、戦士階層、および一般民に分けて論じる。白い羊毛を紫色に染めるたとえは、支配者階層にも戦士階層にもあてはまるように思われるが、プラトンはここでは、「戦士たちを選び出してムゥシケーとギュムナスティケーによって教育していたとき」と語っている。これにより、ムゥシケー初等教育の主な役割は戦士たちの人間形成にあることがわかる。さらに、戦士たちの中で知を愛することにおいて秀でた者が、やがて国家の支配者として選抜されていくにせよ、まず始めに若者の魂に勇気が備わることが重要なのである。その勇気とは、以上において見たように、「恐ろしいことどもとそうでないことどもについて、あらゆる場合に正しい考えを保持する力」である。

　プラトンがⅡ巻とⅢ巻において展開したムゥシケー論は、子どもにどのような内容のロゴス（物語）を語り聞かせるべきかという議論から始まった。このロゴス論において、第一に、物語の内容が神々について正しい姿を描くものであるべきことが規定された。子どもが、神々と両親を敬い、同胞を愛する人間に成長するためである。次に、物語の内容は神々や英雄たちが死を恐れないものであることが規定された。白色の羊毛のような若い魂の中に、勇気の色をしっかり定着させるための下準備がここに始まる。こうしてロゴス論が語られた後、議論は物語をどのように語るべきか

というレクシスの問題に進んだ。このレクシス論において、プラトンは特に直接話法のレクシスとそれがもつミーメーシスの力に注意を払った。子どもがミーメーシスを見るにせよ、あるいは自分がそれを行うにせよ、それを続けていると、ミーメーシスの対象にそなわる性格が子どもの魂の中に忍び込み、やがては定着してしまうからである。それゆえ、直接話法のレクシスの使用は「勇気ある人々、節度ある人々、敬虔な人々、自由精神の人々」(ἀνδρείους, σώφρονας, ὁσίους, ἐλευθέρους, 395C4-5)など、善き人を真似る場合に限定された。女性、奴隷、臆病な男、精神の錯乱した者、手職人、水夫長のかけ声、馬のいななき、波の音や雷鳴など、勇者に似つかわしくない物真似は拒絶された。ホメロスの叙事詩におけるそのような描写は勇者に似つかわしくないものであるから、直接話法によるレクシスの使用は最小限にとどめるべきである、とされた。それがプラトンが取り組んできた「戦士たちの教育」(τοὺς στρατιώτας ἐπεχειροῦμεν παιδεύειν, 398B4)である。このレクシス論に続くハルモニア・リュトモス論も、同一線上に展開した。そこで採用されるハルモニアは、勇敢な戦士を真似るものか、あるいは節度ある人を真似るものであった。ハルモニアに従いリュトモスも、秩序ある生活や勇気ある人の生活を真似るものでなければならなかった[20]。ムゥシケー論に続くギュムナスティケー論においても、これまで論じられてきた単純なムゥシケーに相応するのが、最善のギュムナスティケーであるとされ、特に戦士たちのためのギュムナスティケーは、単純素朴なものでなければならないとされた[21]。しかし、プラトンは、もっぱら勇気ある戦士の形成だけを考えていたのではない。すでに見たように、プラトンにおいてはムゥシケー教育とギュムナスティケー教育とは不可分離の一体であった。両者が相携えて、守護者候補である子どもの魂の中に気概の要素と知を愛する要素との調和

---

20) 399A-400A.
21) 404B.

状態をつくり出す。一方において、ムゥシケー教育が知を愛する要素をつくり出し、他方において、ギュムナスティケー教育が気概の要素をつくり出すということではない。そのような仕方では、魂における両要素の調和は得られない。プラトンが子どもたちの魂の中に勇気が培われることを求めたのは、勇気が知恵への愛と手を携えて成長していくであろうことを期待してのことである。

(3) 節制

プラトンは第三に、国家においてどこに節制があるかを見つける作業に進む。これまで見てきた知恵や勇気と比べ、節制は「一種の協和や調和」(συμφωνίᾳ τινὶ καὶ ἁρμονίᾳ, 430E3) に似ているとされる。つまり、「節制とは、一種の秩序であり、さまざまの快楽や欲望を抑制することである」(Κόσμος πού τις ... ἡ σωφροσύνη ἐστὶν καὶ ἡδονῶν τινων καὶ ἐπιθυμιῶν ἐγκράτεια, 430E6-7)。国家に当てはめるなら、国家の中の善き階層が劣った階層を支配している状態が節制である。人間であるかぎり、すべての人には欲望がある。しかし、少数の最も善い素質をもち、善き教育を受けた人々がもつ欲望は、「単純かつ適切であり、知性と正しい思わくが伴い、思惟によって導かれる欲望」(Τὰς δέ γε ἁπλᾶς τε καὶ μετρίας, αἳ δὴ μετὰ νοῦ τε καὶ δόξης ὀρθῆς λογισμῷ ἄγονται, 431C5-6) である。これに対して、大多数の人々の欲望はそうではなく、思慮を欠く欲望である。それゆえ、多数者のいだく欲望は、「少数の善き人々の欲望と思慮のもとに」(ὑπό τε τῶν ἐπιθυμιῶν καὶ τῆς φρονήσεως τῆς ἐν τοῖς ἐλάττοσί τε καὶ ἐπιεικεστέροις, 431D1-2) 支配される必要がある。このような秩序と抑制とをもつ国家が、節制をもつ国家である[22]。先にプラトンは、節制は

---

22) 430D-431D.

一種の協和や調和に似ていると語った。それは、節制をもつ国家では、支配する人々と支配される人々とのあいだに、支配と被支配との関係について合意があるからである。このような合意は、支配される人々に節制があり、支配する人々にも節制があることによって可能となる。この点において、節制は知恵や勇気と異なる。知恵はもっぱら国家支配者階層に属し、勇気はもっぱら戦士階層に属するものとされ、多数の一般民には必ずしも求められていなかった。しかし、節制の場合は、国家支配者であれ、戦士であれ、一般民であれ、すべての人に共通に所有されなければならない。

> なぜなら、節制はそうではない。勇気と知恵はある部分の中に存在し、一方は国家を知恵のあるものとし、他方は国家を勇気のあるものとした。節制はそのようには働かない。それは国家の全体に行きわたっていて、最も弱い人々にも最も強い人々にも、またその中間の人々にも――強い弱いということが、思慮であれ、力であれ、人数の多少であれ、財産であれ、これに類する他の何においてであっても――、全員に同じ歌を全絃の協和のもとで斉唱させるようにするものなのだ。いずれにせよ、このような全員の合意が節制であると主張するならきわめて正しいだろう。すなわちそれは、国家と一人一人の個人の両方において、素質の点で劣った者と素質の点で善き者とのあいだの、どちらが支配すべきかということに関する協和なのだ[23]。

今やプラトンが節制について何を主張したいのかは、明らかである。節制には三つの要素がある。すなわち①善き者が劣った者を支配すること、②諸々の欲望を思慮が支配すること、③どちらが支配すべきかということに関する善きものと劣ったものとのあいだの合意、である。一番重要な要

---

23) 431E10-432A8.

素は③である。①と②からは必ずしも③は帰結しないのに対して、③からは①と②とが必然的に帰結するからである。これまでのところ、知恵、勇気、節制の三つのアレテーが語られてきた。国家における三つの階層に即して言えば、支配者階層は知恵、勇気、節制をもつ人々であり、戦士階層は勇気と節制をもつ人々であり、一般民は節制をもつべき人々である。いずれにせよ、すべての階層が共通に節制をもつことがプラトンの構築する国家にとって重要なのである[24]。

しかし、はたしてこのような合意はプラトンが描く階層的な社会構造において可能であろうか、という疑問が残るかもしれない。被支配階層は、支配者の権威と懲罰を恐れるゆえに不本意に服従するかもしれない。機会があれば反乱を起こすかもしれない。しかしながら、プラトンが考える階層関係は力と強制によるものではない。すでにⅠ巻においてトラシュマコスが主張する権力主義は反駁された。安定した社会が成り立つためには、その成員が自分の素質と能力をわきまえ、自ら進んでその役割を果たすことが必要であるという主張が、繰り返し述べられてきた。プラトンが言う合意とはそのような自発的な合意であり、外から強制されるものではない[25]。

(4) 正義

プラトンは、国家においてどこに知恵、勇気、節制があるかを順次明らかにしてきたが、今やいよいよ国家においてどこに正義があるのかを見つける作業へ進む。正義は狩の獲物にたとえられる。プラトンのソクラテスは、グラウコンと共に、正義を狩り出すための祈りをささげる。その結果、手がかりとなる足跡をつかむ。正義はどこか遠くにあるのではなく、

---

24) Cf. J. Adam, *The Republic of Plato,* vol.1, 236.
25) Cf. S. Sayers, *Plato's Republic: An Introduction*, 60-61.

これまで語り合ってきたことがらの中に潜んでいたというのである[26]。国家の構築にあたり、これまで繰り返し語られてきた以下の原則がそれである。

> 各人は国におけるさまざまの仕事のうちで、その人の素質が本来それにもっとも適しているような仕事を、一人が一つ行わなければならない[27]。

プラトンによると、これが国家における正義である。この意味における正義こそは、国家の中に節制、勇気、知恵を生じさせ、いったん生じた後は、それらのアレテーを存続させるものにほかならない[28]。国家を善き国家たらしめるためには、支配者と被支配者とのあいだの合意が必要である。戦士階層が、何が恐ろしいもので何がそうでないかについて法にかなった正しい考えをもつことも必要である。国家支配者階層が守護に関する正しい知恵をもつことも必要である。しかし、これらのいずれもただそれだけでは、善き国家をつくり出すことはできない。国家の成員一人一人が、自分の仕事だけをして余計なことに手を出さないというあり方が実現されるとき、はじめて国家における節制も勇気も知恵も力を与えられ、相まって善き国家をつくり出すことに貢献することができる。そういう意味で、一人が一つの仕事に専念することこそが正義であり、この正義は、善き国家の形成に関しては、他の三つのアレテーに匹敵するものである。それゆえ、職人や商人などの一般民がその素質がないのに戦士階層に入ろうとしたり、戦士階層の者がその素質がないのに支配者階層に入ろうとしたりして、仕事を取り替えたり複数の仕事を兼ねて行おうとするようになる

---

26) 432E.
27) 433A4-5.
28) 433B.

なら、善き国家は滅びてしまう。三階層間の余計な手出しと相互への転換は、国家にとって最大の害悪であり、これこそが不正である[29]。その逆が正義であるとプラトンは考える。

> 金儲けを仕事とする種族、補助者の種族、守護者の種族が、国家においてそれぞれ自分自身の仕事を行っている場合、それぞれの本務への専心は、あれとは反対に正義ということになるであろうし、国家を正しい国家たらしめることになるであろう[30]。

　これが国家における正義である。しかし、まだこれこそが正義であると確言する時ではない。この先、一人一人の個人に当てはめられた場合にも、正義ははたしてそのようなものであるかどうかが吟味されなければならない。個人の魂における正義とは何であるかということが解明されてはじめて、正義についての確言が可能となる。
　国家における正義と不正の生成に関して、ムゥシケー初等教育はどのような貢献をすることができるのかということが、われわれの問題であった。すでに見たように、プラトンによると、ムゥシケー初等教育は、特に、将来戦士になる素質をもつ少年たちに勇気について正しい考えを定着させる役割を果たす。この勇気は節制に裏打ちされた勇気であることもすでに明らかにされた。節制を伴う勇気に加えて知恵に恵まれた若者たちは、やがて国家守護者になるであろう。かくして、戦士階層は国家支配者階層のよき補助者として、国家支配者が国家を正しく支配できるように協力するであろう。国家の中に真の正義が生成するためには、プラトンの意味におけるムゥシケーとギュムナスティケーとの協働が不可欠である。この守護者候補のためのムゥシケー・ギュムナスティケー教育がおろそかに

---

29)　434BC.
30)　434C7-10.

されるとき、国家に不正が生成することは避けられない、とプラトンは考える。

2．魂における正義の生成とムゥシケー

以上において国家の正義論との関係におけるムゥシケーの位置づけの問題を考察した。次に、魂の正義論との関係におけるムゥシケーの位置づけの問題を考察することにしたい。

プラトンが、国家守護者候補である子どもにおける魂の初期形成に関してムゥシケーに重要な役割を認めたことについては、すでに見たとおりである。それでは、その後さらに魂が形成されていき、魂に正義が生成するに至る過程に関して、プラトンはムゥシケーになんらかの役割を認めているのであろうか。ムゥシケーの営みを初等教育段階における音楽としてのムゥシケーに限るならば、ムゥシケーの役割は終わったということもできるかもしれない。しかしながら、ムゥシケーの営みを初等教育のそれに限らず、ムゥサ女神の下に営まれるあらゆる文化・教養活動を広義のムゥシケーと見なし、たえず自己発展していく動的な過程と見ることができるなら、ムゥシケーの役割は初等教育で終わらない。その後も国家守護者候補の生涯を通してたえず継続していくであろう。われわれには、それがプラトンのムゥシケー理解であるように思われる。この点を明らかにすることが本節の目的である。

a．魂における正義[31]

まず始めに、魂における正義に関するプラトンの見解を概観し、その上

---

31) 434D-449A.

で、魂における正義の生成に関して彼がムゥシケーにどのような役割を認めているか、という問題を考察することにしたい。

(1) 魂の三部分に関する論証

プラトンは、国家における正義とは何かという問題に対する一応の解答に到達した今、いよいよ『国家』の本題である、魂における正義とは何かという問題の考察へと進む。この考察は、国家の中に三つの種族があるのに対応して、魂の中にも三つの種類があるという想定を前提としている。しかしながら、そのような対応が成り立つかどうかは、必ずしも自明のことではないであろう。そこで、プラトンはまず始めに、この前提が妥当であることを論証する作業にとりかかる[32]。この論証は、「同一のものが、それの同一側面において、しかも同一のものとの関係において、同時に、相反することをしたりされたりすることはできない」（ταὐτὸν τἀναντία ποιεῖν ἢ πάσχειν κατὰ ταὐτόν γε καὶ πρὸς ταὐτὸν οὐκ ἐθελήσει ἅμα, 436B8-9）という矛盾律に立脚して行われる。例として、渇きの欲望が取り上げられる、渇きそれ自体は特定の飲み物を対象とするのではなく、ただ単純に飲み物それ自体を対象とする。さて、のどが渇いていてもあえて飲むことを控える場合もある。その場合、何かあるものが、渇いている状態において魂を逆方向に引き戻そうとしている。それは水を飲むことへと駆りたてている欲望とは別の何かである。矛盾律によるとそうなる。つまり、魂の中には、飲むことを命じる部分があるとともに、それを禁止し抑制する部分がある。それらは互いに性質において異なる。前者は何か衝動のようなものであるのに対して、後者は何か判断のようなものである。後者の性格をもつものとしての禁止と抑制は、理を知るはたらきから生じてくるのでなければならない。したがって、それら

---

32)　434E-441C.

両者は互いに異なった別の要素である。プラトンは、魂の中の理を知るところのものを「理知的部分」(λογιστικὸν, 439D5) と呼び、欲望を感じて興奮するところのものを非理性的な「欲望的部分」(ἐπιθυμητικόν, 439D8) と呼ぶ。今、便宜上「部分」という用語を使ったが、魂が時間・空間上、部分に分けられることができるとプラトンが考えていたわけではない。実際のところ、彼は魂について「部分」(μέρος) ということばをあまり使っていない[33]。一人の人間は数は一つでも、そのふるまいは複雑である。その複雑さのメカニズムがどのようになっているかは措くとして、一人の魂の中に複雑さがあることはたしかである。プラトンが考えているのは、なにかそういった魂における複雑なあり方のようなことではないかと思われる。

　それでは気概の部分はどうであろうか。プラトンは気概の部分を探し出すために、アグライオンの子レオンティオスの例を取り上げる。レオンティオスは、処刑吏のそばに死体が横たわっていることに気づいた。見たいという欲望にとらえられると同時に、このような欲望をもつ自分に対する嫌悪の気持が働き、その心の中で欲望と嫌悪の気持が戦った。プラトンは、この例から、オルゲー (ὀργή, 怒り) は時として欲望と戦うことがあると結論する[34]。ここではオルゲーは、たんに怒りだけではなく、もっと広い意味で使用されている。それによると、野心や競争心のような複雑な気持および恥や憤りや復讐心のような道徳的感情などもオルゲーである[35]。欲望に対する嫌悪の気持には、欲望に負けそうになる自分に対する怒りと恥がある。そこには何が正しいことでりっぱなことであるかについての感

---

33) プラトンは 444B3 に至って初めて μέρος という言葉を使う。Cf. J. Annas, *An Introduction to Plato's Republic*, 124.『法律』IX巻においては、魂の三部分について「それが何らかの状態であるか部分であるかはともかく」(εἴτε τι πάθος εἴτε τι μέρος, 863B3) と語られている。

34) 440A.

35) Cf. N. Pappas, *Plato and the Republic*, 84.

情があり、このような感情は欲望からは生まれない。その意味における怒りは「気概の部分」(τὸ θυμοειδές, 441A1) から生まれる。気概の部分は、他の箇所では「勝利を愛する部分」(τὸ φιλόνικον, 586D5) もしくは「名誉を愛する部分」(τὸ φιλότιμον, 347B2) とも呼ばれている。したがって、気概の部分は欲望の部分とは別の種類であるということになる。

では、気概の部分は理知的部分とも別の種類のものであるということは、どのようにして知ることができるであろうか。プラトンは、子どもの例を取り上げる。生まれたばかりの子どもの中にさえも、他者に対して自分を主張する気持が見られる。自己主張の気持は、レオンティオスにおける自尊心とは趣が異なり、むしろ衝動のようなものであるが、プラトンの考えでは、これも気概に属する。ややわかりにくいが、根本において、生の衝動もしくは燃料のようなものとして気概を考えているようである。いわば、これから料理されることを待つ何か生の素材のようなものである[36]。このような気概は、生まれたばかりの子どもの中にも見られる。さらにそれは、理を知らない獣たちの中にも見られる。他方、理を知る働きはそうではなく、ある者たちはいつまでもそれに無縁であり、多くの者の場合はずっと後に生じてくる。気概が適切な養育と教育によって培われる場合には、それはやがて後から成長してきた理に協力することができるが、悪い養育によって損なわれた場合には、理知的部分に対立することもありうる。その例としてプラトンは、ホメロスの「彼は胸を打ち、こう言って心を叱った」(στῆθος δὲ πλήξας κραδίην ἠνίπαπε μύθῳ)[37] ということばを引用する。オデュッセウスは、恥知らずの求婚者たちに対して憤り、襲いかかろうとする気持に駆られたが、それに対して、我慢せよと理性が諭している箇所である。この場合、悪い教育によって損なわれ

---

[36] Cf. J. Annas, *An Introduction to Plato's Republic*, 127 は、'raw feelings which can be trained into something more complex' と言い表している。
[37] *Odyssea*, 20.17-18.

た気概は、理性の抑止に従わず、自らの思いをとげることもありうる[38]。それゆえ、気概の部分は理知的部分とも別の種類のものであるということになる。以上のことから、プラトンは、「国家の場合と同じく、個人の魂の中にも、同じ種族のものが同じ数だけある」($\tau\grave{\alpha}$ $\alpha\dot{\upsilon}\tau\grave{\alpha}$ $\mu\grave{\epsilon}\nu$ $\dot{\epsilon}\nu$ $\pi\acute{o}\lambda\epsilon\iota$, $\tau\grave{\alpha}$ $\alpha\dot{\upsilon}\tau\grave{\alpha}$ δ' $\dot{\epsilon}\nu$ $\dot{\epsilon}\nu\grave{o}\varsigma$ $\dot{\epsilon}\kappa\acute{\alpha}\sigma\tau o\upsilon$ $\tau\hat{\eta}$ $\psi\upsilon\chi\hat{\eta}$ $\gamma\acute{\epsilon}\nu\eta$ $\dot{\epsilon}\nu\epsilon\hat{\iota}\nu\alpha\iota$ $\kappa\alpha\grave{\iota}$ $\check{\iota}\sigma\alpha$ $\tau\grave{o}\nu$ $\dot{\alpha}\rho\iota\theta\mu\acute{o}\nu$, 441C5-7)と結論するのである。

しかし、同じ数だけあるということは論証されたと言えるが、「同じ種族のもの」($\tau\grave{\alpha}$ $\alpha\dot{\upsilon}\tau\grave{\alpha}$ $\gamma\acute{\epsilon}\nu\eta$)があるということのほうは、まだ完全に論証されたとは言えない。国家に関しては、子ども時代は支配階層と戦士階層の区別がなく、やがて大人になったときに戦士階層の中から支配階層が選ばれるという仕方で区別が生まれてくる。他方、個人の魂に関しては、気概の部分から理知的部分が生まれるというようなことはない。両者は、初めから別の種類である。気概の部分と理知的部分の違いは、戦士階層と支配階層の違いより大きい。その他の点では、国家と個人の魂の対応はおおよそ合致していると言えよう。

プラトンがこの論証箇所[39]において示すことができたことは、魂には三つの部分があり、それぞれは互いに他の部分に還元できないということまでである[40]。それぞれの部分の機能に関する詳しい説明は与えられていない。少しでも詳しく知ろうとするならば、『国家』のそこかしこで魂について語られている情報を総合して考える必要がある。一番はっきりした説明は、IX巻の終わりの部分に見いだされる[41]。すなわち「気概」には三つの要素がある。第一に、人間の内にある戦う要素である。人はこれ

---

38) *Respublica,* 441AB.
39) 435B-441C.
40) 以下の議論については、R. L. Nettleship, *Lectures on the Republic of Plato* (Macmillan, 1955) 156-159; S. Sayers, *Plato's Republic: An Introduction*, 70-72 を参照。
41) 586D-592B.

によって相手の攻撃に耐え、相手を攻撃する。第二に、人間の内にある理知的部分そのものではないが、それに似た要素である。人はこれによって不正を憤り、間違っていると感じるときには尻込みをする。これら二つの要素は、すでにⅣ巻において見いだされた。第三に、人間の内にある競争心と野心を抱く要素である。この要素は、新たにⅨ巻に見いだされる。気概の部分は、支配、勝利、名声を志向する。それゆえ、プラトンはこれを「勝利を愛する部分」（φιλόνικον, 581B2）とも「名誉を愛する部分」（φιλότιμον, 581B2）とも呼ぶ。この部分はいつも理知と知性に従うとはかぎらない。従わないときには、名誉への野心は嫉妬心となり、勝利への渇望は暴力の行使となり、怒る傾向は怒り狂いとなる[42]。プラトンは、気概の部分を「ライオン的かつ蛇的部分」（τὸ λεοντῶδές τε καὶ ὀφεῶδες, 590A8）とも呼ぶ。人間がこの部分を不調和に増大させ、緊張させる場合には、強情や気むずかしさが生まれる。他方、この部分をゆるめて弛緩させる場合には、贅沢や柔弱が生まれる[43]。この点は、プラトンがⅢ巻においてムゥシケーとギュムナスティケーとの統合について論じたとき、すでに語られた[44]。

「理知的部分」は三つの要素をもつ。第一に、それは知性であり、ものごとを理解することを可能ならしめる要素である。第二に、それは魂全体の利益を配慮する要素である。魂における他の二つの部分は、それ自身の利益のみを配慮する。たとえば、渇きの欲求は、たとえ器官全体にとって有害であっても、飲むことだけをひたすら求める。理知的部分は魂全体の利益を配慮するゆえに、魂を支配するのに最もふさわしい部分である[45]。第三に、理知的部分はいわばある種の愛ともいうべき要素である。プラト

---

42)　586CD.
43)　590B.
44)　410C-412B.
45)　441E, 442C.

ンは他の箇所では、しばしば「理知的部分」の代わりに「知を愛する部分」(τὸ φιλόσοφον) という呼び方をする。この種の概念が最初に出てくるⅡ巻において、「知を愛する部分」(φιλόσοφον, 376B1) とは、人間の内にあって理解することを愛させ、愛するものを理解しようと欲するようにさせる要素である[46]。したがって、それはⅢ巻ではムゥシケーを理解することができるようにさせ、美しいものを愛するようにさせる要素である。理解と愛は手を携えて歩む[47]。Ⅵ巻とⅦ巻では、この要素は学問と哲学の源である。人間の内に人間を自然へと引きつけ、それを理解しようと欲するようにさせる要素があるからこそ、学問と哲学が生まれる[48]。Ⅳ巻においては、「知を愛する部分」は、ある場合に、いくつかの種類の欲望に対抗する要素として語られる。

「欲望的部分」は、Ⅳ巻ではもっぱら身体の欲望であり、それを満たすための金銭欲であった[49]。しかし、他の箇所ではエピテューミア(ἐπιθυμία, 欲求)はよいものへの欲求としても語られる。あらゆる欲求には理知的活動の要素がある。人間の活動が非常に理知的な方向に向かうとき、そこには欲求の要素がある。Ⅸ巻では魂の三部分のそれぞれは特有の欲求をもつとされる。このように欲求を広義にとるなら、理性と欲望との対立はなくなり、ほんとうの対立は異なる欲求間の対立であるということになるかもしれない。しかし、プラトンはエピテューミアということばを概して狭い意味で使っている。それは何かに惹かれる要素であり、理性の要素はかぎりなく小さい。欲望をこのような意味で考えるなら、理知的部分と欲望的部分との対立は理解できる。

『国家』の中に散在する魂の三部分に関する情報を総合すると、以上の

---

46)　376B8, 376C2.
47)　411E6.
48)　485C12, 486A1, 486B10, 501D8, 501E3.
49)　436A.

ような理解が得られるであろう。しかし、Ⅳ巻の目的は、魂の三部分の性質について詳しく調べることではなかった。その目的は、国家の内に三階層があるのに対応して、魂の内にも三部分があることを提示することにあった。今やプラトンは、魂の内にも互いに還元されえない三つの異なる部分があることを示した。それゆえ、当面の目的を果たしたと言えよう。

(2) 魂における正義の生成

　国家と個人のアナロジーの妥当性は、一応、明らかにされたとしておこう。その場合、国家において三つの種族のそれぞれが「自分のことだけをする」ことが、国家における正しさであるなら、個人においてもそれぞれの部分が「自分のことだけをする」ことが、個人における正しさということになる。すなわちそれぞれの部分の固有の仕事という観点からは、理知的部分には、魂全体のために配慮し、支配するという仕事が本来ふさわしい。気概の部分には、理知的部分の支配に聴き従い、その味方となって戦うという仕事が本来ふさわしい。気概の部分がこのような仕事を果たすことができるようになるために必要とされたのが、ムゥシケー・ギュムナスティケー教育であった。プラトンはⅢ巻を振り返りつつ次のように語る。

　　だから、われわれが言っていたように、ムゥシケーとギュムナスティケーの統合は、それらの部分を協和させることになるのではないだろうか。一方の部分を美しいことばと学習とによって引き締め育み、他方の部分をハルモニアとリュトモスとによって弛め、宥め、穏やかにするという仕方でね[50]。

　そこではプラトンは、主にムゥシケーが果たす役割について語ったが、

───────

50)　441E8-442A1.

ギュムナスティケーの役割を認めていないということではなかった。「引き締める」(ἐπιτείνουσα) という用語は、ギュムナスティケーによる鍛錬を示唆する。ここで考えられていることは、先にみたように[51]、ムゥシケーとギュムナスティケーの「統合」(κρᾶσις) である。ムゥシケーは魂だけのためにあり、ギュムナスティケーは身体だけのためにあるという別個のことがらではなく、両者は融合され統合されたものとして、相携えて気概の要素と知を愛する要素に働きかける。その結果、それらの要素が適度な程度まで「締められたり弛められたりすることによって」(ἐπιτεινομένω καὶ ἀνιεμένω, 412A1) 互いに調和し合う状態が生まれる、とプラトンは考えた。ムゥシケーとギュムナスティケーとの統合によって魂の中に気概の部分と理知的部分との協調が生まれ、二つの部分は一体となって[52]欲望的部分を統治する仕事にあたる。言及は主に魂についてなされているが、その魂は身体と密接不可分離の存在である。二つの部分は、一つの全体をなす魂・体のために、最も善き守護者としての働きを行う。二つの部分は協働するが、それぞれの部分は固有の仕事を行う。理知的部分は計画審議の仕事を行い、気概の部分は欲望的部分と進んで戦い、理知的部分が計画審議したことがらをその補助者として勇気をもって遂行にあたる[53]。それゆえ、一人一人の人間において、気概の部分がさまざまな苦痛と快楽の中にあって、あらゆる場合に、恐れるべきものとそうでないものについて「もろもろの理」(τῶν λόγων, 442C2) によって命じられたことどもを守り通すことができるなら、その人は「勇気ある」(ἀνδρεῖον, 442B11) 人である。同時に、一人一人の人間において、理知的部分があらゆる場合において、三つの部分にとって、またそれらの共同体である魂全体にとって、何が利益になるのかということの知

---

51) 410A-412A.
52) 両者は、双数形 τούτω で語られている。
53) 442AB.

識をもち、その人のうちで支配し、指令することができるなら、その人は「知恵ある」（Σοφὸν, 442C5）人である。また、一人一人の人間において、理知的部分が気概の部分の力強い協力を得て欲望的部分を支配することについて、魂のなかに合意ができており、三つの部分に「友愛と協調」（τῆ φιλίᾳ καὶ συμφωνίᾳ, 442C10）があり、内乱を起こさないのであれば、その人は「節制のある」（σώφρονα, 442C10）人である。さらに、一人一人の人間において、三つの部分が、支配することと支配されることについて、それぞれの部分を守っているなら、その人は「正しい」（δίκαιος, 442D4）人である。プラトンの考えでは、そのような意味における正しい人をつくり出すこの力こそが正義であるということになる。

> ではなお、このような人間・国家たちをつくり出しているこの力より別のものを、君は正義であるとして求めているのかね。
> いいえ、ゼウスに誓ってけっして、と彼は答えた[54]。

プラトンが正義の探求にあたり出発点として定めた、国家において一人一人の個人が自分の仕事だけをして他者の仕事に手出しをしないことが正義であるという原則[55]は、正義探しの役に立ったことが今や明らかになった。ただし、その正義はいまだ実像ではなく「正義の影のようなもの」（εἴδωλόν τι τῆς δικαιοσύνης、443C5）というべきものであった。

> 真実はといえば、正義とは、どうやら何かそのようなものであったようだが、自分自身の仕事にたいする外的な行為に関するものではなく、内的な行為に関するものであり、真の意味で自分自身と自分自身の仕事に関するものなのだ。自分自身のなかにあるそれぞれのものに

---

[54]　443B4-6.
[55]　432D, 433AB.

他のものの仕事をすることを許さず、また魂のなかにある諸種族に互いに干渉することも許さず、真に自分の家のことを整え、自分で自分を支配し、秩序づけ、自分自身の友となるのだ。三つあるそれらの種族をちょうどハルモニアにおける最高音・最低音・中音の三つの音程区分のように完全に調和させ、もし中間に何か他の音程区分があれば、それらすべてを結び合わせ、多くのものではなく完全に一つのものになるのだ。節制があり調和を得たものとしてね。そのようにしてようやくことを行うのだ。金銭を得ることに関しても、身体の世話をすることに関しても、また政治のことに関しても、個人的な取引に関しても、何かをする場合にはね。そうしたすべてのことにおいて、そのような状態を保全するような、またそれを完成するのに役立つような行為を正しく美しい行為と考えてそう呼び、そのような行為を監督する知識を知恵と呼ぶのだ。逆に、そのような状態を滅ぼすような行為を不正な行為と考えてそう呼び、またそのような行為を監督する思わくを無知と呼ぶのだ[56]。

　この意味における正義は、正しい個人と正しい国家をつくり出す「力」($δύναμις$)である。そこが「節制」($σωφροσύνη$)と違う点である。節制は、魂の三部分間における支配することと支配されることに関する調和・合意ではあるけれども、いまだ力にはなりえない。正しい個人と正しい国家をつくり出す力は、魂における正義の生成をまたねばならない。
　プラトンが『国家』において初めから探求し続けてきた問題は、①一個人の魂における正義と不正とがそれぞれ何であるのか、②両者が魂にもたらす利益は何か、という問題であった。彼はこの問題を解明するために、初めに、国家においてどのようにして正義と不正が生じてくるのかを観

---

56)　443C9-444A1.

察し、次に、個人の魂においてどのようにして正義と不正が生じてくるのかを観察してきた。この観察の結果、魂における正義と不正が何であるかが明らかにされた。したがって、①の問題はいちおう解明されたと言えよう。

b. 魂における正義とムゥシケー・ギュムナスティケー教育

では、魂における正義とは以上のようなものであり、その生成過程が以上のようなものであるなら、ムゥシケー初等教育は魂における正義の生成に対してどのような貢献をすることができるのであろうか。これまで見てきたことから、プラトンのムゥシケー初等教育は、主として魂における気概の部分の形成に貢献するということが明らかである。気概は生まれつき人間の魂に備わっている要素である。それに対して、理性は子どもが成長するにつれて後になってから芽生えてくる要素である。やがて理性が成長してきたとき、気概は理性の味方となり補助者とならなければならない。欲望が人を不正へと強制するとき、理性が欲望と戦いそれを支配するのを助けるためである。しかし、生まれつきの気概は、そのままでは理性の補助者になることができるとはかぎらない。むしろ、放置しておかれるなら、かえって欲望の味方となり、理性に逆らうようになる事態も起こりうる。気概は双方に傾きうる性質をもつのであるから、できるだけ早くから教育されることが重要である。プラトンは『国家』においては、ムゥシケー教育を子どもの段階から始めるが、『法律』においては、もっと早く幼児の段階から、さらに胎児の段階にまでさかのぼってムゥシケー教育を論じることになる。それは、気概の教育の重要性に鑑みてのことであろうと思われる[57]。理性の教育が重要であるのは言うまでもないことである

---

57) *Leges*, I and II.

が、理性が生じてくるのは幼児期から少年期にかけてであるから、順序としては、理性の教育が行われるのは気概の教育よりもずっと後になってからのことである。

　プラトンがⅡ巻とⅢ巻で展開したムゥシケー初等教育論は、魂における正義の生成について言えば、主に気概の部分の教育を目指していたものであると言える。Ⅲ巻におけるムゥシケーとギュムナスティケーとの統合を論ずる教育論についても、子どもの成長において後から成長してくる理性を視野に入れていることはもちろんであるが、ここでもプラトンが主に考えていることは、魂における気概の部分の教育であると思われる。Ⅳ巻においてわれわれが見てきた、魂におけるアレテーの生成に関して言えば、気概の教育は主に節制（σωφροσύνη）の形成に関わると言えよう。節制とは、魂の内なる三部分のあいだにおける「友愛と協調」（τῇ φιλίᾳ καὶ συμφωνίᾳ, 442C10）であった。すなわち、理知的部分こそ支配する部分であり、気概の部分と欲望的部分は支配されるべき部分であるということについて、支配する部分と支配される二つの部分に合意があり、支配される二つの部分が支配する部分に対して内乱を起こさない状態、これが節制であった。しかし現実には、このような合意と平和はしばしば破られうる。欲望的部分が分不相応に支配権を握ろうとする事態が起こる。そのような場合、気概の部分は理知的部分の味方となって、欲望的部分と戦わなければならないはずであるが、実際はそうではなく、反対に、欲望的部分に加勢して理知的部分に対して戦いをしかけることが起こりうる。そうなると、それは魂における三部分間のいわば内乱状態であり、欲望的部分と気概の部分の本務逸脱であり、余計な手出しである。その結果、不正、放埓、卑怯、無知などあらゆる悪徳が生まれてくるであろう[58]。もちろん魂における支配者は理知的部分であるが、それは生まれながら確立してい

---

58) *Respublica*, 442B.

るものではなく、子どもが成長するにつれてやがて芽生えてくるものである。ムゥシケー初等教育はその芽生えを育む役割を担う。しかし、理知的部分を十分に教育することができるのは、中等教育以降の教育に求められる役割である。プラトンがⅦ巻において提示する哲人統治者の教育がそれである。そこでは、哲人統治者のための教育プログラムとして数学的諸学科とディアレクティケー（διαλεκτική, 哲学的問答法）が提示される。しかし、守護者候補がまだ子どもの時に、いきなり理知的部分の本格的教育に飛躍するわけにはいかない。子どもの発達段階に合わせて、初等教育段階では気概の部分を正しく育む教育に重点を置く必要がある。

　プラトンはⅢ巻において、ムゥシケー教育における詩のロゴス（話）のあり方を論じた時、神々と両親を敬うことと、友愛を軽視してはならないことを語ったが、次に大事なこととして語られたのが、気概に関わることであった。すなわち子どもたちは、勇気ある人間の話を聞かねばならない[59]。また、節制を養うのに役立つ話を聞かねばならない[60]。次いで、ロゴスのレクシス（叙述法）について論じた時にも、ミーメーシスの対象は、勇気ある人や節度ある人であるべきであると語った[61]。レクシスは、真似を特徴とする直接話法よりも真似を含まない単純な話法であるべきであるとも語った。このような主張の背後には、はたして国家の守護者は真似の達者な人間であってよいのかという問いかけがあった。というのも、一人がその人固有の仕事をすればりっぱにできるが、一人で多くの仕事をしようとすれば失敗するであろうからである[62]。この一人につき一つの仕事という原則は、やがてⅣ巻における魂の三部分論へと連動していく。さらに、プラトンは抒情詩におけるハルモニアとリュトモスのあり方

---

59)　386A.
60)　389D-390A.
61)　395C.
62)　394E.

について論じた時にも、勇気と節度を真似るものを採用すべきであると主張した[63]。この主張も気概の部分の教育に連結する。ムゥシケー初等教育論の延長として展開したムゥシケー・ギュムナスティケー論においても、その主眼点は魂における気概の部分の教育と節制の形成ということにあった。ギュムナスティケーの目的は、たんに身体を鍛錬するためではなく、「魂に生まれつき備わっている気概的要素」(θυμοειδὲς τῆς φύσεως, 410B6)を目覚めさせるためであった。ムゥシケー教育の目的も、たんに魂の情操を養うためではなく、気概の部分の緊張を適度に弛めることによって粗暴で頑固な性格になることを防ぎ、勇気ある性格になるように教育するためであった。つまり、ムゥシケーとギュムナスティケーは相携えて、守護者候補である若者の魂における気概的素質と知を愛する素質を適度に調和させ、節制と勇気を生み出すことを目的としていた[64]。

ただし、「気概的要素と知を愛する要素」(τὸ θυμοειδὲς καὶ τὸ φιλόσοφον, 411E6)の調和といっても、それはいまだ初等教育の段階にある子どもの魂における調和の話である。本格的な調和の達成は、哲人統治者の育成のために用意されている中等教育以降の教育にまたねばならない。しかし、初等教育の段階におけるそれら二つの素質の教育は、哲人統治者教育のための必要不可欠な土台である。この初等教育課程を飛び越えていきなり数学的諸学科の学習に進むならば、それは魂の発達における自然に逆らうことになるであろう[65]。

---

63) 399AB, 399E-400A.
64) 410B-412A.
65) *Respublica*, 402A. この箇所に関して、W. Jaeger, *Paideia*, vol.2, 229-230 は次のように述べている。

"In his system of education for the guards, Plato intends that after the work of the Muses has moulded them unawares into a certain intellectual pattern, philosophical teaching will later reveal to them in full consciousness the highest knowledge; and so philosophical knowledge presupposes

c. ムゥシケー生涯教育

　一見したところでは、プラトンがムゥシケーの役割を積極的に語るのはⅢ巻においてのみである。Ⅶ巻ではギュムナスティケーについて、それ自体は生成消滅するものに関わるものであるゆえ、「真実在への上昇」(τοῦ ὄντος οὖσαν ἐπάνοδον, 521C7) としての「まことの哲学」(φιλοσοφίαν ἀληθῆ, 521C8) へと魂を転向させる力をもたないと語る。初等教育における抒情詩吟唱を中心とするムゥシケー教育についても、その限界を指摘する。すなわちそれは「習慣づけによる教育」(ἔθεσι παιδεύουσα, 522A3) であり、ハルモニアを用いて一種のよきハルモニア感覚 (εὐαρμοστίαν, 522A4) を授け、リュトモスを用いてよきリュトモス感覚 (εὐρυθμίαν, 522A5) を授けるにとどまらざるをえない。いまだ、「学問的知識」(ἐπιστήμην, 522A4) を授けるものでない。さらにⅩ巻では、現行のムゥシケー(ミーメーシス専従型詩)に対する厳しい批判が行われることになる[66]。しかし、プラトンはⅢ巻のこの段階ですでにムゥシケーそのものに見切りをつけたと考えてはならない。というのも、Ⅲ巻において論じられたムゥシケーは、「われわれが先に述べた範囲でのムゥシケー」(μουσικὴ ὅσην τὸ πρότερον διήλθομεν,

　　　musical education. While he thus foreshadows the existence of a second, higher type of culture, he reveals more clearly the limits of musical education, which had been only type of superior intellectual training available in earlier Greece. At the same time, he gives it a new importance by showing that it is the indispensable preparation for pure philosophical knowledge, which, without the foundation of musical knowledge, would be left hanging in the air."

66) Ⅲ巻のムゥシケー論と他の巻におけるプラトンの主張との関係については、N. R. Murphy, *The Interpretation of Plato's Republic* (Oxford University Press, 1951) 25 を参照。

522A1）と言われているように、限定された意味におけるムゥシケーだからである。つまり、そのムゥシケーは、守護者候補である子どもたちが初等教育において学ぶ叙事詩や抒情詩を中心としたものに限られている。したがって、そのようなものとしての狭義のムゥシケーには限界がある、というのがプラトンの見解である。

　プラトンが『国家』において探求する国家守護者の人間形成に関わる教育は、初等教育に限られるものではなく、全生涯にわたる教育である。それは、音楽としての狭義のムゥシケーを学ぶ幼児・初等教育に始まり、その後、数学的諸学科を自由に学ぶ中等教育を経て、ついにはディアレクティケー（διαλεκτική, 哲学的問答法）を学ぶ高等教育にまで進んでいく。この一連の過程が広い意味でのムゥシケー学習であると言えるのではないだろうか。Ⅶ巻では、数学的諸学科は「前奏曲」（Τοῦ προοιμίου, 531D7）と呼ばれ、さらにディアレクティケーは「本曲そのもの」（αὐτός ὁ νόμος, 532A1）と呼ばれる。その観点から考えるなら、初等教育における音楽としてのムゥシケーは、さしづめ、りっぱな本番演奏のために欠かすことができない稽古ということになるであろう。プラトンにとって、広義においては、文芸・音楽がムゥシケーであるなら、数学的諸学科もムゥシケーである。数学的諸学科がムゥシケーであるなら、哲学的問答法もムゥシケーなのである。プラトンの哲学的ムゥシケーあるいはムゥシケー哲学は、魂が真実在に向かって上昇していくのに相応して、たえず自らをより高次なものへ変容させていく動的な営みなのである。

　プラトンはⅤ巻において、理想国家の実現のためにはぜひとも哲人統治者が必要であると主張し、続くⅥ巻では次のように語る。

　　これまで語られてきた国制は、このムゥサ女神が国家の支配者となるときにはいつでも実現したし、実現しているし、実現するであろう[67]。

「ムゥサ女神」（ἡ Μοῦσα）とは、そのすぐ前に言及されている、神の霊感を受けた人が愛し求める「真の哲学」（ἀληθινῆς φιλοσοφίας, 499C1）を指している。Ⅷ巻においても、「真のムゥサには、ロゴス（理論的知性）とピロソピアー（愛知）とがお供として伴う」（τὸ τῆς ἀληθινῆς Μούσης τῆς μετὰ λόγων τε καὶ φιλοσοφίας, 548B8-C1）ということが語られる。この意味におけるムゥサの営みとしてのムゥシケーとは、哲学のことである。これに続いて、「ムゥシケーと練り合わされたロゴス（理論的知性）」（Λόγου μουσικῇ κεκραμένου, 549B6）こそがアレテーの最大の守り手であると語られる。いったんこのような統合状態が魂の中に形成されるなら、それは一生その人の中に住みつづけて、アレテーを保全する力となるであろう。ここでは文芸・音楽のムゥシケーと哲学のムゥシケーとは、分離することのできない一つの連続体として考えられている。Ⅸ巻に進むと、「真の意味のムゥシケー人」（τῇ ἀληθείᾳ μουσικὸς, 591D5）とは、「魂の内なる協和音のためにハルモニアをつくる人」（τῆς ἐν τῇ ψυχῇ ἕνεκα συμφωνίας ἁρμοττόμενος, 591D2）であることが語られる。プラトンは、哲学の教育を生涯全体にわたるムゥシケー教育として構想しており、その始まりに位置づけられているのが、音楽としてのムゥシケー初等教育なのである。その観点から考えるなら、Ⅵ巻の次のことばはよく理解できるであろう。

> 若者や子どものころには、若い年ごろにふさわしい教養と哲学（愛知）を学ぶべきだし、身体が成長して大人になりつつある期間には、身体のことにとくによく配慮して、哲学に奉仕する基盤を確保しなければならない。しかし、年齢が進み、魂の発育が完成しはじめたな

---

67) 499D3-4.

らば、魂の訓練に力を入れるべきである。そして、やがて体力が衰えて、政治や兵役の義務から解放される年齢になったならば、そのときこそはじめて、聖域の羊たちのように仕事から解放されたものとして、ひたすら（哲学の）草を食まねばならない。暇なときの営みは別として、それ以外のことは一切しない。こうして彼らは幸せに生きることになり、生を終えたときには、自分の生きてきた生にふさわしいかしこでの運命をつけ加えることになるだろう[68]。

ここで語られている「若い年ごろにふさわしい教育と哲学」（μειρακιώδη παιδείαν καὶ φιλοσοφίαν）とは、初等教育において学ばれるべきプラトンの意味における浄化された文芸・音楽のムゥシケーのことであろう。それを「哲学」（φιλοσοφία）と呼ぶことができるのは、生まれつきの素質にめぐまれ、適切な教養を身に着けた若者がやがて学ぶことになるであろうディアレクティケーへの連続性を認めるからであろう。ムゥシケー生涯教育が目指す究極の目標は「善のイデア」（ἡ τοῦ ἀγαθοῦ ἰδέα, 505A1）を観照することであるが、目がいきなり太陽を見ることができないのと同じく、魂もいきなり善のイデアを観照することはできない。慣れというものがどうしても必要である。最初に影を見ることをし、次に、水にうつる人間その他の映像を見ることをし、その上で、その実物を直接見るようにする。その後で、天体に目を移すことになるが、まず夜に星や月の光を見ることをする。そのような段階を徐々に進んでいくなら、最後に、太陽を見ることができるようになるであろう。魂も上方の世界の事物を見ようとするならば、文芸・音楽のムゥシケーから初めて、数学的諸学科のムゥシケーに進み、さらにはディアレクティケーのムゥシケーに進むという仕方で段階を踏みながら、真実在の観照に慣れてい

---

[68] 498B3-C4.

く必要がある[69]。このようにして魂の内なる「神的な器官」(θειοτέρου τινὸς, 518E2) である理性が、それが育ち始めるまだ子どもの段階から、生成界に属する付着物を叩きおとされ、浄化され続けるなら、やがて魂を真実在に向け変える教育であるディアレクティケーへと円滑に進行することができるであろう[70]。

『弁明』のソクラテスは、あの世に行ったなら、知者と言われた人たちと哲学的問答をしたいという希望を語った[71]。『パイドン』において、死をまじかに控えたソクラテスが牢獄の中で詩作を行っていたことが、そしてその理由をケベスに質問されたことが語られている。ソクラテスの答は、「ムゥシケーを作り、それを業とせよ」(μουσικὴν ποίει καὶ ἐργάζου, 60E7) という神のお告げを受けたので、自分は「哲学が最高のムゥシケーである」(φιλοσοφίας μὲν οὔσης μεγίστης μουσικῆς, 61A2) と考え、それを行ってきた、ということであった。ソクラテスの愛知の営みは、あの世に行ってからも続くであろう。『国家』X巻で語られるエル物語[72]において、上方の世界では三人の女神たち（ラケシス、クロト、アトロポス）が、「セイレンたちのハルモニアに合わせて讃歌を歌っていた」(ὑμνεῖν πρὸς τὴν τῶν Σειρήνων ἁρμονίαν, 617C4) と語られる。プラトンのソクラテスにとって、この天上の音楽とは、真実在を見ることを可能にさせる真の哲学に他ならなかったと言えるであろう[73]。

---

69) 516A.
70) 519AB.
71) *Apologia Socratis*, 41A-C.
72) 616BC.
73) 加藤信朗「プラトンの音楽教育論――それが教えるもの――」『哲学誌』49、東京都立大学哲学会（2007）1を参照：「プラトンにとって、哲学とは一種の音楽だという信念があったと信じたい。」

3. まとめ

　この章では、プラトンのムゥシケー教育論に関して、われわれがこれまで行ってきた吟味を踏まえて、守護者候補の育成という観点から、『国家』全体の議論の中でプラトンがムゥシケーにどのような位置を与えているかという問題を考察した。これによって明らかにされたことを列挙するなら、以下のようになるであろう。

　① 「勇気ある戦士」の育成
　『国家』Ⅱ・Ⅲ巻のムゥシケー教育論は、国家と魂の両面から見た正義と不正の生成に関する議論の文脈で展開されてきた。国家の面から見た正義・不正生成論に関しては、正義とは、民衆階層、戦士階層、支配者階層が、国家においてそれぞれ自分の仕事に専従していることであり、その反対が不正であるということが、プラトンの見解であることを確認した。この観点からムゥシケー教育の役割を考えるなら、ムゥシケー初等教育は、特に、将来戦士になる素質をもつ少年たちに「勇気」($\grave{\alpha}\nu\delta\rho\varepsilon\acute{\iota}\alpha$）について正しい考えを定着させるという重要な役割を果たす。この勇気は節制に裏打ちされた勇気である。このような勇気に加えて知恵に恵まれた若者たちは、やがて善き支配者になるであろう。そして、戦士階層は支配者階層のよき補助者として、支配者が国家を正しく支配できるように協力するであろう。

　② 「気概的素質」の育成
　国家の面から見た正義・不正生成論の根底にあるのが、魂の面から見た正義・不正生成論であり、これこそが根本的な問題である。国家と魂のアナロジーが妥当であるとするなら、魂の面から見た正義・不正生成論に関

しては、正義とは、欲望的部分、気概の部分、理知的部分が、魂においてそれぞれ自分の仕事に専従していることであり、その反対が不正であるということになる。この観点からムゥシケー教育の役割を考えるなら、ムゥシケー初等教育は、気概的素質の育成を行うという重要な役割を果たす。気概的素質が、子どもの頃に正しく躾られるならば、やがて理知的部分が成長してきたとき、その味方・補助者として、欲望と戦い、それを支配するのを助けることができる。気概的素質の正しい育成とは、「気概的素質と知を愛する素質」（τὸ θυμοειδὲς καὶ τὸ φιλόσοφον）を適度に調和させ、節制と勇気を生み出すことである。それを行うのは、ムゥシケーとギュムナスティケーの統合としてのムゥシケー初等教育である。ただし、両要素の調和といっても、それはいまだ初等教育段階の調和である。本格的な調和の達成は、哲人統治者の育成のために用意されている中等教育以降の教育にまたねばならない。しかし、初等教育の段階におけるそれら二つの素質の調和の育成は、哲人統治者教育にとっては必要不可欠な土台である。その意味では、守護者候補の魂の育成に関して、ムゥシケー初等教育は枢軸としての役割を与えられている。

③ムゥシケー生涯教育

　魂における正義の確立ということを考えるとき、それは一朝一夕に達成されることではなく、全生涯にわたる不断の努力を要するものであることは明らかである。したがって、哲人統治者の育成に関わる教育も、初等教育で終わるものではなく、その後も全生涯にわたって継続して行われる。それは、音楽としての狭義のムゥシケーを学ぶ幼児・初等教育に始まり、その後、数学的諸学科を自由に学ぶ中等教育を経て、ついにはディアレクティケーを学ぶ高等教育にまで進んでいくべきものである。プラトンにとっては、この一連の過程が広い意味でのムゥシケー学習であった。文芸・音楽がムゥシケーであるなら、数学的諸学科もムゥシケーである。数

学的諸学科がムゥシケーであるなら、哲学的問答法もムゥシケーなのである。プラトンのムゥシケーは、魂が真実在に向かって上昇していくのに相応して、たえず自らをより高次なものへ変容させていく動的な営みである。その意味において、ムゥシケーこそは「真の哲学」であり、哲学こそは「真のムゥシケー」なのである。

第6章　哲学的ムゥシケー論の仕上げと
　　　　ミーメーシス詩拒絶論（X巻 595A-608B）

　この章では、ムゥシケー生涯教育論に照らして、哲人統治者候補の育成の仕上げと、それに関連する「詩人追放論」についてプラトンが述べる議論の特質について考察する。

　プラトンが構想するムゥシケー生涯教育は、以上において見たとおりである。そこにおいてプラトンはその哲学的ムゥシケーとしてのムゥシケー論を構築してきたのである。残された問題は、彼はそのムゥシケー論をミーメーシス専従型詩に対して、どのように適用したのであろうか、ということである。考察する箇所はX巻 595A-608B であり、しばしば「詩人追放論」として取り上げられる箇所である。筆者は、上述したように、これをミーメーシス専従型詩に対するムゥシケー論の仕上げ、という観点から吟味することにしたい。本章においてミーメーシス詩拒絶論という表現を用いる理由は、プラトンがここで展開する議論は、実際は、詩人よりもむしろ詩に関するものであり、追放[1]というよりはむしろ拒絶に関するものだからである。議論は、「ミーメーシスを行うかぎりの詩をけっして受け入れてはならないということ」（Τὸ μηδαμῇ παραδέχεσθαι αὐτῆς ὅση μιμητική, 595A4）ということばをもって始まる。αὐτῆς ὅση μιμητική という句をどのように理解すべきかがそもそもの問題であるが、当座はその内容に深入りすることなく暫定的に「ミーメーシス詩」と略して呼ぶことにしたい。そこで問題となるのが、プラトンは何をどの範囲まで拒絶しているのかということである。一方において、すべて

---

[1]　Ⅲ巻 398AB の段階で、ミーメーシスに専従し、快楽のみを提供する類の音楽の専門家（詩人）たちはすでに追放されている。

のミーメーシス詩を完全に拒絶しているとみなす見解があり[2]、他方において、悪いミーメーシス詩だけを拒絶しているとみなす見解がある[3]。さらに、プラトンは、ミーメーシス詩を拒絶する理由として、「どうやらこういったすべてのものは、聴いている人たちの心を害するもののようだ」(595B5-6) という見解を述べ、その根拠として三つの議論からなる論証を展開する。はたして彼の論証は有効なのであろうかということが、二つ目の大きな問題となる。

1. 何をどの範囲まで拒絶するのか

a. ミーメーシス詩拒絶論の概略

初めにプラトンの議論の概略を見ておくことにしたい。議論は以下のよ

---

2) N. R. Murphy, *The Interpretation of Plato's Republic* (Oxford University Press, 1951) 224; E. A. Havelock, *Preface to Plato* (The Belknap Press of Harvard University Press, 1963) 5-6; A. Nehamas, "Plato on Imitation and Poetry in Republic 10," in *Plato on Beauty, Wisdom, and the Arts*, eds. J. Moravksic and P. Temko (Rowman & Allanheld, 1982) 47; Murray, ed., *Plato on Poetry* (Cambridge University Press, 1996) 185. プラトンは完全にミーメーシス詩を拒絶するが、ただしその拒絶は地上の国家からの拒絶ではなく、理想国家、すなわち哲人統治者の魂の中にある国家からの拒絶であるという解釈もある。Cf. W. Jaeger, *Paideia*, vol.2, 336, 360-361. E. A. Havelock, *Preface to Plato*, 7 は、このような解釈に対して、それは困難な問題を安易に説明し去ろうとする試みに過ぎず、『国家』が基本的には教育に関する著作であるにもかかわらず、それを政治に関する著作であるとみなす誤った前提に基づいていると批判する。

3) J. Tate, ""Imitation" in Plato's Republic," *Classical Quarterly* 22 (1928) 16-23; C. D. C. Reeve, *Philosopher-King* (Princeton University Press, 1988) 220-231; G. R. F. Ferrari, "Plato and Poetry," in *The Cambridge History of Literary Criticism*, vol.1, ed. G. A. Kennedy (Cambridge University Press,

うに始まる。

> たしかに、とぼくは言った。この国については、他にも多くの点でこの上もなく正しく国を建設してきたと思う。とりわけ詩についてよく考えた上で、そう言うのだ。
> どのようなことをよく考えた上でですか、と彼は言った。
> ミーメーシス詩をけっして受け入れてはならないということをだ。なぜならそれを絶対に受け入れてはならないということは、思うに、今やいっそう明らかにわかっているからだ。魂のもろもろの形をそれぞれ別々に分けることをした以上はね[4]。

このことばに続いてプラトンは、ミーメーシス詩拒絶の理由を次のように語る。

> どうやらこういったすべてのものは、聴いている人たちの心を害するもののようだ。その人たちが、それらが本来どのようものであるかという知識を治療薬としてもっていないかぎりはね[5]。

ここで「治療薬」($\varphi\acute{\alpha}\rho\mu\alpha\kappa o\nu$)への言及があるが、プラトンがこれから行う論証は、ミーメーシスが魂にもたらす害毒に対する解毒剤としての機能を果たすであろうことを示唆している。さて、プラトンは、いかなる

1993) 125; M. F. Burnyeat, "Culture and Society in Plato's Republic" (paper presented at the The Tanner Lectures on Human Values, Harvard University, 1997); S. B. Levin, *The Ancient Quarrel Between Philosophy and Poetry Revisited* (Oxford University Press, 2001) 158.

4) 595A1-B1.
5) 585B5-7.

根拠に基づいて、ミーメーシス詩はその本質を知らない聴衆の心を害するというのであろうか。その根拠とは以下の三つのことであり、順次、それらを論証するという仕方でプラトンの議論は展開していく。

 ①ミーメーシスは真実から三番目に遠いものと関係することを示す議論（595B-602B）

 ②上の議論に基づいて、ミーメーシスは魂の中の劣った部分を助長し、理知的部分を滅ぼしてしまうことを示す議論（602C-605C）

 ③ミーメーシス詩は、善き人たちをもそこなうほどの力をもつことを示す議論（605C-607A）

この順序でミーメーシス詩が有害であるということを論証した上で、プラトンは以下の結論を述べる。

 詩に関しては、神々への讃歌と善き人々への賛辞だけを国のなかへ受け入れるべきである[6]。

したがって、それ以外の詩は、抒情詩であれ叙事詩であれ受け入れてはならないということになる[7]。最後にプラトンは、むやみにミーメーシス詩の受入を拒絶しているのではないことを付言する。もし詩人たちやそのパトロンたちが、詩のためにそれが「たんに快いだけではなく国制と人間の生活にとって有益であるということ」（607D8）を弁明することができるならば、プラトンはそれに耳を傾ける用意がある。しかし、詩が自分を弁明できないかぎりは、やはり受け入れるわけにはいかない。なぜなら、ミーメーシス詩を拒絶するか否かは、「善き人間になるか、悪い人間になるか」（608B）に関わる重大なことがらであるから、というのである。

---

6) 607A2-4.
7) 607A.

第6章 哲学的ムゥシケー論の仕上げとミーメーシス詩拒絶論

『国家』のⅠ～Ⅸ巻までとⅩ巻とに連続性があるのかという問題がある。それについては、賛否両論がある。アダム (J. Adam)[8] は連続性を否定する。すなわちⅩ巻のミーメーシス詩追放論 (595A-608B) は『国家』全体の統一性に関わりのない挿話である。したがってⅩ巻はⅢ巻 392C で語られた約束の成就ではなく、Ⅲ巻 394D7 の「おそらくまたそれよりもっとたくさんのこと」(ἴσως δὲ καὶ πλείω ἔτι τούτων) を継承する展開でもない、と主張する。これに対して、ネハマス (A. Nehamas)[9] は両者の連続性を認める。「逸脱」、「小楽章」、「付記」、「追想」というようなⅩ巻を過小評価する考えに対して反対を表明する。ネハマスの理解では、プラトンはⅨ巻に至るまで、魂がより不完全になり正義の報酬を失いうる可能性があることについて、注意深い構成をもって説明を行ってきた。Ⅹ巻前半におけるミーメーシス詩拒絶論はその説明の延長線上にある重要な要素であり、Ⅹ巻後半における正義の報酬に関する説明へと緊密に連続していく、と主張するのである。ハリウェル (S. Halliwell) も連続性を認める。その理由として、プラトンがⅩ巻の中で、Ⅸ巻に至るまでの議論にたびたび言及している点を指摘する[10]。Ⅹ巻は補足や不可ではなく、『国家』全体の「いわば最終楽章」(the kind of coda) であるというのである[11]。ルーチィニク (D. Roochnik) も、『国家』におけるポリスと魂に関する議論全体は、哲学的問答法による漸進的展開を示しており、その全巻が一つの全体を構成していると見なす。彼は、これまであまり顧慮されることのなかったⅧ巻～Ⅹ巻について、それらは、先行する諸巻において提示された考えを継承するとともに、さらに発展させる役割を有

---

8) J. Adam, *The Republic of Plato*, vol.2, 384.
9) A. Nehamas, "Plato on Imitation and Poetry in Republic 10," 53-54.
10) S. Halliwell, *Plato: Republic 10* (Aris & Phillips, 1993) 2. 彼が指摘する箇所は、595A5, 7-8; 596A6; 602E8; 603D5, E5; 607B1-2; 612B2, 4; 613C8 である。
11) S. Halliwell, *Plato*, 2.

していると主張する[12]。ムゥシケー生涯教育論の観点からは、X巻のミーメーシス詩拒絶論は、ムゥシケー生涯教育論を完結する部分として、『国家』全体において重要な位置をしめているのではないかと思われる。

b. ミーメーシス詩の内容と範囲

X巻のミーメーシス詩拒絶論を吟味するにあたり、プラトンはⅡ・Ⅲ巻とX巻のそれぞれにおいてミーメーシス詩について何をどこまで拒絶しているのか、また、それと関連して、Ⅱ・Ⅲ巻における拒絶とX巻における拒絶には整合性があるのかを見きわめておく必要がある。

(1) Ⅱ・Ⅲ巻の拒絶とX巻の拒絶

プラトンはⅡ巻において、ムゥシケー生涯教育論を幼児教育の段階から開始した。まず始めに、ホメロスその他の詩人たちによって語られる「ロゴス（物語）」の内容を吟味した結果、ヘシオドスやホメロスが語った物語は神々や英雄の性格を劣悪に描いていると批判し[13]、そのようなものは幼児たちには適当ではないという判断を示した。また、ホメロスやアイスキュロスは善き者であるはずの神が諸悪の原因であることを示唆する話をしているが、そのような不敬虔な物語は「韻文」（μέτρῳ, 380C1）で語るにせよ、「散文」（ἄνευ μέτρου, 380C2）で語るにせよ、だれにも聞かせないように戦わなければならない、と定めた[14]。さらにⅡ巻の終わりで、ホメロスやアイスキュロスが偽りを行う神々を描いている箇所を批判し、そのような作品を上演する演劇にコロスを与えることを拒否すべき

---

12) D. Roochnik, *Beautiful City: The Dialectical Character of Plato's "Republic"* (Cornell University Press, 2003) 1-9.
13) *Respublica*, 377D-378E.
14) 380BC.

第6章　哲学的ムゥシケー論の仕上げとミーメーシス詩拒絶論　459

であり、またそのような題材を「若い人々の教育」（παιδεία . . . τῶν νέων, 383C3）に、すなわちムゥシケー初等教育に使用することを許すべきではない、と主張した。Ⅲ巻に入ってからも、ホメロスやその他の詩人たちに対する批判は弛められない。詩が快く楽しいものであればあるほど、自由な人間であるべき子どもたちや大人たちに聞かせてはならないという観点から、そのような詩は削除されるべきである、とプラトンは主張した[15]。たとえば、コキュトス（嘆きの河）とかステュクス（憎悪の河）[16]といった恐ろしい名前や立派な人たちが嘆き悲しむ箇所は、削除されなければならなかった[17]。守護者候補である「若者たち」（οἱ νέοι, 388D2）が本気でこれを聞くなら、それに同化され同じようなことをする恐れがあるからである[18]。このように削除は続いていくが、特に正義について間違った内容を歌ったり物語ったりすることは禁止されるべきことが主張された[19]。以上のように、削除は広範にわたる。

　次に、プラトンは、ムゥシケー初等教育における叙事詩や演劇におけるロゴスの「レクシス（叙述法）」について吟味を行った[20]。まず始めに、ホメロスにおけるミーメーシスによる叙述の部分について説明を行い、さらに悲劇と喜劇はもっぱらミーメーシスによる叙述であることを指摘した[21]。そして、ミーメーシスによる叙述が、いかに守護者候補である子どもたちの魂におけるエートスの形成に悪影響を及ぼすかということについて説明を行った[22]。その結果、悲劇と喜劇はもっぱらミーメーシスによる

---

15)　387B.
16)　387B9.
17)　387B-388D.
18)　388DE.
19)　388E-392C.
20)　392C-398B.
21)　392E-394C.
22)　395C-397E.

叙述であるとの理由で、それらのすべては国家の中に受け入れてはならないということが主張された。叙事詩に関しても、ミーメーシスによる叙述の部分を拒絶することはもとより、ひいてはホメロスの叙事詩そのものをも拒絶しなければならなくなるかもしれない可能性が、「おそらくまたそれらよりもっとたくさんのことも」(394D7) という文言によって示唆された。「それらよりもっとたくさんのことも」という文言は、やがてX巻において展開されることになるミーメーシス詩拒絶に関する議論を指すものと思われる。プラトンはすでにIII巻の時点で、やがてX巻において明言されることになる、ホメロスらのミーメーシス詩に対する完全な拒絶を視野に入れているものと思われる。特にホメロスが言及されるのは、ホメロスがミーメーシスによるレクシスの創始者であるとみなされているからである[23]。レクシス論の結論として、ミーメーシスの名人を国の中に受け入れてはならず、むしろ「もっと飾りけがなくてもっと楽しくない詩人と吟唱者を採用するだろう」(398A7) ということが語られた。これは暗にホメロスと吟唱詩人の拒絶を示唆することばであろうと思われる[24]。プラトンによると、模範国家の中に採用してもよいとされる種類の詩人と吟唱詩人の場合も、無条件で国家の中のどこにでも受け入れてよいというのではなく、浄化されたムゥシケーが学習される初等教育の場に限って、受け入れてもよいということなのである。III巻で論じられたムゥシケー初等教育論は、守護者候補である子どもたちを特定の対象とするからである。

次にプラトンは、ムゥシケー初等教育における「メロス（抒情詩）」のあり方について吟味を行った[25]。メロスにおけるロゴス（歌詞）について

---

23) プラトンはここで、「悲劇と、悲劇の指導者ホメロス」(598D8) と語っている。また、「ホメロスは詩人の中の詩人であり、悲劇作家の第一人者である」(607A1) とも語っている。
24) Cf. P. Murray, ed., *Plato on Poetry* (Cambridge University Press, 1996) 184.
25) 398C-402A.

は、先に述べられたロゴス（物語の内容）論とレクシス論の規範がそのまま適用されるとされ、吟味はもっぱらハルモニアとリュトモスについて行われた。ハルモニアとリュトモスはロゴス（歌詞）に伴い、人間の品性に関してミーメーシスを行うものであるという認識に基づき、善き品性のミーメーシスを行うものを受容し、悪しき品性のミーメーシスを行うものを拒絶した。受容されるミーメーシスとは、善き品性を真似る（あるいは表現する）ハルモニアとリュトモスによるものである。先に批判された、もっぱらミーメーシスによる叙述を用いる叙事詩や演劇を受容するということではない。プラトンはメロスに対しても「浄化の作業」（399E8）を適用するが、排除する度合いとしては、叙事詩や悲劇・喜劇を排除するほどにはメロスを徹底的に拒絶することをしなかった。初等教育課程に学ぶ子どもたちにとっては、メロスは条件付きで必要であると考えたからであろう。さらに排除する度合いが少ないのは、ディーテュラムボスであった。その理由は、ディーテュラムボスは間接話法的レクシスのみを使用し、ミーメーシスによる叙述をまったく使用しないからである。やがてプラトンは『法律』II巻において、少年・青年・老年のすべての年齢層を含むすべての市民を対象とする教育のために、ディーテュラムボスを用いたムゥシケー教育論を展開することになる。彼が『国家』においてディーテュラムボスに関する吟味を行っていないのは、ムゥシケー初等教育を考えているからであろう。ディーテュラムボスの参加者は、『法律』II巻において見られるように、初等教育段階より上の年齢にある人たちを対象とする[26]。

　まとめると、II・III巻において守護者候補である子どもたちのために承認されたのは、プラトンが定める規範に従って選ばれた抒情詩だけであっ

---

26) *Leges*, 664C. 三つの年代に渡るコロスのうち第一のものは「ムゥサたちの少年コロス」（664C4）であるが、それは初等教育を終えた少年たちによって構成されるコロスであると考えられる。Cf. 666AB.

た。悲劇と喜劇は完全に拒絶された。ホメロスに代表される叙事詩を受け入れるか否かについては、プラトンはおおむね否定に傾くが、それを完全に拒絶するところまでは行かなかった。しかしながら、先に見たように、「おそらくまたそれよりもっとたくさんのこと」(394D7) ということばは、X巻におけるホメロスの完全な拒絶を示唆していると考えられるのである。

以上のII・III巻における詩の浄化作業に照らして見るとき、X巻の冒頭でプラトンが語る「とりわけ詩についてよく考えた」(οὐχ ἥκιστα δὲ ἐνθυμηθεὶς περὶ ποιήσεως, 595A2) ということばは、II・III巻において行われた詩のあり方の吟味にさかのぼって言及しているものと理解できるであろう。X巻の「ミーメーシスを行うかぎりの詩をけっして受け入れてはならないということ」(595A4) ということばも、II・III巻において展開した議論を総観した上で下した結論であると理解できるのではないかと思われる。それゆえ「けっして受け入れてはならないということ」も、II・III巻では受容したにもかかわらずX巻では受容しないという意味に理解すべきではなく、むしろII・III巻でいったん追放したものの帰還を拒絶する、という意味に理解すべきではないかと思われる。プラトンがIII巻において、ミーメーシスの名人の受入を拒否し、「他の国へ追い払うだろう」(398A5) と語ったとき、もっぱらミーメーシスを行う悲劇・喜劇と共に、ミーメーシスの創始者としてのホメロスをも追放したつもりであったのではないかと考えられる。X巻の「してみると、われわれがそれを国から追放してきたのも理にかなっている」(607B2) ということばも、それと呼応していると理解できるであろう[27]。「思うに、今やいっそう明らかにわかっている」(595A5) ということばも、II・III巻で決定された詩

---

27) ただし、このことばは、より直接にはすぐ前に語られた「快く装われたムゥサ」(607A4) に言及するかもしれない。Cf. M. F. Burnyeat, "Culture and Society in Plato's Republic," 316-318.

に対する裁定を念頭に置いてのことであると考えるならば、よく理解することができる。以上のように考えるなら、プラトンがX巻において、特に「悲劇の指導者ホメロス」(598D8) に対して厳しい吟味を行い[28]、また、「ホメロスを始めとするすべての詩人たちはミーメーシスを行う人たちである」(600E4-5) と断定し、さらにそのような人を「抒情詩または叙事詩で甘みをつけたムゥサ」(607A4) と命名し追放するに至るのも、理解できるであろう。ここでプラトンは「抒情詩」(μέλεσιν) に言及しているが、区別なしにすべての抒情詩を考えているのではなく、III巻で批判された、悪しきものを真似る（表現する）ハルモニアとリュトモスを伴う種類の抒情詩を考えているものと思われる。それゆえ、III巻において、守護者候補である子どもたちのために善きハルモニアとリュトモスを伴う種類の抒情詩を承認したこととは矛盾しない。X巻でプラトンが追放するのは、悪しきもののミーメーシスを行う抒情詩とホメロスである。ホメロスはもっぱらミーメーシスを行う悲劇や喜劇[29]の根源であるのみならず、悪しきもののミーメーシスを行うかぎりにおいては、抒情詩の根源でもある。プラトンがX巻でディーテュラムボスに言及しないのは、先に見たように、ディーテュラムボスは基本的にはミーメーシスによるレクシスを使用しない詩のジャンルであり、それがもつ教育上の価値を認めているからであろう。

　要するに、プラトンがX巻において模範国家から追放するのはホメロスである。すなわち、ホメロスとそれが生んだと考えられる悲劇、喜劇、および悪しきミーメーシスを行うハルモニアとリュトモスを伴う抒情詩である。それらはプラトンがII・III巻においてすでに追放したものと合致している。そしてこれが、「ミーメーシスを行うかぎりの詩」(αὐτῆς ὅση μιμητική) という文言によって拒絶されている詩の範囲であると言えよ

---

28)　598D-600E.
29)　喜劇批判については、606C を参照。

う[30]。すべての詩を完全に拒絶するかのようにとられがちな文言ではあるが[31]、以上において見たように、プラトンは、初等教育課程に学ぶ守護者候補である子どもたちの教育のために、彼らの魂におけるエートスの形成に有益であると判定される詩を最小限ではあるが残している。X巻においても、哲人統治者候補たちのために「詩の中でも神々への讃歌と善き人々への賛辞だけ」(607A2-3) は残している。

　プラトンはII・III巻とX巻のそれぞれにおいて、ミーメーシス詩について何をどこまで拒絶しているのか。それと関連して、II・III巻における拒絶とX巻における拒絶には整合性があるのか、という問題をわれわれは考察してきた。以上の考察から、II・III巻における拒絶とX巻における拒絶には整合性があるということ、そして拒絶される詩の範囲は、悪しきもののミーメーシスを行うホメロス、悲劇、喜劇、抒情詩など詩のほぼ全領域を含む、と見ることができる。例外はディーテュラムボスである。それによって、厳選された善美なる詩が演奏されうる可能性を認めるからであろう。

(2) ミーメーシス詩拒絶とムゥシケー中等・高等教育

　それにしても、なぜプラトンはX巻においてこれほど強くミーメーシス詩を拒絶するのであろうか。III巻では初等教育のために認めた種類の抒情詩についても、X巻では言及することすらしない。II・III巻では暗に拒絶したホメロスを、X巻ではあからさまに拒絶する。拒絶の理由については、詳しい説明が与えられているわけであるが、プラトンの意図を理解

---

30) Cf. M. F. Burnyeat, "Culture and Society in Plato's Republic," 289-292. バーニエットは、αὐτῆς ὅση μιμητική における ὅση を詩のジャンルを示すものと理解する。すなわち悲劇と喜劇に範囲を限定した言及であり、すべての詩を拒絶するものではないと考える。

31) Cf. A. Nehamas, "Plato on Imitation and Poetry in Republic 10," 47 は、プラトンは理想国家からミーメーシス詩を完全に追放したと考える。

するためには、X巻におけるミーメーシス詩批判に関する議論の対象として、どのような人たちが想定されているのかを確認しておくことが重要であると思われる。すなわちⅡ・Ⅲ巻における議論の対象は初等教育課程に学ぶ守護者候補である子どもたちであったが、これに対して、X巻の議論の対象は中等教育以上の教育課程に学ぶ人たち、より厳密には、哲人統治者候補の人たちであると考えられる。プラトンはⅦ巻において、ムゥシケー初等教育を終了した守護者候補の若者たちのために、広義のムゥシケー中等・高等教育プログラムを提示した[32]。それは「魂の向け変え」（521C6）と「真実在への上昇」（521C7）という目的のために、もっぱら魂の中の理知的部分を訓練することを目指すものであった。このプログラムは、数学的諸学科とディアレクティケー（哲学的問答法）の学習であり、初等教育課程で有用とされた抒情詩吟唱は含まれない。哲人統治者候補のための抒情詩吟唱の学習は、すでにムゥシケー初等教育で終わったのである。このような観点から考えるなら、プラトンはなぜこれほど強くミーメーシス詩を拒絶するのかという問いは、より厳密には、なぜプラトンはムゥシケー中等・高等教育プログラムに関しては、ミーメーシス詩を完全に拒否するのかという問いに言いかえることができるであろう。プラトンは哲人統治者候補のために新しい教育プログラムを提示したものの、そこにおける詩の不在については説明を与えていなかった。『国家』における議論の流れから見るなら、X巻はその説明を与える役割も果たしているとみることができるのではないかと思われる[33]。

　ムゥシケー中等教育への進学に関しては、ムゥシケー初等教育を終えた守護者候補の子どもたちの全員が進学するのではなく、学んだムゥシケーをしっかりと守ることができる者たちをその中から選抜しなければならなかった。選抜は、「子どものときにも、青年のときにも、成人してか

---

32) 521C-541B.
33) Cf. E. A. Havelock, *Preface to Plato*, 14.

らも」(413E6) 繰り返されなければならなかった[34]。Ⅶ巻において、選ばれた者たちのために提示されたムゥシケー中等・高等教育プログラムは[35]、「前奏曲」としての数学的諸学科の自由な学習に始まり、数学的諸学科の総合的学習を経て、ついには「本曲そのもの」としてのディアレクティケーに至るものであった。数学的諸学科の自由な学習は、やがてディアレクティケーを学ぶために前もって履修しなければならない「予備教育」(τῆς προπαιδείας, 536C6) に属し、プラトンはこれを「少年時代に」(παισὶν οὖσι, 536C7) 課すべきであることを提言している。男子は17、8歳から20歳まで軍事訓練としてギュムナスティケーの集中訓練に服する義務が課せられるから、数学的諸学科の自由な学習を行う年齢は、10歳くらいから16歳くらいのあいだであると考えられる。そして、数学的諸学科の自由な学習とギュムナスティケーの集中訓練を終えた「今や20歳となった若者たち」(τῶν εἰκοσιετῶν, 537B8) の中から特に秀でた者たちが選抜されて、数学的諸学科の総合的学習に進むのであった。「ディアレクティケーの学習に適合するのは、総合的視力をもつ者」(537C7) でなければならないからである。プラトンはさらなる選抜を要請する。すなわち以上のようにして選ばれた者たちは30歳を過ぎるまで観察され、その中から学問においてもポリス市民としての実践においても堅忍不抜な者たちが、30歳から35歳までの5年間「言論の修練にあずかる」(539D7)。すなわちディアレクティケーの持続的集中的学習にあずかるのであった[36]。さらに彼らは35歳から50歳まで15年間公務に就いて実際上の訓練を積み、政治上の実践の中にあってもディアレクティケーへの志向が確固不動であるかどうかを試されなければならなかった[37]。彼らが50歳になったとき、その中の最優秀者たちだけが善のイデ

---

34)　413C-414A.
35)　521C-531C.
36)　537D, 539DE.

アの認識にあずかり、以後は哲学に過ごし、順番に政治と統治の任務に就くのであった[38]。

　以上のムゥシケー中等・高等教育プログラムに関してプラトンは、ミーメーシス詩にまったく役割を認めていない。数学的諸学科の中にハルモニア理論は含まれるが[39]、ハルモニア理論はミーメーシス詩の学習とは関係がない。ハルモニア理論の学習は、もっぱら知性の訓練のためである。そこでは知性の訓練に役立たないピュタゴラス派のハルモニア理論は、本道を逸脱しているとして批判されている。プラトンの関心はあくまでも「魂の向け変え」ということであり、ある特定の学問がこの一事にどれだけ寄与するかが肝要なのである。それゆえ、ピュタゴラス派のハルモニア理論が感覚にのみ関わり、知性を鋭利にすることに貢献しない以上、それは本道を逸脱しているということになる。プラトンは、ディアレクティケー学習への準備として知性の訓練を行うべきであるという観点から、ピュタゴラス派のハルモニア理論に対しては、自分自身の立場を保持することを明言する。自分自身の立場とは、守護者候補の若者たちが、そうしたハルモニア理論から「何か不完全なものを、すなわちすべてのものが到達すべき目標へとつねに到達しないようなものを学ぼうとしないように注意する」（530E5-6）ということである。ハルモニア理論の学習は、「善美なるもの」（531C6）の探求を目的とするかぎりにおいて有用であり、そうでなければ無用の代物である。同じことは数学的諸学科全般の学習についても言える。それらは、知性の訓練に役立つけれども、いまだ実在を見ることからは遠い。自分自身が依って立つところの仮設に対する徹底的な吟味がないからである[40]。これに対して、「ディアレクティケーの探

---

37)　539E-540A.
38)　540AB.
39)　530C-531C.
40)　533C.

求の行程だけ」(ἡ διαλεκτικὴ μέθοδος μόνη, 533C7) が、そうした仮説をつぎつぎと破棄しながら、始原（第一原理）そのものに至る。数学的諸学科は、魂の目の「向け変え」の仕事における「補助者また協力者」(συνερίθοις καὶ συμπεριαγωγοῖς, 533D3) にすぎない。それらは便宜上「知識」(ἐπιστήμας, 533D4) と呼ばれてきたが、実は正確な表現であるとはいえない。それらは「思わく」(δόξης, 533D5) よりは明瞭で、「知識」よりは不明瞭なものである。いうなれば、「悟性的思考」・「間接知」(διάνοιαν, 533D6) なのである。

　このようにムゥシケー生涯教育における中等・高等教育プログラムの観点から見るなら、X巻におけるミーメーシス詩の拒絶は、ムゥシケー生涯教育の構想に合致したものであり、一見したほどには極端なものであるとは言えないことがわかる。プラトンは、ミーメーシス詩の大きな力をよく知っていたからこそ、ムゥシケー中等・高等教育プログラムの中に詩の学習を含めていないのである。守護者候補である子どもたちに理性が備わりつつある13、4歳の頃には、すなわち魂の三部分がすべて出そろう頃には、ミーメーシス詩は彼らの魂における正義の形成にとって妨害となる、というプラトンの判断がそこにある。II・III巻では、守護者候補の子どもたちの魂における「思わく」(δόξα) の発達という観点から、ムゥシケー初等教育における詩の役割を認めた。これに対して、X巻では、ムゥシケー中等・高等教育段階に学んでいる哲人統治者候補の魂における「知識」(ἐπιστήμη) の発達という観点から、詩の役割をほとんど認めない[41]。子どもであった段階では、守護者候補たちは、思慮深く厳選されたミーメーシス詩は学ぶことを許された[42]。しかし、その後さらに彼

---

41)　Cf. W. Jaeger, *Paideia*, vol.2, 215.
42)　Cf. S. B. Levin, *The Ancient Quarrel Between Philosophy and Poetry Revisited*, 166. レヴィンは初等教育者としての詩人の役割を認めるが、ただしそれはあくまでも理想的条件の下でという条件付きの役割であると言う。

らの中から選抜された若者たちが、哲人統治者になることを究極の目標としつつ、正義を具備する魂を形成していかなければならない段階においては、彼らの努力を妨げる危険があるミーメーシス詩に耽溺するようなことがあってはならない。X巻におけるミーメーシス詩拒絶に関する議論は、魂が善のイデアの観照を目指して浄化され上昇していく過程において、いかにミーメーシス詩が魂の浄化に対して妨害となりうるかを説明する役割を果たしていると言えよう[43]。

　なぜプラトンはX巻においてこれほど強くミーメーシス詩を拒絶するのかという問題をわれわれは考察してきた。その理由は、X巻が関与しているのはムゥシケー中等・高等教育であるという観点から、ある程度は理解することができる。ある程度は、というのは、詳しい理由は、プラトンがこれから行おうとしているミーメーシス詩拒絶の論証によって示されるであろうからである。ともあれ、ムゥシケー中等・高等教育の段階に学ぶ若者たちは、やがて哲人統治者候補に選抜される可能性がある。それゆえ、魂における「知識」の発達に精進しなければならない。しかるに、その精進をミーメーシス詩は妨害する、とプラトンは考えるのである。

（3）詩の厳選と市民教育

　X巻においてプラトンが受容する詩は、「神々への讃歌と善き人々への賛辞だけ」（607A2-3）であり、厳選である。これをネハマス（A. Nehamas）は、許容される詩の範囲は「取るに足らず、特別の機会

---

43) Cf. A. Nehamas, "Plato on Imitation and Poetry in Republic 10," 52-54. X巻におけるミーメーシス詩の拒絶は、中等教育以上のレベルにおける将来の哲人統治者候補たちを対象としているという見解に関しては、他に、E. A. Havelock, *Preface To Plato* 19 n.46; T. J. Andersson, *Polis and Psyche* (Göteborg: Acta Universitatis Gothoburgensis, 1971) 212-213; N. Pappas, *Plato and the Republic* (Routledge, 1995) 210; S. B. Levin, *The Ancient Quarrel Between Philosophy and Poetry Revisited*, 164-165 を参照。

のためにあつらえたもの」(negligible and tailor-made for special occasions) にすぎないと評する[44]。しかしながら、これまで詩と国家の浄化作業を行ってきたプラトンが、ここに至って初めて許容できる詩の範囲を肯定的に発言したということは、むしろ注目すべきことがらではないであろうか[45]。この発言は、哲人統治者育成の教育と密接な結びつきをもつ、善き市民育成の教育という視座からなされているものと考えられる。詩の全体数から見るならば、それらは小さなものに見えるかもしれないが、市民教育の観点から見るならば非常に大きなものである。イェーガー（W. Jaeger）は、プラトンの浄化作業について、それはギリシャの教育システム全体の改革であるという見解を示している[46]。そのような視点から見るなら、ミーメーシス詩拒絶の措置と並んで示される、「神々への讃歌と善き人々への賛辞だけ」を受容するという措置は、ムゥシケー生涯教育プログラムにおいては非常に重要なことがらであると見るべきであろう。この点に関連して、II・III巻およびX巻のどこにおいても、ディーテュラムボスが拒絶されていないという事実は、注目に値すると思われる。プラトンはIII巻において、レクシス論の文脈で一度だけディーテュラムボスに言及した[47]。そこでは、もっぱらミーメーシスによるレクシスを使用する悲劇・喜劇、および単純なレクシスとミーメーシスによるレクシスの両方を使用する叙事詩とは対照的に、ディーテュラムボスはもっぱら単純なレクシスのみを使用するものとして許容されていた。プラトンはレクシス論において単純なレクシスを選択した[48]。その点に関してディーテュラムボスは、彼のムゥシケー生涯教育プログラムにとって詩の中で最

---

44) A. Nehamas, "Plato on Imitation and Poetry in Republic 10," 69. ネハマスは、X巻のミーメーシス詩の拒絶はすべての詩の拒絶であると考える。
45) Cf. M. F. Burnyeat, "Culture and Society in Plato's Republic," 317.
46) W. Jaeger, *Paideia*, vol.2, 213.
47) 394C.
48) 392C-398B.

も有望なジャンルなのである。

　実際に、プラトンはやがて『法律』II巻においてディーテュラムボスの使用に重点を置く市民教育論を展開することになる[49]。『国家』において考察されているのは、国家守護者候補のためのムゥシケー教育であるのに対して、『法律』で考察されるのは、市民全体のためのムゥシケー教育である。ムゥシケーによる市民教育の目的は、ポリス共同体全体の一致を確保することにある[50]。そのための方策として、「三つのコロス」(664B4)の構想が提案される。おそらく14歳頃から18歳未満までの少年たちからなる「ムゥサたちのコロス」、30歳未満の成年男子からなる「アポロンのコロス」、30歳以上60歳未満の壮年および老年男子からなる「ディオニュソスのコロス」である。これらのコロスが市民の祭りにおいて演奏するのは、ディーテュラムボスである。この音楽ジャンルは、おそらく素朴な神聖舞踏に起源を発し、叙事詩的色彩の濃い、物語風合唱抒情詩用の踊りとして発展した。やがてクレイステネスによって市民的祭祀である大ディオニュシア祭の中にディーテュラムボス競技として導入された。その目的は、彼によって創設された10部族の帰属意識と部族間の結束を強化することであった。このようにしてディーテュラムボスは、アテナイ社会の構造の中に必要不可欠な要素として組み込まれ、以後、ペルシャ戦争とそれに続くアテナイ民主制の最盛期を通して、詩人たちはアテナイ市民の要請に答えるべく神と国家の両方を讃えるディーテュラムボスを作り続けた。やがてペロポネソス戦争を境目にポリス社会の変動が始まったのに呼応して、音楽にも変化が起こった。すなわち前5世紀後半に始まったと見られる「音楽革命」の波が外国からアテナイにも押し寄せ、プラトンが『国家』を執筆した頃のアテナイにおいては、音楽を伴う詩の各ジャンルに対して相当の影響を及ぼしていたものと推測される。この新しい音楽

---

49)　*Leges*, 663E-671A.
50)　664A.

は、神々と国家を讃える音楽の代わりにもっぱら娯楽を追求した。プラトンの時代においても、依然としてディーテュラムボスは盛んであったが、それに対する新しい音楽の影響も顕著であった。彼の時代は、市民がポリスから離れつつある時代であった。それゆえ宗教からも国家からも遊離し、享楽を第一とする新音楽のディーテュラムボスは、プラトンにとって深刻な問題であった。IV巻においてアデイマントスの口を通して、「ムゥシケーの新種」（424C3）に対する批判が語られている。

> それ（ムゥシケーにおける違法）がもたらすのは、と彼は言った、他でもなく次のことです。それは少しずつしみ込みながら人々の品性や営みの中に静かに流れ込みます。そして、それらの中からもっと大きなものとなって出ていき、相互の契約・取引の中に入り込みます。さらに、それは契約・取引の中から出て法律や国制に向かって、ソクラテス、大きな放縦を伴って出ていき、こうしてそれは最後には個人と公の両面においてあらゆることを転覆させるに至るのです[51]。

ここでは新種の音楽が個人の魂と国家とに大きな害を及ぼすという考えが語られている。それはプラトンの時代において、新音楽がアテナイ社会に及ぼしていた影響の大きさを反映しているものと推察できる。

『法律』における三つのコロスの構想に戻るが、プラトンの考えによると、コロスの出演者たちは「神々への讃歌」（665C7）を歌わなければならない。それこそが「最も美しく最も有益な歌」（665D4-5）である。それは「コロスの歌」（666D7）、すなわちディーテュラムボスに他ならない[52]。それは、「楽しいものではなく正しいもの」（668B52）でなければ

---

51) *Respublica*, 424D7-E2.
52) Cf. G. R. Morrow, *Plato's Cretan City: A Historical Interpretation of the Laws* (Princeton, 1960) 311-312.

ならない。正しいものとは、「敬虔で正しい生活」（663B2）を表現するものである[53]。それは『法律』Ⅶ巻において語られる、「神々への讃歌と賛辞」（801E1）に尽きる。「賞賛の辞」とは、国家においてりっぱな生き方をしてその生涯を終えた人たちへの賞賛の辞である。それは『国家』Ⅹ巻における「神々への讃歌と善き人々への賛辞」（607A3）に呼応している。

　以上のように『法律』におけるムゥシケー市民教育論に照らして見るなら、『国家』Ⅹ巻におけるミーメーシス詩浄化論がもたらす結論ともいうべき、「詩に関しては、神々への讃歌と善き人々への賛辞だけを国のなかへ受け入れるべきだ」（607A3-4）という見解は、けっして取ってつけたようなものではないことがわかる。それは、ムゥシケー生涯教育論においてきわめて重要なことがらである。哲人統治者候補たる者は、ことさらに善美なる詩を愛し、自分自身をそれに同化することによって、善き人間になっていかなければならない。しかも、自分だけでなく他の市民たちも、できるだけ善き人間になっていかなければならない。それを支援することが、哲人統治者に求められる仕事である。だからこそ、プラトンは神々への讃歌と善き人々への賛辞を選択したのであると言える[54]。

2．ミーメーシス詩拒絶の論証

　以上においてプラトンが拒絶するミーメーシス詩の内容と範囲を確認し

---

53)　*Leges*, 662C-663D.
54)　Cf. M. F. Burnyeat, "Culture and Society in Plato's Republic," 318: "the upshot of this discussion is that in the ideal city all musical poetry must be *beautiful*. This sounds simple, but to a non-philosophical ear it is very strange. The strangeness comes from taking usefulness as the criterion of beauty (601d); most people would think that social utility and beauty are importantly different values. Only philosophers know that "the Good is the

た。次に、ミーメーシス詩拒絶の根拠を示すプラトンの議論を吟味することにしたい。

プラトンは『国家』X巻の冒頭においてミーメーシス詩拒絶を言明した後、次のように語る。

> どうやらこういったすべてのものは、聴いている人たちの心を害するもののようだ。その人たちが、それらが本来どのようなものかという知識を治療薬としてもっていないかぎりはね[55]。

このことばは、ミーメーシス詩を拒絶する根拠を示しているものと考えられる。「聴いている人たちの心を害するもののようだ」という批判の対象となる詩は、「こういったすべてのもの」である。すなわち以上において見たように、プラトンが拒絶したホメロスとそれから生まれたとされる悲劇・喜劇、および悪しきミーメーシスを行うハルモニアとリュトモスを伴う抒情詩を指しているものと理解できる[56]。それらミーメーシス詩は、その本質を洞察する知識をもっている人たちは別として、その知識をもっていない聴衆に対しては、その心を害する危険性をもっているのである。プラトンは、いかなる根拠に基づいてそのように推察するのであろうか。そこで推察の根拠を示す、互いに関連する三つの議論が展開されることになる。①ミーメーシスの本質に関する議論（595B-602B）、②ミーメーシス詩が魂の劣った部分に影響を与えるとする議論（602C-605C）、③ミーメーシス詩が「最も善き人たち」（哲人統治者候補）の魂をも破壊するほ

---

cause of all things right and beautiful" (517c).

55) 585B5-7.
56) J. Adam, *The Republic of Plato*, vol.2, 385 は、595B10 の αὐτὰ は πάντα τὰ ταῦτα を受けて「悲劇とあらゆる形式の μιμητικὴ ποίησις」を指すと考える。ただし、プラトンはかならずしも「あらゆる形式の μιμητικὴ ποίησις」を拒絶するのでないことは、すでに見たとおりである。

どの同化力をもつことを示す議論（605C-607A）、である。

　これらの議論を吟味する前に確認すべきことがらが二つある。一つは、「聴いている人たち」とは、これまでの考察から見て、だれであれ聴いているすべての人たちということではなく、ムゥシケー初等教育終了後、選抜を通ってムゥシケー中等・高等教育課程に進み、数学的諸学科やディアレクティケーを学ぶことになるであろう若者たちを、あるいはそれ以上の年齢の者たちを指すものと理解すべきである。そのように理解するならば、なぜミーメーシス詩は聴衆の心を害するのかという問いは、より詳しくは、なぜミーメーシス詩はムゥシケー中等・高等教育の段階に、あるいはそれ以上の段階に学ぶ哲人統治者候補たちの思考を害するのか、ということになる。その段階の学習は、主に魂における理知的部分の育成を目的とする。ここでプラトンが対象としているのは、その学習段階にある人たちのことであろうと想定される。ここで使用されているディアノイア（διά-νοια, 心）という用語もこの想定と符合する。VI巻に述べられた説明によると、ディアノイアは数学的諸学科にたずさわる人たちの心のあり方、すなわち「悟性的思考」を表す用語であり、それは「思わく」（δόξα）と「知性的思考」（νοῦς）との中間に位置づけられるものであった[57]。同じように、VII巻に述べられた説明でも、ディアノイアは、「思わく」よりは明瞭ではあるが、「知識」（ἐπιστήμη）よりは不明瞭なものに関わる数学的諸学科にふさわしい呼び名であった。真に「知識」という呼び名にふさわしいのは、ディアレクティケーなのであった[58]。確認すべきもう一つのことは、「聴いている人たちの心を害するもの」と批判するとき、プラトンが考えているのは、主にホメロスの詩のことであると思われる。一方では、子どもの頃から自分をとらえてやまなかったホメロスへの

---

57)　511D.
58)　533D.

愛と畏敬を告白しつつも、他方では、一人の人間が真理よりも尊重されるようなことがあってはならない、と自戒の念を込めてプラトンはこの批判を述べている。このようにして彼は、あえてホメロス批判へと乗り出す。以上の点を確認した上で、それぞれの議論の吟味に進むことにしたい。

a. 第一の議論：ミーメーシスの本質と独特のエイドス論（595B-602B）

(1) ミーメーシスの本質

　第一の議論は、ミーメーシスの本質に関する議論である。プラトンのソクラテスはグラウコンに、「ミーメーシスとは、実際のところ、そもそも何であると君は言うことができるか」（595C7）という問いを投げかける。この問いは、ミーメーシス全般に関してその一般的な性質を探そうとするものではなく、いま問題として考察しているミーメーシス詩におけるミーメーシスの性質に限定して、その性質を解明しようとするものであろう。VI巻において語られた、哲学者がイデアに対して行うミーメーシスは、ここでは含まれていないと思われる。そこでは、ソクラテスはアデイマントスに次のように語った。

　　というのは、思うに、アデイマントスよ、少なくとも真実在の数々にほんとうにその精神を向けている人には、下を向いて人間たちのことがらの数々に目をやり、人間たちと争いつつ妬みと敵意に心を満たされている暇などないのだ。いや、彼のような人たちは、秩序づけられておりかつ常に同じあり方をしている存在の数々を見続け、それらが互いに不正を行うことも行われることもなく、それらのすべてが秩序の状態にあり理法に従っているのを観照しつつ、それらの存在を真似し続け、できるだけ自分をそれらと似たものにしようと努めるのだ。人が何であれ感嘆の気持をもって交わるものに対しては、それを真似

せずにいられると思うかね[59]。

　プラトンは、哲学者がイデアに対してミーメーシスを行うことについては、これを受け入れている。ミーメーシスそれ自体を完全に否定しているのではない。思うに、ミーメーシスは人間の内に自然本来備わっている性質だからである。しかも、哲学者のミーメーシスは、自分自身の魂の形成のみならず他者の魂の形成にも貢献する[60]。プラトンが拒絶するのは、イデアからは遠く離れたものに対してミーメーシスを行い、それゆえに聴衆の心に悪い影響を及ぼすと思われるミーメーシス詩に特有なミーメーシスである。ミーメーシスそのものは、善でも悪でもなく中立のものである。それが善きものを真似るとき善いミーメーシスとなり、悪いものを真似るとき悪いミーメーシスとなる。今ここで吟味の対象とされているものは、後者である。

　上述のミーメーシスに関する問いに戻ろう。この問いは、主にムゥシケー中等・高等教育段階に学ぶ哲人統治者候補の若者たちに関わる問いであると考えられる。この段階の教育プログラムは、数学的諸学科の自由な学習にはじまり、さらに数学的諸学科の総合的訓練、ディアレクティケーの持続的集中的学習へと進み、ついには善のイデアの認識に至ることを目指すものであった。そこにはミーメーシス詩が占める場所はまったくない。さらにとどめを刺すかのように、プラトンはX巻冒頭において、ミーメーシス詩を完全に拒絶した。なぜなのであろうか。この疑問は、ホメロスの詩に関する学習を含むムゥシケー初等教育を終えた年頃の若者たちが抱いたとしても、不思議ではないであろう。プラトンも「子どもの頃からぼくをとらえているホメロスへの愛と畏れ」（595B9-10）を告白してい

---

59)　*Respublica*, 500B8-C7.
60)　500D.

るほどであるから[61]、哲人統治者候補の若者たちもまたホメロスの魅力にとらえられていたであろうことは想像に難くない。哲人統治者を目指す教育課程において数学的諸学科とディアレクティケーの学習が必要なことは認めるにせよ、なぜミーメーシス詩を愛することはいけないのか。ミーメーシス詩にも人間形成に役立つ部分があるのではないか。この疑問は、中等教育課程の若者たちだけではなく、それより上の教育課程の中にある者たちにも共通する疑問であったであろうと思われる。プラトンはこの疑問に答える必要があった。答の中には、ミーメーシス詩の特徴をなすミーメーシスとはそもそも何であるか、ミーメーシスは善のイデアの認識に関してどのような位置にあるのか、哲人統治者になるための学習に関してホメロスはどのような知識や技術を教えてくれるのか、といったさらなる疑問に対する答えも含まれなければならないであろう。

　この問題に対してプラトンが下すであろう結論を先取りするなら、以下のようになるであろう。すなわちミーメーテース（μιμητής, ミーメーシスを行う者）は、「本性（実在）から数えて第三番目に遠い作品を生み出す者」（597E3-4）であり、「真実（実在）という王から数えて第三番目に遠く生まれついている者」（597E7）である。「ミーメーシスの技術は、真実から遠く離れたところにある」（598B6）。「ミーメーシスを行うことは、真実からから数えて第三番目に遠いものと関係する」（602C1-2）。「ミーメーシスに従事する人は、言うに値することを何一つ知っていない」（602B7）。そして、「最大限にミーメーシスに従事している人々」（μιμητικοὺς ὡς οἷόν τε μάλιστα, 602B10）が悲劇作家たちであり、その筆頭がホメロスである。「つまり、真実在（エイドスあるいはイデア）との距離という見地からは、ミーメーシスは真実在から遠く離れており、それにいささかも触れることがない。「ミーメーシスは、遊びのようなも

---

61) これはエイローネイアではなく、プラトンの気持の率直な表明と理解すべきであろう。Cf. S. Halliwell, *Plato: Republic 10*, 107-108.

のであり、真剣に従事することではない」(602B8)。したがって、善のイデアの認識と哲人統治者になることを目指さなければならない、ムゥシケー中等・高等教育課程の最中にある若者たちにとっては、ミーメーシスもミーメーシス詩も不要なものであり、ひいてはホメロスも不要なものである。ホメロスは、一般の人たちから神々や英雄たちや人間たちについてあらゆることを知っている人物と考えられているが、実は、それらのミーメーシスを行っているだけであり、それらの真実についてはまったく無知なのである。これがプラトンの下すであろう結論である。

　さて、「ミーメーシスとは、実際のところ、そもそも何であると君は言うことができるか」(595C7) という問いは、ソクラテスがグラウコンに向けたものであった。答をためらうグラウコンに対してソクラテスは、「くっきりと見えている人たちよりぼんやりと見えている人たちのほうが先に見つけることが、実にしばしばあるものだ」(595C10) と語る。しかし、グラウコンはソクラテスに、「しかしあなたがここにいるのですから、たとえ私に何かが見えてくるとしても、すすんでそれを言おうとする気持にもなれないでしょう。そうではなく、あなた自身に見ていただかなければ」(596A1-3)、と主張する[62]。ここで注目すべきことは、プラトンが「見る」ことを意味することばを5回も使っている点である。ミーメーシス詩は演奏されるものであり、それゆえ見ることよりもむしろ聞くことに関わるものであるにもかかわらず、プラトンは見るということを強調する。なぜであろうか。いくつかの理由が考えられる。まず始めに、見ることの強調は、プラトンがこれからミーメーシスの例として取り上げようとしている画家のミーメーシスに対して伏線の役割を果たすであろうことが考えられる。画家およびその作品は、見ることに関わる。次に、ミーメーシス詩には聴く要素だけではなく見る要素も備わっていることを思い起こ

---

62) 595C-596A.

す必要がある。悲劇・喜劇においては、せりふと相まって俳優の仮面やしぐさ、およびコロスの踊りといった視覚的要素が観衆の心の目にイメージをもたらす。抒情詩においても、歌詞と相まってコロスの踊りが観衆の心に強い印象をもたらす。当時流行していた新音楽の特徴は、視覚効果の強調であったことも思い起こす必要がある。それらに比べて、叙事詩においては、視覚的要素は少ないが、吟唱詩人はミーメーシスによるレクシスを巧みに操ることによって、聴衆の心に強い印象を与えることができる。つまり、ミーメーシス詩の演奏を聴くということは、たんに耳で聞くということではなく、耳と目および体と心の全体がそれにさらされることによって、心の目が何らかのイメージを見るということなる。さらにもう一つの理由として、プラトンはエイドス（εἶδος、観られるもの、実相、イデア）を視野に入れていることが考えられる。見ることを強調したすぐ後で、プラトンはミーメーシスの本質を探究するにあたり、その出発点としてエイドス論を取り上げることになる[63]。ギリシャ語において見ることと知ることとは、語源上の結びつきをもっている。さらに、Ⅶ巻の洞窟の比喩が示すように[64]、肉体の目で見ることは魂の目で見ることの比喩として用いられ、魂の目で見ることの究極目的は善のイデアを観照することである[65]。エイドスを見ることに関して、ミーメーシスはどれほどのことをなしうるのかを、プラトンは明らかにしたいのではないかと考えられる。

（２）独特のエイドス論

かくしてミーメーシス詩におけるミーメーシスの本質を探求するにあたり、独特のエイドス論[66]がその出発点として提示される。

---

63)　596A1.
64)　514A-518A.
65)　Cf. S. Halliwell, *Plato: Republic 10*, 108-109.
66)　595B-602B.

それでは、われわれは、考察するにあたり、いつもの方法で次のことから始めることにしよう。すなわちわれわれが同じ名前を与えるそれぞれの多くのものについて、いわばそれぞれ一つの「実相」（エイドス）を仮定するのが、思うに、われわれのいつものやりかただ[67]。

すぐ後でエイドスはイデア（ἰδέαι, 596B3）と言いかえられる[68]。エイドスまたはイデアに基づく探求方法は、「いつもの方法」であり、「われわれがいつもやってきている」ものであると語られるが、それはグラウコンが代弁している哲人統治者候補たちを念頭に置いているからであろう。ムゥシケー高等教育においては、このような人たちは日頃この種の探求方法に慣れ親しんでいるのである[69]。プラトンのソクラテスは、V巻におけるグラウコンとの対話においても[70]、グラウコンがすでにエイドスに関する話に通じていることを前提し、ことさらにそれに関する論証を行なっていない[71]。それも同じ理由によるものと考えられる。

そこで取り上げられたのは、美・醜、正・不正、善・悪といった属性にかかわるエイドスであった[72]。それに対してX巻では、寝椅子や食卓といった人工物にかかわるエイドスが取り上げられる。このように「多くのものについてそれぞれ一つのエイドス」という仕方でエイドスがとりあげられるのは、『国家』ではこの箇所だけである。プラトンは『ピレボス』[73]と『第7書簡』[74]において、「あらゆるもののエイドス」に言及してはい

---

67)　596A4-6.
68)　596B.
69)　Cf. M. F. Burnyeat, "Culture and Society in Plato's Republic," 292-296.
70)　475E ff.
71)　475E.
72)　Cf. VI巻507BC. ここでも美や善のイデアが言及される。
73)　*Philebus*, 16CD.
74)　*Epistulae*, 342D.

るが、『パルメニデス』[75]においては、そのようなエイドスを措定することの困難さを認めている。アダム（J. Adam）は、プラトンが人工物についてもエイドスの存在を信じていたと考える[76]。マーレー（P. Murray）は、プラトンは本気でそのようなエイドスを信じていたのではなく、むしろ議論の便宜のためにそのようなものを措定したと考える[77]。しかし、ここで重要な点は、プラトンがそのようなエイドスを信じていたかどうかということではなく、なぜそのようなエイドスを措定したのかということであろう。バーニエットは、Ⅲ巻においてソクラテスが語った二つの国家の話に照らして、この問題の解明を試みている[78]。それによると、二つの国家のうち一方は質素な国家であり、他方は贅沢な国家である。質素な国家とは、以下のようなあり方をする国家である。

> 最初に、このような状態にある人たちがどのように暮らすだろうかを、観察してみることにしよう。彼らは穀物やワインや、衣服や履き物を作って暮らすのではないだろうか。そして、家を建て、夏はたいてい裸・裸足で、冬は十分に着込み、履き物も履いて、働くことだろう。彼らは身を養うために、大麦から大麦粉を、小麦から小麦粉を作って、後者は焼き、前者は捏ねるであろう。彼らは、すばらしい大

---

75) *Parmenides*, 130CD.
76) J. Adam, *The Republic of Plato*, vol.2, 387.
77) Cf. P. Murray, ed., *Plato on Poetry*, 192-193. C. Griswold, "The Ideas and the Criticism of Poetry in Plato's Republic," Book 10, *Journal of the History of Philosophy* 19 (1981) 139 は、寝椅子のイデアの措定は 'intentionally ironic' であると考える。すなわちもちろんそのようなイデアは『国家』の他の箇所と矛盾するけれども、ソクラテスが詩人に対して皮肉を含んだ議論を展開するためにわざと導入したというのである（145-146）。
78) Cf. M. F. Burnyeat, "Culture and Society in Plato's Republic," 217-324. 以下の論述は、バーニエットに多くを負っている。

麦生パンと小麦パンとを葦やきれいな木の葉の上に盛り合わせるだろう。そして、くず草やてんにんかを敷いて作った床に身を横たえて、自分たちも子どもたちも食事を楽しむであろう。その後に、ワインを飲み、頭に花の冠をかぶり神々を賛美するであろう。その上で、彼ら男女は互いに性交を楽しむだろう。財産以上に子どもたちを作らない程度にね。貧困や戦争に陥らないためだ[79]。

　パンとワインの質素な食事、賛美の歌、そして責任ある性交という順序は、やがてソクラテスがV巻において提案することになる、最も善き男女に許される生殖の祭りを予想させる[80]。不満そうなグラウコンにソクラテスは、パンとワインだけではなく、質素なおかずやデザートも供されると言うが、それでもグラウコンは不満である。

　そこでグラウコンは言った。「そのようなものは、ソクラテス、あなたが豚たちの国家を建設するとして、豚たちに食べさせるものと同じではないでしょうか」[81]。

　古代ギリシャ人にとって、豚は無知の象徴であった。ソクラテスも豚をその意味で用いている[82]。グラウコンが言いたいことは、そのような国家は文化国家からはほど遠いということであろう[83]。彼はむしろ日頃慣れ親しんでいる文化的生活を望む。

---

79)　372A4-B8.
80)　459E-460A.
81)　372D4-5.
82)　*Respublica*, 535E. *Laches*, 196D.
83)　Cf. M. F. Burnyeat, "Culture and Society in Plato's Republic," 231, "It is *uncivilized*."

「習慣となっていることをです」と、彼は言った。「思うに、みじめな生活をしたくない人たちは、寝椅子の上に横になり、食卓から食事をしなければなりません。今の人たちが食べているようなごちそうやデザートを食べなければなりません」[84]。

第二の国家においては、寝椅子と食卓とが文化的生活に欠かせない一組として語られる[85]。それらはシュムポシオンにおいて用いられる家具であった[86]。この文化的食事会のためには、さらに多くの品目が必要であるとされるが、ここでは男性たちは妻を持ち、妻たちは当時の慣習に従って家の奥にとどまり、食事会には参加しないことが前提とされている。寝椅子と食卓の他に、以下のような品目が加えられる。その他の家具、ごちそう、香油、香、高級娼婦（373A2）、菓子など。しかも、それぞれさまざまな種類のものである。さらには、壺用の絵や食堂用の壁絵、刺繍、金や象牙、その類の装飾品などである[87]。そうなると、国家をもっと大きくしなればならなくなる。質素な生活に必要なものだけで満足せず、豊かな生活のためにさまざまなものを詰め込まなくてはいけなくなるからである。かくして、「贅沢三昧国家」（372E3）が誕生する。それは第一の「真の国家」（372E6）、すなわち「いわば健康な国家」（372E7）に対して、いわば「炎症ただれ国家」（372E8）である。そこでは、食卓を飾るごちそうのためあらゆる種類の猟師たちや、シュムポシオンに添える楽しみのためにミーメーシスの仕事をする人たちが必要となる。後者としては、画家たちやムゥシケーにたずさわる人たちである。すなわち詩人、叙事詩吟唱家、俳優、コロス舞踏家、興行請負人などである。他にも、贅沢な品目が

---

84) 372D7-E1.
85) 寝椅子と食卓は、τε ... καί で結ばれている。
86) Cf. P. Murray, ed., *Plato on Poetry*, 191-192.
87) 373A.

第6章　哲学的ムゥシケー論の仕上げとミーメーシス詩拒絶論 | 485

続々と挙げられる[88]。さらに、贅沢三昧国家は自国の物では足りず、他国の物にも手を伸ばし、かくして戦争が起こる。Ⅱ・Ⅲ巻において展開されたムゥシケー初等教育論は、いわば熱に冒され炎症にただれたような贅沢三昧国家に対して順を追って浄化を行い、「豚たちの国家」のような健康な国家、すなわち真実な国家への回復に努めるポリス浄化論という役割を果たしていたのである[89]。

　Ⅱ巻・Ⅲ巻における贅沢三昧国家の浄化において、浄化されるべき品目の筆頭に挙げられたものが寝椅子と食卓であったことを確認した上で、Ⅹ巻に戻ることにしよう。Ⅹ巻は、『国家』におけるこれまでの長きにわたるポリス浄化過程の仕上げとも言える部分であり、特にミーメーシス詩の拒絶が主題として取り上げられている。ミーメーシス詩拒絶論を展開するにあたり、まず始めに、ミーメーシスとは何であるかが明らかにされる必要があった。そこで持ち出されたのが、プラトンとその仲間たちが慣れ親しんでいる、いつもの探求法としてのエイドス論であった。そして、エイドスの例として取り上げられるのが、寝椅子と食卓のイデアなのである。今や、『国家』の読者は、Ⅱ巻・Ⅲ巻における贅沢三昧国家の象徴とも言える寝椅子と食卓を想起せずにはいられないであろう。贅沢三昧国家を浄化し、健全で真実な国家を完成するにあたり、プラトンの考えでは、寝椅子と食卓の浄化がきわめて重要なことがらなのである。その理由はⅡ巻・Ⅲ巻からある程度推察できるように思われるが、よりよき理解のために、古代ギリシャの文化生活において寝椅子と食卓がどのような位置をしめていたかを確認しておきたい[90]。

　「寝椅子」（κλίνη）という単語とそれに横になる習慣は、ホメロスには確認されない。ホメロスの英雄たちは、椅子に座って食事をした。横に

---

88)　373BC.
89)　399E.
90)　Cf. M. F. Burnyeat, "Culture and Society in Plato's Republic," 232-236.

なって食事をする習慣は、おそらく近東に由来するものと推定される[91]。この習慣は、ギリシャにおいても前7世紀には定着していた。寝椅子とそれに横たわる作法は、いわば上流社会の特徴であった。たとえば、前422年の作品、アリストパネス『蜂』において、平民階層出身のピロクレオンという老人が、想像上のシュムポシオンの場でいかに優雅なしぐさで寝椅子に横たわるかについて難渋する次のような場面がある。

1208 〚Βδ.〛 παῦ· ἀλλὰ δευρὶ κατακλινεὶς προσμάνθανε
1209　　　 ξυμποτικὸς εἶναι καὶ ξυνουσιαστικός.
1210 〚Φι.〛 πῶς οὖν κατακλινῶ; φράζ᾽ ἀνύσας.
1210 〚Βδ.〛 εὐσχημόνως.
1211 〚Φι.〛 ὡδὶ κελεύεις κατακλινῆναι;
1211 〚Βδ.〛 μηδαμῶς.
1212 〚Φι.〛 πῶς δαί;
1212 〚Βδ.〛 τὰ γόνατ᾽ ἔκτεινε, καὶ γυμναστικῶς
1213　　　 ὑγρὸν χύτλασον σεαυτὸν ἐν τοῖς στρώμασιν.
1214　　　 ἔπειτ᾽ ἐπαίνεσόν τι τῶν χαλκωμάτων,
1215　　　 ὀροφὴν θέασαι, κρεκάδι᾽ αὐλῆς θαύμασον.
1216　　　 ὕδωρ κατὰ χειρός· τὰς τραπέζας εἰσφέρειν·
1217　　　 δειπνοῦμεν· ἀπονενίμμεθ᾽· ἤδη σπένδομεν.
1218 〚Φι.〛 πρὸς τῶν θεῶν, ἐνύπνιον ἑστιώμεθα;

ブデリュクレオン：もう結構です。だがここに横になって飲み仲間となり、人づき合いをよくすることを習ってください。
ピロクレオン：どういう風にだね。さっそく話して貰おう。
ブデリュクレオン：体裁よくですよ。

---

91) Cf. *The Old Testament, Amos* 6. 4-7.

ピロクレオン：こういうぐあいに横になるのかね。

ブデリュクレオン：とんでもない。

ピロクレオン：じゃどうするんだ。

ブデリュクレオン：膝をのばしていかにも慣れきったように楽々とクッションのなかに沈み込む。

それから、まあ食器を褒める。天井を見る。ホールにかかっている織物をみごとですなと言う、

ところへ手洗いの水。食卓が運びこまれる。食事をする。食後の潔めの水。さあ今度は神々への捧物と来る。

ピロクレオン：こりゃ驚いた。夢の中で宴会をやっているのか[92]。

　この記述から、寝椅子と食卓は上流社会の洗練された交際に入るために選ばれた必須項目であったことがわかる。それらはたんに飲食のためだけではなかった。食後に歌遊びをするのか、それとも他のもっと洗練された文化的営みをするのかという選択を設定する用具でもあった[93]。寝椅子と食卓の存在は、どのような仕方でシュムポシオンを行うかという選択につながり、ひいてはどのような仕方でポリス社会の文化を発展させるかという設定につながる。『法律』Ⅰ巻において語られるように、シュムポシオンの正しいしきたりがとりもなおさず正しい教育につながり、ひいては正しい文化国家の形成につながるというのが、プラトンの考えなのである[94]。そして、よい文化を選ぶのか、それとも悪い文化を選ぶのかという問題は、『国家』が探求する中心問題であった。

　前425年の作品、アリストパネス『アカルナイの人々』において、使者がディカイオポリスを宴会に急がせるにあたり、魅力的な物品を詳しく

---

92)　Aristophanes, *Vespae*, 1208-1218. 高津春繁訳。
93)　Plato, *Symposium*, 176E.
94)　*Leges*, 639D-642A.

述べるくだりがある。

1085　〚ΑΓ.〛 Ἐπὶ δεῖπνον ταχὺ
1086　　βάδιζε τὴν κίστην λαβὼν καὶ τὸν χοᾶ.
1087　　Ὁ τοῦ Διονύσου γάρ ς᾿ ἱερεὺς μεταπέμπεται.
1088　　Ἀλλ᾿ ἐγκόνει· δειπνεῖν κατακωλύεις πάλαι.
1089　　Τὰ δ᾿ ἄλλα πάντ᾿ ἐστὶν παρεσκευασμένα,
1090　　κλῖναι, τράπεζαι, προσκεφάλαια, στρώματα,
1091　　στέφανοι, μύρον, τραγήμαθ᾿, — αἱ πόρναι πάρα,
─
1092　　ἄμυλοι, πλακοῦντες, σησαμοῦντες, ἴτρια,
1093　　ὀρχηστρίδες, τὸ Φίλταθ᾿ Ἁρμόδι᾿ οὗ, πάλαι.
1094　　Ἀλλ᾿ ὡς τάχιστα σπεῦδε.

使者：宴会へと急いでおいでください。重箱と徳利をお忘れなく。ディオニュソスの神官があなたを待っておられる。さあお急ぎのほどを。あなたのためにだいぶ宴会が遅れております。用意は万端手落ちなく整い、寝椅子に食卓、枕に敷蒲団、花冠(かむり)に香油、種々(くさぐさ)のご馳走、それに白首まで待ってますぜ。押麦菓子に蜜入りパン、胡麻せんべいにウェーファース、ハルモディオスの大好物のべっぴんの踊り子たちときてまさあ。さあ、一生懸命急いだり[95]。

ここで寝椅子と食卓とは、宴会に必要な項目の筆頭に挙げられている。そこで、X巻においてミーメーシスの本質を明らかにする議論のために選ばれたのは、絵画に描かれた寝椅子であることを思い出したい[96]。そのような寝椅子は、飲食の情景を描いた絵画の中に見いだされると思われる。

---

95)　*Acharnenses*, 1085-1094.
96)　596E.

第6章　哲学的ムゥシケー論の仕上げとミーメーシス詩拒絶論 | 489

そして、飲食の情景は詩を連想させる。宴会とシュムポシオンには、詩を歌うことがつきものであった。II 巻においてまず前置きとして食事の話が語られた後、ムゥシケーに関する長い議論が始まったのは[97]、当時のギリシャ人にとってはよくわかる成り行きであったと思われる[98]。先に、「豚たちの国家」では神々への讃歌のみが歌われたことを見たが、それに対して、文明化したギリシャ世界では、祝祭、供犠、宴会、シュムポシオンなどの社会的集まりの折に、叙事詩、抒情詩、さらには悲劇が歌われたことが現存する文献から知られている。「ハルモディオスの大好物のべっぴんの踊り子たち」（ὀρχηστρίδες, τὸ Φίλταθ᾽ Ἁρμόδι᾽ οὐ）という句における Φίλταθ᾽ Ἁρμόδι᾽ οὐ は、「ハルモディオスのいとも愛する」という意味である。これはハルモディオスとアリストゲイトンという有名な愛人たちを讃える、ある酒歌（σκόλιον）を書き換えたことばの遊びである。歌は次のように始まる[99]。

ἐν μύρτου κλαδὶ τὸ ξίφος φορήσω
ὥσπερ Ἁρμόδιος κἀριστογείτων
ὅτε τὸν τύραννον κτανέτην.
ἰσονόμους τ᾽ Ἀθήνας ἐποιησάτην.
私はてんにんかの枝の中に剣を運ぼう
ハルモディオスとアリストゲイトンのように
彼らが僭主を殺し
そしてアテナイを平等権の国とした時[100]

---

97)　372A-373A.
98)　Cf. M. F. Burnyeat, "Culture and Society in Plato's Republic," 232-235.
99)　以下は、D. A. Campbell, ed., *Greek Lyric* V, The Loeb Classical Library (Harvard University Press, 1993) 284-287 からの引用である。
100)　Cf. *Scholia in Aristophanem, Lysistrata*, 632.

これに対する応答は以下のとおりである。

φίλταθ᾽ Ἁρμόδιε, οὔ τί που τέθνηκας
νήσοις δ᾽ ἐν μακάρων σέ φασιν εἶναι
ἵνα περποδώκης Ἀχιλευς
Τυδεΐδην τέ φασιν Διομήδεα.
いとも愛すべきハルモディオスよ、いや、あなたは死んだはずがない
あなたは幸いな人たちの島々の中にいると人々は言う
そこには早足のアキレウスが
そして、テュデウスの息子ディオメデスがいると人々は言う[101]

本来は「いとも愛すべきハルモディオスよ、いや、」(φίλταθ᾽ Ἁρμόδιε, οὔ) とあるところを、アリストパネスは、「ハルモディオスのいとも愛する」(φίλταθ᾽ Ἁρμόδιου) と書き換え、それによってハルモディウスは踊り子たちを愛したことを示唆している。しかし、この酒歌の中で重要なことは、ハルモディオスとアリストゲイトンとがアテナイを「平等権の」(ἰσονόμους) 国にしたという点である。イソノミア (Ἰσονομία, 平等権)、すなわち法の前の平等は、アテナイ民主制が民衆を風靡するのに用いた常套句であった。シュムポシオンと宴会が文化を世々に伝える重要な場であった時代において、そのような場でハルモディウスの歌を歌うことがどういう意味をもっていたかは、想像に難くない。それは、祝いの歌であることはもちろんであるが、それを歌うたびに、アテナイの伝統である民主制を賛美するものであった。18歳くらいの若者たちが、最初に社会人の仲間入りをするのは、シュムポシオンの場においてであった。そこで歌われる歌は、いわば共通通貨であった。シュムポシオンの場におい

---

101) Cf. *Scholia in Aristophanem, Acharnenses*, 980.

て若者たちは、神々や英雄たちの話を聞き、それによってポリスの基礎を固める忠誠心、信念、知識が育まれた。この社会教育の主な手段として用いられたのが、食卓から食事が片づけられた後、一同が寝椅子に心地よく横たわりながら聞いた、あるいは歌った詩なのである[102]。

X巻の冒頭においてプラトンのソクラテスは、ミーメーシス詩を拒絶する根拠を示すために、ミーメーシスの本質は何であるかという問題を設定し、問題の解明のためエイドスによる探求方法を提案した。そしてエイドスの例として選ばれたのは、寝椅子のイデアと食卓のイデアであった[103]。これらのイデアが選ばれた理由は、以上に見たギリシャにおける寝椅子と食卓がもつ文化上の意義に照らすとき、よりよく理解できる。『国家』を貫く主題は、哲人統治者の育成のためにムゥシケー生涯教育をどのように行うかということであった。ムゥシケーはパイデイアーとほぼ同義語であり、ともにポリス市民に必要な文化・教養を意味した。ソクラテスはIX巻の終わりの箇所で、『国家』においてこれまで言論によって建設してきた国家は、地上のどこにも存在しないと語った後、次のように続ける。

　しかし、とぼくは言った。それはおそらく天に一つの範型として備えられている。
　それを見ようと望み、それを見ながら自分自身をその国家へ移住させようと望む人のためにね[104]。

「移住させよう」（κατοικίζειν）という動詞は、文字どおり「（植民地に）移住させる」[105]という意味にとるのがよいように思われる。哲学

---

102) Cf. M. F. Burnyeat, "Culture and Society in Plato's Republic," 236.
103) 596AB.
104) 592B2-3.
105) *LSJ*: 'colonize.' Cf. R. W. Sterling and W. C. Scott, *Plato: The Republic* (New

(愛知)者とは、ディアレクティケーによって自分自身の魂を真実在に向け変え、それに向かって上昇させる営みをたゆむことなく続ける人のことであるが、その営みはいわば天にある「美しいポリス」(τῇ καλλιπόλει, 527C2) へ向かって移住していく道行であると言うこともできるであろう。その道行の中で、理想国家に似つかわしいあり方が少しずつ哲学者の魂の中に形成されていくのである[106]。

おそらくこのような魂の向け変え・上昇の観点から、以下に述べられる寝椅子のイデアと食卓のイデアの例は、よりよく理解することができるのではないかと思われる。

> ところで、また次のように言うのがわれわれのいつものやり方ではないかね、すなわちそれぞれの家具の製作者はイデアに目を向けながら、一方は寝椅子を作り、他方は食卓を作るのであり、それらを使うのはわれわれなのだ、そして他の製品についても同様なのだ、とね[107]。

家具職人がイデアを見ながら家具をつくるという考えは、イデアに関するプラトンの考えとしてはめずらしく、それを理解するのに困難が伴う[108]。この困難に対して、ハリウェル (S. Halliwell) は、家具職人が見るイデアとは作ろうとしている家具の特徴・性質に関する「精神上の想像図」という程度の意味であると解釈する[109]。しかしながら、このような

York.: W. W. Norton & Company, 1985): 'he will declare himself its citizen.'

106) Cf. G. M. A. Grube, *Plato's Republic*: 'set up the government of his soul'. A. Bloom, *The Republic of Plato*: 'found a city within himself.'

107) 596B6-10.

108) しかし、人工物のイデアという考えは他にまったく見られないわけではない。Cf. *Cratyrus*, 398AB; *Timaeus*, 28AB.

109) S. Halliwell, *Plato: Republic 10*, 110: 'a carpenter has a mental conception

解釈は的外れであるように思われる。すでに見たように、X巻においてプラトンが関与する問題は、これまで言論のうちに建て上げてきた、ムゥシケー・パイデイアーの観点から見たポリス論の仕上げをどうするか、なかんずくミーメーシス詩の取り扱いをどうするかということであった。つまり、文字どおり家具職人がイデアを見ながら家具を作るということではなく、哲学者が善のイデアを見ながら、善き文化・教養を具えたポリスを自分自身の魂の中に、そして哲人統治者候補の人たちの魂の中に作るという話なのである。

(3) 画家としての哲学者

プラトンのソクラテスは、寝椅子製作者と食卓製作者に続いて、「手仕事職人たちの一人一人が作るかぎりのものを、すべて何でも作るような製作者 (596C2)」に言及し、その例として「画家」(596E6) を挙げる。そして、画家が何であるかを明らかにした後、それを「悲劇詩人」(597E6) にも適用する。さらに、悲劇詩人が何であるかを明らかにした後、それを「悲劇と、悲劇の指導者であるホメロス」(598D8) にも適用する。このような順序でプラトンはミーメーシス詩に対する批判の核心へと迫っていく。

ところで、プラトンが最初に画家の例を取り上げるのには、意図があると思われる。彼はVI巻において理想国家を構築する哲学者の営みを画家の営みにたとえたが、X巻のこの箇所においては、VI巻の哲学者としての画家と比較対照することによって、ミーメーテース (μιμητάς, ミーメーシスを行う者) としての画家の本質を明らかにしようと意図しているのではないかと思われる。哲学者としての画家が語られた文脈は、たしかに哲人統治者の実現は困難ではあるけれども、しかしながらもし第一級の哲学者

---

of the features and qualities which he must incorporate into each instance of furniture that he makes.' Cf. P. Murray, ed., *Plato on Poetry*, 193.

が国家のことを配慮するように何らかのかたちで強制されるなら、その実現は不可能ではないという議論においてであった[110]。そこでは真の哲学を志す者は、もろもろの真実在に目を向け、それらを観照しつつ、「それらの存在に自分自身を似せるとともに、できるだけ同化しようとする」(500C5) ということが語られた。感嘆すべきものを目のあたりにして、哲学者はそれを真似しないではいられない。しかも、真実在のミーメーテースとしての哲学者は、自分自身のことだけではなく他の人たちのためにも、特に哲人統治者候補の若者たちのために配慮をしなければならないのであった。

> そこで、とぼくは言った。もし哲学者に何らかの強制が起こり、彼がそこで見るもろもろの真実在を人間たちの品性の中に私的にも公的にも置くという仕事に従事しなければならず、ただ自分自身を形成するだけではいけないとしたら、はたして彼は、節制や正義やその他、民衆に関わるありとあらゆるアレテーの、悪い制作者になるだろうと君は思うか[111]。

プラトンが、このような任務を課せられる哲学者を「制作者」(δημιουργὸν) と呼ぶ時、以下のように「画家たち」(ζωγράφοι) をイメージしている。

> しかし、われわれが哲学者について語っていることが真実であるということに大衆が気づくならば、はたして彼らは哲学者たちにつらく当たるだろうか、そして神的な範型を用いる画家たちがその輪郭を描くのでないかぎり、一つのポリスはけっして幸福になることはできな

---

[110] 499BD.
[111] 500D4-8.

いのだ、と言うわれわれのことばを信じないということがあるだろうか[112]。

　ここで哲学者とポリス構築は、画家と絵画制作になぞらえられている。「神的な範型を用いる画家たち」とあるが、これは文字どおり画家への言及ではなく、哲学者への言及であると理解すべきであろう。プラトンの考えでは、イデアを真似ることができるのは哲学者だけであり、画家にはそれができない[113]。IX巻の終わりの部分においても、「おそらく一つの範型が天に貯えられており」(592B2)、哲学者はそれを観照しながら、自分自身をそのポリスの市民に形成しようとするということが語られた。哲学者たちが自分自身の品性の中に、および哲人統治者候補たちの品性の中に理想国家を形成する過程は、以下のとおりである。

　①「国家と人間たちの品性をいわば画布として受け取った後、まず第一に、その画布を浄めるであろう」(501A1-2)

　これは、II・III巻で論じたムゥシケー初等教育に言及しているものと思われる。そこでは、善い素質をもつ子どもたちの魂が、将来のディアレクティケー教育の準備のために整えられるべきことが語られた。浄化されたものとしての文芸・音楽によるムゥシケー初等教育は、哲学者の人間形成のために用意されたムゥシケー生涯学習プログラムの出発点であった。IV巻では、将来に戦士あるいは国家守護者になる可能性をもつ子どもたちが受けるムゥシケー・ギュムナスティケー教育は、羊毛の生地を染め上げるにあたっての「下準備」(429D7)にたとえられた。それは、子どもた

---

112) 500D10-E4.
113) Cf. E. C. Keuls, *Plato and Greek Painting* (Leiden: E. J. Brill, 1978) 41-42. A. Nehamas, "Plato on Imitation and Poetry in Republic 10," 58-61. G. R. F. Ferrari, "Plato and Poetry," in *The Cambridge History of Literary Criticism*, vol.1, ed. G. A. Kennedy (Cambridge University Press, 1989) 121.

ちが、あたかも羊毛の生地のように、染料ならぬ法律を受け入れ、それに美しく染まることができるためであった。そのような下準備の結果、法にかなった正しい考えが彼らに定着し、その品性の中に染まった考えは、快楽・苦痛・恐怖・欲望をもってしても洗い落とすことができないということが語られた[114]。その後、教育とは何か、あるいは無教育とは何かという議論が行われる文脈の中で、太陽の比喩と洞窟の比喩が語られた後、Ⅶ巻においても、善い素質をもつ魂におけるいわば神的な器官である知性は、真実在への上昇の準備として、知性に付着する「生成界と同族であるいわば鉛の錘のようなものども」(519A8)、すなわち食べ物への耽溺、またそれと同類のものの与える快楽や貪欲などを「叩き落とされ続ける」(519A8) 必要があるということが語られた。このような付着物の除去は、ムゥシケー初等教育に求められる重要な役割であった。プラトンはこの浄化の仕事について、「それはなかなか容易ではない」(501A2) という見解を述べた。その理由は、抜本的な教育改革を考えているからであろう。彼はⅦ巻の終わりの部分において、現行のポリスを理想のポリスに再編制するにあたり、ポリスに住む10歳以上の若者たちを全員田舎に送り出すべきであることを提案する。「彼らの親たちももっているような今のさまざまな風習から切り離し」(541A1)、彼の理想とするポリスの諸原理にしたがって教育するためである。子どもたちの教育者としては、「真の哲学者たちが、一人でも二人以上でも、ポリスにおける実権者となって」(540D4-5)、その新しい教育を行うべきことが提案された[115]。

②次に、「彼らは国制の略図を写生するであろう」(501A8)

これは、Ⅶ巻において提案されたムゥシケー中等教育である数学的諸学科教育に言及しているものと思われる[116]。そこでは、数学的諸学科は、

---

114) 429D-430B.
115) Cf. J. Adam, *The Republic of Plato*, vol.2, 41, 154-155.
116) 521C-531C.

真実在への上昇を達成する真の哲学を実現するために必要な「前奏曲」（προοίμια, 531D8）として位置づけられた。あくまでも「本曲」（τοῦ νόμου, 531D8）は、ディアレクティケーである。数学的諸学科は、それらだけでは真実在への上昇を達成することはできないが、その目的達成のためには哲人統治者候補たちがどうしても通過する必要がある「予備教育」（536D6）である。

③その上で、いよいよ本格的な画の制作、すなわちムゥシケー高等教育としてのディアレクティケー学習に取り組む。

> それから、思うに、彼らは色を塗っていくにあたり、ひんぱんに二つの方向に目を向けるであろう。すなわちまず自然本来に存在する正や美や節度やそういったすべてのものに目を向け、それからまた、彼らが人間たちの中に作り出そうとしているその写しに目を向けるであろう[117]。そして、さまざまな営みを混ぜ合わせて、肌色を、すなわち真の人間らしさ[118]をかもし出すであろう。まさにかのホメロスも、それが人間たちの中に生まれたときに「神のかたち」「神らしさ」と呼んだものに基づいて判断しながらね。
>
> ……
>
> そして、思うに、彼らはある部分を消し去り、またある部分を塗り込みながら、ついには人間の品性を可能なかぎり神に愛されるものにするように最善の努力をするであろう[119]。

---

117) 「それからまた、彼らが人間たちの中に作り出そうとしているその写し」は、アダム（J. Adam）の読み方 ἐκεῖν᾽ αὖ ὃ ἐν τοῖς ἀνθρώποις ἐμποιοῖεν に従う。
118) Cf. J. Adam, *The Republic of Plato*, vol.2, 79 は、τὸ ἀνδρείκελον を 'the colour and likeness of true Manhood' と訳すのがよいと提案する。
119) 501B1-C2.

画家にたとえられた哲学者たちが、画布にたとえられた自分自身の品性と他の哲人統治者候補の品性の中に、善き哲人統治者にふさわしい正や美や節度などのアレテーのイデアを範型として、いよいよ本格的に国制を描き上げていく段階である。それはムゥシケー生涯学習における、ディアレクティケーとしてのムゥシケーの学習段階である。「さまざまな営みを混ぜ合わせて」とは、Ⅶ巻において述べられた哲人統治者養成の本格的プログラムに言及しているものと思われる。ディアレクティケー学習に適格であるとして選抜された青年たちは、30歳から5年間、ディアレクティケー学習の訓練を受けるのであった。しかし、彼らは学習のみに没頭することは許されない。洞窟から解き放たれ、真実在の世界に上昇した哲学者たちが、そこに自分だけがとどまることを許されず、洞窟の中に縛られている人間たちを救うためにもう一度洞窟の中に降りていかなければならなかったのと同様に、哲人統治者候補たちもディアレクティケー学習の訓練を受けた後、もう一度洞窟の中に降りていかなければならないのであった。そして、戦争に関することがらの統率や、その他彼らに適した役職を割り当てられ、実務を経験しなければならないのであった。その期間は15年間である。これは、彼らが実際の業務の中で哲人統治者に適しているかどうかについて、試される時期でもあった。こうして、実務と知識の両面において最も優秀であった者たちが、哲人統治者育成のためのムゥシケー生涯教育における最終課程へと選抜されるのであった。それは50歳からである。彼らは大部分の期間を哲学することに過ごし、善のイデアを観照するが、自分の順番が来たときには、善のイデアを範型としてポリスとその市民たちと自分自身とを秩序づける仕事に従事するのであった[120]。グラウコンは、このように描かれた哲人統治者像を「まったく美しい」($παγκάλους$, 540C3) と賞賛した。この賞賛は、Ⅵ巻において描かれた

---

120) 539D-540C.

国制の絵に対する、「この上なく美しい」(501C3) と呼応している。また、Ⅶ巻における、その国民は幾何の学習を避けてはならないとされる「美しいポリス」(527C2) にも呼応している。

　哲学者は、「国家に関わることどもを描くそのような画家」(501C5) であり、「神的な範型を用いる画家たち」(500E3) である。プラトンの考えでは、哲学者たちが国の輪郭を描くのでないかぎり、国はけっして幸せになることはできない。国家を描くことに関するかぎり、真の画家は哲学者だけである。しかるに、現実はといえば、詩人という名の画家が哲学者を押しのけ、真の画家の地位を横取りしている。プラトンがⅩ巻において画家を取り上げ、それを吟味するとき、念頭にあるのは詩人である。プラトンは「ある仕方では画家も寝椅子を作る」と言う。寝椅子がもつ文化・教養への関連から見るなら、詩人もまた「ある仕方では」(596E10) 国家の中に文化・教養を作る。ある仕方では、とは「寝椅子と見えるもの」(596E11) を作るということである。つまり、文化・教養に見えるものを作る。これに対して、「寝椅子製作者」(597A1) は、寝椅子のエイドスは作ることができないが、少なくともある特定の寝椅子は作ることができる。そのように言うとき、プラトンは哲学者のことを考えている。哲学者は国家のエイドスは作ることはできないが、それを範型として、見せかけではない実質ある文化・教養に満ちた国家を作ることができる。それは、「真実在にくらべれば、何かぼんやりした存在」(597A9-10) ではあるが、現実に存在するものであることには変わりがない。単なる見せかけとは違うのである。

(4) 画家としての詩人

　Ⅹ巻の最初の部分におけるプラトンの目的は、ミーメーシスとは何であるかを明らかにすることであった。その解明のために例として取り上げられたミーメーテースは、画家と寝椅子製作者であった。プラトンは、存在

の度合いに応じて三種類の寝椅子があると語る。すなわち神が作った「本性界の中に存在する寝椅子」(597B6)[121]、寝椅子製作者が作る寝椅子、そして画家が作る寝椅子である。神の作品としての寝椅子とは、天に範型として備えられている「美しいポリス」であり、寝椅子製作者の作品としての寝椅子とは、それを範型として哲学者が作る現実の文化国家である。これに対して、画家の作品としての寝椅子は、詩人が詩のことばで描く文化国家の幻影ということになるであろう。詩人は作るのではなく描くだけである。しかも、描かれるのは、事物ではなく事物のように見えるものにすぎない。哲学者はエイドスを範型として文化国家を作ることができるけれども、画家はエイドスを真似ることはできない。画家は現実に存在する国家を自分の目に見えるままに描くだけである[122]。

したがって、ミーメーテースとは、本性(実在)から遠ざかること三番目の身分にあるものであり、ミーメーシスがもたらすものも、真実(実在)から遠ざかること三番目のものである。もちろん、プラトンがミーメーテースとして一番念頭に置いているのは、「悲劇詩人」(597E6)である。ムゥシケー生涯教育の中等・高等段階にある哲人統治者候補たちは、真実在へと魂を上昇させるのに役立つ学習に励むべきである。しかるにその学習を妨げ、その魂を下落させるのがミーメーシスとしての悲劇なのである。

プラトンは、画家の例を継続しつつ、ミーメーテースについてさらに分析を進める。その分析は、ミーメーテースが行うミーメーティケー (ἡ μιμητική, ミーメーシス術) とは何であるかという問題に関するものである[123]。すでに見たように、プラトンはミーメーシス詩を拒絶する根拠

---

121) ここでは ἡ φύσις は事物の本性を意味するが、それは厳密にはイデア界を意味すると思われる。Cf. J. Adam, *The Republic of Plato*, vol.2, 390.
122) A. Nehamas, "Plato on Imitation and Poetry in Republic 10," 58-64.
123) 598AD.

を示すにあたり、始めに、一般にミーメーシスとは何であるかという問題を探求し、次に、ミーメーテースとは何者であるかという問題を探求してきた。続いてここでは、それらの探求を踏まえて、技術および知識の観点から、ミーメーシスとは何であるかということを明らかにしようとする。ディアレクティケーが真実在を知ることを目指す技術であるなら、ミーメーティケーは何を知ることを得させる技術なのであろうか。プラトンは『ソピステス』の終わりの部分において[124]、ソフィストの技術に関連する分類を提示している。それによると、技術には獲得の技術と作る技術とがあるが、ソフィストは後者に関わる。作る技術には神的なものと人間的なものとがあるが、ソフィストは後者に関わる。人間的技術には実物を製作するものと影像を製作するものとがあるが、ソフィストは後者に関わる。影像を製作するかぎりでは、ソフィストの技術はミーメーシスの技術である。この影像を製作する技術には、「似像」(τὸ εἰκαστικόν, 266D9) を作るものと「見かけだけの像」(τὸ φανταστικόν, 266D9) を作るものとがあるが、ソフィストは後者に関わる。見かけだけを作る技術には、絵画や彫刻のように道具を使うものと自分自身の声や体を使うものとがある。後者はいわゆる物真似であり、ソフィストがそれに属する。つまり、ソフィストの技術は、ことさらにミーメーシスに関わる技術である[125]。このミーメーテースとしてのソフィストのあり方が、プラトンがミーメーテースとしての詩人について語るとき、念頭にあったのではないかと思われる。プラトンは、『国家』II巻においてミーメーテースに属する人たちとして画家や詩人たちを挙げたが[126]、彼の見るところでは、ソフィストもその類に属するのである。

　さて、画家が真似て描写する対象は、エイドスではなく、職人たちが

---

124) *Sophista*, 265A-267B.
125) Cf. M. F. Burnyeat, "Culture and Society in Plato's Republic," 296-300.
126) 373BC.

作った製作物のほうである。しかも、実際にあるものをあるがままに真似て描写するのではなく、見える姿を見えるがままに真似て描写する。絵画とは、見かけを真似る描写なのである。ミーメーシスの技術が触れることができるのは、それぞれの対象のほんのわずかの部分であり、しかもそれは見かけだけの影像にすぎない。だからこそ、「すべてのもの」(598B7)を作り上げることができる[127]。プラトンは次のような例をあげる。

> たとえば画家は、とわれわれは言おう、われわれに靴作りや大工やその他の職人を絵にかいてくれるだろう。これらの人たちの技術の何一つについても専門知識をもたないのにね。それにもかかわらず、彼が上手な画家であるなら、少なくとも子どもたちや思慮のない人たちに、大工の絵をかいて遠くから示し、ほんとうに大工であると彼らが思うようにだますであろう[128]。

プラトンは、ミーメーシス詩、特にホメロスのそれを念頭に置いてこれを語っている。ホメロスとその詩が、個人と社会のあり方に悪影響を及ぼしているという認識がそこにある。ミーメーテースとしての画家とその技術について何が問題であるかといえば、「靴作りや大工やその他の職人」を本物そっくりに描くことにある。たとえば、大工の絵をかいてみせて、「子どもたちや思慮のない人たち」に本物の大工であるかのように思わせることが、すなわち見かけだけの影像を実物であるかのように思わせることが問題なのである。画家はあくまでもミーメーテースにすぎず、大工の技術について何一つ専門知識をもっていない。それにもかかわらず、描かれた大工の絵は、識別力を欠く人たちには、あたかもその画家が大工

---

127) 598AB.
128) 598B8-C4.

の技術を熟知しており、大工であるかのような錯覚を与える。つまり、大工の技術に関しては、いわば見かけの影像にすぎない画家が、あたかも自分が大工自身であるかのように思い誤らせてしまう。『ソピステス』においても、画家は、自分が画いた「似姿」（μιμήματα）によって知恵の行かない幼い子どもたちをだまし、自分は何でも実物を作ることができると思わせることができるということが語られている[129]。言及されているのは、当時流行した「板絵」（テンペラ画および蠟画）のことであろう。この部門の画家たちは、錯覚に重点を置き、色彩、光と陰による立体効果、短縮法、および精緻な仕上げによって、見る者に幻覚を起こさせることをねらった。たとえば、「葡萄と鳥」という有名なだまし絵があったと伝えられる。ピロストラトスの著書『絵画記』Ⅰ巻23節に、絵にかいた花に一匹の蜂がとまった話が出てくる。本物の蜂が花の絵にだまされたのか、それとも蜂の絵が見る人をだますほど真に迫っていたのかという話である[130]。ウェブスター（T. B. L. Webster）の研究によると、前425–前370年は、歴史の激変を背景として芸術も変化し、自由な様式が興った時代である[131]。絵画においては、情緒と写実が強調されるようになった。板絵の巨匠たち、ゼウクシスやパラシオスの作品は、前427年に生まれたプラトンの少年時代から中年時代に画かれたものである。プラトンのソクラテスは、ゼウクシスの「ヘレネの幻影」（τῆς Ἑλένης εἴδωλον, 586C4）という絵や、「影絵」（σκιαγραφιία, 602D2）という専門用語を知っていた。これら遠近法によって画かれた絵は、エートスや理性にではなく、パトスに訴えることを目的とした。アテナイには遠近法画の巨匠、アガタルコスのような人物が活躍した。ウェブスターは、そのような

---

129) *Sophista*, 234B.
130) ブルクハルト『ギリシャ文化史』第Ⅲ巻、49-55; 55 n.11 を参照。
131) T. B. L. Webster, *Everyday Life in Classical Athens* (London: Batsford, 1969) 149-150.

絵が子どもに与えたであろう影響の例として、アルキビアデスの家の食堂に板画を飾った画家が、もしもアガタルコスであったならばという仮定の話を語っている。それによると、アガタルコスは、現実の饗宴であるかのように思わせる仮想空間感を与えるため、遠近法を用いて寝椅子に横たわる酔客たちを壁一杯に画いたであろう。仮に子どものプラトンがこの家に行き、本当の空間であるかのように見えた壁絵に手を触れてみたと想像しよう。実は壁が平らだとわかったときの幻滅はどれほどであったことであろう。そういう仮定の話である[132]。ミーメーテースとしての画家は、似姿によって欺く者であり、ミーメーテースとしてのソフィストは偽りのことば、すなわち偽りの教養や論駁によって欺く者であり、ミーメーテースとしての詩人は偽りのことば、音楽、踊りを総動員して欺く者である。彼は、視覚にも聴覚にも訴えて欺く。そのかぎりでは、視覚のみに訴えるミーメーテースとしての画家よりも、人々に与える影響は大きい。ミーメーテースとしての詩人は、ことばだけではなく音楽や踊り、および舞台の背景画などを総動員するゆえ、幼い子どもにもわかりやすいので、人間形成の初期段階から影響を与えることができる。それに比べ、ことばのみを用いるソフィストが与えることができる影響は、人間形成のもっと後の段階においてである。

「子どもたちや思慮のない人たち」は、先に語られた、治療薬としてのミーメーシス詩の本質に関する知識をもっていない人々に対応するであろう[133]。その中にはムゥシケー中等教育課程に学ぶ若者たちも含まれるであろう。彼らは、エートスの学習を主とするムゥシケー初等教育を終了し、今や将来のディアレクティケー学習の準備として、理性を育てる数学的諸学科の自由な学習を始めたばかりか、あるいはその途上にある生徒たちである。魂におけるエートスの形成の段階からロゴス（理）の

---

132) T. B. L. Webster, *Everyday Life in Classical Athens*, 169.
133) *Respublica*, 595B.

第6章 哲学的ムゥシケー論の仕上げとミーメーシス詩拒絶論 | 505

形成の段階へと着実に進んでいく必要がある彼らにとって、ミーメーシス詩とそれがもたらす影響は、進歩の妨害であり、むしろ退歩させるものである。彼らは途上にある以上、いまだ「知識」(598D4) と、「無知」(ἀνεπιστημοσύνην, 598D5) と、「ミーメーシス」(598D5) とのあいだの区別をつけることができない。それゆえ、ミーメーテースの中のミーメーテースである詩人が、ミーメーティケーの中のミーメーティケーであるムゥシケーの諸技術を駆使して、ありとあらゆる影像をつくり出すとき、ミーメーシスの本質を知らない若者たちは、実物ではないそれらを実物であるかのように容易に欺かれうる。ミーメーテース詩人が、オイデュプス王やアガメムノン王の影像を作るとき、識別力のない若者たちは、それらの影像によって、詩人がさぞかし人間や人生について多くのことを知っているかのように欺かれる[134]。影像の製作者にすぎず、それゆえ製作者の名にさえ値しない「呪術師・ミーメーテースの輩」(598D3) を、あたかも「何でも知っている人」(598D3)[135] であるかのように思い込まされる[136]。ミーメーテースとしての詩人は、呪術師のように魔法の薬を用いて、何でも知っている人に変身して、その人を演じることにより[137]、若者たちを欺く。その魔法の薬とは、ミーメーシス詩である。ミーメーテース詩人は、ソフィストのように何でも知っている人のごとくに演じる。知を愛し求める哲学者を演じることはもとより、本当の知者である神をも演じる。プラトンの見るところでは、これがミーメーテース詩

---

134) Cf. M. F. Burnyeat, "Culture and Society in Plato's Republic," 300-301.
135) この語は、非常にしばしばソフィストについて用いられ、常に皮肉の意味が込められている。たとえば、*Euthydemus*, 271C, 287C; *Protagoras*, 315E. Cf. S. Halliwell, *Plato: Republic 10*, 120-121.
136) 598CD.
137) A. Nehamas, "Plato on Imitation and Poetry in Republic 10," 58 は、ミーメーシスという用語は古来、詩、語り、踊りに用いられ、「～のように演じること」を意味したと指摘している。

人とミーメーシス詩の本質なのである。だまされないためには、X巻の冒頭で言及されたように、このようなものとしてのミーメーシス詩の本質を知る知識を、「治療薬」（595B6)[138] としてもっている必要がある。

(5) ミーメーシス詩の代表者ホメロスへの批判

　ミーメーシス詩とミーメーテース詩人の本質を解明しようとするプラトンの議論は、以上に見た通りである。この議論を経た上で、今や彼は心を決めて、「悲劇と、悲劇の指導者であるホメロス」（598D8）に対する批判へと進む。その批判は、ミーメーシス詩とミーメーテース詩人の代表者としてのホメロスに対するものである。それは、ホメロスへの愛と畏敬よりも「真理」が尊重されなければならないという判断に基づいている[139]。

　　したがって、とぼくは言った。次に、かの悲劇とその指導者であるホメロスを吟味しなければならない。というのは、われわれは、ある人たちが次のように言うのを聞いているからだ。すなわちこういった詩人たちは、一方において、ありとあらゆる技術を知っており、他方において、アレテーと悪徳に関する人間のことがらのすべてを、さらに神のことがらまでも知っている。なぜなら、かの善き詩人は、どんなものどもであれりっぱに作ろうとするのであれば、必ずそれらを知っていて作ると思われる。さもなければ、作ることはできない、とね[140]。

　「ある人たち」とは、特定の人たちを指すのではなく、すぐ後で「大衆」（599A3）と言いかえられていることから見て、当時の一般大衆に言及す

---

138)　Cf. S. Halliwell, *Plato: Republic 10*, 120.
139)　595C.
140)　598D7-E5.

るものであろう。一般通念によると、ホメロスは、①ありとあらゆる技術を知っている、②アレテーと悪徳に関する人間のことがらのすべてを知っている、③神のことがらまでをも知っている、と信じられていた[141]。その理由として、「かの善き詩人」であるホメロスは、どんなことでも「りっぱに作る」にあたっては、必ずそれらを「知っていて」、作った「はず」（ἀνάγκη）であるという憶測が挙げられている。しかしプラトンの考えによると、ホメロスが善き詩人であり、りっぱに詩を作るという思い込みは正しくない。「善き」という形容詞と「りっぱに」という副詞にふさわしいのは、哲人統治者だけである。ホメロスがあらゆることがらについて知っているという思い込みも正しくない。そのことばがふさわしいのは、やはり哲人統治者だけである。ミーメーテース詩人の「知識」は、哲人統治者の知識に遠く及ばないことはもとより、その他の各専門家の知識にも及ばない。それは、いわば「想像上の理解」[142]であり、知識の名に値しない。ミーメーテース詩人は、何かを知っているのではなく、何かを知っている人を想像し、空想するだけである。したがって、彼が「作る」ものも、専門家や哲学者が作るものの「見かけの姿」（599A1）、あるいは「影像」（599A6）にすぎない。つまり、作るのではなく「真似る」だけである。いかにホメロスが医者を巧妙にかき、医者の知識と技術をもつように見えても、それは見せかけである。ホメロスは人を治療することもできなかったし、治療の知識を他者に伝授することもできなかった[143]。

---

141) 606Eでは、ホメロスこそまさに「ギリシャの教師」であり、人生全般と教育の手本であるとするホメロス讃美者たちへの言及がある。Cf. H. I. Marrou, *A History of Education in Antiquity*, 9-10; A. G. Beck, *Greek Education*, 120-121. マルーは、イタリア人にとってダンテが、イギリス人にとってシェイクスピアが古典中の古典であったが、ギリシャの教育におけるホメロスの重要性はそれらを絶対的に凌駕するものであったと指摘する。

142) M. F. Burnyeat, "Culture and Society in Plato's Republic," 307.

143) 599C.

いかにホメロスが善き国家統治者や教育者を巧妙にかき、それゆえ人間のアレテーを知っているかのように見えても、それはアレテーの影像を真似てかいているだけで、アレテーそのものには少しも触れていない。彼はアレテーをもつ人間を作ることができなかったし、他者に影響を与えて、「ホメロス的生の道のようなもの」（600B1）を継承する学派を作ることもできなかった[144]。要するに、ホメロスを始めとするミーメーテース詩人たちは、教育に関しては、善き人間をも善き国家をも形成する真の知識をもっていないのである。「アレテーの諸影像をミーメーシスする人々」（600E5）がその正体である、とプラトンは言う。

それにもかかわらず、なぜ一般大衆はホメロスに欺かれるのであろうか。プラトンは再び画家のたとえに戻り、ミーメーシス詩がもつ欺きの性格を明らかにしようとする。

> 画家は一人の靴作りと思われる者を作るであろうが、彼自身は靴を作ることについてわかっていない。しかも、靴を作ることについてわかっておらず、もろもろの色や形によって鑑賞している人たちに対して、それを作るのだ。
> ……
> まさに同様に、ぼくが思うには、かの詩人も、それぞれの技術について語句を使ってさまざまな色を塗り描くのだ、とわれわれは主張することにしよう。彼自身はそれらの技術についてわかっておらず、ただ真似ているだけなのだ。しかし、その結果は、と言えば、ことばによって鑑賞しているこれらの他の人たちには、だれかがメトロンとリュトモスとハルモニアを用いて、靴を作ることについて語るならば、まったくよく語られているように思えるのだ。あるいはまた、軍

[144) 599D-600E.

の統率であれ、他のどんなことについても同じだ。それほどまでに、こういった音楽的要素はそれら自体が、本来、何か大きな魔力をもっているのだ。というのは、現に、これら詩人たちの作品がムゥシケーのさまざまな色をはぎ取られ、語句がそれら自体で語られるなら、どのように見えるかは、君は知っていると思う。見たことがあるだろうからね[145]。

　ミーメーテース詩人は、人間のアレテーを何一つ知らないにもかかわらず、語句という色を使って人物を描くことができる。しかも詩の語句にはメトロン、リュトモス、ハルモニアといった多彩な音楽的要素が伴う。それらには何か「魔力」（κήλησιν）のようなものが備わっている。それが人間の魂に対していかに大きな影響を及ぼすかについては、すでにⅡ・Ⅲ巻において語られたとおりである。ここに大衆を欺くものとしてのミーメーシス詩の本性がある。ほんとうは善きものではない語句を、音楽的諸要素が引き立てているだけであるにもかかわらず、大衆はそれらに欺かれ、善きものではない語句をすぐれているもののように思い込む。ホメロスも大衆も、真実に見える偽りを愛する者たちであり、真実そのものには愛着を寄せない。彼らは美しい語句、声、歌、踊りによって装われた詩には愛着を寄せるが、美そのものには愛着を寄せない。Ⅴ巻において、各地で開催される演劇公演競技会に駆けずりまわる人たちが、一般に哲学者だと思われる向きがあるということが語られた。しかし、実は、彼らは哲学者ではなく、「哲学者たちに似ている者たち」（475E2）にすぎなかった。真の哲学者たちとは、「真実を見ることを愛する人たち」（475E4）なのである[146]。

　結局のところ、ホメロスに代表されるミーメーテース詩人、すなわち

---

145) 600E7-601B4.
146) 475DE.

「影像を作る人」(601B9) がもつとされる「知識」とは、「実在するもの」(601B10) については何も知らず、「見えるもの」(601B10) について知っているということにすぎない。そのようなものは知識の名に値しない。このことを明らかにするために、プラトンは、「三種類の技術、すなわち使うための技術、作るための技術、真似るための技術」(601D1-2) を例として取り上げる。道具にせよ、動物にせよ、人間の行為にせよ、それぞれのものの「アレテーや美しさや正しさ」(601D4) は、三種類の技術の中のどれに関わるかというなら、それは使うための技術に関わるというのが、プラトンの考えである。なぜなら、それぞれのものを「使う人」(601D8) こそが、最もそのものに通じており、それゆえ、どのようなところが善いか悪いかを「製作者」(601D9) に指示することができるからである。プラトンは、アウロス演奏の技術を例に取り上げる。どのアウロスが実際の演奏のために善いか悪いかを知っており、どのようなアウロスを作らねばならないかを指示することができるのは、アウロス奏者 (601D10) である。アウロス製作者 (601D10) は、アウロスの目的である実際の演奏に関しては専門家ではないのであるから、アウロス奏者の指示を信じて、それに従うだけである。つまり、製作者がもつものはせいぜい「正しい信念」(πίστιν ὀρθὴν, 601E7) にすぎず、「知識」(602A1) の保持者と言えるのは使用者のほうである。では、ミーメーテース詩人はどうであろうか。たとえば、人間の行為の「美しさや悪さ」(602A9) を知る知識をもっていると言えるであろうか。ミーメーテース詩人は、そのような知識をもっていないことはもとより、そういうことがらについて正しい思わくをもつことすらできない[147]。ここでアウロス奏者の例が取り上げられるのには、理由があると思われる。Ⅲ巻において、「アウロス製作者たちやアウロス奏者たち」(399D3) は、浄化された国家に必要とさ

---

147) 602A.

れる節度あるハルモニアに違反する演奏に加担するという理由で、その国への入国を拒絶された。ミーメーテース詩人は、知識に関してはかのアウロス奏者にすら遠く及ばない。それだけではなく、正しい思わくに関してもアウロス製作者にも及ばない。結局のところ、ミーメーテース詩人である悲劇作家たち、及びその代表であるホメロスは、「言うに値することを何一つ知っていない」（602B7）のである。「彼らのミーメーシスは、遊びのようなものであり、真剣に従事することではない」（602B8）。これがプラトンの下す結論である。

b．第二の議論：ミーメーシス詩と魂の非理知的要素（602C-605C）

ミーメーシス詩拒絶の根拠を示す第二の議論は、ミーメーシス詩が魂における劣った要素を助長し、理知的要素を滅ぼしてしまうというものである。

(1) 魂における非理知的要素と理知的要素

議論は、「それ（真似るということ）は、それがもっている力を人間に属する諸要素の中のどのようなものに対して及ぼすのだろうか」（602C4）という問いで始まる。プラトンは、視覚を例として取り上げ、それが錯覚によって数学的測定に反する判断を起こしやすいことを語る。これにより、人間の内には数学的測定に従って判断をする理知的要素とは別の、それに反する要素があることがわかる。前者は「魂の最高の一要素」（603A3）であり、後者は「われわれの内にある劣った諸要素の中の何か」（603A6）である[148]。劣った諸要素とは漠然とした言い方ではあるが、プラトンが言おうとしていることは、人間の魂の内には理知的要素に

---

148) 602C-603A.

反する何か非理知的要素が存在するということであろう。しかし、それがミーメーシスの技術とどういう関係をもつのであろうか。プラトンのソクラテスは次のように語る。

> 絵画術、および一般にミーメーシスの技術は、一方では、真実から遠く離れているものとして自分自身の作品を完成し、他方ではまた、われわれの内にある思慮から遠く離れた要素と親密に交際し、なおかつ健全でも真実でもないことのための遊女・女友だちである。
> ……
> どう見ても……したがって、ミーメーシスの技術は劣った者であり、劣った者と一緒に寝て、劣った子どもたちを生むのである[149]。

「われわれの内にある思慮から遠く離れた要素」とは、われわれの内にある劣った要素、すなわち非理知的要素を言いかえたものである。ミーメーシスの技術から働きかけを受けるのは、他でもなくこの要素である。「親密に交際する」、「遊女・女友だち」、「一緒に寝る」は、いずれも性的関係を想起させる用語であり、いかにこの要素がミーメーシスの技術に魅惑され、その強い影響を受けやすいかということを示唆している[150]。「劣った子どもたちを生む」という表現も、この要素がミーメーシスの技術から影響を受けるとき、その影響はひとり自分自身だけにとどまらず、他のものたちにも波及していくことを示唆する。なお、「劣った子どもたち」（φαῦλα）という用語は、非嫡出子を示唆する。

以上に見たのは、遊女・女友だちにもたとえられるミーメーシスの技術と、魂におけるそれから強い影響を受けやすい要素との交際の話である。これに基づき、プラトンはさらにミーメーシスの技術をミーメーシス

---

[149] 603A10-B4.
[150] Cf. S. Halliwell, *Plato: Republic 10*, 135.

詩に特定し、「詩のミーメーシスの技術が親密に交際するところの他でもなく心のその要素」（603B10-C1）を取り上げ、それが劣ったものであるのか、それとも優れたものであるのかを吟味することに取りかかる。まずプラトンは、心の中にそのような要素があることを確認するために、ミーメーシス詩はどのような場面を真似て描写するのか、そしてそれにさらされるとき人間はどのような反応をするのかについて語る[151]。「心」（τῆς διανοίας）は魂全体を表す用語であり、X巻の冒頭における「どうやらこういったすべてのものは、聴いている人たちの心を害するもののようだ」（595B5-6）に見られる「心」の用法に対応する。ここでは、プラトンは魂を部分化することについて慎重であることが見てとれる。ミーメーシス詩が真似て描写するのは、「強制された行為、あるいは自発的な行為を行っている人間たち」（603C4-5）である。III巻において、この二つの範疇はハルモニアの種類との関連において語られた[152]。そこでは、戦争をはじめとする強制された行為にあって勇敢に行動する人を描写するハルモニアと、平和時に強制されてではなく自発的に行う行為にあって節制をもって行動する人を描写するハルモニアとが、国家に採用されるべきであることが語られた。一方で、勇敢な、あるいは節度ある行為をなした人は、その首尾に満足することができるので、喜ぶ人として描写され、他方で、臆病な、あるいは節度のない行為をなした人は、その首尾に満足することができないので、嘆く人として描写される。それゆえ、勇気に対応するハルモニアと節制に対応するハルモニアとが、国家に保持されなければならないということが、その箇所の趣旨であった。プラトンがX巻のこの箇所で問題にしているのは、悲劇などにおいて演じられる演技に聴衆がどのように反応するかということである。もちろん勇気ある行為や節度ある行為を見聞きして、それに感化される場合もあるであろうが、問題は臆病

151）603CD.
152）399AC.

な行為や節度のない行為を見聞きして、それに感化される場合も大いにありうるということである。さまざまな場面に遭遇するとき、人間はいつも「一つの心である」(603C10) ことは難しく、あちらこちらへと揺れ動く。それはいわば心の中の「内戦」(603D3) であり、人間には避けられないものである。ここで吟味されているのは、作品の中で勇気ある行為や節度ある行為をなす人、およびそれを観る聴衆の心の動きである。作中の「善き人」(603E3) が最愛の人を失うというような悲運に遭遇するとき、それを他のだれよりも平静に耐え忍ぶとしても、それは悲しくないということではなく、人々の前では節度をもって悲しみに耐えているということである。自分一人きりになったときには、人に聞かれたら恥ずかしいような振る舞いをすることもありうる。他方、聴衆の側に立つなら、善き人であっても人間であるかぎり、悲しい場面を観るとき、心を動かされずにはいられないであろう。特に、ものごとに感じやすい年頃の若者はそうであろう。たとえ大勢の面前では悲しみに耐えて、節度を保つとしても、自分一人きりになったときにはどうであろう。思う存分悲しみにひたるのではないであろうか。

　ムゥシケー中等教育の段階にある若者たちを考えてみよう。彼らは、音楽としてのムゥシケー初等教育による魂におけるエートスの形成を修了し、今や数学的諸学科としてのムゥシケー中等教育の最中にあり、魂におけるロゴスの涵養に励んでいるところである。彼らの中に形成されつつあるロゴスは、悲しみに抵抗しそれを抑制するように彼らを励ますであろう。プラトンは、「ロゴスとノモス」(604A9) が励ますという表現を用いている。彼がノモスにも言及するのは、アテナイにおいては公的な哀悼は抑制しなければならないと定めたソロンの法令を意識しているからかもしれない[153]。しかし、ロゴスとノモスの励ましがあるとしても、他方、

---

153) S. Halliwell, *Plato: Republic 10*, 137.

悲しみへ引きずろうとする「まさしく当の情動」(604B1) が存在することも否むことはできない。このことから、人間の中には相反する二つの要素が同時に存在することが明らかである。すなわちロゴスとノモスに従おうとする要素と、パトスに従おうとする要素である。前者は「最善の要素」(604D5) であるのに対して、後者は「非理性的要素」(604D9) である。やっかいなのは後者である。それは人間に悲しみや苦しみを思い出させ、嘆きへと導き、いつまでもそれにひたらせようとするからである。この「悲嘆・怒りに引きずられやすい要素」(604E2)[154] がミーメーシス詩にとっては格好の材料であり、作家たちはそれを多数かつ多彩な形で描写することができる。他方、「思慮深く平静なエートス」(604E2) は、つねに同一性を保つため、真似て描写するのが容易ではないし、演劇を観に来る大衆にも理解されにくい。それゆえ、大衆の評判を得るために、ミーメーシス詩人たちは「悲嘆・怒りに引きずられやすく、移り変わりやすいエートス」(605A4) を真似て描写することに専念するのである。哲人統治者になることを目指して、ムゥシケー中等教育を受けている若者たちの心の中にも、大衆に迎合し大衆を欺くこのようなエートスが存在している。これが、数学的諸学科としてのムゥシケーの教育によって促進されるべきロゴスの涵養に対して妨げとなるのである。

　ミーメーシス詩が人間の心の中のどのような要素に影響を及ぼすかが、一応、明らかになった。それが影響を及ぼすのは、「魂における最善とは別の要素」(605A10) に対してである。ここでもこの要素が何であるかは明確に説明されていないが、重要なのはこの要素がロゴスに反抗すると

---

154) J. Adam, *The Republic of Plato*, vol.2, 411 は、τὸ ἀγανακτητικόν を魂の三部分説における「気概の部分」(τὸ θυμοειδές) が堕落した一形態であると考えるが、プラトンがX巻のこの箇所を魂の三部分説の観点から考えているかどうかは明らかではない。ここでプラトンが明言していることは、人間の魂には悲嘆にとらわれやすい傾向があるということである。

いうことである[155]。ミーメーシス詩人はこの要素を目覚めさせ、増長させ、強いものにすることによって、理知的要素を滅ぼしてしまう。ここにプラトンがミーメーシス詩人を理想国家に受け入れない正当の理由がある。その国家は、「まさにノモスが統治しようとしている国家」（605B3）だからである。ミーメーシス詩によって人間の内なる非理知的要素を増長させることは、いわば国家においてならず者たちを統治者となし、より教養のある人たちを滅ぼすようなものである。「ミーメーシス詩人は、それぞれの人のかけがえのない魂の中に悪しき国制を作り上げる」（605B7）のである。将来の哲人統治者を目指し、ムゥシケー中等教育に学んでいる若者が、その「魂の思慮を欠く部分におもねる」（605B8）ならば、ロゴスの形成が妨げられ損なわれる危険が大きいのである。

(2) 魂の区分に関するⅣ巻とⅩ巻の整合性

　以上のように魂を理知的な要素と非理知的な要素という二つの観点から理解しようとする見方は、Ⅳ巻等において語られた魂の三部分説と矛盾するように思われるかもしれない。両者の関係をどのように考えたらいいのであろうか。コンフォード（F. M. Cornford）は、Ⅹ巻の二部分説（最善の部分と劣悪な部分。劣悪な部分＝快苦（喜怒哀楽）の部分）がプラトンの本来の考えであり、Ⅳ巻等における三部分説は国家における三階層区分に合わせてつくり出された考えであると解釈する[156]。その解釈によると、気概の部分は軍人階層に合わせて作られたものであり、二部分説では気概の部分は劣悪な部分に含まれる。知恵、勇気、節制の三つのアレテーは、本来、年齢による社会階層の区分に対応するものであった。国家には老年、成人男子、子どもの三つの社会階層があった。それぞれの階層

---

155) Cf. P. Murray, ed., *Plato on Poetry*, 221-222.
156) F. M. Cornford, "Psychology and Social Structure in the Republic of Plato," *Classical Quarterly* 6 (1912) 246-265.

には、特有の役割があり、それゆえ特有のアレテーがあった。老年には知恵が、成人男子には勇気が、子ども（と女性）には節制が求められた[157]。特に節制は、子どもから大人になりかけの若者（μειράκιον）に固有のアレテーとみなされた。魂の部分という観点からは、知恵は理知的部分に対応し、節制は欲望的部分に対応する。したがって、勇気に対応する部分も必要となり、プラトンは、それに対応するものとして気概の部分を発明した。そのようにコンフォードは解釈する。

これに対して、マーフィー（N. R. Murphy）は、魂はいくつの部分に分けられるのかという観点からではなく、魂の中にあるどの要素が分けられるのかという観点から解釈する[158]。その解釈によると、その分けられる要素とは魂における「理知的要素」であり、X巻で語られる「われわれの中にある劣った要素の一つ」（603A7）[159]とは理知的要素が細分化されたものである。しかし、それは知性に対する感覚というような細分ではなく、感覚と感情に対して理知的部分が正しく働いていない状態を表す。本来、理知的な部分はたえず天の範型を見つづけることによってその抑制力を発揮すべきであるけれども、それを怠るときに陥る望ましくない状態、それをプラトンは、「われわれの中にある劣った要素」と表現する。そのようにマーフィーは解釈する。

同様にバーニエットも、「われわれの中にある劣った要素」とは理知的要素の機能が不完全な状態を指していると解釈する。その解釈によると、魂の部分化という観点からは、理知的部分と欲望的部分の対立という構造になる。しかし、それはプラトンがIV巻において論じた魂の三部分説を放棄し、X巻において新たに二部分説を提起したということではなく、す

---

157) 435E, 544D.
158) N. R. Murphy, *The Interpretation of Plato's Republic*, 239-243. Cf. A. Nehamas, "Plato on Imitation and Poetry in Republic 10," 64-67.
159) 602C-605C.

でに提示された三部分説を新たな観点から補足するものである、とバーニエットは解釈する[160]。すなわちⅣ巻は相対立する動機という観点からの区分であるのに対して、Ⅹ巻は魂の理知的部分における相対立する認識という観点からの区分である。後者は前者と矛盾するものではなく、前者に対して新たに付加されたものである。プラトンはⅣ巻における魂の三部分説を踏まえて、Ⅹ巻における二部分説を展開しており、むしろⅩ巻においては三部分説と二部分説とが融合している。これがバーニエットの解釈である。このような融合という解釈の線上で、マーレー（P. Murray）もⅩ巻の二部分説を理解しようとする[161]。ただし彼は、「われわれの内にある劣った諸要素の中の何か」（603A7）を理知的部分における劣った要素とみなす上述の見解には賛成しない。603A12-B1 と B4 以下においてこの要素を揶揄する表現が使われているが、はたしてプラトンは理知的部分に対してそのような表現を用いるであろうかは疑問であるからである。また 605A9-B6 において「魂の劣った要素」（605B3）は、「理知的部分」（605B4）と強く対比されている。プラトンは、603CD において「詩のミーメーシスの技術が親密に交際するところの、他でもなく心のその要素」（603B10-C1）を吟味するにあたり、次のように語る。

> すなわち先の議論において、そういったすべてのことについて十分に同意したのだから。そういった無数の対立するものが同時に生じており、われわれの魂はそれらによって満たされているということをね[162]。

「先の議論」とは、Ⅳ巻 439C 以下で語られた魂の三部分に関する議論

---

160) M. F. Burnyeat, "Culture and Society in Plato's Republic," 223-228.
161) P. Murray, ed., *Plato on Poetry*, 215-216, 221-222.
162) 603D5-7.

を指す。Ⅹ巻のこの時点においても、プラトンは魂の三部分説を保持しており、それを踏まえて魂における理知的要素と魂の劣った要素との対立について議論を展開しているのである。三部分説との具体的関連は説明されていないが、はっきりしていることは、この魂の劣った要素は理知的要素と対立するということであり、ミーメーシス詩が魅惑するのはこの劣った要素であるということである。

『国家』における魂の三部分説（Ⅳ巻）と二部分説（Ⅹ巻）の併存という問題は、ムゥシケー生涯教育論の観点からよりよく説明できるのではないかと思われる。プラトンはⅧ巻において、三部分説に基づき名誉支配制的な人間から寡頭制的な人間への変化について語った[163]。名誉を愛する野心的な青年が財産喪失の憂き目に遭うとき、それまでの名誉愛や気概の部分をまっさかさまに突き落とす。代わりに、金銭を愛する欲望的部分を魂の王座にすえ、自分の内なる大王として奉る。そして、その大王の足下のそれぞれの側に、理知的部分と気概の部分とを召使いとしてはべらせる。その上で、理知的部分に対しては金儲け以外のことを考えることを許さず、気概の部分に対しては富以外のものに尊敬と名誉心をもたないように命じる。さらにプラトンはⅨ巻において、僭主（独裁者）の生は最も不幸であり、優秀者支配制的人間（哲学者）の生は最も幸福であることを示す三つの証明を行ったが[164]、その一つは魂の機能の三区分にもとづく証明である[165]。そこでは、国家が三階層に区分されたのと同じように、一人一人の魂も三つに区分されるという観点から、魂に三部分があるのに応じて快楽にも三つのものがあると語られる。一つ一つの部分が、それぞれに固有の快楽を一つずつもつ。ものを学ぶ部分は学びと知を快とする。気概の部分は勝利と名誉を快とする。欲望的部分は金銭と利得を快とす

---

163) 553A-D.
164) 576B-588A.
165) 580C-583A.

る。知と学びの快楽は「最大の快楽」(583A1)、あるいは「本物の快楽」(587B5) と呼ばれる。IX巻を通じて魂の三部分説は保持されている。プラトンは、不正が得になるという説が誤りであることを示す議論を結ぶにあたり、「魂の一つの似姿」(588B10) を描いてみせた。すなわち複雑で多頭の動物（欲望的部分）、ライオン（気概の部分）、人間（理知的部分）とが癒着し合って、全体が人間という一つの生きものに見える姿である。

> それでは、この人間にとって不正を行うことが利益になり、正しいことどもを行うことは得にならないかのように語る人に対して、次のように言うことにしよう。彼の言うことは他でもなくこうだ。すなわちその多種多様の獣に、またライオンとその仲間たちに十分な食べ物を与えて強くし、他方、人間を飢えさせ弱くして、その結果、それらのうちのどちらかが連れて行くところに引っぱられていくようにしてしまうことが、そして、一方の獣を他方の獣に慣れ親しませて友とすることなく、それらが互いに噛み合い戦い合い、互いに食べ合うようにさせておくことが、彼にとって利益になるのだとね[166]。

不正が得になると主張することは、この複雑で多頭の動物とライオン、およびライオンの仲間たちにごちそうを与えて強くする一方、人間を飢えさせ、弱くして、二つの動物たちが好きなところに引っぱっていくようにさせてしまい、二つの動物を慣れ親しませて友愛の関係に置くことなく、互いに噛み合い食い合うがままにさせておくようなものである。他方、正義が得になると主張することは、「内なる人間」(589B1) こそが最もよく人間全体を支配し、かの多頭動物を思慮深く見守り、穏やかなものは育てて馴らし、野生の荒々しいものは生えないように防ぎ、ライオン

---

[166] 588E3-589A3.

の種族を仲間につけ、動物たちを、お互いに対しても、内なる人間に対しても友愛の関係に置いたうえで、その全部を共通に気づかいながら、そのようにして養い育てるようなものである。この段階でプラトンは、支配者たるべき内なる人間と支配に服すべき動物たち（多頭動物とライオンの種族）というふうに、魂のあり方を二部分の観点から考える方向に移行しつつあるように思われる。彼は、一般に認められている美しいことがらと醜いことがらを取りあげ、美しいことがらとは人間の本性の「獣的な諸部分」（589D1）を「(内なる) 人間」（589D1）、すなわち「神的なもの」（589D1）の下に服従させるようなことがらであり、他方、醜いことがらとは「穏やかな部分」（589D2）を「野獣的な部分」（589D2）の下に服従させるようなことがらであると語る。「獣的な諸部分」、あるいは「野獣的な部分」は、人間の内にある「最もたちの悪い部分」（589D8）、あるいは「最も無神的で最も汚れた部分」（589E4）とも言いかえられる。魂の三部分説の観点からは、それは欲望的部分に相当するであろうが、それだけではなく堕落した場合の気概の部分をも含んでいるように思われる。先にプラトンは気概の部分に言及して、「ライオンとライオンの仲間ども」（588E6）と語った。「ライオンの仲間ども」と言うのは、気概の部分の堕落した形態を考えているからではないかと思われる[167]。その後、気概の部分は「ライオン的な部分や蛇的な部分」（590B9）と呼ばれる。「蛇的な部分」という表現も、同じ趣旨によるものと思われる。これらの部分を不調和に大きく成長させ、緊張させるとき、人間の内に強情や気むずかしさが生まれる。他方、それらの部分を弛めるとき、贅沢や柔弱が生まれる。これらの部分を「荒れ狂う暴徒のような獣」（590B7）、すなわち金銭やさまざまな欲望に飽くことを知らない複雑多頭の獣（欲望的部分）に屈服させるとき、へつらいや卑しさが生まれ、気概の部分は「ライオンの

---

167) Cf. J. Adam, *The Republic of Plato*, vol.2, 365-366.

かわりに猿となる」(590B9)。猿と化した気概の部分は、今や複雑多頭の獣の仲間である。それらはこぞって理知的部分に戦いを挑み、屈服させようとする。いまや魂の三部分説は消え、二部分の構図になっている。さらに、プラトンは、手を使う仕事がなぜ不名誉であるとされるのかの理由について、それを行う人の魂の内なる「最善の部分の性質」(590C3)が、生まれつき弱くて、「自分の内なる獣たち」(590C4)を支配する力がなく、仕えることしかできないようになっているからであると語る。「自分の内なる獣たち」は、複雑多頭の獣だけではなく、弱体化したライオンとその種族を含んでいると思われる。プラトンは、魂の内なる最善の部分を「神的な支配者」(590D1)と言いかえ、この神的な支配者によって統治される国制がやがて子どもたちの内部に確立されるようにすることが、教育の目的であると語る。このような教育の観点からは、不正が気づかれて懲らしめを受けることは、子どもの魂にとって益になる。魂の内なる獣的な部分が眠らされて穏やかになり、「穏やかな部分」が自由になるので、魂の全体は本来の最善のあり方に向かい、思慮をもつ節制と正義を獲得するからである[168]。

「穏やかな部分」とは、Ⅲ巻で語られた国家守護者候補の子どもに備わるべき「知を愛する素質」(410E1)に連結する要素ではないかと思われる。そこでは、知を愛する素質が正しく育まれるならば、「穏やかで秩序あるもの」(410E1)になると語られた。Ⅸ巻で語られる「知性をもつ人」(591C1)とは、魂の内においてこの穏やかな部分が獣的な部分の支配から解放されて、自由に働くことができるようになることに心を向ける人のことであろう。そのような人は、魂をそのようなあり方に作り上げてくれる学問を尊重する。ここでプラトンが念頭に置いているのは、ムゥシケー初等教育を終え、数学的諸学科の自由な学習に進む段階にある少

---

168) 591B.

年、つまり10歳前後から16歳前後の少年であろうと思われる。そのようなムゥシケー中等教育の段階にある少年においては、「身体の内なるハルモニアを、魂の内なる協和を目的として常に調和させるのが見られる」(591D1-3) と思われる。そのような人こそ「真の意味でのムゥシケー人」(591D4) である。このムゥシケー人を作り上げる学問に関するプラトンの考えについては、Ⅲ巻のムゥシケー・ギュムナスティケー教育論において見たとおりである[169]。魂の内に気概的要素と知を愛する要素との調和を得させることを目的として、ムゥシケーとギュムナスティケーとを最も適正に調合した学問がそれである。そのような学問を少年の魂に差し向ける人こそが、「最終的に最高のムゥシケー人であり、最もよくハルモニアを達成した者」(412A5) であった。Ⅸ巻に戻るが、このような魂のあり方を目指すように導かれる若者は、いやしくも真の意味でのムゥシケー人になろうとするならば、金銭に関しても名誉に関しても魂の内なる「秩序と協和」(591D7) をはかろうとするということが語られる。彼は、「おそらく天にある理想的な範型」(592B2) を見ながら、自分自身の内に美しいポリスを建設しようと望むであろう。

　プラトンはⅢ巻において、魂における「気概的要素と知を愛する要素」(411E6) との調和がいかに重要であるかを強調した。その時点では、まだ欲望的部分への言及はなかった。それはⅣ巻における魂の三部分説を待たなければならなかった。プラトンが、魂の三部分説に先駆けて気概的要素と知を愛する要素との調和ということがらに留意する理由は、穏やかな部分とみなされる理知的部分が獣的な部分から解放されて自由に働くことができるためには、それら二つの要素の調和が必要不可欠の条件であると考えるからであろう。ムゥシケー生涯教育プログラムにおいて、中等教育以降は重点が理知的部分の教育に移行していくが、その土台として気概的

---

169) 特に、411E-412A。

要素と知を愛する要素との調和が確立されていてこそ、それに基づいて理知的部分が伸びやかに育っていくことができるのである。

　とはいえ、プラトンは、獣的な部分を支配することが容易ではないことを知っていた。二つの要素の調和がうまくいき、獣的な部分を眠らせておとなしくさせることができたとしても、獣的な部分はときどき目を覚まし、暴れ出す。それを助長するのがミーメーシス詩なのである。若者が哲人統治者教育の道を順調に歩んできたとしても、大人になるにつれて、金銭や名誉や快楽の誘惑が次々と襲いかかる。誘惑の嵐のただ中で、気概の部分は、一方において理知的部分の側につくことを望みながら、他方において欲望的部分に魅惑され、両者のはざまで揺れ動く。そういう状況において、前者を促進するのがムゥシケー中等・高等教育であり、後者を促進するのがミーメーシス詩である。まことにやっかいなことに、ミーメーシス詩が哲人統治者候補たちの魂に及ぼす影響力は、ムゥシケー中等・高等教育の力を凌駕しかねないほど強力である。どうしたら魂における非理知的要素の働きを抑制し、理知的要素の働きを増進することができるかは、ムゥシケー中等・高等教育の主要課題である。これに対してプラトンが提示する方策が、魂における非理知的要素を助長し理知的要素を滅ぼしてしまうミーメーシス詩を拒絶するということなのである。

　　c. 第三の議論：ミーメーシス詩の恐ろしい破壊力（605C-607A）

ミーメーシス詩拒絶の根拠を示す第三の議論は、次のことばで始まる。

　　とはいえ、われわれはまだミーメーシス詩に対する最も重大な告発を完了していない。なぜなら、それが善き人たちさえをも――ほんの少数の何人かを除いて――害するほどの力をもつということは、非常に恐ろしいことだと思うからだ[170]。

ミーメーシス詩拒絶の根拠を示す第一の議論は、ミーメーシスは真実から最も遠い「見かけだけのもの」と関係するというものであった。第二の議論は、ミーメーシス詩が魂の「劣った部分」（＝非理知的要素）を助長するというものであった。それらに比べて第三の議論は、ミーメーシス詩拒絶の根拠としては最も重大なものである。それは二つのことを含む。一つは、ミーメーシス詩は「善き人たち」さえをも「害する」ほどの力をもつということである。もう一つは、それは「非常に恐ろしいこと」だということである。それでは、ミーメーシス詩によって害される可能性がある「善き人たち」とは、どのような人たちのことなのであろうか。ミーメーシス詩が彼らを「害する」とはどういうことなのであろうか。また、ミーメーシス詩が彼らを害するほどの力をもつことは「非常に恐ろしいこと」とは、どのような意味においてなのであろうか。

（1）善き人たち

まず始めに、「善き人たち」（τοὺς ἐπιεικεῖς）とはだれを指すのかを押さえておきたい。結論を先取りするならば、善き人たちとは、ムゥシケー高等教育の中にある哲人統治者候補たちを指すと思われる。エピエイケース（ἐπιεικής）は、本来、「適当な」、「適合した」、「似合いの」、「ぴったり合う」、「ふさわしい」という意味をもつ。そこから、「もっともらしい」、「公正な」という意味が派生し、さらに、人物について「才能のある」、「有能な」という意味で用いられ、さらにまた、「道理をわきまえた」、「親切な」、「柔和な」、「よい」という道徳的な意味をもつようになる[171]。この語は、Ⅰ巻では「善き人」（ὁ ἐπιεικὴς, 330A5）について用いられている。それは「きちんとした充足を知る人間」（329D4）で

---

170) 605C6-8.
171) Cf. *LSJ*, 632.

あり、うそは言わず、供犠をきちんと行い、借りた金はきちんと返す人間である[172]。III巻においても、この語は「善き人」(ὁ ἐπιεικὴς ἀνὴρ, 387D5) について用いられ、やはりそれは「生きるために自分自身だけで充足する人間」(387D12) である。家族や財産を失うなどの不幸にとらえられたとき、嘆くことが最も少なく、平静にそれを耐えることができる人間である[173]。そこでは、ホメロスやその他の詩人たちの作品においてそういった善き人が悲しみ嘆く箇所は、善き人にはそぐわないという理由で削除されるべきであることが語られた[174]。この語は、「善きギュムナスティケー」(ἐπιεικὴς γυμναστική, 404B7) との関連で、特に戦士階級候補に適合したギュムナスティケーについて用いられる。そのようなギュムナスティケーは、推奨される単純なムゥシケーに呼応して、質素な食事と生活法を含む単純素朴なものでなければならなかった[175]。この語は、裁判官候補としての「善き人たち」(οἱ ἐπιεικεῖς, 409A7) についても用いられる。彼らが「善い知恵のある裁判官」(409D6-7) になるためには、若いときは悪い品性には無経験で、それに染まらないようにしていなければならない。そこでは、彼らに備わる自然本来の素質が適正な教育を受けることの重要性が語られた。VI巻においては、エピエイケースは、哲人統治者候補は哲人統治者に適した自然的素質を有すべきであることに関連して用いられている。アテナイでは「哲学に従事している人たちの中の最も善き人たち」(οἱ ἐπιεικέστατοι τῶν ἐν φιλοσοφίᾳ, 489B4) でさえ、国の中で尊敬されておらず、役に立たないと見なされているのが現状である。しかし役に立たないことの責めは、役に立てようとしない大衆にこそ問われるべきであり、「善き人たち」(τοὺς ἐπιεικεῖς, 489B5)

---

172) 331B.
173) 387E.
174) 387DE.
175) 404BD.

第6章　哲学的ムゥシケー論の仕上げとミーメーシス詩拒絶論　｜　527

には問われるべきではないということが語られる。真の哲学者は、国家の統治に関連して「真の舵取り人たち」（489C6）にもなぞらえられる。495A以下において、子どもに備わったせっかくの哲学的素質も、養育の環境が悪いならば損なわれていくので、注意しなければならないことが語られる。そのような自然的素質をもつ子ども・若者たちは、いわば乙女なる哲学と結婚するのに最もふさわしい人たちであるからである[176]。このように「哲学と結婚する正当な資格をもつ人たち」（496B1）にとっては、彼らの住む国のあり方が「自分の素質にぴったりと適合したものであること」（497A2）が必要である。「最善の国制」（497B7）のあり方について語るとき[177]、プラトンのソクラテスとその対話相手たちは、国家建設の責任を負う「立法者」（497D1）としての立場から語っている。彼らに言わせるなら、最善の国制にぴったりと適合する自然的素質をもつ人たちこそが、「善き人たち」（οἱ ἐπιεικεῖς）であるということになるであろう[178]。

　ムゥシケー生涯教育プログラムの観点からは、「善き人たち」とは数学的諸学科としてのムゥシケーを学習する段階にある若者たちであり、さらには哲学の学習における最も困難な部分とされる「論理的な諸議論に関わる部分」（498A2）であるディアレクティケーを学習する段階にある成人たちであろう。さらに限定するなら、後者であるということになるであろう。今や成人となった彼らは、その魂の形成が完成期に入り始めたのであるから、体よりも魂のあり方に留意し、「魂の諸訓練を強化しなければならない」（498B7）。Ⅶ巻で語られる「魂の向け変え」（521C6）と「真実在への上昇」（521C7）のための教育プログラムで言うなら、数学的諸学科の自由な学習を終え、さらに17、8歳から20歳までの軍事訓練を終了

---

176)　495BC.
177)　497BC.
178)　497CD.

し、今や20歳になった青年たちの中から、ディアレクティケーに適した素質をもつと判定された者たちが選出されることになる。選出された者たちは、20歳から30歳まで数学的諸学科の総合的な学習を行い、ディアレクティケーの学習に必要な「総合的な視力をもつ者」(537C7) になるように努力する。この段階にある者たちにとっては、ミーメーシス詩を自分たちの魂の中に受け入れる余地はない。さらに彼らが30歳になったとき、「諸学問においても、戦争およびその他の法的諸義務においても堅忍不抜の者たち」(537D1-2) にかぎるという基準に従い、いよいよ30歳から35歳までディアレクティケーを持続的集中的に学習する者たちが選抜される。その後、彼らは35歳から50歳まで戦争に関することがらの統率などの公務に着き、実際上の経験を積まなければならない。それは、あらゆる方向への誘惑に対して、毅然としてそれを退けることができるかどうかの試験期間でもある。この選ばれた者たちにとっても、ミーメーシス詩を自分たちの魂の中に受け入れる余地はない。このようにして50歳に達した人たちの中から、いよいよ哲人統治者にふさわしい人物の選考が行われる。選出されるのは、実務においても学問においても「すべてにわたってあらゆる点でりっぱに成し遂げ最高の成果をおさめた者たち」(540A4) である。彼らは、善のイデアの認識と、それに基づく国家の統治に全力を投入しなければならない。そこにはミーメーシス詩が入り込む余地はまったくない。このような哲人統治者になることを目指して、ムゥシケー高等教育の中で学ぶ哲人統治者候補たちが、プラトンが意味する「善き人たち」なのである。

(2) 哲人統治者候補の魂の破壊

次に、ミーメーシス詩が善き人たちをも「害する」($\lambda\omega\beta\hat{\alpha}\sigma\theta\alpha\iota$, 605C7) とはどういう意味であるのかを明らかにしたい。善き人たち、すなわち哲人統治者候補の若者たちは、ムゥシケー中等・高等教育の中

で学んでいくわけであるが、その際にプラトンが留意することがらの一つは、彼らがディアレクティケーの集中的学習を開始する年齢である[179]。ディアレクティケーは、概して道徳や宗教など人生の根本を探求する議論に関わるものである[180]。それだけに、「生まれつきよほど善き人である」（πάνυ εἴη φύσει ἐπιεικής, 538C3）のでないかぎり、あまり若いときに議論の味を覚えさせると、それを反論のための反論として濫用し、「法の逸脱に満たされる」（537E4）危険がある[181]。その危険は、往々にして、有望な若者を取り巻く「多くのおべっか使いたち」（538A1）によってもたらされる。彼らコラクス（κόραξ）たちは、古典期アテナイ時代、裕福な家庭の食客として寄宿し、主人の求めに応じて、社交や暇つぶしやお世辞などにより「快楽」（538D1）を提供した者たちである。彼らがもたらすものは、何が正しいことであり、美しいことであり、善いことであるかについての真実な探求とは正反対のものであり、若者を「おべっかを使うような生活」（538E6）、すなわち楽しいこと・快いことを優先する生活へと誘惑する[182]。コラクスを広い概念で考えるなら、その中にはアレテーの教師を自称したソフィストたちや、民会で民衆に取り入ったデーマゴーゴス（δημαγωγός, 民衆指導者）たちも含まれるであろう。哲人統治者候補の若者たちも、真理探究から引き離される誘惑に取り囲まれていた。それゆえ、20代の若者ではまだディアレクティケーの学習をするには早すぎる。それに進む前に10年間は、学問と法的諸義務の両面において訓練を積まなければならない。その結果、適格と判定された者たちだけが、ディアレクティケーの学習に与ることができるのである。したがっ

---

179) 537D-539E.
180) J. Adam, *The Republic of Plato*, vol.2, 152.
181) Cf. 539A2: παράνομος.
182) A. Bloom, *The Republic of Plato*, 466 n.30 は、コラクスとは、おそらく、善いことに反してまでも楽しいことに訴える者たちのことであると解釈している。Cf. *Gorgias*, 463B.

て、「もっと年輩の者」(Ὁ πρεσβύτερος, 539C5)、すなわち早くても30歳くらいでなければならない。しかも、「自然本来の素質の点できちんとした、しっかりしている者たち」(539D3) でなければならない。

　プラトンはⅧ巻において、僭主とその国家のあり方について観察と検討を行った[183]。僭主はその支配に反対する者たちをすべて排除し、奴隷たちを解放して、自分の護衛兵に加える。解放された奴隷たちや外国人からなる「新参の市民たち」(568A4) は僭主を讃歎し、これと交流する。それに対して、本来の市民たちの中の「善き人たち」(οἱ ἐπιεικεῖς, 568A4) は僭主に迎合せず、これを憎みこれを避ける。一般に悲劇が知恵に満ちており、特にエウリピデスが善き作家だと思われているのも理由のないことではない。なぜなら、その作品は、僭主を神であるかのごとく讃美する内容をもっているからである。それゆえ、僭主独裁制に同調する者たちは、悲劇作家たちを「知者たち」(568B5) であると讃美する。しかるに、真の知者は悲劇作家ではなく哲学者である。プラトンとその仲間たちは、上記の善き市民たちと共に、優秀者支配制こそが最善の国制であることを確信している。その確信のゆえに、「われわれは、悲劇作家たちを、僭主独裁制の讃美者であるゆえに、自分たちの国の中に受け入れないであろう」(568B7-8) と語る。プラトンはⅨ巻において、すでに同意された魂の三部分説に基づき、Ⅰ巻で取り上げられた正義は利益なのか不利益なのかという問題を再び取りあげた[184]。そこでは、「不正を行うことの礼賛者」(589A4) の主張と「正しいことの礼賛者」(589B7) の主張との比較検討が行われた。後者の主張によると、魂の内において、その「最善の部分」(589C7, 590E4) である理知的部分が、劣った部分である欲望的部分・気概の部分を支配する状態が正義であり、利益である。理知的部分は、別のことばでは、「自分の内なる最も神的なもの」(589E4)、「神

---

183) 566D-569C.
184) 588B ff.

的な支配者」(590D1)、「神的で思慮深いもの」(590D4) とも表現された。欲望的部分・気概の部分は、「獣的な諸部分」(589D1)、「野獣的な部分」(589D2)、「最もたちの悪い部分」(589E)、「最も無神的で最も汚れた部分」(589E4) とも表現された。プラトンのソクラテスとその対話者は、正しいことの礼賛者に賛同する。ソクラテスは、国制を構想する立法家としての立場に身を置き、ムゥシケー生涯教育の重要性を改めて次のように提唱する。

> そして明らかに、とぼくは言った。法律もこういったことを意図しており、国家の中にいるすべての人たちにとって戦友である。子どもたちの支配も同じ意図をもつ。すなわち彼らの中に、まさしく国家の中にと同じように、ある国制を確立するまでは、自由であることを許さない。そして、彼らの内なる最善の部分を、われわれのところにある同様のものによって養育することにより、今度は、子どもの中にわれわれに似た守護者と支配者を確立してやり、その上で、はじめて彼を自由な者として放免してやるのである[185]。

ここでは、魂の内なる正義の確立が、魂の内なる国制の確立であると語られている。これこそが国家にとって一番重要なことがらである。「いやしくも理性をもっている人」(591C1) ならこれに同意するであろう。そのような人物としてプラトンが考えているのは、守護者・支配者候補としてムゥシケー初等教育を終了したばかりの若者のことであろうと思われる。そのような人物は、その後のムゥシケー中等教育および高等教育においてさらに理性を育み、哲人統治者への道を順調に進んでいくことが期待される。しかしながら、そのような人物を誘惑し逸脱させる諸要素が、社

---

185) 590E1-591A2.

会の中に数多く存在していることも事実である。そのようなものとしては、まず第一に、ムゥシケー生涯教育のこの段階にまで到達した若者にとって、その魂の内なる国制の建設のために役立たない諸学科がある[186]。それに含まれるのは、浄化されていない音楽としてのムゥシケーや、大衆に迎合し大衆の通念を代弁するにすぎないソフィスト流の「知恵」や[187]、衒学的で知性の向上に留意しないピュタゴラス派のハルモニア理論[188]などであろう。理性をもつ若者はそういった学問を避け、もっぱら内なる国制の建設に役立つ諸学科を尊重するであろう[189]。それは、Ⅶ巻で語られた数学的諸学科の自由な学習[190]と呼応するであろう。将来、「本曲」としてのディアレクティケーを学ぶための「前奏曲」として、そのような学習は必要不可欠なものであった。この段階で善き能力を示し、さらなる選抜に合格した青年たちにとっては数学的諸学科の総合的訓練が、その後さらに上位の選抜に合格した人たちにとっては、ディアレクティケーの持続的集中的学習が、魂の内なる国制の建設に役立つ学問である。理性をもつ人は、そのような学問を尊重するであろう。

次に、守護者候補の若者を逸脱させる危険をもつ要素として、身体の状態や養育を「獣的で非理性的な快楽」（591C6）に任せ、そこにのみ関心を向けるたぐいのギュムナスティケーがあった。Ⅲ巻において、守護者候補の若者たちの人間形成に関連するものとして、保健としてのギュムナスティケーについて検討が行われた[191]。そこでは、運動選手のプロ化と不

---

186) 591C.
187) 493A.
188) 数学的諸学科としてのムゥシケーの学習内容に含まれる、天文学の学習に従事している若者たちにとって、「耳を知性より先に立てている」（531B1）ピュタゴラス派のハルモニア理論は無益である、というプラトンの見解については、Ⅶ巻530D-531C を参照。
189) 591C.
190) 521C-531C.

養生が批判され、単純素朴な食事や生活法が推奨された。ギュムナスティケーは一般に身体の健康だけを目的とすると考えられているが、実は、ムゥシケーと協同して「節制を備えるようになること」(591D1) が真の目的である。それゆえ、理性をもつ若者は、ギュムナスティケーを行うにあたり、「魂の内なる協和」(591D2)、すなわち「節制」[192] を備えることに留意するであろう。そのようにしてムゥシケーとギュムナスティケーをみごとに調合する人こそが、「真の意味でのムゥシケー人」(591D4) なのである。「ムゥシケー好き」($\varphi\iota\lambda \acute{o}\mu o\upsilon \sigma o\nu$, 548E4) という程度では、いまだムゥシケー人の名に値しない。「ムゥシケー好き」という用語は、Ⅷ巻における名誉支配制に対応する人間の描写の中で、その特徴の一つとして語られた[193]。そのような人間はムゥシケー好きとは言えるが、「ムゥサの女神からはほど遠い人」(548E4) であり、真のムゥシケーの学習には向かない人である。彼はギュムナスティケーや狩猟を愛するが、それの営みは「ムゥシケーと調合されたロゴス」(549B6) を欠くため、魂の成長に資することはない。

「このような人間は、若いうちは金銭を軽蔑するが、年長になるにつれて、ますます常にそれを歓迎するようになるであろう」(549A8-B2) とも語られる。公務に就く年齢ともなれば、財貨を獲得し蓄積する機会が増えるであろうから、よほど「アレテーの保全者」(549B7) であるロゴスを備えていないかぎり、その誘惑に負けてしまうであろう。あげくの果てに、寡頭制的人間にまで堕落するであろう。寡頭制的人間とは、名誉愛や気概の部分を惜しげもなく捨て去る人間である。一方において、「欲望

---

191) 403C-412B.
192) Ⅳ巻では、「節制のある人」(442C10) とは、魂の三部分相互の間に「友愛と協調」(442C10) をもつ人であると語られている。また、その魂の中に正義をもつ人は、「節制がありハルモニアを保つ人」(443E2) であると語られている。
193) 548D ff.

的かつ金銭を愛する部分をかの魂の王座にすえ、それを内なる大王としてあがめ奉り」(553C4-6)、他方において、その大王の下に理知的部分と気概の部分とを召使いとしてはべらせるような人間である。それほどまでに金銭欲は強い誘惑力をもっているという認識に基づき、プラトンは理性をもつ人に対して、「財貨の所有における秩序と協和」(591D6) を目指すように奨励した。Ⅷ巻において描写された寡頭制から民主制への堕落過程によると[194]、少数者への富の集中は、やがて大多数を占める貧困層の逆襲により内戦に至らざるをえない[195]。金銭欲は「数限りのない諸悪」(591D9) の根源である。それゆえ、哲人統治者への道を進む人は、富の多寡に左右されて「彼自身の内なるかの諸要素のいずれかを脇に押しやることがないように」(591E2) 留意する必要がある。理知的部分、気概の部分、欲望的な部分は、本来それぞれにふさわしい場所に位置し、相互に調和を保つ必要があり、その調和は金銭によって乱されてはならないのである。

　理性をもつ人が、30歳で哲学的問答法の持続的集中的学習者に選抜され、さらに35歳で公務に就いて実際上の経験を積む段階になると、今度は名誉が誘惑となる危険が大きくなる[196]。Ⅷ巻において、優秀者支配制がどのようにして名誉支配制に堕落していくかが描写された折りに[197]、名誉志向の危険性が指摘された。「最も善き人たち」(546D3) ではなく、支配者の任務に値しない者たちが権力の座に着くと、まず第一に、ムゥサたちをないがしろにし始め、「ムゥシケー諸学科」(546D6) を不当に軽視し、次いで「ギュムナスティケー諸学科」(546D7) をないがしろにする。ギュムナスティケー諸学科をないがしろにするとは、魂における正義

---

194) 555B ff.
195) 557A.
196) 592A.
197) 545A-550C.

と調和の達成を目的とするものとしてのギュムナスティケーをないがしろにし、身体を訓練する面を過当に強調するあり方であろう。その結果、このような支配者たちによる教育の下では、若者たちは、優秀者支配制の時代に比べて、「より無ムゥサ的な者たち」(ἀμουσότεροι, 546D7)、すなわちムゥサたちの学芸を無視する無教養な者たちになるであろう。こういう者たちが支配者として統治するのが、名誉支配制の国家である。この国制の下では、「諸言論と愛知を伴う真のムゥサ」(548B8-C1) よりもギュムナスティケーが、魂より身体が、理性より気概が尊重されるゆえに、「勝利と名誉を愛し求めること」(548C6) が、国家の守護者たるべき者たちの努力目標となる。この国制に対応する人間は、戦争好きであり、権力欲が強く、戦争の実績に基づいて地位や名誉を欲しがり[198]、金銭や公務のことがらに忙しくする人間を男らしい人間であるとして尊敬する[199]。こういう「野心的で名誉を志向する男」(550B7) が支配者になるとき、必ずや常に戦争と敵意が生まれ[200]、国家は解体の危機にさらされるのである。

さてIX巻の末尾に戻るが、理性をもつ人は、「現存の状態を解体するかもしれないもろもろの名誉」(592A1-2) を私的にも公的にも避けるであろうと語られるとき、上述の名誉支配制的人間に照らして理解することができるであろう。名誉は地位と金銭を伴うものであるだけに、哲人統治者候補の道をかなり登りつめた35歳以上の人にとっても、大きな誘惑である。だからこそ、彼がこれまで建設してきた、魂の内なる国制を解体させる危険をもつような名誉が誘惑するなら、毅然としてそれを避けなければならない。しかしながら、それは政治からの逃避を意味しない。現実の祖国においてはともかくとしても、「彼自身の国家」(592A6)、すなわちⅥ

---

198) 549A.
199) 550A.
200) 547A.

巻において語られた、その素質に「ぴったり適合した国家」(497A2)においてならば、彼は積極的に国政に参加するであろう。そのような国家とは、ソクラテスとその対話者たちが言論によって建設してきた理想国家に他ならない[201]。かくして、理性をもつ人物が、ディアレクティケーから逸脱させる危険のある諸学科、金銭、名誉の誘惑を退けていき、最終的に最優秀者であることが判明するなら、50歳以後は善のイデアの認識に専念し、哲学と国家統治とを交互に繰り返すことになる。

　以上において、さまざまな誘惑が哲人統治者候補を取り囲んでおり、その魂を害し、哲人統治者に至る正道から逸脱させる危険があることを見てきた。それらの誘惑は、快楽、金銭、名誉の三つに要約することができるであろう。それらは哲人統治候補に絶えずつきまとう。プラトンの見るところでは、哲人統治者候補の魂にそれら三つを最も魅力的な姿で差し向け、魂をそれらのとりこにし、ついには破壊する力をもつものがミーメーシス詩なのである。

(3) ミーメーシス詩の恐ろしさ

　次に、ミーメーシス詩が哲人統治者候補の魂を害するほどの力をもつことは、「非常に恐ろしいこと」($πάνδεινον$, 605C8)であるとプラトンがいうとき、それはどのような意味なのであるかを明らかにしたい。

　哲人統治者の栄冠を目指して、数々の難関を乗り越えてきた優秀な者たちが、最後に突破しなければならない最大の難関は、ミーメーシス詩である。プラトンがⅩ巻冒頭で、ミーメーシス詩はそれを聞く人たちの心を害する危険があると語ったとき、念頭にあったのは、哲人統治者の育成を目指すムゥシケー生涯教育を完了しつつある最優秀者たちのことである。プラトンのソクラテスは対話者と問答を交わしながら、順を追って言論にお

---

[201] 592AB.

ける理想国家の建設を行ってきた。今やⅩ巻に至り、「われわれが建設してきた」(ᾠκίζομεν, 595A1) 国家は、仕上げの段階に入った。この段階で重要なことは、いかにして哲人統治者候補を理想国家にふさわしく仕上げるかという問題である。この仕上げの前に立ちはだかるのが、ミーメーシス詩なのである。「子どもの頃からぼくをしっかり捉えているホメロスについてのある種の愛と畏れ」(595B9-10) というソクラテスの告白は、とりもなおさずプラトンの告白でもある。彼のように哲学に専心する者にとっても、ホメロスによって代表されるミーメーシス詩は魅力であり、哲学の営みに対するあなどりがたい脅威であった。プラトンは、ミーメーシス詩拒絶の根拠として、ミーメーシスが真実から最も遠い「見かけだけのもの」と関係することを論証し（第一の議論）、さらに、ミーメーシス詩が魂の「劣った部分」（非理知的部分）を助長することを論証した上で（第二の議論）、次のように結論を述べる。

> かくして今やわれわれは、秩序正しく治められようとしている一つの国家の中に、ミーメーシス詩人を受け入れるわけにいかないが、それは公正なことなのだ。なぜなら、彼は魂の劣った要素を呼び起こし、養い、強くすることによって、理知的要素を滅ぼしていくからだ。ちょうどそれは、一つの国においてと同じで、だれかが、たちの悪い者たちに権力を与えることによって国を引き渡し、他方、より洗練された人たちを滅ぼすとき、いつでもそうなるのだ。それとまさに同じように、ミーメーシス詩人もまた、一人一人の魂の中に私的に悪い国制を作っていくのだ、とわれわれは言うべきであろう。魂の非思惟的要素にとって快いことを言い続けることによってね。その要素は、大きいものどもも小さいものどもも識別せず、同じものどもをあるときには大きいものどもと考え、またあるときには小さなものどもと考える。そして彼は、影像どもを作り続けるのだ。しかし、それらは真実

なるものからまったく遠く離れたところにあるものどもなのだ[202]。

　ここで語られていることは、魂の内なる国制のあり方である。しかも、哲人統治者の最終候補たちのそれである。幾多の厳しい選抜を勝ち抜いてきた彼らの魂においてさえも、ミーメーシス詩は、今なお残存する快楽を欲する非思惟的な要素を助長することによって、理知的要素を滅ぼしていく危険があることを、プラトンはよく知っていた。それゆえ、哲人統治者最終候補たちは、この危険を避け、魂の理知的要素の保全とさらなる育成に邁進しなければならない。かくして、プラトンが、ミーメーシス詩は「善き人たちさえをも害するほどの力をもつ」（605C7）と言い、ミーメーシス詩に対する最大の告発を行ったとき、「善き人たち」（τοὺς ἐπιεικεῖς）ということばで意味されていたのは、哲人統治者最終候補たちのことであった。「害する」とは、彼らの魂を哲人統治者に適さない状態になるまで破壊し、彼らがこれまで受けてきたムゥシケー生涯教育をだいなしにしてしまうことである。ミーメーシス詩は、そのような善き人たちの魂に対してさえ、それほどすさまじい破壊力をもつ。それは他人事ではなく、プラトン自身とその仲間たちにとっても切実な問題なのであったと思われる。プラトンのソクラテスは、グラウコンに次のように語る。

　　さあよく聞いて考えてくれたまえ。というのは、思うに、英雄たちのだれかが悲痛のなかにあり、悲しみ嘆きをもって長いせりふを語り続けたり、あるいはまた作中の人々がそれを歌い胸を打ち続ける様子を、ホメロスか、または悲劇作家の中の他のだれかがミーメーシスしている（真似し演じている）のを、われわれの中の最も善き人たちが聞いているとき、君も知っているように、われわれは喜んでおり、わ

---

[202]　605B2-C4.

れわれ自身をそのミーメーシスに明け渡し、それに共感しつつ追随していく。そして、だれであれ、われわれを最も強くそのような気分にさせてくれる作家を、善き作家であるとして真剣に讃美しているのだ[203]。

　プラトンはたんなる想定を述べているのではない。「われわれの中の最も善き人たち」の魂の中に、現実に生じうる体験が語られているのである。ここでミーメーシスの対象とされている人物は、英雄たちのだれかである。最も善き人たちにとって親近性があり、大きな関心を寄せるはずの人物である。英雄は、一般にアレテーを体現する人物であることが期待されているにもかかわらず、ミーメーシス詩においては、しばしば英雄たちが人生の苦しみに直面して、嘆き悲しむ場面が描写されている。しかるに、プラトンの考えでは、英雄はそうであってはならず、苦しみに雄々しく立ち向かう英雄像が保持されなければならない。たとえば、息子を失うなど、最も大事なものを失うような不幸に遭遇したとき、他のだれよりも平静にそれを耐え忍ぶのが英雄である[204]。しかるに、最も善き人たちは、演劇祭などにおける公衆の面前では、悲嘆にくれる英雄の姿に心を動かされないふりをすることができるかもしれない。しかし、魂の内実はといえば、それを「われわれは喜んでいる」のである。Ⅲ巻において、子どもたちのためのムゥシケー・ギュムナスティケー教育について、快苦によるエートスの形成が大事であることが語られた。そこで語られたプラトンの基本的な考えは、子どもたちは美しいものや正しいものを快とし、醜いものや不正なものを苦とする教育を受けることによって、その魂のエートスは順調に形成されていくというものであった。そのエートス教育を担うのが、浄化された音楽としてのムゥシケーであり、そのようなムゥシケーの

---

203) 605C10-D5.
204) 603E, 387D. Cf. S. Halliwell, *Plato: Republic 10*, 144.

あり方に従うものとしてのギュムナスティケーであった。そこにおいてプラトンが、ロゴス（詩の内容）、レクシス（詩の叙述法）、そしてハルモニア・リュトモス（音楽的諸要素）のエートスについて吟味を行ったのは、ひとえに快苦によるエートス教育の重要性を考えてのことであった。彼はこのエートス教育が初等教育の段階で完成されるとは考えていなかった。そのムゥシケー生涯教育プログラムにおいては、初等教育から中等教育へ、そして中等教育から高等教育へと進むにつれて、重点がエートスの教育から理性の教育へと移行していく。しかしながら、快苦と美・醜との一致、あるいは快苦と正・不正との一致を目指す教育は、初等教育段階で終わるのではなく、その後も理性育成の教育と相携えて継続されていかなければならないのである。おそらくその営みは生涯を通じて行われなければならないであろう。ソクラテスの以下のことばがそれを示唆する。

> われわれの、生来、最善の要素は、理性によっても習慣によってもいまだ十分に教育されていないので、この哀歌にふさわしい要素に対する監視をゆるめていく[205]。

　X巻においてこのように語られるとき、その「われわれ」には、哲人統治者最終候補である最も善き人たちが含まれていると見るべきであろう。やがて『法律』II巻において、「最も楽しい生と最も善である生とは同一である、と神々によって語られている」(664B7-8) という認識の下に、ディーテュラムボスによる市民生涯教育論の構想が提示されることになる。そのような認識は、すでに『国家』において示された上記の洞察を踏まえたものであると言えよう。なぜならソクラテスやプラトンのような人にとっても、それゆえ哲人統治者最終候補たちにとっても、快苦の取り

---

205) 606A6-B1.

違えはいつでも起こりうる危険だからである。その危険を引き起こす最大の誘惑がミーメーシス詩である。ミーメーシス詩において行われるミーメーシスは、それを受ける者の魂の奥底にまで浸透していくことができるほどの力をもつ。最も善き人たちでさえ、たとえ英雄が悲嘆にくれるありさまなどは忌むべきことであることを知っているつもりではいても、実際にミーメーシスに長けた叙事詩吟唱家や悲劇俳優によるミーメーティケーを駆使したミーメーシスに接するとき、彼らの魂はその奥底で英雄のそのようなありさまを喜び、歓迎する。こうなると、人間の魂には、終生、悲しみを喜びとする要素が住み続けているとしか言いようがない。しかし、そのような倒錯した喜びを理性によって抑制することが、哲人統治者候補たちには求められる。「われわれ自身をそのミーメーシスに明け渡し、それに共感しつつ追随していく」(605D3) という事態が語られるが、それはミーメーシスがもつ「同化力（ὁμοιοῦσθαι, assimilation）への言及である。ミーメーシスは、それを行う作家や俳優に対しても、それを受け入れる聴衆に対しても、強力な同化作用を及ぼすということについては、『国家』III巻において見たとおりである。プラトンが、英雄の悲嘆を真似るミーメーシスの影響力について、「他者に属することどもから喜びを享受することは、必ずやわが身に属することどもにも伝染する」(606B6) というのは、そういうことである。最も善き者たちさえもが、ミーメーシスによって同化され、ついにはミーメーシス詩人を善き作家であると錯覚し、これを賞賛するところまで行ってしまうことがありうる。先に、ミーメーシスは一つの遊びであり、真剣な営みではないということが語られた[206]。それにもかかわらず、ミーメーシスは最も善き人たちをさえも真剣にさせる魔力をもっている。しかも、このミーメーシスの恐ろしさは、叙事詩や悲劇だけにかぎらず、喜劇にも当てはまる。

---

206) 602B.

したがって、同じ議論は、笑いを呼ぶことについても当てはまるのではないか。すなわち君自身は笑いを呼ぶ者であることを恥じるかもしれないのにもかかわらず、喜劇のミーメーシスか、または私的な機会のミーメーシスにおいて、そういったことを大いに喜び、悪いことどもであるとして憎むことをしないならば、哀れなことどもにおけるのとまさに同じことをしているのだ。なぜなら、今度もまた、道化者という悪評を恐れるゆえに、理性によって君自身の内に拘置していた、笑いを呼ぼうと欲する要素を解放することになるからだ。そして、そういう場でその要素を無鉄砲なものにしてやることによって、君は知らずに、しばしばそこから連れ去られ、ついには、わが身に属することどもにおける喜劇役者になってしまうのだ[207]。

ここでプラトンは喜劇において行われるミーメーシスに対しても警鐘を鳴らしている。「笑いを呼ぶこと」とは、下品な笑いへの言及であろう[208]。たとえ哲人統治者最終候補たちであっても、気を緩めて喜劇を観ているうちに、「われ知らず」演技者の下品な笑いを自らの魂の中に取り込み、自分自身も下品な笑いを呼ぶことを喜ぶ人間に同化されていく危険がある、とプラトンは考える。危険なのは、喜劇が開催される演劇祭におけるミーメーシスだけではない。「私的な機会に」、たとえば、シュムポシオンなどにおける交友や会話を通しても[209]、ミーメーシスの影響が哲人統治者候補たちの魂の中に浸透してくる危険がある。笑いや悲しみだけで

---

207) 606C2-8.
208) Cf. S. Halliwell, *Plato: Republic 10*, 150.
209) 600CD において、ἰδίᾳ はソフィストたちが同時代の人たちと「私的に交友すること」(ἰδίᾳ συγγιγνόμενοι, 600C8)、すなわち私的な教育を教授することについて用いられている。Cf. P. Murray, ed., *Plato on Poetry*, 228.

はない。さらに、「性的諸快楽や怒り」(606D1) のミーメーシスに対しても警戒を緩めてはならない。ひいては、魂におけるソープロシュネーが要請されるすべての欲望と快苦についても同じことが言える。不正への同化は理性によって抑制されなければならない。そのためには魂の理知的部分がいやましに増強されていかなければならない。しかるに、ミーメーシス詩におけるミーメーシスは、それらの情動にいわば水をやって育て、それらが魂における支配者になるように助長する。その結果、せっかく築き上げてきた魂の内なる国制は倒壊し、消滅してしまうであろう。つまり、哲人統治者候補たちは「よりすぐれ、かつより幸福な者たち」(606D6) になるかわりに、「より悪い、かつよりみじめな者たち」(606D7) になるであろう。そして、これまで構築してきた理想国家実現の可能性が水泡に帰するであろう。これが「非常に恐ろしいこと」ということばの意味なのであると言えよう。

(4) ミーメーシス詩拒絶の必然性

　以上のように哲人統治者候補たちの魂の形成という観点から見るなら、ミーメーシス詩拒絶は必然であることが明らかになったと思われる。それは、この世と未来永劫において、より善き人間になるのか、それともより悪い人間になるのか、あるいはまた、より幸福な人間になるのか、それともよりみじめな人間になるのかという二者択一の問題なのである。IX巻においてアトゥリオス（ἄθλιος, みじめな）という用語が、僭主的人間の生き方に対して下される評価を表すのに使用された。そこでは、僭主的な人間は最も悪い人間であり、それゆえ、「最もみじめな人間」（ἀθλιώτατος, 576C1）であることが語られた。僭主に対応する国家と優秀者に対応する国家とについて言えば、「一方において、僭主の支配下にある国家よりみじめな国家はなく、他方において、優秀者の支配下にある国家より幸福な国家はない」(576E3-5) ということも語られた[210]。

哲人統治者最終候補たちにとっては、僭主的なみじめな生き方に堕ちるのか、それとも優秀者的な幸福な生き方に昇るのか、あるいは、永遠の観点から言うなら、Ⅶ巻において語られた「幸福者たちの島々」(519C; 540B) に移り住むことができるのか、それともできないのかということは、ひとえにミーメーシス詩に屈服するのか、それともディアレクティケーの道行きを貫徹するのかにかかっているのである。

善き国制の建設を熱望する哲学者として、プラトンがミーメーシス詩に対して行った告発は以上の通りである。本書の第1部において、古典期アテナイでは音楽としてのムゥシケーがポリス社会の教育者としていかにゆるぎない地位を占めていたかという歴史的状況を見た。その教育が行われる最大の場と機会が、ミーメーシス詩を中心とした公演が行われる諸演劇祭であり、それらは実に数多くの機会に開催された。ソクラテスもプラトンも、アテナイ社会の現実の中に生きた人たちである。アテナイのまちは「ホメロス讃美者たち」(606E1) に不足することはなく、アゴラあたりに行くなら、いつでもそのような人たちに出会うことができたであろう。哲人統治者最終候補たちでさえ、彼らに同調してしまう危険があるということについては、先に見たとおりである[211]。ホメロス讃美者たちは、次のようにホメロス讃美を唱和する。

> これまでギリシャを教育してきたのは、まさにこの詩人であり、人間に関する諸事の運営および教育のためには、人は彼の作品を取り上げて学び続け、この詩人の作品に従って自らの生活全体を律して生きていかなければならない[212]。

---

210) 僭主的人間がみじめであることについては、576B-580Cを参照。
211) 605D。
212) 606E2-5。

当時の社会では、このような考えが世論の大勢を占めていた。このことばを唱和する「ホメロス讃美者たち」(Ὁμήρου ἐπαινέταις) は、少し前の箇所で哲人統治者候補たちとの関連で語られた「われわれは讃美している」(ἐπαινοῦμεν, 605D4) ということばを想起させる。しかし、それに限らなくても、他にもホメロスを讃美する者が大勢いたであろうことは想像に難くない。『イオン』では、叙事詩吟唱家のイオンがホメロスを讃美する人として語られている[213]。おそらくプラトンがここで念頭に置いているのは、特にホメロスの作品を使用することを職業とする人たちのことであろうと思われる。その中にはソフィストたちも含まれる[214]。以上の引用箇所における「運営と教育」(606E3) という組み合わせも、ソフィストを連想させる。少し前の箇所で、ソフィストたちは、「もし自分たちが彼らの教育の世話をしてあげなければ、彼らは自分の家をも国家をも運営することはできないであろう」(600D1-2) という考えを、同時代の人々の心の中に植え込むのに成功しているということが語られていた。当時のアテナイ社会では、ソフィストたちが教育において詩を用いることは適切なことであると考えられていた[215]。しかもプロタゴラスの主張によると、ホメロスを含む古代の詩人たちの何人かは、知識の教師たちという意味において実際に「ソフィストたち」であった[216]。「この詩人の作品に従って自らの生活全体を律して生きていかなければならない」という表現からも、ホメロスの作品は、あたかも市民生活において模範とされ遵守されるべき法律であるかのような印象を受ける[217]。ミーメーシス詩に対する批判は、ソフィストたちに対する批判をも含んでいると見ることがで

---

213) *Io*, 536D, 541E.
214) Cf. S. Halliwell, *Plato: Republic 10*, 152.
215) *Protagoras*, 338E ff.
216) *Protagoras*, 316D.
217) *Protagoras*, 326C では、法律はまさにそのようなものとして語られている。Cf. S. Halliwell, *Plato: Republic 10*, 152.

きるであろう。

　しかし、プラトンのソクラテスは、こういった考えをもつホメロス讃美者たちを真っ向から否定するようなことはしない。

> 君は、一方において、できる範囲内で最善な人たちであるとして、彼らに友愛をもち挨拶をし、そして、ホメロスが傑出した詩人であり、悲劇作家たちの第一人者であることを認めてあげなければならない。他方、国家の中に受け入れるべきものは、神々への讃歌と善き人々への賛辞にかぎるということを知っていなければならない。もし君が、抒情詩または叙事詩でもって楽しそうに装ったムゥサを受け入れるなら、快苦が君の国家において王として統治するであろう。法、ならびに最善だと公に常に認められる理性の代わりにね[218]。

　プラトンは、ホメロス讃美者たちがそれなりに「最善である」ことを目指していることはいちおう認める。しかしながら、「最善である」ことの意味が、プラトンと彼らとのあいだでは違うことは今や明らかである。プラトンにとってそれは、哲人統治者たちだけに適用されるべきことばである。「ホメロスが傑出した詩人であり、悲劇作家たちの第一人者である」という彼らの主張をも、プラトンはいちおう認める。しかしながら彼にとってそもそもの問題は、善きポリスの建設を考えるとき、真の意味で傑出した詩人とは何であるのか、また、真の意味で悲劇作家の第一人者とは何であるのかということであった。プラトンの確信するところでは、哲人統治者だけが真の意味で傑出した詩人であり、また真の意味で悲劇作家の第一人者である。詩の作品について言えば、ホメロスが提供する作品は、形成途上にある個人の魂と国家を滅ぼしてしまうミーメーシス詩

---

[218] 607A1-7.

である。それに対して、哲人統治者が提供する作品は、個人の魂と国家の建設を完成に導くのにふさわしい「神々への讃歌と善き人々への賛辞」である。「抒情詩または叙事詩でもって楽しそうに装ったムゥサ」(τὴν ἡδυσμένην Μοῦσαν . . . ἐν μέλεσιν ἢ ἔπεσιν, 607A4)[219]を真のムゥサと思い誤り、魂の国制の中に受け入れるようなことがあってはならない。すでに601ABにおいて、ミーメーシス詩がメトロンやリュトモスやハルモニアのような音楽的色彩をもって語られるなら、たいそう美しくりっぱに語られているように思えるということが語られた。しかし、実際は思い違いであり、それらの色彩がはぎ取られて、詩のロゴスがそれ自体として観察されるなら、「若ざかりではあるが、実は美しくない顔のようである」(601B6-7) ということが語られた。もしそのような俗悪なムゥサを受け入れるようなことになれば、魂の内なるポリスにおいて快苦が僭主独裁者として統治するであろう。しかしながら、真の統治者にふさわしいのは、先に604Aで語られたように、ノモスとロゴスである。アテナイ人にとって、国家におけるノモスの究極の制定者は神であった[220]。人間は神への奉仕者にすぎない。神から与えられた最善の贈り物である理性を用いて、人間はその魂の内なる国制を秩序づけ統治しなければならない。その役割を担うのが哲学である。IV巻で語られたように、哲学こそは真のムゥサであり、「このムゥサが一国の統治者となる」(499D4) とき、最善の国制の実現が近づくのである。

　プラトンの時代は、ミーメーシス詩が個人と社会の規範として広く受け入れられていた時代である。ミーメーシス詩に対する彼の批判は、一般大衆からは、いかにも社会の常識から外れた途方もない主張として受け取ら

---

219) ἡδυσμένην は、「味付けられた」という意味合いをもつ。ここではその味とは、メトロン、リュトモス、ハルモニアなどの音楽的諸要素である。Cf. P. Murray, ed., *Plato on Poetry*, 229.

220) *Leges*, 624A.

れたことであろう。しかしプラトンのソクラテスの考えでは、『国家』における哲学的問答を通じてこれまで構築してきた最善の国制を仕上げるために、ミーメーシス詩拒絶は必然の措置なのである。

3．ミーメーシス詩との決別（607B-608B）

　プラトンのソクラテスは、「これら（以上の議論）をもってわれわれの弁明が完了したとしよう」（607B1）とグラウコンに言う。X巻で展開されたミーメーシス詩拒絶の根拠を示す三つの議論は、ミーメーシス詩の側が哲学に対して投げかける批判に答える弁明として語られたわけである。「われわれ」（607B1）、すなわちプラトンのソクラテスとその対話者たちがミーメーシス詩を拒絶したのは、上に見たように道理にかなった「議論」（ὁ λόγος）を踏まえてのことであるとして、ロゴスが強調されているが、それは注目すべき点であると思われる[221]。プラトンとしては、正当な道すじを経たうえで、真のムゥサとは「快く装われたムゥサ」（607A4）なるミーメーシス詩ではなく、むしろ清楚に装われたムゥサである哲学のほうである、ということを論証したと言いたいのである。哲学はその核心にディアレクティケーを含んでいるが、ディアレクティケーが哲学の営みの全体を尽くすものではない。むしろ、全体の観点からは、哲人統治者候補が子どもの頃から生涯にわたって学習しつづけるムゥシケー生涯教育こそが、真の意味での哲学の営みである、ということがプラトンの見解なのである。

---

221) 607A6 νόμου τε καὶ τοῦ κοινῇ ἀεὶ δόξαντος εἶναι βελτίστου λόγου「常に最善であると公に認定されたノモスとロゴス（道理）」；607B3 ὁ γὰρ λόγος ἡμᾶς ᾕρει「ロゴス（議論）がわれわれを説得していたのだから」；403C4 τέλος ἡμῖν ἔχειν ὁ περὶ μουσικῆς λόγος「ムゥシケーに関するわれわれの議論は完了した」。

第6章 哲学的ムゥシケー論の仕上げとミーメーシス詩拒絶論 | 549

a. ミーメーシス詩への未練

　しかし、そのような見解は、必ずしも一般大衆の理解するところではないであろう。一般大衆だけではない。哲人統治者最終候補でさえもそうかもしれない。というのも彼の魂は、一方において、ミーメーシス詩を拒絶する論証には納得したものの、他方では、ミーメーシス詩との決別を完了していないかもしれないからである。今なお彼の魂の中に残存するミーメーシス詩への未練は、ミーメーシス詩の拒絶という措置に対して、それは「ある種の頑なさと不作法」(τινα σκληρότητα ἡμῶν καὶ ἀγροικίαν, 607B4) によるものではないかという疑念を突きつけ、彼の最終決別を躊躇させるかもしれない。ハリウェル (S. Halliwell) も、この句を「文化的関心と洗練さの欠如」というふうに説明している[222]。彼に従い、これら二語の組み合わせについて見るならば、III巻において、スポーツとしてのギュムナスティケーばかりに偏り、音楽としてのムゥシケーをなおざりにする者の精神は、「野蛮と頑なさ」(Ἀγριότητός τε καὶ σκληρότητος, 410D1) に陥ると語られた。プラトンにおいてアグロイキアー (ἀγροικία) は、粗野な形式の話し方と議論について用いられている[223]。アリストテレスにおいても、この二語の組み合わせは粗野のしるしであるユーモアの欠如について用いられており[224]、他方、スクレーロテース (σκρηρότης) は、スパルタの習俗と関連してギリシャ的教養の欠如という意味で用いられている[225]。アリストパネス『蛙』においては、ソクラテスと哲学論議を行うことは「ムゥシケーを投げ捨てる」

---

222) S. Halliwell, *Plato: Republic 10*, 154.
223) *Apologia Socratis*, 32D2; *Gorgias*, 461C, 462E6; *Phaedrus*, 269B1-2.
224) *Ethica Nicomachea*, 1128a9.
225) *Politica*, 1270b33-34.

(1493) ような行為である、すなわち劇場で上演される、ギリシャ人の教養の要であるところの音楽としてのムゥシケーを無視するような行為である、と揶揄されている[226]。要するに、「ある種の頑なさと不作法」への危惧は、ギリシャの伝統的パイデイアーを投げ捨て、それを敵に回すことになるのではないかという危惧なのであり、哲人統治者最終候補の魂の中にさえくすぶっている恐れなのである。

b. ピロソピアーとポイエーティケーの対立

　その意味では、ソクラテスが「詩に向かって」（607B3）言い加える「ピロソピアーとポイエーティケーとには、以前からある意味での対立があった」（607B5）という指摘は、他でもなく哲人統治者最終候補自身の魂の中にさえ残存する対立に関わるものでもあると言えよう。この場合の詩とは、彼の魂において、未練がましい恋人のようになかなか去ろうとせず、残存しているミーメーシス詩およびそれに代表される他のすべてのミーメーシス的文化活動であろう。すでにⅢ巻において、プラトンのソクラテスは、ムゥシケー・ギュムナスティケー教育論のムゥシケーの部を結ぶにあたり、グラウコンに、少年愛に付随する性愛の快楽より「大きくて激しい快楽」（403A3）はないが、「いやしくもムゥシケー人」（402D8）は性愛の快楽を求めるのではなく、「正しい恋」（403A6）の道を邁進すべきであると語っていた。そこでは正しい恋について、「秩序正しくて美しいものを、節制をもって、また（真の）ムゥシケー人にふさわしい仕方で愛し続けるのが本来である」（403A6）ということが語られた。「秩序正しく美しいもの」は「美しいものの数々」（403B）とも言いかえられているが、それは天上に存在するエイドス（イデア）を範型として、哲人統

---

[226] *Ranae*, 1491-1499.

治者候補の魂の中に形成されるべき「美しいポリス」(527C2)、「自分自身の（本来の）ポリス」(592A) を意味するであろう。X巻の議論において見てきたように、ムゥシケー生涯教育としてのピロソピアーと、いわばギリシャ公認のパイデイアーであるミーメーシス中心のポイエーティケーとの対立は、根本的なものであり、安易な妥協をゆるさない。哲人統治者最終候補にとっては、あれもこれもではなく、あれかこれかの二者択一である。プラトンの考えでは、ピロソピアーの道とポイエーティケーとの道は決して交わらない。

　プラトンのソクラテスは、ミーメーシス詩が哲学に対して浴びせる非難をいくつか紹介する。それらは哲人統治者最終候補が自分の外部から受ける非難であるとともに、自分の内部から責め立ててくる批判でもあると見るべきであろう。そのように見るならば、非難はたんなる他人事ではなく、哲人統治者最終候補自身にとっても、まことに身につまされるものであろう。哲学は、優越意識をもつミーメーシス詩から以下のような非難を浴びせられる。

　　ある主人に向かって吠えているあのキャンキャン雌犬[227]
　　正気ではない者たちが語る、もろもろのたわごとにかけてはたいそうな者[228]
　　非常に賢い者たちからなる烏合の衆を支配している者[229]
　　小さなことでくよくよしている者たち。貧乏なものだから[230]

---

227)　607B6.
228)　607B7.
229)　607C1.
230)　607C2. 以上の四つの引用について出典は不明である。プラトンは詩に対する哲学の批判を示す事例を挙げていないが、その理由として、X巻そのものが、ひいては『国家』全体がミーメーシス詩に対する批判であると考えることができよう。プラトン以前の詩人（とくにホメロスとヘシオドス）批判については、Her-

ギリシャ公認のパイデイアーであるミーメーシス詩を拒絶し、新たに哲学を唱えてみても、しょせん下等な犬のうるさい叫びくらいにしか受け取られないのではないだろうか。正気ではない主張をしていると思われるのではないだろうか。社会から遊離した自称知的エリートのたわごとの程度にしか思われないのではないだろうか。貧乏生活をしている者のひがみのようにしか思われないのではないだろうか。こういった心配は、他でもなく哲人統治者最終候補自身の内部から湧き起こり、ムゥシケー生涯教育の完了を妨げうる。もっとも、このような心配は、今ここに至って初めて湧き起こるというようなものではなかった。すでにⅥ巻487CDにおいて、哲学志願者に関する危惧が語られていた。そこでは、哲人統治者の必要性を説くソクラテスに対して、アデイマントスは、哲学志願者たちについて見られる実状について、「ある人」の口を借りて次のような批判を紹介していた。

> というのは、人はあなたに次のように言うかも知れません。すなわちことばでは、あなたから質問されている一つ一つのことに反論することはできない。しかし、行状で見るなら、哲学に邁進したのはいいけれども、若いときにいちおう教養のためにそれにふれた上で、あとは別れていくというのではなく、さらに長い期間それに時間を浪費する者たちについて言えば、一方では、その大多数はまったくのならず者までとは言わないにせよ、とにかくまったくの変人になっていく。他方では、最もすぐれていると思われていた者たちは、そうであったにもかかわらず、あなたが賞賛しているこの営みの影響によって国家にとって役に立たない人間になっていく、とね[231]。

aclitus, *Fragmenta*, 40, 42, 56-57, 104 (Diels 9); Xenophanes, *Fragmenta*, 1, 11-12, 14-16, 34 (DK) 参照。Cf. S. Halliwell, *Plato: Republic 10*, 154.

ソクラテスは、哲学志願者に対する批判がある意味で当たっていることを認める。哲学者たちが国家の中で尊敬されていないということは、そのとおりである。むしろ、哲学者たちとは違うものの見方をする一般大衆から尊敬されたとしたら、そのほうが不思議である。また哲学をしている最も善き人たちでさえ「国家にとって役に立たない人間」であるという批判も、ある意味では当たっている。たしかに、このような人たちは、違う価値観をもつ一般大衆にとっては役に立たない人間である。しかし、役に立たないことの責任は、役立てようとしない者たちにこそ問うべきであって、最も善き人たちに問うべきでない、とソクラテスは主張する[232]。それはそうとして、プラトンのソクラテスが見るところでは、哲学に赴く「大多数がまったくのならず者」(489D3)であり、「最も善き人たちですら役に立たない人間」(489D4)であるという批判は当たらない。そのような誹謗は、「そういった（哲学的な）ことどもを営んでいると自称している者たち」(489D2)には当てはまる。しかしムゥシケー生涯教育の道を着実に歩んでいる哲人統治者候補たちには当てはまらない。哲学に赴く人たちの大多数がまったくのならず者になるということの責任も、哲学にではなく一般大衆に問われなければならない[233]。というのは、哲学に赴く若者たちがめぐまれた自然的素質をもっていたとしても、社会の現状を見るなら、彼らの魂は悪い教育によって破壊されてしまうからである。その悪い教育を提供するのは一般大衆である。ソクラテスはⅥ巻において、若者に対して悪影響を及ぼしている一般大衆について、皮肉をこめて次のように述べていた。

---

231) 487C5-D5.
232) 489B.
233) 489D-497A.

いやむしろそういうことを言っている人たち自身が最大のソフィストなのであって、若者であれ年長者であれ、男性であれ女性であれ、最も徹底的に教育をして、自分たちが望むような人間に仕上げているのではないだろうか[234]。

続けてソクラテスは、一般大衆による教育が行われる場について次のように述べた。

大衆がこぞって集まり共に座っているような場合だ、とぼくは言った。民会であれ、法廷であれ、劇場であれ、陣営であれ、なにか他の、多数者が集う公の集会にね。彼らは大騒ぎしながら、そこで言われたり行われたりしていることについて、あるいは非難し、あるいは賞賛する。どちらの場合も、叫んだり手をたたいたりしながら、過度な仕方でね。さらに、彼らに加えて、岩や彼らがいる場所もがその音を反響して、非難と賞賛の騒ぎを二倍にして提供するのだ。まさにこのような状況の中にあって、その若者は、諺にもあるように、「どのような心になる」と思うかね。あるいは、彼が受けたどのような個人教育が彼のために抵抗してくれると思うかね。そんな教育はそのような非難と賞賛による洪水に襲われ、呑み込まれた流れに運ばれて消えていってしまうのではないかね。そして、その若者はそういった大衆が美しいと主張するのと同じものを美しいと主張し、醜いと主張するのと同じものを醜いと主張するようになり、何であれ大衆が行うことを自分の営みとし、彼らのような人間になっていくのではないだろうか[235]。

---

234) 492A7-492B3.
235) 492B5-492C8.

X巻におけるミーメーシス詩拒絶との関連で、ここで多数者が集う公の集会の一つとして「劇場」（θέατρα）が挙げられていることに注目したい。劇場はミーメーシス詩による作品が上演される場であった。ムゥシケー生涯教育の道を順調に歩んできた若者はもとより、それよりさらに年長の哲人統治者候補たちさえもが、劇場における大衆の喧騒と激情によって、魂の中にせっかく培ってきた理知的要素を洗い流されることを強制される危険があることが、ここで指摘されている。さらにまた、これらの公の集会に加えて、「最も大きな強制力」（492D2）の存在が指摘される。それは、一般大衆によってなされる「ことばによって説得できないゆえに行為によって加える強制力」（492D5）である。すなわち市民権剥奪、罰金、死刑といった法的措置である。このような強制に対しては、最も善き部類の人たちでも抵抗することはむずかしい。それほどまでに「こういった人々（大衆）の教育」（492E4）は強力であるという見解を、すでにⅥ巻においてプラトンは示していたのである。彼の見るところでは、アテナイの社会において一般大衆の通念に迎合して、いわゆる「知恵」を提供しているのがソフィストであり、いわゆる「教養」を提供しているのがミーメーシス詩であった[236]。ギリシャ人の教育においては、ソフィストとの付き合いは少年時代で終わるが、ミーメーシス詩との付き合いは一生涯続く。しかも魅惑力にかけては、ミーメーシス詩のほうがソフィストの教育よりもはるかに強力である。ミーメーシス詩は公的な場でも私的な場でも用いられるわけであるから、その影響は広範に及ぶ。だからこそプラトンは、哲人統治者候補のためのムゥシケー生涯教育を仕上げるにあたり、ことさらにミーメーシス詩を取り上げ、ミーメーシス詩拒絶の根拠を示す論証を行ったのである。

---

236) 493A.

c. ミーメーシス詩の弁明責任

　Ⅹ巻の当該箇所に戻る。プラトンのソクラテスは、哲学と詩との対立に言及するにあたり、詩が哲学に対して浴びせる非難の事例はあげたが、哲学が詩に対して行う批判の事例はあげていない。哲学はあくまでも自制心があり、礼儀正しいからであろう。代わりにソクラテスは、ミーメーシス詩に弁明の機会を与える。快楽を目標とするミーメーシス詩はすでに美しいポリスの外に追放されたものと見なされている。もしそれが哲人統治者最終候補の魂の中に完成されつつある「よい法律で治められている国家」(607C5) に再入国し、そこで演奏活動を行うことを願うなら、それが適格であることを示す「何らかの論証」(607C4) を行わなければならない。グラウコンはソクラテスに同意する。そこでソクラテスは、ミーメーシス詩の入国条件として「抒情詩で、それとも他の何らかの韻律で自分のために弁明を行った上で」(607D3) という注文のようにも聞こえることばを語る。しかし文字通りの注文として理解すべきではないであろう。Ⅲ巻においてプラトンは、すでにミーメーシス詩を国外追放した[237]。彼はミーメーシス詩の入国を望んでいないことはもとより、今さらこの段階で入国の可能性を示唆するはずもないと思われる。ミーメーシス詩の入国が無理であることを信じていながら、ソクラテスはミーメーシス詩に弁明を求めているのである。もしそうなら、それは無理な注文であり、むしろ皮肉であると言うべきであろう。「抒情詩で」ということばは、Ⅲ巻の音楽としてのムゥシケー論で述べられた抒情詩のあり方を想起させる。そこでは、抒情詩は、その構成要素であるロゴス、ハルモニア、リュトモスについて単純性という規準に基づき厳しい吟味を受け、その結果、ドーリス・ハルモニアとプリュギア・ハルモニアとそれらに適合するリュトモス

---

[237]　398AB.

をもつ抒情詩だけが、模範国家に残された。他方、多種多様な音楽的特徴をもつ抒情詩はことごとく、国内にとどまることを許されなかった。そのような抒情詩が今さらいくら自己弁明を試みても、入国を許されるはずがない。また、「それとも他の何らかの韻律で」ということばは、すぐ前に「きみがホメロスを通してそれ（詩）を観るときにはいつでも」（607D1）というホメロスの作品への言及があることから見て、ホメロスの叙事詩への言及であろうと思われる。それは、ダクテュロス脚を6つ繰り返した行、ヘクサメトロス（—∪∪—∪∪—∪∪—∪∪—∪∪—∪∪）の韻律を特徴としてもち、リュラやキタラなどの伴奏で吟唱された。X巻においてプラトンは、ホメロスの叙事詩とそれに由来する悲劇・喜劇のロゴス（話の内容）はミーメーシスであることを明らかにした。たとえそのようなロゴスがメトロン（韻律）付きで吟唱されたところで、それはミーメーシスであることに変わりはなく、低劣なままである。ミーメーシス詩は、たとえメトロンやメロスで自分を装ったところで、その低劣な本性を哲学者の鋭いまなざしから隠し通すことはできない。

　さらに、弁明の機会はミーメーシス詩に対してだけではなく、そのパトロンたちにも提供される。

> さらにまたわれわれは、それ（詩）のパトロンたちにも、すなわち詩人ではないが詩人たちを愛する友であるかぎりの人たちにも、それ（詩）を擁護するために韻律なしのロゴスなら語ることを許してもよいだろう。詩は楽しいだけではなく、もろもろの国制と人間的な生にとって有益であるという内容のロゴスをね[238]。

「パトロンたち」（τοῖς προστάταις）が言及されるが、古代アテナイ

---

238) 607D6-9.

ではプロスタテース（προστάτης）は、外国人居留者の利害関係の保護を引き受けるパトロンを意味した[239]。詩人音楽家の多くは外国人であったため、彼らがアテナイに入国し、演奏できたのは、このような市民たちのおかげであった。哲人統治者最終候補は、自らは詩人ではなくても「詩人を愛する者」（φιλοποιητής）ではありうる。彼は、自分の魂の中に住むピロポイエーテースたちが、単に楽しいという理由だけで安易にミーメーシス詩のプロスタテースになることがないように警戒しなければならない。詩人のパトロンになるかどうかは、あくまでも詩のロゴスに即して判断されなければならない。しかも、それは「韻律なしのロゴス」（607D7）によってである。韻律などの音楽的装いを取り除き、素顔のロゴスを見るとき、それが善きものであるかどうかが歴然とする。哲人統治者最終候補は、Ⅲ巻で主張された詩におけるロゴス（話の内容）の優位性を思い起こし、その原則に基づいて詩の良し悪しについて判断を下すことが求められる。ミーメーシス詩の音楽家たちの場合は、音楽演奏という仕方でしか自分を弁明することができないとしても、プロスタテースなる哲人統治者最終候補の場合は、ロゴスによる論証という仕方で自分を弁明することができなければならない。「もろもろの国制と人間的な生にとって有益である」ものは何であるのかということは、プラトンが『国家』全体を通して探求してきた問題であった。そして、それは、魂の中に正義を確立することを目指すムゥシケー生涯教育としての哲学であるということが、プラトンの主張であった。もし詩が、自分は国家と市民にとって有益であると主張するのであれば、プラトンのムゥシケー生涯教育論を凌駕することができる議論を提示しなければならない。しかし詩にはそれができないことをプラトンは知っていた。哲人統治者最終候補もそのことを再認識し、自分にそれを言い聞かせなければならないのである。

---

[239] *LSJ*, 1536, Ⅲ.2: '*patron* who took charge of the interests of μέτοικοι.'

d. ミーメーシス詩との決別

今や哲人統治者最終候補がミーメーシス詩と決別する時が来た。ソクラテスはグラウコンに親しみを込めて次のように語りかける。

> しかし、愛するヘタイロス（友）よ、そのことが有益であることが明らかにならないのであれば、ちょうど、ある時にある少年を恋した者たちが、その恋が有益ではないと考える場合、たとえ強制力によってであっても、それでもあえて自分たちをその少年から引き離すのと同様に、われわれもまた同じことをしなければならない[240]。

少年愛の比喩が用いられている。「愛するヘタイロスよ」（ὦ φίλε ἑταῖρε）という呼びかけは、単なる親しみを込めた呼びかけにとどまらず、パイディカ（παιδικά, 恋される少年）に対するエラステース（ἐραστής, 恋する成人男性）の呼びかけを連想させる[241]。『リュシス』においてソクラテスは、少年愛が語られる文脈の中で少年メネクセノスにこの呼びかけを用いている[242]。また『ゴルギアス』においてソクラテスは、この呼びかけをもってカリクレスに話しかけ、ソクラテスにとっては哲学がパイディカであり、このパイディカのほうが実際の少年のパイディカよりずっと移り気が少ないと語っている[243]。『パイドン』においてもソクラテスは、真実の言論の優位性が語られる文脈の中でパイドンにこの呼

---

240) 607E4-6.
241) S. Halliwell, *Plato: Republic 10*, 156 は、ὦ φίλε ἑταῖρε という呼びかけはヘタイラを連想させると言う。しかし、呼びかけられている相手は男性のグラウコンであることから見て、ハリウェルの解釈にはやや無理があるように思われる。
242) *Lysis*, 213B3.
243) *Gorgias*, 482A4.

びかけを用いている[244]。『国家』のこの箇所における少年愛の比喩は、少し後に出てくる「パイディカを恋する、一般大衆の恋」(τὸν παιδικόν τε καὶ τὸν τῶν πολλῶν ἔρωτα, 608A4) という文言にも呼応している。この文言は、パイデラスティアーを示唆する[245]。「一般大衆の」はその説明として理解できる。この文言は、一般大衆のあいだで行われていた性愛としての少年愛に言及しているものと考えられる。III巻において正しい少年愛のあり方が論じられたとき、ソクラテスはグラウコンに、「きみにはそういったパイディカが今いるか、過去にいたのだね」(402E2) と言った。その際に、一般大衆のあいだで行われていた少年愛について、性愛の快楽より「大きくて激しい快楽」(403A3) はないということが、ソクラテスによって語られた。またそれに応じて、それより「狂気の(快楽)」(403A5) はないということも、グラウコンによって語られた。X巻のこの箇所では、最も善き人たちをも呪縛してやまないミーメーシス詩の魔力が、エラステースたちを呪縛してやまない少年愛の魔力にたとえられている。

　結局のところ、ここでミーメーシス詩との最終決別をせまられているのは、『国家』において問答を行っている「われわれ自身」なのである。それにはグラウコンもソクラテスも含まれる。さらに哲人統治者最終候補

---

244) *Phaedo*, 91B1. その他、*Euthyphro*, 5C4 (エウテュプロンへ); *Crito*, 54D2 (クリトンへ); *Hippias Major*, 296A7 (ヒッピアスへ); *Respublica*, 450D2 (グラウコンへ); 459B10 (グラウコンへ); 562A7 (アデイマントスへ) を参照。

245) Cf. *LSJ*, 1287, II: 'of or for a beloved youth.' παιδικόν は、エラステースがパイディカを恋する(恋)という意味にとるのがよいと思われる。これに対して、S. Halliwell, *Plato: Republic 10*, 157 は παιδικόν を「少年が抱く(恋)」という意味で、'boyish' と訳している。また、ここではパイデラスティアーへの示唆はないと言う。しかし、ハリウェルも認めているように、少年(7〜14歳)の抱く恋という解釈は、ヘタイラへの愛を示唆するとハリウェルが考える「かつての愛人たち」(607E4) という文言との整合性を欠いている。

第6章　哲学的ムゥシケー論の仕上げとミーメーシス詩拒絶論　｜　561

たちも含まれるであろう。彼らは、この「生まれつき備わっている、このような詩を愛する恋」（607E7）が及ぼしてくる「いわば大きな魔力」（601B1）[246]を、どのような方法で撃退することができるのだろうか。それは「強制力によって」（βία）である。

> われわれはそれ（詩）に耳を傾けるにあたり、われわれ自身に対して、われわれが今語っているこの議論を、すなわちこの呪文を唱えるであろう。二度と「パイディカを愛する一般大衆の恋」に陥らないように警戒するためにね[247]。

ここで呪術の比喩が用いられている。ミーメーシス詩が及ぼす魔力に対して、哲人統治者最終候補は逆襲するためのエポーデー（ἐπῳδή, 呪文）を唱えなければならない。エポーデーは、元来、病気治癒のために唱えられたものである。ピンダロスは『ピュティア捷利歌』において、アスクレピオスによる治癒行為について語っている[248]。それによると、アスクレピオスは、病気をもつ人たちをその苦痛から解放するために、ある人たちには「優しい呪文を唱えて」（μαλακαῖς ἐπαοιδαῖς）看護してやった。他の人々には苦痛を和らげるための「薬」（φάρμακα）を飲ませるか、あるいは、薬を手足にくくり付けてやった。さらに他の人には切開手術によって治癒を行った。ピンダロスはさらにパルマカ（φάρμακον の複数形）を、薬として飲むパルマカと、護符として身に着けるパルマカ（魔よけ）とに区分した。手足にくくりつけられるタイプは、おそらくエポー

---

246) 607C7: ἡμῖν αὐτοῖς κηλουμένοις ὑπ᾽ αὐτῆς「われわれ自身が詩の魔力に魅せられている」; 607C8: κηλῇ ὑπ᾽ αὐτῆς καὶ σύ「きみ自身も詩の魔力に魅せられている」。
247) 608A2-4.
248) Pindarus, *Pythian*, 3.47-54.

デー（呪文）を唱えながら当てられたものと思われる[249]。プラトンも『カルミデス』において、エポーデーを唱えながらパルマコンとして「薬草」（φύλλον）を用いれば効果てきめんである、とソクラテスに語らせている[250]。エポーデーは、本来、相手の善を願うものであったが、プラトンの時代のアテナイにおいては、悪徳呪術師たちによって人に害を加える手段として悪用されていたことが、『国家』の中に述べられている[251]。さて哲人統治者最終候補が用いるべき呪文とは、「われわれが今語ったこの議論」である。それは他でもなくⅩ巻で論じられたミーメーシス詩拒絶の論証である。議論の冒頭でそれは、ミーメーシス詩が及ぼす害悪を解毒する「薬」（φάρμακον, 595B）になるであろうことが示唆されていた。哲学とミーメーシス詩との闘いは、「きわめて重大な競技」（608B4）である。アテナイの最大の祭り、市のディオニュシア祭において開催される演劇公演競技会は、「アテナイ民主制における市民教育のための学校」[252]の役割を果たしていた。しかしプラトンの考えでは、演劇公演競技よりもはるかに重大な競技がある。それは哲学とミーメーシス詩とのあいだの競技である。なぜならムゥシケー生涯教育の道をここまで歩み抜いてきた哲人統治者最終候補たちにとっては、「善きものになるか悪いものになるかということ」（698B5）が、その競技にかかっているからである。

『法律』Ⅶ巻では、プラトンが構築する国家の市民たちは、入国を願う外国人悲劇作家に対して、「他でもなくわれわれ自身が悲劇作家です。で

---

249) Cf. R. Kotansky, "Incantations and Prayers for Salvation on Inscribed Greek Amulets," *Magika Hiera: Ancient Greek Magic and Religion* (Oxford University Press, 1991) 107-137.
250) *Carmides*, 155E5.
251) *Respublica*, 364B7.
252) Cf. P. Cartledge, 'The Greek religious festivals,' in P. E. Easterling and J. V. Muir, eds., *Greek Religion and Society* (Cambridge University Press, 1985) 126-127.

第6章　哲学的ムゥシケー論の仕上げとミーメーシス詩拒絶論　｜　563

きるかぎり最も美しく、最も善き悲劇のね」（816B2-3）と主張することになる[253]。その理由として、「われわれの国制全体が最も美しく、最も善き人生のミーメーシスとして構築されており、それこそがわれわれの主張では真の意味で最も真の悲劇です」（817B4-5）ということが語られる。そして「一方においてあなたがた自身が作家であり、他方においてわれわれもまた同じことどもの作家です。われわれは、最も美しい演劇の制作をめぐるあなたがたのライバル作家であり、その演奏をめぐる競演者なのです」（817B6-8）ということが語られる。プラトンの市民たちは、入国審査のために外国人音楽家たちに作品の提示を求めるにあたり、彼らに「優しい（軟弱な）ムゥサたちの子孫である子どもたちよ」（ὦ παῖδες μαλακῶν Μουσῶν ἔκγονοι, 817D4）と呼びかける。「優しい（軟弱な）」（μαλακῶν）という語は、『国家』III巻で拒絶された「軟弱な」（μαλακός）ハルモニアやリュトモスを連想させる[254]。また、もし「軟弱なムゥサたち」と読むならば、『国家』X巻で拒絶された「快楽で装われたムゥサ」（607A4）を連想させるであろう。『法律』においても、メロスにおける音楽的諸要素がかもしだす楽しさは、作品を評価する基準とはならない。あくまでも「われわれの所で語られていることども」（817D6）を規準として、評価が下されることになる。この考え方は、『国家』で示された詩におけるロゴス優位の原則と合致する。入国を求める音楽演奏家たちは、自分たちの作品の中で語られるロゴスがプラトンの市民たちのロゴスと同等か、あるいはそれ以上に優れていることを証明することができなければ、入国を許可されない。

　哲人統治者最終候補は、最も重大な競技に勝利し栄冠を手にするために、今やいよいよミーメーシス詩と最終的に決別しなければならない。これからは、ひたすら「自分の中にある国制」（τῆς ἐν αὐτῷ πολιτείας,

---

253) *Leges*, 817B2-D8.
254) *Respublica*, 398E9：「諸ハルモニアの中で軟弱で酒宴用のものども」。

608B1)²⁵⁵⁾ が、「正義をはじめその他のアレテー」（δικαιοσύνης τε καὶ τῆς ἄλλης ἀρετῆς, 608B）によって美しく整えられように留意する道をひたすら邁進していくのである。

4．まとめ

この章では、プラトンの哲学的ムゥシケー論の仕上げと、それに関連するミーメーシス詩拒絶について展開される議論の特質について考察した。これによって明らかにされたことを列挙するなら、以下のようになるであろう。

①ミーメーシス詩の内容と範囲
『国家』のムゥシケー論はムゥシケー生涯教育論であり、その目的は哲人統治者の育成である。X巻のミーメーシス詩拒絶論は、ムゥシケー生涯教育論において哲人統治者育成の仕上げという重要な位置を占める。ミーメーシス詩拒絶を考察するとき、Ⅱ・Ⅲ巻のミーメーシス詩拒絶論とX巻のミーメーシス詩拒絶論との整合性が問題となるが、両者を照合し精査することによって、整合性のあることが確認された。またミーメーシス詩の範囲が問題となるが、ミーメーシス詩は、悪しきもののミーメーシスを行うホメロス、悲劇、喜劇、抒情詩など詩のほぼ全領域を含む。例外はディーテュラムボスである。その理由は、厳選された善美なる詩の演奏に適した部門であると判断されるからである。

②ミーメーシス詩拒絶とムゥシケー中等・高等教育
『国家』の最終巻において、ミーメーシス詩拒絶がことさらに取り上げ

---

255) Cf. 605B7: κακὴν πολιτείαν ἰδίᾳ ἑκάστου τῇ ψυχῇ ἐμποιεῖν「個人の魂の中に私的に悪い国制を作り上げる」。

られるが、それはなぜか。その理由は、X巻では哲人統治者候補が学習するムゥシケー中等・高等教育が考えられているからである。この教育段階の目的は、もっぱら哲人統治者候補の魂における理知的部分の育成を目的とする。その教育内容は、「前奏曲」としての数学的諸学科から「本曲」としてのディアレクティケーまで広範囲にわたり、しかもたえず難易度が上昇していくため、学習者には大きな努力と専心が求められる。したがって、ムゥシケー中等・高等教育においては、文芸・音楽としてのムゥシケー教育のための余地はない。そもそも文芸・音楽としてのムゥシケー教育は、哲人統治者候補の魂における理知的要素と気概的要素の調和を目的とするものであり、すでに初等教育段階でその役目を終了していたのである。

③ミーメーシス詩拒絶と哲人統治者候補育成の仕上げ

プラトンはミーメーシス詩拒絶の根拠を示す三つの議論を展開したが、それらは哲人統治者候補育成の仕上げという観点から行われた。第一の議論は、ミーメーシス詩は真実から最も遠い「見かけだけのもの」を描くだけであることを論証するものである。そのようなミーメーシス詩は、真実在の観照を目指してムゥシケー中等・高等教育の学習に励んでいる哲人統治者候補たちにとって大きな妨害となる。第二の議論は、ミーメーシス詩は魂における「劣った要素」（＝非理知的要素）を助長し、「理知的要素」を滅ぼしてしまうというものである。そのようなミーメーシス詩は、魂における理知的要素を除去し、理知的要素を育成する最中にある哲人統治者候補たちにまっこうから対立する。第三の議論は、哲人統治者候補たちの魂をも破壊するほどの魔力をもつミーメーシス詩は「非常に恐ろしい」ということを論証するものである。哲人統治者候補たちは、美しいポリスの統治者たるべき人たちである。それゆえ、彼らの魂の破壊は、とりもなおさず美しいポリスの破壊を意味する。つまり、『国家』においてソクラ

テスとその対話者たちが言論によって構築してきた模範国家が水泡に帰する。これほど恐ろしいことはない。したがって、哲人統治者候補育成の仕上げとして、哲人統治者候補たちはミーメーシス詩拒絶論を受け入れ、ミーメーシス詩から完全分離を遂げなければならない。

④ミーメーシス詩との決別

しかしミーメーシス詩からの分離は、一般大衆にとってはもとより、哲人統治者候補たちにとっても容易なことではない。プラトンが言及するピロソピアーとポイエーティケーとの対立は、アテナイ社会の中で続いてきた歴史上の対立であると同時に、哲人統治者候補自身の魂の中で続いている内面上の対立である。ムゥシケー生涯教育の観点から見るならば、ムゥシケー初等教育は、哲人統治者候補の魂の中における、正義を語るロゴスと不正を語るロゴスとの対決である。また正義を語るロゴスにふさわしいレクシス、ハルモニア、リュトモスとそうでないものどもとの対決である。ムゥシケー中等・高等教育は、哲人統治者候補の魂の中における、真実在の観照への努力と「見かけだけのもの」への没入との対決である。哲人統治者候補たちは、彼らの魂に戦いを挑むミーメーシス詩とここまで戦い、ほぼ勝利をおさめつつある。彼らはなんとしてでも、この重大な「競技」（アゴーン）においてミーメーシス詩への勝利を実現しなければならない。そうしてこそ最善の国制は完成するのである。

結　　論

　本書が目指してきた目的は、「第1部　古典期アテナイにおけるポリス社会とムゥシケーの相互影響史」において考察した、ムゥシケーのあり方の変更とポリス社会のあり方の変動とのあいだに見られる相互影響の歴史を踏まえて、「第2部　プラトンのムゥシケー哲学」において、プラトンが『国家』において展開する哲学的ムゥシケー論の特質を解明することにあった。解明のための道程として、ロゴスとレクシス（第1章）、ハルモニア（第2章）、ムゥシケーの魂への働きかけ（第3章）、ムゥシケーとギュムナスティケー（第4章）、『国家』におけるムゥシケーの位置（第5章）、哲学的ムゥシケー論の仕上げとミーメーシス詩拒絶論（第6章）、の全6章にわたって考察を行った。これによって明らかにされたことを列挙するなら、以下のようになるであろう。

　①パイデイア論としてのムゥシケー論
　プラトンのムゥシケー論は最初からその焦点を、国家守護者候補である子どもたちの魂におけるエートスの初期形成に合わせており、それゆえパイデイア論としての特質を有する。
　②正しいテオロギアに合致するロゴス
　プラトンのムゥシケー論は詩のロゴスの吟味から始まる。詩のロゴスは魂の初期形成に深い影響を及ぼすゆえ、子どもたちは幼少の頃から正しいテオロギアに合致するロゴスを聞かされて育つようにしなければならない、ということがプラトンのロゴス論の主眼点である。
　③単純なレクシスと新音楽への警戒
　プラトンは、理想国家においては一人が一つの仕事をしなければならな

いという単純性の原則に基づき、すぐれた人のミーメーシスだけを行う単純な様式のレクシスのみを受容し、レクシスにおけるミーメーシスを最小限に限定する。この措置の背後には、ミーメーシスと多様性を最大限に用いる新音楽が、国家守護者候補たちに及ぼしかねない悪影響に対する警戒がある。

④ハルモニアの吟味選別

プラトンが言及するハルモニアは何らかのメロディー様式を指すものと思われるが、それ以上詳しく言うことは難しい。ともあれ彼は、それがリュトモスと相まってロゴスに添える魔力ともいうべきものを強く認識していた。それゆえムゥシケー教育におけるハルモニアの使用について慎重な吟味を行い、ドーリスとプリュギアを選別した。二つだけを選別したのは、ロゴス・レクシスのあり方に適用した単純性の原則をハルモニアにも適用した結果である。歴史的背景としては、新音楽の多種多様な技法に対する批判がある。これら二つが選別された理由は、エートスの観点からである。古代ギリシャ人たちは概してハルモニアとエートスとの結びつきを信じていたが、プラトンは基本的に先人たちの考え方を踏襲し、すぐれた人のエートスを表すものという観点から、それらのハルモニアを選別したのである。

⑤ムゥシケーの浄化からポリスの浄化へ

プラトンはロゴス、レクシス、ハルモニアに対して浄化を行ったが、それは贅沢三昧国家の浄化を目的とする。正しいムゥシケーのあり方は、すぐれた国家守護者の育成に連結し、ひいては健全な国家の実現に至ると考えるからである。プラトンのポリス論は魂論と密接なつながりをもつという観点からは、ムゥシケーの浄化は魂の浄化に連結すると言うこともできよう。

⑥リュトモスの重要性

プラトンはリュトモスをハルモニアと並んで重要な音楽的要素と見な

す。この認識の根底には、リュトモスを運動、歩行、踊り、歌、ひいては彫刻のような視覚空間芸術にまで帰属させ、それらにおける根本要素としてリュトモスをとらえる古代ギリシャ人たちの考え方があると思われる。彼らにとっては単語の音節それ自体がリュトモスを含む素材であり、リュトモスが生起するのはこの素材からであった。この言語観が、「リュトモスとハルモニアがロゴスに従うのであって、ロゴスがこれらに従うのではない」というプラトンの認識の基底にあるものと思われる。彼は、リュトモスのエートスに関してダモンの理論を使用したが、それは単なる依拠ではなく、批判的かつ慎重な使用であった。単純性の原則をリュトモスにも適用し、国家守護者候補である子どもたちの魂におけるエートスの形成という観点からリュトモスを考察したのは、プラトンの独創である。

⑦ムゥシケーから文化全領域へ

プラトンは、ムゥシケーの浄化はポリスの浄化に連結するという考えに基づき、ロゴス・レクシス及びハルモニア・リュトモスに関する吟味を行い、それを踏まえてムゥシケー浄化の考えを展開していく。ムゥシケー浄化の目的は、国家守護者候補である子どもたちの魂におけるエートスの形成にあったが、エートスの形成に関わるのは音楽だけではない。絵画、彫刻、建築など子どもたちを取り巻くあらゆる文化環境がエートスの形成に関わるという観点から、プラトンは浄化の範囲を文化全領域に拡張する。正しい文化環境は正しいエートスの形成にとって必要条件なのである。

⑧ムゥシケーの魂への働きかけ

プラトンは、ロゴス・レクシス及びハルモニア・リュトモスの魂への働きかけについて詳しい説明を与えていないが、二つの重要なことがらを鋭く洞察していた。一つは音楽的諸要素が有する魔力ともいうべき大きな力である。ギリシャ語においては、そもそもロゴスそれ自体がそのような力を秘めており、それにハルモニア・リュトモスという音楽的要素が伴い、相まってミーメーシス専従型詩として演奏されるとき、さらにいっそう力

を発揮する。もう一つは、ミーメーシスと魂のあいだに生起する「同化」である。プラトンの認識によると、詩歌、なかでもミーメーシス専従型詩の演奏は、魂の中に存在する同化の感覚を呼び覚まし、聞く者の魂をとらえて、聞かれた詩歌の内容に同化するように強く働きかける。それゆえ、この同化の感覚を正しく培い、りっぱなものを快く感じ、それに同化するように習慣づけることによって、魂の中にりっぱなエートスが形成されるように教育することが、ムゥシケーに求められる重要な役割なのである。

⑨ムゥシケーとギュムナスティケーの統合

ムゥシケーがその教育上の役割を十全に果たすことができるためにプラトンが提示するのが、ムゥシケー・ギュムナスティケー統合論である。すぐれた国家守護者の育成のためには、子どもの頃から魂における「気概の素質」と「知を愛する素質」とが調和状態に育まれる必要があるが、その役割を担うのがムゥシケー・ギュムナスティケー統合教育である。その観点からプラトンのギュムナスティケー論は、保健・医療の面に重点が置かれる。運動選手のプロ化に伴う不摂生で無教養な生活と、それがもたらす病気という状況に、国家守護者候補である子どもたちは巻き込まれてはならない。魂に関わる裁判所と体に関わる医療所が一組で論じられるのも、ムゥシケー・ギュムナスティケー統合論の観点からである。裁判所と医療所の賑わいの原因は、当節のギュムナスティケーに見られる食生活と医療における「多様さ」にあると分析される。プラトンにとって多様さは無教養と同義である。彼の医療批判はヘロディコス流の医術に集中するが、多様さを特色とするそのような医術がポリス社会に流行していた状況を反映する。

⑩ムゥシケーと国家・魂における正義の生成

プラトンは、国家・魂における正義の生成に関して、ムゥシケーの明確な役割を認めている。国家における正義とは、民衆階層、戦士階層、支配者階層が、国家においてそれぞれ自分の仕事に専従していることであり、

その反対が不正である。その観点からは、ムゥシケーは将来戦士になる素質をもつ少年たちに勇気について正しい考えを定着させる役割を果たす。その勇気は節制に裏打ちされた勇気であるが、このような勇気に加えて知恵に恵まれた若者たちは、やがてすぐれた支配者になるであろう。勇気ある戦士は、すぐれた支配者のよき補助者として正しい国家支配に協力するであろう。

　魂における正義とは、欲望的部分、気概の部分、理知的部分が、魂においてそれぞれ自分の仕事に専従していることであり、その反対が不正である。その観点からは、ムゥシケーは気概的素質を育成する役割を果たす。気概的素質が子どもの頃に正しく躾られるならば、やがて理知的部分が成長してきたとき、その味方・補助者として欲望と戦い、それを支配するのを助けることができる。気概的素質の正しい育成とは、「気概的素質と知を愛する素質」を適度に調和させ、節制と勇気を生み出すことである。その役割を担うのがムゥシケー・ギュムナスティケー統合教育であった。

　⑪『国家』におけるムゥシケーの位置

　ムゥシケーが担うべき、国家守護者候補である子どもたちの魂の中に、気概的素質と知を愛する素質の調和状態を育成するという役割は、将来、本格的に行われる哲人統治者教育にとって必要不可欠な基礎づくりである。その意味において、それは基盤の位置を有すると言えよう。哲人統治者候補の魂における正義の生成は、全生涯にわたるたゆみなき努力が求められる営みである。それはムゥシケー初等教育に始まり、数学的諸学科の教育を経て、やがてディアレクティケー教育にまで継続していくべきものである。数学的諸学科が「前奏曲」(531D7)であり、ディアレクティケーが「本曲そのもの」(532A1)であるなら、ムゥシケー初等教育はりっぱな本番演奏に欠かすことができない「稽古」であると言えよう。プラトンにとっては、この一連の過程が広い意味でのムゥシケーの学習なのであると言えよう。文芸・音楽がムゥシケーであるなら、数学的諸学科

もムゥシケーである。数学的諸学科がムゥシケーであるなら、哲学的問答法もムゥシケーである。プラトンのムゥシケーは、魂が真実在に向かって上昇していくのに相応して、たえず自らをより高次なものへ変容させていく動的な営みである。その意味では、ムゥシケーこそは「真の哲学」であり、哲学こそは「真のムゥシケー」なのである。

⑫哲学的ムゥシケー論の仕上げとミーメーシス詩拒絶論

プラトンのミーメーシス詩拒絶論は、哲学的ムゥシケー論の仕上げとして『国家』全体において重要な位置を占める。彼のいうミーメーシス詩は、悪しきもののミーメーシスを行う限りのホメロス、悲劇、喜劇、抒情詩など詩のほぼ全領域を含む。例外はディーテュラムボスである。その理由は、厳選された善美なる詩の演奏に適した部門であると判断されるからである。善美なる詩の演奏ということも、宗教的偏狭と見るのではなく、善のイデアを目指す哲学的ムゥシケー論の観点から理解されるべきであろう。プラトンが構想するムゥシケー中等・高等教育において、文芸・音楽としてのムゥシケーにほとんど出番はない。この教育段階の目的は、もっぱら魂における理知的部分の育成を目的とするからである。その教育内容は、「前奏曲」としての数学的諸学科から「本曲」としてのディアレクティケーまで広範囲にわたり、学習者には専心が求められる。そもそも文芸・音楽としてのムゥシケー教育は、魂における理知的要素と気概的要素の調和を目的とするものであり、すでに初等教育段階でその役目を終了すべきものなのである。

プラトンはミーメーシス詩拒絶の根拠を示す三つの議論を展開した。すなわち、①ミーメーシス詩は真実から最も遠い「見かけだけのもの」を描くだけであることを論証する議論、②ミーメーシス詩は魂における「劣った要素」（＝非理知的要素）を助長し、「理知的要素」を滅ぼしてしまうということを論証する議論、③そして哲人統治者候補たちの魂をも破壊するほどの魔力をもつミーメーシス詩は、「非常に恐ろしい」ということを論

証する議論、である。これらの議論は哲学的ムゥシケー論の仕上げとしての意義をもつ。ミーメーシス詩は、真実在の観照を目指す哲人統治者候補たちにとって大きな妨害となる。それは魂の中の理知的要素を除去しようとするものであり、理知的要素を育成する最中にある哲人統治者候補たちに真っ向から対立する。彼らは美しいポリスの統治者になるべき人たちである。それゆえミーメーシス詩による彼らの魂の破壊は、とりもなおさず美しいポリスの破壊につながる。したがって哲人統治者候補たちは、ミーメーシス詩拒絶論に留意し、ミーメーシス詩から完全に分離しなければならない。もっともミーメーシス詩の拒絶にせよそれからの完全分離にせよ、現実のポリスにおいて実現することは不可能であることをプラトンは知っていた。彼がいうのは魂の内なるポリスである。そこにおいて理知的部分が気概の部分と協働して欲望的部分を統治することが、正義であり美なのである。このあり方の実現に決定的な役割を果たすのが、理知的部分である。魂の正義が実現するか否かは、理知的部分の浄化いかんにかかっているのである。そして理知的部分の浄化のためにプラトンが提出したのが、ムゥシケー生涯教育論としての哲学的ムゥシケー論であった。その最終段階としてのムゥシケー中等・高等教育は、真実在の観照に到達するための道行きを阻む「見かけだけのもの」との対決であり、哲人統治者候補たちはこの「競技」（アゴーン）において勝利を収めなければならない。そうしてこそ魂における最善のポリスは完成するのである。

　以上のように見てくるとき、プラトンの哲学的ムゥシケー論は、哲人統治者候補が善のイデアの観照に到達するための道行き・道筋を提示するものであると言える。すなわち、善のイデアの分有を目指す人という意味における善き人が、その魂の中の理知的部分を漸進的に浄化されつつ善を分有し続ける道行きを方向づけ、先導し、ついに善のイデアの観照に到達させる同伴者、これがプラトンの哲学的ムゥシケー論である。そし

てこの道行きを歩み始め、歩み続け、目標到達を果たす人が、真のムゥシケー人であり真の哲学者なのである。この真の哲学者としての真のムゥシケー人は、善き人の魂のあり方を指し示す普遍的な範型であると言える。

　このようにプラトンの哲学的ムゥシケー論は、第一義的に、美しいポリスにおける市民の魂のあり方に関わるものではあるが、決して現実のポリス社会と市民を捨象するものではなく、それらから遊離するものでもないことを確認しておかなければならない。プラトンは、自分が身を置くアテナイにおいて、ポリス社会と市民の現実を直視し、それらのあるべき姿を考え抜き、同時代人・当事者として責任ある生き方を貫いた人物である。そこから生まれたのが、彼のムゥシケー哲学なのである。プラトンが生きた前427年から前347年の時代についていえば、アテナイはすでに全盛期を越し、衰退の兆しを見せ始めていた。ポリス社会においてムゥシケーが占める重要な位置に変わりはなかったが、ポリスの変容と呼応してムゥシケーの変容も起こり始めていた。ムゥシケーの変容とは、その教育機能の衰退、及びそれと反比例するかのような享楽化の現象である。プラトンはそれを見過ごすことができなかった。ムゥシケーは善美なるポリス市民形成の要であり、その衰退はポリスの滅亡につながることを認識していたからである。プラトンはムゥシケーの崩壊を傍観することができなかった。彼なりにその崩壊を食い止め、あるべき真のムゥシケーを再構築しようと試みた。彼はその試みを、ムゥシケー当事者である詩人としてではなく、ムゥシケーを管理運営する政治家としてでもなく、哲学者として実践した。その実践の場が、彼が創設したアカデメイアであり、そこが彼の持ち場であった。ここでプラトンは哲学の学徒たちと生活を共にする中で、ムゥシケーのあるべき姿について構想を練り、それを学友たちとの哲学的問答をとおしてより善きものに育て上げた。その結実が彼の哲学的ムゥシケー論なのであり、彼が拓いたムゥシケー哲学の泉は、同時代のアテナイ市民だけではなく、後代のすべての国の人びとを潤すべく開かれている。

『国家』におけるムゥシケーという主題の重要性にもかかわらず、筆者の見るところでは、これまでのところ、この主題に特化した直接的な研究は見あたらない。本書は、『国家』におけるムゥシケーという主題に向き合い、ポリス社会とムゥシケーの相互影響史を踏まえて、プラトンの哲学的ムゥシケー論の特質を解明することを試みた。プラトンの教育学・音楽学研究の新たな切り口を示すことができたならば幸いである。

　最期に、残された今後の課題についてひとこと述べておきたい。『国家』の美しいポリスに関わる理想的ムゥシケー論は、プラトンのムゥシケー哲学の全体を尽くしているわけではない。彼は『法律』Ⅰ、Ⅱ、Ⅶ巻、およびその他随所において、現実のポリスにおける善き市民の育成という観点から、実現可能なムゥシケー論を探求している。この議論は、『国家』のムゥシケー論と一対をなしており、相互補完の関係にあると考えられる。プラトンのムゥシケー哲学を理解する上で、『国家』の哲学的ムゥシケー論の理解は基幹としての意義を有するが、さらに彼のムゥシケー哲学の総体を把握するためには、『法律』において展開されるムゥシケー論の研究とその特質の解明が欠かせないであろう。それゆえ、「プラトンの『法律』におけるムゥシケー」が、筆者の今後の課題となる。さらにまた、プラトンのムゥシケー論に対する批判として、アリストテレスの『政治学』Ⅷ巻と『詩学』がある。プラトンのムゥシケー哲学の意義を精査する上で、アリストテレスのムゥシケー論との綿密な比較研究も、今後、避けて通ることのできない課題である。

主要文献リスト

【テクストと翻訳】

Adams, C. D. ed. 1958. *The Speeches of Aeschines*. The Loeb Classical Library. Harvard University Press.
Arnim, H. von. ed. 1903~. *Stoicorum Veterum Fragmenta*. Leipzig.
Bergk, T. ed. 1897. *Anthologia Lyrica*. Leipzig.
———. 1878-1882. *Poetae Lyrici Graeci*. Leipzig.
Burnet, J. ed. 1899-1906. *Platonis Opera*. 5vols. Oxford University Press.
Campbell, D. A. ed. 1982. *Greek Lyric* I. The Loeb Classical Library. Harvard University Press.
———. 1988. *Greek Lyric* II. The Loeb Classical Library. Harvard University Press.
———. 1991. *Greek Lyric* III. The Loeb Classical Library. Harvard University Press.
———. 1992. *Greek Lyric* IV. The Loeb Classical Library. Harvard University Press.
———. 1993. *Greek Lyric* V. The Loeb Classical Library. Harvard University Press.
Da Rios, R. ed. 1954. *Aristoxenus, Elementa Harmonica*. Rome.
Diehl, E. ed. 1925. *Anthologia Lyrica Graeca*. Leipzig.
Einarson, B. and De Lacy, P. H. eds. 1967. *Plutarch, Moralia* XIV. The Loeb Classical Library. Harvard University Press.
England, E. B. 1921. *The Laws of Plato*. 2vols. Manchester University Press.
Fyfe, W. H. ed. 1982. Aristotle, *The Poetics*. The Loeb Classical Library. Harvard University Press.
Gulick, B. ed. 1950. *Athenaeus, Deipnosophistae*. 7vols. The Loeb Classical Library. Harvard University Press.
Hett, W. S. ed. 1970. Aristotle, *Problems* I. The Loeb Classical Library. Harvard University Press.
Iahnius, A. ed. 1882. *Aristides Quintilianus, De Musica*. Berolini: Sumptibus S. Calvarui Et Sociorum.
Jannus, C. von. ed. 1895. *Musici Scriptores Graeci*. Bibliotheca scriptorum graecorum et romanorum. Teubneriana. Leipzig.

Kassel, R et Austin, C. eds. 1984. *Poetae Comici Graece*. Berlin & New York.
Kemke, J. ed. 1884. *Philodemus, De Musica*. Leipzig.
Lasserre, F. ed. 1954. *[Pseudo-]Plutarch, De Musica*. Text, Translation and Commentary. Lausanne.
Macran, H. S. ed. 1902. *Aristoxenus, The Harmonics of Aristoxenus*. Text, English translation and commentary. Oxford University Press.
Mathiesen, T. J. 1983. *Aristides Quintilianus, On Music*, in three books, translation with introduction, commentary, and annotations. Yale University Press.
Najock, D. ed. 1975. *Anonyma de Musica Scripta Bellermania*. Leipzig.
Nauck, A. ed. 1889. *Tragicorum Graecorum Fragmenta*, 2nd ed. Leipzig.
Page, D. ed. 1962. *Poetae Melici Graeci*. Oxford University Press.
Rackham, H. ed. 1990. *Aristotle, Politics*. The Loeb Classical Library. Harvard University Press.
Rogers, B. B. ed. 1992. *Aristophanes* I. The Loeb Classical Library. Harvard University Press.
———. 1989. *Aristophanes* II. The Loeb Classical Library. Harvard University Press.
———. 1991. *Aristophanes* III. The Loeb Classical Library. Harvard University Press.
Sandys, J. ed. 1957. *The Odes of Pindar*. The Loeb Classical Library. Harvard University Press.
Schöfke, R. 1937. *Aristeides Quintilianus Von der Musik*. Berlin.
Shorey, P. 1978. *Plato The Republic* I. The Loeb Classical Library. Harvard University Press.
Shorey, P. 1980. *Plato The Republic* II. The Loeb Classical Library. Harvard University Press.
Snell, B. ed. 1964. *Pindari Carmina cum Fragmentis*. Leipzig.
———. 1955-1989. *Lexicon des frühgriechischen Epos*. Göttingen: Vandenhoeck & Ruprecht.
Weil, H. and Reinach, T. eds. 1900. *[Pseudo-]Plutarch, De Musica*. Paris.
Winnington-Ingram, R. P. ed. 1963. *Aristides Quintilianus, De Musica*. Leipzig.

逸身喜一郎・片山英男訳　1988.『四つのギリシャ神話―『ホメーロス讃歌』より―』岩波文庫：岩波書店.
高津春繁編集　1986.『ギリシャ喜劇Ⅱ アリストパネス（下）』筑摩文庫：筑摩書店.

松平千秋訳　1992．ホメロス『イリアス（上）』岩波文庫：岩波書店．
———．1992．ホメロス『イリアス（下）』岩波文庫：岩波書店．
———．1994．ホメロス『オデュッセイア（上）』岩波文庫：岩波書店．
———．1994．ホメロス『オデュッセイア（下）』岩波文庫：岩波書店．
中務哲郎・久保田忠利編集　2008．『ギリシャ喜劇全集1　アリストパーネス　I』岩波書店．
中務哲郎・久保田忠利編集　2008．『ギリシャ喜劇全集2　アリストパーネス　II』岩波書店．

※併せて、*Thesaurus Linguae Graecae*, University of California 所蔵のギリシャ語テクストを参照した。

【参考文献】

Abert, H. 1899. *Die Lehre vom Ethos in der griechischen Musik*. Lepzig.
———. 1926. 'Die Stellung der Musik in der antiken Kultur.' *Die Antike* 2: 136-154.
Adam, J. ed. 1920. *The Republic of Plato*, vol.1. Cambridge University Press.
———. 1921. *The Republic of Plato*, vol.2. Cambridge University Press.
Adler. A. ed. 1928. *Suidas Lexicon*. Leipzig.
Anderson, W. D. 1980. 'Ethos.' in *The New Grove Dictionary of Music and Musicians*, ed. S. Sadie, 6: 282-287.
———. 1955. 'The Importance of Damonian Theory in Plato's Thought.' *Transactions and Proceedings of the American Philological Association* 86: 88-102.
———. 1966. *Ethos and Education in Greek Music*. Harvard University Press.
———. 1994. *Music and Musicians in Ancient Greece*. Ithaca and London: Cornell University Press.
Andersson, T. J. 1971. *Polis and Psyche*: A motif in Plato's Republic, Göteborg: Acta Universitatis Gothoburugensis.
Annas, J. 1982. *An Introduction to Plato's Republic*. Oxford University Press.
Asmis, E. 1992. 'Plato on Poetic Creativity.' in *The Cambridge Companion to Plato*, ed. R. Kraut, 338-364. Cambridge University Press.
Atkins, J. W. H. 1952. *Literary Criticism in Antiquity*, vol.1 Greek. London: Methuen.

Barclay, W. 1961. *Educational Ideals in the Ancient World*. Collins.
Barker, A. ed. 1987. *Greek Musical Writings I, The Musician and his Art*. Cambridge University Press.
———. 1989. *Greek Musical Writings II, Harmonic and Acoustic Theory*. Cambridge University Press.
Barrow, R. 1975. *Plato, Utilitarianism an Education*. Routledge.
———. 1976. *Plato and Education*. Routledge.
Beck, F. A. G. 1964. *Greek Education*. London: Methuen.
Benardete, S. 1992. *Socrates' Second Sailing*. The University of Chicago Press.
———. 2000. *Plato's "Laws" The Discovery of Being*. The University of Chicago Press.
Bjorkvold, Jon-Roar. 1992. *Muse Within*. Harper Collins.
Bloom, A. trans. 1991. *The Republic of Plato*. BasicBooks, A Division of Harper Collins Publishers.
Borch-Jacobsen, M. 1993. *The Emotional Tie*. Stanford University Press.
Borthwick, E. K. 1968. 'Notes on the Plutarch De Musica and the Cheiron of Pherecrates.' *Hermes*, 96: 62-63.
Bosanquet, B. 1904. *The Education of the Young in the Republic of Plato*. Cambridge University Press.
Bowra, C. M. 1961. *Greek Lyric Poetry*, 2nd ed. Oxford: Clarendon Press.
Brandwood, Leonard. 1976. *A Word Index to Plato*. Leeds.
Brann, E. T. H. 1990. 'The Music of the Republic.' *St. John's Review* 39, numbers 1 and 2: 1-103.
———. 2004. *The Music of the Republic*. Philadelphia: Paul Dry Books, Inc.
Brickhouse, T. and Smith, N. 1989. *Socrates on Trial*. Oxford University Press.
Brown, G. 1983. 'The Character of the Individual and the Character of the State, in Plato's Republic.' *Apeiron* 17: 43-47.
Bryant, J. M. 1996. *Moral Codes and Social Structure in Ancient Greece*. State University of New York Press.
Burnyeat, M. F. 1997. 'Culture and Society in Plato's Republic.' in *The Tanner Lectures On Human Values*: 217-324. Harvard University.
Busse, A. 1928. 'Zur Musikästhetik des Aristoteles.' *Rheinisches Museum* 77: 34-50.
Calame, C. 1995. *The Craft of Poetic Speech in Ancient Greece*. Translated by Janice Orion. Cornell University Press.

―――. 1997. *Choruses of Young Women in Ancient Greece*. Rowman & Littlefield.
Campbell, L and Jowett, B. eds. 1884. *Plato's Republic*. Oxford University Press.
Cartledge, P. 1985. 'The Greek Religious Festivals.' in *Greek Religion and Society*, eds. P. E. Easterling and J. V. Muir. Cambridge University Press.
Clements, E. 1922. 'The Interpretation of Greek Music.' *Journal of Hellenistic Studies* 42: 133-166.
Cohen, T. 1994. *Anti-Mimesis From Plato To Hitchcock*. Cambridge University Press.
Collingwood, R. G. 1925. 'Plato's Philosophy of Art.' *Mind*, N.S. 34: 154-172.
―――. 1938. The Principles of Art. Oxford: Clarendon Press.
Combarieu, J. 1909. *La Musique et la Magic*. Paris.
Comotti, G. 1989. *Music in Greek and Roman Culture*. Baltimore and London: The Johns Hopkins University Press.
Corlett, J. A. 1991. 'A Dialectical Interpretation of the Concept of Art as Mimesis in the Republic.' *Idealistic Studies* 2, no.2-3: 155-169.
Cornford, F. M. 1912. 'Psychology and Social Structure in the Republic of Plato.' *Classical Quarterly* 6: 246-265.
―――. 1937. *Plato's Cosmology: The Timaeus of Plato*. Routledge.
―――. 1971. *The Republic of Plato*. Oxford University Press.
Craig, L. H. 1994. *The War Lover*. University of Toronto Press.
Cross, R. C. and Woozley, A. D. 1964. *Plato's Republic*: *A Philosophical Commentary*. The Macmillan Press Ltd.
Csapo, E. 2004. 'The Politics of the New Music.' in *Music and the Muses*, eds. P. Murray and P. Wilson, 205-248. Oxford University Press.
Curren, R. R. 2000. *Aristotle on the Necessity of Public Education*. Rowman & Littlefield.
Dahlhaus, C. 1980. 'Harmony.' in *The New Grove Dictionary of Music and Musicians*, 8.
Davies, J. K. 1978. *Democracy and Classical Greece*. Sussex: The Harvester Press.
Deubner, L. 1932. *Attische Feste*. Berlin.
Develin, R. 1973. 'The Good Man and the Good Citizen in Aristotle's Politics.' *Phronesis* 18: 71-79.
Diels, H and Kranz, W. 1956-9. *Die Fragmente der Vorsokratiker*. Berlin.
Dodds, E. R. 1951. *The Greeks and the Irrational*. University of California Press.
―――. 1973. *The Ancient Concept of Progress*. Oxford University Press.

Dover, K. J. 1989. *Greek Homosexuality*. MJF Books.

Düring, I. 1945. 'Studies in Musical Terminology in Fifth-century Literature.' *Eranos* 43: 176-197.

Düring, W and Gerstenberg, W. 1980. 'Rhythm.' in *The New Grove Dictionary of Music and Musicians*, 15.

Easterling, P. E and Knox, B. M. W, eds. 1985. *Greek Literature. The Cambridge History of Classical Literature*. Cambridge University Press.

Edelstein, L. 1967. *The Idea of Progress in Classical Antiquity*. The Johns Hopkins University Press.

Edmundson, M. 1995. *Literature Against Philosophy, Plato to Derrida*. Cambridge University Press.

Elias, J. A. 1984. *Plato's Defense of Poetry*. State University of New York Press.

Else, G. F. 1958. '"Imitation" in the Fifth Century.' *Classical Philology* 53: 73-90.

———. 1972. *The Structure and Date of Book 10 of Plato's Republic*. Heidelberg.

Euben, J. P. 1997. *Corrupting Youth*. Princeton: Princeton University Press.

Farnon, W. J. 1985. *Music and Moral Education. A Reappraisal of the Platonic Theory of 'Mousike' and Paideutic Ethos*. Temple University Graduate Board: Temple University.

Ferrari, G. R. F. 1993. 'Plato and Poetry.' in *The Cambridge History of Literary Criticism*, vol.1, ed. George A. Kennedy: 92-148. Cambridge University Press.

———. ed. 2000. *Plato The Republic. Cambridge Texts in the History of Political Thought*. Cambridge University Press.

———. 2003. *City and Soul in Plato's Republic. Lecturae Platonis* 2. Academia.

Fine, G. ed. 1999. *Plato 2: Ethics, Politics, Religion, and the Soul*. Oxford University Press.

Flacelière, R. 1960. *Love in Ancient Greece*. New York: Crown Publishers, Inc.

Forbes, C. A. 1971. *Greek Physical Education*. New York and London: The Century Co.

Freeman, K. 1978. *Ancilla to the Pre-Socratic Philosophers*. Cambridge: Harvard University Press.

Freeman, K. J. 1932. *Schools of Hellas, an essay on the practice and theory of ancient Greek education from 600 to 300 B. C*. London.

Froebel, F. 1908. *Education of Man*. D. Appleton and Company.

Gentili, B. 1988. *Poetry and Its Public in Ancient Greece, From Homer to the Fifth*

Century. Translated by Cole, A. T. Baltimore and London: The Johns Hopkins University Press.

Georgiades, T. 1973. *Greek Music, Verse and Dance*. Translated by E. Benedikt and M. L. Martinez. New York: Da Capo Press.

Golden, M. 1998. *Sport and Society in Ancient Greece*. Cambridge University Press.

Goldman, L. R. 1998. *Child's Play*. BERG.

Gooper, J. M. 1977. 'The Psychology of Justice in Plato.' *Ancient Philosophical Quarterly* 14: 151-157.

Grey, D. R. 1952. 'Art in the Republic.' *Philosophy* 27, no.103: 291-310.

Griswold, C. 1981. 'The Ideas and the Criticism of Poetry in Plato's Republic, Book 10.' *Journal of the History of Philosophy* 19: 135-150.

Grube, G. M. A. 1958. *Plato's Thought*. Beacon Press.

―――. 1974. *Plato's Republic*. Indianapolis: Hackett Publishing Company.

Halliwell, S. 1993. *Plato: Republic 10*. Aris & Phillips.

Harap, L. 1938. 'Some Hellenistic Ideas on Music and Character.' *Musical Quarterly* 24: 153-168.

Harriott, R. 1969. *Poetry and Criticism before Plato*. London.

Harris, H. A. 1972. *Sport in Greece and Rome*. Thames and Hudson

Havelock, E. A. 1963. *Preface To Plato*. The Belknap Press of Harvard University Press.

Henderson, M. I. 1942. 'The Growth of the Greek ΆPMONIAI.' *Classical Quarterly* 36: 94-103.

―――. 1957. 'Ancient Greek Music.' in *The New Oxford History of Music*, ed. E. Wellesz, 1: 336-403. Oxford University Press.

Hendley, B. P. ed. 1987. *Plato, Time and Education*. State University of New York Press.

Hendrix, J. 2004. *Platonic Architectonics: Platonic Philosophies and the Visual Arts*. Peter Lang.

Hordern, J. H. 2002. *The Fragments of Timotheus of Miletus.* Oxford Classical Monographs. Oxford University Press.

Howland, J. 1993. *The Republic: The Odyssey of Philosophy*. New York: Twayne Publishers.

Hwang, P. H. 1981. 'Poetry in Plato's Republic.' *Apeiron* 15: 29-37.

Irwin, T. 1977. *Plato's Moral Theory: The Early and Middle Dialogues*. Clarendon

Press.

Jaeger, W. 1943. *Paideia: the Ideals of Greek Culture*, vol.1. Translated by Gilbert Highet. Oxford University Press.

———. 1944. *Paideia: the Ideals of Greek Culture*, vol.2. Translated by Gilbert Highet. Oxford University Press.

———. 1945. *Paideia: the Ideals of Greek Culture*, vol.3. Translated by Gilbert Highet. Oxford University Press.

Janaway, C. 1995. *Images of Excellence*. Oxford University Press.

Johnson, C. 1984. 'Who is Aristotle's Citizen?' *Phronesis* 29: 73-90.

Johnson, W. A. 2000. 'Musical Evenings in the Early Empire: New evidence from a Greek papyrus with musical notation.' *Journal of Hellenic Studies* 120: 57-85.

Jones, A. H. M. 1966. *Athenian Democracy*. Oxford: Blackwell.

Kelly, J. 1973. 'Virtue and Pleasure.' *Mind* 82: 401-408.

Keuls, E. C. 1978. *Plato and Greek Painting*. Leiden: E. J. Brill.

Klosko, G. 1988. 'The "Rule" of Reason in Plato's Psychology.' *History of Philosophy Quarterly* 5, no. 4: 341-356.

Koller, H. 1954. *Die Mimesis in der Antike*. Bernae Aedibus A. Francke.

Kotansky, R. 1991. 'Incantations and Prayers for Salvation on Inscribed Greek Amulets.' in *Magika Hiera: Ancient Greek Magic and Religion*, eds. C. A. Faraone and D. Obbink, 103-137. Oxford University Press.

Kowalzig, B. and Wilson, P. eds. 2013. *Dithyramb in Context*. Oxford University Press.

Kraut, R. ed. 1997. *Plato's Republic: Critical Essays*. Rowman & Littlefield.

Landels, J. G. 1999. *Music in Ancient Greece and Rome*. Routledge.

Lawler, L. B. 1974. *The Dance of the Ancient Greek Theatre*. University of Iowa Press.

Lee, D. trans. 1987. *Plato The Republic*. Penguin Books.

Leistner, M. L. W. 1970. *A History of the Greek World*. London: Methuen & Co Ltd.

Levin, S. B. 2001. *The Ancient Quarrel Between Philosophy and Poetry Revisited*. Oxford University Press.

Liddell, H. G and Scott, R. 1968. *A Greek-English Lexicon*, revised and augmented by H. S. Jones with a Supplement. Oxford University Press.

Lippman, E. A. 1963. 'The Sources and Development of the Ethical View of Music in Ancient Greece.' *Musical Quarterly* 49.

―――. 1964. *Musical Thought in Ancient Greece*. New York and London.

Lodge, R. E. 1947. *Plato's Theory of Education*. Routledge.

―――. 1953. *Plato's Theory of Art*. Routledge.

Lohmann, J. 1970. *Musike und Logos: Aufsätze zur griechischen Philosophie und Musiktheorie*: *zum 75*. Geburtstag des Verfassers am 9. Juli 1970. Stuttgart: Musikwissenshaftliche Verlags-Gesellschaft.

Lonsdale, S. H. 1993. *Dance and Ritual Play in Greek Religion*. Baltimore and London: The Johns Hopkins University Press.

Lord, C. 1978. 'On Damon and music education.' *Hermes* 106: 32-43.

―――. 1978. 'Politics and Philosophy in Aristotle's Politics.' *Hermes* 106: 336-57.

―――. 1982. *Education and Culture in the Political Thought of Aristotle*. Cornell University Press.

Lucas, J. R. and Mitchell, B. 2003. *An Engagement With Plato's Republic*. Ashgate.

Mahaffy, J. P. 1874. *Social Life in Greece from Homer to Menander*. London: Macmillan.

Mara, G. M. 1997. *Socrates' Discursive Democracy Logos and Ergon in Platonic Political Philosophy*. State University of New York Press.

Marrou, H. I. 1956. *A History of Education in Antiquity*. Translated by George Lamb. Sheed and Ward.

Mathiesen, T. J. 1974. *A Bibliography of Sources for the Study of Ancient Greek Music*. Music indexes and bibliographies, ed. Hill, G. R, no. 10. Hackensack, NJ: Joseph Boonin.

―――. 1997. *Greek Views of Music: Source Readings in Music,* vol.1. New York: W. W. Norton & Company.

Mayhew, R. 1997. *Aristotle's Criticism of Plato's Republic*. Rowman & Littlefield.

McClain, E. G. 1978. *The Pythagorean Plato Prelude to the Song Itself*. York Beach, Maine: Nicolas-Hays, Inc.

McClellan, R. 2000. *The Healing Forces of Music*. toExel.

McKeon, R. 1977-8. 'Person and Community: Metaphysical and Political.' *Ethics* 88: 207-217.

Michaelides, S. 1978. *The Music of Ancient Greece: An Encyclopedia*. London: Faber and Faber Ltd.

Mikalson, J. D. 1975. *The Sacred and Civil Calendar of the Athenian Year*. Princeton.

Moravcsik, J. and Temko, P. eds. 1982. *Plato on Beauty, Wisdom and Arts*. Rowman & Littlefield.

Morgan, M. L. 1990. *Platonic Piety*. Yale University Press.

Morrow, G. R. 1960. *Plato's Cretan City: A Historical Interpretation of the Laws*. Princeton University Press.

Mountford, J. F. 1920. 'Greek Music and its Relation to Modern Times.' *Journal of Hellenistic Studies* 40: 13-42.

———. 1923. 'The Musical Scales of Plato's Republic.' *Classical Quarterly* 17: 124-136.

———. 1929, 1933. 'Greek Music in the papiri and inscriptions.' in *New Chapters in Greek literaturem*, 2nd series and 3rd series, eds. Powell and Barker. Oxford University Press.

———. 1936. 'A new fragment of Greek music in Cairo.' *Journal of Hellenistic Studies* 51: 91-100.

Moutsopoulos, E. 1959. *La Musique dans l'Oeuvre de Platon*. Paris: Presses Universitaires De France.

Mulgan, R. G. 1974. 'Aristotle's Doctrine That Man is a Political Animal.' *Hermes* 102: 438-45.

Mullen, W. 1982. *Choreia: Pindar and Dance*. Princeton University Press.

Mullinger, J. B. 1911. *The University of Cambridge from the Election to the Chancellorship in 1626 to the Decline of the Platonist Movement*. Cambridge University Press.

Murdoch, I. 1977. *The Fire and the Sun: Why Plato Banished the Artists*. Oxford University Press.

Murphy, N. R. 1951. *The Interpretation of Plato's Republic*. Oxford University Press.

Murray, O. ed. 1990. *Sympotica*. Oxford University Press.

Murray, P. ed. 1996. *Plato on Poetry*. Cambridge University Press.

Murray, P and Wilson, P. eds. 2004. *Music and the Muses: The Culture of Mousike in the Classical Athenian City*. Oxford University Press.

Nadaff, R. A. 2002. *Exiling The Poets*. The University of Chicago Press.

Nagy, G. 1989. 'Early Greek Views of Poets and Poetry.' in *The Cambridge History of Literary Criticism*, ed. George A. Kennedy, 1: 1-77. Cambridge University Press.

―――. 2002. *Plato's Rhapsody and Homer's Music: The Poetics of the Panathenaic Festival in Classical Athens.* Harvard University Press.

Nehamas, A. 1982. 'Plato on Imitation and Poetry in Republic 10.' in *Plato On Beauty, Wisdom, and the Arts.* eds. Moravcsik, J. and Temko, P., 47-78. Rowman & Littlefield.

Neils, J. 1992. *Goddess and Polis: the Panathenaic Festival in Ancient Athens.* Princeton University Press.

Nettleship, R. L. 1955. *Lectures on the Republic of Plato.* London: Macmillan.

―――. 1955. *The Theory of Education in Plato's Republic.* Oxford University Press.

Neubecker, A. J. 1977. *Altgriechische Musik: Eine Einführung* 2. Wissenschaftliche Buchgesellschaft, Darmstadt.

Nussbaum, M. C. 1986. *The Fragility of Goodness: Luck and Ethics in Greek Tragedy and Philosophy.* Cambridge University Press.

Oates, W. J. 1972. *Plato's View of Art.* New York: Charles Scribner's Sons.

Pappas, N. 1995. *Plato and the Republic.* (Routledge Philosophy GuideBooks) Routledge.

Parke, H. W. 1977. *Festivals of the Athenians.* Cornell University Press.

Partee, M. H. 1981. *Plato's Poetics.* University of Utah Press.

Pelosi, Francesco. 2010. *Plato on Music, Soul, and Body.* Cambridge University Press.

Percy III, W. A. 1996. *Pederasty and Pedagogy in Archaic Greece.* University of Illinois Press.

Peters, J. R. 1989. 'Reason and Passion in Plato's Republic.' *Ancient Philosophy* 9: 173-187.

Piaget, J. 1965. *The Moral Judgment of the Child.* The Free Press.

Pickard-Cambridge, A. 1953. *The Dramatic Festivals of Athens.* Oxford University Press.

―――. 1970. *Dithyramb Tragedy and Comedy.* Oxford University Press.

Planinc, Z. 1991. *Plato's Political Philosophy.* Duckworth.

Powers, H. S. 1980. 'Mode.' in *The New Grove Dictionary of Music and Musicians*, 12.

Pritchett, W. K and Neugebauer, O. 1947. *The Calendar of Athens.* Cambridge, Mass.: Harvard University Press.

Ptolemaeus, C. 1979. *Die Harmonielehre des Klaudios Ptolemaios und Porphyrios*

Kommentar zur Harmonielehre des Ptolemaios. Translated by Düring, I. New York: Garland Publishing.

Rankin, H. D. 1962. 'Plato and Man the Puppet.' *Eranos* 60: 127-131.

Raven, D. S. 1968. *Greek Metre*. Bristol: Bristol Classical Press.

Reeve, C. D. C. 1988. *Philosopher-King*. Princeton University Press.

Richter, L. 1961. *Zur Wissenschaftslehre von der Musik bei Platon und Aristoteles*. Berlin: Akademie-Verlag.

———. 1968. 'Die Neue Musik der griechischen Antike.' *Archiv für Musikwissenschaft* Jg. 25. Franz Steiner.

Robinson, R. 1971. 'Plato's Separation of Reasons from Desire.' *Phronesis* 16: 38-48.

Roochnik, D. 2003. *Beautiful City: The Dialectical Character of Plato's "Republic"*. Ithaca and London: Cornell University Press.

Rosen, S. 1965. 'The role of eros in Plato's Republic.' *The Review of Metaphysics* 18: 452-475.

———. 1993. *The Quarrel Between Philosophy and Poetry*. Routledge.

Rush, R. 1992. *Greek Tragic Theatre*. Routledge.

Russell, B. 1985. *On Education*. Unwin Paperbacks.

Sachs, C 1940. *The History of Musical Instruments*. New York: W. W. Norton & Company.

———. 1943. *The Rise of Music in the Ancient World*. New York: W. W. Norton & Company.

———. 1962. *The Wellsprings of Music*. ed. J. Kunst. The Hague Martinus Nijhoff.

Sack, E. 1959. *Platons Musikästhetik*. Stuttgart.

Sadie, S. ed. 1980. *The New Grove Dictionary of Music and Musicians*. Oxford University Press.

Sargeaunt, G. M. 1922-3. 'Two Studies in Plato's Laws. 1. Song and Dance As Function of the State. 2. Man As God's Playfellow.' *Hibbert Journal* 21: 493-502, 669-679.

Sayers, S. 1999. *Plato's Republic: An Introduction*. Edinburgh University Press.

Schmitt-Pantel, P. 'Collective Activities and the Political in the Greek City.' in *The Greek City From Homers to Alexander*, ed. Murray and Price, 199-213.

Schuhl, P. M. 1955. 'Platon et la musique de son temps.' *Reveu Internationale de Philosophie* 32: 276-287.

Schönewolf, H. 1938. *Der jungattische Dithyrambos, Wesen, Wirkung, Gegenwir-*

tung. Giesen.

Schöpsdau, K. 1994. *Nomoi (Gesetze) Buch1-3* (Übersetzung und Kommentar). Göttingen: Vandenhoeck und Ruprecht.

Scolnicov, S. 1988. *Plato's Metaphysics of Education*. Routledge.

Scott, D. 2000. 'Plato's Critique of the Democratic Character.' *Phronesis* 45, no.1: 19-37.

Scott, G. A. 2000. *Plato's Socrates As Educator*. State University of New York Press.

Simon, E. 1983. *Festivals of Attica: An Archeological Commentary*. Madison.

Skemp, J. B. 1960. 'Comment on Communal and Individual Justice.' *Phronesis* 5: 35-38.

———. 1969. 'Individual and Civic Virtue in the Republic.' *Phronesis* 14: 107-110.

———. 1980. 'How political is the Republic.' *History of Political Thought* 1: 1-7.

Slater, W. J. 1991. *Dining in a Classical Context*. The University of Michigan Press.

Smith, T and Brickhouse, N. 2000. *The Philosophy of Socrates*. Westview Press.

Solmsen, F. 1942. *Plato's Theology*. Cornell University Press.

———. 1964. 'Leisure and Play in Aristotle's Ideal State.' *Rheinisches Museum* 107: 193-220.

Stalley, R. F. 1983. *An Introduction to Plato's Laws*. Basil Blackwell.

Starr, C. G. 1965. *A History of the Ancient World*. Oxford University Press.

Stauffer, D. 2001. *Plato's Introduction to the Question of Justice*. State University of New York Press.

Sterling, W. R. and Scott, W. C. 1985. *Plato: The Republic*. New York: W. W. Norton & Company.

Strauss, L. 1975. *The Argument and the Action of Plato's Laws*. The University of Chicago Press.

Stewart, J. A. 1970. *The Myths of Plato*, ed. Levy, G. R. Centaur Press.

Stocks, J. L. 1936. ΣΧΟΛΗ. *Classical Quarterly* 30: 177-187.

Storey, R. 1996. *Mimesis and the Human Animal*. Northwestern University Press.

Stratou, D. 1966. *The Greek Dances: Our Living Links With Antiquity*. Athens: Angelos Klissiounis.

Sweet, W. E. 1987. *Sport and Recreation in Ancient Greece*. Oxford University Press.

Tate, J. 1928. '"Imitation" in Plato's Republic.' *Classical Quarterly* 22: 16-23.

———. 1932. 'Plato and "Imitation".' *Classical Quarterly* 26: 161-169.
Taylor, A. E. 1928. *A Commentary On Plato's Timaeus*. Oxford University Press.
———. 1934. *The Laws of Plato*. London: J. M. Dent & Sons.
———. 1937. *Plato The Man and His Work*. Mineola, New York: Dover Publications, Inc.
Thornton, B. S. 1997. *Eros: The Myth of Ancient Greek Sexuality*. Westview Press.
Urmson, J. O. 1982. 'Plato and the Poets.' in *Plato On Beauty, Wisdom, and the Arts*. eds. Moravcsik, J. and Temko, P, 125-136. Rowman & Littlefield.
Vegetti, M. 1998-2007. *Platone: La Repubblica*, vols.1-7. Napoli: Bibliopolis.
Verbeke, G. 1990. *Moral Education in Aristotle*. The Catholic University of America Press.
Verdenius, W. J. 1949. *Mimesis: Plato's doctrine of artistic imitation and its meaning to us*. Leiden: E. J. Brill.
Vetter, von Walter. 1936. 'Die antike Musik in der Beleuchtung durch Arsitoteles.' *Archiv für Musikforschung* 1: 2-41.
Vlastos, G. 1971. *Plato II*. University of Notre Dame Press.
———. 1991. *Socrates: Ironist and Moral Philosopher*. Cambridge and Ithaca: Cambridge and Cornell University Presses.
Walton, K. L. 1990. *Mimesis as Make-Believe*. Harvard University Press.
Warren, T. H. 1932. *Republic of Plato Books 1-5*. London.
Webster, T. B. L. 1939. *Greek Art and Literature 530-400 B.C.*. Oxford University Press.
———. 1956. *Art and Literature in Fourth Century Athens*. University of London, Athlone Press.
———. 1959. *Greek Art and Literature 700-530 BC*. University of Otago Press.
———. 1964. *Hellenistic Poetry and Art*. Methuen & Co Ltd.
———. 1969. *Everyday Life in Classical Athens*. London: Batsford.
———. 1979. *The Greek Chorus*. Methuen & Co Ltd.
———. 1973. *Athenian Culture and Society*. London: Batsford.
West, M. L. 1982. *Greek Metre*. Oxford University Press.
———. 1992. 'Analecta Musica.' *Zeitschrift Für Papyrologie Und Epigraphik* 92: 1-54.
———. 1992. *Ancient Greek Music*. Oxford University Press.
White, J. 1990. 'Imitation.' *St. John's Review* 39, numbers 1 and 2: 173-199.
Wild, J. 1948. *Plato's Theory of Man*. Harvard University Press.

Wilkinson, L. P. 1938. 'Philodemus on Ethos in Music.' *Classical Quarterly* 32: 174-181.

Winkler, J. J and Zeitlin, F. I. eds. 1990. *Nothing to do with Dionysos ?: Athenian drama in its social context*. Princeton University Press.

Winnington-Ingram, R. P. 1936. *Mode in ancient Greek music*. Cambridge.

―――. 1958-59. 'Ancient Greek Music' 1932-1957. *Lustrum* 3-4: 5-57.

―――. 1980. 'Greek Music (ancient).' in *The New Grove Dictionary of Music and Musicians*, ed. S. Sadie, 7: 659-672.

Wright, F. A. 1925. *Greek Social Life*. London: Dent and Sons.

Yartz, F. J. 2000. 'Plato on Music and the Musician.' *Ancient World* 31.1: 96-103.

Young, D. C. 1983. 'Professionalism in Archaic and Classical Greek Athletics.' *Ancient World* 7: 45-51.

Zimmermann, B. 1992. 'Dithyrambos, Geschichte einer Gattung.' *Hypomnemata* 98: 35-56. Göttingen: Vandenhoeck & Ruprecht.

Zuckerman, E. ed. 1990. *Four Essays on Plato's Republic. The St. John's Review*. Annapolis: The St. John's Print Shop.

アウグスティヌス著・原正訳　1989.『音楽論』（アウグスティヌス著作集3）教文館.
逸身喜一郎　1996.『古代ギリシャ・ローマの文学』放送大学教育振興会.
伊藤貞夫　1993.『古典期アテネの政治と社会』東京大学出版会.
岩田靖夫　1997.『西洋思想の源流』放送大学教育振興会.
ヴェーグナー，M.編　1985.『人間と音楽の歴史 2-4 ギリシア』音楽の友社.
内山勝利　2013.『プラトン『国家』――逆説のユートピア』岩波書店.
加藤信朗　1996.『ギリシャ哲学史』東京大学出版会.
―――. 2007.「プラトンの音楽教育論――それが教えるもの――」『哲学誌』49，東京都立大学哲学会, 1-21.
木下栄蔵・亀井栄治　2000.『癒しの音楽』Kumi.
國方栄二　2007.『プラトンのミュートス』京都大学学術出版会.
ザックス，C.著・岸辺成雄監訳　1979.『リズムとテンポ』音楽之友社.
園部三郎　1970.『幼児と音楽』中公新書：中央公論新社.
高橋雅人　2010.『プラトン『国家』における正義と自由』知泉書館.
田中一孝　2015.『プラトンとミーメーシス』京都大学学術出版会.
ハリスン，J.著・星野徹訳　1982.『古代の芸術と祭祀』法政大学出版局.
朴一功　2010.『魂の正義――プラトン倫理学の視座』京都大学学術出版会.
秀村欣二，伊藤貞夫　1976.『世界の歴史　2』「ギリシャとヘレニズム」講談社.

廣川洋一　1990.『ギリシャ人の教育——教養とは何か——』岩波新書：岩波書店.
藤沢令夫　1998.『プラトンの哲学』岩波新書：岩波書店.
フラスリエール，R. 著・戸張智雄訳　1984.『愛の諸相』岩波書店.
ブルクハルト，J. 著・新井靖一訳　1993.『ギリシャ文化史』全5巻　筑摩書房.
松平千秋　1992.「エウリーピデースについて」『ギリシャ悲劇全集 別巻』岩波書店.
武者利光　1998.『ゆらぎの発想』NHK出版.
山内登美雄　1997『ギリシャ悲劇』新曜社.
山本建郎　2001『アリストクセノス『ハルモニア原論』の研究』東海大学出版会.
———．2003『ハルモニア（音階）の有するエートスの問題』西洋古典学研究 LI: 20-30頁.
———．2014.『訳注　アリスティデス・コインテリアノス　音楽論』影地出版会.
———．2015.『訳注　ニコマコス　ハルモニア論提要』影地出版会.
ローウラー，L. B. 著・小倉重夫訳　1985.『古代ギリシャの舞踊文化』未來社.

索 引

(人名索引／事項索引／出典索引)

1) 見出し項目（親項目）は、五十音順に配列した。ただし、複合項目（子項目）は、五十音順にこだわらずに、適宜、配列した。
2) 記号の使いかたについては、ほぼ次の原則に拠った。
    i) ―――（ダーシ）は、見出し項目（親項目）を受ける。
    ii) ／（スラッシュ）は、同一の概念（内容）の並列に用いる。
    iii) （ ）（パーレンテーシス）は、必要に応じての補いである。

人 名 索 引

本文中のみ。ソクラテス、プラトン、およびプラトンの対話篇中の登場人物は含まない。

〔ア 行〕

アイスキネス Aeschines 326, 339, 340
アイスキュロス Aeschylus 47, 72, 122-124, 127, 154, 264, 297, 298, 300, 322, 458
アガトン Agathon 72, 89, 94, 95, 96, 97, 110, 114-118, 123, 328
アダム Adam, J. 166, 576 n.132, 457, 482
アテナイオス Athenaeus 60, 63, 186, 201, 211, 247, 372, 375, 380
アナス Annas, J. 142, 174
アリスティデス・コインティリアヌス Aristides Quintilianus 190 n.32, 194, 196, 199, 200-204, 212, 233, 234, 237, 242, 243, 248, 249, 255, 258, 267, 270, 271
アリストクセノス Aristoxenus 54, 60, 75, 128, 184, 189, 190, 193, 198, 199, 202, 203, 214, 233, 255
アリストテレス Aristoteles 286, 287, 290, 299, 428, 356, 370, 371, 389, 549, 575
アリストパネス Aristophanes 47, 60, 61, 68, 70, 77, 78, 82, 85, 90, 95, 106-108, 110-114, 118, 120, 122-124, 126, 127, 128, 130, 235, 264, 347, 348, 350, 380, 385, 486, 487, 490, 549
アルカイオス Alchaeus 107, 313, 323
アルキロコス Alchilochus 22, 23
アンダーソン Anderson, W. D. 13,

105, 219, 232, 249, 255, 576
イェーガー Jaeger, W.　11, 13, 232, 470
イソクラテス Isocrates　46, 47, 49, 51, 52, 53, 54, 56, 57
ウィニントン-イングラム Winnigton-Ingram, R. P.　190, 219, 220
ウェスト West, M. L.　264
ウェブスター Webster, T. B. L.　40, 503
エウリピデス Euripides　47, 79, 82, 89-91, 94, 106, 110, 114, 115, 118, 120, 123, 126, 127, 192, 264, 265, 272, 328, 369, 530
エーデルシュタイン Edelstein, L. 52, 59
エルス Else, G. F.　299, 300, 301

〔カ　行〕

加藤信郎　15
偽アンドキデス Pseudo-Andocides 383, 384, 385
偽クセノポン Pseudo-Xenophon　371
キネシアス Cinesias　42, 60, 66, 68-70, 73, 88, 102, 104, 112-114, 118, 120
木下栄蔵・亀井栄治　288
偽ヒッポクラテス　53, 54
偽プルタルコス Pseudo-Plutarchus 60, 64
クセノパネス Xenophanes　365
クセノポン Xenophon　51, 66, 72, 154, 159, 320, 322, 324, 332, 338-340, 350

クレメンス Clemens Alexandrinus 353, 354
コラー Koller, H.　218, 219, 296, 299-301
ゴルギアス Gorgias　89, 95, 97, 98, 387
コンフォード Conford, F. M.　516, 517

〔サ　行〕

ザックス Sachs, C.　232, 233
サッポー Sappho　313
シェーネヴォルフ Schönewolf, H. 71
シモニデス Simonides　24, 25, 30, 47, 188, 388
ジョーンズ Jones, A. H. M.　49
スウィート Sweet, W. E.　363
ステシコロス Stesichorus　40, 74, 103, 208
セクストゥス・エンピリクス Sextus Empiricus　206
ソポクレス Sophocles　39, 66, 106, 123, 126, 264, 272

〔タ　行〕

ダモン Damon　133, 192, 203, 205, 206, 211-213, 218, 224, 229, 230, 245, 246, 247-258, 260, 261, 262, 276, 298, 388
チャポ Csapo, E.　58, 103
ディオゲネス・ラエルティオス Diogenes Laertius　374

ティモテオス Timotheus　42, 60, 66, 67, 73, 74, 78, 79, 80, 81-91, 94, 96, 98, 102, 104-106, 115, 127, 128, 130, 168, 172, 173, 212, 264
テート Tate, J.　171
テルパンドロス Terpandorus　81, 207, 208
テレステス Telestes　42, 60, 74
デモクリトス Democritus　47, 251
デモステネス Demosthenes　49, 51, 56, 57
トゥキュディデス Thucydides　38, 42
ドーヴァー Dover, K. J.　321, 332
トラシュブーロス Thrasybulos. G.　262, 263

〔ナ　行〕

ネハマス Nehamas, A.　457, 469

〔ハ　行〕

バーカー Barker, A.　193, 198, 200, 202, 246
バーニエット Burnyeat, M. F.　482, 517, 518
バッキュリデス Bacchylides　26, 34, 36, 37, 41, 92
ハリウェル Halliwell, S.　457, 492, 549
ハリカルナッソスのディオニュシオス Dionysius Halicarnassensis　30, 73, 97, 98, 235
ヒッポクラテス Hippocrates　47, 388
ピュタゴラス Pythagoras　207, 251
ピロクセノス Philoxenus　42, 60, 73-79, 128, 168
ピロストラトス Philostratus　356, 376, 377, 380, 503
ピロデモス Philodemus　74, 206, 212, 250, 254
ピロラオス Philolaus　184, 185, 186, 251
ピンダロス Pindarus　32, 33, 37, 40, 41, 74, 92, 98, 103, 188, 210, 251, 322, 323, 365, 393, 561
プラティナス Pratinas　59, 209, 210
フリーマン Freeman, K. J.　272
プリュニス Phrynis　42, 60, 66-69, 71, 79, 80, 102, 104, 109, 110, 168, 264
ブルクハルト Burckhardt, J.　29
プルタルコス Plutarchus　325, 366, 368, 372
プロクロス Proclus　67, 141, 261
ヘシオドス Hesiodus　149, 154, 156, 162, 207, 313, 335, 368, 458
ヘラクレイデス・ポンティコス Heraclides Ponticus　183, 186, 201
ヘロディコス Herodicus　387-394
ヘロドトス Herodotus　47
ヘンダーソン Henderson, M. I.　172, 173, 186, 188, 190-192, 217

ペイシストラトス Peisitratus 21, 24, 26, 27, 302, 325
ペイディアス Pheidias 126, 272
ペリクレス Pericles 38, 39, 41, 43, 48, 56, 106, 110, 129, 253, 303
ペレクラテス Pherecrates 64, 66, 72, 78, 90, 100, 104-106, 128
ペロスィ Pelosi, Francesco 14
ホメロス Homerus 66, 107, 140, 149, 154, 156, 162, 163, 207, 246, 313, 314, 322, 335, 349, 358, 364, 372, 380, 388, 392, 393, 405, 424, 433, 458-464, 474-479, 485, 493, 497, 502, 506-509, 511, 526, 537, 538, 545-557, 564, 572

〔マ　行〕

マーフィー Murphy, N. R. 517
マーレー Murray, P. 14, 482, 518
マスィーセン Mathiesen, T. J. 204
マルー Marrou, H. L. 321, 328
ミカエリデス Michaelides, S. 11, 183, 184, 205
ムーツォプーロス Moutsopoulos, E. 13
メラニッピデス Melanippides 42, 60, 62-66, 73, 101, 104, 168

〔ヤ　行〕

山本建郎 2, 3

〔ラ　行〕

ラソス Lasus 24, 25, 28, 209
リヒター Richter, L. 13
リュクルゴス Lycurgus 116, 321, 335
リュシアス Lysias 49, 55, 69
ルーチニク Roochnik, D. 457
ロード Lord. C. 258, 259
ロッジ Lodge, R. G. 307, 308

事　項　索　引

本文中のみ。著書名は除く。

〔ア　行〕

アウロス 24, 31, 64, 65, 76, 87, 108, 136, 158, 173, 180, 188, 404, 405, 416, 510
アナボレー 65, 70, 71, 86
医者 53, 61, 328, 346, 354, 355, 357, 373, 375, 377-379, 382, 383, 394, 399, 411, 412, 507
医術 104, 346, 373, 397, 399, 570

イデア（形相）／エイドス（真実在／実相）　171, 340-344, 476-478, 480-482, 491, 493, 495, 498, 499-501, 550

いにしえの教育／古式の教育　107-109, 116, 123, 124, 347, 350, 352, 385

医療所　382, 394, 398, 400, 412, 570

運動
　──競技会　352, 355, 362, 411
　──選手のプロ化　362, 365, 370, 371, 379, 411, 532, 570

エートス
　──（の）形成　16, 136, 151, 158, 161, 168, 181, 188, 196, 204, 230, 231, 232, 253-257, 260-262, 266, 275-277, 286, 287, 291, 292, 304, 306, 342, 406, 415, 416, 515, 539, 540, 567, 568
　──説／──論　202, 206, 210, 212, 214, 220, 244, 251, 290, 291-295

エラステース（恋する成人男性）　319, 322, 328, 331-335, 337, 339, 341, 344, 359, 559, 560
　──としてのソクラテス　329-332

エルの物語　141, 143, 258

エロース　95, 311-313, 319, 327-329, 332-334, 336- 338, 340, 341, 342, 344

エロメノス（恋される少年）　322, 328, 330, 332-335, 344

オクターヴ種　184, 186, 188, 189, 224

踊り　1, 22-24, 30, 59, 211, 217, 232, 240, 243, 247, 262, 263, 269-271, 276, 281, 282, 296, 299, 300, 301, 504, 509, 569

オリュムピア競技会　350, 352, 367, 370, 411

音階　74, 182, 189, 190, 196, 198, 199, 215, 223, 256

音楽
　──的要素　16, 178, 219, 229, 274, 279, 283, 292, 415, 416, 509, 568, 569
　──の魔力　16, 206, 278, 343
　新しい──／新──　16, 40,-42, 45, 46, 57, 58, 60, 62, 64, 68, 70, 73, 79, 85, 88-90, 92, 94, 98-100, 104-107, 110, 112, 114-116, 120, 122, 123, 126-128, 130, 162, 166, 168, 172, 174, 177, 180, 212, 264, 471, 472, 480, 567

音楽家
　新しい──／新音楽（運動）の──　58, 61, 68, 71, 73, 78, 105, 109, 212
　詩人──　88, 89, 100, 103, 127, 130, 558

音節　32, 120, 162, 233-236, 264, 276, 569

音組織　183, 195, 196, 198, 202, 220

音程　184, 186, 193, 198-201, 219, 248, 250, 440

〔カ 行〕

快苦によるエートスの形成／快苦による
　　エートス教育　　539, 540, 549
楽音　　234, 240, 242, 248-250, 255,
　　257, 258, 260
楽理　　191, 229, 244, 248, 284
　　――家　　193, 194, 198, 201, 202,
　　205, 206, 276
歌舞（コレイア）　　1, 23, 105, 247,
　　257, 259, 262, 296-299, 301,
　　302, 304, 305-306
神に似る（こと）　　118, 310, 311
観照
　　イデアの――／真実在の――　　309,
　　310, 341, 342, 448, 494, 495,
　　565, 566, 573
　　善のイデアの――　　407, 448, 469,
　　480, 498, 573
気概
　　――的素質／――の素質　　401, 405-
　　409, 412, 450, 451, 570, 571
　　――的要素／――の要素　　137,
　　401, 404, 424, 425, 438, 444,
　　523, 565, 572,
　　――の部分　　160, 225, 399, 407,
　　432-435, 437-439, 441-444,
　　451, 516, 517, 519-522, 524,
　　530-534, 571, 573
喜劇作家　　57, 61, 64, 68, 77, 209,
　　294, 295
キタラ　　67, 76, 81, 104, 108, 148,
　　149, 153, 180, 182, 208, 250,
　　405, 409
キタリステース（キタラ教師）　　109,
149, 153, 408, 409
キタローディア(キタラ伴奏による歌謡)
　　66, 79, 104
キタロードス（キタラ弾き語り歌手）
　　60, 61, 66, 76, 79, 173
ギュムナスティケー
　　――（による）教育　　135, 146,
　　347, 352, 355, 381, 398-401,
　　403, 408, 411, 414, 419, 424,
　　425
　　――の偏重　　136, 137, 549
　　――論　　345, 382, 383, 397, 398,
　　402, 411, 418, 424, 444, 570
　　保健としての――　　17, 346, 383,
　　400, 532
ギュムナステース　　355-357, 369,
　　375
教育
　　――の目的　　109, 149, 213, 411,
　　444, 471, 522
　　音楽――　　15, 30, 60, 61, 110,
　　124, 211-214
　　市民（を対象とする）――　　304,
　　410, 461, 469-471, 473, 562
グランマティステース　　148, 153,
　　162
芸術としての音楽／芸術音楽　　158
　　視覚空間――　　233, 276, 328, 569
ゲノス（音階種）　　70, 72, 96, 187,
　　207, 214, 215, 256, 257
検閲　　164, 181, 228
恋　　325, 340, 341, 559, 561
　　――される少年（パイディカ／エロ
　　メノス）　　319, 321-325, 329,
　　559

事項索引 | 599

　　──する大人／──する成人（エラステース）　319, 322, 559
古代ギリシャ語　162, 262, 263
国家
　　──指導者／──支配者／──統治者　407, 422, 423, 426-429, 508
　　──守護者　408, 412, 414, 422, 423, 429, 446, 495, 568, 569, 571
　　──守護者候補　317, 342, 345, 371, 409, 430, 471, 522, 567-570
　　──の浄化　180, 181, 226, 402, 470, 485, 568
　　炎症ただれ──　146, 226, 413, 417, 484
　　贅沢三昧──　135, 146, 180, 181, 226, 276, 402, 413, 417, 484, 485, 568
　　模範──　405, 460, 463, 557, 566
　　理想──　138, 140, 144, 164, 167, 168, 174, 176, 177, 215, 228, 253, 294, 446, 492, 493, 495, 516, 536, 537, 543, 567
コロス（歌舞団）
　　──・キュクリオス（円形コロス）　24, 37, 77, 93, 111, 113, 119, 120
　　──の指揮者／──の指導者　21, 87, 95, 118
　　アポロンの──　471
　　ディオニュソスの──　216, 260, 471
　　ムゥサ（女神）たちの──　1, 93, 471

〔サ　行〕

裁判
　　──官　346, 382, 383, 394-396, 399
　　──所（ディカステーリオン）　382-384, 386, 398, 394, 400, 412, 570
　　──論　17, 345, 381, 382, 386, 398, 400, 412
祭礼音楽　92, 158, 302
讃歌　37, 80, 81, 96, 139, 141, 208, 210, 240, 296, 328, 449
　　神々への──　456, 464, 469, 470, 472, 473, 489, 546, 547
詩人
　　──音楽家　11, 15, 30, 58, 61, 88, 89, 100, 103, 127, 130, 558
　　──追放論　17, 453
詩のロゴス　152, 154, 157, 161, 167, 176, 224, 225, 228, 262, 279, 292, 343, 402, 443, 547, 558, 567
市民
　　──共同体意識／──の愛国心／──の帰属意識　21, 24, 27, 29, 46, 47, 52, 129
習慣づけ　270, 305, 306, 309, 343, 445, 570
呪文（エポーデー）　279, 331, 561, 562
浄化

贅沢三昧国家の―― 180, 181, 226, 485, 568
魂の―― 402, 469, 588
ムゥシケー（の）―― 225-227, 276, 277, 402, 403, 414, 568, 569
叙事詩
　ホメロスの―― 124, 08, 135, 167, 424, 460, 557
抒情詩（の）吟唱 16, 178, 229, 274, 445, 465
神学（テオロギア） 157, 176, 177, 567
神的な範型 310, 311, 494, 495, 499
真の
　――国家 146, 226, 413, 484
　――哲学 447, 449, 452, 494, 497, 572
　――哲学者 336, 496, 509, 527, 574
数学的諸学科
　――の自由な学習 466, 477, 504, 522, 527, 532
　――の総合的訓練 477, 532
スポーツ至上主義 362, 371, 379, 406, 411
正義
　――と不正の生成 17, 414, 415, 419, 429, 430-432, 437, 450, 570, 571
　――論 141, 142, 146, 414, 430
政治家 43, 56, 120, 574
セイレン 141, 207, 258, 449
節制／節度（ソープロシュネー）

――に裏打ちされた勇気 429, 450, 571
――は一種の協和や調和に似ている 425, 426
戦士階層 421-423, 426-429, 434, 450, 570
僭主 21, 26, 139, 530, 543, 547
旋法 182, 184, 191, 252, 274
旋律 29, 73, 74, , 84, 234, 235, 248, 250, 257
ソフィスト 107, 348, 386, 388, 389, 501, 555
染め物の比喩 421

〔タ　行〕

太陽の比喩 496
ダクテュロス 229, 235, 243-246, 261, 265, 557
正しい
　――生き方／――生 140, 143, 159, 311
　――教育 306, 315, 396, 487
　――人間／――人 151, 157, 254, 311, 439
魂（プシュケー）
　――におけるエートス／――のエートス 151, 158, 161, 168, 204, 205, 213, 217, 231, 249, 277, 287, 315, 399, 406, 411, 415, 417, 459, 464, 504, 514, 539, 569
　――における劣った要素／――の劣った要素 511, 518, 519, 537
　――における正義／――正しさ

143, 430, 431, 437, 440-442, 451, 468, 534, 571
　——の内なる協和　140, 447, 523, 533
　——の内なる国制／——の内なるポリス　531, 532, 535, 538, 543, 547, 573
　——の三部分説　160, 516-523, 530
　——の浄化　402, 469, 568
　——の破壊　528, 565, 573
　——の向け変え　465, 467, 492, 527
ダモンのエートス説／ダモン（の）理論　212, 229, 246, 248, 255-261, 276, 569
多様さ／多様性　16, 42, 177, 241, 258, 381, 382, 398, 412, 568, 570
単純性　167, 176, 177, 253, 275, 277, 379-382, 398, 399, 403, 556, 568, 569
知を愛する
　——素質　401, 406-409, 412, 444, 451, 522, 570, 571
　——要素　137, 401, 404, 424, 425, 428, 444, 523, 524
聴覚　270, 271, 283, 286, 292, 504
調律　182, 186, 200, 208, 274, 346
治療薬　455, 474, 506
ディアトニック　72, 74, 189, 198, 214, 223, 256
ディアレクティケー
　——（の）学習／——（の）教育　139, 342, 466-478, 495-498,

504, 528, 529, 571
　——の持続的集中的学習　466, 477, 532
　本曲としての——　262, 285, 316, 446, 497, 532, 565, 571
ディーテュラムボス
　——音楽　41, 65, 68, 93
　——音楽家　66, 88
　——競技　21, 24, 27-29, 36, 37, 62, 129, 471
　——作家／——詩人　24, 74, 111, 112, 120, 122, 123, 168
　新しい——／新音楽の——　37, 71, 85, 86, 91, 92, 94, 95, 97-99, 104, 113, 128, 130, 166, 174, 264, 472
ディオニュシア祭
　市の——／大——　21, 27, 28, 34, 62, 86, 100, 110, 129, 157, 280, 302, 303, 562
ディオニュソス
　——祭儀／——（の）祭礼　26, 216, 218, 275, 298-302
　——のコロス　216, 260, 471
デーマゴーゴス（民衆指導者）　45, 51, 55, 107, 120, 529
哲学
　——が最高のムゥシケー　449
　——こそは真のムゥサ　547
　——こそは真のムゥシケー　452
　——は美のイデアへの恋　341
　——的問答法（ディアレクティケー）　443, 446, 452, 457, 465, 534, 572
哲学者

──が国家を統治すべきである　337
──がイデアに対して行うミーメーシス　17, 476, 477, 495
──が作る現実の文化国家　500
哲人統治者
　──最終候補　538, 540, 542, 544, 549-552, 556, 558-563
　──の育成／──（の）教育　144, 316, 407, 443, 444, 451, 491, 524, 536, 564, 571
哲人統治者候補　138, 464, 465, 468, 469, 473-475, 477, 478, 481, 493, 494, 497, 498, 500, 524-526, 528, 536, 537, 541-543, 545, 548, 553, 555-566, 572, 573
　──の育成　12, 133, 143, 144
　──の育成の仕上げ　17, 453, 565, 566
テンポ　230, 242, 246
同化作用／同化力　293, 294, 311-314, 475, 541
洞窟の比喩　480, 496
同族性　287, 290
　音楽と魂の──　16, 278, 283, 343
トノス／トノイ（調性）　184, 193, 202, 193, 195, 197, 198
トロカイオス　229, 241-245

〔ナ　行〕

寝椅子
　──製作者　493, 499, 500
　──と食卓　484, 485, 487, 488

ノモス（キタラ弾き語り歌手による独唱作品）　79, 83, 84
　──作品　80, 82

〔ハ　行〕

パイデイアー（教育／教養）　1, 11, 13, 14, 61, 104, 106, 122, 123, 127, 130, 134, 137, 151, 176, 253, 265, 269, 280, 285, 304, 320, 321, 327-329, 333, 344, 400, 491, 493, 550-552
パイデラスティアー（少年愛）　16, 278, 315-318, 320, 328, 329, 343, 344. 560
パイドトリベース（体育教師）　149, 350, 353-358, 360, 369, 387, 388, 411
パトロン（プロスタテース）　55, 61, 62, 456, 557, 558
パライストラ（レスリング学校）　121, 122, 348, 350, 351, 355, 357, 358, 360, 361, 368
ハルモニア
　──学者／──論者　203, 222, 224
　──（の）転位（アナボレー）　70, 71, 106, 109, 113, 173
　──理論　192, 200, 202, 220, 223-225, 229, 467, 532
　──論　178, 181, 228, 229, 274, 284, 405
　非体系的──　194, 203
　体系的──　194, 197, 198
悲劇作家／悲劇詩人　39, 60, 94, 99,

393, 478, 493, 500, 530, 538, 562
ヒベー・パピルス Hibeh Papyri 206, 212, 220
ピロソピアー（愛知／哲学）　47, 136
　──とポイエーティケーの対立　550, 551, 566
　ムゥシケー生涯教育としての──　551
文化全領域　266, 267, 271, 277, 402, 416, 569
ヘロディコス流医術　387-394, 412, 570
弁論家　11, 49, 54, 95, 99, 107, 119, 223
ホプロマコス（重装搭闘教師）　357, 358
ホモイオーシス（同化）　16, 278, 290, 291, 307, 342
ポリス
　──社会とムゥシケーの相互影響　6, 12, 15, 16, 19
　──社会の変動　16, 42, 52, 129, 130, 471
　──（の）浄化　225, 276, 485, 568, 569
　──論　148, 157, 493, 568
　美しい──　492, 499, 500, 523, 551, 556, 565, 573-575

〔マ　行〕

ミーメーシス
　──がもつ同化力／──の同化力　312, 541

　──とホモイオーシス　16, 278, 343
　──の本質　10, 474, 476, 480, 488, 491, 505
ミーメーシス詩
　──拒絶とムゥシケー中等・高等教育　464, 564
　──拒絶の根拠／──の理由　455, 474, 524, 525, 537, 548, 555, 565, 572
　──拒絶論　10, 17, 453, 455, 457, 458, 485, 564, 566, 567, 572, 573
ミーメーシス詩人　515, 516, 537, 541
ミーメーシス専従型詩　140, 141, 175, 291, 343, 445, 453, 569, 570
ミーメーテース（ミーメーシスを行う者）　478, 493, 499-502, 505-508
ミーメーティケー（ミーメーシス術）　500, 501, 505, 541
ムゥサ／ムゥサ女神　93, 263, 463, 471, 533-535, 547
　快く装われた──　546-548, 563
　真の──　547, 548
ムゥシケー
　──のエートス論　267, 286, 290
　──の浄化　276, 277, 569, 414
　──教育によるエートス形成　316, 336
　──教育論　15, 408, 415, 450, 461
　──生涯学習　495, 498
　──初等教育　138, 345, 398,

447, 495, 504, 514
――初等教育論　340, 341, 381, 411, 415, 442, 444, 460, 485
――中等教育　465, 496, 504, 514-516, 523, 531
――中等・高等教育　465-469, 475, 477, 479, 524, 528, 564-566, 572, 573
――高等教育　481, 497, 525, 528
狭義の――　400, 402, 416, 446, 451
広義の――　400, 402, 403, 408, 412, 414, 430
文芸・音楽としての――　1, 565, 572
ムゥシケー・ギュムナスティケー
　――教育　398, 412, 429, 437, 441, 495, 539
　――教育論　408, 523, 550
　――統合教育　402, 570, 571
ムゥシケー人（ムゥシコス）　134
　最終的に最高の――　346, 408, 409, 412, 418, 523
　真の――／真の意味の――　140, 408, 447, 574
無教育／無教養　59, 382-394, 398, 412, 496, 570
名人芸　61, 88, 158, 173, 265
メトロン　278, 279, 508, 509, 547, 557
メロス（抒情詩／抒情詩歌）　208-210, 224, 228, 244, 262, 274, 275, 286, 287, 460, 461, 563
文字のアナロジー　417, 418

〔ヤ　行〕

ゆらぎ
　1/f ――　288
　心拍の――　288
善き／善い
　――エートス　205, 266, 271, 292, 416
　――教育　321, 397, 425
　――国家　177, 409, 419, 423, 428, 429, 508
　――国家守護者／――守護者　139, 177, 400, 401, 408, 412, 438
善き人／善き人間／善き人物
　――の形成　149, 253, 386
　――の真似を行う／――を真似る　176, 424, 574
　――への賛辞　456, 464, 469, 470, 473, 546, 547
　最も――　474, 526, 534, 538-541, 553, 560
善きもの　140, 332, 334, 400, 426, 477, 509, 558, 562, 574

〔ラ　行〕

ライオン（気概の部分）　520-522, 529, 435,
理性
　――の抑止　434, 541-543
　――をもつ人　531, 532, 534-536
リュトモス
　――の異種混交　264, 265
　――のエートス　244-246, 253, 276, 569

リュラ　64, 71, 81, 116, 140, 153, 180, 182, 212, 258, 274, 405, 409, 557

レクシス（話法／叙述法）

　単純な――／直接話法の――　167, 177, 269, 415, 424, 443, 459, 470, 567, 568

　ミーメーシスによる――　167-170, 177, 228, 292-294, 463, 470, 480

　――論　162, 169, 178, 292, 294, 424, 460, 461, 470

ロゴス（ことば）

　――の主導性／――の優位(性)　8, 155, 225, 262, 263, 274, 557, 558

　――論　179, 423, 567

　ハルモニアとリュトモスは――に従う　181, 191, 224, 230, 236, 279, 461, 569

〔ワ 行〕

若者

　守護者候補の――　139, 346, 371, 372, 381, 382, 387, 397, 409, 412, 421, 444, 465, 467, 532

　哲人統治者候補の――　477, 478, 494, 528, 529

　ムゥシケー中等教育の段階に学ぶ――　504, 514-516

悪い／悪しき

　――エートス　267, 416, 417

　――教育　382, 419, 433, 553

　――国制　516, 537, 564

　――人（間）　121, 154, 175, 307, 396, 456, 543

　――もの　271, 463, 464, 564, 572

出 典 索 引

〔ア 行〕

アイスキネス　Aeschines

『ティマルコス弾劾』 *Contra Timarchum*

　　1.9-11　　150
　　1.9-12　　359
　　1.28-29　　326, 327
　　1.139　　339

アテナイオス　Athenaeus

『食卓の賢人たち』 *Deipnosophistae*

　　3.122cd　　80
　　4.137e-138b　　372
　　7.282a-e　　380
　　8.338a　　87
　　8.352b　　87
　　9.374a　　89
　　10.412f　　375
　　10.413b　　375
　　11.465a　　26
　　11.465c　　85
　　12.551d　　73
　　14.616ef　　64
　　14.617b-f　　59

14. 624c　183
14. 628b　22
14. 628c　211, 247
14. 635bc　201
14. 643de　79
14. 663d　61
28. 1141a　89

アリスティデス・コインティリアヌス　Aristides Quintilianus
『音楽論』 *De Musica*
　1.4　260
　1.9　196, 249
　1.10　198
　2.4　270
　2.14　248
　2.15　242
　2.18　256
　2.28　256
　3.3　256
　3.7　256
　3.11　256
　4.19-20　233
　13.8-11　234
　19.25-30　235
　77.19　249

アリストクセノス　Aristoxenus
『リュトモス原論』
　Elementa Rhythmica
　2.7ff.　199
　2.22-25　193
　2.26-30　203
　6.14-19　203
『断片集』 *Fragmenta*
　16, 29　58, 103
　26, 121　210

　80-83　214

アリストテレス　Aristoteles
『詩学』 *De Poetica*
　1147b10　300
　1448a14　76
　1148b4-9　287
　1148b20-21　290
　1449a9-15　22
　1451b21-23　96
　1454a30　87
　1456a29-30　94
　1459a8　85
　1459b32　243
　1461b30-32　65
『政治学』 *Politica*
　1269a4-8　53
　1270b33-34　549
　1276b8-9　213
　1331a30-39　371
　1335b5-11　370
　1337b25　350
　1338b10-11　370
　1338b40-1339a4　370
　1339a30-31　214
　1340a10-11　213
　1340a14-15　213
　1340a39-1340b19　213, 287
　1340b2-3　260
　1340b12　213
　1341a21-22　214
　1341a23　214
　1341b20-1342b34　214
　1342a17　58, 103
　1342b9-12　75
　1342b12-14　260

1342b17-34	259

『ニコマコス倫理学』
Ethica Nicomachea

1105a20	213
1128a9	549
1160a22-24	302
1180b1-10	150

『弁論術』 *Ars Rhetorica*

1361b4-6	389
1406b1	85
1409b20	71
1413b14	98

アリストパネス Aristophanes

『アカルナイの人びと』 *Acharnenses*

885ff.	380
1085-1094	488

『女の議会』 *Ecclesiazusae*

112ff.	47
295ff.	47
388ff.	47

『女の平和』 *Lysistrata*

838-979	120
1291	111

『蛙』 *Ranae*

145-153	118
314	120
353-371	120
718-737	122
1069-1071	348
1087-1088	348
1092	348
1251-1260	127
1285-1295	120
1301	127
1340	127

1348	264, 314
1419-1421	122
1491-1499	127, 550
1500-1503	123, 127

『雲』 *Nubes*

647-649	236
878	126
961-972	110
961-1023	124
964-965	350
969-972	71
973-976	352
1001-1004	386
1002-1019	126

『テスモポリア祭を営む女たち』
Thesmophoriazusae

29-78	72
52-55	96
53	72
66-69	115
68	72
99	82
100	96, 115
101-130	95
130-133	116
134-145	117
146-152	118

『鳥』 *Aves*

819	110
903-957	111
917-919	111
950-951	111
1372-1490	120
1373-1409	112
1378-1379	112

1383-1386　　113
　　　1388-1390　　113
　　　1403-1404　　114
　　　1407-1409　　114
　　　1763　　111
　『蜂』　Vespae
　　　959　　149
　　　1208-1218　　487
　　　1409　　24
　『福の神』　Plutus
　　　29ff.　　76
　　　149　　375
　　　290-301　　123
　『平和』　Pax
　　　827ff.　　86
　　　830　　70
イソクラテス　Isocrates
　『アレオパギティクス』　Areopagiticus
　　　45　　349
　　　53-54　　57
　『平和論』　De Pace
　　　86ff.　　47
　　　94ff., 104ff.　　56
　『パネギュリクス（頌詞）』
　　　Panegyricus
　　　28-33　　53
　　　159　　144
エウリピデス　Euripides
　『アウリスのイピゲネイア』
　　　Iphigenia Aulidensis
　　　790　　92
　　　1036-1097　　93
　　　1283-1335　　265
　『エレクトラ』　Electra
　　　698ff., 705, 708, 719　　92

　『トロイアの女』　Troades
　　　512-515　　58, 103
　　　524　　92
　『ヘレネ』　Helena
　　　1301, 1305, 1308, 1312　　93
　　　1341　　92

　　　　　　〔カ　行〕

偽アリストテレス　Pseudo-Aristoteles
　『問題集』　Problemata
　　　918b10-20　　84, 88
　　　919b20-30　　214
　　　920a　　214, 252
　　　922b29-31　　234
偽アンドキデス　Pseudo-Andocides
　『アルキビアデス告発』
　　　Contra Alcibiadem
　　　22.1-10　　384, 384
　　　39.1-11　　385
偽クセノポン　Pseudo-Xenophon
　『アテナイ人の国制』
　　　Respublica Atheniensium
　　　1.13.1-3　　348
　　　1.13.5-10　　349
　　　2.10　　389
偽プルタルコス　Pseuso-Plutarchus
　『音楽論』　De Musica
　　　3. 113f.　　183
　　　4. 1132e　　83
　　　11. 1135ab　　201
　　　12. 1335c　　89
　　　16. 1136d-1137a　　215
　　　21. 1138bc　　265
　　　28. 1141a　　89

29. 1141b　　24
　　29. 1141c　　24
　　30. 1141d-1142a　　100
　　30. 1141d　　65, 103
　　30. 1141d-1142a　　65
　　30. 1141ef　　69
　　30. 1141f　　67
　　30. 1141f-1142a　　82
　　30. 1142a　　75, 77
　　30. 1142f　　75
　　41. 1146b　　207
クセノポン　Xenophon
　『饗宴』　*Symposium*
　　2.17　　370
　　3.5　　154
　　4.6　　155
　　3.8-14　　332
　　8.26-27　　325
　　8.31　　322
　　8.32　　324
　『メモラビリア（ソクラテスの思い出）』
　　Memorabilia
　　1.2.4　　370
　　1.2.29-30　　332
　　1.4.3　　66
　　1.6.13　　338
　　2.2.6　　150
　『ラケダイモン人の国制』
　　Respublica Lacedaemoniorum
　　2.1　　150
　　2.12-14　　321
　　3.1　　150

〔サ　行〕

ソポクレス　Sophocles
　『ピロクテテス』　*Philoctetus*
　　1169-1217　　264

〔タ　行〕

デモステネス　Demosthenes
　『ピリッポス弾劾』　*Philippic*
　　1.35　　56
　　12.60　　76
　『メイディアス弾劾』　*Meidias*
　　10　　302
　　155　　61

〔ハ　行〕

ハリカルナッソスのディオニュシオス
　　Dionysius Halicarnassensis
　『文章構成法』
　　De Compositione Verborum
　　19.131　　71
　　104-107　　243
　　131-132　　74
　『デモステネス論』　*De Demosthene*
　　22　　244
　　48　　235
　　108　　243
ピロストラトス　Philostratus
　『体育論』　*De gymnastica*
　　1.14　　357
　　1.44　　378
　　1.49　　376
ピロデモス　Philodemus

『音楽論』 *De musica*
 1.23　74
 3　214
 3.77.13-17　212, 247, 251
 4　210, 244
 4.24.9-36　254
 4.40　215
 4.49f.　215
 74　89
ピンダロス Pindarus
『ピュティア捷利歌』 *Pythian*
 3.47-54　561
 3.55-58　393
プラトン Plato
『エウテュデモス』 *Euthydemus*
 271C　505
 290A　279
『エウテュプロン』 *Euthyphro*
 5C4　560
『イオン』 *Io*
 533C-536D　312
『カルミデス』 *Charmides*
 155E5　562
『饗宴』 *Symposium*
 176E　487
 178E-179B　324
 180B　322
 194E-197E　95
 204B3　341
 207A　334
 209A-E　335
 209C2-7　335
 210B7-C3　336
 210D-212A　341
 210E-211C　336

 216C-219E　332
 222B　330
『クラテュロス』 *Cratylus*
 398AB　492
 409CD　85
 423D1　292
 424C1-3　236
『クリトン』 *Crito*
 47B　356
 50B-51C　150
 54D2　560
『国家』 *Respublica*
 I 巻
  325D7-E1　149
  343E-344B　342
 II 巻
  365D7-366A4　160
  370C3-5　228
  372A4-B8　483
  372D4-5　483
  372D7-E1　484
  373B2-C1　226
  376C7-8　403
  376D-412B　145
  376D8-E2　147
  376E-392C　145, 152, 415
  376E-398B　145
  376E-403C　315
  376E-412B　145
  380C8-9　156
  383A2-4　156
 III 巻
  392C-398B　161, 314
  392D-394C　293
  395B8-C2　165, 228

395C4-7	293	403C6	338
395D1-3	294	403C-412B	345
395D2-3	166	404A4-6	373
397A1	167	404B4-5	403
397A4-7	173	404B4-C2	338
397D6	167	404D11-E1	381
398A6-B4	169	404E3-5	381
398C-399E	178	405A5-B4	382
398C1-2	178	406C3-5	390
398D1-399A3	191	408B2-5	393
399A5-C4	254	407B8-C5, 407D8-E2	392
399C-E	258	409B4-C1	395
399D5-6	402	409C4-D4	396
399E-401D	229	409E4-401A3	397
399E10-11	261	410A6-8	399
400B2-C5	251	410B1-2	403
400B6-7	230	410C-412B	400
400C1-3	230	411A4-B4	404
400C7-8	231	412A3-6	346, 408
400D1-3	231	412A8-9	409

IV 巻

424C3-6	252
424D7-E2	472
429D4-E5	421
429E7-430B5	422
431E10-432A8	426
433A4-5	428
434C7-10	429
434E-441C	431
441E8-442A1	225, 437
443C9-E2	254
443C9-444A1	254, 440

V 巻

459E-460A	483
476A	340

400D3-4	236
400D6-7	231
400D11-E1	231
400E1-3	204
400E5-401A8	267
401A5-7	205
401B-403C	336
401B1-D3	272
401B1-4	230
401C8-D4	373
401D-402A	417
401D-403C	278
401D5-402A4	273
402D1-4	319
403A6-7	338

479A	340	595C-596A	479
VI巻		596A1-3	479
487C5-D5	552	596A4-6	481
492A7-492B3	554	596B6-10	492
492B5-492C8	554	598D-600E	463
498B3-C4	448	598D7-E5	506
499D3-4	446	600E7-601B4	509
500B8-C7	308, 477	601A4-601B4	279
500C2-7	171	603A10-B4	512
500D4-8	494	603D5-7	518
501B1-C2	497	605A9-B6	518
500B8-C7	308	605B2-C4	538
VII巻		605C-607A	524
530E1-3	284	605C6-8	524
530E5-6	285	605C10-D5	539
537D-539E	529	606A6-B1	540
539E-540A	467	606C2-8	542
539D-540C	498	606E2-5	544
VIII巻		607A1-7	546
545A-550C	534	607A2-4	456
548B8-C1	447	607A3-4	473
561C6-d7	159	607B4-6	175
566D-569C	530	607B6	551
IX巻		607B7	551
576B-580C	544	607C1	551
580C-583A	519	607C2	551
585B5-7	455, 474	607D6-9	557
586D-592B	434	607E4-6	559
588E3-589A3	520	608A2-4	561
590E1-591A2	531	613E-621D	155
592B2-3	491	『ゴルギアス』 *Gorgias*	
X巻		456E1	358
595A-608B	453	456DE	358
595A1-B1	455	463B	529
595B-602B	456	464BC	386

482A4	559		256AB	333
501E	73, 420		267B10-C3	98
507B	420		269B1-2	549

『ソクラテスの弁明』
Apologia Socratis
- 32D2　549
- 41A-C　449

『ソピステス』 *Sophista*
- 234B　503
- 265A-267B　501

『テアイテトス』 *Theatetus*
- 149CD　334
- 150BC　334
- 176A-177A　311
- 176B1-3　159
- 178D　356

『ティマイオス』 *Timaeus*
- 28AB　492
- 47C7-E2　283
- 47DE　213
- 69C-70A　160
- 80AB　285
- 88C　285

『パイドン』 *Phaedo*
- 60E7　449
- 61A2　341, 449
- 91B1　560
- 107C-114C　155
- 118A　393

『パイドロス』 *Phaedrus*
- 227D　388
- 239AB　325
- 246A-257A　155
- 252D ff.　312
- 255B-D　333

『パルメニデス』 *Parmenides*
- 130CD　482

『ヒッピアス 大』 *Hippias Major*
- 296A7　560

『ピレボス』 *Philebus*
- 16CD　481
- 17D4-6　282

『プロタゴラス』 *Protagoras*
- 309B-D　332
- 309C11　332
- 313A　354
- 316D　545
- 316E　388
- 320C-323A　155
- 325A-326A　150
- 325C-326C　148
- 325C5-D7　152
- 325D7-E1　149
- 325D8-E1　153
- 325E2-326A3　153
- 326AB　213
- 326B3　149
- 338E ff.　545

『法律』 *Leges*
- 630C4　144
- 630C6　144
- 643D　351
- 653A-D　280
- 653C7-D5　303
- 653D-654A　262, 280
- 655D5-656A4　281, 305
- 656B4　307

659E1-2　279	274d　369
662C-663D　473	539a2　80
663E-671A　471	554cd　387
664B-D　307	748ab　296
664B-674C　257	760e-761d　325
664B7-8　540	795d　91
665A　260	1128c2　47

ホメロス　Homerus
『イリアス』 *Ilias*

665B　216	1.15-16　163
665C7　472	4.218　393
665D4-5　472	9.123-127　363
666D7　472	17.588　405
673C9-D5　282	19.314-322　323
693d-642A　487	22.158-166　364
700A-701B　227	23.811　358
716C4-5　161	23.91-92　323
788D4-5　151	
789E　310	

『オデュッセイア』 *Odyssea*

811A　154	12.44-45　207
816B2-3　562	20.17-18　433
829E-831B　373	
839E-840A　376	
891B2-3　160	

〔ラ　行〕

『ポリティコス』 *Politicus*

リュシアス　Lysias
『断片集』 *Fragmenta*

268E-274A　155	3.10.22f.　97
306D2-3　292	21.1-2　61

『メノン』 *Meno*

78D　420	73　68
93D　358	

『ラケス』 *Laches*

182A　358

『リュシス』 *Lysis*

206D　150, 355
206E　360

プルタルコス　Plutarchus
『モラリア』 *Moralia*

著者紹介

三上　章（みかみ　あきら）

- 1949 年　北海道生まれ
- 1982 年　オーストラリア神学学位授与機構（ACT）神学修士研究コース修了
- 1997 年　東京大学大学院人文科学研究科博士課程（西洋古典学専攻）単位取得退学
- 2016 年　筑波大学博士（文学）
- 現　在　東洋英和女学院大学教授

著書

- 『死生学年報　2008』（共著，リトン，2009）
- 『広がり続ける英語の世界』（共著，アルク，2015）

主な論文

- 『プラトンとアリストテレスの神観』(弘前大学, 1997)
- 『プラトンとディテュランボス』(麗澤大学, 1998)
- 『ジョン・スミスとプラトニズム』(東洋英和女学院大学, 2013)
- 『ケンブリッジ・プラトニストのエピクロス哲学論駁』(東洋英和女学院大学, 2015)

プラトン『国家』におけるムゥシケー
古典期アテナイにおけるポリス社会とムゥシケーの相互影響史を踏まえて

発行日	2016 年 10 月 17 日
著　者	三上　章
発行者	大石　昌孝
発行所	有限会社リトン
	101-0061　東京都千代田区三崎町 2-9-5-402
	FAX 03-3238-7638
印刷所	互恵印刷株式会社

ISBN978-4-86376-052-3　　©Akira Mikami　＜Printed in Japan＞